CSSCI 来源集刊

现代中国文化与文学

30

MODERN CHINESE
CULTURE AND LITERATURE

李怡 毛迅 主编

四川大学文学与新闻学院 主办
西南交通大学人文学院 协办

巴蜀书社

图书在版编目(CIP)数据

现代中国文化与文学.30/李怡,毛迅主编.—成都：
巴蜀书社,2019.11
ISBN 978-7-5531-1231-2

Ⅰ.①现… Ⅱ.①李…②毛… Ⅲ.①中华文化-文化研究-现代-丛刊②中国文学-现代文学-文学研究-丛刊 Ⅳ.①G122-55 ②I206.6-55

中国版本图书馆CIP数据核字(2019)第246866号

现代中国文化与文学(30)

李怡　毛迅　主编

责任编辑	李　蓓
出　版	巴蜀书社
	成都市槐树街2号　邮编610031
	总编室电话:(028)86259397
网　址	www.bsbook.com
发　行	巴蜀书社
	发行科电话:(028)86259422　86259423
经　销	新华书店
印　刷	成都蜀通印务有限责任公司(028)64715762
照　排	成都完美科技有限责任公司
版　次	2019年11月第1版
印　次	2019年11月第1次印刷
成品尺寸	185mm×260mm
印　张	24.25
字　数	560千
书　号	ISBN 978-7-5531-1231-2
定　价	62.00元

本书如有印装质量问题,请与工厂调换

编委会名单

编委会主任

曹顺庆

编委

(以汉语拼音为序)

柏 桦	蔡 震	陈国恩	程光炜	陈方竞	崔民选
丁 帆	范智红	高远东	高旭东	郜元宝	何锡章
黄美娥	金龙云(韩)	孔范今	孔庆东	李 今	李继凯
刘福春	刘 勇	刘秀美	栾梅健	罗振亚	逄增玉
朴宰雨(韩)	宋如珊	谭桂林	王兆胜	王中忱	魏 建
解志熙	岩佐昌暲(日)	袁国兴	杨剑龙	张福贵	张 健
张堂锜	张中良	赵学勇	郑家建	朱栋霖	朱晓进
朱寿桐	邹 红	周晓明			

目录

新视界

吴宓"欧洲文学史"等课程的教学与人才培养理念 ………… 李伟民 胡 蓓 1

从梁宗岱到吴兴华:"新"古典主义的诗学策略与文化意义 ………… 陈芝国 15

蔡元培对美育的正名历程和价值想象 ………… 刘 楚 36

当代中国博物馆文化建构中的文学事件 ………… 米晓雪 52

文学史视域中的台港澳文学编写范式
——以大陆的中国现当代文学史教材为中心的考察 ………… 吴泰松 62

文学档案

在华日本电影人对新中国电影广播的贡献 ………… 逄增玉 逄 乔 73

抗日战争下的文人伤怀
——香港"中央"图书馆藏胡熊锷《偕隐簃乱离吟草两种》考论 ………… 洪博昇 85

史天行伪造鲁迅的《大众本〈毁灭〉序》考 ………… 葛 涛 105

"大文学"视野

从叶圣陶《倪焕之》看1927年上海工人三月暴动中的知识分子 ………… 郝誉翔 114

汪伪时期的"东亚文艺复兴"思潮 ………………………………………… 李 杰 126

延安文艺建构中的陕北民间文艺 ………………………………………… 邱跃强 141

延安文艺在战后香港的传播
——以《华商报》为中心（1946—1949）…………………………… 刘安琪 156

鲁迅葬仪与30年代民众动员的情感机制 ……………………………… 宋夜雨 168

民国文学研究

呼语、人称、"乱写"及其诗学的辩证
——论郭沫若早期抒情诗的叙事性 ………………………………… 傅 华 180

思想相遇与观点误读
——从前期思想的角度看鲁迅如何接受"同路人"概念 ………… 彭冠龙 周 循 189

风景书写与现代主体的呈现
——《呐喊》《彷徨》风景书写之比较 ……………………………… 王 植 204

虚无的存在：论五四话剧的身体建构 …………………………………… 卫亭绒 222

从《萧萧》的版本变迁看沈从文对湘西文化的态度差异 ……………… 武斌斌 234

战时返乡的传道者
——20世纪40年代废名的思想状况与乡土实践 ………………… 康宇辰 250

艾芜经验与现代中国左翼文学的转折 …………………………………… 李 笑 267

共和国文学研究

《绝地逢生》：脱贫攻坚的文学书写与时代影像 ……………………… 颜同林 279

"回归"与"飘荡"：莫言小说创作溯端竟委
——以《白狗秋千架》为原点的考察 ……………………… 张洪波 韩传喜 293

朦胧诗论争与"新时期"诗论观念的转型 ················ 钟义荣　张　慎　303

论《黑暗地母的礼物》中的情爱表达 ····················· 杨　雷　315

著述·综述

言论空间机制的探求与重返"五四"的可能

——从王玉春的《五四报刊通信栏与言论空间建设研究》谈起

················ 张武军　邱迁益　326

艾芜研究四十年：视野·方法·问题 ·············· 吕惠静　赵学勇　343

20世纪中国反现代性的五副面孔

——评汪树东《中国现代文学中的反现代性研究》 ··········· 周　毅　354

当"抒情传统"进入现代文学研究话语场

——王德威"抒情传统"论之学术范式的确立 ············· 盛　慧　364

编后语 ·· 周维东　376

—— Contents ——

New Vision

Wu Mi's Course Teaching of European Literary History and His Ideas of Talent Training
.... Li Weimin　Hu Bei　1

From Liang Zongdai to Wu Xinghua: Poetic Strategies and Cultural Significance of "New" Classicism .... Chen Zhiguo　15

Cai Yuanpei's Legalization Argument and Value Imagination of Aesthetic Education
.... Liu Chu　36

Literary Events in the Cultural Construction of Contemporary Chinese Museums
.... Mi Xiaoxue　52

The Compilation Paradigm of Taiwan, Hong Kong and Macao Literature in the Perspective of Literary History
——Taking the Textbooks of Modern and Contemporary Chinese Literary History in Mainland China as the Object of Investigation .... Wu Taisong　62

Literary Files

Contributions Made by the Japanese Filmmakers in China to the Film and Broadcasting Industry in New China .... Pang Zengyu　Pang Qiao　73

Contents

Sadness of the Literati under the Anti-Japanese War
——Textual Research of Hu Xiong-e's *Two Kinds of Poems During Life in Seclusion Together in a Cabin in the Turmoil and Separation Caused by War* Collected by Hong Kong Central Library ··· Hong Bosheng 85

A Textual Research on Shi Tianxing's Falsification of Lu Xun's *Preface to the Popular Book Destruction* ··· Ge Tao 105

The View of Great Literature

The Intellectuals in Shanghai March Revolution in 1927 from Ye Shengtao's *Ni Huanzhi*
··· Hao Yuxiang 114

The Ideological Trend of "East Asian Renaissance" under Wang Jingwei's Puppet Regime
··· Li Jie 126

The Folk Literature in Northern Shaanxi in the Construction of Yan'an Literature and Art
··· Qiu Yueqiang 141

The Spread of Yan'an Literature and Art in Post-war Hong Kong:
——Centered on *Huashang Daily* (1946–1949) ················· Liu Anqi 156

Lu Xun's Funeral Rites and the Emotional Mechanism in Mass Mobilization in 1930s
··· Song Yeyu 168

Literary Study of the Republic of China

Apostrophe, Personal Pronoun, "Scribbling" and Their Poetic Dialectic
——On the Narrative of Guo Moruo's Early Lyrics ················· Fu Hua 180

Thoughts Encounter and Misunderstanding
——How does Lu Xun Accept the Concept of "Fellow Traveler" According to the Pre-existing Thoughts ··· Peng Guanlong Zhou Xun 189

Landscape Writing and the Presentation of Modern Subject
——Comparison of the Landscape Writing in *Nahan* and *Panghuang* ········· Wang Zhi 204

The Existence of Nothingness: On the Body Construction of May 4th Drama
··· Wei Tingrong 222

Analysis on Shen Congwen's Different Attitudes Towards Xiangxi Culture Based on the Different Versions of *Xiaoxiao* ·············· Wu Binbin 234

The Hometown-Returning Preacher in the Wartime
——On Fei Ming's Thoughts and Practice in the 1940s ············ Kang Yuchen 250

Ai Wu's Experience and the Turn of Modern Chinese Left-Wing Literature ······ Li Xiao 267

Literary Study of the People's Republic of China

Survival on the Mountain: Literary Writing and Image of Times in Poverty Alleviation
················· Yan Tonglin 279

"Throwback" and "Drifting": Tracing the Whole Process of Mo Yan's Fiction-Creating
——An Investigation of *The White Dog and Swing Frame* as the Origin
················· Zhang Hongbo Han Chuanxi 293

Debate on Misty Poetry and Change of Poetic Concept in the New Era
················· Zhong Yirong Zhang shen 303

On the Expressions of Love in *The Gift of the Dark Earth Mother* ············ Yang Lei 315

Scholars · Works

Exploration of Speech Space Mechanism and the Possibility of Returning to the May 4th Movement
——On Wang Yuchun's *May 4th Newspaper and Newspaper Correspondence Column and the Construction of Speech Space* ············ Zhang Wujun Qiu Qianyi 326

Ai Wu's Research for Forty Years: Vision, Methods, Problems
················· Lü Huijing Zhao Xueyong 343

Five Faces of China's Anti-Modernity in the 20th Century
——Comment on Wang Shudong's *Anti-Modernity Research in Modern Chinese Literature*
················· Zhou Yi 354

As "Lyrical Tradition" Comes into the Field of Modern Literature Studies
——The Academic Paradigm of Wang David Der-Wei's "Lyrical Tradition"
················· Sheng Hui 364

Afterword ············ Zhou Weidong 376

新视界

吴宓"欧洲文学史"等课程的教学与人才培养理念

李伟民 胡 蓓

晚清"引进西洋文学"已经蔚成风气。在新文化运动和"五四"文学革命的影响下，文学、小说被赋予拯救社会、开启民智、"猛烈、坚决地批判有着悠久传统的封建专制主义的思想文化"①的重任。因此，引进、阅读西洋文学作品在社会上形成潮流。民国时期的大学纷纷在设立外语系科的基础上，加强了外国语言文学的学科建设，尤其是以清华大学等一流高校的西洋文学系课程设置为参照，以高等院校外国语言文学学科建设为龙头，在改革、充实洋务学堂课程设置模式的基础上，强调文学的教化作用，注重文学、戏剧等专门知识的传授。从培养人才的效果来看，经典文学基础课程的开设在外语、外国文学研究、翻译、戏剧人才培养方面发挥了极为重要的作用。本文通过梳理民国时期吴宓在清华大学西洋文学系开设课程，从课程设置、教学理念和人才培养等方面对吴宓开设的课程进行研究，既看到我国外国文学教学与研究的长足发展，又通过这些课程的设置和人才培养目标的确立，认识到民国时期欧洲文学、英国文学教学与研究的特点，以及因为时代原因显示出的局限性。

一、文学系列课程：面的"广博"与点的"专深"

民国时期强调高等学府不仅负有宣扬文化之使命，而且更是"提高学术之场所"②。包括清华大学西洋文学系在内，民国时期绝大多数高校围绕着外国语文人才培养模式设

---

① 陈卫平：《新文化运动反传统之辨析》，《中国社会科学》2015 年第 11 期。
② 张研、孙燕京：《民国史料丛刊》（文教类·高等教育），大象出版社 2009 年版，第 365 页。

有丰富而专深的文学课程群，尤其是清华大学一年级就注重"中西专修"①，其中既有希腊罗马文学、西洋文学、欧洲文学、英国文学、法国文学史、圣经文学、演剧术、比较文学等概要性课程，也有以时代划分的西洋文学分期课程，例如古代文学、伊利莎白时代文学、中古时代文学、复兴时代文学、维多利亚时代文学、十八世纪文学、浪漫派文学、十九世纪文学、今代文学等，还有根据文学体裁划分的西方小说、西方戏剧、英美诗、英国诗史、英国戏剧史、英国小说史及莎士比亚、但丁、巢塞、米尔顿、培根论文、欧西文学批评、翻译等"专题"课程。从这些课程的设置中，我们可以看到清华大学西洋文学系西方文学课程的设置相当全面，涵盖面广，广博与专深相结合。这些课程设置根据其培养目标，主张学生通过对经典文学作品的研读，获得语言训练，突出知识的习得、理性的作用和文化思想的启蒙，在此基础上形成学生广阔的世界文学视野；而且尤为强调通过对经典作家和古典、经典作品的学习与分析获得专深的研究能力，使学生经过系统学习后，能够成为"博雅之士"。同时，在课程设置上重"文"轻"语"的制度性安排明显，建立了以文学史、作家作品研究、文学批评等构建的课程群。这样的文学课程群的设置在人才培养、人文精神养成方面，不仅发挥了重要作用，而且奠定了清华大学西洋文学系课程的基本格局。

我们认为，以清华大学等国内一流大学西洋文学系为代表开设的系列西方文学课程进入体制化的中国现代大学，对西方文学、经典作家、作品在中国的传播起到了重要作用。这就是说，这样的课程设置在一定程度上对"五四"新文学革命，以及中国文学的现代化进程造成了重要影响，而且与国难深重的历史境遇相伴而行，跟国家的现代化建设和民族危亡交织在一起②。同时，在知识的传授中，以清华大学西洋文学系为代表的一批高校的外国语文教学也显示出某种超然于社会的稳定状态，与当时的社会思潮，甚至救亡主题拉开了距离，在体系化外国文学知识的获取中，通过系统阅读经典文学原作，强调的是经典文学的纯粹知识价值、纯正地道的语言表达方式、专深的研究方式。

清华大学西洋文学系外国文学课程的开设有什么特点呢？我们看到，在经过现代大学制度性安排的外国文学课程群中，主要采取宏观与微观、通识与专题相结合的课程设置模式，既设置了众多文学史通论、断代文学史课程，也设置了大量专题性质的作家、作品阅读课程，而且，对古典、经典文学作家、作品重视的程度超过了当今高校的同类院系。吴宓在清华大学等校开设的涉及文学的课程主要有"西洋文学史分期研究——古代希腊、罗马"、"欧洲文学史"、"英国浪漫诗人"、"中西诗之比较"、"雪莱研究"、"文学批评"、"比较文学"、"文学与人生"、"译诗"、"翻译术"等课程。清华西洋文学

---

① 齐家莹：《清华人文学科年谱》，清华大学出版社1999年版，第2页。
② 朱庆葆：《国际视野与本土情怀：民国高等教育的转折与演变》，《学海》2014年第6期。

系及外国语言文学（研究）部所开课程中，吴宓是其中对学生影响比较大的教师之一①。这些课程的开设显示出以经典文学为主干课程的办学思想，强调古典文学在语言训练、知识积累、艺术赏析、作品分析、批评意识和培养人才中的重要性。西方经典文学教学已经进入了体制化的中国现代大学外语系的主流课程体系，且对人才培养模式和人文素质提高发挥了至关重要的作用。清华大学西洋文学系强调这些具有研究性质的西方古典、经典文学、西方戏剧课程的开设，是以高深的文学研究和人文精神的养成作为人才培养目标的。

二、吴宓对"欧洲文学史"等课程群的认知

那么，民国大学的外国文学课程如何体现其教育目的？课程是如何设置的？1905年9月，清廷诏准停止科举考试，推行学校教育。1913年1月12日，教育部颁布《大学规程令》（部令第一号），学门还应分别开设国文学、梵文学、英文学、法文学、德文学、俄文学、意大利文学和言语学。英国文学门开设的课程不仅包括言语学概论、哲学概论、英国史，还包括英国文学、英国文学史、文学概论、中国文学史、希腊文学史、罗马文学史、近世欧洲文学史②。其中既包括文学通史课程，也包括了国别文学史和作品分析，目的在于培养专家型人才，以期达到"变法图强"，为中华民族培养特殊人才，特别是学有专长的外国语言文学专家的目的。

民国时期国立大学的定位是既要造就通才，也要培养专家。在清华大学西洋文学系的"欧洲文学"、"中西诗之比较"、"翻译术"等课程的开设中，吴宓可以说是一位灵魂人物。从当时吴宓亲自制定或参与制定的有关课程的"学程"中，我们不难看到这一情况。民国时期的清华西洋文学系总共招收了16届研究生，约计62人，但由于对毕业生要求高和战乱等原因，能够顺利毕业的学生并不多。所以傅宏星强调道："不论是战前的清华研究院外文所（1929-1934），还是在后来的文科研究所外国语文学部（1934-1944），吴宓都始终处于中坚和骨干地位，除了亲手制定培养方案、教学计划和课程设置，吴宓还担任了主要的研究生课程指导。"③ 无论是清华大学研究院工科研究所英文（作文及翻译）试题、"英国文学史"三年级转学考题，还是国立西南联合大学教务处、外国语文学部的研究生招生考试科目的"英国诗"、"英国文学史"课程的考试，吴宓在教学和命题中均体现出鲜明的学术、学科意识。他认为开设拓宽学生眼界、拓深学生知

---

① 黄延复：《二三十年代清华校园文化》，广西师范大学出版社2000年版，第336页。
② 民国教育部：《教育部规程令》（第一号），《教育杂志》1913年第5期。
③ 傅宏星：《吴宓与民国时期清华外文系的研究生培养》，《咸阳师院学报》2016年第3期。

识面的专深课程与强调拥有良好的基础知识的认知并不矛盾。为此,吴宓等人制定了大一、大二的英文课程,在该课程的"学程"中强调"文学而外,对于比较言语学重要问题,语言文字之研究特为注重"。大二英文课程强调"本学程接续第一年英文,惟程度较高。其目的在训练学生使能表达思想正确无误,又养成其读书敏捷之能力。每星期须作短篇论文或练习课一次,俾于篇章之分段,表解大纲之编制,各种文体之写作,以及交际事务之函札,图书馆之运用,会议演说之姿势与规矩等均能熟练而应用无疑。目的是要求学生明了说明,描写,辩论,叙事各文体之运用。甲组学生兼习诗之构造(本学程甲组专为外国语文系学生而设,其他各组则由学生选修第二年英文者入之;故与其所读之书略有不同。),每周三小时,两学期共六学分"。该课程的设置既体现出重视基础训练的重要性,又为后续文学专门课程的开设打下了坚实的基础。

清华大学西洋文学系的课程开设注重"属于全体之研究的各时代的文学史"与"专治一国之语言、文字及文学,而为局部之深造",从而达到"以求一贯之博通"① 的培养目标。吴南轩在《国立清华大学廿周年纪念刊·序言》② 中更是将这一培养目标解释为:学风更宜力求纯美,学术更宜力谋独立。学风纯美体现为追求独立之学术自由精神。由吴宓等教授拟定的清华大学西洋文学系课程设置,要求学生"了解西洋文明之精神",以此"造就国内所需要之精通外国语文人才……汇通东西之精神思想而互为介绍传布",既为"博通"之士,更应是"深造"的专家,从而达到培养"博雅之士"的终极目标。"博通"与"博雅"虽一字之差,但内涵大有不同,显然,"博雅"更注重的是人格的养成,"'博'是就知识境界而言,'雅'是就思想境界而言,'博雅'就是一种超凡脱俗的人生境界"③ 和作为人文学科知识分子宽广专深的学术襟怀。我们通过清华大学民国十四、十五、二十一至二十五年有关外国文学、语言课程的设置就可以看到,该校为国内大学开设外国文学系列课程较早且水平最佳的大学之一,并且为培养"博雅之士"教学目标奠定了坚实的基础。

钱锺书回忆,吴宓拥有的欧洲文学史知识使他们那一代清华学子受益匪浅。吴宓在美国留学几年,赴欧洲游学期间购置了大量原版的有关欧美文学、文化、作家、作品研究专书,并利用这些第一手资料丰富了讲课内容,使吴宓承担的"欧洲文学史"等课程受到了学生的普遍欢迎。吴宓搜集了颇为丰富的外国文学史、作家、作品专书,我们仅从他赠给西南大学图书馆的书籍中就可见一斑。正如钱锺书所说,我们从"先师于课程

---

① 方惠坚、张思敬:《清华大学志》(下册),清华大学出版社2001年版,第238页。
② 国立清华大学:《文教·高等教育·国立清华大学廿周年纪念刊》,张研、孙燕京《民国史料丛刊》(文教类·高等教育),大象出版社2009年版,第438页。
③ 唐智松:《重庆教育史》(第三卷),西南师范大学出版社2006年版,第172页。

规划倡'博雅说',心眼大开"①。早在美国留学和欧洲游学之际,吴宓就对于外国文学教学与研究做了充分准备,撰有英文《欧洲文学史大纲》（Outline of the History of the World's Literature）②。我们从他20世纪50年代赠西南师范学院图书馆的图书中也可见端倪。吴宓赠书包括"希腊、拉丁、英、法、德、意大利、西班牙各国文的字典、文法及读本；有世界各国之文学史、通史、断代史及部门文学史；有世界古今各国文学名著,其中以希腊、罗马、英国、法国的文学著作较齐备；有诗文选注读本以及诗人或小说家全集数部。如,希腊罗马传记及神话字典、希腊文学史、高华论、西班牙文学史、亚里士多德全集、安诺德全集、古希腊文学史等稀少难得的英文书。关于但丁的著作有：意大利文全集、英文译本全集、英诗译本全集、参考要籍选编、但丁字典、但丁著作各论等"③。据统计,1957年10月26日西南师范学院感谢吴宓赠送书籍的信函中的"861册应为准确数字"④。从这些数量众多、迄今已为稀见版本的西文书籍中,可见吴宓掌握欧洲文学知识的广博、专深。

吴宓讲授的"欧洲文学史"等课程无疑为青年学子打开了一扇详细了解西方文学的天窗。根据吴宓主要译文统计,吴宓译文中有关小说、诗歌翻译的译文在他的译文中占了很大部分,除了具体的文学作品翻译外,如《沧桑艳传奇》、《名利场》、《但丁〈神曲〉通论》、《哈代传》等作品外,有相当大一批译文涉及"欧洲文学史",如《诗学总论》、《希腊文学史》、《世界文学史》系列、《中国欧洲文化交通史略》、《美国现代文学中之新潮流》、《蜗逊论心理学与文学》、《佛斯特小说杂论》、《白璧德论今后诗之趋势》、《穆尔论自然主义与人文主义之文学》等。什么是文学？经典文学的内涵是什么？吴宓对此有自己的解释。1924年,《学衡》在连载吴宓"世界文学史"教科书时提出"凡著作记录之具有永久之价值、人生之兴趣、完美之形式者始得称为'文学'",这一包含了时间、内容、形式的文学认知,实际上就是吴宓衡量是否为经典文学的标准⑤。吴宓在1923年1月连载于《学衡》的"希腊文学史"中提出："纵览欧洲文学全史,其巍然居首,最古之杰作实推荷马……荷马史诗实欧洲文章传来之最古者。"⑥ 为了使学生和社会

---

① 钱锺书：《序言》,吴学昭编《吴宓日记》（1）,三联书店1998年版,第1页。
② 吴宓：《吴宓书信集》,三联书店2011年版,第212页。
③ 西南大学档案馆：《吴宓教授赠送我院图书七百余册》,《西南师范学院院刊》1956年6月23日第67期。
④ 黄菊：《从新发现的两则史料看"吴宓赠书"》,西南大学文学院/吴宓研究中心编《吴宓先生逝世四十周年纪念大会暨吴宓学术研讨会论文集》,2018年,第219页。
⑤ 以上资料见西南大学吴宓先生纪念室：《吴宓主要译文目录》、《吴宓翻译教科书〈世界文学史〉》、《吴宓翻译教科书〈希腊文学史〉》。
⑥ 以上资料见西南大学吴宓先生纪念室：《吴宓主要译文目录》、《吴宓翻译教科书〈世界文学史〉》、《吴宓翻译教科书〈希腊文学史〉》。

上的人士能够系统学习"欧洲文学史",吴宓还先后开列了"西洋文学精要书目"、"西洋文学入门必读书目",以对"近年吾国学生多喜言西洋文学"① 提供学习欧洲文学的门径。如果我们把吴宓这些有关欧美文学的译文、对文学经典性的概括和他所开列的西洋文学书目放到当时对西方文学了解有限的知识界、教育界的大背景中来看,就更能认清吴宓对外国文学教学研究做出的贡献和吴宓"欧洲文学史"课程在当时显赫、重要的学科地位。民国时期,"欧洲文学史"、"英国文学史"的研究尚处于草创阶段。1917年周作人受聘北京大学文科教授,开始在国文门一年级教授"欧洲文学史",第二年为二年级开设"十九世纪欧洲文学史",并撰写了这两门课的讲义。《欧洲文学史》最早在1918年作为"北京大学丛书之三"由上海商务印书馆出版。周作人的《欧洲文学史》是中国第一部较为系统的欧洲文学史专著。但是,该书介绍作家、作品都极为简略,只能说是一本西方文学入门书,该书对欧洲文学史上的作家、作品采用"评点"的方式,非常简略,例如对《哈姆雷特》等作品,周作人认为"不涉宿命说(Fatalism),而以人性之弱点为主。盖自然之贼人,恒不如人之自贼。纵有超轶之资,气质性情,不无偏至,偶以外缘来会,造作恶因,展转牵连,不能自主,而终归于灭亡,为可悲也,犹疑猜妒,虚荣野心,皆认清所常有,但或伏而不发。偶值机缘,即见溃决"②。我们仅从这些简略介绍中,显然不足以把握《哈姆雷特》一剧的思想内容与艺术特点;如果要深入了解作家、作品,还需要大量阅读原作,成系统地上升到理论高度。民国时期出版的有关"欧洲文学史"的著作还有陈衡哲的《欧洲文艺复兴小史》,商务印书馆1930年版;沈起予根据日文版翻译的莆理契著《欧洲文学发达史》,开明书店1932年版;吕天石的《欧洲近代文艺思潮史》,商务印书馆1931年版;蒋方震的《欧洲文艺复兴史》,商务印书馆1933年版;徐伟的《欧洲近代文学史讲话》,世界书局1943年版;张毕来的《欧洲文学史简编》,文化供应社1948年版;林惠元译,林语堂校,塞夫顿·德尔默著《英国文学史》,北新书局1930年版;金东雷著《英国文学史纲》,商务印书馆1937年版;柳无忌、曹鸿昭译,莫逊、勒樊脱著《英国文学史》,商务印书馆1947年版。上述文学史专书,在涉及作家、作品时,有的极为简略,有的论及作家、作品不够全面深入,有的不适合作为教材。这是民国时期《欧洲文学史》和《英国文学史》的出版状况。

清华大学西洋文学系的"欧洲文学史"课程主要由吴宓承担。民国二十四至二十五年,吴宓在清华大学西洋文学系第二学年开设了"第一、二年英文"、"欧洲文学史(一)",其中还包括了"英国文学史"。吴宓、王文显、陈福田、叶崇智等制定的"学程

---

① 以上资料见西南大学吴宓先生纪念室:《吴宓主要译文目录》、《吴宓翻译教科书〈世界文学史〉》、《吴宓翻译教科书〈希腊文学史〉》。

② 周作人:《欧洲文学史》,河北教育出版社2002年版,第138页。

说明"强调:"精读英美模范散文,特重字句之用法,段之构造及章法;校正及研究文法及修辞上之普通错误,分析节段之构造,学生每周除练习外必试做(Paragraph)至少一次,每学期有讨论会二次。"① 与北京大学不同,清华大学西洋文学系课程的设置是"于英德法俄日五国中,择定一国之语言文字及文学为精深之研究",除开设上述各国语言、文学史,要求精读名著之外,还开设了福西陀与陀思退也夫斯基、莫里哀全集选读、法国语音史、法国语言史,要求特别注意拉马丁以来诗歌的发展,分别还开设法国散文、诗歌、戏剧选读;德文方向则强调了解德国文学的哲学背景,并开设了歌德、浮士德之研究、洪波与尼采之研究、现代德国文艺;日文除开设日文讲读外,另设有古代文学、谣曲、俳谱、日本汉文学史、东洋美术史、日本文学概论等;除了西洋文学概要、英国浪漫诗人、西洋小说、西洋文学分期研究(古代希腊罗马、中世纪至但丁、欧洲文学概论、欧洲近代文学论、欧洲戏剧史、文艺复兴时代至十七世纪止、十八世纪、十九世纪)、戏剧概要、选读名剧、文学批评、现代西洋文学、英国文学书选读、翻译术、德国象征派诗人、戏剧专题研究、近代中国文学之西洋背景、中西诗之比较、亚里士多德诗学研究、伊利莎白时代散文、伊利莎白时代诗、但丁等课程,同时还为三、四年级设立了每周4学时,由王文显讲授一学年的"莎士比亚专集研究",使学生自知如何欣赏莎氏作品及其著作的精妙,并读莎氏重要剧作十余篇。

吴宓在"英国浪漫时代诗人·专集研究二"的讲授中制订了"本学程取英国浪漫时代诗人(Wordsworth, Coleridge, Byron, Shelley, Keats)之重要篇章,精细研读。由教员逐字逐句讲解,务求明显详确,不留疑义;兼附论英文诗之格律,诸诗人之生平,及浪漫文学之特点。每周二小时,两学期共四学分,本系二年级必修"②;"西洋文学史分期研究——古代希腊罗马"学程为西洋文学史分期研究之第一阶段,其目的在使学生广读古代希腊罗马文学中之重要篇章(暂均读英文译本),教员于精要处酌加讲解,使学生读之能深入且有获得感,"每周二小时,两学期共四学分,本系三年级必修";"英国浪漫诗人学程"体现为有重点的"精读",甚至要逐字逐句地详细讲解,使学生能够真正领略到英国浪漫诗人的风采和诗歌的神韵,而且要能够从文体上剖析英文诗歌的格律特点,了解浪漫主义文学的时代特色和艺术特点;而"中西诗之比较"则配合对英国浪漫诗人诗歌的学习,强调"本学程选取中西方古今诗及论诗之文若干篇,诵读讲论,比较参证。教师将平时读诗、作诗所得之经验及方法,贡献于学生。且教师采取启发及融贯之教学方法,虽仅区区一得,亦愿述说,共资讨论,以期造成真确之理想及精美之鉴

---

① 张研、孙燕京:《民国史料丛刊》(文教类·高等教育),大象出版社2009年版,第440—441页。

② 张研、孙燕京:《民国史料丛刊》(文教类·高等教育),大象出版社2009年版,第442页。

赏，而解决文学人生切要之问题。本学程不究诗学历史，不事文学考据，惟望每一学生皆好读诗，又喜作诗，终成为完美深厚之人而已。凡选修本学程之学生，须参加教室中之讨论，须研读制定之书籍及诗章。又须于一年之内，撰作（中文或英文）得若干首或论文一篇"①。显然，"中西诗之比较"的课程重点不在于研究和考据，"偏重讲授中国近代诗人龚自珍、黄遵宪等人的作品，提倡用旧形式来表达新内容，主张诗歌必须要有整肃的韵律和美丽的辞藻"②，该课程着重于中西诗歌的鉴赏和创作，甚至是诗歌创作经验的介绍，培养学生对于中英文诗歌创作的兴趣和能力，从而达到培养有深厚中英文功底，热爱诗歌，能够通过经典文学的学习与研究更深刻地认识人生，具备博雅精神的学生的教学目的。吴宓不仅重视中西诗歌的比较，而且主张从"世界文学史"的角度深刻认识《红楼梦》一书在文学史上的地位。无论是"文学与人生"，还是"中西诗之比较"课程，吴宓均从比较文学、比较文化的角度强调文学指导人生的重要意义。"在外国文学研究中，吴宓同时重视文艺理论和文学史的研究，反对仅凭个人印象和爱好去分析文学作品。"③

2016年4月14日，西南大学江家骏教授捐赠的《吴宓留美笔记》所载 The Dream of The Red Chamber（《论〈红楼梦〉》）中多次把《红楼梦》与莎剧进行比较。该文提到《红楼梦》中的贾宝玉"这位年轻的主人公颇具诗人气质，正如哈姆雷特是时流的明镜，人伦的雅范，举世瞩目的中心"④。吴宓以莎氏"丰富的想象力"认为其集"疯人、情人、诗人"于一身，"所著剧本，综贯天人，穷极物态，至理名言，层出叠见，阴阳消长之理，推考尤真……窃谓莎氏所以不可及者，即其胸罗宇宙，包涵万象之力。所著戏曲……而凡古今男女贤愚贵贱所有之行事及心理，靡不吐露叙述于其间"⑤。而且，吴宓以莎剧的经典性与《石头记》作比较。1919年，吴宓在哈佛留学期间听陈寅恪之劝购入H. H Furness 编辑的 Variorum Shakespeare（《莎士比亚全集》各家注释汇编本）⑥。吴宓在哈佛读书期间选修了乔治·皮尔斯·贝克（Baker George Pierce）的"比较文学·各体戏剧"、"英国戏剧（1590—1642）"。Baker 教授以 The Development of Shakespeare as a Dramatist（《莎士比亚成为戏剧家的发展过程》）为教材，要求学生"必须置莎士比亚于

---

① 黄延复：《吴宓先生与清华》，李赋宁等编《第一届吴宓学术讨论会论文选集》，陕西人民出版社1992年版，第48页。
② 清华大学校史编写组：《清华大学校史稿》，清华大学出版社1981年版，第165页。
③ 黄世坦：《回忆吴宓先生》，陕西人民出版社1990年版，第13页。
④ 占如默、张忠梅：《吴宓述〈红楼梦〉全书之大旨及故事纲要文稿探赜》，西南大学文学院/吴宓研究中心编《吴宓先生四十周年纪念大会暨吴宓学术研讨会论文集》，2018年，第243页。
⑤ 吴宓：《吴宓诗话》，商务印书馆2005年版，第27页。
⑥ 吴宓：《吴宓自编年谱1894—1925》，三联书店1995年版，第191页。

其现实社会之社会环境中，并与同时代之许多戏剧作者详细比较，方能了解莎士比亚编剧工作之发展（成长）与进步，及其惊人天才之何以高出余子之上也"。课程结束后，吴宓撰写报告 A Comparison between Shakespeare's HENRY VI. Part II, and the Original First Part of THE CONTENTION BETWEEN THE HOUSES OF YORK AND LANCASTER（《莎士比亚改编成之剧本〈亨利六世〉第二部分与所据之原剧本〈约克王家与兰卡斯塔王家之斗争〉第一部分，版本之对勘、字句之比较》），说明莎士比亚所改者均胜过原本，并详具其理由①。"吴宓所修《莎士比亚时代之英国戏剧》课程论文被 Baker 教授批为'出众之佳作'。给予 A 等。"② 1930 年，吴宓游莎士比亚故乡，认为莎氏"异乎浪漫派狷洁狂放"。吴宓了解、翻译、出版莎氏全集，代表了一个国家民族所具有的文化意义③。吴宓在莎氏故居参观，看到日本坪内逍遥译莎氏全集，被问及中国人翻译的《莎士比亚全集》何时出版的时候，感慨"滋增予等之愧也"④。吴宓强调戏剧的现实主义特征。在《文学与人生》一书中，吴宓亦将邵挺译莎士比亚的《天仇记》、田汉译《哈孟雷特》、梁实秋译《汉姆来德》列为应读书目，把莎士比亚的《安东尼与克里奥佩特拉》中的凯撒、安东尼、克里奥佩特拉与《史记》中的汉高祖、项羽、虞姬同样视为"事业中，成败异路之人物"⑤。1964 年 4 月 13 日，他以"西师进修班外国文学教授"的身份在政协文艺组主讲的"《红楼梦》与世界文学"，更是他比较文学思想的生动体现。

三、"西叶障目"与文学教育中的翻译学

近年来，相当多中国翻译史研究著作，往往忽视了民国时期的翻译研究、翻译教学，特别是那一时期现代翻译学科对构建中国翻译史的功绩，仿佛异常丰赡的中国翻译史，从古代一脚就踏进入了当代，对翻译学科的建构研究缺乏历史唯物主义的观点，轻率地将中国翻译学科的构建视为一种当代工程。例如，杨自俭于 1994 年宣告"中国翻译学理论体系已于 1988—1989 两年内初步构建问世"⑥。谭载喜在其翻译研究中对民国时期具有开创现代大学翻译学科的事实视而不见，仅仅认为"中国的林纾、严复和鲁迅等人，虽然对翻译有过精辟的理论见解，但他们谁也没有把翻译研究当做一门独立的科学学科，

---

① 吴宓：《吴宓自编年谱 1894—1925》，三联书店 1995 年版，第 207—208 页。
② 占如默、张忠梅：《〈吴宓留美笔记〉的内容与价值》，《现代中文学刊》2018 年第 5 期。
③ 吴宓：《吴宓诗集》，商务印书馆 2004 年版，第 228 页。
④ 吴宓：《吴宓诗集》，商务印书馆 2004 年版，第 229 页。
⑤ 吴宓：《文学与人生》，清华大学出版社 1993 年版，第 39 页。
⑥ 孟昭毅、李载道：《中国翻译文学史》，北京大学出版社 2005 年版，第 406 页。

谁也没有提出要建立和发展翻译学"①。穆雷在其《中国翻译教学与研究》一书中也没有提及民国时期清华大学等高校的翻译教学与研究②。可是，当我们深入民国时期以清华大学吴宓等人领衔的翻译教学与研究时，就看到上述的立论、研究由于缺乏坚实的史料支撑，其判断也就成了无源之水和无本之木，如此论述显然是难以服人的，也是站不住脚的。尤其是当我们面对民国以来一批留学欧美、精通欧美文学与文化的翻译家、学人的时候，特别是以吴宓为代表的清华大学西洋文学系早已把翻译作为独立之学问，开出"翻译术"，传授翻译理论、翻译方法、译文形式，这些有别于外国文学史、文本分析考证、作家作品专论的翻译课程时，我们就更应该看到吴宓对翻译学科的贡献，以及为学科建设付出的筚路蓝缕之功。我们以往的翻译研究显然还需要进一步深化。上述翻译研究专书在翻译史料和翻译理论、教学、课程设置、人才培养以及学科特征概括方面的缺失，造成了长期以来对民国翻译研究有意或无意的矮化与遮蔽。流风所及，即使在一些中国英语教育专书中也缺乏对于民国翻译学科的研究。但近年来，外语界开始关注到民国时期翻译学科的建构及吴宓的翻译教学与研究。陈雪芬的《中国英语教育变迁研究》涉及民国英语教学的文字不多，但还是提到了吴宓"翻译术"的教学方法采用的是"理论与实践结合的方式"③。而张美平的《民国外语教学与研究》则设专节研究了清华大学和西南联合大学外语教育中注重"培养翻译人才和文学研究人才"④ 的办学指导思想。可以说，翻译学科的特征已经非常明显了，我们不能"西叶障目"，视而不见。

晚清和民国以来，随着"国内外国语教育的发展，培养了大批翻译人才……对文学乃至整个社会的现代化进程产生了难以估量的积极效应"⑤。属于现代学科的"翻译学科"概念虽然还没有正式提出，但是，先知先觉者早已将翻译作为一门独立的学问进行教学和研究了。其实，吴宓早在民国时期就提出了"翻译一科"基本课程的教学原则，并就翻译教学和实践提出了自己的构想。如果我们了解民国时期清华大学、北京大学等校开设的"翻译课程"，了解吴宓等学人在翻译、翻译教学、翻译研究上的重要贡献，那么，改写中国翻译史，尤其是中国现代翻译史就只是时间问题了。有学者已经指出吴宓是"在中国现代大学里第一个系统传授翻译理论与实践的人"，而且"他还是第一个对中西翻译理论进行系统研究并将翻译理论运用于指导教学实践，策划撰写中国翻译史

---

① 谭载喜：《翻译与翻译研究概论——认知 视角 课题》，中国对外翻译出版公司2012年版，第8页。
② 穆雷：《中国翻译教学与研究》，上海外语教育出版社1999年版，第6-8页。
③ 傅宏星：《"翻译术"课程教学初探》，《外国语文》2015年第6期。
④ 傅宏星：《吴宓与民国时期清华外文系的研究生培养》，《咸阳师院学报》2016年第3期。
⑤ 秦弓：《二十世纪中国翻译文学史》（五四时期卷），百花文艺出版社2009年版，第15-41页。

和从事翻译批评活动的第一人"①。吴宓开设的"译诗"和"翻译术"是清华大学外文系翻译学科中的两大核心课程②。为提高学生的翻译水平,清华大学西洋文学系由吴宓开设、制订了"翻译术"课程的"学程"。这是现代以来中国翻译研究滥觞中的重要一环。《翻译原理论》一书即为吴宓"1925年在清华讲授翻译术课程所用"③。吴宓认为"今日中国翻译之业方盛",指出翻译界存在的弊端:"今人又痛恶文学中之体裁格律,主一切破除。于是译西书者,不问其为诗为文为小说为剧曲,又不辨其文笔(style)之为浅为深为俗为雅为雄健为柔和,而均以一种现代(并欧化)之语体译之。其合于原文之体裁否?"④ 他认为翻译"决不可以甲国之字,凑乙国之文理"⑤。"学程"的制定者视翻译为一种文学上之艺术,应该合于信达雅之标准。

"翻译术","本学程特为各级中英文兼优之学生而设,每周三学时,(办法,于本学年下学期,免除其每周应修之国文三小时,作为练习本学程之用,)目的在视翻译为一种文学上之艺术,由练习而得方法,专取英文中之诗文名篇杰作,译为中文,而合于信达雅之标准。先讲授翻译之原理,略述前人之学说,继以练习,注重下列三事,为翻译所必经之步骤,(一)完全了解原文,(二)以译文表达之,而不失原意,(三)润色译文,使成为精美流畅之文字。练习分为短篇长篇二种,短篇一学期中多次,题目由教师发给,专取各种困难繁复之句法,译卷由教师批改,长篇一学期一次,学生各择专书翻译,而由教师随时指导之"。吴宓在翻译教学中强调不能为翻译而翻译,注重通过翻译实践的练习,不但知其然而且知其所以然。这种翻译更与实用性翻译拉开了距离,翻译教学着重选取经典文学中的诗文,把翻译与文学学习、鉴赏、研究结合起来;引导学生在学习翻译原理、把握翻译规律的基础上从语汇、语法、句子、句型、词汇、文字、内涵、语言特点上彻底弄懂、弄清原文,不丧失原文意思,并且能够将原文译为精美流畅的汉语,符合信达雅的翻译标准。吴宓在接受《清华周刊》专访时曾阐述了自己这一翻译思想。他说:"关于翻译一科,闻本星期内经一种实验手续后,即可开班。翻译之工作,大抵可分为二种:——为翻译历史之考究,及翻译艺术之使用是也。前者因时间短促,书籍缺乏,本学期内恐不能实行;后者乃本学期所应作者也。"⑥ 对于翻译学科的认识,尤其是在面对西方翻译研究理论时,我们应有更为清醒的学术意识。我们知道"翻译的学问原

---

① 陈雪芬:《中国英语教育变迁研究》,浙江大学出版社2011年版,第106页。
② 张美平:《民国外语教学研究》,浙江大学出版社2012年版,第306页。
③ 黄菊:《从新发现的两则史料看"吴宓赠书"》,西南大学文学院/吴宓研究中心编:《吴宓先生逝世四十周年纪念大会暨吴宓学术研讨会论文集》,2018年,第218页。
④ 吴宓:《吴宓诗话》,商务印书馆2007年版,第135页。
⑤ 吴宓:《吴宓诗话》,商务印书馆2007年版,第23页。
⑥ 本刊记者:《与吴宓先生谈话记》,《清华周刊》1925年第336期。

本就是一门最为古老而现代的人文学"①,"翻译学之所以成为'学科'是20世纪90年代"② 才由贝克等人提出的,翻译界也一般认为"翻译作为一门独立的学科在国际上也才有三十多年的时间"③。显然,以西方理论、西方对翻译学科的认知来生搬硬套,并不符合中国翻译学科发展的实际,更忽视了晚清和民国以来优秀的翻译教育家、翻译家对中国翻译学科所做出的有目共睹的巨大贡献。清华外国语文学系设立专门课程来讲授翻译理论、重视翻译实践、强调翻译练习,已经充分说明课程设计者、讲授者已经具有了初步的翻译学科的意识。吴宓不仅强调、认识到翻译理论、翻译方法对翻译实践的指导作用,而且充分认识到翻译实践在整个翻译教学中的重要作用。

四、文学课程的网状结构与语言教育的"此消彼长"

可以说,无论是清华大学时期,还是西南联大时期,清华大学开设的各门外国文学课程之间形成了一种纵横交错的网状结构,既可以使学习者从面上把握欧洲各国古今重要之典籍及文学源流脉络,各时代文学发展的主要特征,也可以使学习者精细研读名家名作。例如德国象征派诗人课程提出,用德文研究比较深奥之德国诗人者可入此班。显然,课程群和系列专题课程为造就未来的外国文学研究专家奠定了较为坚实的基础。重视外国文学课程的开设,以此来形成浓郁的人文氛围,达到培养"博雅之士"的目的,已经成为清华大学西洋文学系的办学指导思想和课程建设特点。直到西南联大时期,文学史的课程才略有减少,增加开设了"印欧语系语言学概要"④ 等语言学课程。但是,"西南联大外文系的培养目标未明确提出过……外文系的课程以英语和英国文学为主,语言理论课程较少"⑤ 这一情况表明,随着现代语言学学科的发展,清华大学外国语文学系已经认识到语言学类课程在学科建设和人才培养中的重要性。此时,尽管外国文学课程仍然占据主导地位,但西南联大语言学课程的开设在民国大学外语学科建设中已经具有了标志性意义。

其实,只要我们联系20世纪80年代清华大学外语系的课程设置,就能更清晰地看

---

① 文化部对外文化联络局、中国翻译学会、北京语言大学:《摆渡者:中外文化翻译与传播》,中央编译出版社2016年版,第202页。
② 董晓波:《翻译概论》,对外经济贸易大学出版社2012年版,第58页。
③ 谢天振等:《中西翻译简史》,外语教学与研究出版社2009年版,第2页。
④ 西南联合大学北京校友会:《国立西南联合大学校史——一九三七至一九四六年的北大、清华、南开》,北京大学出版社1996年版,第131页。
⑤ 西南联合大学北京校友会:《国立西南联合大学校史——一九三七至一九四六年的北大、清华、南开》,北京大学出版社1996年版,第127页。

到这一教育思想的根本转变和语言学教育在外语教育中成长、壮大的过程。清华大学外语系恢复重建后第一届1983级的课程中连"英国文学"也没有设置，1985年招收的"特殊用途外语专业"，文学课程仅有"英国文学"一门，语言学课程则有"英语发展简史"、"第二外语"、"语篇分析"、"功能语法"、"普通语言学"、"文体学"、"计算机语言程序设计"、"特殊用途英语"、"测试"等①。同样是外国语言文学系，语言学课程群的设立，已经与民国时期清华外国语文学系的课程设置大相径庭，课程设置的思想完全颠倒了过来，"语言学转向"已经改变了该校外语人才培养的路径，文学教育已经退到了边缘位置。

　　我们认为，民国时期以清华大学等一流大学的西洋文学系为代表，虽以本科教学为中心，但对基础课的学习有严格要求，培养目标注重人文精神的培育和学术研究专家的培养，以广博、专深之外国文学课程群的设置，达到研究高深学问、造就博雅之士、为国储才的目的。清华大学西洋文学系为提高阅读、审美、翻译和作品分析能力，设置了方向各异的众多外国文学课程群，既包括文学通史、文学、戏剧断代史，也包括诸如莎士比亚悲剧、喜剧与生平以及巢塞、弥儿顿、易卜生等各类专题研究，甚至是某一作品的体裁研究。许多学生后来成为古希腊、罗马文学、英国文学、欧洲文学、戏剧、美国文学、法国文学、意大利文学、莎士比亚、弥尔顿、易卜生和英语语言文学等学科领域的领军人物或专家。这与课程设置和培养目标有着不容忽视的关系。吴宓对外国文学学科的单一课程设置也提出了批评，认为"现在各校之外国文学事实为单一的英国文学系，世界之大，何得仅限于英国文学？规模大之学校，宜分设英、法、德、意、俄文学系及印度、伊朗、日本文学系，规模小者也应设西方文学系、东方文学系及俄罗斯文学系"②，如果学科设置一时难以达到这一标准，也要在课程设置上体现广博的特点，以求为国家培养多方面的文学人才。清华大学西洋文学系这一系列纵横交叉的外国文学课程的开设模式，其教育思想都着重于以铸造为学问而学问的所谓纯正学术精神为目的，课程开设主要强调厚实的文学基础知识，而非以培养实用外语人才为目标。由于这一广博与专深人才培养方针的确立，有些外国文学课程的开设甚至不惜有所重叠。总之，清华大学外语系科在现代中国大学自主办高等教育理念的指导下，在激烈的学科、师资、生源竞争中，把外国文学课程的开设放到了重要位置上，由此也奠定了它们同中有异的鲜明办学特色。

　　吴宓一生对平生所学、所教"欧洲文学"、"文学与人生"、"中西诗之比较"、"翻译

---

① 庄丽君：《世纪清华》，光明日报出版社1998年版，第248-250页。
② 唐智松：《重庆教育史》（第三卷），西南师范大学出版社2006年版，第178页。

术"等课程充满了热爱、自豪与由衷的文化自信。1951年2月22日,他在给李赋宁的信中说:"目前英国文学与西洋文学不被重视,等于无用;然我辈生平所学得之全部学问,均确有价值,应有自信力,应宝爱其所学。"① 民国时期清华大学西洋文学系(外国语文学系)课程设置,把文学尤其是英国文学、欧洲文学、外国戏剧等课程的开设作为教学和体现办学特色的重要指标。就教学质量而论,如果一所国立大学的外国语文系缺少了开设外国文学、西洋戏剧,特别是莎士比亚、乔叟、弥尔顿、斯宾塞等专题课程的条件,在教育、教学质量上将不会被教育管理部门、同层次大学、学生和社会认可。而清华大学所开设课程所包含的外国经典文学的人文主义价值、浪漫主义和现实主义精神,在中国外国语文学界特别具有示范意义,尤其是对于现代中国外国语文人才的思想与情感养成,凝聚了具有人文主义精神"博雅之士"的教育理念。

以清华大学西洋文学系(外国语文学系)为代表的民国时期中国大学外语系课程设置,在办学理念和人才培养模式上有着鲜明的文学特色。一流大学更加强调高等教育所应肩负的学术文化使命,注重系列文学课程教学,特别是通识与专题相结合的外国文学课程群,以强化人文精神为教学目的,但不足也明显存在,即语言学教学与研究相当薄弱,也很少开设实用类外语课程。民国时期,通识与专题相结合的外国文学课程已经成为中国高校外国语言文学系的基本课程配置,而且培养出了一批具有很高外语水平的外国文学、外国戏剧、翻译研究专家,同时也为外国语言学教学、研究准备了必要的人才条件,奠定了日后中国外国文学、戏剧、语言、翻译研究的基本格局和人才培养基本模式。

(作者单位:浙江越秀外国语学院中国语言文化学院、四川外国语大学研究生院,成都法语联盟)

---

① 吴宓:《吴宓书信集》,三联书店2011年版,第370页。

新视界

从梁宗岱到吴兴华："新"古典主义的诗学策略与文化意义①

陈芝国

自黄、梁"诗界革命"始，至胡适新诗运动，中国诗歌在革命话语的激荡之下，发生了众所周知的颠覆性古今之变。在"求解放争自由"的时代精神蛊惑之下，以自由诗这一西方现代诗大潮之支流为主要模仿对象，与中国古典诗歌传统极其殊异的自由体白话诗，在新诗运动中迅即成为中国诗歌的主流。"五四"之后，虽有新月诸子极力尝试格律体，试图将自由诗之外的其他西方格律诗体引进汉语诗界，不独读者以"豆腐干"讥之，主将之一的徐志摩亦复信心阙如。稍后，虽有林庚以半逗律极力化古，却在当时已被戴望舒著文予以批驳。20世纪50年代初的新格律讨论，与20世纪50年代末的新民歌运动，在今天看来，实际上是新政权建立之初政治抒情潮流泛化的表现。当老诗人郑敏在21世纪初以诗意、意境或境界作为新诗的美学原点，大声疾呼重构新诗与古典诗歌传统的关系时，当时年轻一辈的诗人臧棣却从现代性与古典性的差异出发，指出新诗已经形成了自己的传统，已经建构了自身的合法性。几年后，其《诗意的政治》一文，更进一步梳理了"诗意"这一诗歌术语的现代理路，指出意境和诗意是古典诗词的范畴，今人用诗意或意境指认或纠正新诗，实乃时空错置。王家新在稍后的《从古典的诗意到现代的诗性》中，也以闻一多、冯至、穆旦和海子等诗人为例，指出现代诗人的写作实际上是一个逆古代社会山水田园的诗意化而重铸现代社会生活体验的诗性过程。臧棣和王家新为新诗的辩护，就不再仅仅是从语言尤其是格律这些外部特征入手，否定古典诗歌传统与现代新诗的承继关系，而是从经验、精神和观念层面将古典诗歌传统与现代新

---

① 本文系教育部人文社会科学规划基金项目"20世纪中国新古典主义诗歌话语研究"（18YJA751004）的阶段性成果。

诗视作两个殊异的知识话语体系。至此，梁启超孜孜以求的新意境（现代经验）与胡适努力尝试的白话自由体（现代形式），经数代诗人从不同角度的试验，似乎终于修成正果。在坚持新诗自身传统的诗人们看来，与其承认新诗与古典诗之间存在一条断裂的大峡谷，倒不如说新诗是另起炉灶，是一座在各种现代性经验与观念的碰撞、激荡、挤压和冲突之下，从一片荒原中喷薄而出且仍在不断生长的活火山。

然而，这种合法性的获得或自身传统的形成，如果说不是部分诗人的自我期许和自我感觉，也至多只是一种现代性的文化幻象。一方面，许多以唐诗为标杆的读者一直否认新诗的合法性；另一方面，一些诗人尤其是对古典诗歌传统有着深挚情感和深刻理解的诗人，他们从语言出发，既承认传统与现代之间的割裂，也力图缝合这种割裂。在前述新月派诸子、林庚、20世纪50年代的新格律体讨论的参与者以及郑敏等人之外，另外一些同样有着深厚古典修养的现代诗人，他们也曾经尝试用新的诗学策略去弥补那个巨大的断裂，但他们的诗学观念与实践所蕴含的文化意义往往被文学史家错认或忽视了。

一、从梁宗岱到吴兴华

在多数诗人和研究者眼中，梁宗岱往往被视作法国象征主义诗歌的译介者和中国象征主义诗歌理论的奠基者，被置于汉语象征主义诗歌谱系的核心。其实，这是诗人的历史起点造成的错认，是对梁宗岱诗歌创作和诗歌生涯极尽删减之后的错认，犹如将戴望舒与"雨巷诗人"牢牢捆绑在一起，而看不到呈现出更高诗艺的超现实主义者戴望舒。在梁宗岱的象征主义译介者、诗人和理论家的形象之外，他更值得注意的是其对新诗与古典诗歌传统的断裂的警醒与缝合。从《诗与真》一集中的《保罗·梵乐希先生》、《论诗》和《象征主义》，到《诗与真》二集中的《谈诗》、《李白与哥德》、《论崇高》、《说"逝者如斯夫"》、《哥德与梵乐希》和《新诗底分歧路口》，这些重要的诗学论文，大多是从中西比较的角度，以赋比兴的"兴"阐释象征主义的精髓。笔者之所以在谈论吴兴华之前，要提及梁宗岱的诗学，原因之一正如冯睎乾所说，吴的"富哲理"的、倾向"理智"的诗观"还得力于一位中介人梁宗岱：他师法梵乐希（Paul Valéry），推崇'具有宇宙精神或宇宙观的诗'"[1]。冯睎乾敏锐地发现了吴与梁在诗学上的亲缘关系，惜乎至今未能展开。

在最近出版的《风吹在水上：吴兴华致宋淇书信集》中，恃才傲物的吴兴华对中国现代文学史上一些重要人物，如胡适、周作人、郑振铎、林庚等，颇多非议，对同属北

---

[1] 冯睎乾：《吴兴华：A Space Odyssey》，《万象》2016年第6期。

平沦陷区的青年诗人,如查显琳、汪玉岑、朱英诞、南星等人,更是揶揄备至。在给宋奇①的书信中,他也曾指出梁宗岱对瓦莱里的介绍是不准确的②,认为梁宗岱的文章"stylish 的气味太重,看得出来他努力想写漂亮文字,结果蔓字累句层出不穷"。然而,吴兴华在 1942 年不仅"重念《诗与真》,发现他赞扬中国诗还算在理"③,而且他在《黎尔克的诗》一文中,也全文引用了梁宗岱译自里尔克《勃列格底随笔》中那段精彩的话④。这也表明了他对梁宗岱译笔的赏识,因为吴兴华上大学以后所写的有关外国文学的文字,除了这一段话之外,就再没有采用过其他人的译笔。

吴兴华不仅经过梁宗岱的译笔,对里尔克的诗学有了最初的了解,而且,梁宗岱对于现代与传统之关系的认识,也在吴兴华这里得到了回响。梁宗岱在从德国写给徐志摩的信中,热切而全面地谈到了传统与现代的关系:

> 二三千年光荣的诗底传统——那是我们底探海灯,也是我们底礁石——在那里眼光光守候着我们,(是的,我深信,而且肯定,中国底诗史之丰富,伟大,璀璨,实不让世界任何民族,任何国度。因为我五年来,几乎无日不和欧洲底大诗人和思想家过活,可是每次回到中国诗来,总无异于回到风光明媚的故乡,岂止,简直如发现一个"芳草鲜美,落英缤纷"的桃源,一般地新鲜,一般地使你惊喜,使你销魂。)因为有悠长的光荣的诗史眼光光望着我们,我们是不能不望它的,我们是不能不和它比短量长的。我们底诗要怎样才能够配得起,且慢说超过它底标准;换句话说,怎样才能够读了一首古诗后,读我们底诗不觉得肤浅,生涩和味同嚼蜡?更进一步说,怎样才能够利用我们手头现有的贫乏,粗糙,未经洗炼的工具——因为传统底工具我们是不愿,也许因为不能,全盘接受的了——辟出一个新颖的,却要和它们同样和谐,同样不朽的天地?因为目前的问题,据我底私见,已不是新旧诗底问题,而是中国今日或明日底诗底问题,是怎样才能够承继这几千年底光荣历史,怎样才能够无愧色去接受这无尽藏的宝库底问题。但这种种困难并不是中国今日诗

---

① 宋奇,乃宋淇之原名,又名宋悌芬,移居香港后改名宋淇。
② 吴兴华 1941 年 11 月 6 日致宋奇信,原文为英文:"Valéry is, as I have found him before, intolerable, & he confirms my belief of Liang Tsung Tai being a blockhead." 见《风吹在水上:致宋淇书信集》,广西师范大学出版社 2017 年版,第 14 页。不过在 1942 年 7 月 17 日致宋奇信中,他认为瓦莱里诗的成就应该高于艾略特,后者拾的全是 Laforgue(拉福格)的余唾,而瓦莱里,"论达文奇的文字现在已有点过时,但文体本身还是无懈可击的。我在这里不得不与梁宗岱先生同意,不知是应该高兴还是应该生气"。见《风吹在水上:致宋淇书信集》,广西师范大学出版社 2017 年版,第 56 页。
③ 吴兴华 1942 年 4 月 8 日致宋奇信,《风吹在水上:致宋淇书信集》,广西师范大学出版社 2017 年版,第 64 页。
④ 吴兴华:《黎尔克的诗》,《中德学志》1943 年第 5 卷第 1、2 期合刊。

人所独具的,世界上那一个大诗人不要承前启后?那一个大诗人不要自己创造他底工具和自辟一个境界①?

大约十年之后,这段话经吴兴华改头换面,再次出现在抗战时期华北沦陷区最重要的校园文学刊物《燕京文学》上:

> 所以现在写新诗的人应该慎重的考虑一下,为了担负重大的责任自己的能力够不够。我们现在写诗和古人不同了,没有先人费尽脑汁给我们预备好了形式和规律。句法和题材的选择都随你便。你爱写十四行,三叠令,甚么全好;你写《荷叶杯》,《渡江云》,也没有人来干涉。可是,想起来也奇怪,越是自由,写作的人越要小心。我们现在写诗不是个人娱乐的事,而是将来整个一个传统的奠基石。我们的笔不留神出越了一点轨道,将来整个中国诗的方向或许会因之而有所改变。谁知道这是不是夸大的话,但是我宁愿诗人们多小心,在写作之前多思想一下。这是不会有害处的。
>
> 大家写作时应当想一想过去,想一想将来——中国过去的诗有着一个何等光荣的历史,我的作品即使不能成为古人绝对的继承者时,会不会给他们丢太大的脸?中国将来的诗路线大约如何,在它未来的发展当中我的作品会不会是一个障碍?现今新诗的危机并不是读它的人太少(像许多人所想的一样),而是写它的人太多。在大家谁也不知道"新诗"到底是甚么之前,你来一首,我也作一篇,四行,十行,百行,以至千行,不过就是乱人耳目,将来总不免扔到废纸篓里(或者是实在的,或者是象征的废纸篓),这种劳力又何苦来②?

虽然吴兴华对于英美现代诗的熟悉程度,可能超过梁宗岱,但无疑地,他们对瓦莱里、里尔克和歌德等法语和德语诗人的相似喜好,他们对于中国古代诗歌以陶渊明、李白、杜甫等人为代表的正典的相近理解,使他们站在现代、回望古典时,看到的不再是黄遵宪眼中的"拘牵",不再是胡适的"历史进化的眼光"下的"镣铐枷锁",不再是陈独秀鼓吹革命之下的"雕琢的阿谀的铺张的空泛的"、"不过如涂脂抹粉之泥塑美人"。换言之,经过了文学革命开创期的喧嚣之后,处于现代文学建设期的梁宗岱和吴兴华,已不再将文学当作政治革命和社会进步的工具,不再信奉文学进化的观念,他们认同的

---

① 梁宗岱:《论诗》,《诗刊》1931年第2期。
② 吴兴华:《现在的新诗》,《燕京文学》1941年第3卷第2期。

是纯文学和纯诗,强调的是汉语文学的连续性。

在诗人与读者关系方面,也就是如何面对现代以来逐渐甚嚣尘上的文学"大众化"问题,梁宗岱曾在1933年,也就是中国诗坛的纯诗化与大众化倾向彼此争论不休之时,撰文反对迁就大众,反对直接采用大众的日常口语。他认为大众文学的两个方面——"文学是属于大众的"和"文学是为大众的",固然愿望是好的,但陶渊明诗朴素和浅易的外表之下是其"过量的丰富与浓郁"的内容,因此,"我们不能不承认所谓现代语,也许可以卓有余裕地描画某种题材,或惟妙惟肖地摹写某种口吻,如果要完全胜任文学表现底工具,要充分应付那包罗了变幻多端的人生,纷纭万象的宇宙的文学底意境和情绪,非经过一番探检、洗炼、改善和补充不可"。他还引他最熟悉的瓦莱里的名言进一步指出诗人不应迁就大众,而应该启蒙和教育大众:

> 梵乐希曾说过:"有些作品是被读众创造的,另一种却创造它底读众。"意思是一种是投合读众底口味的,另一种却提高他们底口味,教他们爱食他们所不喜欢的东西。如果把这意思用在文学的用语上,那么,就是为民众设想,与其降低我们底工具去迁就民众,何如改善他们底工具,以提高他们底程度呢①?

抗战全面爆发以后,虽然梁宗岱批评"抗战诗歌多数犯贫血症",但他也开始呼唤具有"清晰的宏亮的声音"和"真诗底品质"的战歌②,文学为抗战服务已成为最强有力的文化政治,带有强烈现代主义印记的纯诗观念已经消隐,大众化、口语化已成为多数诗人自觉选取的写作方向。梁宗岱反对新诗大众化,反对诗人迁就大众的纯诗观念,却在北平沦陷区被日军环伺的燕京大学校园继续坚韧地生长着。其中,吴兴华的声音最为清晰:

> 陶潜的平淡正是繁缛之极的结果,所谓"重返天真",和普通的浮浅是不可并论的。再说诗叫大众都能懂是无妨的,然而这一点本身却并不足以称为优点。白居易的诗好处不在老妪能解的皮毛讽刺,也不在自弄豪富的风流闲适诗,而在他那些从心而发的感叹,长者如《长恨歌》和《琵琶行》,短者如《忆旧游》,《燕子楼》等。新诗努力去求大众"化",在我看起来是一种非常可笑而毫无理由的举动。大众应该来迁就诗,当然假设诗是好的,值得读的,应当"新诗化";而诗不应该磨

---

① 梁宗岱:《诗与真·诗与真二集》,外国文学出版社1984年版,第61页。
② 梁宗岱:《谈抗战诗歌》,《文艺月刊》1939年第2卷第11、12期合刊。

损自己本身的价值去迁就大众,变成"大众化"。在这眼看就要把诗忘却的世界中,诗人的责任就是教育大众,让他们睁开眼睛来看"真","美"和"善",而不是跟着他们喊口号,今天热闹一天,不管明天怎样①。

将古典诗歌传统视作一种宝贵的遗产而不是沉重的包袱,力图用真善美的新诗教育大众而不是磨损自己本身的价值去迁就大众,吴兴华在这两方面与梁宗岱的相同或相近,或许在不少现代诗人那里都能找到相似点,而诗人的宇宙意识以及由诗人的宇宙意识而使作品产生的崇高品质,则是梁宗岱与吴兴华最相似而又最吸引人注意之处。

梁宗岱经由歌德和瓦莱里重新发现了中国古代诗歌少有的宇宙意识和崇高品质。梁宗岱在阅读歌德时,一再想起李白。他说:"哥德和李白不容错认的共通点,我以为,尤其是他们底宇宙意识,他们对于大自然的感觉和诠释。"他又说:"李白和哥德底宇宙意识同样是直接的,完整的:宇宙的大灵常常像两小无猜的游侣般显现给他们,他们常常和他喁喁私语。所以,他们的笔下——无论是一行或一首小诗——常常展示出一个旷邈,深闳,而又单纯,亲切的华严宇宙,像一勺水反映出整个星空底天光云影一样。"梁宗岱不独在李白的诗中发现了这种具有崇高品质的宇宙意识,也在《说孔子的一句诗》一文中专门论及中国的宇宙诗。当好友朱光潜说起"中国人底思想太狭隘,太逃不出实际生活的牢笼,所以不容易找到具有宇宙精神或宇宙观的诗(Cosmic poetry)",他则举孔子的"子在川上曰:逝者如斯夫,不舍昼夜"为中国宇宙诗的典型代表。针对周作人在《论语小记》中认为孔子的这句感叹"读了觉得颇有诗趣",他认为在有目共赏的诗趣或诗意之外,更应该把它当作一首宇宙意识的诗②。在著名的《谈诗》一文中,梁宗岱再次分析了陶渊明五古诗与陈子昂的《登幽州台歌》,指出了它们与屈原的作品共有的宇宙意识和崇高品质。

吴兴华则首先从诗的本质——想象力——入手,区分了装饰性的想象与本质性的想象。他认为装饰性的想象,是一种剩余的想象很有趣地溢出字面的表现,而不是整篇诗机体的一部分,是诗中可有可无的,而后一种想象力,"并不一定借用明喻、暗喻、象征等才能得到表现,而是一种内在的,使读者能穿过诗看见另外一片境界并得到另外一种意义的能力"。他以李白为例,具体分析了后一种想象力:

在李白的诗里,装饰的想象力就占着不小的地位。然而他的作品在表面下总有

---

① 吴兴华:《现在的新诗》,《燕京文学》1941年第3卷第2期。
② 梁宗岱:《说孔子的一句诗》,《人间世》1935年第27期。

着一道潜流，似乎直接与我们的血液脉搏相呼应。我不知道这在心理学上应当如何解释。可有谁读了《将进酒》，不起一种原始的悲感呢？引起这种与喜乐相倚的悲感是李白独特的才能。真的，李白或许可以说是诗人中最原始的——或许我们要除去屈原。《梦游天姥吟留别》和《蜀道难》歌唱的是人类自有生以来对于高地抱有特殊的恐怖。不管我们自认神经多么健全，没有读了这两首诗而能不变色心跳的。这并不是什么可羞的事，因为这是人脱离了猿猴境界后上天的赠礼①。

这种"原始的悲感"，这种"上天的赠礼"，不就是李白诗的宇宙意识的具体阐释吗？至于梁宗岱论及的其他具有宇宙意识的诗人，如陶渊明、陈子昂等，吴兴华也在给宋奇的信中一再论及。吴兴华偏爱挑选一些纯粹客观的史事、物品与一些超乎众物之上的情感作题材。他对于这种"超乎众物之上的情感"有过详细的例释：

> 当我说超乎众物之上的情感，我心里想的就是中国那一串光耀的诗人，藉把"五古"——注意只有这一个诗体——作为最高的表现工具。阮籍、陶潜（一部并非全部）、陈子昂、李白，下至清朝不大有名的诗人如屈大均。关于为甚么五古是中国最好（好到绝顶）的诗所必取的形式，现在讲也讲不完，像你这样妙悟的人，一定一看就解。……这种欣赏看似无奇，其实非日夕枕藉诗歌不易发现。梁宗岱所谓的"宇宙化"的诗只有在五古里找到②。

吴兴华虽然如梁宗岱一样，极力推崇宇宙诗，但他也并非只是偏执于此。他不仅是深刻的，而且也是丰富而多元的。他不仅写下了大量表现宇宙意识的诗，也书写了大量以普通的悲欢哀乐为主题的诗。迄今为止，笔者读到的吴兴华的200多首诗中，《杜鹃》、《九歌》、《远别离》、《重游》、《入夜》、《过杨柳》、《夕暮》、《夜客的造访》、《深夜听瞽人弹弦子》、《夜的幻觉》、《沙漠上的月亮》、《短铭五章》、《爱情》、《空屋》、《柳毅和洞庭龙女》、《短诗十首》、《大学生》、《演员》、《闻黄宗英割舌有感》、《金陵图》、《古老的城》和多数歌谣体诗等100多首皆属后者。这正如他自己所言："人不能时时在 exalted mood 之中，在普通的悲欢哀乐中，这种崇高的体裁就不适用，唯有在静观万物

---

① 吴兴华：《谈诗的本质——想象力》，《燕京文学》1941年第2卷第4期。
② 吴兴华1943年2月20日致宋奇信，《风吹在水上：致宋淇书信集》，广西师范大学出版社2017年版，第78-79页。

时,当宇宙与心灵的阔大突然对你显现。"①

不仅吴兴华的新诗理论比梁宗岱更为丰富、多元和深刻,而且更重要的是,除了前述诗学理论的两个重要相近点以外,二者更大的差异来自于实践层面。由于二者在学识、才能、心性和经验诸方面的不同,梁宗岱留下的诗歌本就稀少,在创作中自觉实践自己诗学观念的例子也极其罕见,而吴兴华不仅诗作很多②,并且努力在创作中体现自己的诗学主张。

二、让典故与历史复活在当下

用典,不仅是中国古代诗人抒情言志时频繁采用的重要表现手段,也是西方诗人自古以来未曾舍弃的语言策略。里尔克的《奥菲乌斯·优丽狄克·合尔米斯》、艾略特的《荒原》、庞德的《诗章》和奥登的《美术馆》,这几篇20世纪的佳作,哪一篇能拿去其中的典故而独自存在？新诗自发明之初,"不用典"、"要用具体的写法,不要用抽象的说法"、"抽象的议论不会成为好诗",虽然收了解放诗体之功,但对现代性——有时候往往被狭隘地理解为具体性和当下性——的强调,不免使得即景即事的抒情诗和叙事诗成为新诗的主流,用典往往成为以学问为诗和以文为诗的罪证,遭到忽视或非议。

如果说用典是一种不同时代诗人之间建构的互文关系,那么中国诗人对于历史的运用则是中国古代诗词异于西方诗歌,当然更异于新诗的一个重要特征。吴兴华在其本科毕业论文《现代西方批评方法在中国诗学研究中的运用》(*An Application of Modern Methods of Criticism to The Study of Chinese Poetry*) 中细致比较了中西方的七个文学批评范畴,指出:"鉴于中国诗歌充满了历史典故,我认为有必要增加'历史'作为一个单独的标题。"相较于西方诗人运用神话,他认为"中国诗人运用历史是因为,中国并没有一个以文学形式保存的系统的神话,比如希腊神话那样的东西。历史以某种方式弥补了这个缺陷。中国作家知道他的读者并不会质疑官方史书中的任何表述,正如他们不会质疑经典著作中的教条一样,因此诗人知道他的历史是有根据的,他能够借助历史来向全民族发表自己的看法"③。吴兴华的诗歌理想既然是复活伟大的诗歌传统,对典故的转化和对历史的运用自然成为其写诗时采用的主要策略。

---

① 吴兴华1943年2月20日致宋奇信,《风吹在水上：致宋淇书信集》,广西师范大学出版社2017年版,第79页。

② 《吴兴华诗文集》(诗卷)(上海人民出版社2005年版)和《吴兴华全集》(诗集)(广西师范大学出版社2017年版),所收吴兴华诗皆有讹误缺漏。据笔者所见,吴兴华留下了近300首诗。

③ 吴兴华：《现代西方诗学批评方法在中国诗学研究中的运用》(吴兴华燕京大学毕业论文,原文为英文),陈越译,《中国现代文学研究丛刊》2013年第3期。

从梁宗岱到吴兴华:"新"古典主义的诗学策略与文化意义

吴兴华最初几年的诗,如《九歌》、《西长安街夜》、《湖畔》、《爱情》、《病中》、《晾衣》、《秋柳》、《河水上的虹》、《重游》、《远别离》,其声音是清丽、柔和而舒缓的,优美动听的词句掩映着悲哀而幽怨的情调,与20世纪30年代前中期《现代》、《诗帆》、《小雅》、《新诗》等刊载的戴着现代主义面具的感伤浪漫的青春期写作,并无根本的区别,但在用典方面,已颇有值得注意之处。一个熟读古代诗词的现代人,虽然身处一个由传统向现代缓慢转型的城市,然而,当他在鸟语花香的北平西北角倾听到无数古代诗人也曾经倾听过且被他们反复诗化的鹧鸪声时,他脑海中响起的可能还是大量使用鹧鸪意象的古代诗词,尤其是晚唐郑谷的名篇《鹧鸪》:

> 暖戏烟芜锦翼齐,品流应得近山鸡。雨昏青草湖边过,花落黄陵庙里啼。游子乍闻征袖湿,佳人才唱翠眉低。相呼相唤湘江曲,苦竹丛深春日西。

当他也不由自主地加入这个以鹧鸪声为主题的吟唱群体之时,他却发现自己已不能使用古代诗人与古代读者共通的桥梁——文言和古代格律,他需要用新的现代性话语装置来重新发明那个不变的风景,唯一能供他使用的是尚未成熟的现代白话和借鉴自外国诗歌的格律。于是,他拿起笔,试着唱道:

> 在苦竹的山头有座隐若的寺院,
> 黄昏时辽复的传出幽微的钟声,
> 渔人泊舟在高崖下,看天,天渐晚,
> 野水参差的浮动着,涨落的波痕。
> 在清冷的枫树林间依依的飞过,
> 在落花的芳草原上静静的哀啼,
> 一个白马的少年人驻听双泪落,
> 一个高楼的多思女襟袖尽沾湿。
> 夕阳渐渐的沉下来,青色的山后
> 传来鹧鸪的幽怨曲……没有人晓得
> 在花落的黄陵庙中,青草的渡口,
> 多少人眼望着乡土,倾听这悲歌①。

---

① 吴兴华:《鹧鸪》,《文苑》1939年第1辑。《吴兴华全集》(诗集)编者将此诗最后一行的"乡土"误作"乡士"。

相较于一千多年前文言的郑诗，现代汉语的吴诗有何意义，后者是否只是前者的翻译？二者乍看之下的相似，无法掩盖细读之下的殊异。郑谷之七律，首联两句，一赋一比，勾染鹧鸪的习性和外形，点明鹧鸪在诗人心中的地位。二、三联两个对句，以虚写实，以人写物，深得鹧鸪作为诗歌意象的怀乡离情之神韵。沈德潜有言："咏物诗刻露不如神韵，三四语胜于'钩辀格磔'也。诗家所以称郑鹧鸪以此。"① 郑诗的画面是平面的、静止的，虽然最后的"春日西"点明了时间，但时间的流动是难以感知的。这种从以物喻物到以人喻物，逐层加深读者印象的类比，正是古代咏物诗的拿手好戏。游子征袖湿和佳人翠眉低，也仍然只是一种装饰性想象。简言之，诗的主旨自始至终没有发生改变，就是咏鹧鸪，而不是咏人。吴兴华借鉴的是英美诗歌常见的随韵四行体，但从平仄而言，都是仄平仄平的押韵，是吴兴华从古代律绝那里继承过来并予以坚守的写诗首要原则——平仄不相押——的完美体现②。吴诗最后一节，每行前半8个音节，后半5个音节，中间的停顿用标点符号予以标明，产生一种一唱三叹的节奏感，青和倾的同音，山与后、得与歌的押韵，是前两节由两个对句和押韵造成的音乐美的继续加强。全诗犹如一首凄美的歌，应和着诗题"鹧鸪"一词给人的声音感觉。不仅吴诗的音乐毫不逊色于郑诗，而且吴诗不再是中国古代山水画或者花鸟画在单幅画面内不同景物的铺排，而是多幅画面的动态映现。虽然首节的"苦竹"、"寺院"会令熟读唐诗的读者立刻想到郑诗，但隐若、辽复和幽微三词与钟声结合，不仅使原诗静止的寺庙活了起来，更重要的是有心的读者自会想起频繁出现于唐诗中的钟声，那种离愁别恨不假鹧鸪已经隐约可感。第三行一个"渐"字不仅将时间的流动清晰地呈现出来，也衬托着钟声引发的离愁的逐渐加深，因为泊舟高崖下抬头看天的渔人将要回家，而离乡的羁旅人，却无处归依。第四行表面上顺承第三行通过渔人的眼观看水的涨落，实则化用苏轼的《书李世南所画秋景》的"野水参差落涨痕"。化用苏轼的诗句，却也不仅仅是为了描写眼前动态的风景。因为苏诗"野水参差落涨痕，疏林欹倒出霜根。扁舟一棹归何处？家在江南黄叶村"也是借画抒离情。从第二节的"飞过"和"哀啼"，我们才看到鹧鸪在诗里出现，但"清冷"与郑诗的"暖"已判然有别。第二节的后两行对应郑诗的颈联，郑诗平面化的对句，在此已由一个骑马的少年和一个高楼的多思女替代，二者高低错落造成的立体感，明显强于郑诗的平面化。因为首节对于离愁别恨的铺垫，此处的少年和多思女，就不再仅仅是以人喻物的喻体，而成了触景生情的主体。最后一节的"渐渐"呼应首节的"渐晚"，提醒读者时间永在流逝。第10行的省略号似乎让读者沉浸在鹧鸪幽怨的叫声之中，

---

① 沈德潜：《唐诗别裁集》，中华书局1975年版，第219页。
② 吴兴华1942年2月26日致宋奇信："我的根本的信条你是知道的，就是平仄，上去都不能互押。"《风吹在水上：致宋淇书信集》，广西师范大学出版社2017年版，第26页。

但由于诗人的主旨在人而不在物,"没有人晓得"就以否定性的言说回到思乡的主题。末行"多少人眼望着乡土,倾听这悲歌",也是郑诗中所没有的,至此就彻底超越了咏物的范围,成为一首抒情诗。

由于现代社会共同体内部的同质性,思乡已然成了一种受追求现代性的精英读者耻笑的行为。思乡诗的被贬斥、被耻笑,并不能阻碍思乡之情在诗人心灵的"沉渣泛起"。思念乡土,一方面是古代社会儒家伦理的体现,一方面又何尝不可以理解为在现代知识分子中才有可能产生的一种追寻精神家园的行动。正是在后一种意义上,吴兴华的鹧鸪或许才找到返本的途径,也因为其与郑谷纯粹咏物的不同,也才有了开新的意义。在后现代主义、解构主义、反本质论甚嚣尘上,甚至已成为某种共识的今天,或许有读者否认这种古今同一的精神,进而因吴兴华的《鹧鸪》缺乏"现代社会生活经验",而贬低其存在的价值。那么,不妨将解构主义惯用的过度诠释再使用一次。由于郑诗中的黄陵庙,位于湖南湘阴县北洞庭湖畔,郑诗中的湘江,即今天湖南的湘江,鹧鸪也主要出没于中国的南方,北方极其罕见,因此,从未到过湖南的吴兴华,或许听到了钟声和鸟鸣,但其《鹧鸪》一诗中的景象,可能皆出于想象。武汉会战已于1938年10月结束,武汉已陷于敌手。此后,湖南成为抗战的前线,也是诸多北方军民暂时移居之地。因此,发表于1939年的吴诗,末行"多少人眼望着乡土,倾听这悲歌",就不再仅仅是知识分子追寻精神家园的想象,或许也是一个因为各种家庭原因仍然身处沦陷区的青年知识分子以互文手法对抗战时期中国人离乡背井经验的呈现,无法不令人想起南渡之初的辛弃疾所写的《菩萨蛮·书江西造口壁》:"西北望长安,可怜无数山。……江晚正愁余,山深闻鹧鸪。"

至于在用典方面,吴兴华的新体绝句与古代绝句的区别,冯睎乾通过对比吴兴华的《绝句》"仍然等待着东风吹送下暮潮/陌生的门前几次停驻过兰桡/江南一夜的春雨乌桕千万树/你家是对着秦淮第几座长桥"和明朝林初文的"不待东风不待潮/渡江十里停兰桡/不知今夜秦淮水/送到扬州第几桥",清晰而准确地分析了吴诗给读者带来的一种夺胎换骨的知性快感①。对于此一方面,笔者在此不赘。

在用史方面,博览史书的吴兴华取材之广博,眼光之敏锐,在现代诗人中可能是绝无仅有的。由于吴兴华之诗在20世纪40年代被读者注意以来,其受到的批评主要是缺乏现代社会生活经验,因此笔者暂时把他批评当时诗坛上厚今薄古写作风气的《北辕适楚,或给一个青年诗人的劝告》放在一边,也暂不去谈论其诗中的形而上观念,仍然先以他那些影射现实的诗为例。

---

① 冯睎乾:《吴兴华:A Space Odyssey》,《万象》2016年第6期。

如果说挖掘《鹧鸪》一诗的抗战语义仍不免牵强,那么其手稿中写于 1941 年 4 月 30 日的《金陵图》则清晰而明确地书写了这一主题:

> 世纪流过了依然是环伟的江山
> 青空斜尽处大江自天而下
> 一苇既不可渡,投鞭篁更是荒唐
> 心怀羞耻的可有谁肯不经一战
> 将如此形势坐付他人?
> 当年连那与太阳争光的皇帝
> 都心惧东南的王气;自从紫髯的
> 吴儿笑看楼船火飞作云霞。
> 多少壮士曾引剑遥看嵯峨的城堞
> 六代的兴亡至今仍嗤笑褚渊
> 足不出城门满目未见有他的同志
> 依旧秦淮的灯火　但辽鹤归来
> 恐怕不能再认识凋零的尘市
> 潮生潮落　兀然顾峙着
> 英雄鹊起的家乡,老去更无人
> 一洒新亭的眼泪,空自安慰道:
> 将来我们会重见华夏的衣冠……
> 但束手待毙又何用高误天意?
> 玉树的歌声唯存在商女口中,
> 谁人见金莲上还有旧时的微步?
> 啊多少伤心的情景,最是淮水东边的
> 明月重看见降旗招展在城头,
> 那带水的佳城
> 昔年曾两次拒回南渡的群马①。

这首自由诗开篇活用刘禹锡《石头城》的名句"山围故国周遭在,潮打空城寂寞回"。刘禹锡写这两句时,藩镇割据严重,他通过对比不变的江山、人事的代谢与时间的

---

① 吴兴华:《吴兴华全集》(诗集),广西师范大学出版社 2017 年版,第 63—64 页。

变动不居，表达的是世事轮回的历史沧桑。吴兴华写这首诗时，南京早付敌手，抗战已到了极其艰难的相持阶段。在这样一个危机时刻的写作，体现了抗战对于一个现代中国知识分子历史感觉的塑造。第2行"自天而下"以雄阔的空间视野刻画了江山之壮丽。第3行前半既反用佛教达摩祖师在南京一苇渡江的传说，又反用王安石《金陵怀古》的"却怪夏阳才一苇，汉家何事费罂缸"，后半则用淝水之战嘲讽北秦苻坚的狂妄无知，一前一后，借鉴传说与历史，进一步写南京地势之险要。第4、5行在前3行大好江山和险要地势的描绘之后，借对淝水之战前夕东晋政权内部主和派的批判，影射抗战时期南京的轻易丢失，反问句的使用无疑是对国民政府抗战准备不足的激烈批判。第6、7行的跨行，用秦始皇听信方士之言，心惧金陵王气，凿秦淮河的传说，暗喻国都南京被日军占领之后，诗人对于民族命运的忧虑。第7、8行的跨行，诗人似乎要赞颂东吴孙权笑看赤壁之战中火烧敌船的才略，但这两行既是对前述东南王气的转喻，又与第9行构成一种乐极哀来的转折。赤壁之战的辉煌光荣与此后有心杀贼、无力回天、败走他乡的壮士们只能引剑遥看嵯峨的城堞形成强烈的对比。第10行化用善于明哲保身的褚渊附逆南齐太祖萧道成的历史，第11行借城中官民对褚渊言行的模仿，极力讽刺投降日军、供日军驱使的伪政府官兵。反用"同志"一词，更凸显此诗的反讽力量。第12、13行在表面化用历朝历代文人皆喜用的丁令威典故，实则暗用文天祥《金陵驿》"山河风景原无异，城郭人民半已非"，写出诗人对沦于敌手的国都的变迁的担忧，表达的是一种来自历史深处的悲剧意识。刘禹锡诗的下句"潮打空城寂寞回"则被毫无痕迹地化用在第二节首行，接下来的3行反用杜牧的《题乌江亭》，"老去更无人"和"空自安慰"再次强化上节的忧虑与悲观情绪。张元幹《贺新郎·送胡邦衡待制新州》的"天意从来高难问，况人情老易悲难诉"化用杜甫《暮春江陵送马大卿公恩命追赴阙下》的"天意高难问，人情老易悲"，吴诗第18行则在张元幹化用之后，再次反用此典。胡邦衡绍兴八年反对"议和"、请斩秦桧等三人而被一贬再贬，被贬岭南之时，主战的王廷珪和张元幹分别作诗词相送，皆被朝廷除名。吴兴华反用此典，既是将前面的"空自安慰"落在实处，又再次以反问句讽刺抗战中出现的无能与附逆之行为。第19行化用杜牧《泊秦淮》的"商女不知亡国恨，隔江犹唱后庭花"，第20行化用南宋杨泽民《解蹀躞》的"一掬金莲微步，堪向盘中舞"，前一行讽刺性描绘唯存的亡国之音，后一行疑虑过去的繁荣景象（华夏文明）能否继续存在。由"遥看"、"唯见"、"依旧"、"不能再"、"兀然"、"空自"、"何用"、"唯存"、"还有"等词语构成的对比，使诗人的伤心在最后4行中累积到不可抑止的程度。既然一切历史都是当代史，那么"多少"一词何尝没包含着诗人眼前令人伤心的中国现实。诗末的"最是淮水东边分/明月重看见降旗招展在城头"，既呼应首行，再次化用刘禹锡《石头城》的"淮水东边旧时月，夜深还过女墙来"，又巧妙地将其过渡至刘禹锡的另一首《西塞山怀古》中的"一片降幡出石头",而一旦读者想到《西塞山怀古》,其中的诗句"王濬楼船下益州,金陵王气黯然收"必然也映现于读者的脑海,首节中间的"王气",于是得到了呼应。全篇就在一行一典,甚至一行数典中体现出诗人化古策略的高超精妙。除了继承古代诗词用典之精微,他在用典中也糅合了现代手法。诗人将明月拟人化,以刘诗中没有的"重看见"呼应了首节的壮士遥看城堞,又因为一个"重"字,而将抗战的艰难现实明确地带进历史之中,从而起首至此的借古讽今也就落在了实处。最后两行既是对前述晋宋南渡历史悲惨结局的真实呈现,又是诗人因担忧历史重演而生的伤心与焦虑之情的最后也是最强烈的呈现。选用自由体而非格律体,是因为自由体的大量跨行易于倾吐诗人内心不可抑止的悲剧性情感,而格律体近乎一行一句的整饬节奏似乎更适宜使用在起承转合的情感书写之中。

  这种从历史上的南渡而生的伤心焦虑之感,是 20 世纪 40 年代前后持各种政治立场的知识分子的普遍感受。郭沫若、陈寅恪、吴宓、傅抱石、柳亚子、苏雪林等等,皆各自以诗文、小说、戏剧、画论等不同文体,触及了南渡主题,他们面对同一现实书写着不同的历史感受。吴兴华的《鹧鸪》和《金陵图》则是其中极少数以新诗想象这一主题的重要例子,自然不应被我们忽视。

三、咏古而出神

  除了《鹧鸪》和《金陵图》,吴兴华至少还有自由体《古老的城》和无韵体《大梁辞》也是借古以讽今,表达诗人的家国情怀。他返回古代,除了阐发中国现代知识分子普遍的家国情怀之外,还有一个非常值得关注的方面,就是那些夺胎换骨、咏古而出神的诗作。

  按照周煦良的说法,"我最初读到吴兴华先生的诗,是在八年前的《新诗》月刊上:一首八十行的无韵体,《森林的沉默》,就意象的丰富,文字的清新,节奏的熟谙而言,令人绝想不到作者只是十六岁的青年"[①]。《森林的沉默》中"曳着雪白的裙裾,摇着孔雀扇/踞在清溪芦苇边,清澈的歌唱"的美女,以后频繁出现于吴兴华的诗中,几乎贯穿其诗歌生涯的始终。虽然吴兴华早期诗作受康拉德·艾肯和德拉梅尔影响而塑造的神秘唯美的女子,仍然在象征主义的神秘园囿之内,但同时期的《燕园望西山日落二首》已褪尽《森林的沉默》和《老屋》之感伤:

---

① 周煦良:《介绍吴兴华的诗》,《新语》1945 年第 5 期。

> 当黄昏的峰头吹起一只号角时,
> 一个美丽的少女擎起她的酒卮,
> 碧绿的酒,浅蓝的磁,殷红的嘴唇,
> 雪白的牙齿呈露出无限的丰神,
> 金黄的发波动着在她的两肩上,
> 这样子太阳落了,在青的山头上
> 突然充满了红,橙,黄,绿,各种光亮,
> 一种异常醉人的光景……①

有学者肯定吴兴华此诗"斑驳陆离的色彩交错",但认为其"殉情主题陈腐不堪,未能吹进现代生活的气息"②。这一批评似乎错会了诗意,因为这首诗根本与殉情主题无关,诗人以少女比喻西山日落时分耀眼夺目而短暂的美,不仅不"陈腐不堪",反倒是极其新颖而现代的视野和观念。这种想象方式在1941年的《Elegies》也得到复现:"为什么一日将尽,夕阳偏如此娇艳?"《在镜中》发表于1939年,是一首拟女性口吻的十四行体:

> 在镜中我看见自己苍白如秋水的容颜,
> 我心坎里依依的荡起一层回忆的默痛;
> 那些人所赞美的眉,口,和如白雪的姿容,
> 和那只倦于注视任何一个少女的眼睛。
> 在镜中我看见被多少人所爱着的自己,
> 同时看见多年中蛰伏在心灵的深幽处
> 万千的少女的影子,摇摇的沉下又浮起,
> 当我看见自己在一面华丽的镜子中间③。

此诗诚如有的学者认为的那样,是在"吟咏爱情失落的感伤",但这只是表面上,它其实并不"缺乏深厚内敛的生命体验"④。揽镜自照的少女,既是水仙情结的体现,也因将自我客体化而为自我反思提供了契机。与《森林的沉默》、《老屋》、《燕园望西山日

---

① 吴兴华:《燕园望西山落日二首》,《燕京新闻·文艺副镌》1939年第12期。
② 张松建:《抒情主义与中国现代诗学》,北京大学出版社2012年版,第297页。
③ 吴兴华:《在镜中》,《文苑》1939年第1辑。
④ 张松建:《抒情主义与中国现代诗学》,北京大学出版社2012年版,第297页。

落》等诗中刻画的独一无二的女性不同的是,这位揽镜自照的少女在镜中看到了"蛰伏在心灵幽深处万千的少女的影子",她的眼"负着千万伤痕的心灵"。诗人将这位少女从具体的存在抽离出来,将其普遍化、抽象化,升华为无数时代万千少女的象征。

然而,《在镜中》的这种象征写法,还没有上升到观念的层面,即或咏古的诗作,如《柳毅和洞庭龙女》,也还暂未达到出神的地步。1939年的《在镜中》里初露端倪的观念,要等到1941年的《给伊娃》才得到集中而完美的呈现。一旦他的诗真正体现宇宙意识,具有新诗罕见的崇高品质,或者说诗人一旦进入一种不可知的神圣性的领域,他又将面临可读性的困境,面临丧失自己最珍惜的知音式读者的困境。面对这种两难的困境,他对宋奇有过剖白:"你提出的 readable 的问题,正是我的毛病,我可不是没看出这点。诗要 condense,而一览易尽是不可能的。我只好牺牲了后者。根本读者如真爱诗就应该 pull himself together 而细心精读,才不负作者的苦心。问题就是诗没有准,你也不知道值得不值得这样费心。"① 甚至连好友张芝联也直言他的诗,除非自注,别人很难看懂。于是,对于这首朋友纷纷惊叹其美而不知其所以然的《给伊娃》,他给出了详细的解释:

>关于那首 Eva 的诗,它所以对我特别亲爱的缘故,就是:(1)里面的主题思想是前人未曾道过的,而且是典型中国味的意思。你听没听过梅兰芳的《西施》,我没有,可是唱片听过,里面有"水殿风来云气紧,月照宫门第几层"(还有两句也很美,可惜忘了),这两句自小时就不可磨灭的嵌入我脑子里。同时,天生下来爱好那些湮没无闻,被人踏在脚下的人那么一个性格,我总想 speculate 一下她当时倚栏想的是甚?没有人晓得,然而(这一点我敢保你会同意)她想的事一定不会是日常的辛苦,人类的劳累,吴越的战情。This is badly put. 可是你一定明白,我的意思是西施当时或许会想到吴越的情形,自己的身世等等,可是我们脑中的西施是不被这些杂思缠绕的,就像海伦,那眼光柔弱的希腊美人,倚城看战士的独斗,战争在她脚下汹涌,而她的思想呢?荷马并不告诉我们。这就是她们的光荣,她们仿佛是不与我们一齐存在,或者在她们眼中的世界是与我们所见到的大不相同的。这样那雄心的夫差和她不过是"咫尺天涯"的关系。她一定不以这一切为要紧。因为她从前所抛下的,现在所见到的,将来所要去的境界,都是我们所不能了解的。
>
>同样是海伦,她爱的是谁?她在这世上一切都是被动的,就因为她的思想,与

---

① 吴兴华1942年3月23日致宋奇信,《风吹在水上:致宋淇书信集》,广西师范大学出版社2017年版,第32-33页。

这世界格格不入。同样，照我看起来，是一切理想化的女子。正是像雕像，纯粹是思想，而没有感情。你记得 Beatrice 吗？当然她是更高一层，而达到 Divine Grace 了。那种爱和人世的爱是不可并语的，而且有一个中世纪宗教在后面，那种爱不过是教义的一部，也就是 intellect 的化身①。

从诗人自己的解释出发，冯睎乾认为"吴兴华笔下的西施，摆脱了一切套语及滥调，出人意表地化成一位'沉浸在思维里'的女性哲人"，"诗的宗旨就是把西施从具体历史人物'升华'为普遍'观念'，即一种洋溢着阴柔美的，对永恒之无限渴慕"。冯还从吴兴华《有赠》一诗得到启发，指出西施即诗人在中国传统文化中找到的另一个诺斯替派的海伦。海伦是诺斯替派那个神之"首念"，海伦顺"天父"的旨意下降，并创造了世界，但跟从她而来的众天使反因嫉妒而把她禁锢，"以致她被困于人的躯壳，千百年来在不同的女性身体中迁移，仿佛由一个器皿转入另一个器皿"。冯进一步指出："如果我们把文本（未必等同作者）一直暗示着的尤利西斯（探索者）、撒旦（知识之树）和诺斯替海伦（流落凡尘的神之首念），跟结尾两行串联解读，整首诗无疑就是一首灵知派赞歌，而这种'尚知'与'出世'的结合，正是中国诗前所未有的。"②

冯睎乾对《给伊娃》的解读，无疑给后来者极大的启发。可以稍作补充的是，冯睎乾认为吴兴华将西施写成诺斯替海伦的中国代言人，可能受到了里尔克的启发，但可惜未能论及吴兴华此前诗作中的女性形象与《给伊娃》及其后诗作中的女性形象之间的关系。其实，这样一位神秘而唯美的少女，在《森林的沉默》和《老屋》中已经出现，从《在镜中》开始普遍化。里尔克对吴兴华最大的影响就是如何"在众人皆知的故事中看出无人见到的真正与人本性密连的 quality"③。吴兴华学习里尔克的诗艺之前，始终觉得"自己几篇得意作品，相形之下总像少一点东西似的"④。吴兴华中后期诗中经常出现"人对 Unknown 东西的迷恋，和仙与人中间可怕的界限"⑤，以及"少女忽然感到神人之间的距离"。他并不认为自己中后期诗作的这种倾向完全是里尔克的影响："你看在《篱

---

① 吴兴华 1942 年 1 月 13 日致宋奇信，《风吹在水上：致宋淇书信集》，广西师范大学出版社 2017 年版，第 21-22 页。

② 冯睎乾：《吴兴华：A Space Odyssey》，《万象》2016 年第 6 期。

③ 吴兴华 1942 年 7 月 17 日致宋奇信，《风吹在水上：致宋淇书信集》，广西师范大学出版社 2017 年版，第 59 页。

④ 吴兴华 1942 年 5 月 15 日致宋奇信，《风吹在水上：致宋淇书信集》，广西师范大学出版社 2017 年版，第 43 页。

⑤ 吴兴华 1942 年 7 月 17 日致宋奇信，《风吹在水上：致宋淇书信集》，广西师范大学出版社 2017 年版，第 59 页。

树》第一期中我写的《水仙操》一诗，写伯牙与他授琴的师傅的故事，就是一个好例。那首诗在我当时那些 sweet light verses 之中有点 curiously out of place，而当时的我连个德文字母也不会拼。所以 Rilke 只可说是 awaken 了我内藏的能力。"①

第二，冯睎乾认为《给伊娃》的灵感来源于裴德（Walter Peter）《文艺复兴》所收《论达芬奇》一文，而否认早期教父驳斥异端的著作对吴兴华的启发。笔者以为不能无视西方神学对吴兴华中后期那些咏古而出神的诗之影响，尤其是对《给伊娃》一诗的影响。前引吴兴华致宋奇信中已明言伊娃背后的中世纪教义色彩。吴兴华就读的燕京大学本就是基督教学校，校内基督教氛围浓厚。吴兴华不仅修读宗教学分，而且1939年前后加入校内基督教团体常青团，还写了两篇有关基督教团契的短文，分别发表在《燕大团契圣诞特刊》和《燕大基督教团契年报》。从后一篇短文中，我们知道他对 Dr. Sharmen 的神学著作 Records of the Life of Jesus 有着很全面的归纳和评价②。在给宋奇的信中，他还曾说自己正在研读中世纪神学。换言之，吴兴华的《给伊娃》及其他诗中频繁出现的神、天使或天使的变形，也与燕大的宗教氛围和他对西方宗教的认识有着密切的关系。

最后，冯睎乾认为，"因为中文本身的局限，诗人难以照搬西方的抑扬五步格，只好'以顿代步'，把一行分成五拍，在节奏上，虽能形成一定规律，但音乐美始终难及西方的素体诗。读这首诗时，我总觉得他似用英文的思路来写中文，也许整首诗以英文写会更好，不得不承认，吴兴华虽毕生在诗的形式上苦心经营，然而最失败的其实也正是形式"③。这种看法似乎有一定道理。吴兴华曾将自己1942年2月写的自由体《秋》译成英文。吴兴华就说："我将这诗自己译成英文了，几乎比中文还好。"④ 然而，吴兴华的个别诗作，可能在形式上存在着瑕疵，但相比于其他写新诗的人，他的诗作在形式方面的探索无疑大大拓展了新诗写作的可能性。吴兴华曾为自己的诗律骄傲："即使我的诗别处一无可取，光在 versification 上，是够给现代一切诗人作课本而有余的。"⑤ 即以《给伊娃》而论，冯睎乾也不得不承认"每行十三字，不押韵，用了跨行手法，内容倾向玄思，符合素体诗的传统"⑥。现代诗人写素体诗者极少，闻一多的《奇迹》"本意是一首

---

① 吴兴华1942年10月18日致宋奇信，《风吹在水上：致宋淇书信集》，广西师范大学出版社2017年版，第65页。
② 吴兴华：《常青团本学期概况》，《燕大基督教团契年报》1939年，第46-47页。
③ 冯睎乾：《吴兴华：A Space Odyssey》，《万象》2016年第6期。
④ 吴兴华1942年2月26日致宋奇信，《风吹在水上：致宋淇书信集》，广西师范大学出版社2017年版，第30页。
⑤ 吴兴华1942年3月23日致宋奇信，《风吹在水上：致宋淇书信集》，广西师范大学出版社2017年版，第33页。
⑥ 冯睎乾：《吴兴华：A Space Odyssey》，《万象》2016年第6期。

商籁,却闹成这样松懈的一件东西,也算不得'无韵诗',那更是谈何容易"①。孙大雨则是其中极少数成功者,他的《自己的写照》就曾引来眼光极高的梁宗岱的赞誉,梁曾因此而对素诗的前途充满希望②。吴兴华的《给伊娃》共5节,就篇章结构而言,首节是诗人与某个名叫伊娃的女子的对话,诗人在如石像一般的伊娃的光辉里,陷入梦中,像流星一样远去,神游物外,去拜访人类未闻的境域。首节与第二节的节间空白,不仅为读者留下了想象空间,也象征着梦中神游的诗人艰难凌越的漫长时空。中间三节主要从中国文学史和中国文化史中极其常见的定型的西施形象中打捞并刻画一个窥见了神圣性的极其不平凡的女性。伊娃仿佛也跟着诗人一起返回古代,从平凡中看见了不平凡的事物。于是到了第五节,伊娃已经与如岩石一般的西施合二为一了。这种犹如圆环的结构,似乎回到了起点,但已完全不是原来的模样。或许正是对于素体诗的擅长,吴兴华才能游刃有余地处理这种情节较长的题材。由于是素体诗,不押韵,几乎完全靠节奏建构整齐的诗行,每行几乎都以两个2字尺和三个3字尺组成,又不是切豆腐块似的。强行切割语句、大量跨行的使用,正是诗人气盛才丰的肆意显现,极好地保证了语气的流畅,而中间断行的使用,不仅满足诗意在转折中进一步展开的需要,也给人一种婉转的感觉。

吴兴华咏古而出神的诗作,不仅以各类女性为主角,也以古代极具争议性的男性为主角。张巡死守睢阳的事迹在古代诗文中多有描述,无一不颂赞其忠烈。吴兴华既返回古代,又一反前人之眼光,从张巡的五律《闻笛》出发,刻画张巡在平静中听到笛声的一刹那出神的心理:

> 立起来,倾听,然后沉默了,不说一句话,
> 当其余那些士兵惊异的聚集在四围——
> 永远是这样,一个领袖在孤独中自悲,
> 当别人全部以为自己把最高的代价
> 作牺牲;自己是立在忠实的旗帜之下
> 不朽的战士;但他却悄然隐退了,重回
> 心灵的神殿里,怅然拂去坛上的尘灰——
> 在不为别人了解里存在着他的伟大。

---

① 闻一多致朱湘、饶孟侃信(1930年12月10日),《闻一多全集》(第12卷),湖北人民出版社1993年版,第253页。
② 梁宗岱:《论诗》,《诗刊》1931年第2期。

> 仅仅在这一瞬间，让一种欲溶的哀愁
> 侵入他颜色里，暂时他忘了喧呼，野战，
> 灰钢的利刃咬入不宛转呻吟的颈项。
>
> 淹没在群众狂热里，灵魂哪能有自由？
> 笛声远去了，他恢复平日严冷的脸面，
> 准备在死生当中给家人勇气和希望①。

在抗战的危机时刻，按照其他诗人惯常的反应，他本可以甚至应该如古人一样颂赞张巡之忠烈，写成如《金陵图》一样满溢家国情怀的讽喻诗。如果颂赞其忠烈，返古必然与古雷同，又有多少意义？正如他自己所言："哀悼为国壮烈牺牲的壮士的诗已经太多了，再添一首也没意思。"② 于是，他选择了另外一种返古开新的策略："历史是甚么？事情已经过了，一个后世的人很明显的绝不能亲身目击他所要述写的事件——所以最好最可靠的历史只是一个人对于过去事件最合理的 interpretation，即使他充分利用同时的 sources，仍不能不自己 interpret。"③ 具体而言，就是他在咏古代史事或小说中的片段时，"给它们每件琐事、每个人的性格一种新的，即使是 personal 也无碍的解释"④。他的这种近似于一种"我注六经"的"新"古典主义语言策略，使他在咏张巡闻笛时加入了一种全新的现代性观念："我的 theory 是张巡在闻笛时，心中有了一瞬'过去'（或也许'将来'谁知道？这将是永远的谜了。）的影子，在这片时的平静中他感到一切的虚空，与他如何可以作出比他现在所作的更伟大的事情来。群众的热狂是多可怕，我想凡开过会的人都知道的。而现代人谁一辈子没开过几百个会呢？你一听大家一喊，自己不由热血上冲，完全被 carried away 了。这是像我这种个人主义的人最痛恶的。但他有军务在身，故只能作片时的冥想，顷刻间又恢复到领袖的地位了。他指挥守城，再回到我们理想中须髯怒张的张巡，而那更柔顺，更神秘的 self 又被淹没了。"⑤

---

① 此诗见吴兴华 1942 年 7 月 17 日致宋奇信，《风吹在水上：致宋淇书信集》，广西师范大学出版社 2017 年版，第 57-58 页。
② 吴兴华 1942 年 11 月 23 日致宋奇信，《风吹在水上：致宋淇书信集》，广西师范大学出版社 2017 年版，第 68 页。
③ 吴兴华 1942 年 11 月 23 日致宋奇信，《风吹在水上：致宋淇书信集》，广西师范大学出版社 2017 年版，第 67 页。
④ 吴兴华 1942 年 10 月 18 日致宋奇信，《风吹在水上：致宋淇书信集》，广西师范大学出版社 2017 年版，第 62 页。
⑤ 吴兴华 1942 年 7 月 17 日致宋奇信，《风吹在水上：致宋淇书信集》，广西师范大学出版社 2017 年版，第 58-59 页。

吴兴华的夫子自道对我们理解吴兴华的返古是非常重要的。从这一段对个人主义和平静的自我极其重视，对集体主义和狂热的群众极其恐惧的言论中，我们终于知道吴兴华的返古，不仅不是食古不化的照搬典故和历史，而是对新诗大众化的反拨。在咏古而出神的背后，也并非止于抽象哲理的玩味，而是借古事反思现代社会的集体政治，隐藏着一种强调个人的极其现代的文化政治考量。

吴兴华以现代汉语咏古事，不仅寄寓着强烈的时代感受和家国情怀，也能从个人主义出发跳出"第三世界的民族寓言"，赋予汉语诗歌一种古代罕见的宇宙意识和现代性内涵，将新诗拓升至一种形而上境界。他以诗歌文化考量现代社会的政治，从而不仅在形式和修辞层面刷新了古典，也在思想精神层面赋予了古典以新义。他返本的视野和开新的策略，又并非仅仅囿于中文诗的领地。他从新诗出发延伸至新文学各个领域的文化反思，都是他在"五四"的博士们"胡乱的推翻打碎"之后自觉承担的文化"挽救工作"的不同层面[1]。从梁宗岱到吴兴华，还有笔者在此暂未论及的张枣，许多现代诗人都发现了新文化运动开创者发明的新诗与传统的割裂是不可持续的。然而吴兴华可能不仅在观念层面，也在实践层面找到了重返古典世界、赋予古典新义的诗学策略。因此，当我们用新古典主义来命名此类写作时，与其将"新"看作一个形容词，从作为一种文学风格的欧洲新古典主义出发贬低他们的诗作，倒不如将"新"看作一个动词，去检视他们的写作为中国现代诗与现代文化开拓了哪些新的可能。转眼之间，20世纪40年代过去了，本拟前往康奈尔大学的吴兴华因为身体和家庭的原因留在1949年后的北京。曾经讨厌开会和群众的他，虽然政治立场看似有所变动，但从他1957年发表的《咏古事二首》可知，已经成为右派。被赶下讲台的他其实并没有变，他仍然化身为白居易《琵琶行》中弹琵琶的妇人，"竭力使现在担负起过去全部的重量，使过去复活在现在"[2]。

（作者单位：广东第二师范学院中文系）

---

[1] 吴兴华1942年7月8日致宋奇信，《风吹在水上：致宋淇书信集》，广西师范大学出版社2017年版，第101页。
[2] 吴兴华：《咏古事二首》，《人民文学》1957年8月号。

| 新视界 |

蔡元培对美育的正名历程和价值想象

刘 楚

面对晚清以来中国遭遇的"近千年来未有之大变局",蔡元培经过曲折的人生探索,最终选择教育作为其终生的志业。在"教育救国"的理想下,他对"美育"寄予了殷切的期望。本文将结合晚清至民国年间具体的社会政治语境,着力考察蔡元培选择把教育作为自己救国路径的缘由所在,他为美育在官方教育层面一波三折的正名历程所作的不懈努力,以及他对实施美育所寄予的审美与功利并存的启蒙价值想象。

一、教育救国:人生志业的选择

汉学家孔飞力在考察中国现代国家起源的内生性时提出,早在18世纪90年代,时值乾隆朝晚期,帝制中国面临诸多困境,这促使文人们开始改变皇权重压下为求自保而小心翼翼不问政事的行为方式。现实中爆发的重重政治危机,促使他们从"两耳不闻窗外事"的生存状态中惊醒,"以天下为己任"的责任意识重新在文人们心中复苏,他们对全国性政治议题的参与程度也随之不断加深。晚清不断加深的民族危机,使人们的民族意识不断觉醒,更使文人们"位卑不敢忘忧国",在逐渐加深的全国性政治危机中不断扩大政治参与的广度和深度,"文人议政"之风蔚为大观、渐成大势,这推动了中国现代民族国家的正式兴起①。晚清内忧外患的局面使中国落入亡国灭种的险境,这使许多文人逐渐认识到本国在器物、军事、技术、制度和文化等方面的落后。在中西文化碰撞、交汇的中心点上,他们作为新旧过渡的一代,怀着中国传统士大夫"先天下之忧而

---

① 参见〔美〕孔飞力:《中国现代国家的起源》,陈兼、陈之宏译,三联书店2013年版,第14—20页。

忧，后天下之乐而乐"的意识，在西学东渐的背景下逐渐接受西方知识分子独立、批判、怀疑的精神，更加自觉地扛起"救国"这一艰苦之业。诚如蔡元培《〈国民杂志〉序》所言："救国者，艰苦之业也。墨翟生勤而死薄，勾践卧薪而尝胆，范仲淹先天下之忧而忧，后天下之乐而乐。断未溺情于耳目之娱，侈靡之习，而可言救国者。"①

经甲午战争一役，中国惨败于"脱亚入欧"不久的日本，这一惨痛的事实更使有识之士认识到：中国向西方学习，需要从表层的"器物文化"层面过渡到深层的"精神文化"层面。这种从精神、文化层面切入，寻求个人、社会和文明整体再造的思维模式并非始于"五四"，也并非始于晚清，而是由来有自、源远流长。这就是林毓生所揭示的19世纪90年代的中国第一代知识分子所具有的"借思想文化以解决问题"②的普遍性思维模式。具体而言，这种思维模式具有以下特点：要实现社会、政治和经济层面的革新，亟须精神、思想和文化层面的革新；精神、思想和文化层面的革新要比政治、社会和经济层面的革新具有先在的重要性。虽然革命派和改良派想要学习的精神文化来自西方，但这种根深蒂固的思维模式却是植根于中国传统文化的③。

蔡元培在追溯中国向西方学习的历程时曾说："我国输入欧化，六十年矣，始而造兵，继而练军，继而变法，最后乃始知教育。"④ 经过艰难的探索，有识之士逐渐意识到，国人精神、思想和文化层面的革新只有落实到教育层面，才能获得实现的最佳途径。其实，清朝统治集团内部的有识之士也认识到教育对培养政治人才、稳固政治统治所起的重要作用。张之洞作为朝廷重臣，虽然与维新派、革命派政见不同，但也高度重视教育的极端重要性。他在《劝学篇·序》中说："古来世运之明晦、人才之盛衰，其表在政，其里在学。"⑤ 事实上，"教育救国"在清末已成为一种蔚为大观的社会潮流，教育改革开始成为人们关注的聚焦点。在遭受八国联军之凌辱、革命愈演愈烈的情况下，清朝的统治更加风雨飘摇，时局"倒逼"位居庙堂之上的官员进行教育改革，"光宣时代，当时无论新旧中人，莫不以教育为救国之要图"⑥。

据孔飞力考察，19世纪前期，魏源提出扩大文人参与政治的呼吁是以增强帝制的威权为特征，但从19世纪末期起，很多文人参与政治是以反对清朝专制统治为诉求。晚清

---

① 高平叔编：《蔡元培全集》（第3卷），中华书局1984年版，第254-255页。
② [美]林毓生：《中国意识的危机——五四时期激烈的反传统主义》，穆善培译，贵州人民出版社1988年版，第45页。
③ 参见[美]林毓生：《中国意识的危机——五四时期激烈的反传统主义》，穆善培译，贵州人民出版社1988年版，第63-86页。
④ 高平叔编：《蔡元培全集》（第3卷），中华书局1984年版，第312页。
⑤ 赵德馨主编：《张之洞全集》（第12册），武汉出版社2008年版，第157页。
⑥ 梁启超：《梁任公莅教育部演词》，《东方杂志》1917年第14卷第3号。

内忧外患的时局在促使民族国家意识抬头的同时,还使清朝统治的合法性遭受到严重的质疑。清朝统治集团所进行的改革,初衷在于挽救自身的统治,却在不经意间扩大了官方体制之外的社会空间。因而,精英知识分子可以不就任体制内的职务而径直参与公共生活,并在地方社区建设中发挥作用①。蔡元培就是在这样的社会政治语境下辞去官职,委身教育,并在对清朝统治者彻底丧失信心之后走上革命道路的。从此,教育成为他终生的志业。蔡元培辞官从事教育,其意义不只是从庙堂重新回到民间,从清朝的臣子变成逆臣,从清朝体制的同路人变成企图推翻其统治的革命者,更重要的是,这标志着他从恪守"君君臣臣"准则的传统士大夫向现代意义上的富有独立、怀疑、批判精神的知识分子转变。身份的转变,也带来思维方式的转变。没有体制内身份的束缚,给他带来的是思想自由。可以说,委身教育、寻求"教育救国"是蔡元培的个人理想与社会现实相遇,个人志趣、人生思考与社会潮流、时代召唤相互感应的结果。事实上,在他的思想意识和人生经历中,教育、学术和救国构成三位一体似的稳定结构。他曾在京寓书斋自撰对联一副:"都无做官意,唯有读书声。"② 这很明显地表明了他个人对文化教育所抱有的志趣。但是,他感兴趣的绝非帝制中国的科举教育制度。其实,对于科举制度的弊端,他深有体会。在作于 1901 年 10 月的《学堂教科论》里,科举制度的"六宗罪"被他归纳为"曰鄙,曰乱,曰浮,曰嚣,曰歧,曰欺"③。鉴于科举教育制度的种种弊端,教育救国的理想促使他把教育实践付诸西方的新式教育。在作于 1901 年的《爱国学社章程》中可以看出,他十分注重在教育过程中培养学生的具有现代启蒙价值的"自治"精神。

维新派、革命派和清朝统治集团内部的改革派在批判科举制度的态度上相差无几,在向西方新式的教育制度学习的看法上也可以达成共识。但在具体的教育观念,即教育施行内容和教育管理方法等问题上,各派歧见纷呈。毕竟,知识的生产、传播潜藏着错综复杂的权力关系与文化政治,文化主导权的掌握与否又关系到意识形态的渗透是否有效。正如福柯所揭示的那样,权力和知识具有不可截然分开的共生性质,"既不存在离开某个知识领域的相互关联的结构的权力关系,也不存在任何不同时预想和构造各种权力关系的知识"④。有鉴于此,文化教育场域成为各派政治势力展开博弈的必争之地。

第一,教育施行内容问题。教育施行内容主要涉及在教育体系中给学生传授何种知

---

① 参见[美]孔飞力:《中国现代国家的起源》,陈兼、陈之宏译,三联书店 2013 年版,第 27-49、103-114 页。
② 高平叔:《蔡元培年谱》,中华书局 1980 年版,第 10 页。
③ 高平叔编:《蔡元培全集》(第 1 卷),中华书局 1984 年版,第 140 页。
④ [英]斯图尔特·霍尔:《表征:文化表征与意指实践》,徐亮、陆兴华译,商务印书馆 2013 年版,第 72 页。

识类型。不同政治势力出于自身利益和意识形态的需要，支持或阻碍、激励或限制不同的知识类型①。统治者试图利用知识来强化社会控制，通过知识的生产实现权力的巩固和再生产，革命者则试图利用知识来实施对专制主义意识形态的爆破。

蔡元培是主张融革命于教育、倡导用教育去启蒙民心的。在各类型的知识、学科和学术中，他除了认识到科学知识的伟力之外，还和王国维一样越来越清晰地认识到哲学和美学对思想启蒙所具有的重要作用。晚清重臣张之洞主持制定的壬寅—癸卯学制，或许也正是认识到哲学"爱智慧"之本义所具有的开启民智的启蒙作用，以及美学作为"感性学"具有鼓励个性、自由和创造力的启蒙属性，哲学和美学因而极有可能会对他试图全力维护的清朝统治及其赖以寄生的社会超稳定结构造成威胁，所以他才在订立的新学制中限制、阻碍、排斥哲学和美学②。张之洞等人当然认识到了文化教育的重要性，认识到科举制度所进行的知识和意识形态生产已无法适应时代发展的需要，不能有力地应对来自现实社会的冲击。因而，引进西学，改革只考"四书五经"的科举制度势在必行。但是，出于实现清朝帝制权力再生产和意识形态再生产的动机，他主持教育改革、展开知识类型的分配时，坚持"中学为体，西学为用"的原则，对西方完整的学科体系进行裁剪、阉割和有选择的利用。他试图通过保留"四书五经"这一专制制度赖以维持的儒家文化知识类型在教育制度中的主导地位，照搬、引进西方意识形态色彩较少的技术之学，淡化、阻碍甚至摒弃对专制主义意识形态具有爆破潜能的哲学和美学，以达到专制主义意识形态传播的社会化和渗透的有效性，继而最终达到延续清朝统治的目的。殊不知，开弓没有回头箭，潘多拉魔盒一旦打开就无法重新盖上，诚如有的学者所忧虑的，"西学之用"最终侵蚀"中学之体"，原想以西学为用，到最后却体用倒置③。清朝的统治合法性本来源于传统，它对科举等传统制度的抛弃最终加剧了其统治的合法性危机。

第二，教育管理方法问题。在教育管理方法上，蔡元培对中国古代"政学统一"、"官学一体"④的教育体制，以及朝廷借中央集权资本严格管制教育与学术的做法深恶痛绝，而代之以教育独立、学术自由的思想。布尔迪厄指出："自从王朝国家的建立，或晚些时候科层国家的建立以来，就发生了一个长期的不同种类的权力或者说资本的集中化过程。"⑤张之洞等人主持的壬寅—癸卯学制就是在中央集权资本授权下进行的教育改

---

① 参见［英］阿兰·谢里登：《求真意志：密歇尔·福柯的心路历程》，尚志英、许林译，上海人民出版社1997年版，第171–172页。
② 张之洞在壬寅学制中完全将哲学排除在外，而美学只能寄身于建筑学这一学科之下。
③ 参见罗志田：《再造文明的尝试——胡适传：1891–1929》，中华书局2006年版，第7–28页。
④ 参见陈平原：《中国现代学术之建立——以章太炎、胡适之为中心》，北京大学出版社2010年版，第14页。
⑤ ［法］布尔迪厄：《实践与反思》，李猛等译，中央编译出版社1998年版，第156页。

革,其动机和目的自然是维护清朝垄断性的专制权力,试图通过对教育宗旨、教育体系和教育内容的规范,扼杀一切具有离心性的反抗力量。在面对具体教育领域时,他们对学术、教育直接进行殖民和干涉,将西方完整的学科体系加以分化和重构,企图将其含纳,使之转化成符合官方意识形态的构成性要素,而对可能威胁其官方意识形态的学科——比如美学、哲学——则专断地将其放逐、压抑,对其生存和发展空间形成挤压、限缩。

由此可见,张之洞等人主持的壬寅—癸卯学制仍然采用粗暴、专断的管理教育的方法,以图建立起一个一元化的符合官方意识形态的话语体系。事实上,清朝统治者的这种教育管理方法越来越不得人心。1898年7月,严复就发文指出:"国愈开化,则分工愈密。学问政治,至大分工,奈何其不分哉。"① 他认为国家愈文明、愈开化,各领域各层面的分工则愈细密,而学问和政治两大领域的相互独立是最基本的社会分工。因此,严复才会在言语中对中国学问与政治不分的历史、现状徒呼奈何和表达不满。清末,蔡元培在德国留学期间编著有《中国伦理学史》,从中可以窥知他对教育、学术的看法。在书中,他以董仲舒和朱熹这两个儒家思想发展史上的代表性人物为中心,描述了儒学变迁和变异的图景。他提出,孔子之道在董仲舒所在的时代还只具"宗教之形式",但到了朱熹所处的时代则开始真正确立"宗教之权威"②。他认为,朱熹之学具有"独断过于怀疑,拘名义过于得实践,尊秩序过于求均衡,尚保守过于求革新,现在之和平,过于未来之希望"③ 的特点,这与汉族人的思维模式和行为习惯相符,尤其容易被皇权所利用,以助其完成官方意识形态的教化、规训和献祭。由此可见,蔡元培留学于德国这一现代大学重要起源地④的人生经历,使他树立了学术和教育独立的理念,使他对政治、宗教权势侵蚀和利用学术、教育的做法抱有极强的警惕性。后来,与蔡元培交谊颇深的罗家伦评说道,由于深受德国现代大学制度濡染,"蔡元培和他们一样主张学术研究自由,可是并不主张假借学术的名义,作任何违背真理的宣传;不但不主张,而且反对"⑤。蔡元培所秉持的教育和学术理念,铸成中国教育史上一页华美的篇章。

---

① 王栻编:《严复集》,中华书局1986年版,第89页。
② 高平叔编:《蔡元培全集》(第2卷),中华书局1984年版,第93页。
③ 高平叔编:《蔡元培全集》(第2卷),中华书局1984年版,第93页。
④ 1809年,威廉·冯·洪堡创办柏林大学,他提出的"大学自治、学术自由、教学与科研相统一"原则,已成为现代大学的基本原则。参见李工真:《德国大学的现代化》,《经济—社会史评论》(第3辑),三联书店2007年版,第8-9页。
⑤ 罗久芳:《我的父亲罗家伦》,商务印书馆2013年版,第53页。

二、美育正名：一波三折的历程

在布尔迪厄看来，不同的场域积累着不同的资本，文化资本主要以文化修养、文化能力和文化收藏，以及体制化的文凭和学衔为表征，社会资本则主要以社会关系、头衔和声誉为表征。1912年中华民国宣告成立之后，蔡元培先后担纲教育总长、北京大学校长等职，由从前在民间具体办学走向在官方层面指导办学，这意味着他"相位"的变化，此时他可以利用官方的权力和资本①，调配更多的资源实现其"教育救国"的理想。他担任教育总长期间所展现出的专业化能力，担任北京大学校长期间大刀阔斧的改革整顿，均为其赢得了声誉，这让他积累了一般人所望尘莫及的社会资本和文化资本。他身居高位，却仍然不忘初心，在其位谋其政，沿着"教育救国"的思路一再强调着教育的极端重要性。在《对于师范生的希望》的演讲中，他甚至提出小学教师在社会上的位置最重要，其责任比总统还重大的观点。正如布尔迪厄所说，"文化生产场在权力场中占据的是一个被统治的地位"②。所以也可以作这样的解读，蔡元培一再强调文化教育对国家和社会所起的巨大作用，一再申明场域伦理的极端重要性，其实这恰恰反映了文化教育场域在与军事、政治等强势的权力场域博弈时处于弱势地位，有鉴于此，这不能不令他心生浓重的焦虑之感。事实上，权力场域确实常常干扰、甚至是中断蔡元培教育救国理想和教育独立理念的有序实施。

蔡元培对教育救国所抱的愿景，使他甘愿为教育倾注一生的心力，他追求的是韦伯所说的"以知识作为环结与动力的'进步'"③，他希望以教育的进步推进文化知识的进步，又以文化知识的进步推进民族和国家整体的进步。这里值得一提的是蔡元培终身致力于推介的美育。他高度重视美育"审美救国"的作用，因此才将其上升到国家教育方针的层面。实际上，晚清至民国年间，美育在官方教育层面来而又去、去而复来，历经了一波三折的确立和正名历程。这个一波三折的"四部曲"体现在：（1）1902年和1904年，张之洞等晚清重臣以"中学为体，西学为用"为指导思想，仿照日本学制订立的壬寅—癸卯学制，将中国传统经学嫁接于西方现代教育体系，制造出半生不熟、"非驴非马"的教育体系，美学在其中处于被压抑的位置。（2）1912年，蔡元培担任中华民国教

---

① 在布尔迪厄看来，权力和资本两者是一样的东西。参见［法］布尔迪厄：《文化资本与社会炼金术：布尔迪厄访谈录》，包亚明译，上海人民出版社1997年版，第192页。
② ［法］布尔迪厄：《文化资本与社会炼金术：布尔迪厄访谈录》，包亚明译，上海人民出版社1997年版，第85页。
③ ［德］马克斯·韦伯：《学术与政治》，钱永祥等译，广西师范大学出版社2004年版，第168页。

育总长,主持订立壬子—癸丑学制。此时他比王国维等倾心于美学的学者占据着更多社会资本,因而有更好的机会推行美学。在中华民国的教育方针中,他明确提出军国民主义、实利主义、德育主义、世界观、美育主义教育"五育"并举,首次将美育上升到国家教育方针层面。他主持订立的教育宗旨为"注重道德教育,以实利教育、军国民教育辅之,更以美感教育完成其道德"①,高度重视美育在民国教育中的价值和作用。可见,在新学制中,美育由于具有启蒙的价值和意义,而处于被张扬的位置。(3)风云突变,随着袁世凯当权,他于1915年1月1日颁布"教育宗旨令",确立国家的教育方针为"今之言国民教育者,于德育智育外,并重体育"②,将蔡元培主张的"五育"削减为"三育"。美育以"充实""黜虚"之名招致放逐。随后颁行的《教育纲要》申明教育宗旨为"注重道德、实利、尚武,并运之以实用命令颁布"③,批评蔡元培主持颁布的教育宗旨"惟未标明实用主义"④,与蔡元培的教育思想针锋相对。(4)1916年,由于袁世凯复辟失败,其称帝的野心以闹剧收场,他所颁行的《教育纲要》随之作废。1916年8月,教育部里的周树人等人在对袁世凯《教育纲要》的签注中提议:"根本上取消纲要。(理由:)此《纲要》产生于酝酿政变时代,所载各款多与教育原理不合,建设一类,现时亦不能定为标准。"⑤ 1919年3月,教育部公布《全国教育计划书》,"社会教育"部分第四条为"筹设美术观:美感教育极关重要,中国美术馆尚付阙如,亟宜筹款设立,并办理提倡美术事宜",第六条为"提倡文艺音乐、演剧:普通社会不予以高尚之娱乐,则无以增高其思想,陶采其品性。文艺、音乐、演剧皆人民娱乐之所寄,惟宜力趋于高尚者,故是项事业亟宜提倡或补助之"⑥。美育在"城头变幻大王旗"的云波诡谲的政治风云中,历经几度沉浮之后,终于守得云雨见日开,在官方教育政策层面获得了合法身份。

那么,美育为什么能历经被压抑—被张扬—被放逐的风云变幻之后终得官方教育层面的正名?第一,美学作为现代教育体系的一门学科,它的存在具有学术的独立性和自

---

① 舒新城:《中国近代教育史资料》(上册),人民教育出版社1981年版,第226页。
② 中国第二历史档案馆编:《中华民国史档案资料汇编》(第3辑),江苏古籍出版社1991年版,第28页。
③ 中国第二历史档案馆编:《中华民国史档案资料汇编》(第3辑),江苏古籍出版社1991年版,第36页。
④ 中国第二历史档案馆编:《中华民国史档案资料汇编》(第3辑),江苏古籍出版社1991年版,第36页。
⑤ 中国第二历史档案馆编:《中华民国史档案资料汇编》(第3辑),江苏古籍出版社1991年版,第46页。
⑥ 中国第二历史档案馆编:《中华民国史档案资料汇编》(第3辑),江苏古籍出版社1991年版,第56页。

足性。同时，作为一种体现市民社会资产阶级意识形态诉求的知识话语①，它与中华民国追求的政治体制和意识形态相符合。这就是伊格尔顿在《美学意识形态》所说的，"审美的国度就是资产阶级所追求的自由、平等、民主的乌托邦似的共和国"②。第二，袁世凯称帝失败，导致人亡政息。他生前推行的许多政策进入"拨乱反正"的程序，发布的许多禁令也因此作废，美育就在此政治语境下被教育部恢复执行。第三，五四运动和李石岑《教育杂志》的推波助澜。中国近现代教育史家舒新城便持这种观点，他认为在"五四"之前的十多年里，蔡元培提倡美学一直以失败而告终，美学研究只局限于书斋里的小部分学者，在社会场域反响不大。自从李石岑在他主编的《教育杂志》上大力倡导美育思想，以及"五四"后的大同思潮兴起之后，美育在中国便时来运转，从局限于学术界转而普及至教育界以至社会各界③。正是在此背景下，20世纪二三十年代，中国现代美学迎来了盛况空前的"美学热"。笔者并不否认上述单一要素的重要作用，但更加倾向于认为美育终获正名，是多项因素综合作用的结果，其中，蔡元培个人的不懈努力和"五四"时期社会公共领域的助推作用不应被忽视。

事实上，蔡元培运用其社会资本、文化资本对美育展开的合法性论证，帮助了美育在中国教育的官方层面获得正名，并使其走出书斋，最终在社会空间获得广泛认同。对于美育在官方教育层面被提倡或被放逐这个问题，我们不应只关注权力和资本的大小，因为袁世凯比蔡元培拥有更大、更高的体制性权力和资本，但最终结果是以袁世凯放逐美育失败，蔡元培为美育正名成功而告终。有鉴于此，我们更应关注权力和资本的使用方式是否得到人们的广泛支持和认同。马克斯·韦伯认为"权力意味着在一种社会关系里哪怕是遇到反对也能贯彻自己意志的任何机会，不管这种机会是建立在什么基础之上"④。权力的使用方式可以区分为拒绝讨论、争论的强制命令，建立在商谈、讨论、对话基础上的软化策略两大类。显然，对于如何使用权力处理美育在官方教育层面上的位置这个问题，袁世凯是利用手中握有的生杀予夺之权，试图用一纸公文专断地、强制性地将美育从国家教育方针中一把抹去，而蔡元培则是始终遵循即便在当代社会也难能可

---

① 美学与市民社会的关系，可参见刘小枫：《现代性社会理论绪论》，上海三联书店1998年版，第305—307页；冯黎明：《艺术自律与市民社会》，《文艺争鸣》2011年第11期；冯黎明：《艺术自律：一个现代性概念的理论旅行》，《文艺研究》2013年第9期；冯黎明：《艺术自律与艺术终结》，《长江学术》2014年第3期；冯黎明：《审美现代性与艺术自律论》，《浙江社会科学》2015年第2期；刘春阳：《社会学视野中的20世纪中国"美学热"》，《文艺研究》2014年第6期；陈守湖：《中国现代美学的公共性》，《云南师范大学学报》（哲学社会科学版）2015年第3期。

② [英]特里·伊格尔顿：《美学意识形态》，王杰等译，广西师范大学出版社1997年版，第101页。

③ 参见舒新城：《近代中国教育思想史》，吉林人民出版社2013年版，第128页。

④ [德]马克斯·韦伯：《经济与社会》，林荣远译，商务印书馆1997年版，第81页。

贵、难以坚持的商谈伦理和交往理性,努力用学理的方式建构他的美育理论体系,其间容许有学理上的讨论、对话、说服的余地,容许花费很长的时间和更多的精力,在社会各方面意见的博弈、协商甚至是妥协中达成社会共识,为各界人士所普遍接受。与袁世凯依靠权力场强有力的专断性权力相比,蔡元培更多的是依靠来自文化场长时间积累的符号资本。这种符号资本"是一种信誉(credit),是一种赋予那些已经得到足够认同的人的权力。这种权力使他们处在一个能够强化其认同的位置上"①。虽然在短时间内,权力场如布尔迪厄所言支配着文化场,运用来自权力场的强有力的、强制性的专断性权力具有"短平快"的直接性功效,而源于符号资本的信誉的积累则需要长时间的耐心去积累和经营,但是,专断性权力未必让人心服口服,而符号资本却能循序渐进地赢得人们由衷的认同和尊崇。韦伯认为现代社会的合法统治是"建立在相信统治者的章程所规定的制度和指令权利的合法性之上,他们是合法授命进行统治的"②。由是观之,蔡元培的权力和资本运用方式符合现代社会的合法统治,因为他在官方教育层面推行美育时,允许社会各界人士在协商、讨论、对话的过程中逐渐达成共识。这种权力和资本的使用方式显然比袁世凯更切合人民合法授权的共和、民主精神。蔡元培为推行美育所做的合法性论证,主要是从社会政治、学理建构和教育现状方面展开。

第一,社会政治方面,蔡元培主要以在民国具有政治正确性的现代叙事,在社会上具有正面价值的事物论证美育推行的合法性。正如汉学家杜赞奇在《从民族国家拯救历史》中所言,20世纪,在中国人的民族意识广泛觉醒,对民族国家共同体的身份想象和寻求国家富强的普遍愿景下,大量政治精英将现代性作为其努力奋斗和评价事物的唯一标准,其中寄托了他们以此摆脱中国在现代世界秩序中所处的不利局面和从属地位的乌托邦似的理想;许多知识精英追随西方知识界广泛地采用现代民族国家的单一历史叙事,中国古代盛行的循环历史观、静止历史观、甚至是退步历史观被以连续性、进步性为表征的启蒙历史理性所取代。在此历史叙事框架下,凡是不符合现代性启蒙价值预设的事物将被贬低和扬弃③。在此语境下,蔡元培以"共和"、"革命"、"现代"、"新"、"进化"、"进步"等价值为美育正名,说到底是因为"共和"、"革命"、"现代"、"新"、"进化"、"进步"符合现代性的启蒙价值,这些词语虽然在前现代具有中性、甚至是负面的价值,但一到现代,它们的价值便得到翻转,一跃成为人们求之不得的具有正面价

---

① Bourdieu, *In Other Words*, Stanford University Press, 1990, p.139.
② [德]马克斯·韦伯:《经济与社会》,林荣远译,商务印书馆1997年版,第241页。
③ 参见[美]杜赞奇:《从民族国家拯救历史:民族主义话语与中国现代史研究》,王宪明等译,社会科学文献出版社2003年版,第36-37页。

值的事物。① 蔡元培正是利用人们对现代化的渴求，用现代性启蒙叙事来力证美育的正面价值。聊举一例：在《对于教育方针之意见》中，他将教育分为"隶属于政治"与"超轶乎政治"两大类。他认为"隶属于政治"的教育是"专制时代（兼立宪而含专制性质者言之）"的产物，而"超轶乎政治"的教育则是"共和时代"的题中应有之义②。在"隶属于政治"与"超轶乎政治"、"专制时代（兼立宪而含专制性质者言之）"与"共和时代"这两对二元对立项中，价值意义的正反和等级秩序的高低一目了然。自此，他将美育纳入具有正面价值、符合共和精神的"超轶乎政治"的范畴，美育也就由于具有正面的价值和意义而获得正名。

第二，学理建构方面，蔡元培借鉴西方多种学科资源，并在学科互涉的视野中展开其美育理论体系的建构。从西方美学中，他借鉴了康德等西哲的美学理论资源，并且特别强调康德的美学理论得到学术界的普遍承认；从西方心理学和教育学中，他围绕人精神—心理结构中的"知"、"情"、"意"三个构成要素，认为包括美育在内的"五育"并举才能完整地覆盖人精神—心理结构的各个方面，而没有顾此失彼、厚此薄彼。蔡元培对美学与科学、宗教、哲学之间关系的论述，也属于他对美育合法性论证的重要组成部分。这一部分也大体属于现代性叙事的范畴，其中既考虑到了价值分立、学科分工的方面，也顾及了学科互涉、价值互补的方面。总体而言，他利用当时的人们对西方哲学理论体系和科学技术文化的歆羡心理，哲学和科学在人们心目中的崇高位置和超级能量，将美学与哲学、科学相联结，以"哲学的美学"和"科学的美学"所具有的深厚学理，为美育在中国的落地和传播提供坚实的理论支撑。也就是说，他试图以坚实的、系统的、理性的、先进的理论体系和科学技术作为支撑美学和美育在中国传播的合法性要素。

第三，教育现状方面，针对当时教育存在的急功近利的问题，蔡元培提出"五育"并举，倡导德育、世界观教育和美育以救其弊。从对教育现实的关怀入手，他发现当时的教育界或倡导军国民主义教育，或倡导实利主义教育，或倡导军国民主义与实利主义教育并行。他受德国美育实施举措的影响，认为上述教育观点存在偏颇之处，因此，他在《对于教育方针之意见》中提出，在军国民主义与实利主义教育之外，还应倡导德

---

① "共和"一词在清末民初由中性词翻转为褒义词的过程，可参见冯天瑜：《"革命"、"共和"：清民之际政治中坚概念的形成》，《武汉大学学报（人文科学版）》2002年第1期。"革命"一词在清末民初由统治者所排斥的词汇翻转为在社会上具有极大正面价值的词汇的过程，可参见金观涛、刘青峰：《观念革命在中国的起源和演变》，《观念史研究：中国现代重要政治术语的形成》，法律出版社2010年版，第365-399页。"进化"一词价值正面化的过程，可参见高力克：《革命进化论与陈独秀的启蒙激进主义》，《华东师范大学学报》（哲学社会科学版）2010年第3期。"现代"、"新"等词汇价值的正面化过程，可参见[美]马泰·卡林内斯库：《现代性的五副面孔》，顾爱彬、李瑞华译，商务印书馆2002年版，第18-52页。

② 高平叔编：《蔡元培全集》（第2卷），中华书局1984年版，第130-131页。

育、世界观教育和美育。为进一步论证"五育"并举的合法性,他的逻辑链条为:实行军国民主义与实利主义教育,那只是救一时之急的权宜之计。如果只偏重于军国民主义和实利主义教育,那么短暂"救时"的现实功利和实用目的可能会给教育带来长久的伤害。因而,真正目光长远的教育必须以公民道德教育为中心。而要养成良好的公民道德,则需要有世界观与人生观教育,而美育恰好可以起到涵养世界观与人生观的作用。而美育涵养观念性的世界观与人生观的窍门,正存在于其感性启蒙的特点。对于美育感性启蒙的特点,席勒在《审美教育书简》中有直接论述:严肃的观念、原则会让人敬而远之甚至是心生厌恶之感,但通过感性的具有游戏性质的美育传达这些原则、观念,则可以让人忍受乃至是甘心接受①。有鉴于此,中国需要大力倡导美育,发挥其审美启蒙的作用,以达成救国之愿景。其实,在处于危难中的中国,以"救国"之名召唤美育,能为美育获取正名的最高价值。

三、美育实施:启蒙的价值想象

为了实现"美育救国",继而实现中国文明整体再造的启蒙价值想象,蔡元培实施美育的举措当然不止于以学制的方式使美育为官方所认可,也不止于使美育施行于各个阶段的学校教育,而是以美学理论为根基,使美育不断参与、介入并改善社会生活。他倡导的美育成为一种将审美与生活紧密嵌合的广义美学。有论者曾提出:美学的重要创立者鲍姆嘉通原本倡导美学应该广泛地接触感性生活领域,但当前的美学受分析哲学的影响已严重地脱离社会和艺术实践,有鉴于此,正如西方美学界提出要向鲍姆嘉通式美学回归,中国美学也应该向蔡元培式的广义美学回归②。

诚然,蔡元培并不沉迷于形而上的美学理论建构,而是为了使审美泛化、生活化,试图寻求美学、美育与日常生活实践相嵌合。在他看来,美育实施价值具有广泛性和有效性的特点。为了向教育场域和社会场域广泛地推行美育,他自觉地将其美育思想系统化,对美育的地位、载体、目的和范围分别做出了论述。从地位上看,美育是近现代教育的骨干,与德育、智育、体育、世界观人生观教育并列;从载体上看,美育需借助美学理论和多种门类的艺术;从目的上看,美育旨在"培养美的创造及鉴赏的知识;而普

---

① [德]弗里德里希·席勒:《审美教育书简》,冯至、范大灿译,北京大学出版社1985年版,第48页。
② 参见彭锋:《从狭义美学到广义美学——兼论蔡元培美学的现代意义》,《北京大学学报》(哲学社会科学版)2002年第3期。

及于社会","陶冶活泼敏锐之性灵,养成高尚纯洁之人格"①;从范围上看,美育与其他"四育"一样包括家庭教育、学校教育和社会教育。

客观地说,蔡元培是位谋定而后动,注重将设想付诸实践的行动主义者。他这种重行动的思想除了受"审美救国"热情的驱动,受中国传统文化中"知行合一"和"学以致用"观念的影响,还受以下两大因素的影响。

第一,受新文化运动时期蔚为大观的"社会改造"思潮的影响。其实,新文化运动时期除了有我们所熟知的文化改造思潮之外,还涌动着一股社会改造思潮②。1919年,蔡元培在《文化运动不要忘了美育》中便提出文化运动"不是空谈,是要实行的"③ 的观点。1921年,他在《何谓文化》中再次展现出这种文化改造和社会改造联动的思想。他认为文化不应仅限于空口提倡而应致力于实现;文化不是死的而是活的,是要时时进行的④。当时的知识界普遍怀有这样的乌托邦设想:以文化形塑社会和政治,达到个人、文化、社会和政治伦理秩序的整体再造和重塑。于是,那时的文化场域往往与社会场域保持密切的互动关系,学人们认定能够通过文化启蒙实现人们精神面貌的改造,能够通过对"新人"的询唤改变不如人意的社会现状。当人们的精神面貌和社会的整体状况得到改善之后,"新人"辈出的社会场域终能将变革的触角延伸至政治场域,最终达到重建政治伦理秩序的目的。按蔡元培个人的设想,"要鼓励实行的兴会,应利用美术"⑤,换言之,美学在文化改造思潮和社会改造思潮并举的语境下,不应只是沉迷于愉快、情感和感性的自我天地,不应一味沉浸于精致而宏大的理论建构,而应具有行动的属性,应该发挥"审美启蒙"的重要作用,发掘美育的实践—政治潜能。

第二,受杜威实用主义思想的影响。蔡元培作为中国引进实用主义学说的先驱者之一,在发表于1912年的《对于新教育之意见》中,他便提到了杜威,并简评了实用主义的思想内容及其发展沿革,之后他在演讲和文章中又多次提到杜威及其实用主义思想。1919年至1921年,杜威来华讲学也是由他与胡适等人努力促成的。事实上,蔡元培深受杜威实用主义学说的影响,他与杜威惺惺相惜,互相都曾给对方以高度的评价。杜威的实用主义美学不追求康德、黑格尔美学那样宏大的理论建构和抽象的学理论证,而寻求将美学理论紧密地贴近具体的美术经验,认为艺术作品的价值确证完全存之于实践,而

---

① 高平叔编:《蔡元培全集》(第5卷),中华书局1988年版,第180页。
② 参见姜涛:《"社会改造"与"五四"新文学——作为一个整体的研究视域》,《文学评论》2016年第4期。
③ 高平叔编:《蔡元培全集》(第3卷),中华书局1984年版,第361页。
④ 参见高平叔编:《蔡元培全集》(第4卷),中华书局1984年版,第15页。
⑤ 高平叔编:《蔡元培全集》(第3卷),中华书局1984年版,第361页。

非任何先验的美学原理和艺术准则。它意在打破美学的孤立状态,"恢复审美经验与生活的正常过程间的连续性"①。二元对立本是西方传统哲学和美学赖以建构的关键性假定,而杜威的实用主义美学则反其道而行,意图打破艺术与生活,美的艺术与应用的艺术,高级艺术与通俗艺术,时间艺术与空间艺术,审美与认识、实践,艺术家与普通人之间的二元对立,以寻求二元之间的紧密联结②。受此启发,蔡元培没有沉迷于康德自律的纯粹美和先验的美学理论,而是将审美与生活广泛联结和整合,将美育付诸行动和实践,并且毫不讳言美育集审美与功利于一身的启蒙价值。

蔡元培将这种行动主义和实用主义观念付诸具体的美育实践中,主要包括两个层面。

首先,学科化的美育实践。要实现美育实施的学科化,需要在从小学到大学各阶段的普通学校中实施美育,以及专门建立专业化的艺术学校。《规训与惩罚》在出版英译本的过程中,福柯曾亲自把书名改为 Discipline and Punish。其实,Discipline 一词不仅具有名词、动词等多词性,而且具有多词义,其原意为纪律、训练,后又逐步发展出知识体系和学科化的知识之义。按福柯的意思,学科化的知识可用来形塑、规训人的思想意识和价值体系③。蔡元培正是想通过在学校广泛地开展学科化的美育实践,使美育的审美启蒙作用发挥最大效能。因而,针对学校美育实践中老师只是机械化地教授学生美术、音乐技巧的问题,他才会指出这种机械化的教育方式存在剥离美术、音乐本身蕴含的丰厚精神内涵的局限,而力主实行真正的美育,最大限度地释放美育所蕴含的启蒙文化内涵和现代价值关怀。值得一提的是,无论是在学校课程设置中为美育的具体科目争得一席之地,在"五育"当中凸显美育不可替代的作用,还是在与政治、军事、经济等权力场展开竞争,为教育争得预算经费,这些都事关资源分配的博弈和协商、争取和妥协。我们在《创办国立艺术大学之提案》中便可深切地感受到蔡元培及其同仁为施行美育,在争取教育资源时的艰难困苦,为创办和办好国立艺术大学的苦心孤诣。

其次,社会化的美育实践。以美学和美育相号召,蔡元培等人更是利用其社会资本和文化资本,先后建立了华法教育会以及北京大学画法研究会、乐理研究会、音乐研究会等社团,创办了《音乐杂志》等期刊,并且组织了多次美术展览会,逐渐建立起一个以美育为核心议题的彼此熟识、交往稳定的关系网络和公共空间。1921 年,蔡元培在《美术的进化》中提出,各门类美术的进化总是"由简单到复杂;由附属到独立;由个

---

① [美]约翰·杜威:《艺术即经验》,高建平译,商务印书馆 2010 年版,第 12 页。
② 参见[美]理查德·舒斯特曼:《实用主义美学》,彭锋译,商务印书馆 2002 年版,第 29 页。
③ 参见[法]米歇尔·福柯:《规训与惩罚》,刘北成、杨远婴译,三联书店 1999 年版,第 375–376 页。

人的进为公共的"①，并提出中国存在注重个人空间美化，却忽视公共空间美化的问题。因此，他提出应大力发展城市空间的美化和博物馆等公共空间的美化。此外，他提出美育实施的范围应该突破美术的限制，美育除了指涉文学艺术之外，还应该延伸至人生、自然、社会的美化。美学乃是根据市民社会孕育的感觉样态所进行的理论建构，美育在市民社会中具有审美濡染的作用，市民社会的萌生、发展和成熟为美育的实施创造了条件。"公共领域和公共空间的存在，是市民社会的主要内容之一。"② 在民国经济、社会等各方面快速发展的"黄金十年"里，随着市民社会的发育、市民阶层的扩大，蔡元培在此提出"美育的公共性"概念，并将其作为美育进化的趋势，这适应了中国市民社会发育和发展的需要，乃是中国美育史上的重大突破，具有十分超前的眼光。除此之外，他超前的眼光还体现在，当照相和画报等新媒介风靡上海等大都市的市民阶层时，他又敏锐地意识到照相和画报对施行美育所起的积极作用。在《与时代画报记者谈话》中，他基于文字和照相两种媒介的不同点，认为照相比文字更具有视觉的直接性、冲击性和在场感，因而提出新兴的画报是中国社会所急需的刊物，并且认为照相和画报有助于收集工艺美术的材料，进而推动工艺美术的提高。

王国维曾感叹道："呜呼！我中国非美术之国也！一切学业，以利用之大宗旨贯注之。治一学，必质其有用与否；为一事，必问其有益与否。"③ 对于美学，蔡元培既不同于王国维超脱世俗功利的审美主义立场，也不同于梁启超过于浅露直切的工具主义立场，他是持"审美救国"的美学意识形态立场。他一方面认同于康德式"纯粹美"的无功利性和无概念性，另一方面又滑入康德的"依存美"概念，强调美学表现的是具体的生活，而道德、宗教等领域是构成生活的重要方面。因此，美学就要发挥其在陶养感情，养成人格，助益人生、社会、道德等方面的作用。当代实用主义美学家舒斯特曼提出，中国哲学与西方实用主义哲学一样，注重通过哲学改善人所置身的环境④。由此观之，受中国传统思想和社会现实语境的影响，蔡元培出于"美育救国"的启蒙价值想象，很容易对重视事物功能和价值的实用主义产生亲近感，丢弃康德式的"纯粹美"，对唯美主义的美学逃亡主义更是避而远之，而对美育价值论颇感兴趣。

以美学和美育为凭借，蔡元培不限于批评现实，更寻求改变现实，对美育价值的诉说和展望更是他为美育正名的重要策略。事实上，他精心建构的美育价值论是一种审美

---

① 高平叔编：《蔡元培全集》（第4卷），中华书局1984年版，第19页。
② 刘春阳：《社会学视野中的20世纪中国"美学热"》，《文艺研究》2014年第6期。
③ 方麟编：《王国维文存》，江苏人民出版社2014年版，第102页。
④ 参见彭锋：《中译本序》，《实用主义美学》，彭锋译，商务印书馆2002年版，第4页。

与功利并存的启蒙价值想象,其中包含着推己及人、由近及远的价值梯度和意义分层。美育的价值包括以下方面:(1)审美创造。美育指向个人的精神创造,是人自由本质的对象化体现。"美术所以为高尚的消遣,就是能提起创造精神。"① 他倡导审美超越世俗无趣、残酷的生活,但并不主张审美逃亡、与世隔绝和向精神深处远遁。(2)人格陶养。他认为美育的目的在于陶养性灵,使人迈向人格高尚之途,美育的价值在于使人建立宁静的人生观,而不至于疲于奔命。(3)社会和谐。蔡元培在《美育与人生》、《文化运动不要忘了美育》等文中多次提及美感的普遍性和超脱性特点,阐说美感能够突破人我之别、超越利害之见,从而具有使社会和谐的价值。(4)文化调和。蔡元培在《在史太师埠中国美术展览会演讲会之演说》中提到,民族间由于生存竞争、民族性格以及文化差异的缘故,因此难免产生利害冲突。他提出民族之间扩大交流、增进了解能消除不必要的误会和冲突,在此过程中,审美能起到调和不同文化、消泯利害冲突的作用。(5)人道主义。康德认为"美是德性—善的象征"②,蔡元培准确地把握了康德的这一思想,认为美育价值论的"归宿之点在道德,而宗教思想与美学观念亦隶之"③。由此出发,他才会批评唯美主义对善恶完全不管不顾、不闻不问,从审美自律走向自我隔离的倾向④。此外,他以进化论的视角审视道德,认为"人道主义"具有超越"小己"和"社会"的最高价值,美感由于具有普遍性和超越性,因而能成为克服极端个人主义、最终通达人道主义的一剂良药。

质言之,晚清内忧外患的时局,在促使民族国家意识抬头的同时,还使清朝统治的合法性遭受到严重的质疑。可以说,委身教育,寻求"教育救国"是蔡元培的个人理想与社会现实相遇,个人志趣与时代召唤相感应的结果。在"教育救国"思想的烛照下,他对美育抱有厚望。事实上,"美育救国"寄托了蔡元培从人的感性、精神层面入手改善和再造中国的愿景。晚清至民国年间,美育在官方教育层面来而又去、去而复来,历经了一波三折的正名历程。在此过程中,蔡元培发挥了不可或缺的作用。他运用其积累的文化资本和社会资本,始终遵循难能可贵的商谈伦理和交往理性,努力用学理和协商的方式推介美育,从社会政治、学理建构和教育现状方面展开对美育的合法化论证,最终使美育获得人们广泛的认同。

为了实现救国这一艰苦之业,他全力开展美育的学科化和社会化实践,其中寄托了

---

① 高平叔编:《蔡元培全集》(第4卷),中华书局1984年版,第43页。
② [德]康德:《判断力批判》,邓晓芒译,杨祖陶校,人民出版社2002年版,第200页。
③ 高平叔编:《蔡元培全集》(第2卷),中华书局1984年版,第372页。
④ 参见高平叔编:《蔡元培全集》(第5卷),中华书局1988年版,第182页。

他对美育的启蒙价值想象。按其精心建构的美育价值论，审美包含了推己及人、由近及远的价值梯度和意义分层。受此激励，他认为美育在文化改造思潮和社会改造思潮并举的语境下，不应沉迷于快感、情感和感性的自我天地，不应沉浸于精致而宏大的理论建构，而应该发掘它的实践—政治潜能，发挥它"审美启蒙"的重要作用。

（作者单位：武汉大学文学院）

| 新视界 |

当代中国博物馆文化建构中的文学事件[①]

米晓雪

当下,作为文化机构的博物馆积极挖掘自身资源,展开丰富多彩的文化生产活动,文博节目、博物馆文创、博物馆微博和微信公众号等文化形式呈井喷状涌现,形成"博物馆热"的文化景观。随着博物馆文化生产热潮的持续升温,博物馆藏品以及馆场环境作为文化资源,已溢出物品和建筑原属的固定物理空间,以全新的姿态渗透到日常生活的多维空间之中,让博物馆文化在当下生活中发挥着更为显著的作用。可以说,"博物馆热"已成为当代中国的重要文化现象。尽管学界已展开对"博物馆热"现象的研究,但是现有的研究分散在传播学、文博研究、文化产业、文化设计等不同学科领域,多是研究具体的博物馆文化产品,缺乏对当代博物馆文化的生产特征和文化效应进行整体性把握,尤其是忽略了这种文化生产对文学资源的大量调用以及对文学表达的依赖。在把握当代博物馆文化的总体性生产特征的基础上,分析文学如何参与这种文化生产,对于我们充分理解当代博物馆文化的内在生成逻辑具有重要意义。

一、当代博物馆文化的转型和文学的参与

现代技术、经济、政治等社会要素在文化生产中的深度卷入,重构着博物馆的外部生存环境,一方面为博物馆提供新的发展机遇,另一方面也让博物馆既有的文化形态面临新的挑战。如何在新的文化场域中获得、巩固自身的文化位置,是当代博物馆试图解决的核心问题。当代博物馆主要通过文化职能的转变和拓展,进行自我调整、自我重构,

---

① 本文系国家社科基金重点项目"提升我国文化软实力的中国道路研究"(14AZD040)的阶段性成果。

以此来对外部环境的变化做出回应。当代博物馆的文化职能不再只是对物的收藏和展示，更是对自身文化资源进行延伸和推广，让博物馆中的"过去"延伸到当下、延伸到更广泛的受众群体之中。博物馆文化职能的这种转变，必然带来它对自身文化身份的重新定位：博物馆作为一种文化生产机构，需要依托自身资源进行多维度的文化再生产，不仅要生产与博物馆资源相关的文化产品，也要重新生产博物馆自身的文化形象、文化品牌，更要通过这些生产提高自身的文化竞争力，实现对大众的文化引导，从而达成博物馆文化功能的延伸。这实际上是对文化能力的生产。

从近年来中国的"博物馆热"来看，博物馆文化职能的转变，事实上推动了博物馆文化的自我蜕变和转型。首先，当代博物馆文化不再仅仅是关于"过去"的文化，而是沟通"过去"和"现在"的活态文化，力图让"过去"延伸到当下。或者说，当代博物馆文化是"过去"与"现在"融合而成的新文化，它试图用"过去"推动"现在"的发展，最终让博物馆中的"过去"成为当代文化的有机组成部分。不断推陈出新的博物馆文创、文博节目等博物馆文化形式，正是用博物馆中的"过去"推动当下文化创意、影视文化向前发展。形态各异的博物馆APP，则把博物馆中的"过去"延伸到数字空间中，扩充着数字文化的发展空间。其次，当代博物馆文化不再只是关于"典藏"的文化，不再只是专业群体或者精英人群的领域，也是面向大众的文化形态，它致力于沟通典藏与日常，让典藏的文化意味进入到日常的生活体验之中。当代博物馆文化通常以较为贴近大众日常生活的文化形式，来搭建大众和博物馆之间的桥梁。无论是文创产品、影视节目，还是微信、微博、手机APP等都是与当下大众生活紧密联系的文化形式，当代博物馆通过这些形式来展示和传播自我的过程，也是使"过去"延伸到"现在"，使典藏走入大众生活的过程。

文学参与博物馆文化生产，是当前博物馆文化转型中普遍而突出的现象。细究当代博物馆文化产品，可以发现，它们的内部构成体现出显著的文学化特征。为了更好地让博物馆中的"过去"延伸到当下、延伸到大众中，当代博物馆的文化生产频频把文学引入自我重构的过程中。文学是人类感知和解释世界的独特形式，文学表意机制的想象性、审美性，能为我们提供超越性、愉悦性的生命体验。当代博物馆用文学化的方式对自身进行再编码，来对自身进行软处理，以更为生动形象的方式来诠释自我，吸引更多的受众。其中，文学性虚构和文学性修辞是当代博物馆对自身进行文学化重构的主要表意形式。

二、文学性虚构：当代博物馆新感性空间的发生器

文物是过去时代遗留至今的物质实体，然而它所携带的文化信息往往是模糊的、片

段式的，考古和研究致力于把这些信息还原为史实，使文物成为一个可以理解的意义结构。但对于面向当代、面向大众的博物馆文化生产而言，更需要对文物进行通俗讲述，把残篇断简的信息连缀成一个相对完整，且具有可读性的叙事。如此一来，文学性虚构就成为博物叙事的基本构成因素之一。

虚构是文学生产意义的独特形式，文学通过虚构连接现实和想象，连接经历与体验，编织出新的认知空间与审美空间。因此，文学虚构为人类提供创造世界和塑造自我的有效范式，在这种双重塑造中推动经验世界的拓展与增殖。文学虚构主要是通过"越界"来创造世界。伊瑟尔曾指出，文学虚构是"一种对现实世界进行侵犯的有意识的行为模式，于是虚构就成了越界的行为。虽然如此，它对被越界部分却始终保持着高度的警惕。结果，虚构同时撕裂分散和加倍拓展了这个供它参照的世界"①。也就是说，文学虚构跨越现实的多重界限，建构出想象和现实交融的新世界，对现实进行拓展和超越。当代博物馆借助文学虚构的形式来展示自我，正是试图通过跨越实在世界中的博物馆界限，在想象和现实的交织地带构筑出新的博物馆世界，来拓展博物馆的经验空间。同时，在虚构世界中，弗洛伊德所说的"现实原则"失效，现实的压抑被解除，人的心灵得到释放，感性和理性得以协调，催生出马尔库塞所说的"新感性"②，进而实现人的自我扩展。虚构化的博物馆世界，摆脱"现实原则"的束缚，为受众提供感知博物馆文化的新空间，促使受众调整、更新他们体验博物馆文化的方式，进而让受众在获取博物馆新知时也实现自我提升。

当代博物馆借助文学虚构的形式，创造新的"可能世界"，为博物馆营建出新的存在方式和感性空间。"可能世界"是莱布尼兹1710年在《神正论》中提出的概念，试图对神进行维护，原意是指世界有很多种存在的可能，上帝为我们提供的是最好的"可能世界"。20世纪中叶，语义逻辑学和文艺学等学科领域开始对这一概念进行新的挖掘，其中，文艺学用它来重新认识文学虚构的内部构造。文学中的虚构世界，是一种"三界通达"的特殊可能世界，它的"基础语义域是可能世界，一边寄生于实在世界，另一边可以卷入不可能世界"③。传统的博物馆文化建构主要围绕现实中的博物馆及其藏品而展开，人们的博物馆体验大多被圈定于实在世界中。当代博物馆的文化生产则试图借助文学虚构的表意方式，在现实元素与想象经验共存的张力结构中，创造新的"可能世界"，

---

① Wolfgang Iser, *Fiction and Imagine Charting Literary Anthropology*, Baltimore: The Johns Hopkins University Press, 1993, p. xiv-xv.

② 参见[美]赫伯特·马尔库塞：《爱欲与文明》，黄勇等译，上海译文出版社1987年版，第120-144页。

③ 赵毅衡：《三界通达：用可能世界理论解释虚构与现实的关系》，《兰州大学学报》（社会科学版）2013年第2期。

来改造、扩充博物馆的经验空间，使之从有限的实体空间弥散到没有边界的感性空间。例如，《国家宝藏》、《上新了·故宫》一类的文博节目运用形象的视听艺术和文学性虚构来演绎文物的历史，让文物在虽非实有但合情合理的虚构世界中得到活灵活现的呈现。文物的意义从僵化的历史秩序中被释放出来，在虚构世界中获得更多元的存在维度，获得新的生命。《国家宝藏》第二季第一期在介绍四川省博物馆的"东汉制盐画像砖"时，王洛勇扮演的诸葛亮和两个盐商之间的故事，生动形象地演绎出"东汉制盐画像砖"的历史背景和文化意义。"东汉制盐画像砖"是古代巴蜀地区人们用天然气煮盐的劳动场景的真实写照，从考古上证实了我国是世界上最早采用天然气煮盐和开凿天然气井的国度。诸葛亮和盐商的故事中，有对与"东汉制盐画像砖"相关的真实历史的叙述，如故事中关于四川井盐的制作方式在晋朝张华《博物志》有记载，诸葛亮到临邛县观察"火井"的细节则在《华阳国志·蜀志》中也有记载。同时，叙述中的虚构元素也非常明显，如诸葛亮与盐商之间的周旋、诸葛亮发明竹筒储存天然气引井火煮盐等情节都属于文学想象，使其中的人物形象更加鲜活，细节更加丰满。史实与虚构融合而成的故事，让"东汉制盐画像砖"游移于"三界通达"的"可能世界"中。文物因此变为敞开式的存在，它从独立的"物"转化为与多元世界紧密关联的"事物"，文物的经验空间由此得以扩展。

  文学虚构不只是被运用于文博节目中，在博物馆微信公众号、微博的文案和博物馆文创等文化文本中也发挥着重要作用。当代博物馆充分运用微博、微信公众号等新媒体形式进行文化传播，但是在内容的编码上仍然依托于故事讲述这一常见的文学手段，融合客观信息和虚构性故事，形成极具审美性、趣味性的文本，尽可能地扩大目标受众。例如，故宫微信公众号一篇名为《你能猜中乾隆皇帝的赏花心事吗？》的文章，以康、雍、乾三帝齐聚牡丹台、乾隆在含韵斋赏玉兰花后为白玉兰和紫玉兰辨名等历史故事为切入点，来介绍"几暇怡情——乾隆朝臣书画特展"的相关信息，在有限的史实中增添了大量的虚构叙事，把乾隆朝臣书画链接到更为开阔的"可能世界"中，有意识地拓展了书画观展的经验空间，使观众面对的不仅仅是书画，更有其中的人与事。以文学性虚构为创意点，在当下的博物馆文创中也极为常见。近期成都博物馆推出的一款文创产品——BoBopanda 系列中的撞色时尚小拎包，就是一个典型范例。借助熊猫这一深受人们喜爱且具有突出地方性元素的形象，虚构了拟人化角色 BoBopanda，以它的穿越为线索，把文物和相关史实讲述为一个历险式的故事。于是，BoBopanda 成为一个集合了形象吸引力、大众亲和力、地域文化表征和趣味性，并携带着历史文化信息的虚构形象。这本身就是一种文学性的形象塑造。不仅如此，围绕这一文创产品的各种文本，也以讲述虚构故事的方式不断强化 BoBopanda 及其系列产品的文化形象。比如成都博物馆在他们的微信公众号中推出《BOBO PANDA 穿越记》、《BOBO PANDA 穿越战国记（二）》两篇文章，就讲述了 BoBopanda 穿越到战国水陆攻战嵌错纹铜壶和狩猎纹铜壶之中，加入战国时期的战争和生活的虚构故事，并以此来介绍这一系列文创产品中图像设计的创作灵感及其文化意义。随着憨态可掬的熊猫穿越回战国时代，虚构性与历史性交融编码出独特的"可能世界"，为受众提供感知文物、赏玩文创的全新感性空间。

当代博物馆运用文学虚构的表意形式进行自我重构时，搭建起了人和博物馆之间的"虚拟性意向关联"①，对博物馆受众的感性经验进行重新分配和扩充。依照现象学的意向性认知模式，意识是关于对象的意识。那么，受众的博物馆意识是关于当下博物馆的意识。因此，从博物馆受众的感性增殖中，也可以反观当代博物馆感性空间的拓展。首先，在虚构化的博物馆世界中，受众跟随虚构文本扮演多种角色，这个过程让博物馆和受众的关系得以解放，不再是实在世界中的单向度关联。博物馆文化的虚构化编码，易使受众与博物馆之间形成多向度关联，进而让受众经历更为丰富、多元的博物馆体验，扩充着他们对博物馆文化的感知。其次，文学虚构是基于对现实的间离，是构成布洛所说"审美距离"②的主要方式之一，在这种审美距离中能对现实进行批判性观照，并重构主体对现实的认识。当代博物馆作为文化生产机构，在自身的文化生产过程中频繁构建虚构世界，有意使感知这些虚构世界的受众与博物馆的馆藏物品、实体空间和历史文化信息形成"审美距离"，引导受众对文物与历史，进而对博物馆文化本身形成新的感知。例如，文博节目《上新了·故宫》第一期中试图通过介绍故宫中未开放的区域，来诠释乾隆皇帝不为人知的内心世界。在介绍倦勤斋时，插入乾隆照镜子的虚构情节，来演绎乾隆的双重人格。镜子外的乾隆心怀天下，镜子中的乾隆则向往自由和了无牵挂的生活，两个乾隆的对话凸显出他内心的困顿。这一文学性虚构对乾隆双重自我的写照，让观众体验到乾隆作为人的多面性，让观众可以于其中反观自身，更易于产生共鸣，在审美体验中把对世事人生的感悟从具体的对象延伸到更为普泛的境遇。这样的博物馆文化生产，已经完全超出了传统博物馆文化的范畴和功能，几乎就是一种文艺创作。

可以看出，当代博物馆机构借助文学性虚构进行的文化生产，催生出新的"可能世界"，一方面延展了博物馆的存在方式和文化功能，另一方面也扩充了受众的感性经验。这种双重拓展的叠合，共同建构出博物馆的新感性空间，体现出当代博物馆文化的生长性。当代博物馆正是以自我生长的方式，参与到当代文化的动态生成过程之中，让博物

---

① 马大康：《审美形式、文学虚构与人的存在》，《文学评论》2012 年第 1 期。
② Edward Boulough, "'Psychical Distance' as a Factor in Art and an Aesthetic Principle". In Dabney Townsend (ed.), *Aesthetics: Classic Readings from the Western Tradition*, Wadsworth Publishing Company, 2001, p.4-30.

馆中的"过去"成为当代文化的重要建构性力量,而不仅仅是"过去"的表征或记录。同时,当代博物馆借助文学性虚构进行文化生产,也在博物馆和大众之间搭建了桥梁。文学性虚构通过"文本游戏"建构的"可能世界"对受众有强大的吸引力,"文本游戏从来不仅仅是一种现实行为,读者之所以参加这种实践,是因为受到这种'镜像世界'的不可接触性的吸引"①。因而,文学性虚构的引入,使当代博物馆文化极大增加了大众亲和度,促成博物馆文化受众范围的扩大。

三、文学性修辞:当代博物馆文化审美重构的语言载体

审美向日常生活的渗透和扩张,强化着现代主体的审美诉求。当代博物馆面向大众的文化生产逻辑,要求它对大众的审美诉求做出回应。因此,审美化重构,是当代博物馆进行自我生产的重要维度。从当下的博物馆文化文本中可以看出,文学修辞的引入是当代博物馆对自身进行审美化重构的重要路径。文学是语言的艺术,文学修辞则是赋予文学语言审美性的有效方式。这种审美性,一是来源于文学修辞造就的"陌生化",一是来源于文学修辞对情感的调动。什克罗夫斯基在《作为技巧的艺术》一文中曾指出,"艺术的目的是要人感觉到事物,而不仅仅是知道事物。艺术的技巧就是使对象陌生,使形式变得困难,增加感觉的难度和时间长度,因为感觉过程本身就是审美的目的,必须设法延长"②。卡西尔也认为审美体验源自于感知的过程性,他指出"美感就是对各种形式的动态生命力的敏感性,而这种生命力只有靠我们自身中的一种相应的动态过程才可能把握"③。文学修辞有意瓦解语言的能指和所指之间的固定关系,使文本意义处于不确定状态和持续的生成状态,达成对文学语言的复杂化建构,以此来使原本已知的对象变得陌生,阻断原有的自动化感知惯性,让人们沉浸在对世界的全新感受过程中,释放感性,通向审美。当代博物馆在文化生产中正是采用文学修辞的表意逻辑,破除受众对博物馆的刻板印象,唤起其全新感受,增加其兴趣,并吁请受众参与博物馆文化经验的累积过程。在当下博物馆文化的审美重构中,受众是重要的参与者而非旁观者,这在很大程度上得益于文学性修辞在博物馆文化生产中的大量运用。因为,文学性修辞,无论是指向"陌生化"还是指向情感性,其本质都是诉诸接受过程的。

当代博物馆文化生产活动中频繁使用的文学修辞方法,主要有三大类:以比喻、隐

---

① Wolfganglser, *Fiction and Imagine——Charting Literary Anthropology*, Baltimore: The Johns Hopkins University Press, 1993, p.274.
② 朱立元:《当代西方文艺理论》,华东师范大学出版社1997年版,第45页。
③ [德]卡西尔:《人论》,甘阳译,上海译文出版社1985年版,第192页。

喻、转喻等为代表的联想迁移类修辞格;以对偶、押韵等为代表的音韵和谐类修辞格;基于叙事视角、叙事时间和叙事结构等要素的叙事修辞。

联想迁移类的修辞,在当代博物馆的文化创意生产活动中运用得尤为显著。通过相似性、联想性等修辞性表意机制,当代博物馆把自身的文化元素重新编码到文创产品中。联想迁移类的修辞格,打破能指和所指之间的固定关联,形成"难以结构化的语义场"①。因此,联想迁移类修辞格的参与,促使博物馆文化文本变为"开放的文本",这种文本内部没有固定的组织形式,接受者"每一次对作品的参与,都能使其丰富多彩性展示出来"②。而且,受众的每一次参与都会获得对世界和自我的新认知,在这种新的感知过程中获取愉悦感。例如,故宫文创"我佛慈悲马克杯"是对故宫馆藏的张惠观造石释迦多宝雕像进行一定的修辞化改造而成。杯身中央以石窟的空间造型放置一个可爱的佛祖,隐喻着"佛在心中,慈悲为怀"的设计意旨。"慈悲"与"瓷杯"之间的谐音关联,则刺激受众对"慈悲"的文化意义展开联想。把代表佛祖长寿的大耳元素夸大,化为杯子的把手,是运用夸张和象征的修辞,把长寿的美好愿望寄予杯中。多重修辞格的叠加,为"我佛慈悲马克杯"营造出开放性的意义空间,不同的受众在多样化的情境中会对瓷杯展开截然不同的联想。瓷杯中携带的博物馆文化元素,也在受众的审美联想中实现自身的意义增殖。

当代博物馆使用音韵和谐类修辞格的主要方式,是以讲究对仗、押韵的诗词来解释博物馆文化,把博物馆文化移植到具有浓郁形式美感的语义场中,进而让这些博物馆文化文本变为审美文本。例如,故宫微信号中名为《"凉友"送风结"扇"缘》的文章通过介绍中国古代文化中的扇子,来诠释"扇"系列文创的文化意蕴。在描述每种扇子类型时,都用诗词作为引子。介绍团扇时,借用了刘禹锡《团扇歌》的前四句:"团扇复团扇,奉君清暑殿。秋风入庭树,从此不相见。"诗词的植入,打开了物、诗歌、古典文化意蕴三者之间意义往还的通道,为受众构筑了感知博物馆文创的审美空间。文博类的视听节目虽然是以影像为主要媒介,但在其语言运用中对音韵和谐类修辞格的使用也并不鲜见。比如,《上新了·故宫》的第一期在呈现文创设计师钟华的创作场景时,即辅之以文采斐然的诗意语言:"失蜡雕雏形,花刻灵动。采一抹青绿色,构筑诗意江南。"优美的文辞,隽永的画面,共同赋予钟华的设计活动以浓厚的审美意蕴。可以看出,无论是采用语言文本还是采用视觉文本,博物馆相关的文化生产大都离不开文学性修辞,使当下的博物馆文化相较于传统博物馆文化而言更具审美性。

---

① [意]翁贝尔托·埃科:《符号学与语言哲学》,王天清译,百花文艺出版社2006年版,第271页。
② [意]安伯托·艾柯:《开放的作品》,刘儒庭译,新星出版社2005年版,第251页。

我们在前文中已经指出，当下博物馆依托于故事性的编码方式来介绍馆藏、推广文创、重构大众对博物馆的文化想象，是其主流的文化生产模式。而叙事修辞的使用有助于博物馆讲好自己的故事，事实上，叙事修辞确实也成为当代博物馆审美建构的重要策略。叙事人称、叙事视角、叙事结构等的巧妙使用，能生成丰富的艺术效果和文化意义。过去，博物馆在介绍文物时多采用第三人称叙述视角，追求文物描述的客观性。当代博物馆不满足于这种冷淡平实的叙事模式，转而使用主观性色彩极强的第一人称叙事。最常见的，是将文物拟人化为叙事者，讲述自己的故事。一方面，让本不会说话的文物作为叙述者，是对叙事视角进行的"陌生化"处理，新奇的叙述形式结合当下流行语，既能吸引受众的注意，又能释放文物的多重文化意义。另一方面，第一人称讲述更易于博物馆叙事与受众建立互动关系，以此来拉近文物与受众的距离。例如，金沙遗址博物馆微信公众号发出标题为《石虎：嘘——我超凶的！》的文章，介绍出土于金沙遗址的石虎，文章标题直观地显现出第一人称的叙事特征。文物开口自述的叙事模式，冲击着博物馆叙事原来惯用的第三人称叙事程式，富于文学性修辞的文本更能激活受众的感性体验和审美联想。无独有偶，近期播出的博物馆纪录片《如果国宝会说话》，更是每一集都让文物以第一人称的叙事视角讲述自己的故事，使文物从静态的物变为动态的有生命的存在。如此，文物本身成为一个艺术形象，文物所存在的场景也成为一个具有艺术意味的空间。这是博物馆文化生产的有意为之，也就意味着强化博物馆文化中的艺术维度，增加博物馆文化中的审美性，是当下博物馆文化建构的一种自我追求。

多种文学修辞形式的介入，塑造出丰富的博物馆审美文本，为博物馆文化营造出审美语义场，这只是博物馆文化审美重构的一种面向。从受众的维度看，文学修辞参与当代博物馆文化的建构过程，形塑出新的接受方式，即审美化的接受方式。文学修辞对博物馆文化的生产、接受的双重塑造，才是它对博物馆文化的审美重构的完整图景。文学修辞是一种修辞指令，要求接受者按照修辞格的编码规则来对其进行相应的解码。正如塞尔在《什么是言语行为》中所说，"一种语言的语义学被视为一系列构成规则的系统，并且以言行事的行为就是按照这种构成规则完成的行为"[①]。文学修辞的审美指向，要求解码活动也向审美性靠拢。因此，受众在接受由文学修辞参与而生成的博物馆审美文本时，是对博物馆文化进行审美具体化的过程。无论是寓意丰厚的博物馆文创、饱含诗意的博物馆文案，还是形象生动的博物馆叙事文本，它们内在的修辞格都在"召唤"受众的参与，尤其是充分调动感性的审美参与。而传统的博物馆文化，则是以博物馆输出、受众输入的单向度被动接受模式为主，缺乏受众与博物馆之间的互动，其文化形态相对

---

① [美] A. P. 马蒂尼奇：《语言哲学》，牟博等译，商务印书馆2006年版，第233页。

静止。当代博物馆文化与此前的最大不同,则在于其文化形态的开放性与动态性。随着博物馆和受众之间的反复互动,博物馆文化的意义不断增殖,维度不断拓展,审美性日益凸显,逐渐形塑出一种以博物馆为中心的公共审美空间。

文学性修辞参与建构而生成的博物馆文创、文博节目、博物馆新媒体文案等等,都属于博物馆文化在公共领域中的公开传播和展示,这些公共文本中的审美性有助于激起公众的情感共鸣。受众在公共空间中理解当下博物馆审美文本时,文本中的审美性会激发主体间的心灵互动,形成以审美认同为起点的文化认同。这种审美认同和文化认同频频发生在文创消费涉及的日常生活空间,发生在影视文化空间,也发生在微信、微博等互联网公共领域中,基于博物馆文化、大众文化和融媒体的公共审美空间从中得以生成,有助于凝聚文化共识,从而推动当代博物馆文化功能的实现。

简而言之,文学性修辞的参与是当代博物馆文化审美重构的重要中介,强化了博物馆与受众之间的审美关联。一方面,从文化生产的维度来看,借助文学修辞的表意效果,当代博物馆围绕自身资源生产出丰富的审美文本,让自身以审美化的形式呈现给受众。另一方面,从文化接受的维度来看,文学性修辞的指令性,对主体接受博物馆文化的方式做出要求,需要受众以审美化的方式来解码博物馆文化,从而推动了公众对博物馆文化的审美感知习惯的形成。

为了适应当下极具流变性、多元性的文化场域,博物馆以积极的文化生产者的姿态出场,试图对自身进行全方位的重构,不断丰富自身文化身份、延展自身文化空间。其中,文学性表达是当代博物馆文化发展审美性、大众性的重要路径。首先,当代博物馆采用文学虚构、文学修辞等独特的表意机制,对自身进行重新编码,以此来搭建大众与博物馆之间的新桥梁,提升博物馆文化在当下的渗透力与影响力。文学化的编码形式,让博物馆从"可读文本"变为开放的"可写文本"①,调动受众参与的积极性。游戏是人的本能,"可写文本"正是一种关于意义的"文本游戏",当博物馆在进行文化生产时有意识制造关于自身的"文本游戏",就意味着它对自身文化身份持一种开放性态度,既为公众提供更多元、更丰富的文化体验,又强烈吁请公众以多种方式参与博物馆文化的建构。其次,当代博物馆大量使用文学化的表意机制进行自我表述,其实质是在重构自身文化形态,向公众昭示博物馆文化的审美维度,并借助审美体验对公众感性的调动,促成新的公共审美空间的生成。

文学性表达对当代博物馆文化建构的高度参与,不仅向我们显示出博物馆文化的转型,也是文学溢出自身边界,活跃于多种文化生产领域的一个典型范例。乔纳森·卡勒

---

① 参见[法]罗兰·巴特:《S/Z》,屠友祥译,上海人民出版社2000年版,第88页。

在20世纪末就已指出文学性在当代文化中的蔓延现象："文学可能丧失了其作为特殊研究对象的中心性，但文学模式已经获得胜利；在人文学术和人文社会科学中，所有的一切都是文学性的。"① 卡勒发现的是文学性在学术领域中的跨学科蔓延，而当下文学性的蔓延现象已在更为宽广的社会文化生活中发生。这种似乎已不可逆转的蔓延，究竟是像一些学者设想的那样将使"文学获得更大的发展空间和可能"②，还是导致文学因丧失自身的规范性而消融于当代层出不穷的新兴文化形式之中，这并不是一个仅仅依靠理论探讨就能够找到答案的问题，相反，关注文学究竟如何在文化生产中存在与改变，可能是更切近真相的路径。正因为如此，我们在分析当代博物馆文化的转型与重构时，才特别强调其中的文学事件。

（作者单位：四川大学文学与新闻学院）

---

① Jonathan Culler, "The Literary of Theory", in Judith Butler (ed.), *What's Left of Theory*, New York& London: Routledge, 2000, p. 289.
② 盘剑：《走向泛文学——论中国电视剧的文学化生存》，《文学评论》2002年第6期。

| 新视界 |

文学史视域中的台港澳文学编写范式
——以大陆的中国现当代文学史教材为中心的考察

吴泰松

目前大陆的中国现当代文学史教材对于台港澳文学的书写有两种编写范式，一是单独分章，二是整合嵌入。这两种教材编写范式均存在问题，即未能把台港澳文学有机融合入中国文学史中，而是游离于中国文学史叙述范式之外。如何找到一种有效的文学史书写范式来纳入台港澳文学，大陆学者与海外汉学家均提出了解决问题的方法。另外，作为教材的文学史，只有不忽略台港澳文学，才能通过文学教育塑造"想象的文学共同体"，以巩固中国的民族与国家意识。

一

克罗齐的"一切历史都是当代史"早已成为历史研究领域的名言，它表明了历史的当下性和未完成性，"历史"永远处于敞开之中。这种敞开的状态为历史书写者提供了一种"建构主义"的历史观，使得历史书写打破了逻各斯中心主义。而文学史研究同样如此。因为文学史研究不仅属于韦勒克提出的"文学理论、文学批评、文学史"① 三者中的文学研究，也属于史学研究范畴。"固然文学史编纂是文学研究的一个重要部门，但它是横跨文学、史学两个学科的。文学史也属于史学中的专门史……今日为了提高文学史的编纂水平，除了提高文学水平，从史学的视角来作一番考量，还是很有必要的。"② 也就是说，文学史研究必然和史学彼此呼应，相互缠绕在一起。因此可以说，文学史作

---

① ［美］韦勒克、沃伦：《文学理论》，刘象愚等译，浙江人民出版社2017年版，第26页。
② 黄修己：《中国新文学史编纂史·导言》（第二版），北京大学出版社2007年版，第1页。

为当代史的一部分,也需要通过敞开的建构主义史学观来观察。

回顾20世纪的中国现当代文学史的编纂,可见其被深深地裹挟在历史研究的氛围里。从胡适的《五十年来中国之文学》所代表的进化论阐释体系,到1949年后王瑶以《新民主主义论》建构的《中国新文学史新稿》所代表的阶级论阐释体系,再到20世纪80年代以来的启蒙论阐释体系,以及90年代以来受海外汉学"再解读"思潮影响的文学史研究方法,直到最近王德威主编的带有很强"后学"色彩的《新编中国现代文学史》,可以看到中国文学史研究在不同时期出现的不同阐释模式。而在不同阐释模式的背后,文学史家对入史材料的选取也不一样。胡适所代表的进化论文学史观对文言旧文学的否定,使得旧体诗词很长时间未进入新文学史研究的视野。50年代阶级论的文学史观删除了非左翼作家如沈从文、钱锺书、张爱玲等,直到80年代才被重新纳入讨论。而能够被选入文学史的作家作品,是其在某一时期成为"经典"的第一步。因为"文学经典是时常变动的,它不是被某个时代的人们确定为经典就一劳永逸地永久地成为经典,文学经典是一个不断被建构的过程"①。"建构主义"的文学经典观无疑为文学史研究提供了多重可能,它表明经典并非稳固不居,而是被文学史家建构起来的。既然文学经典能够流动,那么依据不同的评价标准就可以选出不同的"经典"。比如前文举到的例子,由于在不同时期阐释体系的不同,文学史家对哪些作家作品、文学社团、文学思潮可以进入文学史也有不同的取舍方式。或者说,即使被选入文学史作为"经典"来塑造的作品,不同时期的评价也有极大的差异。

自20世纪80年代以来,受思想解放潮流及海外汉学如夏志清的《中国现代小说史》、司马长风的《中国新文学史》等的影响,"重写文学史"成为大陆学界一股重要的文学研究潮流,文学史的编写开始突破既往的阶级论阐释体系,变得丰富起来。不断有老作家如沈从文、钱锺书、张爱玲等被重新发现。而以往被遮蔽的如通俗文学、旧体诗词等也开始进入文学史研究的视野。在这一热闹的"重写文学史"潮流中,台港澳文学也开始进入大陆文学史家的视野。受国际冷战格局及冷战思维的影响,50-70年代的大陆和大陆之外华文地区的文学创作呈现出不同的面貌,无论是在书写题材、艺术创作手法,还是文学生产、流通及接受方式上,两者均有不同的生产和阐释体系。相应的,50-70年代大陆文学史的编写理念也是东西方冷战对立格局的反映。大陆这一时期的文学史如王瑶的《中国新文学史稿》、丁易的《中国现代文学史略》、刘绶松的《中国新文学史初稿》等,除了以阶级论来评价和筛选作家作品外,在编选内容上均未涉及大陆以外地

---

① 童庆炳、陶东风主编:《文学经典的建构、解构和重构》,北京大学出版社2007年版,第80页。

区华文的创作。因此,谈论台港澳文学在大陆的中国现当代文学史中的经典化,要到80年代以后的文学史教材的编写中才开始出现。而如果要想为20世纪中国文学注入新的活力,台港澳文学是不应该被大陆文学史家所忽略的。"如果我们仍寄希望于这门课的发展的话,就必须走出现成的'中国文学史',到它的疆界之外去,寻找那些被放逐被压抑的作家和作品,那些昔日的另类、异端,或会使'中国文学史'一天天露出捉襟见肘的尴尬,但就在它们之中,也许就孕育着新的阅读理论和新的批评意识,它们正暂时分散着、悄然等待着,只需那曾经支持过'中国文学史'的意识形态和教育体制,露出一点点松动的迹象。"①

20世纪70年代末以来,大陆的一批研究者如潘亚暾、曾敏之、陆士清、刘登翰、古元清等已开始意识到台港澳文学创作的存在。这批台港澳文学研究领域的开拓者也编写了相关的区域文学史,如刘登翰主持编写了《台湾文学史》(1991-1993)、《香港文学史》(1997)和《澳门文学概观》(1998)。这些研究成果为大陆学界了解台港澳文学提供了丰富的材料。但是,一个新兴学术领域的产生与发展,不仅需要自身的史料和理论建设,也需要与其他学术领域进行对话,在碰撞中产生新的问题。也就是说,我们看待20世纪80年代以来台港澳文学在大陆文学场域中的文学史位置和经典化历程,就不能仅仅局限在台港澳文学研究自身的学术话语空间,更应扩展到与中国现当代文学学科体系的对话之中。因而,本文拟考察20世纪80年代以来大陆主流城市和院校编写的中国现当代文学史教材中的台港澳文学的入史情况,通过其被经典化的过程,考察大陆文学史编写背后的话语权力与台港澳文学在大陆文学场域中文学史位置的变迁;进而考察作为教材的文学史,只有不忽略台港澳文学,才能通过文学教育塑造"想象的文学共同体",以巩固中国的民族与国家意识。

二

由于文学教育的需要,大陆的中国现当代文学史教材的编写一直是门显学。其中不仅有高等院校集体编写的教材,也有学者个人独著的文学史。在编写体例上,如何处理台港澳文学在中国文学史中的位置,不同的文学史教材也选择了不同的编写策略。具体而言,目前大陆存在两种编写体例。一种是在介绍每个时期的文学时,单列一章介绍台港澳文学的创作概况,这是目前大陆的中国现当代文学史教材普遍的编写范式。另一种是尝试将台港澳文学整合入20世纪中国文学的框架中,如朱栋霖、吴义勤、朱晓进主编

---

① 戴燕:《文学史的权力》(增订版),北京大学出版社2018年版,第111页。

的 2018 年版《中国现代文学史 1915-2016》，董健、丁帆、王彬彬主编的《中国当代文学史新稿》。当然，由于没有找到一种合适的文学史书写范式将台港澳文学与大陆文学有机整合，有的文学史家对其是否要进入以及怎样进入文学史教材持矛盾的态度。

（一）整合嵌入

在目前大陆高校通行的文学史教材中，以朱栋霖、朱晓进、龙泉明①主编的北京大学出版社的中国现当代文学史教材为例，两卷本的《中国现代文学史》至今共出版了三个版本，分别是 2007 年版的《中国现代文学史 1917-2000》、2014 年版的《中国现代文学史 1917-2012》和 2018 年版的《中国现代文学史 1915-2016》。这三个不同版本的文学史均试图将最前沿的文学现象包括在内。而关于台港文学在教材中的位置，在 2007 年版和 2012 年版中，单列三章介绍了台港文学，分别是在书写 1949-1976 年间的文学时介绍了这一时期的台港文学（一）和台港文学（二），以及在书写 80 年代文学时专门列一章介绍台港文学。这三章都是单独列出，并没有与整册的文学史编写框架有机契合。值得注意的是，2018 年版的这册文学史的编写体例出现了变化。如果说前两版的教材将台港文学单章列出，与全书的整体框架显得游离，那么到了 2018 年版中，编者开始在编写体例上有意识地将台港文学有机整合入 20 世纪中国文学史中。比如，在介绍 20 世纪 50-70 年代的诗歌、戏剧和散文时，编者将大陆与台港此一时期的创作均并置在一章中。同样，80 年代和 90 年代文学的编写体例也是如此，将大陆文学与台港文学并置在一章中介绍。从这一册文学教材的三个版本中，我们看到几位编写者在处理台港文学和中国文学史的关系时编辑观念的变化。从与 20 世纪中国文学史的游离到试图做到体例上的整合统一，该册文学史的编撰者在教材编写体例上做了新的尝试。

（二）单独分章

但是，朱栋霖等人在其最新版的文学史教材中对大陆文学与台港文学做的整合尝试并非当前中国现当代文学史教材编写的主流范式。目前大陆高校课堂通行的绝大部分中国现当代文学史教材还是将台港澳文学设单章列出介绍。比如钱理群、温儒敏、吴福辉编写的修订本《中国现代文学三十年》（北京大学出版，1998 年），增加了一章，即第二十九章台湾文学，对台湾现代文学发展的历史轮廓做了简要的概述，并在该章的最后一段对香港的现代文学做了一个简单的交代。董健、丁帆、王彬彬主编的《中国当代文学史新稿》（北京师范大学出版社，2011 年）在文学史分期上做出了新的尝试，突破了以往按"十七年文学"、"文革文学"划分文学史的断代模式。具体的文学史断代时间为第

---

① 北京大学出版社 2007 年版《中国现代文学史 1917-2000》的编者是朱栋霖、朱晓进、龙泉明，而 2014 年版《中国现代文学史 1917-2012》和 2018 年版《中国现代文学史 1915-2016》的编者则是朱栋霖、吴义勤、朱晓进。

一编1949–1962年间的文学、第二编1962–1971年间的文学、第三编1971–1978年间的文学、第四编1978–1989年间的文学、第五编1989–2000年间的文学。而在介绍台港文学时，则是在五个时段的中国当代文学史中，分别设单章详细介绍了每个时段的台港文学思潮、小说、戏剧及散文的发展。虽然台港文学内容占整册文学史的比重较大，为我们了解大陆同一时期的台港文学提供了丰富的史料和清晰的视野，但并没有突破既往的大陆学者分设单章介绍台港文学的编写范式。应该说，在介绍大陆某一时期的文学时，顺便单独列出一章介绍台港（澳）文学，是目前大陆的中国现当代文学教材编写的通行范式。如朱栋霖、丁帆、朱晓进主编的《中国现代文学史1917–1997》（高等教育出版社，1997年），黄修己主编的《20世纪中国文学史》（中山大学出版社，2002年），北京师范大学文学院组编、张健主编的《新中国文学史》（下卷）（北京师范大学出版社，2008年），周晓明、王又平主编的华中师范大学文学史教材《现代中国文学史》（湖北教育出版社，2004年），杨剑龙、钱虹主编的《中国现当代文学简史》（华东师范大学出版社，2006年），黄曼君、朱寿桐主编的《中国现代文学史》（武汉大学出版社，2012年）等，均是单独分章介绍台港澳文学。

（三）暂不列入

还有一些大陆的文学史家注意到了大陆以外地区的华文创作，但是在具体的教材编写中却并未将这部分内容纳入，比如陈思和的《中国当代文学史教程》和洪子诚的《中国当代文学史》。陈思和认为，"对这样一门学科的研究和教学，首先应该注意到它的开放性和整体性两大特点……所谓整体性，是指当代文学与20世纪前半叶的中国文学、与由于政治原因暂时还分裂成另一个特殊行政区域的台湾地区文学，与殖民化了一个多世纪于今终于回归的香港、澳门地区的文学，构成一个完整的、难以分割的文学整体现象，但目前它却无法沟通、涵盖这些文学现象……如果缺乏对台、港文学的研究，对当代文学的评价和定位也会把握不准"①。洪子诚也提到，中国当代文学史"是指发生在特定的'社会主义'历史语境中的文学，因而它限定在'中国大陆'的这一区域之中；台湾、香港等地区的文学与中国大陆文学，在文学史研究中如何'整合'，如何不是简单地并置，需要提出另外的文学史模型来予以解决"②。这两位文学史家不约而同地注意到了中国文学史教材的书写不应忽视台港澳文学，但对于以一种怎样的文学史书写范式将其纳入中国文学，则持审慎的态度。在他们看来，目前大陆的文学史书写范式均不足以将大陆的中国现当代文学与台港澳文学有机融合。

---

① 陈思和：《中国当代文学史教程·前言》，复旦大学出版社1999年版，第1–2页。
② 洪子诚：《中国当代文学史·前言》（修订版），北京大学出版社2007年版，第3页。

此外，对台港澳文学该不该进入中国文学史以及如何进入中国文学史，有的文学史教材在不同版本中呈现出前后矛盾的态度。以程光炜等人主编的人大版《中国现代文学史》（中国人民出版社，2000年）为例，在2000年该册教材的第一版中，第十七章是张爱玲、钱锺书及各沦陷区作家的创作，其中的一节介绍了台港文学的基本线索。该版的中国现代文学史将台港文学放置在沦陷区作家的视域中考察，突出了台湾和香港在中国现代史上的殖民经历。但这册《中国现代文学史》（中国人民出版社，2008年）在2008年的第二版中，却删去了台港文学这一节的内容。也就是说，以一种怎样的文学史教材书写范式将台港文学有机地融入中国文学史，仍然困扰着很多大陆的文学史家。

关于大陆的中国现当代文学史对台港澳文学的两种编写范式，单独分章的范式明显存在与整个20世纪中国文学游离的情况，台港澳文学被中国文学"包括在外"，而整合嵌入的编写体例则尝试打破单独分章的编写范式所带来的与中国文学史游离的状态，但是目前只是体现在编写体例上。如何将大陆文学与台港澳文学有机地整合编写在一套教材里，而不只是在内容上做加减法，背后涉及文学史编写范式的更新。目前大陆的中国现当代文学史教材还未做出成功的编写实践。

还有一点值得注意的是，本文考察的是台港澳文学在大陆的中国现当代文学史教材中的入史情况。经过笔者的分析发现，在编写内容上，90年代以来大陆主流的现当代文学史教材中，绝大部分编者均意识到了不能忽略台港澳文学的创作；不过具体到分别对台湾、香港和澳门文学的入史考察，台湾文学和香港文学基本都会被文学史家编选入文学史教材，但是澳门文学却总是被排除在教材之外。在北京大学出版社、高等教育出版社出版的几部大陆高校通行的中国现当代文学史教材中，澳门文学均没有被提及和介绍。反倒是在一些地方院校主编的文学史教材中，澳门文学被单独分章介绍。也就是说，台湾文学、香港文学由于其创作的丰富性，容易为大陆文学史家所重视，像陈映真、白先勇等台湾作家，如果从东亚视野来看，他们在20世纪60-70年代的创作与大陆同时期的文学创作相比毫不逊色；而80年代以来金庸等香港通俗文学作家在大陆的巨大影响更是使得大陆不能忽略其创作。但是，目前很多大陆的中国现当代文学史教材却忽视了澳门文学。虽然澳门地区地理面积狭小，文学人口和文学创作不如台湾、香港地区丰富，但并不代表其没有产生优秀的作家和作品。很多大陆文学史家本能地忽略澳门文学的创作。我们需要补足澳门文学这一块的知识体系，并落实到教材编写中。

三

当我们在谈论文学史教材的时候，我们是在谈论什么？其实，文学史教材的编写不仅涉及文学史编纂理念，更承担着文学教育的责任。"文学史所承担的教育责任，早已使它变成了意识形态建构的一部分，文学经典也是文化经典的一部分，文学经典的教育，直接导向一种文化价值观念的成立，文学史常常给人的情感、道德、趣味、语言带来巨大影响，甚或起到人格示范的作用。"① 文学史上的经典通过文学教材和文学课堂再次得到确认，从而巩固了其经典的地位。因此，对台港澳文学入史的考察，不仅涉及是否要选入台湾、香港和澳门的作家作品及文学思潮，更重要的是其进入文学史后在大陆文学课堂上产生的教育作用。"'文学史'作为一种知识体系，在表达民族意识、凝聚民族精神，以及吸取异文化、融入'世界文学'进程方面，曾发挥巨大作用。"② 台港澳文学作为一种知识体系，对民族国家的建构与大中国意识的培养也将产生积极的作用。文学课堂将教师与学生集合在一起，形成一个教学共同体。而文学教材是沟通教师与学生的关键一环。因此，台港澳文学进入中国文学史是必然的。因为台湾、香港、澳门从政治上说是中国的一部分，如果我们文学史教材的编纂忽略了这几块区域的文学，文学课堂上的学生将认识不到台湾、香港和澳门文学也是中国文学的组成部分。长此以往，"这就撕裂了 20 世纪中国文学的整体感、丰富性和深刻度，而对学生的文学大中国意识的培养也有所欠缺"③。这是隐藏在文学史背后的民族国家话语建构权力。本尼迪克特·安德森在分析民族主义的起源时认为，"18 世纪初兴起的两种想象方式——小说与报纸——为重现（representing）民族这种想象的共同体提供了技术的手段"④。也就是说，小说与报纸这两种想象方式通过印刷科技的传播，将社会中原子化的个体关联起来，产生一种共同体意识。因此，在文学课堂上，更不应该忽略台港澳文学的教学。台港澳文学需要借助大陆的大学文学课堂获得制度性的保护，而文学教材和文学课堂具有某种确认"文学经典"的机制，正是通过这种机制——具体的做法是选择什么样的文学作品进入文学教材，以及如何在文学课堂上讲授这些作品，可以为社会提供一整套认识、接受和欣赏文学的方法和眼光。教材的内容和教师的讲解将教师与学生联结成一个想象的文学共同体，并对学生的知识结构、情感教育、民族意识产生深远影响。很显然，文学教育是一整套制造、生存和宰制经典的权力机制。因而，通过文学史教材对台港澳文学进行编选，再通过文学课堂给学生讲授，就不仅是台港澳文学该不该进入以及如何进入中国文学史的问题，而是一整套知识—权力的话语生产机制。值得注意的是，目前大陆逾80 所高校、科

---

① 戴燕：《文学史的权力》（修订版），北京大学出版社 2018 年版，第 179 页。
② 陈平原：《作为学科的文学史》，北京大学出版社 2011 年版，第 7 页。
③ 朱崇科：《论华文文学对 20 世纪中国文学的内在楔入》，《华文文学》2011 年第 2 期。
④ ［美］本尼迪克特·安德森：《想象的共同体：民族主义的起源与散布》，吴叡人译，上海人民出版社 2005 年版，第 8—9 页。

研究所开设了华文文学（包括台港澳文学及海外华文文学）的相关课程①，使得台港澳文学这一"知识"在大陆文学课堂的经典化进程逐渐加快。

不过，虽然台港澳文学在大陆文学课堂的受重视程度不断提高，但当前大陆的中国现当代文学史教材书写台港澳文学的两种编写体例，目前都还存在一个问题，即并未从更广阔的东亚视野或全球视野来看待20世纪中国文学，导致的问题是在大陆编写的中国现当代文学史教材中，如果涉及台港澳文学，不论是整合嵌入还是单独分章，均游离在中国文学史的发展和阐释体系之外。大陆文学史教材编写的进化论、阶级论和启蒙论等阐释体系并不能将台港澳文学的独特性包括在内。由此看来，洪子诚的《中国当代文学史》与陈思和的《中国当代文学史教程》的编写思路不无道理。出于文学史家的谨慎态度，他们认为在没有找到一种合适的能够将台港澳文学纳入中国当代文学史的编写范式之前，不宜将其写入文学史。但是，不纳入台港澳文学的文学史不是完整的中国文学史。大陆的华文文学研究者对于如何将台港澳文学融合进中国文学史，提供了一些值得参考的研究范式。刘登翰提出要在中国文学整体视野的"分流与整合"这一文学史书写新范式下来书写中国文学史。他认为台湾、香港、澳门文学是中国在特定历史时期形成的特殊文学形态，是由于局部地区的分割与疏离而导致共同的文学传统在这些地区出现分流，因而"作为一种思路和策略，分流与整合的研究，既是深入对分流地区文学的探讨所必须，更是旨在建立一个能够整合所有分流地区文学创造和经验的20世纪中国文学的整体视野和架构"②。黎湘萍则提出了"华人文学观"。他认为由于一些台港澳作家的族群与文化身份的越界与流动不息，"只有具备'华人文学'这一立足于'族群'的心灵建设的文化视野，才有可能从空间和时间上把中国近、现、当代文学与台港澳文学（包括具有重要意义的海外华人文学）打通"③。此外，刘俊提出了"跨区域跨文化的世界华文文学"概念。他认为"在日益全球化的今天，用国籍或地域归属来'界定'在世界范围内'旅行'游走不断迁居的华文作家，显然非常困难——更不用说他们的作品在发表时，那种自由流动不断畛域的'跨界'和'越位'现象（通常人在'海外'作品却在台港或

---

① 关于大陆开设华文文学课程的高校、教师及教材的详细编目，请参看古远清主编的《世界华文文学研究年鉴2016》（武汉大学出版社2018年版）。

② 刘登翰：《台港澳文学与文学史写作——再谈20世纪中国文学的整体视野》，《复旦学报》（社会科学版）2001年第6期。

③ 黎湘萍：《族群、文化身份与华人文学——以台湾香港澳门文学史的撰述为例》，《华文文学》2004年第1期。

大陆发表出版)"①。基于此,在刘俊看来,世界华文文学"就是以中文(华文)为书写载体和创作媒介,在承认世界华文文学的历史源头是来自中国文学,同时也充分尊重遍布在世界各地的中文(华文)文学各自在地特殊性的前提下,统合中国(含台港澳地区)之内和中国之外的所有用中文(华文)创作的文学,所形成的一种跨区域、跨文化的文学共同体"②。而黄万华则提出要将"'20世纪中国文学史'扩展到'20世纪汉语文学史'","从'文学的中国'这一空间'越界'到包括百年海外华文文学在内的'汉语的文学',在消解单一中心论中提供了一种颠覆、超越以往以线性时间线索筛选作家作品、文学事件的文学史叙述,从而产生文学史叙述的不同面向,形成多路径的文学史叙述,由此完成的文学史整合会凸现百年中华民族文学的价值,也会显示百年海外华文文学在民族文化传统的现代性,语言的包容性,共享性修复华人/中国人认知的'整体性',现代中华民族文学的经典化等方面的意义和价值"③。这些大陆的华文文学领域的研究者有鲜明的学科建设意识,均试图提出能够有效整合台港澳文学(以及海外华文学)与中国文学的文学史书写范式,为该学科在大陆文学场域中的发展取得一定的学术位置。但是,目前这些努力并未落实到大陆主流的中国现当代文学史教材的编写实践中。"尽管编者做了许多努力,但这种相对游离于文学主体之外的'纳入式'的叙述方式,立足的视点依然只在大陆,其不足之处和编者的勉为其难,都为我们所理解。"④

如何找到一种打开中国文学史教材编写的新视野?或许我们可以再次将目光延及海外汉学。2017年,由王德威主编、哈佛大学出版公司出版的《新编中国现代文学史》是近年英语学界"重写文学史"风潮的又一尝试。"这本文学史集合美欧、亚洲,大陆、台港一百四十三位学者作家,以一百六十一篇文章构成一部体例独特,长达千页的叙述。全书采取编年顺序,个别文章则聚焦特定历史时刻、事件、人物及命题,由此衍生、串联出现代文学的复杂面貌。"⑤ 其所致力思考、想象历史的方式是"一方面采取编年模式,回归时间/事件的素朴流动,向中国传统史学论述源头之一的编年史致意。另一方

---

① 刘俊:《越界与交融:跨区域跨文化的世界华文文学·绪论》,人民文学出版社2014年版,第2页。
② 刘俊:《越界与交融:跨区域跨文化的世界华文文学·绪论》,人民文学出版社2014年版,第5页。
③ 黄万华:《越界与整合:从20世纪中国文学史到20世纪汉语文学史》,《江汉论坛》2013年第4期。
④ 刘登翰:《台港澳文学与文学史写作——再谈20世纪中国文学的整体视野》,《复旦学报》(社会科学版)2001年第6期。
⑤ 王德威:《"世界中"的中国文学》,《南方文坛》2017年第5期。

面各篇文章就选定的时间、议题，以小观大，做出散点、辐射性陈述"①。该书采取的传统中国史学编年体例和散点透视文学现象的文学史书写范式极具创新性。目前这册文学史的中译本还未面世，但是已引起大陆学界的讨论和争议。《南方文坛》杂志在2017年第5期约请了陈思和、丁帆、陈晓明、季进等几位大陆文学史家对王德威的《新编中国现代文学史》展开讨论。尽管有学者对其编年体例和一些文学史观点有异议，但几位大陆的文学史家均对王德威的尝试做了肯定。"从德威先生的这篇导言当中，我们可以清晰地看到此书的编写宗旨和体例规范，更重要的是，这种具有把中国现当代文学代入'世界中'的意识，试图让中国现当代文学进入正常的世界文化和文化语境的雄心，却是我们国内学者缺少的视界和魄力。"②"'世界中'的核心叙述给这部著作带来了前所未有的丰富性，以及广阔的国际视域，尤其是，编者站在海外的华语文学立场上，不但整合了大陆内地文学，还把台湾香港、南洋华侨、海外华人的创作都整合到中国现代文学的范畴，这是我们内地学界努力多年却没有做到的。"③ 这几位文学史家都编写过大陆的中国现当代文学史教材，对于大陆的中国现当代文学史的编写体例和范式的缺陷都有清晰的认识。王德威这一将中国文学代入"世界中"的尝试，对于如何将台港澳文学编写进中国文学史教材提供了某种启示，即"不刻意敷衍民族国家叙事线索，反而强调清末到当代种种跨国族、文化、政治、和语言的交流网络"④。无疑，这一极具先锋性的文学史编写范式将会给汉语学界带来持久的震荡，也可以说，这是王德威近年来提出的"华语语系文学"概念在文学史编写中的实际操演。这一带有极强"后学"色彩，并试图消除逻各斯中心主义的文学史观是否适合目前大陆的中国现当代文学史教材编写的学术生态，还需要进行广泛的学术争鸣。因为相比学术著作，作为教材的文学史在某种意义上需要保持教学及教学内容的稳定性。而且，正如戴燕提出的，文学史编写背后涉及的是"文学史的权力"，包含"文学史与历史、与教育、与意识形态等的关系"⑤。在王德威的阐释范式下，台港澳文学、海外华文文学与大陆文学之间的边界不再存在。大陆学者在编写文学史教材时，台港澳文学毫无疑问属于中国文学的一部分，但在面对海外华文文学时，大陆的中国现当代文学史教材对于是否要将其纳入，或者说以怎样的方式纳入，目

---

① 王德威：《"世界中"的中国文学》，《南方文坛》2017年第5期。
② 丁帆：《"世界中"的中国现当代文学史编写观念》，《南方文坛》2017年第5期。
③ 陈思和：《读王德威〈"世界中"的中国文学〉》，《南方文坛》2017年第5期。
④ 王德威：《"世界中"的中国文学》，《南方文坛》2017年第5期。
⑤ 戴燕：《文学史的权力·前言》（增订版），北京大学出版社2018年版，第13页。

前都还存在争议①。在这个意义上,"重写文学史"远未终结。正如黄修已所期待的,"从认识到目前新文学史的局限,到完成'大文学史'的目标,还需要很长的时间和艰苦的劳作。可以断言,这个任务在短时间内还是难以完成的,但有心者、有志者、肯于艰苦奋斗的人,正有个美好的前景在等待他们"②。

(作者单位:南京大学中国新文学研究中心)

---

① 大陆以外的华文文学,除了台湾、香港和澳门文学,还有诸如北美、东南亚等区域的华文文学创作。除了在丁帆主编的《中国新文学史》(高等教育出版社2013年版)中,专门介绍了离散文学,如法籍艺术家熊秉明、北美华文作家聂华苓、哈金、严歌苓,以及马来西亚华人文学作家黄锦树等,大陆其他的现当代文学史教材均未选入海外华文文学作家及其作品。
② 黄修已:《中国新文学史编纂史》,北京大学出版社2007年版,第333页。

| 文学档案 |

在华日本电影人对新中国电影广播的贡献①

逄增玉 逄乔

1945年8月15日,日本战败投降,伪满洲国和"株式会社满洲映画协会"(简称"满映")随之解体。随后,中共长春地下组织为了保护这个号称亚洲最大电影基地的设备资产,进行护厂工作,在组建"东北电影演员联盟"和"东北电影技术者联盟"的基础上,成立了"东北电影工作者联盟",并吸收了原日共党员、旧"满映"放映科长大冢有章等三位日本左翼电影人参加,团结吸收了一批日本技术人员进入"东北电影工作者联盟"。1945年9月1日,"东北电影工作者联盟"改组为东北电影公司。1946年4月,中共东北局委派舒群、袁牧之、钱筱璋等人前来接收和管理"东北电影公司";两天后,中共东北局正式任命舒群为"东影公司"总经理,袁牧之为公司顾问,田方为制作部顾问,许珂为经理办公室主任,钱筱璋为制作部秘书,并更名为东北民主联军总司令部东北电影公司(简称"东影")。其后不久,因为内战初期敌强我弱的局面和国民党军队的进攻,中共东北局决定把东影转移到黑龙江省的鹤岗(当时称为兴山)。除了部分日本电影人决定留守长春外,包括导演、摄影、美术、音乐等艺术人员,洗印、制作、合成、录音、剪辑等专业技术人员和行政人员,总计84名日本电影人,还有家属共300多人,分两批迁移到黑龙江省兴山②。在那里,日本电影人参与了东北电影制片厂的创建,化名为中国人参与了纪录片、故事片和美术片的电影摄制工作,也经历了部分人被精简发配到煤矿进行劳动的不应有的事件,既吃了大苦头,也感受到过去伪满洲国时期日本殖民者对中国人民的压迫罪恶。一年多精简生涯后,黑龙江省委纠正了错误,于

---

① 本文系作者主持的2016年国家社会科学基金项目"满映:殖民主义电影政治与装置的批判研究"(16BZW136)的成果之一。

② 胡昶:《东影的日本人》,长春市政协文史资料委员会编,吉林省内部资料出版物第200502010号,第3-50页。

1948年初让他们回到东北电影厂。

1949年4月,在长春获得解放后,东北电影制片厂从兴山(鹤岗)迁回长春。此前已经有一些日本人从鹤岗回国。到迁回长春时,东影还有53名日本职员,后来都加入了新成立的长春电影制片厂。中华人民共和国成立后仍然有一些日本人在长影工作,继续为新中国电影事业贡献才智和力量。

东影迁回长春后,加上原由长春迁往兴山时由于各种原因没有离开长春的人员,到1949年5月底,东影共有日本职员53人。其中,从事电影艺术工作的人员有15人,从事技术工作的人员有26人,从事行政工作的人员有12人。这些人员中,除持永只仁和持永绫子于1950年3月调往上海,田律、静芝于1950年秋因故死亡外,其余大部分人在1953年4月和10月回国。

由于东北解放和中国解放,回到长春的东影不再把主要力量放在新闻纪录片而是放到故事片和译制片上。故事片方面除在兴山开始拍摄的8部影片外,又开始拍摄了一批新片。1949年完成影片6部,1950年完成影片13部,1951—1953年完成影片6部,5年共完成影片25部。日本技术人员除在兴山参加上述影片的拍摄工作外,回长春后又参加了一些影片的拍摄。如福岛宏又拍摄了《红旗歌》、《人民的战士》、《鬼话》、《草原上的人们》;宽岸身又拍摄了《六号门》;气贺靖吾又拍摄了《光荣人家》、《钢铁战士》、《刘胡兰》的特技镜头;势满雄担任《光芒万丈》的特技美术设计;织田谦三郎担任了《红旗歌》的美术设计;村田幸吉担任了《保卫胜利果实》的照明;山元三弥担任了《保卫胜利果实》、《白毛女》、《鬼话》、《丰收》的录音;高岛小二郎担任了《保卫胜利果实》(与张家克、山元三弥联合)的录音;民野吉太郎和岸富美子分别担任了《光荣人家》、《卫国保家》、《钢铁战士》、《高歌猛进》和《红旗歌》、《刘胡兰》《白毛女》的剪辑工作。据统计,在这期间完成的25部影片中,日本的艺术与技术人员参加工作的影片有21部,可以说日本艺术与技术人员参加了当时东影绝大部分的摄制工作。

这里值得提出的是剪辑师岸富美子参与了新中国著名的电影《白毛女》的工作。从兴山回到长春后,岸富美子内心其实对在兴山期间的被精简和煤矿劳动的"苦役"是耿耿于怀的。尽管如此,回到长春她还是很高兴的,特别是回到旧"满映"后看到这里的屋子、环境虽然有些破败,但却没有遭到大的破坏。特别是看到自己以前的两个中国年轻助手祖述志和周华,以及在"满映"解体后日本电影人遭遇困境后伸出援手的中国电影人包杰,岸富美子十分高兴。"满映"时代的优秀中国演员江浩,此时已经成为制片主任,他盛情邀请岸富美子参加为迎接新中国诞生而献礼的电影剪辑工作,因为另一名剪辑师民野吉太郎还在鹤岗承担组织和护送电影设备回迁的工作,还没有到长春。经包杰的介绍，曾经是上海左翼电影人的导演王滨见到了岸富美子。包杰是这部片子的制片。王滨导演的新中国第一部故事片《桥》，希望在5月1日完成，他希望岸富美子担任剪辑工作。在工作期间，岸富美子发现王滨导演非常优秀，不像过去的日本导演轻视技术工作者，而是非常尊重从事剪辑等技术工作的人，这给岸富美子留下了深刻印象。从"满映"解体到转移至黑龙江省、经历精简下放又返回东北电影厂和回到长春，几乎三四年没接触过电影剪辑工作的岸富美子，十分认真地投入工作，按期完成了《桥》的剪辑，并与全厂人一样沉浸在喜悦中。只是在电影参与人员署名时，她不能以日本人的名字出现，只能署名"安芙梅"。

此后，她又参与了许珂导演的电影《光芒万丈》。许珂也来自延安，是一个非常直率的人，曾经在30年代的上海担任过电影美术的工作，此次是第一次担任电影导演。他向岸富美子解释了他们在黑龙江遭到精简下放的错误行为是地方所为，并非党中央和东北局的指示，还希望日本电影人不要因此误会和埋怨毛泽东与党中央。听到这样的解释，岸富美子心里很感动，精简和艰苦劳动带来的委屈一下子冰释了。

接着，岸富美子又陆续参加了《内蒙人民的胜利》、《红旗歌》、《刘胡兰》、《白毛女》的剪辑工作。作为延安鲁艺创作的歌剧，《白毛女》在延安和解放区产生了巨大的影响，但限于艺术形式和演出条件，其大众化程度难免受到局限，还需要对之进行艺术形式的通俗化、大众化改编，使它为新解放区和中国城乡广大人民所接受，以新旧社会对比的主题反映阶级压迫，控诉地主阶级和一切反动派罪恶，唤起人民仇恨，歌颂共产党恩情，进而达到动员广大人民参与革命战争和建设新中国的目的，发挥精神武器的作用，而电影是承担这一任务的极好方式。于是，王滨导演说明了拍摄这部他第二次任导演的作品的重要意义，并特意强调是要作为建国一周年的献礼大片，是一部国家的、人民的电影，希望岸富美子鼎力参与并完成剪辑。受到王滨导演器重和鼓舞的岸富美子表示一定全心全意参与。

其时，岸富美子还在哺乳期，每天都要数次往返于家里和厂里，虽然她母亲亲自承担带孩子的工作，以解除岸富美子的后顾之忧，但还是备感辛苦。当影片拍摄完成进入剪辑阶段，为了赶时间，岸富美子不分昼夜地投入工作，可是每天晚上都要回家30分钟，紧张地给孩子喂奶后又急匆匆赶回厂里。见此情况，王滨和电影厂在剪辑室辟设了一个房间作为哺乳室，铺设了床铺，使岸富美子每天晚上不用来回奔波，家人将孩子带到厂里哺乳。岸富美子对此十分感激，更加忘我地投入到剪辑工作中，终于在1949年末完成了全部工作。王滨带着电影到北京电影局汇报上演，得到好评。当他的报喜电话传到厂里时，全厂一片欢腾。为庆祝全年电影生产任务的如期完成，全厂还举行了两千人的庆祝大会，岸富美子也受到表彰，全厂职工还分到了一笔不菲的奖金。《白毛女》在全国上映后，受到了空前的欢迎和好评，成为新中国影响最大、受众最广的电影之一。能够亲自参与这部电影的剪辑工作，受到导演和电影厂的好评与表扬，岸富美子心中非常自豪和感动，以至于将近70年后写作回忆录时，还为此感到高兴和难忘。作为曾经的殖民主义电影机构里的日本人，能够参加对中国革命胜利和中华人民共和国建立有所贡献的伟大历史进程，能够参与和见证历史的辉煌，的确是值得自豪和难忘的。只是限于当时的环境，她的名字还是"安芙梅"，广大观众不知道有许多日本电影人参加了电影的摄制。直到近年，《百年电影百年收藏·白毛女》这本书出版，才把岸富美子的日本名字署上①。

其他日本员工，也都积极参加了自己力所能及的工作。

著名导演内田吐梦1948年10月后回到兴山（鹤岗）休养，1949年5月回到长春。由于身体健康状况不佳，内田吐梦无法参与现场拍片，先是到图书馆看书，利用丰富的资料认真钻研苏联的蒙太奇理论；后来，被要求协助编辑技师岸富美子，对中国员工进行编辑合成、摄影、录音、美术等各个方面的技术培训，担任东影研究室艺术研究组组长和东影艺术顾问，对一些没有拍过影片的中国人在拍片中遇到的问题给予指导，并帮助一些中国电影人学习导演业务知识。来自华北八路军和根据地的袁乃晨1946年进入东影，此前他没有电影方面的修养，后来出演了一些电影，1952年回北京到文化部担任全国译制片组组长。他如此回忆在兴山跟内田吐梦学习的经历："在兴山我就知道内田吐梦是位大导演。这人给我的印象是位艺术家，为人正直，性格内向，不愿抛头露面。当时，我拜他为师，跟他学习电影蒙太奇，他给我讲了十一种。由于当时没有翻译，他一方面用汉字写，又用手比划解释，使我了解大致意思。"② 其间，内田吐梦还参与了中国开展的"三反运动"，直到1953年才离开长影回到日本。

洗印间洗片股长大岛顺二，为解决当时手工洗印底片效率不高的问题，研制设计了一台洗印底片的洗片机。原来手工洗印底片是用四角木框挂上胶片放在木槽内冲洗，大岛设计的机器是将胶片挂在机器上送入机器内自动冲洗，提高了效率，保证了质量。当时洗印间的工作人员、后任洗印间主任的常德荣谈到这一情况时说："大岛设计的洗片机，是将底片从这头自动送入，从那头自动收卷在一起的，效率很快，质量又好。原来用木架手工洗印时，一个木架只能缠200米，超过长度就要剪断，损伤底片。手工摆动

---

① ［日］岸富美子：《满映与我》（日文版），日本文艺春秋2015年版，第237–252页。
② 胡昶：《东影的日本人》，长春市政协文史资料委员会编，吉林省内部资料出版物第200502010号，第35页。

不匀，影响效果。机器洗印完全解决了这些问题。这台机器大约一直使用到1958年。"①

录音间技师高岛小二郎实际上承担了录音总技师的工作。录音设备的安装调试和平日整备都由他负责。东影从兴山迁回长春后，原来没有搬走的一台混合调音台废置不能使用，后由高岛修复，投入了使用。50年代初，东影购置新的录音设备时，高岛参与研究，提出了很好的意见。设备进来后，高岛带领人安装调试，并通过实践带了几名徒弟。当时跟高岛学习、后来担任长影录音间主任的顾国忠谈到那段工作时说："当时我同周诚跟高岛学习录音整备，那时我们对设备都不明白，主要靠他。他工作认真负责，对我们帮助没什么保留，是一位好教师。"②

东影研究室技术研究组组长仁保芳男和摄影科技师秋山喜世志在合作研究再生胶片工作上，也做出了可喜的成绩。1950年2月，东影将化学实验室改成化学工厂，生产再生胶片的规模有了扩大，1951年达到了年产胶片80万英尺的能力。1950年1月，东影管理委员会决定奖励仁保芳男。他被评为长春市总工会先进生产者，荣获一等奖，获奖章一枚。秋山喜世志在回忆这段工作时说："东影化学工厂组织了再生胶片研究小组，以仁保芳男先生为主要成员，我有幸参加这项研究试验工作。当时既没有乳剂原料，也缺少实验用的设备，工作极其困难。然而，我们利用简单的设备，群策群力，还是生产出了可以印制样片的再生胶片。此事在当时引起特别关注，仁保芳男作为我们这个小组的领导人，被东影管理委员会评为模范工作者，向他颁发了奖章和奖金。我作为这个小组光荣的一员，所得到的喜悦是终生难以忘怀的。"③

东影机械工厂技师尾野达男，在1949-1950年先后设计了剪接机和拷贝机，并与服部保一共同设计了16毫米放映机，都由东影机械工厂制造出来，在生产上发挥了很好的作用。尾野达男与服部保一、安武龙太郎都是日本战败后进入东北电影公司并随东影一起迁移到黑龙江省兴山的。服部的长女道子到厂里秘书处当打字员。东北电影制片厂后来在佳木斯设立了办事处，服部到佳木斯担任负责人之一。1948年东影迁回长春后，服部作为先遣队成员之一先于大批人马回到原厂址，把遭到破坏的全厂电话总机和线路修复好，保证通讯畅通。此后，服部负责电影放映机的修理工作。当时解放战争形势发展很快，东影此时一方面主要承担制作新闻电影的任务，同时也要承担各地电影放映机的修理工作。那时使用的都是16mm电影放映机，机器发生故障，电影放映员就要带着机

---

① 胡昶：《东影的日本人》，长春市政协文史资料委员会编，吉林省内部资料出版物第200502010号，第35页。
② 胡昶：《东影的日本人》，长春市政协文史资料委员会编，吉林省内部资料出版物第200502010号，第36页。
③ 苏云、胡昶主编：《忆东影》，吉林文史出版社1986年版，第101页。

器来长春修理，修好后再带着它到各地放映。服部与修理科的中日员工异常忙碌，几乎每天都要修理10余台电影放映机。在此期间，服部还组装了2台扩音机。1949年开国大典时，东影全体人员到广场上聆听开国大典的实况转播，毛泽东主席发表的新中国成立的宣言和声音，用的就是服部组装的扩音机。

尾野达男在兴山时，修理科只有几名日本人。三年时间里，修理科不断吸收和培养中国年轻人，到1949年迁回长春时，修理科已经有40多人，很多中国人成为技术骨干。后来在支援全国的方针下，他们中的很多人被调到各地的电影制片厂、电影机械厂和光学仪器制造部门，成为重要的技术骨干。在兴山和长春，由于工作努力、成就显著，尾野达男先后三次受到表彰，被评为先进工作者。

也是在支援全国电影事业的形势下，1951年服部保一奉命作为先遣队成员去南京，筹备建立南京电影机械厂。随后尾野达男、安武龙太郎等来自长春东影的16名技术骨干，于1952年被调到南京电影机械厂，生产和制造国产电影放映机。中央人民政府电影事业管理局建立南京电影机械厂，是为了满足新中国军民希望看到新中国电影的需要，是为了在新中国尽快普及和发展电影事业。但是由于中国在此方面的工业技术基础薄弱，西方又对中国进行技术封锁，加上朝鲜战争没有结束、国家经济力量有限，没有能力和财力到国外大量购买电影放映机，因此在南京建厂，希望尽快制造中国国产的电影放映机。技术骨干服部保一、尾野达男、安武龙太郎等日本技术专家和他们带来的东影的中国技术人才——很多都是他们的徒弟，与南京厂的一百多人一道，克服种种困难，终于在1953年试制成功新中国第一台电影放映机，改变了中国不能制造电影放映机的历史，写下了中国电影机械工业辉煌的一页，开启了中国电影机械制造的先河和未来。这台电影放映机一直放在南京电影机械厂的资料室里，成为历史的见证，而服部保一、尾野达男、安武龙太郎等中日技术人员为制造新中国电影放映机所做的贡献，也被载入史册。

回到长春的东影正处于新中国电影的起步阶段，电影各行业中多是新手，对电影的各项专业技术都还不熟，于是东影组织了带徒弟的方式培养人才。当时东影的日本技术人员，除了直接参加上述创作生产活动以外，都较熟练地掌握了电影专业技术，因此他们自然成为工作中的"师傅"。中国年轻的电影工作者渴望学习，主动拜他们为师，日本电影技术人员也都诚恳相待，无所保留地赐教。可以说，东影的日本技术人员为新中国电影培养了一批电影专业人才，做出了不该被遗忘的贡献。1951年4月，文化部电影局曾在东影举办特技训练班，有北京、上海和长春三个厂的特技人员几十人参加学习。主要授课者就是当时担任东影特技美术设计的势满雄（世为）和织田谦三郎（织田）两人。训练班分特技设计、特技烟火和特技制作三个小组。势满雄负责特技设计和特技制作两个组的教学，织田谦三郎负责特技烟火组的教学。势满雄系统讲授了电影特技的几种方法，如模型接顶法、透视合成法和绘画合成法等，并讲述美术基本理论，如比例等分法等。为了使大家有形象认识，势满雄画出多幅挂图，取得了很好的教学效果。织田讲解了炸药学、雷管种类一般性能、电影特技烟火用电学等，从理论到实践帮助大家掌握特技烟火的方法。训练班秘书、后任长影特技间主任的刘辉谈到当时的情况说："势满雄讲的几种特技方法的挂图，我都用相机拍下来，发给大家。他还讲了特技烟火的旗语，我也都拍了下来。他还亲自带领大家实习。最后结业时文化部来了人，在三楼举行了很大的宴会。这人脑子非常灵活，他不只懂电影特技美术设计，还懂建筑设计。"①

当时东影剪辑部门除了民野吉太郎和岸富美子以外，其余都是新手。这样，民野和岸富美子自然成为了老师。当时跟岸富美子学习、后来成为长影著名剪辑师的祖述志谈到当时的情况说："我跟岸富美子学习剪接，她对我的要求是非常严格的。日本对剪接有严格的规矩，如进剪接室不到六个月，不许动底片，不足一年不能用底片做技巧。按这要求我们一时都不能工作。为此钱筱璋专门找他们谈过，意思要放宽。他们对此表示理解，工作上对我们放手了。我的第一部戏是《桥》，这戏剪接是岸富美子。她开头不放手，后跟民野商量，对我就很放手了。民野对我们非常好，对工作要求很严，做事认真。民野给我们讲过几次课，如底片的重要性、技巧的作用和技巧方法等。岸富美子也给我们讲了剪接的艺术性等。"②

日本技术人员的敬业精神得到领导和同事的肯定，很多人受到表扬，有人被评为先进工作者。例如在1950年，安达勇和户田早苗被评为二等先进生产者，中西增一荣获合理化建议奖，岸富美子受到表扬，秋山喜世志亦在厂刊上受到表扬。

美术师持永只仁（中国名：方明）在满映解体后参加了东北电影公司，在美术室工作。当时苏军还住在长春，持永只仁的工作是给苏联电影打上汉语、日语和朝鲜语字幕。苏联电影《普通一兵》就是持永只仁在1945年翻译完成的。战后日本放映的带有日语字幕的苏联电影，都是从中国进口的，其中很多字幕就是持永只仁承担的。其间他还被长春市国民党政府莫名其妙地逮捕了一天。东北电影公司成立后，张辛实经理介绍他结识了来自延安方面的田方、钱筱璋和袁牧之，他对这些延安方面来的领导产生了信任。跟随东北电影公司迁移到黑龙江省兴山后（改为东北电影制片厂），他为中国木偶片和动画片的制作做出了历史性贡献，担任了东影第一部木偶片《皇帝梦》的动画设计，第一部动画片《瓮中捉鳖》的导演兼动画设计。为完成这些工作，陈波儿派于彦夫来给他当

---

① 胡昶：《东影的日本人》，长春市政协文史资料委员会编，吉林省内部资料出版物第200502010号，第37页。

② 胡昶：《东影的日本人》，长春市政协文史资料委员会编，吉林省内部资料出版物200502010号，第38-39页。

助手。剧本都是陈波儿写作的。为了使不懂得中国京剧的持永只仁熟悉京剧动作，陈波儿提供了珍贵的京剧照片供他参考。从制作到完成，袁牧之、陈波儿、吴印咸都始终参与和支持①。持永只仁还参与拍摄了秧歌舞纪录片《翻身乐》和纪录片《第六次全国工人大会》。1949年，回到长春不久，儿童文学作家金近写了动画剧本《谢谢小花猫》，持永只仁担任总技师，准备拍摄。

1950年2月，在当时"支援北京，支援上海"的时代潮流中，持永只仁和整个东影的美术部门被调到上海，创办上海电影制片厂美术片组（1957年成为上海美术电影制片厂）。他们先到北京文化部，受到夏衍和袁牧之的接见，并谈到在上海创办美术电影的有利条件，让他们在苏州美术学校等单位招聘人才。从1950年3月到1953年4月，在上海美术电影制片厂期间，担任美术片组总技师的持永只仁参与了《谢谢小花猫》、《小铁柱》、《小猫钓鱼》等动画片的制作，并参与培养中国的动画美术专业人员。在东影工作期间持永只仁就受到奖励并立功，在上海期间他一如既往地继续努力工作，受到好评。1957年4月成立的上海美术电影制片厂的骨干力量，就是持永只仁带来的东影美术片组的人员，像后来拍摄《哪吒闹海》、《天书奇谭》的王树忱，拍摄《小鲤鱼跳龙门》的导演何玉门就是出自东影，由此可以看出拍摄中国最早动画片和木偶片的东影在我国美术片发展历史中的重要地位，而持永只仁在其中发挥了重要作用，是开创者和奠基者之一。

持永只仁1953年4月11日回国后，一方面继续拍摄动画片，制作了日本第一部木偶动画广告《苦先生的魔术师》。随后，持永创立了自己的动画电影公司——人偶电影制作所。1955年，他导演了日本第一部木偶片《瓜子姬和天之斜鬼》。1956年，持永只仁拍摄的《五只小猴子》，在温哥华影展中获得最高奖。1958年拍摄的《小黑和双胞胎弟弟》再度在温哥华影展中获奖。美国电影公司与其签订了拍摄130部木偶片的合同，为日本木偶动画打下良好的基础，并使日本木偶动画的地位登上了国际舞台，提升到了与捷克木偶动画齐名的高度。

另一方面，持永只仁对中国和中国的动画电影深情难忘，十分关心中国美术电影事业。1967年10月4日，为促进中日两国人民的友好和文化交流，持永只仁来我国访问，受到毛泽东主席的亲切接见。1978年，为庆祝中日和平友好条约的签订，持永只仁以"东影归国访问团"团长的身份再次率团来我国访问，并为上海美术制片厂编导了木偶片《喵呜是谁叫的》。1979年3月2日，持永只仁再次来到了上海美术电影制片厂，见到了20多年前一起工作的老朋友，大家欢聚一堂，分外高兴。他深入摄制组和车间，就

---

① ［日］持永只仁：《最初的木偶》、《人民电影的开端》，日本《中国映画》1977年8月创刊号。又见苏云、胡昶主编：《忆东影》，吉林文史出版社1986年版，第157–173页。

像当年在东影一样，及时发现问题并提出自己的看法，希望以己之力，继续为中国的美术片事业尽自己的一份力。1985 年，他接受邀请到北京电影学院为动画专业讲课。北京电影学院为纪念他为中国美术电影事业的特殊贡献，特设了北京电影学院动画学院"持永只仁奖"，成为北京电影学院动画专业的"学院奖"。

还有一位在"满映"解体后在华工作时间更长的日本人，他就是八木宽。八木宽年轻时受日本军国主义影响，20 岁就跑到中国东北闯荡，进入"满映"后成为剧作家，写过不少剧本，是"满映"当时知名的剧作家之一。1945 年 8 月日本投降后不久，在中共东北局日本管委会负责人赵安博的指导下，八木宽与内田吐梦等 80 多名原满映日本职员，进入同是满映剧本作家的张辛实为总经理的东北电影公司。此时八木宽开始阅读中共领袖毛泽东的著作，深感钦佩，为了组织在东北的日本人学习，开始翻译毛泽东的《在延安文艺座谈会上的讲话》，译稿发表在沈阳的日文版刊物《民主新闻》，成为最早翻译毛泽东著作的日本人。1946 年 5 月，在东北解放战争一度形势严峻、中共东北局及其军队进行战略撤退之际，八木宽也随着东北电影公司的其他日本人一道转移到黑龙江省兴山。他对此回忆道："日本人投降后，舒群在 1946 年告诉我们，国民党军队在进攻长春，他请我们同他们一道去哈尔滨，并在那里建立电影制片厂。他还告诉我们，在那里生活条件和工作条件将会是艰苦的。但他又对我们说：你们可以同中国人一样的工作、学习和生活。当时我虽然未读过任何进步书籍，但我亲眼看到过四种军队：日本军队、国民党军队、苏联军队和中国共产党军队，到过长春的八路军不同于其他军队，他的士兵纪律严明，作风朴实而正直，给我留下了深刻的印象。我决定跟他们团结在一起，我喜欢制作电影，我不愿意中止电影工作。"①

来到兴山后，在建设东北电影制片厂的同时，他更加认真地学习毛泽东的《新民主主义论》、《论联合政府》、《论持久战》、《目前形势和我们的任务》等。不料，由于舒群调离和东影一度归属黑龙江省政府，他们对电影的认识远不如舒群，加之此时出现一些"左"的思想和苗头，对来自满映的日本人出现了不信任和实行改造的举措，八木宽与内田吐梦、木村庄十二等日本人被精减到达连河煤矿从事重体力劳动，八木宽还担任被精减的日本人副团长。此时不仅是日本人，来自长春满映和东影的部分中国人，如接收满映、创立东北电影公司的马守清等人也被调出学习。一年后，意识到这种做法不当的东北局和黑龙江政府，为精减到煤矿的日本人落实政策并调回兴山。八木宽回到兴山不久就被调入东北人民广播电台（新华广播电台），在抗战胜利三周年的 8 月 15 日，参与创办了日语广播。

---

① 胡昶：《新中国电影的摇篮》，吉林文史出版社 1986 年版，第 31–32 页。

1949年，根据周恩来的指示，北平新华广播电台筹办对外广播，八木宽夫妇又接到调令，在新中国成立的金秋10月来到北京，加入了新中国对外广播事业的行列。出于对新中国的期待和领导中国革命胜利的毛泽东的敬佩，当大批日侨陆续回国时，八木宽决定留下参加新中国的建设。1953年最后一批日侨回国时，八木宽还是决心留下来贡献于新中国的广播事业。战后相当长的时期，日本政府采取敌视中国的政策，有意封锁有关新中国的消息。因此，中国国际广播电台的对日广播变成了日本人民和旅日华侨了解新中国的重要渠道。八木宽主持过不少节目，他主持的系列报道"北京街道见闻"、"鉴真和尚走过的道路"、广播剧"水浒传"等，颇受日本听众的好评。八木宽以渊博的学识、极大的热情向日本人民传播中国文化，日本听众把节目主持人看作"中国文化的大师"。八木宽为人平和，工作一丝不苟，有创意。他的文字水平高，出手快，语言生动，头脑敏锐。50年代，八木宽担任日语组组长，不仅从事翻译、撰稿、编辑、制作，还担起了定稿和培训播音员的重任。中国前外交部部长唐家璇和前驻日大使徐敦信等，当年都是在八木宽手下实习过的高才生。八木宽在中国的对日广播中功绩卓著，贡献厥伟。

八木宽顺利工作到60年代中期后，"文化大革命"爆发，像他这样原先在日本侵华的国策电影公司工作的人，自然也受到怀疑和冲击。他编写的不少稿件也被打成"大毒草"而受到批判。1970年，在中国已经不能正常工作的八木宽夫妇，辞别了在中国的工作，回到日本。毋庸讳言，八木宽出于对中国的热爱和对毛泽东思想的敬仰，把中国的一切都视为美好，甚至"文化大革命"这样的大动乱，他也不予以批判。在"文化大革命"中，八木宽也有过"左"的乃至极"左"的言论，就像大冢有章一样，任何情况下都认为毛泽东思想和中国的革命与建设是正确的，容不得指责和批评，表现出既可爱又执着的日本"左派"和"极左派"的面貌。在东西方冷战、中日关系交恶的年代，回国后的八木宽受日中友好人士安井正幸之请，到"东方书店"主持出版工作。他不顾警察的跟踪和右翼分子的恐吓，工作之余，多年义务为"北京广播听众之会"编辑会报，热情向日本各界介绍中国情况，为争取更多的听众多方奔走。1973年，国际广播电台落实周恩来总理的指示，纠正"文化大革命"时期在华外籍人员受到的不公正待遇，热情邀请八木宽夫妇作为专家重返中国。八木宽考虑到年龄已大，不愿增加中国的负担而未应聘，但仍为争取更多的听众和日中友好事业不遗余力。八木宽一直未中断对中国的思念，年过古稀之后更加眷恋中国。1995年，八木宽先生和老伴再次来到北京，在京郊的龙城花园别墅颐养天年。对中国的热爱已经嵌入了他的生命，他一生一世情系中国。

除上述人之外，在中华人民共和国建立后的1953年4月，经中国政府批准，第一批归国的日本电影人在4月18日回到日本舞鹤港后，其中22人签名写给东影领导人一封感谢信。而1953年10月，在东影工作的最后一批日本艺术与技术人员内田吐梦、仁保芳男、森川和雄、森川和代、菊地弘义等归国，行前中国文化部电影局领导同志接见了他们，对他们在中国的工作表示感谢。

日本电影工作者返回日本后，同中国电影工作者保留着深厚的感情。1972年9月中日实现邦交正常化之后，互相交往逐渐增多。1978年10月19日—22日，在东影工作的日本朋友首次组成"东影归国者第一次访中团"，来他们曾工作过的长影访问。回国后，包括持永只仁在内的12名日本电影人，联名致信文化部司徒慧敏副部长及各厂朋友们，对各方给予的热情款待表示感谢。在信中他们回顾了在东影工作期间，"是马列主义、毛泽东思想，是中国同志们的培育"，使他们受日本军国主义毒化的人生观得到了校正："我们有过八年的时间曾经参加中国革命"，做出一点成绩，但是"我们应该向中国表示谢意"，中国是比他们回到故乡还要感到亲切的"第二故乡"，是精神的再生之地，"正因为如此，我们才把改变我们思想的中国称之为第二祖国，也正因为如此，我们是多么期望中日两国的建交和缔结日中和平友好条约，我们每个人都在各自岗位上，为尽快实现这一愿望而竭尽自己的一份微薄的力量"，而回到中国和长影"受到热情的款待，那是一种把我们当作老战友和老同志来欢迎的款待，我们也作为比亲兄弟更亲的同志沉浸在无限感激中……这些带回的收获，首先应该把它分给我们周围的人。这是永远也分不完的收获，应该用来维护日中的友好与和平，作为留给我们子子孙孙的食粮"。最后他们表达了祝"日中两国人民世世代代友好下去"和祝中国的电影事业今后获得更飞跃的发展的祈愿①。

此后，从80年代到90年代，归国的日本电影人又组织了三次"东影归国者访中团"。90年代以后到21世纪，还有若干当年东影的日本电影人陆续访华。如1998年6月16日—18日，岸宽身及夫人岸富美子随旅游团抵达长春。2000年6月3日—7日，他们夫妇随日本"中国电影之旅"来长影访问。2002年8月23日—25日，森川和代作为第6届长春电影节国际电影评委，在其丈夫森川忍陪同下应邀来长春参加电影节活动。在东影工作的日本电影人，他们对中国电影怀有深厚的感情，在回国后的岁月里始终如一地关心中日友好事业和中国电影的发展。如日本的中国电影史专家森川和代，归国之后，长时间从事中国语的教学工作。为使日本人了解中国电影的历史，她从1983年开始编译程季华主编的《中国电影发展史》，历时四个年头，终将中国电影史学的这部巨著翻译出版，为加强中日两国电影的交流起了重要作用。她还自己掏钱编辑出版《中国电影消息》，向日本朋友介绍中国电影发展情况。她每年都接待若干中国访日团体，也陪同若干

---

① 胡昶：《东影的日本人》，长春市政协文史资料委员会编，吉林省内部资料出版物第200502010号，第42—44页。

个日本文化团体访华,为中日文化交流做出了重要贡献。日本左翼电影人岩崎昶回国后,成为知名的电影艺术家和活动家,始终关心中国的电影,坚持订阅中国的电影杂志;在60年代参加国际电影节时就真诚地对中国送展的电影提出善意批评;中日邦交正常化和中国改革开放后,他热诚地接待中国访日电影代表团。还有大冢有章,也在回国后继续对新中国的电影事业和社会主义建设事业给予了力所能及的帮助①。岸富美子不仅多次来华访问,重游旧地,还以高龄撰写在中国生活与工作的回忆录。总之,抗战胜利后他们进入中国共产党领导的东影,为红色政权和解放区的电影、为新中国电影摇篮的诞生、为新中国的电影事业做出了积极的、有价值的贡献,在新中国电影史上留下了难以忘怀的一章。

(作者单位:中国传媒大学人文学院,加拿大多伦多乔桥传媒公司)

---

① 见逢增玉:《岩崎昶与满映》,《作家》2013年第6期;《日本左翼今安在——大冢有章的满洲和中国岁月与情缘》,《新文学史料》2018年第2期。

文学档案

抗日战争下的文人伤怀
——香港"中央"图书馆藏胡熊锷《偕隐簃乱离吟草两种》考论①

洪博昇

南社是中国近代文学史上规模最大的文学社团。若从地域而言，广东作为近代革命重要地区，社员人数位居 21 省中的第 3 位，共有 172 人②。其中，重要文人如邓实（1877–1951）、黄节（1873–1935）、蔡守（1879–1941）皆为顺德人。若以诗歌贡献而言，黄节可说是近代中国诗学之大家。然同为南社顺德籍文人中，胡熊锷（1880–1958?）作为黄节弟子，今却鲜有人知，但观近代广东文人圈中，胡氏却常参与各雅集与诗词酬酢，出现在许多作品中，并与香港重要诗词社团千春社互动交游频繁，可惜作品多已散佚，成集者只存《偕隐簃乱离吟草两种》一册，藏于香港"中央"图书馆学海书楼与香港中文大学图书馆。今观胡氏此书，实为一广东文人于全面抗日战争期间往来广东、香港之具体纪录，颇具文献意义，可惜未曾有学者进行研究以及复印刊布。事实上，全面抗日战争时期，中国现代学人之迁徙见证了动荡不安的时代，学者高嘉谦已指出，这种迁徙与历史悲情的流离有了联结，这些因战乱而飘零的学人，其"个体的忧患与伤怀，转眼成为时代的见证"③。胡熊锷作为经历此段时期的一员，此集正是作为全面抗战历史的见证，然迄今未曾见有学者对胡氏生平经历与著作进行研究，故本文即就该书及胡氏之生平经历进行考述，以期透过此一个案研究，深化近代广东、香港之文人研究。

---

① 本文系广州市哲学社科规划 2019 年度课题"晚清民国时期广东经学的接受与传播"（2019GZGJ223）的阶段性成果。
② 孙之梅：《南社研究》，人民文学出版社 1999 年版，第 66 页。
③ 高嘉谦：《遗民、疆界与现代性：汉诗的南方离散与抒情（1895–1945）》，（台北）联经出版事业股份有限公司 2016 年版，第 54 页。

一、《偕隐簃乱离吟草两种》之版本

香港"中央"图书馆学海书楼特藏有《偕隐簃乱离吟草两种》一册,索书号为"851.484728",限馆内阅览不外借,著录撰者为胡熊锷。装帧外观高19.3公分,宽12公分,深蓝色封皮,线装,铅印本。封面右侧题"烦代送叔文先生悔正",落款"伯孝浼",下并有方印,但已漫漶不清;右下有印亦无法识别。左侧题书名"偕隐簃乱离吟草两种",下落款"藕庵署签",钤印"藕庵"。封底内下边贴一黄纸,印有"云成印刷所",下书地址"惠福西路二百五十五号 电话一三三五七"。

此书内文可分为四部分:一、"乱稿",分"诗"与"诗余",有"目录"以及题"丁巳乱稿自序",共诗古近体凡28首,诗余凡8阕;二、"噫稿",分"诗"与"诗余",有"目录"以及"自序",共诗古近体凡54首,诗余凡39阕;三、"校后记",文末有时间及落款"中华民国三十五年季秋乡后学梁孝则记于羊城西隅藕花庵",并有钤印"藕庵",右上钤印为"曾经沧波";四、"勘误表",分为"类别"、"页数"、"行数"、"字数"、"原(作)"、"误(作)"。又,从是书内文可清楚看到校勘者偶有圈点误字,并旁书正字。

该书除了香港"中央"图书馆学海书楼特藏外,香港中文大学图书馆亦有藏。邹颖文所编《香港古典诗文集经眼录》载此书,记录成书年为1946年,香港中文大学图书馆索书号"PL2766.H8K3",题签者为梁孝则。《序》有《乱稿自序》、《噫稿自序》,所录诗词数目与学海书楼本相同,跋文亦为梁孝则之《校后记》。邹颖文对此书之简介为:

> 线装。有《乱稿》及《噫稿》。居港时多与黎国廉、江孔殷、杨铁夫、黄慈博等千春社社盟唱和。作者《噫稿》自序云:"昔金仁山《乱稿》之外有《噫稿》,余自丁丑,因避乱各地,至于庚辰(1940),曾杂录歌谣,袭名《乱稿》。嗣辛巳居港,又遭沦陷,展转内渡,由粤北而湘、赣、桂林,流徙三年。至乙酉之秋,始回穗石,又杂录居港以来及初复员时之所作,袭名《噫稿》。……昔韩昌黎云:物不得其平则鸣。兹亦以世不得其平而叹也,噫。"梁孝则校后记云:"皆粤港沦陷前后时事也。"①

从邹颖文所录者观之,其《噫稿》自序与梁孝则《校后记》与笔者所见学海书楼本

---

① 邹颖文:《香港古典诗文集经眼录》,(香港)中华书局有限公司2011年版,第90—91页。

内容相同，可见两本同出一源。然邹氏所录，未见如学海书楼本封面由作者所题之"烦代送叔文先生悔正"字样，亦未录各钤印，以及封底所黏贴"云成印刷所"之地址、电话等信息之黄纸。若有以上信息，邹氏应不至于未录。故本文即据学海书楼藏本《偕隐簃乱离吟草两种》进行研究，并考察其作者胡熊锷之生平经历。

二、胡熊锷之名字及生卒年考辨

胡熊锷，检《顺德县志》有传："胡伯孝，字熊锷。桂洲外村人。生于清光绪年间，卒于50年代前期。清末毕业于广东高等师范，并随其师黄节加入南社。辛亥革命时，曾为《军事报》主编。民国初年任浙江金华道尹。后返粤，任国民、中山两大学教授。擅长诗词，著有《偕隐簃乱离吟草》等。"① 检柳亚子（1887-1958）《南社纪略·南社社友姓氏录》则云："胡熊锷，字伯孝，广东顺德人。"② 案："伯"属排行，以传统命字习惯而言，"伯孝"当为字，文人常见以字号行，胡氏为南社社员，柳亚子所录当是；《广东文征续编》亦作"字伯孝"③；《顺德县志》将名、字误倒。

《顺德县志》以年代概括胡氏之生卒年，而完整载其生卒年岁者，惟黄福五、罗雨林《天蠁楼诗文集·人物简注》定为1880-1959年，其注载："胡伯孝（1880-1959）名熊锷，以字行，广东顺德人，著名诗人……解放初任广州市文史研究馆馆员。抗战期间，他与黄咏雩同为千春社友，在香港觞咏唱酬。1959年去世，黄咏雩有挽诗悼念。著有《偕隐簃诗文集》。"④ 另邹颖文《香港古典诗文集经眼录》定为1881-1960年⑤。案：《广州文史研究馆志》载其出生为1880年⑥，然未载其卒年，知黄福五、罗雨林所定生年本此；而《广东文征续编》则载其出生为1881年，亦未载其卒年⑦，知邹颖文所定生年本此。今观胡氏于《偕隐簃乱离吟草两种·噫稿》之《坠地词并序》自述："庚辰（1940）八月初四夕，夜起如厕，由三楼坠二楼……是夜距余六旬生朝，才两日耳。"⑧ 庚辰（1940）60岁，知胡氏生年为清光绪六年（1880）八月初六（9月10日），《广东文征续编》实误。

---

① 顺德市地方志编纂委员会编：《顺德县志·古今名人录》，中华书局1996年版，第1246页。
② 柳亚子著，柳无忌编：《南社纪略》，上海人民出版社1983年版，第209页。
③ 许衍董编：《广东文征续编》（第七卷第二册），广东文征编印委员会，1987年，第421页。
④ 黄咏雩著，罗雨林主编：《天蠁楼诗文集》（下册），花城出版社1999年版，第439页。
⑤ 邹颖文：《香港古典诗文集经眼录》，（香港）中华书局有限公司2011年版，第90页。
⑥ 郭岳等：《广州市文史研究馆志》，广州市文史研究馆，2003年，第59页。
⑦ 许衍董编：《广东文征续编》（第七卷第二册），广东文征编印委员会，1987年，第421页。
⑧ 胡熊锷：《坠地词并序》，《噫稿》，第1页。

至于胡氏卒年，其友人黄咏雩（1902-1975）于庚子（1960）年有《挽胡孝公》一诗，胡氏最迟卒于此年，邹颖文所定卒年即本此；而黄福五、罗雨林定为1959年，盖亦以黄咏雩《挽胡孝公》一诗所推估。然另观一位广州耆老何季鎧于1979年12月30日所撰《广州诗钟社拾零》一文："胡（伯孝）在抗日战争前世居大南路仙湖街胡氏书塾，乃笔者之街坊，陈济棠统治广东、提倡尊孔读经时，胡任广州市教育局督学，以对'小学'（研究文字、训诂、音韵之学问）有造诣而有名气。解放后，受人民政府聘为广州市文史研究馆馆员，一九五八年病逝。"① 何氏为胡氏友人，若回忆无误，胡氏或卒于1958年。要之，胡氏生年确为光绪六年八月初六（1880年9月10日）；卒年约1958年至1960年，三年之间尔。

三、胡熊锷民国二十六年（1937）前之经历

除了《顺德县志》外，《广东文征续编》亦纪录胡伯孝较为完整的经历，云："字伯孝，顺德人，毕业于广雅蚕学馆及高等师范本科。民国八年北京高等文官考试优等。历充中山、勷勤、国民、广州各大学教授，广州、香港各报社编辑及撰述，著有《偕隐簃诗稿》。"

此记载胡氏最早经历，止于民国八年（1919）文官考试优等。而胡氏于民国八年以前经历，检民国四年（1915）5月3日《申报》第七版载各省知事甄录试榜名单，广东名单有胡熊锷，知其曾参与知事试，但未能录取②；此外，据民国二十九（1940）年12月9日所作之《哭林灿予文》，自述于辛亥年（1911）间曾至香港办中国军事报③，又于辛亥革命后"与师友唐天如、黄晦闻、王韞吉、谭仲鸾、梁平甫诸先生结天民社于广州；民国建元，迺发刊华国报"，并担任撰述；民国三年（1913），曾短暂居香港石鼓山④；民国四年（1915），又赴港协助林灿予接办中外新报；至民国七年（1918），赴北京参与文官考试；赴试后，胡氏自言"旋至浙江，居西湖三年"⑤；至民国八年3月4日列广东

---

① 何季鎧：《广州诗钟社拾零》，中国人民政治协商会议广州市委员会编《广州文史资料》（第19辑），广东人民出版社1980年版，第151页。
② 《第三日知事甄录试揭晓》，上海《申报》1915年5月3日，第7版。
③ 胡熊锷《回雁峰前遇徐维扬同饮大江东酒肆》诗"不堪重话大江东"句下自注："辛亥余主《军事报》，徐率北伐第二军渡江"，可互证。见《噫稿》，第6页。
④ 胡熊锷《题亚子分湖旧隐图·其五》"石鼓山图晚未成，几回珍重索寒琼"下自注："癸丑（1913年）春，予屏居石鼓山，寒琼允作招隐图，久而未就。"见南社编：《南社》第17集，曹辛华编《清末民国旧体诗词结社文献续编》（第16册），国家图书馆出版社2015年版，第99页。
⑤ 胡熊锷：《哭林灿予文》，《广东文征续编》（第七卷第二册），广东文征编印委员会，1987年，第422页。

外交后援会干事①，同年又至北京复试②，并于11月9日录取文官高等考试③。而《顺德县志》载胡氏民国初年任浙江金华道尹，即指民国七年始"居西湖三年"所任之职。观浙江省长齐耀珊（1865-1954）于民国九年（1920）3月24日之省令载"胡熊锷派在实业厅学习"④，可见胡氏确实任职于浙江。而任期从自言"居西湖三年"及其师黄节于1921年之来诗⑤，知为民国七年（1918）迄民国十年（1921）止，随即回广州。

民国二十一年（1932）11月，陆幼刚（1892-1983）时任广州教育局长，意整顿教育，为提倡生产教育及推广社会教育，特派该局督学周家源、胡熊锷、陈友琴赴国内考察⑥，12月11日由广州出发，15日抵达无锡⑦，尔后胡氏更作诗回忆此事⑧。胡氏任教育局督学之期，据《哭林灿予文》："余回就广州教局事，沈沦末吏，凡16年。间兼教席，而君亦愤慨世事，托身教育，前后同事广雅中学者五年，同事燕塘军事政治学者逾年。"其言从浙江回广州，即任教育局督学，期间兼广雅中学教师，凡十六年，换言之，约民国十年（1921）至民国二十六年（1937）间。另观胡氏友人黄咏雩《挽胡孝公》诗题下自注："伯孝于丙子岁与予共事广雅中学。"⑨丙子即民国二十五年（1936），亦可证胡氏于民国二十六年之前确实任职广雅教师。

---

① 《广东之国民外交》，上海《申报》1919年3月4日，第6版。
② 胡熊锷：《次韵陈二生朝感怀十咏·其七》下自注："己未（1919）在保和、中和、太和三殿考试"，知又曾赴京。见《噫稿》，第3页。案：民国初年高等文官考试分预试、正试，各分两场，共四场考试，知非只考一次。参冯惠平：《民国初年人事行政法制的形成与演变（1912~1928）》，《文官制度季刊》2017年1月第9卷第1期，第30页。
③ 1919年11月12日《申报》载《文官外交官考试揭晓》："本届文官高等考试及外交官领事官考试现已竣事，已于九日揭晓……"知其发榜日为11月9日。见上海《申报》1919年11月12日第6版。
④ 齐耀珊：《省令：浙江省长公署训令第五五二号》，《浙江实业月刊》1920年第1期，第26页。
⑤ 案：黄节于1921年作《元日得胡伯孝书作答》："南归寻复北来初……西湖方报去年书"；又《题胡生伯孝〈湖滨偕隐图〉用元日韵》："别来汝亦去西湖，相阻南归又岁除"。由此可确定胡氏于公历1921年2月7日（农历腊月三十）已离开浙江。此二诗见马以君编：《黄节诗集》，第163、170页。
⑥ 《广州教育局考察团抵沪》，上海《申报》1932年11月22日，第9版。
⑦ 《粤教育考察团莅锡》载："本月十一日由广州出发，经厦门、上海、南京、天津、济南、北平各地。前晚由镇江来锡，一行共五人。昨日上午该团督学周洁泉、胡伯孝等至本邑教育局接洽。"见《申报》（上海版）1932年12月16日第10版。按此，胡氏抵无锡应是12月15日。
⑧ 胡氏《次韵陈二生朝感怀十咏》题下自述"民廿一年与陈奉派往各省考察教育，同历九省，因述往事成诗"；又其八诗下述"陈君延炆，约游青岛不果"，知一同考察者有陈延炆。见《噫稿》，第3页。
⑨ 黄咏雩著，罗雨林主编：《天蘅楼诗词》（上册），第368页。

四、《偕隐簃乱离吟草两种》之成书时间考论

从以上所论，大略可知胡熊锷于民国二十六年（1937）之前的简历。胡氏于1953年受聘为广州文史馆研究员，《广州文史研究馆志》载其政治面目"无党派"，另载其专长为"诗词"足以证诗词确实为其一生着力之处①。胡氏师从黄节并加入南社，柳亚子《南社纪略》载其填写入社书之顺序为"577"，而《南社史长编》载1916年11月24日陈耿夫（生卒年未详）填写入社书，介绍人为胡熊锷②，可知其入南社绝不晚于1916年。今见于《南社丛刻》胡氏诗存共7首：《生女慰内》1首、《絜如到问偕隐内子目疾代赋以谢之》1首、《题亚子分湖旧隐图》5首③。此七诗皆不在《偕隐簃乱离吟草两种》内，知为《两种》成集前所作。另观《噫稿》有《陆丹林以赵尧生乡居诗，张大千补图合轴命题，卷中前题者叶遐菴近日为予题湖滨偕隐图，柳亚子则三十年前曾命予题其分湖旧隐图者，因并及之》一诗，云"三十年前曾命予题其分湖旧隐图者"，当为昔年5首《题亚子分湖旧隐图》诗。

今检各雅集、诗题中多可见胡氏之名，如蔡守《长至日重到大通寺探梅，与社友邓尔疋、胡伯孝、谢次陶、张蕴香联句》最末句"莫向人间说不休"即胡氏作④；而黄咏雩有《千春社席上赋呈朱聘三、江兰斋、卢袞棠、卢湘父、俞叔文、黎季裴、杨铁夫、胡伯孝、郑韶觉、叶遐庵、黄慈博、陈觉是、卢岳生、李凤坡诸子》⑤；朱庸斋（1920-1983）有《烛影摇红·叶遐庵丈客馆小集赋此兼呈黎六禾、詹无庵、陈寂园、冯秋雪、黄咏雩、胡伯孝诸同座》⑥。胡氏参加各雅集之作，如《丁巳闰二月初三日，南社广东分

---

① 郭岳等：《广州市文史研究馆志》，广州市文史研究馆2003年版，第59页。
② 杨天石编著：《南社史长编》，中国人民大学出版社1995年版，第435页。案：《重订南社姓氏录·南社条例》言入南社之方式为"赞成本社之宗旨得社友介绍者即可入社"。可见胡伯孝当时已是社友才得以推荐。见曹辛华编：《清末民国旧体诗词结社文献续编》（第19册），国家图书馆出版社2015年版，第597页。
③ 南社编：《南社》（第17集），曹辛华编《清末民国旧体诗词结社文献续编》（第16册），国家图书馆出版社2015年版，第98-99页。
④ 南社编：《南社》（第21集），曹辛华编《清末民国旧体诗词结社文献续编》（第18册），国家图书馆出版社2015年版，第405页。
⑤ 黄咏雩著，罗雨林主编：《天蠁楼诗词》（上册），第275页。
⑥ 案：《烛影摇红》一阕今存于民国三十七年（1948）广州奇文印局铅印本《分春馆词》，见朱惠国、吴平编：《民国名家词集选刊》（第16册），国家图书馆出版社2015年版，第241页。

社假座六榕寺，第一次雅集分韵诗得广字》①、《咏问礼亭（得地字）》②、《万里封侯画册诗词钞·调寄三部乐（万里封侯册咏）》③、题咏《寰瀛撷秀图》④ 等，皆可见胡氏是当时著名文人，参与广东、香港许多文坛活动。

夷考胡氏此集题名为"偕隐簃"者，从《乱稿·感旧三首》咏诸贞壮："浣溪路畔旧知津，偕隐簃成结比邻"⑤，知为胡氏于浙江时旧斋名，且《偕隐簃乱离吟草两种》中又可见胡氏自述有"湖滨偕隐图"，不少文人曾为之题诗⑥，是有以"偕隐"为题成画也。云"乱离"者，乃胡氏从民国二十六年（1937）迄民国三十四年（1945）中日战争中所遇战乱流离之经历。《偕隐簃乱离吟草两种》为胡氏57至65岁左右之作，对研究胡氏以及彼时广东文人圈有一定的史料价值。有关《偕隐簃乱离吟草两种》之成书时间，黄福五、罗雨林谓胡伯孝"1936年曾印行古近体诗八十二首、词四十七阕。……著有《偕隐簃诗文集》"⑦。然1940年《广大知识》有一作者署名"吉荪"，其诗为《胡伯孝先生以诗稿一卷见示，多遭乱流离之作，赋以答之》："忆昔同为入幕宾，今从海角访诗人。吟来哀处多酸鼻，身在流亡倍写真。伯始文章称第一，稚威词藻自清新。佳篇赠我低徊诵，更喜香江又结邻。"⑧ 此诗作者"吉荪"未知身份，然从诗中可推测往年曾与胡氏同在政府部门，而后又会于香港。由吉荪诗题"诗稿一卷"可推测，至少在1940年之

---

① 南社编：《南社》第21集《附录一·广州雅集分韵诗》，曹辛华编《清末民国旧体诗词结社文献续编》（第18册），国家图书馆出版社2015年版，第619页。又《南社》（第20集上）载一照片，"为南社广东分社第一次雅集"，时间为"丁巳闰二月三日"，又有文字详载此照片的时间、地点、人物姓名，末段云："……张处莘、胡伯孝共四十人。张处莘、胡伯孝后至，故摄影止三十八人，又非社友一人（在周竹明之次）。"可知此照片胡伯孝未列其中。见曹辛华编：《清末民国旧体诗词结社文献续编》（第17册），国家图书馆出版社2015年版，第467-468页。

② 胡熊锷：《问礼亭诗初集：咏问礼亭（得地字）》，《新亚细亚》1936年12卷3期，第117-118页。

③ 胡熊锷：《万里封侯画册诗词钞：调寄三部乐（万里封侯册咏）》，《广大知识》1941年1卷9期，第17页。

④ "陈炳权教授旧藏《寰瀛撷秀图咏册》，……题咏者有桂坫、张祥凝、莫伯骥、胡熊锷、黎国廉……约三十人。"见邹颖文主编：《书海骊珠：香港中文大学图书馆珍藏专辑》，中文大学出版社2014年版，第144页。

⑤ 《感旧三首》，《乱稿》，第6页。

⑥ 如《乱稿诗余》有《向湖边·己卯冬月遇杨铁夫于香江，为余题湖滨偕隐图，因次其谱韵，为题桐荫勘书图，皆浙中鸿爪也》；《嚖稿》有《陆丹林以赵尧生乡居诗，张大千补图合轴命题，卷中前题者叶遐菴近日为予题湖滨偕隐图，柳亚子则三十年前曾命予题其分湖旧隐图者，因并及之》、《岑鹤禅丈为题湖滨偕隐图步韵和答》；黄节有《题胡生伯孝〈湖滨偕隐图〉用元日韵》。可见杨铁夫、叶恭绰、黄节皆曾为胡氏此图题诗。

⑦ 黄咏雩著，罗雨林主编：《天蠁楼诗文集》（下册），花城出版社1999年版，第439页。

⑧ 吉荪：《胡伯孝先生以诗稿一卷见示，多遭乱流离之作，赋以答之》，《广大知识》1940年1卷5期，第14页。

前，胡氏之作确有成集，集名或为黄咏雩所云《偕隐簃诗文集》。然此集笔者未见，检索各大图书馆亦未有藏；惟香港"中央"图书馆学海书楼与香港中文大学图书馆藏题为《偕隐簃乱离吟草两种》一册，与《顺德县志》所载集名相同。

《偕隐簃乱离吟草两种》之成书过程，莫详于书后由梁孝则（1907-1975）① 所作之《校后记》。根据《记》中载，是书为同乡"熊锷伯孝甫所作，积为二袟，曰《乱稿》，曰《噫稿》，记古近体诗八十有二首，词四十七阕，皆粤港沦陷前后时事也"。此《记》谓两人认识于民国三十三年（1944）季秋，论述民国三十二年（1943）至三十五年（1946）事，兼及与胡氏之互动：

> 三十二年冬突与英美称兵，香港蕞处海隅，首蒙兵革，匝月委敌，丈方讲学海滢西南中学，乱定仓皇归市。翌年秋，李丈子平倡集州中文人于市西泮溪酌荷仙馆，作秋笋会，与会者如许菊初、李孟节、梁泽芸，皆一时硕彦。余以尘世拘牵，未尝与焉。会中李丈豪思飚发，先成一律，遍征诸子继和。其后旬日，更作续会，丈及余始与席，而余识丈亦由此会始。……今年夏，丈过余，抽出积稿相示，皆十年丧乱身历诸事，一一系之以诗。诵既竟，爱不忍释，窃以为丈十年心血所萃，不可以不传，遍以示同游，亦佥云不可以不传，乃付之剞劂，检校既竟，追怀往游，为之记如右。

梁氏此《记》，对胡氏生平经历系年有误，后文有详考，此先略述。然文末记年"中华民国三十五年季秋乡后学梁孝则记于羊城西隅藕花庵"，足见是书之成于民国三十五年（1946）无疑也。对比罗雨林所述于1936年印行，足足晚了十年；就算对比1940年前吉荪所见，亦晚了许多。然另据胡氏《噫稿自序》云：

> 余自丁丑，因避乱各地，至于庚辰，曾杂录歌谣，袭名《乱稿》。嗣辛巳居港，又遭沦陷，展转内渡，由粤北而湘、赣、桂林，流徙三年。至乙酉之秋，始回穗石，又杂录居港以来及初复员时之所作，袭名《噫稿》。

"丁丑"为民国二十六年（1937），"庚辰"为民国二十九年（1940），谓"曾杂录歌

---

① 梁藕庵（1907-1975），名永鸿，字孝则，号藕庵。广东顺德人。诗人梁荔夫叔父。是商人，喜诗词，为广州清游会成员。解放前为十三行万祥银铺经理，住在广州西关和平西路，为解放后早期荔湾区工商联常务理事。著有《藕庵诗存》。见《天蠁楼诗文集·人物简注》，花城出版社1999年版，第450页。

谣"者,知《乱稿》当成于此时,记录民国二十六年(1937)至民国二十八年(1939)三年之事,此与胡氏《乱稿自序》云"余自丁丑迄于己卯(1939),遭乱流离"时间吻合。然《噫稿》之作,胡氏自述是乙酉(1945)秋后回穗石后杂录而成,可见《乱稿》、《噫稿》合为《偕隐簃乱离吟草两种》,绝不可能如罗雨林所说是1936年印行。因为"古近体诗八十有二首,词四十七阕"是《乱稿》、《噫稿》所合计之数,而1936年胡氏《乱稿》尚未成编,何况观《噫稿》中《坠树词并序》自述"甲申(1944)冬讲学砰(坪)① 石遇乱,由乐昌回曲江"② 云云,足证《偕隐簃乱离吟草》于1936年未成集也。故知1940年署名吉荪所谓"胡伯孝先生以诗稿一卷见示"者,当为《乱稿》之初稿,此与上引《噫稿自序》"至于庚辰(1940),曾杂录歌谣,袭名《乱稿》"时间相合;而罗雨林所谓"1936年印行"者,乃因见黄咏雩《挽胡孝公》诗题下自注"伯孝于丙子岁与予共事广雅中学……其遗著曰《偕隐簃诗文集》"③。丙子即民国二十五年(1936),罗氏未曾见学海楼书藏之《偕隐簃乱离吟草两种》,故误以为黄氏于丙子(1936)时即见过此集,实大谬也。又本书封面胡氏所题"叔文先生"者,盖为俞叔文(1874－1959),香港学海书楼创办人之一,虽未能确定何时与胡氏认识④,然另观黄咏雩曾于1941年参加了香港千春社的雅集,有《千春社席上赋呈朱聘三、江兰斋、卢衮棠、卢湘父、俞叔文、黎季裴、杨铁夫、胡伯孝、郑韶觉、叶遐庵、黄慈博、陈觉是、卢岳生、李凤坡诸子》之作⑤,从题可知胡氏与俞氏皆为千春社社友。按此,民国三十五年(1946)《偕隐簃乱离吟草两种》成书后,胡氏欲将该书交由俞氏,此书今藏学海书楼,盖为俞氏所捐。

五、从《偕隐簃乱离吟草两种》论胡熊锷民国二十六年(1937)后之经历

胡氏于民国二十六年(1937)前之活动,已如前所述;然全面抗战期间,迄胡氏逝世前的活动,却鲜有资料供后人考索。除了胡氏《哭林灿予文》作于民国二十九年

---

① 案:今作"坪石",坪石镇属广东省韶关市乐昌市下。
② 《坠树词并序》,《噫稿》,第6页。
③ 黄咏雩著,罗雨林主编:《天蠁楼诗词》(上册),第368页。
④ 案:胡伯孝《哭林灿予文》自述辛亥年(1911)即至香港办中国军事报;而民国二十七年(1938),胡氏就已至港讲学,"广东四大藏家书(案:应为"书家"之倒),南洲书院主前清优贡徐信符、桐城派名家胡伯孝、前清优贡谢次陶等,金陵中学校长李佩鸣女士,近特请徐等来港讲学"。见《简讯》,《申报》(香港版)1938年8月2日第4版。可见,胡氏早年便至香港,或许与俞氏早已熟识。
⑤ 黄咏雩著,罗雨林主编:《天蠁楼诗词》(上册),第275页。

（1940），虽提供了少数资料，如记民国二十七年（1938）因广州沦陷，胡氏走港，执教西南中学外①，其余事迹皆付之阙如。《偕隐簃乱离吟草两种》则提供了更多信息，尤为重要的是为全面抗日期间的广东、香港文人圈提供了更多研究素材。

（一）《乱稿》所见民国二十六年（1937）迄民国二十八年（1939）之经历

观《乱稿自序》②云：

> 昔贤著《乱稿》，哀乱世也。余自丁丑迄（1937）于己卯（1939），遭乱流离，始广雅避地，由③潮连旋徙居大良，后随学校流寓碧江，其间或居西樵山中，或寓新会邑城。日兵登陆，又飘流港海，时未三载，居凡六易，国破家亡，孑然一身，回首过往，尽成沦陷。历历征途之梦，劳劳行者之歌，行箧仓忙大半遗散。偶有省忆，率笔录存。
>
> 杂然无章，袭名乱稿。藜床皂帽，海角苟存，柳陌雪绵，天涯何处，盖不暇为世哀，祇自述以告哀云尔。

云"昔贤著《乱稿》，哀乱世也"者，指金履祥（1232-1303）《仁山乱稿》。金氏又有《仁山噫稿》，知胡氏二稿皆袭其名也。此《序》述丁丑（民国二十六年，1937）迄于己卯（民国二十八年，1939）之经历。所谓"遭乱"，盖指民国二十六年（1937）卢沟桥事变起，日本发动全面侵华战争，民国二十七年（1938）广州沦陷，至民国二十八年（1939）对日持续抗争之事。此三年，胡氏自述先由潮连转至大良，又至碧江。其间或居西樵山中、新会，后至香港，此从《乱稿》诗中可见其将地点系于作品者有：《珠江夜集赠三十年前同学区勉庵、卢介眉二君》、《东风西潦避地潮连，席间呈区勉庵子耘，朗若昆仲》、《戊寅避地碧江，题边颐公芦雁图示述堂弟》、《碧江晓意》、《王洁生赠诗和答》（"花事阑珊怯覆杯，碧江有约客迟来"）、《避乱西樵山题梅花书屋图》、《重九登宋王台》、《梅芳学舍》、《快活谷试马，偕李少将晚饮香江》、《宋王台追怀梁节庵内兄》。以时间排序，胡氏民国二十六年（1937）从广州避地至潮连，从其诗云"新霜一夜催华发，细雨千丝折柳腰。巨浸当前谁击楫，狂潮得势欲沈桥"④、"骨肉一家悬四地，

---

① 《哭林灿予文》："前岁（1938），广州沦敌，余率家人走港，君亦接踵而来，今秋复同执教西南中学。"

② 案：此《序》，学海书楼本实题名为《丁巳乱稿自序》，然《乱稿》内容为"丁丑迄（1937）于己卯（1939）"之事，为何题为"丁巳（1917）"？丁巳年为南社广东分社第一次雅集，或胡氏初欲省忆者，由丁巳始欤？不得知也。谨附于此，待未来有更多资料补充。

③ 案：梁孝则《校后记》谓第二十七字漏一"由"字，今补。

④ 《东风西潦避地潮连，席间呈区勉庵子耘，朗若昆仲·其一》，《乱稿》，第3页。

烽烟横海逼高秋"①，见彼时遇战乱逃难之急，"巨浸"、"狂潮"除了写景外更彰显局势混乱；至民国二十七年（戊寅，1938）又转避地碧江，间居西樵山中。复观《哭林灿予文》"前岁（1938），广州沦敌，余率家人走港"，乃指十月日军占领广州一事，知胡氏于十月赴香港，从诗题宋王台、梅芳学舍、快活谷皆香港地名可知也。尤可注意者，此时所歌咏之内容，特以"地方"（place）② 传达因战乱流落逃离故乡，以及可能面临外族侵略、改朝换代之悲，如《重九登宋王台》："天际羁人一雁轻，欹斜皂帽宋王城。催租风雨吟何托，晞发阳阿气早平。行念众芳同晚节，坐闻残夜战秋声。空山不尽登临感，失叹实无阮步兵。"③ 此诗以登高怀古起，接着论述往昔香港九龙一带租让英国，如今已然成往事；但此时再闻战事，故尾联用典《晋书·阮籍传》"（阮籍）尝登广武，观楚汉战处，叹曰'时无英雄，使竖子成名'"，以表露广州被日军占领之悲。同以宋王台为书写对象的，尚有《宋王台追怀梁节庵内兄》："崇陵松柏郁崔嵬，永念遗臣志未灰。幽草寒琼成独往，西台如意有余哀。孤怀瞪瞪成三户，故国荒荒共一坏。极目零丁呜咽水，终魂方驾傥归来。"④ 从诗题"追怀梁节庵内兄"，知胡氏之妻兄为广东名儒梁鼎芬（1859-1919，字星海，号节庵）。此诗以"遗臣"称之，并用"西台如意"⑤、"三户"⑥等典故入诗，表露对其内兄作为一个"遗臣"之伤感。事实上，胡氏选择吟咏"宋王台"，乃为其内兄表达深刻的遗民文化意义。早在 1916 年 10 月 13 日，陈伯陶（1855-1930）以敬祝宋遗民赵秋晓（1245-1294）生日为由，召集前清移民于宋王台遥祭，并题诗酬唱，隔年苏泽东（1858-1929）便辑录《宋台秋唱》⑦。学者高嘉谦即指出此为"民国初年在香港的遗民文人营构的文学空间，以寄存亡国心志"，"宋王台既是历史遗迹，也是移民群体重新认知香港的地方（place）"⑧。换言之，即借由重建"过去"形塑"现在"。胡氏此诗除了借以怀念身为遗民的内兄外，于此时选择宋王台作为吟咏之地点，

---

① 《东风西潦避地潮连，席间呈区勉庵子耘，朗若昆仲·其二》，《乱稿》，第 3 页。
② 以地方（place）作为观看、认识世界的一种方式，人与地方如何产生情感联系，高嘉谦已有较为清楚扼要之整理。见高嘉谦：《刻在石上的遗民史：〈宋台秋唱〉与香港遗民地景》，《台大中文学报》2013 年 6 月第 41 期，第 7 页注 2。
③ 《重九登宋王台》，《乱稿》，第 5 页。
④ 《宋王台追怀梁节庵内兄》，《乱稿》，第 6 页。
⑤ 谢翱（1249-1295）《登西台恸哭记》，记述文天祥抗元失败被杀后，谢翱与其友人登西台祭之，并作此文以记其事。"如意"为"乃以竹如意击石，作楚歌招之曰……"见谢翱：《晞发集》（第一卷），《宋集珍本丛刊》（第 91 册），线装书局 2004 年版，第 10-11 页。
⑥ 《史记·项羽本纪》："楚虽三户，亡秦必楚。"
⑦ 有关陈伯陶与《宋台秋唱》之相关问题，见高嘉谦：《刻在石上的遗民史：〈宋台秋唱〉与香港遗民地景》，《台大中文学报》第 41 期，第 19 页。
⑧ 高嘉谦：《刻在石上的遗民史：〈宋台秋唱〉与香港遗民地景》，《台大中文学报》第 41 期，第 32-33 页。

无疑是感受到自己会是继辛亥革命后,可能又再次面临鼎革之际的情况。因此,胡氏书写香港地景,多有蕴含乱离之愁,其他诗作如《海楼残夜》"百念似随宵烛转,薄凉初报晓钟知。心灯了了浑难寐,对此苍茫待语谁",《梅芳学舍》"晚来烟树回寒碧,劫外江山自莽苍。惘忆坠欢成隔世,强扶残醉又斜阳"①,皆能借书写异地景色,进而表现对于故乡沦敌、思念过往之悲。

又从《乱稿》诗中可见胡氏记录、回忆与当时文人结社交往的情形,如谢英伯(1882-1939)、卢谔生(字逸少,生卒年不详)结潇鸣社,胡氏曾参与赋诗②;记录同学者,有区勉庵(1883-1959,名锡鹏,字冕群,晚号勉盫,广东江门潮连富冈人)、卢介眉(生卒年不详,胡氏于诗中自注"介眉里名芦边")、杨竹轩(生卒年不详,曾任茂名电白县长)③;言纪念香港蟾圆社一周,作诗呈创办人黄伟伯(名棣华,1872-1955)④;言画家龙思鹤(生卒年不详,广东南海人,室号白鹤草堂)命作题画诗⑤。而于《乱稿》诗卷末,胡氏有《感旧三首》⑥,特咏罗掞东(1872-1924,名惇曧,字孝通,号掞东、瘿公)、谭仲鸾(1863-1924,名镳,字康斋,号仲鸾)、诸贞壮(1875-1932,名宗元,字贞壮)。胡氏咏罗掞东"燕市行歌得一知,即论文采亦堪师",可知两人曾交往论诗;咏谭仲鸾"方从梅雪忆瘿公,忽念先生亦令终。耆旧已随时事尽,孤怀难起古人同。众芳摇落吾何往,天下殚残事未穷。却悔与君成契阔,未搜遗坠衍流风"。谭仲鸾为梁启超(1873-1929)表兄,与胡氏向为天民社发起人⑦,今忆彼时社员多已凋谢⑧,故有"众芳摇落"之悲咏诸贞壮"浣溪路畔旧知津,偕隐簃成结比邻。檐溜共烹残夜雪,瓮醅真作两家春。酒冷一诀成何世,南社重来得几人。去病无书昌硕死,江湖摩眼独沾巾"。由此诗首联可知,两人曾为邻居,诗中"浣溪路"在浙江杭州,推测是

---

① 《梅芳学舍》,《乱稿》,第5页。
② 《谢英伯、卢谔生等集民元以前记者结潇鸣社,即席用溪西鸡齐啼韵》,《乱稿》,第2页。
③ 《珠江夜集赠三十年前同学区勉庵、卢介眉二君》、《杨竹轩同学之尊甫曾预谅山之役者也,为之修墓征题一诗》,《乱稿》,第2-3页。
④ 《蟾圆社一周纪念赋呈黄伟伯诸公》,《乱稿》,第5页。案:黄棣华(1872-1955),字伟伯,斋曰负暄山馆,广东顺德人。少承家学,早年随简朝亮读书,光绪二十年(1894)秀才,于佛山设馆授徒。中年进身商贾,往还省港澳各地。1927年定居香港,经营地产致富,活跃文坛,先后组正声吟社、岁寒社、蟾圆社、天风社及硕果社,著负暄山馆诗词专辑多种。见邹颖文主编:《书海骊珠:香港中文大学图书馆珍藏专辑》,第116页。
⑤ 《龙思鹤命题画》,《乱稿》,第5页。
⑥ 《感旧三首》,《乱稿》,第6页。
⑦ 《哭林灿予文》:"余与师友唐天如、黄晦闻、王飌吉、谭仲鸾、梁平甫诸先生结天民社于广州。"
⑧ 《哭林灿予文》:"向日天民社发起同人,黄晦闻、谭仲鸾、梁平甫,诸先生皆老成凋谢,今之存者,只余数人。"

民国七年至十年间居西湖时相识为邻，且二人皆为南社社友，如今胡氏旅居香江，贞壮则已逝世七年矣。此三人，罗掞东可视为胡氏师友，谭仲鸾与胡氏一同创建天民社，诸贞壮为胡氏邻居兼南社旧友。对此，孤身在海外之胡氏诚添感伤情怀。

（二）《噫稿》所见民国二十九年（1940）迄民国三十四年（1945）之经历

《噫稿自序》云：

> 余自丁丑，因避乱各地，至于庚辰，曾杂录歌谣，袭名《乱稿》。嗣辛巳居港，又遭沦陷，展转内渡，由粤北而湘、赣、桂林，流徙三年。至乙酉之秋，始回穗石，又杂录居港以来及初复员时之所作，袭名《噫稿》。其间劫火流离，所遗忘者亦强半矣。俚语残篇，本无当于歌咏，然李叟及关之叹，梁鸿登岳之谣，其歌有思，其哭有忆。昔韩昌黎云"物不得平则鸣"，兹亦以世不得其平而叹也，噫！

由此《序》可知《噫稿》乃乙酉（1945）秋后，胡氏回广州穗石杂录而成。云"杂录居港以来及初复员时之所作"者，乃记《乱稿》成编后，以至日本投降，英国恢复管治香港期间之作，即民国二十九年（1940）至民国三十四年（1945）间事。胡氏于民国二十七年（1938）10月至香港避难，直至民国三十年（辛巳，1941）12月香港遭日军占领后，隔年回广州（详下有论），并"由粤北而湘、赣、桂林，流徙三年"，至乙酉（1945）秋抗战胜利，胡氏即返广州。然对照卷末梁孝则《校后记》云：

> （日本）三十二年（1943）冬突与英美称兵，香港蕞处海隅，首蒙兵革，匝月委敌，丈方讲学海滢西南中学，乱定仓皇归市。翌年（1944）秋，李丈子平倡集州中文人于市西泮溪酌荷仙馆。……余以尘世拘牵，未尝与焉。……其后旬日，更作续会，丈及余始与席，而余识丈亦由此会始。三十四年（1945）夏，丈不耐久处涂炭，间关北渡，至曲江，任职七战区参议……是年冬，敌北犯，曲江不守，丈再陷敌围，委顿道途，既搆兵凶，复遭匪掠，身无长物，无以为生，赖女公子沿途扶藉，间关南下，使得生还乡井。

梁氏谓胡氏于民国三十二年（1943）讲学西南中学，因战归广州；谓民国三十三年秋（1944）在广州聚会；又谓三十四年（1945）至曲江，任职七战区参议，并于是年冬回广州。案：以上系年，梁氏误记也，绝不可尽信，兹详考如下：

其一，日本占领香港在1941年12月，与胡氏自述"辛巳（1941）居港，又遭沦陷"相符，彼时胡氏讲学香港西南中学，观《噫稿》有《西南中学席间呈得朋社诸君》可证之。又《乱稿》与《噏稿》所收诗作之顺序，虽非完全按时间前后排序①，但绝大部分排序相连的作品可以看出为同时之作或有时序，如《乱稿》中《戊寅避地碧江，题边颐公芦雁图示述堂弟》、《碧江晓意》两首排序相连可知也。检序于《西南中学席间呈得朋社诸君》前作，为《陈孝威将军以上罗斯福大总统诗命同作》。是诗之作，乃因民国三十年（1941）香港沦陷前数月，《天文台》报社长陈孝威（1893-1974）公开所和酬美国总统罗斯福之作，彼时诗坛反应热烈，掀起全国性的唱和盛事②。而此诗在《西南中学》诗之前，知胡氏于民国三十年十二月前仍在香港讲学；再观序于《西南中学》后诗，有《上元岭拙园雅集观荷花》，上元岭位于香港九龙，知乃同时之作；又在《上元岭》诗后者，为《虏中除夕》诗，"虏中"指彼时香港已被日军占领；而云"除夕"知此时已为民国三十一年（1942），胡氏还在香港。而《噏稿自序》云辛巳（1941）后"展转内渡"者，观《噏稿诗余》有《倾杯乐》一阕，词牌下题"寒食日黎季裴丈招试谦太平分馆，时将内渡，留呈江、桂、张三太史"③；又《长寿乐》一阕下自题"浴佛节祝许公武母舅寿辰"④，浴佛节为四月初八（5月22日），此二阕词皆于香港时所作，云"将内渡"，故无理等到明年，知最早于民国三十一年（1942）5月22日后，胡氏便从香港回广州，证梁氏谓民国三十二年（1943）胡氏才由香港返广州之误。再观次于《虏中除夕》后诗为《同乡李子平、梁孝则招饮酌荷酒肆》，此诗即为梁氏《校后记》所云"李丈子平倡集州中文人于市西汴溪酌荷仙馆"一事，诗中有"凉月半醒梁熟梦，阳春稍转劫余灰"句，可见此时为民国三十一年（1942）秋，绝非梁氏所系民国三十三年（1944）秋；何况胡氏于《坠树词并序》自述"甲申冬讲学砰（坪）石遇乱"⑤，甲申为民国三十三年（1944），明证胡氏彼时在坪石（今韶关），不在广州。

其二，《噏稿自序》云"展转内渡，由粤北而湘、赣、桂林"，乃梁氏所谓"任职七战区参议"事，此从《旅韶时梁孝则以重阳诗见怀，归后步韵和答·其二》"参军飘皂帽，归雁望衡阳"下自注"时参七战区军事"⑥，可证之。此外，是诗亦回忆从军以来的感怀，如《其一》云"二毛过庾岭，三载客虞城"，《其二》云"留滞周南感，文章愧子长。珠玑访前巷，羁旅算归乡"，《其三》云"粤路戎车袭，湘江羽檄飞……故乡千里

---

① 如《乱稿》有《丁丑元旦》诗，然下首诗为《丙子压岁》，并自注"补录"，可见并非全依时间排序。
② 陈孝威和诗美国总统罗斯福之经过，可参程中山：《香港文学大系1919-1949：旧体文学卷·导言》，商务印书馆有限公司2014年版，第69页。
③ 《倾杯乐》，《噏稿诗余》，第9页。
④ 《长寿乐》，《噏稿诗余》，第10页。
⑤ 《坠树词并序》，《噏稿》，第6页。
⑥ 《旅韶时梁孝则以重阳诗见怀，归后步韵和答·其二》，《噏稿》，第7页。

隔，征战几人归"，《其四》云"家国无穷恨，江关欲断魂。都将别来意，微语化清樽"。除了如"三载"可与《噎稿自序》"流徙三年"互证外，"庾岭"、"衡阳"、"虞城"、"珠玑"亦可明胡氏往来湖南、韶关等地①，并多发怀土之情。若另从诗作细考其内渡路线，观《同乡李子平、梁孝则招饮酌荷酒肆》诗后，有《内渡步健公送行原韵》、《回雁峰前遇徐维扬同饮大江东酒肆》、《题黄友圃校长六十寿言册》、《赴大翀，瑶山国民大学道中作》、《坠树词并序》五诗相连。考"回雁峰"处湖南，"大翀"处江西，"瑶山"处广东北部，又《题黄友圃校长六十寿言册》诗云"恰在曲江逢野老"②，知于曲江遇黄遵宪堂弟黄遵庚；又《赴大翀，瑶山国民大学道中作》云"车道东北驰"③，是胡氏于广东国民大学驱车东北向往江西。而胡氏抗战胜利后作《避乱归乡，胜利后复出，留别关汉石乔梓、家莲伯兄弟》诗，更对内渡地点有详细回忆，云"曹溪礼精蓝，阳朔啸空碧。衡阳寄回雁，素书动盈尺，浪迹涉章贡"④，"曹溪"处韶关，"阳朔"处广西桂林，"衡阳"处湖南，"章贡"处江西。按此，大致可以厘清胡氏于民国三十一年（1942）从香港返回广州后，内渡路线盖为"韶关→桂林→湖南→江西"，且期间又时而往来于湖南、韶关。

再观《坠树词并序》云："甲申冬讲学砰（坪）石遇乱，由乐昌回曲江"，知甲申（1944）胡氏已由江西返回韶关，于坪石讲学，为避乱从乐昌再返曲江。而坪石讲学之事，观该诗云："是岁甲申月建子，停弦罢诵干戈里。中山大学卷皋比，变起乐昌走韶市。"⑤案1938年广州沦陷，中山大学紧急撤离，西迁至云南澄江，于1940年，迁至乐昌坪石，如今尚留有当初文学院遗址⑥。而"月建子"是11月，可见胡氏彼时在坪石任中山大学教职约止于民国三十三年（1944），11月即回曲江，隔年秋抗战胜利后返广州。换言之，"流徙三年"即民国三十一年（1942）离开广州至粤北及桂林、湘、赣，迄民国三十四年（1945）年秋从韶关回广州之事，故《避乱归乡，胜利后复出，留别关汉石乔梓、家莲伯兄弟》诗即云："讲席开砰（坪）石，四省入诗囊。三年从仗策，快哉汗漫游。"⑦因此，并观前引《赴大翀，瑶山国民大学道中作》诗，可证《顺德县志》载

---

① 案：从胡氏经历可知诗中"庾岭"、"虞城"盖指湖南，"珠玑"为韶关南雄珠玑巷。
② 《题黄友圃校长六十寿言册》，《噎稿》，第6页。
③ 《赴大翀，瑶山国民大学道中作》，《噎稿》，第6页。
④ 《避乱归乡，胜利后复出，留别关汉石乔梓、家莲伯兄弟》，《噎稿》，第8页。
⑤ 《坠树词并序》，《噎稿》，第7页。
⑥ 有关中山大学在坪石之残留遗迹、文字，可参中山大学历史学系：《重走内迁路，赓续中大情：记中大历史学系史工作小组赴韶调研活动》，2017年12月5日。http://history.sysu.edu.cn/news/24342.htm#_ednref1（2017年12月30日上网检索）。
⑦ 《避乱归乡，胜利后复出，留别关汉石乔梓、家莲伯兄弟》，《噎稿》，第8页。

胡氏"民国初年任浙江金华道尹。后返粤,任国民、中山两大学教授",虽为实情,但诚过于模糊,今有赖《偕隐簃乱离吟草两种》而得其事迹之全貌也。从此亦可明梁孝则将胡氏赴曲江任职七战区参议,并于是年冬还乡之事全系于民国三十四(1945)年,实误。若真如梁氏所系,"流徙三年"之说则无以落实。要之,梁氏所述内容虽大致合实情,然而时间上,却与胡氏《噫稿自序》与《噫稿》之诗完全无法系连,实不可尽从。

而从《避乱归乡,胜利后复出,留别关汉石乔梓、家莲伯兄弟》一诗之后至卷末所录之诗,皆为民国三十四年(1945)年诗,从诗题与内容来看,多为怀旧之作,如《回广州值谢次公司徒怒涛偕隐市楼》云"相对苍颜又一时,旧怀新感两难支。……江楼坐雨雷惊座,尚忆当年共赋诗"①;尤其多记故人故地者,如《重履北园忆黄晦师》云"北园廿载论诗地,山馆重开试午茶。暑雨初晴足蔬笋,亭林独坐忆蒹葭"②,案黄节于1923年有《北园》诗,有句云"北园再过往,朋旧日游宴"③,可见是黄节与朋旧雅集之地,从胡氏诗首句,知尝与其师论诗于此,然回首已过二十年矣;而《重过抗风轩·教育局旧址》云"草绿南园旧芜荒,再来林木已沧桑。流风十献将谁嗣,俎豆三忠阙载尝。兹地訏谟关密切(自注:中山先生尝决策于此),昔人名节系兴亡。披襟俯仰成今昔,敢负当年一瓣香"④,忆孙中山先生曾于抗风轩讨论时局,密商革命⑤。又抗风轩位处广雅书局内南园,与前首北园忆黄节之诗正好一北一南,此或胡氏有意安排,不得知也。无论如何,皆可见胡氏战后回归广州,透过地景的书写,对昔日人事之追忆。

六、《乱》、《噫》诗余所流露之伤怀

《偕隐簃乱离吟草两种》由《乱稿》、《噫稿》组成,而二《稿》诗后,分别附有《乱稿诗余》8阕、《噫稿诗余》39阕。特别的是,内容皆为胡氏于香港时期(1938年至1942年)所作,未涉回广之后的经历,因此相较于诗,单纯许多。而此二《稿》之词,除了文献意义外,就文学史意义而言,实有助于理解此段期间香港旧体文学史的情形,特别是"千春社"。程中山对此有较详细之论述:

> 民国二十八年(一九三九),粤籍文人朱汝珍、江孔殷二人为了继承民初潜社、

---

① 《回广州值谢次公司徒怒涛偕隐市楼》,《噫稿》,第8页。
② 《重履北园忆黄晦师》,《噫稿》,第9页。
③ 马以君编:《黄节诗集》,第179页。
④ 《重过抗风轩·教育局旧址》,《噫稿》,第9页。
⑤ 孙中山于抗风轩之事迹,可参张玉法:《清季的革命团体》,(台北)"中央研究院"近代史研究所,1972年,第156–157页。

正声诗社遗风成立了千春社,举行诗钟比拼之会。民国三十年(一九四一)黄咏雩所作《千春社席上赋呈朱聘三、江兰斋、卢袞棠、卢湘父、俞叔文、黎季裴、杨铁夫、胡伯孝、郑韶觉、叶退庵、黄慈博、陈觉是、卢岳生、李凤坡诸子》诗,可见当日社员十四人,举行雅集,阵容鼎盛。朱汝珍为孔教学院院长,千春社乃创立于学院内,其后妙高台、华夏书院等地都是他们雅集聚会、用遣客愁的场所,如江孔殷《八声甘州·柬钟集诸友》:"说甚文章千古,祇偶然消遣,结习难忘。"诗社曾刊印《千春社文稿》一册,收入朱汝珍、江孔殷等作品,多为骈赋、试帖诗,明显带有科举色彩……不过,千春社在抗战期间凝聚粤籍文人,振兴诗词,推动香港文学创作,贡献亦大。特别是社员叶恭绰、黎季裴、杨铁夫、江孔殷、黄慈博、黄咏雩等均为词坛高手,诸人唱和不绝,词风特盛,可谓是继北山诗社后,民国香港填词的第二个高潮①。

此段论述讲述千春社成立于朱汝珍(1870-1942)、江孔殷(1864-1952),而民国二十八年(1939)也正好是胡氏至香港的隔年。而此社最大之贡献,程中山很明确地指出在于推动香港古典词的创作,尤其是叶恭绰(1881-1968)、黎季裴(1874-1950)、杨铁夫(1869②-1943)、江孔殷、黄慈博(1886-1946)、黄咏雩,此正同于罗香林论因战乱南来香港的知识分子"每喜为诗酒宴集,唱和既频,文风以盛"③。程中山举江孔殷作品为例,如《声声慢·次铁夫九日雅集以同人姓名入词均》,则以杨铁夫、黎六禾、卢梳魂、叶茗孙、胡伯孝、黄慈博、邓紫垣、陈觉是、劳纬孟、李凤坡、江霞公姓名入词造语;又如《赋得己卯钟声得钟字五言八韵》。又如叶恭绰《和千春社黄密弓韵》、杨铁夫《永遇乐·上巳和慈博》等诗词,都可见当时社友间唱酬之频密。然而1941年日军进攻香港后,千春社亦因此自然解散,成为历史的一部分④。

就以此点,《乱稿诗余》与《噫稿诗余》共47阕词即展现了其价值。从类别而论,此二稿《诗余》比例占最多的,即与上述之杨铁夫(名玉衔,字懿生,号铁夫)、江孔殷(字少泉,号霞公)、黎季裴(名国廉,字季裴,号六禾)、黄慈博⑤(名佛颐,字慈

---

① 程中山:《香港文学大系 1919-1949:旧体文学卷》,商务印书馆有限公司 2014 年版,第 67 页。
② 案:杨铁夫生年记载不一,兹从杨铁夫从孙杨正绳撰《岭南词人杨铁夫及其家世》,载中山政协:《中山文史》(第 43 辑)。http://zszx.zsnews.cn/Article/view/cateid/279/id/32148.html (2018 年 1 月 6 日上网检索)。
③ 罗香林:《香港与中西文化之交流》,中国学社,1961 年,第 5 页。
④ 参程中山:《抗战中的香港传统文化圈之二》,《香港文汇报·副刊》2005 年 7 月 20 日。
⑤ 案:《偕隐簃乱离吟草两种》记"词博"或"慈博",或一号为"词博"。

博，号慈镁）四人唱和，提供了千春社友之雅集状况，是后人研究战乱时期广东香港文人圈的材料之一。若以题目来看，唱和作品就有《水龙吟·和黎季裴、江霞公、杨铁夫、黄词博落叶词原韵》①、《醉蓬莱·重九和江霞公、黎季裴、黄词博用东坡韵》②、《孤雁儿·杨铁老用小范韵索和》、《水龙吟·和黎六禾帆影依稼轩体韵》、《春风袅娜·和黎六禾花影用江霞龛韵》、《一寸金·和黎六禾书感用梦窗韵》、《花发沁园春·和霞庵木棉用刘圻父韵》、《水龙吟·和江楼诸公赋杨花用东坡韵》③、《剑器近·龙湾雅集和六禾韵》、《夏日燕黉堂·前题和六禾韵》、《百字令·和杨铁夫自题小照依霞公韵》、《点绛唇·和霞公茉莉串用林逋韵》、《临江仙·和黎六禾水阁追凉望江中渔火》、《菩萨蛮·慈博居港，玄蝶入窗为词索和》、《踏莎行·霞公以今岁闰六月七夕延期为词索和》、《清平乐·姜花和黄慈博》、《雨中花·和六禾山行大雨》、《木兰花令·剑兰和杨铁夫》、《摸鱼子·和霞公饯春》、《浣溪沙·六禾首唱咏霞词，霞公以五霞印章分咏和之，余亦勉和五阕》、《望湘人·闰荷花生日和黄慈博》、《蝶恋花·和霞公飓风落叶原韵》、《西江月·和黎六禾剪秋罗》、《水龙吟·青山访杯渡遗迹用稼轩韵和霞公》、《东风第一枝·和六禾词丈人韵寄怀原韵》、《万年欢·和六禾丈初夏咏新笋用梅溪韵》，计30阕；而参与其他雅集者，有《珍珠帘·负暄山房雅集》、《齐天乐·冬日雅集与江霞公、杨铁夫、黎季裴、黄词博分题合谱，余拈得寒鹭》、《倾杯乐·寒食日黎季裴丈招谯太平分馆，时将内渡，留呈江、桂、张三太史》。可见唱和、雅集之作，就占了二《稿》中的七成，此与罗香林"唱和既频，文风以盛"之观察是完全相符的。

其次，学者赵雨乐指出："'雅集'的定点结合方式，有助维系圈中师友的创作，而文人的交际机会，同时取决于专研的文化范围。"④ 胡氏之唱和对象皆为杨铁夫、江孔殷、黎季裴、黄慈博四人，此四人亦为上述程中山所说的"词坛高手"。如杨铁夫师从朱祖谋（1857-1931），受其影响，词学梦窗，成为近世中国词坛名家，而其《吴梦窗词

---

① 案：此阕词亦载《民族诗坛》1940年4卷2期，第73-74页。部分文字与《乱稿诗余》不同。《乱稿诗余》上片"君山吹坠愁多少"、"同萧瑟"，《民族诗坛》作"君山吹下愁多少"、"徒萧瑟"。

② 案：此阕词亦载《民族诗坛》1940年4卷6期，第36-37页。部分文字与《乱稿诗余》不同。《乱稿诗余》下片"多难登临，只应健羡，鸿引太空"，《民族诗坛》作"多难登临，纵目只羡，鸿引太空"。

③ 案：此阕词亦载《广大知识》1940年1卷4期，第8页。然题目则省作《水龙吟·杨花用东坡韵》，且部分文字与《噫稿诗余》不同。《噫稿诗余》上片"年年梅雨苹风"、"随斜日"、"蜂攒蝶扑"、"芳心都碎"、"空随流水"、"世那有铜仙泪"，《广大知识》作"年年雨雨风风"、"傍斜日"、"蜂疏蝶懒"、"芳心都醉"、"空随流水"、"那更有铜仙泪"。

④ 赵雨乐：《港粤文人的雅集与交游》，龙建安编《文著南粤德养后人：黄咏雩研究资料汇编》，中国评论学术出版社2014年版，第278页。

笺释》、《清真词选笺释》亦为研究梦窗词、清真词之重要文献①。除了上述和杨铁夫词外，尚有《向湖边·己卯冬月遇杨铁夫于香江，为余题湖滨偕隐图，因次其谱韵，为题桐荫勘书图，皆浙中鸿爪也》，知杨氏曾为胡氏题词。而江、黄、黎三人皆有诗词集传世，黄慈博又与黄祝蕖（1877-1945）、黄任恒（1876-1953）、黄咏雩合称"广东四黄"。胡氏出身南社，师从黄节，诗词为其所长，尤其从上所引，似乎尤好稼轩与东坡②，此或可知胡氏词学来源之一二。由此可见，《偕隐簃乱离吟草两种》有助于考察千春社员之唱和情形，不仅对于研究香港旧体文学极为重要，对于广东文人群之深入研究亦有颇大价值。如今人谢永芳考察杨铁夫主要词学交游对象28人中，未列胡伯孝③，更凸显胡氏此书对研究近代广东文人交游之重要性。

而从这些唱和词之内容来看，虽多为咏物、咏景、雅集游戏，但作品中多流露出对于故乡之思念、战争之无奈、流落异地之悲。如：

……客怀如梦……最低徊苌楚三章，总算是无知好④。

听几番风雨，如此江山，又丁阳九，粤秀楼头，却那堪回首。……多难登临，只应健羡，鸿引太空，……十万降旗，九边节度，失敌车箱口。古辙今风，空山一哭，独斟纯酎⑤。

……欲着穷愁无地，帛书音杳，稻粱谋拙，故国三千里。……平沙浩渺落谁家，同是天涯滋味⑥。

……目穷之子，载前尘昔梦，残痕历历，都凄动，征人意。归梦季鹰鲈脍，映飘蓬波光澄未。……照曩⑦乡斜月，依稀大地，有河山泪⑧。

甚江郎，绿波写恨，凄然老泪如许。春来几度青山湿，况读樽前别赋，君何故，君不见草长江南路，乱莺满树，便听尽啼鹃，也应难忘故园得归去。……伤心事，

---

① 谢永芳：《杨铁夫词学活动考论——以梦窗词研究为中心》，《中国韵文学刊》2009年第3期，第78-82页。
② 两宋名词家，南社推崇者为周邦彦、辛弃疾、吴文英。关于南社词人在词体上的偏好与创作思想，可参汪梦川：《南社词人研究》，上海古籍出版社2015年版，第404-413页。
③ 谢永芳：《杨铁夫词学活动考论——以梦窗词研究为中心》，《中国韵文学刊》2009年第3期，第9页。
④ 《水龙吟·和黎季裴、江霞公、杨铁夫、黄词博落叶词原韵》，《乱稿诗余》，第1页。
⑤ 《醉蓬莱·重九和江霞公、黎季裴、黄词博用东坡韵》，《乱稿诗余》，第1页。
⑥ 《孤雁儿·杨铁老用小范韵索和》，《乱稿诗余》，第2页。
⑦ 案：此字原作"黉"，《校后记》谓"黉"误，然而正字模糊不清，疑作"曩"，谨记于此。
⑧ 《水龙吟·和黎六禾帆影依稼轩体韵》，《噫稿诗余》，第1页。

登楼忘，风光信美原吾土。梅酸雨苦，一夜断肠人，晓钟破梦，无计挽他住①。……一樽禾黍吊斜阳，南汉艳碑南宋殿，今日他乡②。

以上举例，可见胡氏虽然身处香港，却时时表露出异乡之客对于故土之怀念，与因战乱而无法归乡之悲。然而幸运的是，胡氏至香港后，虽然1941年日军占领香港，但仍有教职可供谋生，且与千春社众人一同吟诗作词，宴集酬酢，事实上是胡氏这8年来生活较为闲适之一段日子。这实际上也呼应了程中山所说"辛亥革命、抗日初期、1949年"三个20世纪最动荡的时期，香港扮演"神州唯一的桃源乐土"③。而借着《乱稿、噫稿诗余》，今人可对千春社社友之交往状况以及文学创作有更深一层之认识，进而深入研究近世香港、广东词作，更记录了在全面抗日时期，流落异地之广东文人如何借由诗词排遣内心之悲与记录家乡被夺之历史。此外，对于研究民国词人与词作，亦具有相当重要之意义。

(作者单位：中山大学南方学院文学与传媒学院)

---

① 《摸鱼子·和霞公饯春》，《噫稿诗余》，第6-7页。
② 《卖花声·侯王庙侧宝汉茶寮，招霞公题牓，同人题词》，《噫稿诗余》，第6页。
③ 程中山：《香港文学大系1919-1949：旧体文学卷·导言》，商务印书馆有限公司2014年版，第75页。

文学档案

史天行伪造鲁迅的《大众本〈毁灭〉序》考①

葛 涛

史天行（化名有史济行、齐涵之等）在现代文学史上留下了"文坛骗子"的恶名，他不仅成功地骗取过鲁迅的一篇文稿，而且还多次写文章编造一些关于鲁迅的掌故、佚文，以此来博取名利。

鲁迅在1936年4月11日撰写的《关于〈白莽遗诗序〉的声明》（刊登在1936年5月出版的《文学丛报》月刊第二期，收入《且介亭杂文末编》时题目改为《续记》）一文中揭露了史济行化名"齐涵之"骗走《白莽遗诗序》的经过，并在文章最后指出："我从来不想对于史济行的大事业讲一句话，但这回既经我写过一篇序，且又发表了，所以在现在或到那时，我都有指明真伪的义务和权利。"②

另外，景宋（许广平）在《关于鲁迅的作品·故里·逸事》③ 一文中，林辰在《辟史天行关于鲁迅的几篇文章》④ 一文中都对史天行编造鲁迅逸闻、伪造鲁迅佚文的行为予以了揭露和批评。

但是，史天行在景宋、林辰的上述两篇文章发表后不久所伪造的《大众本〈毁灭〉序》⑤ 一文却没有被后来发表的揭露史天行伪造鲁迅文稿的文章（如丁景唐、丁言模

---

① 本文系国家社科基金2014年度一般项目"国内六家鲁迅纪念馆的历史和现状研究（1951—2016）"（14BZW104）的阶段性成果。
② 鲁迅：《鲁迅全集》（第6卷），人民文学出版社2005年版，第514-515页。下文引用的鲁迅的文字均来自这一版本。
③ 景宋（许广平）：《关于鲁迅的作品·故里·逸事》，南京《展望》周刊1948第2卷第7、8期。
④ 林辰：《辟史天行关于鲁迅的几篇文章》，上海《文讯》月刊1948年第9卷第1期。
⑤ 鲁迅：《大众本〈毁灭〉序》，《文艺丛刊》1948年第6期。

《三四十年代的文氓史济行》①、丁言模《史济行两次伪造的鲁迅佚文》②）所提到并予以揭露。

从现有研究资料来看，钦鸿在《〈文艺春秋〉对鲁迅的纪念与研究》一文中首先对《大众本〈毁灭〉序》的真实性提出质疑：

> 当然，《文艺春秋》在对鲁迅的纪念与研究方面，也有其不足之处。（中略）此外，1948年7月《文艺丛刊》第6集《残夜》编发的《大众本〈毁灭〉（葛涛按：此处脱"序"）》一文，纵然署着"鲁迅"的大名，但看来大半是篇伪作；编发这篇文章，应是被小人钻了空子。

钦鸿在文后对"伪作"有如下的注释：

> 该文据同期发表的史行《鲁迅与"泱泱社"》一文称，系鲁迅为卓治编的《大众本〈毁灭〉》所作之序。但我以为这种说法漏洞太多，第一，据查核，该文其实乃是鲁迅发表在1930年4月1日［日］《萌芽》月刊第1卷第4期《〈毁灭〉第二部一至三章译者附记》，只不过文字上有所增删和改动而已。将一篇旧作略加改动以付友人为序之嘱，在鲁迅似无前例。第二，尽管该文在开头加上"《毁灭》改编为大众本，是一件很有意义的事情"之句，但全文所谈，却与"大众本"无涉，而且该文仅就作品的一部分发表议论，绝不象为整部作品所作之序。这种牛头不对马唇的文字和做法，很难设想会出自鲁迅之手。第三，该文末"一九三一，七，九，鲁迅序之于沪上之且介亭"的落款，也很可疑。鲁迅在1935年出版《且介亭杂文》集之前，从未用过"且介亭"的斋名，这一落款，明显是对鲁迅《且介亭杂文·序言》落款的模仿。由此可以基本断定，所谓《大众本〈毁灭〉序》是一篇伪作。至于"史行"其人，尚待考证。不过其名其行，却很容易令人想起文坛著名扒手史济行。谨记一笔在此，以待识者赐正③。

总之，钦鸿虽然指出史行的《鲁迅与"泱泱社"》一文中存在三处明显的漏洞，并由此推断《大众本〈毁灭〉序》一文"大半是一篇伪作"，但是他没有找到确切的材料

---

① 丁景唐、丁言模：《三四十年代的文氓史济行》，《江淮论坛》1989年第2期。
② 丁言模：《史济行两次伪造的鲁迅佚文》，《鲁迅研究资料》（第23辑），天津人民出版社1992年版。
③ 钦鸿：《〈文艺春秋〉对鲁迅的纪念与研究》，《鲁迅研究月刊》1990年第6期。

——史天行伪造鲁迅的《大众本〈毁灭〉序》考——

可以证明《大众本〈毁灭〉序》是一篇伪作。只好"谨记一笔在此,以待识者赐正"。

二十多年后,管冠生又在《关于鲁迅的几篇研究资料》一文中认为不能完全否定"史行"的叙述:

> 鲁迅的《大众本〈毁灭〉序》见载同刊同期。主要内容实为《〈溃灭〉第二部一至三章译者附记》(《鲁迅全集》第 10 卷)。仅有几处不同:(下略)
>
> 查鲁迅 1931 年 7 月 9 日日记,(中略)。并无写作之事。但也有这种可能:鲁迅这篇序本不是一篇新的真正的创作,只是情面难却,敷衍了事而已。(中略)对于所谓的大众本,鲁迅似乎并没有什么兴趣。
>
> 关键的问题是,"史行"这个人是谁?他会不会是"史济行"呢?如果是,他的叙述可靠吗?(中略)
>
> 我的意思是,即便"史行"是史济行的一个化名,即便他拿鲁迅做过招牌,也不要完全否定他的叙述。
>
> 总之,不管这个"史行"是谁,他的文章还是提供了一些很有价值的信息,要甄别对待,同时需要更多的其他的资料来证明①。

从上述内容可以看出,管冠生认为《大众本〈毁灭〉序》有可能是鲁迅"情面难却"的情况下,用旧作来"敷衍了事"所写的序言。不过,笔者同意管冠生的上述观点,对于"史行"的文章,"要甄别对待,同时需要更多的其他的资料来证明"。

综上所述,可以说研究者还没有发现相关的史料来确定《大众本〈毁灭〉序》是一篇伪作。

一、"史行"就是史天行

近日,笔者拜读香港学者林曼叔编著的《1927-1949 香港鲁迅研究资料汇编》② 一书,发现书中收录了署名"史天行"的《鲁迅与泱泱社》③ 一文和署名"鲁迅遗作"的《〈毁灭〉序》④ 一文,把这两篇文章与刊登在《文艺丛刊》第六辑的署名"史行"的《鲁迅与"泱泱社"》和署名鲁迅的《大众本〈毁灭〉序》进行对比,可以发现,《文艺

---

① 管冠生:《关于鲁迅的几篇研究资料》,《鲁迅研究月刊》2012 年第 5 期。
② 林曼叔编著:《1927-1949 香港鲁迅研究资料汇编》,香港文学评论出版社 2017 年版。
③ 史天行:《鲁迅与泱泱社》,香港《星岛日报》1948 年 6 月 21 日。
④ 鲁迅:《〈毁灭〉序》,香港《星岛日报》1948 年 6 月 28 日。

丛刊》版的《鲁迅与"泱泱社"》是《星岛日报》版的《鲁迅与泱泱社》一文的删节版。《星岛日报》版的《鲁迅与泱泱社》主要分为两大部分,前半部分主要叙述"我"(即史天行)与鲁迅交往的经过,后半部分主要叙述鲁迅与"泱泱社"成员的交往。这后半部分的内容与《文艺丛刊》版的《鲁迅与"泱泱社"》一文的主要内容基本一致,甚至把"泱泱社"成员卓治都误写为"卓冶",由此也可以证明这两篇文章的作者是同一个人,即"史行"就是史天行。而《星岛日报》版的《〈毁灭〉序》与《文艺丛刊》版的《大众本〈毁灭〉序》在内容上也基本一致。

那么,为何《星岛日报》和《文艺丛刊》几乎同时刊登了两篇相似的文章呢?

这主要是因为《星岛日报》"文艺"版的编者和《文艺丛刊》的主编都是范泉,身在上海的范泉通过航空邮寄的方式为香港的《星岛日报》编辑"文艺"版,所以就出现了同一篇文章先后或几乎同时在《星岛日报》和《文艺丛刊》分别刊登的情况。一个相似的例子就是范泉曾经把好友陈烟桥的文章和美术作品分别在《文艺春秋》和《星岛日报》上发表①。

综上所述,从范泉分别在《文艺丛刊》(按:范泉主编的《文艺春秋》杂志出版过6期《文艺丛刊》)和《星岛日报》上发表主要文字相同的《鲁迅与"泱泱社"》一文,可以确定这两篇文章的作者是同一人,即"史行"就是史天行。

二、《大众本〈毁灭〉序》是一篇伪作

在判定《大众本〈毁灭〉序》是一篇伪作之前,先来看看史天行在《鲁迅与泱泱社》一文中对这篇序言来历的说明。因为香港《星岛日报》"文艺"版刊登的《鲁迅与泱泱社》(以下简称"港版")一文比《文艺丛刊》刊登的《鲁迅与"泱泱社"》更详细,所以本文引用"港版"的相关内容如下:

"泱泱社"曾在北新书局出版过两期《波艇月刊》,社员有梅川、采石、俞念远、陈梦韶、卓治等。鲁迅自己,在这个刊物上每期写《厦门通讯》。至于这些文字后来有否收入他的全集,则不得而知。

"泱泱社"完全是鲁迅先生所领导的,所以他离开厦门后就无行解散了。直到一九二九年,他们集合在上海蜕变成"朝华社",曾出过多期的《朝华旬刊》,也出过好几种丛书,社员除有"泱泱社"的旧社员外,又添了一位柔石和鲁迅夫人许遐

---

① 钦鸿:《范泉与陈烟桥半生的友谊》,《人民政协报》2012年4月19日,第7版。

―― 史天行伪造鲁迅的《大众本〈毁灭〉序》考 ――

（即景宋），他们的社址，似乎附设在一家合记教育出版社中。鲁迅先生当也替《朝华旬刊》写过不少的文章，并且特地介绍西洋木刻画。

因为"浃浃社"和后来的"朝华社"里面的几位都是我的熟友，所以这里，我可以把他们和鲁迅先生的关系，简要的叙述一下。

梅川（中略）

采石（中略）

俞念远（中略）

陈梦韶（中略）

卓冶原籍浙江，但不知何县人。厦大读后，又随鲁迅至广州中山大学。他曾将鲁迅翻译《毁灭》一书改编为大众本，名称也改做《碧血桃花》。因为在卓编之先，已有何毂天所编的大众本在光华书局出版，所以卓编的一本，始终没有印出。原稿我曾看过，以文字言，似乎卓编得更是通俗，更是明白晓畅，那时鲁迅且为之作序，这篇序文卓曾抄出寄我，我一直保留到现在。因为是发表的文字，这里就顺便一并发表出来。（编者按：见本期另文）①

史天行的上述文字存在几个文字上的错误："朝华社"应为"朝花社"，"卓冶"应为"卓治"，"《朝华旬刊》"应为"《朝花旬刊》"。另外，鲁迅和陈梦韶都不是"浃浃社"的成员。

不过，判定《星岛日报》"文艺"版刊登的《〈毁灭〉序》即《文艺丛刊》版的《大众本〈毁灭〉序》一文是伪作的关键是史天行对该文来源的说明是否造假，主要是如下两个说法的真伪：（1）史天行说卓治曾经把鲁迅翻译的《毁灭》改编为大众本，并更名为《碧血桃花》。（2）史天行说"那时鲁迅且为之作序，这篇序文卓曾抄出寄我，我一直保留到现在。因为是发表的文字，这里就顺便一并发表出来"。

但是目前还没有发现可以确证这两种说法的相关史料，既没有史料可以证明卓治曾经把《毁灭》改编为大众本并更名为《碧血桃花》，也没有史料可以证明鲁迅曾经为卓治改编的《毁灭》的大众本撰写过序言。因此，史天行的上述说法是可疑的。

林辰在1948年6月4日撰写的《辟史天行关于鲁迅的几篇文章》一文中揭露了史天行伪造鲁迅作品的一种方法：

---

① 转引自林曼叔编著：《1927-1949香港鲁迅研究资料汇编》，香港文学评论出版社2017年版，第400-401页。

在《鲁迅用日文写的作品》里，提到鲁迅为日译本《中国小说史略》作的那篇序言，他说："友人俞念远君，曾将此序译出，本打算发表在我编的一种刊物上，后以刊物流产，此序便久藏我处，今天写这短文，顺便附载于此……"其实，这篇序曾经在史天行编的所谓"汉出"《人间世》第二期发表过，并且前面还附有一行声明："本篇原是我为日译本《支那小说》写的卷头语……"乃是模拟鲁迅的语气，冒充鲁迅翻译的。然而"仅止一页的短文，竟充满着错误和不通"。鲁迅已在《续记》里指出过了。不料现在史天行竟说因刊物流产而未发表，想用以掩饰他的冒充鲁迅欺蒙读者的招摇撞骗的丑行。他难道以为鲁迅的文字已经消亡了吗？其实，只要鲁迅的文字在，这依然是没有用处的①。

附带指出，史天行在这里所说的俞念远是"泱泱社"成员，当时在日本九州帝国大学留学，曾在史天行主编的《西北风》半月刊第2期发表了《我所记得的鲁迅先生》一文。文中说：

> 他〔鲁迅〕的《中国小说史略》，已经翻译为日文了。他的小说集，在日本已有两种译本。最近在《日本评论》上原胜氏的《一轩邻的鲁迅先生》一文中说："鲁迅先生是世界的天才！"为日本文人所敬仰，〔自〕不待言了②。

结合史天行的叙述，可以看出，"汉出"《人间世》第二期所刊登的《日译本〈中国小说史略〉序》，虽然没有翻译者的署名，但很可能就是俞念远翻译成中文的。这篇译文后来又被史天行再次伪造成鲁迅的文章在《鲁迅用日文写的作品》一文中再次发表。另外，从《西北风》多次刊登俞念远的文章和译文（《西北风》"追念鲁迅特辑"刊登了鲁迅的《大众本〈毁灭〉序》，同期还刊登了俞念远的译文《杜思退益夫斯基——同时代人对他的印象》）来看，史天行和俞念远应当联系较多，所以通过俞念远知道了一些关于"泱泱社"的事情。

受到林辰的研究方法的启示，笔者查阅了史天行主编的《西北风》杂志，发现史天行也使用类似的方法伪造了《大众本〈毁灭〉序》一文，只不过史天行这次谎称该文来自于"泱泱社"的另一位成员卓治，是鲁迅为卓治所改编的大众本《毁灭》所写的序言。

---

① 林辰：《辟史天行关于鲁迅的几篇文章》，上海《文讯》月刊1948年第9卷第1期。
② 俞念远：《我所记得的鲁迅先生》，《西北风》半月刊1936年第2期。

—— 史天行伪造鲁迅的《大众本〈毁灭〉序》考 ——

史天行主编的《西北风》第十一期（1936年11月5日出版）设立了"追念鲁迅特辑"，其中有署名鲁迅的《关于〈毁灭〉》一文，该文的开头有题目：《第十一章至第十四章的杂感》。对照《关于〈毁灭〉》和《大众本〈毁灭〉序》，可以发现《大众本〈毁灭〉序》比《关于〈毁灭〉》一文多了开头的一段话和文末的落款文字，具体内容如下：

《大众本〈毁灭〉序》开头的一段话：

　　《毁灭》改编为大众本，是一件很大意义的事情，对于本书上，我不想说什么，只就第十章至第十四章，随便写些感想。我认为这几章是很紧要的，可以宝贵的文字，是用生命的一部分或全部换来的东西，非身历战斗的战士不能写出。

《大众本〈毁灭〉序》文后的落款文字：

　　一九三一，七，九，鲁迅序于沪上之且介亭①

可以说，这两篇文章除了开头的一段话和文末的落款文字之外，其余的文字基本相同，实际上就是一篇文章。值得注意的是，该文后面还附录了如下的一段文字：

　　鲁迅先生的这一篇文字，是胡今虚兄寄来的。他预备把它放在他所改编的《毁灭》通俗小说上面，因而原文中所引的人名，为统一起见，都依照改编本了。国内改编《毁灭》成大众读物的有两种，第一种为何毅天先生所编的大众本，在光华书局出版。第二种就是胡今虚兄所编，或许将在本刊分期发表？以文字言，似乎胡今虚所编得更为通俗，更为明白畅晓。
　　天行附记②

从上述"附记"的内容可以看出，《西北风》杂志刊登的《关于〈毁灭〉》一文是胡今虚寄给史天行的，而署名鲁迅的这篇《关于〈毁灭〉》一文原本是准备放在胡今虚改编的《毁灭》大众本之中作为序言的。

关于胡今虚把《毁灭》改编为大众本的事情，从鲁迅致胡今虚的两封书信中可以看出相关的信息。鲁迅在1933年9月29日致胡今虚的信中说：

---

① 鲁迅：《大众本〈毁灭〉序》，《文艺丛刊》1948年第6期。
② 鲁迅：《关于〈毁灭〉》，《西北风》半月刊1936年第11期。

> 至于改编《毁灭》，那是无论如何办法，我都可以的，只要于读者有益就好。何君所编的，我连见也没有见过。
>
> 我的意见，都写在《后记》里了，所以序文不想另作。但这部书有两种版本，大江书店本是没有序和后记的。我自印的一本中却有。不知先生所买的，是那一种。
>
> 后面附我的译文附言，自然无所不可①。

鲁迅在 1933 年 10 月 7 日致胡今虚的信中说：

> 《轻薄桃花》系改编本，我当然无所不可的（收入丛书）。但作序及看稿等，恐不能作，因我气力及时间不能容许也②。

从上述两信的内容可以看出，鲁迅同意胡今虚把《毁灭》改编为大众本并更名为《轻薄桃花》，但是因为"气力及时间不能容许"，所以推辞为胡今虚改编的大众本《轻薄桃花》"做序及看稿"，不过同意胡今虚把"译文附言"即《〈毁灭〉第二部一至三章译者附记》收入胡今虚的改编本之中。胡今虚得到了鲁迅的同意之后，为了全书人名的统一，把鲁迅的《〈毁灭〉第二部一至三章译者附记》中的人名都改为大众本《毁灭》即《轻薄桃花》中的人名，并把这篇改动后的序言投给史天行主编的《西北风》杂志发表。

综上所述，史天行故伎重演，把胡今虚修改后并发表于 1936 年第 11 期《西北风》杂志上的《关于〈毁灭〉》一文，模拟鲁迅的语气加上了开头的一段文字，并加上了文后的落款文字（按：这一句落款文字也是模仿鲁迅《白莽作〈孩儿塔〉序》的落款文字："一九三六年三月十一夜，鲁迅记于上海之且介亭。"），并伪造说该文是鲁迅为卓治改编的大众本《毁灭》即《碧血桃花》（按：史天行把胡今虚改编本《轻薄桃花》误为《碧血桃花》）所写的序言，卓治曾经将这篇序言抄寄给他并保存下来。这充分证明了署名鲁迅的《大众本〈毁灭〉序》即署名"鲁迅遗作"的《〈毁灭〉序》是史天行伪造的一篇鲁迅作品。

林辰在《辟史天行关于鲁迅的几篇文章》一文的最后说：

> 然而这位时而化名史济行，时而化名齐涵之，时而彳丁，时而天行，时而史岩

---

① 鲁迅：《鲁迅全集》（第 13 卷），人民文学出版社 2005 年版，第 449 页。
② 鲁迅：《鲁迅全集》（第 13 卷），人民文学出版社 2005 年版，第 471 页。

—— 史天行伪造鲁迅的《大众本〈毁灭〉序》考 ——

（中略）却狡诈得可以。直到现在，鲁迅已经逝世了快十二年，而他也还要罗罗嗦嗦地纠缠着死人，以作他"自炫"和"卖钱"的工具。他又不像苏雪林、郑学稼之流那样明白地诬蔑谩骂，而是有一付看去似无恶意的伪装的，这就更使读者们不能个个都认清他的荒谬恶劣——他的一篇篇的大著作，不是还有期刊给他登载吗？以后他的关于鲁迅的文字大概还要层出不穷吧？所以，我们不能因为他不值一嘘而保持沉默，这倒并非为了对付史天行，而是为了许多真诚的鲁迅著作的读者①。

诚哉斯言！对于伪造鲁迅文章用于博取名利的行为，我们要像鲁迅那样"都有指明真伪的义务和权利"。在此也希望有关机构重新修订《鲁迅全集》时，要在注释"史天行"这一人物的文字中，指出他还有一个鲜为人知的化名"史行"，并伪造了一篇署名鲁迅的《大众本〈毁灭〉序》。

（作者单位：陕西师范大学人文社会科学高等研究院、北京鲁迅博物馆）

---

① 林辰：《辟史天行关于鲁迅的几篇文章》，上海《文讯》月刊1948年第9卷第1期。

"大文学"视野

从叶圣陶《倪焕之》看1927年上海工人三月暴动中的知识分子

郝誉翔

历来关于叶圣陶《倪焕之》的论述,多半着重于其教育小说及启蒙论述的一面,如梅家玲《孩童,还是青年?——叶圣陶教育小说与二〇年代青春/启蒙论述的折变》一文,指出《倪焕之》一书"以自身的困顿挫折、英年早逝,质疑了曾被寄予厚望的新兴教育事业,以及小说本身的教育功能",故"'青春'不再,'启蒙'失败,以'教育'为目的,导致的却是'反教育'的结果,这真不能不说是一大反讽"①,犀利地点出了《倪焕之》一书所引发的暧昧性,及其以"教育"出发,最终却是"反教育"的吊诡叙述。

如此看来,作为中国"五四"之后第一部扛鼎的长篇之作,以及"五四"知识分子的心灵史,《倪焕之》仍有颇多值得我们玩味和诠释的空间。教育,虽然是叶圣陶一生投注莫大心力的事业,也是《倪焕之》中主人翁倪焕之念兹在兹、毕生职责的所在,然而小说之中的"教育"二字究竟应该如何诠解?正如梅家玲所言,书中充满以"教育"去"反教育"的暧昧吊诡,故对于中国现代知识分子而言,教育的方法、目的和效用究竟为何?是否仍然局限在我们惯常接受的概念:透过学校机构,由老师灌输客观知识去启蒙年幼的学生,还是有别的可能途径?教育又如何和"五四"知识分子的自我追寻,乃至救国的革命大业相互结合在一起?这场知识分子的革命又如何产生阶级的位移,转化成了所谓的"工人暴动"?这些都将是本文所欲探讨的重点。

---

① 梅家玲:《孩童,还是青年?——叶圣陶教育小说与二〇年代青春/启蒙论述的折变》,《台湾文学研究集刊》2006年第2期,第79–104页。

——从叶圣陶《倪焕之》看1927年上海工人三月暴动中的知识分子——

一、1927：从知识分子"大革命"到"工人暴动"

读《倪焕之》，我们会发觉小说中最具争议的部分，正是倪焕之辞去乡间教职，改而前往上海教书，从此经历了1925年的"五卅"，乃至1927年的大革命及其后爆发的"清共"之一连串的惨剧。倪焕之在上海的主要工作仍然是教书，但是他到底教什么？在哪儿教？小说之中却只有寥寥的数语带过。我们大约可以得知，倪焕之应该和叶圣陶本人的亲身经历一样，来到上海，就已经从昔日的乡村小学老师，摇身一变成为中学和大学老师。然而值得琢磨的是，叶圣陶竟一反小说前半部对于乡村教育的细致描写，而在后半部倪焕之来到上海以后，几乎没有描述这些中学和大学的教育状况，反倒把叙述的焦点转向了街头的革命运动。

而《倪焕之》刻画"五四"知识分子从校园教室转向街头革命的过程，也在日后引发了不少批评的声浪，大致可以分成以下两类。一是认为小说的后半部写得太过潦草、粗疏，譬如汉学家安敏成就认为，这是因为叶圣陶无法超出自己身为一个知识分子的文人视野，所以才避免直接描写1927年的革命事件，只好改以片段的回忆出现在主人翁的脑海之中①。至于第二种批评则更加严苛，是来自于与叶圣陶立场相近的左翼阵营，其中以茅盾的评论最具有代表性。他认为《倪焕之》虽然是中国现代文学史上的第一部长篇小说，描述"一个富有革命性的小资产阶级知识分子，怎样地受十年来时代的壮潮所激荡，怎样地从乡村到都市，从埋头教育到群众运动，从自由主义到集团主义"的历程，然而小说中的人物革命立场并不坚定，流于消沉和消极②。而钱杏邨更是从"革命文学"的角度，大加抨击叶圣陶所表现的多半是一些"小资产阶级的人物"，所以"黑暗暴露的多，没有充实的生命的力的人物多"③。上述的这些争议也使得人民文学出版社在1953年重印《倪焕之》一书时，干脆把小说后半部关于1925年的"五卅惨案"到1927年大革命的八章删去，认为这几章是整部小说的败笔④。

值得注意的是，从1925年"五卅惨案"到1927年的大革命以及随之而来的"清共"，不但是《倪焕之》小说中关键性的转变——倪焕之从一个致力于乡村国民教育的

---

① 安敏成：《现实主义的限制——革命时代的中国小说》，江苏人民出版社2001年版，第99-100页。

② 茅盾：《读〈倪焕之〉》，《叶圣陶研究资料》，十月文艺出版社1988年版，第373页。

③ 参看钱杏邨：《叶绍钧的创作的考察》、《关于〈倪焕之〉问题》，《叶圣陶研究资料》，十月文艺出版社1988年版，第377页。

④ 谢国冰：《也谈〈倪焕之〉人民文学出版社1953版》，《海南师范大学学报》（社会科学版）2008年第2期，第118-120页。

知识分子，转而成为上海大革命浪潮下的一分子——也是叶圣陶个人生涯和创作历程之中不可忽视的重要转折。苏雪林在《叶圣陶的作品及其为人》中指出，叶圣陶的作品可以分为两期：第一期是从1917年的"五四"到1925年的"五卅"阶段，这时期是属于"五四时代的思想反应"；第二期则是从1925年的"五卅"以后到1949年，这"一半是受新文坛潮流的鼓荡，一半是由于他朋友茅盾的感染，而有左倾色彩"①。苏雪林所谓的"新文坛潮流的鼓荡"，更具体的来说，其实指的就是上海的文坛，而茅盾之所以对叶圣陶产生影响，也出于1923年叶圣陶应邀到上海商务印书馆工作，从而和当时已经加入共产党的茅盾和杨贤江等人熟识，有了深入的交往。而比起茅盾，商务印书馆的编辑杨贤江对于叶圣陶的影响或许还要来得更深。杨贤江是中国马克思主义教育的先驱，也是"五卅罢工运动"和1927年大革命的主要领导人之一，他曾经邀请叶圣陶加入共产党，叶圣陶虽然没有真的加入②，但在商务印书馆这些朋友的感染之下，却从此有了苏雪林所谓的"'左'倾色彩"。

也因此，从乡村到上海，可以说是叶圣陶个人也是《倪焕之》一书转折的关键。顾彬（Wolfgang Kubin）在对《倪焕之》进行解读时，便曾经敏锐地提醒我们，"关于现代性的关键问题，就是要在相关的语境中揭示它的基本特征。在这个阐释工作中，使用地名是一个有效的区分手段"，譬如"柏林的现代性"、"北京的现代性"等③。如果我们借用顾彬的观点，也从地理环境的相关语境去考察《倪焕之》，就会发现这本具有叶圣陶浓厚自传色彩的小说，必须置放在"上海的现代性"之下观察，而其中影响当时上海知识分子如叶圣陶的两个最有力的因素：一是以商务印书馆为首的出版媒体，一是叶圣陶在1925年后在杨贤江的介绍之下，曾经兼职教书的上海大学、神州女学以及松江景贤女子中学的上海分校等。这些学校看似面目繁多，有中学、女学，也有大学，但其实基本上的性质却大抵相通，那就是它们都具有鲜明的革命和左翼色彩，譬如上海大学是由瞿秋白、邓中夏等策划与主持的共产党大学；神州女学、景贤女中则一向就是培养女性革命家的摇篮，尤其主掌景贤女中的侯绍裘，他是早期中共党员，也曾出任上海大学附中主任，更是"五卅罢工运动"的领导者，然而在1927年的"清共"中却惨遭国民党逮捕，最后受刑致死。

如此一来，在叶圣陶的生命之中，左翼文人、商务印书馆以及以上海大学为首的、

---

① 苏雪林：《叶绍钧的作品及其为人》，《叶圣陶研究资料》，十月文艺出版社1988年版，第151页。
② 刘增人：《叶圣陶传》，东方出版社2009年版，第46页。
③ 顾彬：《德国的忧郁和中国的彷徨：叶圣陶的小说〈倪焕之〉》，《清华大学学报》（哲学社会科学版）2002年第2期，第9页。

—— 从叶圣陶《倪焕之》看1927年上海工人三月暴动中的知识分子 ——

带有浓厚革命色彩的学校,三者似乎形成了环环相扣的组合,而彼此之间多有重叠之处。事实上,这不仅是叶圣陶的个人生命经验而已,根据茅盾的回忆,在1923年中国共产党第三次全国代表大会上,上海党员分成四组。第一组便是"上海大学组",有瞿秋白、邓中夏等11人,第二组就是"商务印书馆组",有茅盾(沈雁冰)、杨贤江、沈泽民等13人①。换句话说,光是"上海大学组"和"商务印书馆组"这两组加起来,人数就几乎占了上海共产党员的三分之二。所以即使叶圣陶没有真正加入共产党,但在商务印书馆工作的他,和茅盾的办公桌比邻,又在杨贤江的介绍下到上海大学、景贤女中教书,环绕在他周围的朋友,绝大部分都是类似于《倪焕之》中的倪焕之——一个上海左翼知识分子的典型。

那么《倪焕之》描写1925年"五卅"到1927的大革命的后八章,究竟是不是应该抹去的败笔呢?如果这就是叶圣陶眼中一条上海知识分子的主要道路,那么它的重要性,应该还要胜过小说前半部的乡村小学教育才是,而他之所以把这八章写得如此飘忽、跳跃,极有可能是出于当时政治肃杀的缘故。毕竟当他在写作《倪焕之》时,才刚刚经历了1927年的大屠杀,上海大学也被国民党的军队强行封闭,所以叶圣陶能够勇于用小说处理如此敏感的课题,在当时除了《倪焕之》以外,可以说是别无他本。即便茅盾的《幻灭》,不也是把这一场大革命化成了小说模糊的背景,而且写得更为间接和飘忽?至于激进左派如钱杏邨批评《倪焕之》中"充满消极",其实也正流露出经历了1927年大革命的惨败后,左翼知识分子在面临革命路线之争时的彷徨、摇摆和不定。

所以《倪焕之》的后八章不但不应删去,反倒是整本小说可贵的所在。正如顾彬所指出的,"作为一个作家,叶圣陶得到了不公正的忽视",《倪焕之》中不仅有对于"革命与忧郁关系的伟大发现",也大胆呈现了中国现代知识分子在遭逢"人存在的碎片化"之际,无家可归的流浪和彷徨,尤其是"希望已经恶化成为致命的无聊空虚"的心灵症状②。于是本文接下来要特别着眼于导致这场幻灭的关键点——1927年的大革命。叶圣陶并不能算是这场革命的局外人,他的妻子胡墨林被列入黑名单,周遭的几位好朋友更直接受到革命的波及:杨贤江逃亡到日本;原本在商务主编《小说月报》的郑振铎,也名列军阀追捕的名单中,不得不远走欧洲避难,把《小说月报》交给了叶圣陶;沈雁冰即茅盾在南京政府的通缉下,只得隐居在闸北景云里的三楼住家,而住在隔邻的叶圣陶,是少数几个知道他行踪的人。在隐居景云里的这段时间,沈雁冰完成小说《幻灭》后,便交给叶圣陶发表在《小说月报》,原本他署名"矛盾",但叶圣陶却认为含意太过明

---

① 茅盾:《我走过的道路》,人民文学出版社1997版,第167页。
② 顾彬:《德国的忧郁和中国的彷徨:叶圣陶的小说〈倪焕之〉》,《清华大学学报》(社会科学版)2002年第2期,第10页。

显,才将之改成了"茅盾"二字①。他们虽然都侥幸在大革命后逃过一劫,却也不得不中断原来的事业,或者潜入地下,匿名写作。不过,创立景贤女中的侯绍裘没有这般幸运,在国共合作中担任要职的他,是 1925 年"五卅"到 1927 年的大革命的领导者之一,在"清共"中遭蒋介石政府杀害,被装入麻袋中活活捅死,死时年仅 31 岁。侯绍裘的悲惨下场,也成了《倪焕之》小说中重要角色王乐山的原型。

值得玩味的是,《倪焕之》小说中所言 1927 年的"大革命",其实在当时多数革命领导者中,却多是以"工人暴动"名之。赵世炎——毕业于北京附中,曾经旅法"勤工俭学",并留学莫斯科东方大学,后成为 1927 年大革命亦即所谓"上海工人三月暴动"领导者,在蒋光慈《短裤党》小说中以"史兆炎"名字出现,他撰写的《上海工人三月暴动纪实》一文可说最具有代表性。在赵世炎的笔下,"暴动"成为革命的代名词,更是革命史上伟大的一页②。然而,何以"暴动"取代"革命"?这一名词更加强调这是一场由下而上的、由工人主导的革命行动,一如毛泽东 1927 年在湖南记录的农民"秋收暴动"。瞿秋白和蒋光慈《短裤党》中也使用"暴动"一词来称呼这次的革命,更点出工人的主导性。也因此本文采用"工人暴动"这一名词,来对应《倪焕之》小说中的"大革命",更要点出 1927 年的革命与 1911 年辛亥革命、1917 年的"五四"文学革命的不同,就在于这是一场知识分子向底层工人的学习和觉醒,而这也无疑是《倪焕之》对于这场大革命的基本立场:由"工人暴动"取代了知识分子的"革命",或者说,"革命"的本质其实就是暴动。而此一用语的转换颇堪玩味,故本文以下也将就《倪焕之》来陈述知识分子对于"教育"乃至"革命"想法的转变,并且以叶圣陶曾经执教过的上海大学,以及任职的商务印书馆来论述这一转化的过程。

二、从教室走向社会:上海大学

过去关于叶圣陶《倪焕之》的研究,着重在小说前半部乡村小学教育的一面,而其教育观受到胡适所推崇的杜威实用主义、教育哲学的影响,认为学校不只在传授知识而已,也应当将生活与劳动融入教育的体系之中,从而缔造一个健全完整的人格。不过,《倪焕之》却从这样的实践中生出了怀疑,在教育现场经过了一连串的挫败以后,倪焕之不得不承认这是一条失败的道路,他体会到"我们的眼界太窄,只看见一个学校,一批学生",所以光谈学校的教育,却忘了"社会才是真正的容器"。《倪焕之》透过王乐山之口,对于杜威教育哲学提出批评:

---

① 茅盾:《我走过的道路》,人民文学出版社 1997 版,第 175 页。
② 上海档案史料丛编:《上海工人三次武装起义》,上海人民出版社 1983 年版,第 417–423 页。

—— 从叶圣陶《倪焕之》看 1927 年上海工人三月暴动中的知识分子 ——

他们（学生）进了社会，参加了各种业务，结果是同样的让社会给吞没了，一毫也看不出什么特殊的地方。要知道社会是个有组织的东西，而你们交给学生的只是比较好看的枝节，给了这一点儿，就希望他们有所表现，不能不说是一种奢望①。

于是在王乐山的鼓励下，倪焕之深深体会到"为教育而教育，只是毫无意义的玄语，目前的教育应该从革命出发，教育者如果不知革命，一切努力全是徒劳，而革命者不顾教育，也将空洞地少所凭借"②。

在倪焕之之定义下，"教育"和"革命"因此成了一体两面之事，故他并非否定教育，而是试图赋予教育一个新的意义——革命。他因此离开乡村，来到上海，一边在学校教书，一边经历着从"五卅"以后一连串的革命洗礼，尤其是在"五卅"的街头示威游行和演讲之中，倪焕之感受到了前所未有的、巨大的感动和震撼，从此他决定应该要向工人学习，"学习他们那种朴实，那种劲健，那种不待多说而用行为来表现的活力"，也才体会到身为一个知识分子的局限，而自己如果可以"用他们（指工人）的眼光看世界，世界将另外成个样子吧"③？

《倪焕之》的第 23 章，可以说是教育思想转变的关键点。倪焕之走上街头，深入工厂区，从此见识到了青布短服工人们的坚强和毅力，而当他亲自去教育工人时，才发现自己严重的不足："自己比他们（工人）究竟多知道一些么？自己告诉他们的究竟有一些儿益处么？"④ 倪焕之也开始意识到，工人群众只是缺乏了"宣传的工具——文字"而已，除此之外，工人们所知的，绝对不亚于一个空有文凭的知识分子。

这样的观点，消弭了知识分子和工人的位阶差异，也使得他们成为互相教育和启蒙的对象，更是截然不同于以北京为主流的大学精英教育。《倪焕之》中的王乐山，曾经在北京读北大预科，对于五四运动有第一手的参与，如今则在上海从事革命活动，他比较北京和上海学生的最大差异便是：北京"每个公寓聚集着一簇青年，开口是思想问题，人生观念，闭口是结个团体，办个刊物"，然而上海却是不同，虽然表面上也像是"公寓"，由"十几个学生共同租下"，但他们"分工作事，料理每天的洒扫饮食，不用一个仆役"，"他们在寓所里尽读些哲学和社会主义的书，几天必得读完一本，读完之后又得

---

① 叶圣陶：《倪焕之》，人民文学出版社 1982 年版，第 174 页。
② 叶圣陶：《倪焕之》，人民文学出版社 1982 年版，第 182 页。
③ 叶圣陶：《倪焕之》，人民文学出版社 1982 年版，第 189 页。
④ 叶圣陶：《倪焕之》，人民文学出版社 1982 年版，第 187 页。

向大家报告读书心得"①。而这种强调大家一起共同生活、劳动、读书的社会主义教育模式,其实不是小说的虚构,而是具体呈现在上海的现实生活之中,那也就是叶圣陶、茅盾和杨贤江都任教过的上海大学。而上海大学也正是茅盾《幻灭》中的"S大学",茅盾之所以避开校名不提,仅以"S"代替,极有可能是因为在1927年"上海工人暴动"后,上海大学旋即被国民党军队强行封闭,学生因此流离四散的政治禁忌。

叶圣陶在上海执教过的几间学校,大多具有左翼革命的色彩,而它们的教育主张,正可以上海大学作为代表。这间成立于1922年的大学,乃是国共合作下的产物,校长是于右任,董事有章太炎、陈独秀等,但真正主其事者却多是共产党人,例如教务长瞿秋白、总务长邓中夏,以及教授中施存统、蔡和森等中共早期的领导者。当时的北大在胡适的提倡之下,正步入"国故整理"的学术研究道路,然而上海大学的方向却恰好相反,是要带领学生走出研究室和校园,走上街头,甚至进入社会。瞿秋白在《现代中国所当有的"上海大学"》一文中就指出上海大学的特色在于"切实社会科学的研究及形成新文艺的系统"②,由此可以看出上海大学特别着重社会科学的方法,故比起讲究"音韵训诂小学考据"的北京大学,上海大学更强调文学与社会现实的结合,也更加切合新文学关怀人生的脉动。如同张士韵所说,上海大学着重要"读活的书",所以"学生可以说没有一个是只读书不做事的"③。

而如此强调"社会科学"、将"文学与社会现实"紧密结合的大学,也正好呼应了叶圣陶《倪焕之》之中的重视"社会"的教育主张。而将文学与社会现实相互结合,绝非只是关在教室里研究社会主义而已,在瞿秋白和邓中夏等人的策划之下,这更是一项具体的实践,由老师带领着学生走入工厂区,开办工人夜校,甚至和工人一起劳动,组织工会。故一如《倪焕之》中所描写的,倪焕之在走入上海的工厂区、亲自教育工人的过程中,才恍然大悟知识分子视野的狭窄和局限。所以从学校跨界到工厂,便成为了知识分子和工人结合的重要一步。

上海大学之所以能带领学生走入工厂,也出于地利之便。上海大学位于英、法租界边缘的西摩路,西边紧邻着的就是一条小沙渡路,往北延伸出一大片上海19世纪末以来最重要的外资工业区,尤其是日本人经营的纺织工厂。根据邓中夏的统计,1925年日本在中国的纱厂有41家,而光是上海一地就占了27家,共雇用中国工人约5.8万人,其

---

① 叶圣陶:《倪焕之》,人民文学出版社1982年版,第187页。
② 瞿秋白:《现代中国所当有的"上海大学"》,《上海大学史料》,复旦大学出版社1984年版,第1-13页。
③ 张士韵:《中国民族运动史的上海大学》,《上海大学史料》,复旦大学出版社1984年版,第32-36页。

―― 从叶圣陶《倪焕之》看1927年上海工人三月暴动中的知识分子 ――

中又以"内外棉株式会社"的势力最为庞大，共有19个工厂，都集中在小沙渡一带，"小沙渡"也因此成为了日本纺织厂的专用地名。在这些纺织厂中工作的，绝大多数是童工和女工，资方甚至故意专养一批男女幼童作为"养成工"，好等他们长大以后去替换那些不服资方的成年男工①。

也因为工厂众多，小沙渡吸引了大量的外来人口前来打工，其中大多是从苏北逃难到上海的贫民，就住在棚户贫民窟中。根据统计，20世纪20年代中叶上海沪西和杨树浦工业区的棚户，至少就有两万多户，并且还在快速的增加当中②。这些棚户区只有烂泥小路，没有下水道，没有电灯，雨天满地泥泞，晴天灰尘飞扬，入夜漆黑难行，臭水沟和垃圾堆遍布，夏天腥臭难闻，疫病流行，冬天因为饥寒而死的孩子们尸体，则被大人用草席一包，就草草弃置在路旁了事③。又因为这里属于租界边陲的三不管地带，故有"沪西歹土"的俗称，四处遍布着赌台、妓院和鸦片馆，黑道横行，也导致工厂中的工人十之八九都得加入帮会，以求自保，才能在这里生存④。

而上海大学就紧邻着由小沙渡工人区和贫民窟组成的"沪西歹土"，如此特殊的地理位置，也正吻合了总务长邓中夏和教务长瞿秋白的理想，希望大学生可以亲自到工人群众中去。于是他们延续1920年陈独秀在上海办平民夜校，以及李大钊在北京长辛店办劳动补习学校的模式，也在工人密集的小沙渡办劳工夜校以及上海大学附中，由瞿秋白等人亲自前往授课，并且帮助工人建立工会，进而领导罢工运动。小沙渡的工人夜校尤其成功，上海大学总务长邓中夏便指出上海的"小沙渡"和北京的"长辛店"——1920年李大钊在此设立铁路工人补习学校，就是中国共产党最初做职工运动的起点。正因为职工运动早已在此处扎根，所以1925年因小沙渡"内外棉纱厂"引爆的"五卅惨案"发生时，才能引起一连串的罢工风波，将示威运动推到最顶点。

如此一来，所谓的教育，就不再只是在体制内的学校启蒙儿童，对象也可以扩大到成人，以及劳工，并进而成为社会革命的一环。所以上海大学不只是老师，就连学生也亲自到夜校教书，例如茅盾的妻子孔德沚、瞿秋白的妻子杨之华，乃至叶圣陶的妻子胡墨林等，都在读上海大学的同时，也换上一身工人的装扮，协助在小沙渡开办女工夜校和补习班。又因为他们授课的对象是工人，"资本主义"这些专有名词也未免太过艰涩，

---

① 邓中夏：《中国职工运动简史》，人民出版社1947年版，第130页。陈祖恩：《寻访东洋人：近代上海的日本居留民（1868-1945）》，上海社会科学院出版社2007年版，第174页。
② 安克强：《1927-1937年的上海：市政权、地方性和现代化》，上海古籍出版社2004年版，第163页。
③ 《上海市沪西地区城市贫民革命斗争史资料》，中共上海市静安区委党史资料征集委员会办公室编印，1988年，第7页。
④ 胡银平：《沪西小沙渡研究》，上海师范大学2008年硕士论文，第87-89页。

为了力求浅白易懂，他们摸索出一个教育的方式，那便是颠倒过来，不是由老师去讲授，而是让工人学生自己去说。于是，他们在这些工人甚至是十一二岁的童工身上，听到了活生生地被资本家剥削的悲惨故事，也才体认到马克思主义理论究竟要如何和现实的生活相结合。当时在上海大学读书的剧作家阳翰笙，便深深以为自己进了上海大学，才"真正参加了社会活动"，尤其在五卅运动中接触了资本家、买办、中小企业等各阶层人士，才"了解了社会人生的一部分情况"，受到启发甚多，所以到工人夜校去教书，"不仅是我们去教育工人，而且也是工人教育我们"，而"讲堂上的东西变活了，理论联系实际，一下子就融会贯通了"①。

故原本是由知识分子去启蒙工人，如今却颠倒过来，成了"工人教育我们"，在这个过程中，从"沪西歹土"开始，知识分子和工人的位阶开始产生翻转，而如倪焕之一般的知识青年也有了走出校园象牙塔的机会，经由和工人群众的互动后，而被再次启蒙。

三、商务印书馆及其周遭文化圈

《倪焕之》小说的最后三章，叶圣陶以隐晦跳跃的笔法描写1927年的"上海工人三月暴动"，而在此之前，中共已经组织过若干次的罢工和暴动，却都以失败收场，而此次却出乎意料地大获成功。正如陈永发在《中国共产革命七十年》中指出，1927年3月的上海工人暴动与先前暴动最大的不同点在于"这次暴动的指挥者除了顾顺章是工人以外，其余都是知识分子。当时，北伐军已势如破竹，抵达上海近郊，响应中共总罢工号召的工人多达80余万人，几乎占全市工人总数的三分之二"②。知识分子功不可没，而他们献身革命所秉持的理想蓝图就是法国大革命中的"巴黎公社"③，这也正是瞿秋白为蒋光慈记录这次暴动的小说命名为"短裤党"——指法国左翼的穷革命党人——的缘由。

《倪焕之》中记述的，也正是这些上海的左翼穷革命党人，他们在上海的主要活动区域，不是租界，而是闸北。闸北属于华界，一向是华人民族工业的重地，不像小沙渡外资云集。闸北甚至被誉为是"华界工厂发源之本营"，其中最重要的就是纺织业和印刷业，尤其以1907年从租界迁往闸北宝山路的商务印书馆，势力最庞大也最具影响力，在20年代末便有员工4500余人。商务印书馆聚集了当时最具活力的年轻知识分子，譬

---

① 阳翰笙：《风雨五十年》，人民文学出版社1986年版，第80页。
② 陈永发：《中共革命七十年》（上册），（台北）联经出版社2001年版，第186页。
③ 束锦：《上海工人三次武装起义中的巴黎公社元素》，《党的文献》2018年第5期，第35页。

—— 从叶圣陶《倪焕之》看1927年上海工人三月暴动中的知识分子 ——

如叶圣陶、沈雁冰、杨贤江等人，他们甚至共享一个办公室，彼此的办公桌就靠在一起，也大多一起住在宿舍。对于这些年轻人而言，商务印书馆不仅是一个工作场所，更像是一个相濡以沫的大家庭，足以交流激发他们的思想和创意①。

至于环绕在商务印书馆周遭的，更是许多左翼文人经常出没的地点。例如：北四川路的内山书店，书店主人内山完造与鲁迅有深厚的友谊②；窦乐安路（现为多伦路）的公啡咖啡馆，是1930年左翼作家联盟成立的地点；1925年后从法租界搬到闸北青云路的上海大学，以及同样位于青云路、1926年成立的中华艺术大学。中华艺术大学由陈望道出任校长，夏衍为教务长，它和上海大学形同姊妹校，两校的教师甚至多有重叠③。

如此一来，闸北由青云路、宝山路和北四川路、窦乐安路交织的一小块区域，俨然形成了上海知识分子最为密集的空间，如郑振铎、鲁迅、茅盾、叶圣陶、陈望道、冯雪峰和柔石等居住在横浜路景云里，而隔邻便是瞿秋白住的顺泰里，皆距离窦乐安路和宝山路不到50米④。而这块区域在1927年"上海工人三月暴动"中也同样扮演重要的角色。赵世炎《上海工人三月暴动纪实》一文中便指出：此次暴动作战计划有七个区域——"南市、虹口、浦东、吴淞、沪东、沪西与闸北"，而在这七个区域之中，作战时间长短不同，其中最长的"尤以闸北一区，自21日正午起，至翌日午后6时止，前后两日一夜始解决，统计激战至30小时"。至于闸北的工人指挥总部，也正是设在宝山路商务印书馆的职工医院内。

"上海工人三月暴动"出奇地成功，在不到30小时以内，共产党就取得全面胜利，不仅顺利控制了上海的华界，甚至还成立了自己的临时市政府⑤。当选临时市政府委员之一，并且被派任为上海市教育局长的丁晓先，正是商务印书馆的编辑、工人暴动的领导，也是叶圣陶的好友。在丁晓先的带领之下，叶圣陶和胡墨林都投入到接管上海，乃至苏州各级学校的任务中，一一进行名单的清点。而这一接管学校的过程正写在《倪焕之》的第28章中，流露出革命一夕之间忽然成功，众人欢天喜地，却也手足无措。倪焕之在接管学校时，产生了革命会不会流于"图谋钻营，纯为个己"的疑虑，但这种疑虑还来不及缓解，便紧接着被更大的事件洪流所淹没——蒋介石领导的北伐军顺利进入上

---

① 李家驹：《商务印书馆与近代知识文化的传播》，香港中文大学，2007年，第75-76页。
② 鲁迅与内山完造之间的密切友谊详见许纪霖：《分歧与底线：1920年代知识分子的交往网络》，《近代中国知识分子的公共交往》，上海人民出版社2008年版，第208-218页。
③ 张笑川：《近代上海闸北居民社会生活》，上海辞书出版社2009年版，第257页。
④ 张笑川：《近代上海闸北居民社会生活》，上海辞书出版社2009年版，第258页。
⑤ 束锦：《上海工人三次武装起义中的巴黎公社元素》，《党的文献》2018年第5期，第186-187页。

海,在秘密取得黑社会首领杜月笙和白崇禧军队的支持下,发动了"四月清共"血腥杀戮,计有五百多人被处死,五千多人下落不明,而实际上死亡的人数可能还要更多。

才不过短短的 20 天,革命局势竟出现了戏剧性的变化,而闸北也沦为血腥的战场,于是《倪焕之》的第 29 章忽然跳至闸北惨烈的杀戮以及青年的浴血牺牲。如此看来,叶圣陶《倪焕之》关于 1927 年"上海工人三月暴动"的后几章,确实是紧扣着他的亲身经历来写的。夏志清《中国现代小说史》虽然肯定《倪焕之》是中国优秀的长篇小说之一,但对于结尾数章却不以为然,认为"这部书写得十分坦诚,但是作者和书中主角的关系过分密切,以致无法产生像作者其他比较优秀的短篇小说所具有的那种带有讽刺意味的客观性"①。然而,也正是因为叶圣陶与《倪焕之》的角色"关系过分密切",如此之贴近,才更能够深切而真实地流露出,身为一个"五四"的知识分子,他在来到上海任职于商务印书馆,并在上海大学等处教书,深入工厂区教育工人,而再次获得了启蒙后,经历了革命的骤然成功,却又遭遇一场突如其来的大失败。就像小说中屡次形容时代就像是一只"巨大的轮子",它快速地转动,使得身在其中的人都不由自主,而经历了顾彬所谓"人存在的碎片化"的忧郁和彷徨。故《倪焕之》的重点恐怕不在客观讽刺,而是主观抒情,使得整本小说宛如一面"五四"知识青年的投影和照镜。如果我们拿《倪焕之》和同样描写 1927 年"工人三月暴动"的蒋光慈的《短裤党》相比,两者恰好形成了强烈的互补:《倪焕之》是以知识分子作为抒情的主体,而蒋光慈《短裤党》却以工人作为"暴动"的叙事者,而知识分子虽然贵为思想的领导,却苍白无力,身染肺病,足以说明当时的知识分子徒有话语权、却失去了行动力的困境。

《倪焕之》也很可与同在商务印书馆工作的茅盾的小说《幻灭》相互对照。茅盾塑造了 S 大学(上海大学)的慧女士和静女士,在 1927 年革命失败后,学校被迫关闭,于是这群大学生们沉浮在"中国式的世纪末苦闷"中,既有"幻灭的悲哀",也有"向善的焦灼和颓废的冲动"②。这一如《倪焕之》终章所描写的黑暗现实:"间隙与私仇像燎原的火,这里那里蔓延开来,谁碰到它就是死亡",而"恐怖像日暮的乌鸦,展开了乌黑的翅膀,横空而飞,越聚越多"。倪焕之临死前那一场诡谲、血腥却又瑰丽无比的梦境,我们不妨把它视为一首叶圣陶献给他那些死于革命的挚友们(如侯绍裘)的挽歌,更是一场自我的审判和救赎。在经历 1927 年"上海工人三月暴动"后,倪焕之的死亡,更仿佛为"五四"以来知识分子自我探索的道路画上了暂时的休止符,然而眼前这一条

---

① 夏志清:《中国现代小说史》,香港中文大学出版社 2001 年版,第 50 页。
② 茅盾:《追求》,《蚀》,人民文学出版社 1954 年版,第 266 页。

—— 从叶圣陶《倪焕之》看1927年上海工人三月暴动中的知识分子 ——

漫漫长路还没有到底。从在学校体制中启蒙幼童，到走出学校面对社会大众，乃至和底层工人阶级对话，从一个秉持西化理念去"教育"他人，到自身接受整个社会和时代的残酷"教育"洗礼，知识分子的死亡，或也正是浴火重生的契机，一如小说末尾，倪焕之的死却换来了妻子佩璋的幡然觉醒。

（作者单位：台北教育大学语文与创作学系）

"大文学"视野

汪伪时期的"东亚文艺复兴"思潮[①]

李 杰

在汪伪政权酝酿、建立直到垮台的六年间,汪伪集团发动了在中国近代思想史上产生过重要影响的"东亚联盟运动"。为了营造宣传攻势,他们在1941—1944年间,以代表大会、运动周、座谈会、展览会、讲习会等多种形式宣扬"东亚文艺复兴"主张。同时以《大亚洲主义》、《东亚联盟》、《两仪》、《华文大阪每日》等刊物为阵地,发表了大量相关言论,形成了一股极具欺骗性的"东亚文艺复兴"思潮。虽然这个思潮的参加者主要是汪伪集团的随从或附庸,他们的目的不外是掩盖和粉饰汪伪集团叛国投敌的汉奸行径,但在某种意义上,他们的言论也不失为谋求沦陷区文艺复兴和民族发展的一种探索性方案,也是全面抗战时期文艺复兴思潮的组成内容。对于这一思潮,我们不能因为它的反动本质去故意回避它,而应该站在历史的、客观的立场上,一方面揭露其妄图麻醉欺骗沦陷区人民、瓦解人民抗日意志的反动本质,另一方面厘清它发生、发展的历史脉络,剖析它之所以不能获得知识界普遍共鸣的原因。这对于推动汪伪时期中国思想史的研究工作,无疑具有较大的学术意义。

一、"东亚文艺复兴"的必要性

在汪伪集团知识者看来,展开"东亚文艺复兴运动"的必要性,就在于"五四"以来的文化运动遗留了太多的遗憾——封建思想残余毒素尚未除尽,欧美个人主义和俄国

[①] 本文系教育部人文社会科学研究青年基金项目"影像传播与文学经典建构研究"(14YJC860012);中央高校基本科研业务费专项资金项目"战时文艺复兴思潮中的中国现代文学(1937–1949)"(SWU1809369);西华师范大学英才科研基金项目"主旋律文学的话语谱系及传播研究"(17YC525)的研究成果。

共产主义又淆乱人心，致使目前思想芜杂纷乱，社会流弊丛生，文化迂回不前，民族空前灾难，所以必须再次发动新的"新文化运动"来振衰起敝。这个运动就是所谓"东亚文艺复兴运动"。

对于五四运动之后中国文化思想的发展，汪伪集团知识者充满批判。他们的基本认识是，因为当时没有系统的组织和未能掌握较高的政治理论，神圣的五四运动变成了私人派系斗争的工具；五四运动不仅有破坏而无建设，还让外来的欧美个人主义和赤俄共产主义等"文化的毒素"蛊惑贻害了中国青年，结果非但未能对国家民族有所贡献，而且遗留给中华民族以莫大的隐忧。如杨鸿烈认为，所谓新文化运动，乃虚伪的文艺复兴运动，因为它只是全盘接受西洋文化，做了欧美文化的随从附庸，没有一点自尊自爱和自觉意识①。雷宏张历数五四运动的三大缺陷：一是思想革命不彻底，没有完全扫清封建思想的残余势力；二是前门驱虎后门进狼，在打击封建的同时，却把欧美的资本主义毒素文化介绍了过来；三是"五四"后有人主张全盘西化，有人主张中和折衷，许多人成了非驴非马②。周匡干脆将除日本之外其他亚洲各国的状态称为黑暗时代，认为它们对于西方文化的认识不彻底，只知模仿皮毛，以至于固有文明不断衰微，如果再不图思奋起，则"民族之生存实难确保"③。在中央社的一则社论中，现代中国文化被概括为三个不同的体系——孔教之封建主义文化、欧美之资本主义文化、共产党之社会主义文化；社论认为这三种文化混乱视听，使民间思想散漫凌乱，而民族生机也被它们逐步分化，未能获得健全发展，最终的结果是中国文化的危机日趋严重④。周化人甚至直接宣称中国现代文化史便是欧洲文化史⑤。在这种时代背景下，"东亚文艺复兴运动"就具有把握时代之"横断的总枢纽"的意义。

谢希平认为，"五四"输入欧洲文艺之后，中国文艺一方面还未摆脱封建思想残余势力的束缚，同时又由于采纳了欧洲的个人主义、功利主义乃至共产主义，致使文化界和思想界始终凌乱矛盾，没有建立一个能够代表中国乃至代表东亚的主潮⑥。朱应麒甚至谩骂五四运动是数典忘祖，一味醉心西洋文明，"各种不合国情的思想杂然而兴，社会国家萌其乱源"⑦。离石则将中日事变之前的中国文化界，粗暴地概括为"不是'左'

---

① 杨鸿烈：《从西洋的"文艺复兴"说到东亚的"文艺复兴"》，《大亚洲主义》1941年第3卷第2期。
② 雷宏张：《对于东亚文艺复兴运动的我见》，《华文大阪每日》1942年第9卷第1期。
③ 周匡：《再论亚洲的"文艺复兴"》，《大亚洲主义》1941年第2卷第1期。
④ 《中央社：关于东亚文艺复兴运动》，《大亚洲主义》1941年第3卷第2期。
⑤ 周化人：《展开东亚文艺复兴运动》，《大亚洲主义》1941年第3卷第2期。
⑥ 谢希平：《东亚文艺复兴运动》，《两仪》1941年第1卷第2期。
⑦ 朱庆麒：《五四运动与东亚文艺复兴运动》，《两仪》1941年第1卷第2期。

倾到完全赤化,便是崇拜英美,陶醉于它们自由主义之下的物质文明"①,报章杂志、电影戏剧、绘画雕刻、音乐文学莫不如是;即使那些标榜中国固有文化的,不是流于复古便是有了御用,要找出确能发扬并且适合于中国的,实在是凤毛麟角。所以,汪伪集团认为,这种"不可收拾"的局面亟须用新一轮的文艺复兴运动来加以改变。他们的论证策略是先破后立,先把当前现状描绘为极尽黑暗、非痛下决心一改现状把中华民族"从根救起",便不足以担当中国人之身份。同时,这种"破"又为他们树立了作为"立"之前提的反面对象。这样,"东亚文艺复兴"就具有了振敝起衰的时代意义。

既然中国现状是如此黑暗,再来一次文艺复兴使中国文化思想得到彻底整肃,恢复中国文化思想在世界文化思想史上曾有的光荣和意义,那当然是必要的了。但是,从中国文艺复兴到"东亚文艺复兴"还有相当一段距离,中国文艺复兴并不能直接等于"东亚文艺复兴"。毕竟东亚不仅仅只有中国,除了与中国一样频遭帝国主义侵凌的其他弱小民族以外,东亚尚有日本这一与中国"同文同种"的强势民族。"东亚文艺复兴运动"是否包括日本的文艺复兴?如何处理中国文艺复兴与日本文艺复兴的关系呢?为了论证他们所倡导的文艺复兴运动不仅仅具有中国意义,还具有东亚、亚洲乃至整个世界、整个人类的意义,汪伪集团知识者们还是颇下了一番功夫。

他们在石原莞尔的"东亚联盟论"中寻觅到了理论资源。20世纪30年代中后期,曾策划"九一八"事变的石原莞尔,先后撰写了《东亚联盟建设纲领》、《东亚联盟运动》、《昭和维新论》等文章,炮制出了系统的日本侵略理论——东亚联盟论②。1939年10月,他们在日本东京成立了东亚联盟协会,发行《东亚联盟》月刊,在日本国内逐渐展开所谓东亚联盟运动。日本之所以成立"东亚联盟协会",乃是希图以"国防共同、经济一体化、政治独立、文化沟通"为基本内容,使东亚各民族结成联盟,以便与欧洲国家集团、美洲国家集团和赤俄苏联抗衡,确保东亚地区的和平稳定。也就是说,东亚联盟的目的还是旨在军事和政治的联盟。汪伪集团知识者对石原的理论进行了改造,他们从文化上做出了理论延伸。在他们看来,中日两国是东亚文化的两大支柱,不仅有同处东亚的共同地理条件、共同经济生活,同文同种,而且更有共同的安危关系——"整个东亚不能复兴,日本亦必受其牵累"③。于是,作为东亚联盟运动之组成部分的"东亚文艺复兴",自然不仅仅是中国自己的民族振兴,还与日本的安危密不可分。

那么,日本是否也需要中国式的文艺复兴呢?周化人分别考察了中日两国的文化史。

---

① 离石:《东亚文艺复兴运动》,《太平洋周报》1942年第1卷第16期。
② 关于"东亚联盟论"的侵略本质和主要影响,可参阅史桂芳:《试析中日战争时期日本的侵略理论》,《抗日战争研究》2002年第1期。
③ 周化人:《中日文化与东亚文艺复兴》,南京《东亚联盟》1941年第1卷第5期。

他发现，东亚古代文化的起源虽然是以中国为中心的，但是东亚近代文化的长足进步却以日本为先进。中国自秦汉以后，文化革新和进步十分迟滞，到了"五四"时期开始不加别择地全面引进西方思想文化，西方功利主义、个人主义和共产主义思想涌入中国，东亚文化受到最大的威胁。日本则从神武天皇以后文化极速发展，为东亚民族复兴树立了极好模范。这是因为日本民族具有不存私见、虚怀若谷地吸纳外来文化的态度，在吸收外来文化时能以大和民族为本位，仍然保持着东方道义精神的本位文化，并非如近代中国那样对西方文化进行生吞活剥和根本移植①。所以，开展"东亚文艺复兴运动"，既是中国黑暗现实所需，也是日本秉承世界大同精神救中国、救东亚，与中国一起共同奠定世界和平基础的伟大事业。周化人把中国文艺复兴的主动权转化成了日本对"东亚文艺复兴运动"的领导权。后来，陈贞也对日本"大和魂"赞赏有加，认为它是智、仁、勇三者兼备，并将八纮一宇、万邦协和之侵略思想等同于中国儒家文化中的世界大同主义，赞叹晚近60年来东亚的精神和物质文明，"日本确可以说是居于首席"②。

在他们的论证逻辑中，中国文化黑暗落后，日本文化强劲先进。对待中日文化两相歧异的态度，使本来从中国黑暗时代实际情形出发的"中国文艺复兴"，被转化成了以日本文化为主体，领导中国文化走向光明前途的具有人道主义色彩的"东亚文艺复兴"。这里，既显示了东亚联盟"四大纲领"之"政治独立"和"文化沟通"的欺骗性特征，也显示了周化人、陈贞等如果不是认识局限，就是故意从文化思想上为日本独占中国、称霸世界的侵略目的服务的基本事实。这样一来，所谓"东亚文艺复兴"既是中国黑暗现实振敝起衰的现实必要，同时也是日本"国防共同"确保东亚安全的现实必要。如果联系日本八纮一宇、万邦协和的远景目标，那么"东亚文艺复兴"就不仅具有复兴中国、复兴东亚、复兴亚洲的意义，更具有重建世界新秩序、谋世界人类永久和平的伟大意义了。

二、"东亚文艺复兴"的可能性

那么，有实现这个伟大意义的可能性吗？汪伪集团不仅在中国文化的现状中发现了"东亚文艺复兴"的必要性，他们还从欧洲文艺复兴和日本明治维新那里找到了借鉴资源和历史经验，从孙中山的"大亚洲主义"思想里找到了理论根据，从实践和理论两个维度提供了有可能实现其伟大意义的确凿证据。

---

① 周化人：《中日文化与东亚文艺复兴》，南京《东亚联盟》1941年第1卷第5期。
② 陈贞：《东亚文艺复兴的基本问题》，《华文大阪每日》1942年第9卷第3、4期。

在石羽眼中，文艺复兴的含义是"溶和古今长短相补藉以复兴文艺建立新生"①；欧洲文艺复兴就通过回复希腊精神，在政治经济、社会生产、哲学思想等方面，取得了精益求进的伟大成就，它是近代一切学术的成就之因，已然为人类发展提供了一个活生生的实例，只要真正符合道德、理智、审美等情感，并借重科学精神与方法，文艺复兴并不是不可能实现的事业。张榆芳将欧洲文艺复兴的成绩，总结为恢复了古代希腊"人间中心主义"的文化，但也看到了它作为资本主义个人功利思想之策源地的弊端，认为它和中国的文艺复兴——五四运动一起，提供了以思想革命为先导的历史真理②。刘漾然则将"个人主义的本位"视为欧洲文艺复兴运动的教训，在"东亚文艺复兴"中应该极力反对，但是其"以复古为解放的手段"则是必须借鉴的③。周匡将欧洲文艺复兴摆脱文化专制、以复古为新生、广及人类生活全部的历史经验，作为开展亚洲文艺复兴的认识前提④。林柏生特别推崇欧洲文艺复兴针对中世纪黑暗时代而起的反抗精神，将"东亚文艺复兴"附会为针对旧秩序、旧时代而起的反抗运动⑤。张秀峰则直接将西方个人主义、功利主义和重物质轻精神等思想弊端，归咎于欧洲文艺复兴，呼吁在吸取其教训的基础上开展"东亚文艺复兴"⑥。

可以看出，汪伪集团知识者一方面对欧洲文艺复兴在思想、文化、艺术、社会革新等方面的历史功绩倾慕不已，认为"东亚文艺复兴"应该从精神力量、手段方法、覆盖领域等方面进行全面学习；另一方面又对欧洲文艺复兴造成的个人主义、功利主义、物质主义，以及由此而生的侵略思想大加挞伐，甚至将后者作为"东亚文艺复兴"的前提条件和首要任务。对于日本明治维新，他们却赞赏有加，将它作为东亚民族复兴的极好模范，丝毫不提它与日本军国主义侵略思想之间的联系。这其中的态度差异，其实已经表明了他们的文化理念和政治立场。周化人将明治维新称为日本独善其身、兼善天下的时代，对它能以大和民族王道文化的本位，融会西欧科学文明而成为世界上一等强国的事实，极尽阿谀之能事，奉承日本是熔冶东西文化的创造者⑦。周化人对日本文化史的观察，目的自然是抬高日本文化在近代亚洲史上的地位，为日本领导"东亚联盟"实现"东亚文艺复兴"鸣锣开道。

有了欧洲文艺复兴起于一国而被及全欧、以复古为解放、广及整个社会生活等方面

---

① 石羽：《东亚联盟文艺座谈会讨论主题》，北平《东亚联盟》1941年第2卷第6期。
② 张榆芳：《东亚文艺复兴运动的意义》，《两仪》1941年第1卷第2期。
③ 刘漾然：《东亚文艺复兴运动与中国文化》，《两仪》1941年第1卷第2期。
④ 周匡：《再论亚洲的"文艺复兴"》，《大亚洲主义》1941年第2卷第1期。
⑤ 林柏生：《东亚文艺复兴的曙光》，南京《中央导报》1941年第2卷第39期。
⑥ 郭秀峰：《欧洲文艺复兴与东亚文艺复兴》，《大风》1942年第17期"新文化运动专号"。
⑦ 周化人：《中日文化与东亚文艺复兴》，南京《东亚联盟》1941年第1卷第5期。

的历史经验,有了日本明治维新熔冶东西文化、兼善天下,以及中国整理国故和本位文化建设的实践基础,"东亚文艺复兴"找到了可资借鉴的历史资源。但这还不够,因为这些历史事实只能提供从自民族本位出发展开文艺复兴的启示,何以在中国需要展开"以东亚为中心"的文艺复兴,仍然需要提供理论上的说明。

早在《东亚联盟中国总会会章》中,汪伪集团就将"实现孙中山先生之大亚洲主义"、"达到共存共荣复兴东亚"设定为东亚联盟的总目标①。汪精卫也说大亚洲主义是东亚联盟的根本原理,东亚联盟是大亚洲主义的具体实现②。汪伪附庸更是将"民族"、"民众"等意义赋予东亚联盟运动:"东亚联盟运动,一方面秉承总理遗教,实现大亚洲主义;一方面基于民族的自觉,及民族意识的要求,从几百年来欧美帝国主义束缚下解放,因此东亚联盟运动,必以民族为出发,然后获得民众强烈的信仰。"③"东亚文艺复兴"作为东亚联盟开展的运动之一,与汪伪集团试图以大亚洲主义粉饰其叛国投敌行径一样,自然也被论者标榜为孙中山大亚洲主义的具体实现。

曾被称为"大亚洲主义专家"的周化人,将"东亚文艺复兴"的本源确定为孙中山所倡导的大亚洲主义,认为它是想把东方文化发扬光大,而推广及于全世界,以拯救西方徒重物质文明之弊。在世界人类尚未接受东方文明之前,必须以东亚为中心力量来推动,而中国保存东方文化是最完全的,所以出发点在中国。这样,"以东亚为中心,以中国为本位"的理念,就被设定为"东亚文艺复兴"的根本宗旨④。卢寿水说,大亚洲主义的主要目的是提倡东方固有的道义精神文明,是一部提倡"东亚文艺复兴运动"的宣传作品,两者是互相联系的⑤。陈群特别强调大亚洲主义的文化精神内涵,其中包含两重重要因素:一是亚洲王道文化的本质,一是欧洲霸道文化的科学;霸道要服从王道,西方之功利强权的文化,要服从东方之仁义道德的文化;所以发扬大亚洲主义的精神,是"东亚文艺复兴"最终极的目的与最真实的意义⑥。朱重也根据大亚洲主义,将"东亚文艺复兴"的任务设定为"东亚各国间之文化互相沟通"、"东方古代文化之再建"和"西洋文化之加紧吸收"⑦。

需要指出的是,联系前述汪伪集团为"东亚文艺复兴"找到的历史资源,可以判定

---

① 《东亚联盟中国总会会章》,北平《东亚联盟》1941年第1卷第1期。
② 《汪主席训词》,北平《东亚联盟》1941年第1卷第1期。
③ 梅庆芬:《中日亲善与东亚联盟》,广州《东亚联盟》1941年第1卷第6期。
④ 周化人:《中日文化与东亚文艺复兴》,南京《东亚联盟》1941年第1卷第5期。
⑤ 卢寿水:《东亚文艺复兴运动与大亚洲主义之联系》,《两仪》1941年第1卷第2期。
⑥ 陈群:《东亚文艺复兴运动与大亚洲主义的精神》,《中华留日同学会会刊》1942年第2卷第3期。
⑦ 朱重:《东亚文艺复兴运动》,《中华青年》1942年第4卷第5期。

他们对孙中山言论的只言片语式征用,其实并不是孙中山的原意,而是打着大亚洲主义的旗号,出于为投敌叛国的文化政策谋求理论根据的目的,对孙中山大亚洲主义进行歪曲和亵渎。1924年11月29日,孙中山在日本发表了《大亚洲主义》等演说,主张"中日两国就目前世界大势言,非根本提携不可;两国人民尤应亲善携手,共御他国侵掠政策"①。孙中山认为,西方建立在物质功利基础上的侵略文化是霸道文化,东方建立在仁义道德基础上的文化是王道文化,日本文化则两者兼而有之,所以他呼吁日本政府和国民与中国人民一道共同抵御西方列强的侵略。因为孙中山所代表的资产阶级力量不足,对日本帝国主义的侵略本性缺乏认识,对日本抱有不切实际的幻想,他的"大亚洲主义"也是一厢情愿的空想。

但是,孙中山的"大亚洲主义"表现出十分鲜明的反帝立场,以废除一切不平等条约为前提条件:"日本援助中国,废除中国同外国所立的一切不平等条约。"② 这里的"外国"自然也包括日本。虽然孙中山对中日提携抱有希望,但并不意味着他就认为亚洲内部的民族压迫就是合理的。孙中山"五族共和"的民族主义主张,也是建立在中华民族整体独立的基础上的。他晚年联俄的主张,更是表明其民族主义超越了单纯种族而达到了更高境界。汪伪集团断章取义地征用了大亚洲主义中日"亲善携手"的说法,歪曲了孙中山的本意,片面地将"王道文化战胜霸道文化"、"以东方道义文化替代西方物质文化"作为"东亚文艺复兴"的主要内容,以大亚洲主义作为"东亚文艺复兴"的理论依据和具体实现。

三、"东亚文艺复兴"的主要任务

有了前述中国文化思想黑暗现状的现实前提,有了欧洲文艺复兴提供的历史经验和教训,有了日本明治维新的先驱成功,更有了国父孙中山先生大亚洲主义的理论支撑,汪伪知识者确信"东亚文艺复兴"是必要的和可能的了。于是,基于这样的认识前提,他们信心满满、底气十足地为"东亚文艺复兴"设定了三项主要的任务。

第一,以王道文化战胜霸道文化。

汪伪知识者直接搬用了石原莞尔"东亚联盟论"中以王道战胜霸道的基本思想,在曲解孙中山大亚洲主义的基础上,将东方以伦理道义为基础的文化称为"王道文化",将西方以功利扩张为基础的文化称为"霸道文化",主张将王道文化战胜霸道文化作为

---

① 孙中山:《会见日本记者的谈话》(1924年11月22日),《申报》1924年11月24日。
② 孙中山:《与门司新闻记者的谈话》(1924年12月1日),《孙中山选集》,人民出版社1981年版,第985–988页。

"东亚文艺复兴"的首要目标。周化人直接将王道文化作为日本从明治维新发展成为世界强国的决定性因素,将普及王道文化作为日本文化演进的目的,高声呼吁文化界同人"痛着先鞭领导东亚民族,阐扬王道文化,发挥道义精神,以克服功利思想、霸道主义"①。所谓王道文化和道义精神,就是天下为公、四海一家、八纮一宇的理想,这是超民族、超国家、超阶级观念的;以这样的东方王道文化来代替西方霸道文化,是"东亚文艺复兴"的首要意义②。

郑燕生甚至认为中国目前迟滞不前、民族病态的原因,就是炫惑于欧美物质的功利侵略主义,而抛弃了固有王道的精神文明,极力倡导要有王道的自觉③。缪斌则将霸道解释为西方文明的破绽,在霸道与王道之间进行了广泛对比。在他看来,霸道是小的、分的、私的、斗争的,而王道则是大的、合的、公的、和平的;"王何必曰利,亦有仁义而已矣"、"克己复礼,天下归仁"、"兼相爱,交相利"、"捋多益寡,称物平施"等传统思想中,早已孕育了天下为公、世界大同、推己及人等王道主义观念;要实现"东亚文艺复兴",则要在政治上倡导教化的王道政治、在经济上提倡民生的王道经济、在军事上提倡仁义的王道军事④。

这种论调,实际上是汪伪集团赋予石原莞尔"东亚联盟论"以儒家文化天下为公、世界大同的文化观念,本质上是极具欺骗性的文化侵略论,既是为石原莞尔的侵略理论提供文化依据,也是对儒家思想的严重歪曲与亵渎。对于"王道",石原莞尔的解释是,"王道在政治上是联盟各个国家自觉地顺从民众的理性和良心,对最高价值的信赖与服从,是将内治与外治观念综合统一起来的观念,是以东洋民族的觉醒和统一为前提的东洋理想社会的理念"⑤。所谓"最高价值",也就是对"万世一系"的日本天皇的绝对信仰。石原莞尔提倡王道,也是为了让东亚各国联合起来建立东亚联盟,以积蓄在未来那场"规模空前的战争"中获取胜利的最终力量。这场战争将"决定是日本的天皇成为世界的天皇,还是由美国总统统治世界,决定人类最后的命运;这是决定究竟是由东洋王道还是由西洋霸道统治世界的战争"⑥。

---

① 周化人:《中日文化与东亚文艺复兴》,《东亚联盟(南京)》1941年第1卷第5期。
② 周化人:《东亚文艺复兴运动》,《文协》1944年第2卷第2期。
③ 佚名:《东亚文艺复兴运动座谈会:中日文化协会武汉分会主办》,《两仪》1941年第1卷第2期。
④ 缪斌:《从西欧文艺复兴运动到东亚文艺复兴运动的历史的展开》,《东亚联盟(南京)》1941年第1卷第5期。
⑤ 转引自史桂芳:《试析中日战争时期日本的侵略理论》,《抗日战争研究》2002年第1期,第115–116页。
⑥ 转引自史桂芳:《试析中日战争时期日本的侵略理论》,《抗日战争研究》2002年第1期,第116页。

由此看来，石原莞尔宣扬"王道"，本意是在东西方文明对立观念指导下的战备需要，是直接服务于其以军事扩张为目的的侵略理论的。而儒家所谓天下为公、世界大同，语出《礼记·礼运》："大道之行也，天下为公，选贤与能，讲信修睦。故人不独亲其亲，不独子其子，使老有所终，壮有所用，幼有所长，鳏寡孤独废疾者皆有所养，男有分，女有归。货恶其弃于地也，不必藏于己；力恶其不出于身也，不必为己。是故谋闭而不兴，盗窃乱贼而不作，故外户而不闭。是谓大同。"① 这是儒家最高的理想社会形态，即天下是人人共有的，不可别存私心，要把品行高尚、才能出众的人甄选出来，人人友爱互助，讲求诚信和睦，家家安居乐业，不战不乱，无贼无匪，是谓大同。换句话说，天下为公和世界大同是以万民平等、消除战争为前提的，东亚联盟论与天下为公观念根本上就是对立的。汪伪集团强行将天下为公的大同理想阐释为王道文化，是对儒家思想遗产的严重误读和无耻亵渎。他们将王道文化战胜霸道文化设定为"东亚文艺复兴"首要目标的做法，本质上是为汪伪集团奴化、麻痹、软化沦陷区人民抗日意志服务的。

第二，以全体主义代替个人主义。

汪伪集团将欧洲文艺复兴从宗教桎梏中解放出来的个人主义，连同与之相关的自由主义、功利主义、唯物共产主义等直接斥为中国近代以来的思想毒瘤，对个人功利主义极端仇视，认为它构成了欧美侵略文化的思想基础。张榆芳说个人主义的制度酿成了第一次世界大战后欧洲社会的不安，物质主义和功利主义导致了目下世界的动乱②。刘漾然说欧洲文艺复兴以个人主义本位为进路，基于个人的自觉创造了今日功利的欧美文明③。缪斌说小的个人主义、分的国家主义、私的利己主义、斗争的优胜劣败主义都是西欧文艺复兴的结果④。陈振武说中国"五四"文化运动的症结，在于新文化人不能团结、标榜门户、力量分散，没有保存中国本位的文化精神，使个人主义和赤色文化乘机潜入中国文艺领域⑤。

周化人说个人主义的文化是导源于西方天赋人权和自由竞争等思想的，"只知有个人而不知有社会，一切生产都在谋利己行为，而不在谋社会的幸福"⑥。许锡庆则探讨了个人主义的哲学史源流，将它归结为从苏格拉底开始的人生哲学，即主张哲学研究要从人

---

① 王云五、朱经农主编：《礼记》，商务印书馆1947年版，第34页。
② 张榆芳：《东亚文艺复兴运动的意义》，《两仪》1941年第1卷第2期。
③ 刘漾然：《东亚文艺复兴运动与中国文化》，《两仪》1941年第1卷第2期。
④ 缪斌：《从西欧文艺复兴运动到东亚文艺复兴运动的历史的展开》，《东亚联盟（南京）》1941年第1卷第5期。
⑤ 陈振武：《展开东亚文艺复兴运动》，《国民新闻周刊》1942年第26期。
⑥ 周化人：《东亚文艺复兴运动》，《文协》1944年第2卷第2期。

开始,这形成了个人主义的胚胎;到了文艺复兴时期,通过"人的发现",个人主义更是被当成民族、国家、宗教、艺术、科学等一切社会活动发展的根本动因,以至于整个欧洲文明都是个人主义的;而中国思想家只有杨朱一人提倡个人主义,中国社会根本上是一个家庭社会和氏族社会,没有个人主义发展的稳固基础①。

这样一来,"东亚文艺复兴"自然要求摒弃罪恶的个人主义而走向全体主义,由狭隘个别的国家主义走向国家集团主义。所谓全体主义的"全体",既是指"东亚文艺复兴"的覆盖领域不只文艺一隅,还包括文化、政治、经济、军事等社会生活全体部分;也是指个人抛弃一己私利而无条件服从于民族国家的全体,由个人的自由主义演变到民族国家的全体主义;又是指从狭隘的以单个民族国家为中心的国家主义,走向"以东亚为中心"的国家集团主义;还是指从"东亚联盟"的国家集团主义走向未来社会的世界大同主义。总之,就是以全体主义的精神,取消一切具有单一、个别、自由等以个人主义为精神实质的思想立场。

姑且不论汪伪集团将东西方文化分别囫囵概括为全体主义和个人主义的准确性,单看这个以全体主义取代个人主义的结论,要实现这个理想其实并不容易。这其实涉及的是中西文化融和的问题,从晚清鸦片战争以来直至百余年后的新文化运动都没能完全解决。对这个问题,汪伪集团也进行了自己的探索。郭秀峰将"东亚文艺复兴运动"的共同目标确定为"反对欧美的物质万能主义、个人主义、自由主义,更要反对共产思想,我们要根据东亚固有的精神文明,发扬光大,而创造东亚的新文明"②。笔名为"诚"的作者也说,"东亚文艺复兴"的目的在于以全体主义思想为指针,根本推翻个人自由主义和功利主义,消灭共产主义思想的流布③。这实际上已经说明了他们的策略,那就是批判,对一切不符合"东亚联盟"理念的思想和言论进行批判。

基于这种前提性批判,许锡庆标榜以三民主义和大亚洲主义为政治立场,明确提出"民主集权制度"是由个人主义到全体主义的"一条康庄的大道"。具体来说,民族方面就要由国家主义走到国家集团主义;民权方面就要由个人自由主义走到全体自由主义;民生方面就要从阶级斗争走到阶级协调、从唯物史观走到民生史观;总之,"东亚文艺复兴运动"要扬弃个人主义,才不至于重蹈近代以来历次文化运动失败的覆辙④。龚持平则将新文学运动作为"东亚文艺复兴"的组成部分,呼吁站在全体主义的立场上,以反

---

① 许锡庆:《"人"的发现与"人"的扬弃:东亚文艺复兴运动与民主集权制度》,《中央导报》(南京)1942年第2卷第39期。
② 郭秀峰:《欧洲文艺复兴与东亚文艺复兴》,《大风》1942年第17期"新文化运动专号"。
③ 诚:《东亚文艺复兴运动之展开》,南京《中央导报》1942年第2卷第39期。
④ 许锡庆:《"人"的发现与"人"的扬弃:东亚文艺复兴运动与民主集权制度》,《中央导报》(南京)1942年第2卷第39期。

帝国主义为出发点,从实际的斗争生活中来培养文学的根株,极力提倡以个人的自由发展为全体人自由发展之条件的社会本位主义①。这些看似立足于文化本位表达文艺复兴理想的论调,与其说是用全体主义取代个人主义,不如说是以国家集团主义代替民族国家主义,其投敌叛国的色彩相当浓郁。与其说他们缺乏对石原莞尔"东亚联盟论"侵略本质的理性认识,毋宁说他们实际上是默认了石原莞尔侵略理论在中国的适用性,实际上成了后者的走狗和帮凶。

第三,发扬东方固有文化,创造东亚新文明。

在汪伪集团的论证逻辑中,以王道文化战胜霸道文化,以全体主义代替个人主义,其旨归都是发扬东方固有文化、创造东亚新文明。如果说前两者是重在"破",那么后者就是"立"了。正是这个带有深厚文化保守主义色彩的主张,以颇具欺骗性的面孔与二三十年代以来弥漫在知识界的"中国本位文化建设"思想氛围衔接了起来。周化人将整理国故运动和上海十教授"中国本位的文化建设宣言",当作"东亚文艺复兴"的前奏,特别申明以东方固有的优美文化为"东亚文艺复兴"的基础②。中央社的社论直接提出"东亚文艺复兴"的口号是"以中国为本位,以东亚为中心"③。张榆芳将"东亚文艺复兴"的特征概括为发扬东洋精神文明,就是恢复东方固有的道义思想④。朱庆麟也说,要挽救五四运动带来的流弊,必须确立中国的本位文化,也就是恢复儒教尚忠恕仁义、佛教尚慈悲的注重精神修养的东方文化⑤。

王德言则将"发扬亚洲固有的文化"和"创造新的文化"列为进入实践阶段的"东亚文艺复兴"的途径。在他看来,所谓亚洲固有的文化,包括中国、巴比伦、埃及、印度、波斯以及日本的浩瀚典籍,它们是"世界永久文化之食粮";所谓新文化的创造,就是一面"从根救起"固有文化,一面"迎头赶上"维新科学,也就是把东方精神文学与西方物质文明融会贯通创造一种能克服彼此弊端的新文明⑥。雷宏张试图对固有文化进行区分,认为应该发扬光大的是固有的好的文化或道德,而且不含有排他性,不是把过去的故旧复活起来的复古,而是要在故旧堆中找材料出来发扬,重新加以消化与创

---

① 龚持平:《关于新文学运动》,《华文大阪每日》1942年第9卷第10期;又见《华文每日》1943年第9卷第9期。
② 周化人:《中日文化与东亚文艺复兴》,《北华月刊》1941年第1卷第6期;又见《东亚文艺复兴运动》,《文协》1944年第2卷第2期。
③ 《中央社:关于东亚文艺复兴运动》,《大亚洲主义》1941年第3卷第2期。
④ 张榆芳:《东亚文艺复兴运动的意义》,《两仪》1941年第1卷第2期。
⑤ 朱庆麟:《五四运动与东亚文艺复兴运动》,《两仪》1941年第1卷第2期。
⑥ 王德言:《东亚文艺复兴之途径》,《作家》1942年第2卷第2期。

造①。田亮渊直接以恢复固有道德为东方文艺复兴和民族改造的首要之策，这些固有道德主要包括"曰仁义礼智信，曰礼义廉耻，曰忠孝仁爱信义和平"②。贺霖祺称，从事"东亚文艺复兴运动"，须发扬东方固有的道义精神、保存东方文化固有的优点、矫正过去的缺点，东亚各民族协力共谋发展③。

从上述论断可知，汪伪集团为了蒙骗和欺诈沦陷区人民、磨灭他们的抗日意志，试图以恢复传统文化遗产中的优良道德为途径，将"东亚文艺复兴"与文化保守主义、文化民族主义思潮对接起来，从而为他们叛国投敌的行径找到粉饰太平的社会心理根据。就思想实质而言，相比于30年代中期的"本位文化建设"论，这种论调其实并没有特别的新意，无非是旧调重谈，也没有深厚的社会心理基础，很难形成具有建设意义的可操作性方案。所谓"建设新文明"的说法，也只有周作人后来所说的"各人心里只有一个漠然的希望，但愿中国的文艺能够复兴而已"④。在这个意义上，发扬东方固有文化、创造东亚新文明的任务根本无法实现。

颇为吊诡的是，汪伪集团一方面努力提倡发扬固有文化，一方面却又极力强调复兴并非复古。但是，从他们所主张的固有文化的内容来看，实在很难在复兴与复古之间做出区分。正如他们在批判中体西用说所胪列的理由（体用不可二分）一样，在他们继承优良传统、摒弃封建糟粕的一致言论中，他们没有思考或者没有提供答案的问题是，如何将文化传统中的优良部分与糟粕部分区分开来？看来，汪伪集团的真正用意，并非是为中国文化建设出路寻求理论说明，而是提出放之四海而皆准却经不起仔细推敲的"大道"和"原则"，其背后隐藏的仍然是瓦解沦陷区人民抗日意志、为日本帝国主义侵略理论提供言论支持的真实目的。

四、"东亚文艺复兴"的历史实践

1940年3月，汪精卫集团在南京建立了伪国民政府，为了给叛国投敌行为寻找理论根据，汪精卫一方面仍然标榜以三民主义为指导，自居为孙中山革命遗志的正统继承者；另一方面又将"和平救国"的投降主义理论，与极具欺骗性的"东亚联盟论"结合起来，附会于三民主义和孙中山提出的大亚洲主义，标举所谓"政治独立、军事同盟、经

---

① 雷宏张：《对于东亚文艺复兴运动的我见》，《华文大阪每日》1942年第9卷第1期。
② 田亮渊：《民族文化与民族复兴》，《杂说》1942年第5期。
③ 贺霖祺：《文化的时代性与东亚文艺复兴运动》，《东亚联盟（北平）》1943年第2卷第4、5期合刊。
④ 知堂：《文艺复兴之梦》，《求是》1944年第1卷第3期；又见《敦邻》1944年第1卷第6期。

济合作、文化沟通"四大纲领,在沦陷区开展了系列的"东亚联盟运动"。正如石源华所指出的,这个在汪伪政权酝酿、建立直到垮台的六年期间十分活跃的东亚联盟运动,是在中国近代政治史、思想史上发生过重要影响的一种思想运动①。

1940年5月,在北平首先成立了以缪斌为会长的"中国东亚联盟协会",发行机关刊物《东亚联盟》月刊;7月28日,在南京成立了中日文化协会,发行《中日文化月刊》和《译丛》等刊物;9月,在广州成立了由林汝珩任会长的"中华东亚联盟协会";11月,在南京成立了由周学昌任会长的"东亚联盟中国同志会";12月,汪伪国民党召开六届三中全会,决定统一全国的东亚联盟运动。1941年2月1日,在南京成立了由汪精卫任会长的"东亚联盟中国总会",由汪伪政要陈公博、陈群、陈璧君等任常务理事,褚民谊、江亢虎等任常务监事,周佛海任秘书长,各部部长和各省主席均为理事。"总会"发表《会章》,发行机关刊物《大亚洲主义与东亚联盟》月刊,并很快在全国各个沦陷区成立分会,在青少年、妇女组织甚至宗教团体中建立东亚联盟支部,影响十分广泛。据统计,全国出版的东亚联盟运动的机关刊物达12种之多,参加东亚联盟运动的人达数百万②。

汪伪集团知识者自觉地把"东亚文艺复兴"作为东亚联盟运动的组成部分,为了构成"东亚文艺复兴"理论的完整体系,也为了使"东亚文艺复兴运动"获得最佳的意识形态效果,他们也提出了开展"东亚文艺复兴运动"的具体的实施方略。大体而言,这些方略主要从政府组织奖掖和社会机构协力两个方向上着力,他们试图以政府的威权强力和意识形态统制强行推动"东亚文艺复兴运动"。

周化人要求在思想上给予学术思想和学者研究以相当的自由,允许文化事业自由发展;在物质上充实科研设备,补助出版事业,整顿图书馆博物馆等;大力发展社会教育以提高国民知识水平;设置东方文化研究机关,专事相关问题的理论研究和固有文化的恢复整理工作③。陈贞也强调要确立"东亚文艺复兴运动"的中心思想,组织负责推动文艺复兴运动的最高团体;罗致文化人分组研究文艺复兴运动的一切问题;分类征集民间与文艺复兴有关的图书;聘请文化名流专责编、绘、撰、述适合时代之文艺;聘请精通日文之文化人译介日本文化成果;在全国中大学校训练文艺复兴之基本干部④。王德言吁请政府积极奖励有关文艺复兴诸问题的研究著作与译述,协助民众文艺团体的发展,

---

① 石源华:《汪伪时期的"东亚联盟运动"》,《近代史研究》1984年第6期,第116页。
② 史桂芳:《试论日伪的东亚联盟运动》,《史学月刊》2006年第12期,第58页。
③ 周化人:《展开东亚文艺复兴运动》,《大亚洲主义》1941年第3卷第2期。
④ 陈贞:《东亚文艺复兴的基本问题》,《华文大阪每日》1942年第9卷第3、4期。

遍设图书馆、博物馆、陈列馆,积极组织研究东亚文化诸问题的文化团体①。

在这些大同小异的实施方略中,汪伪集团事无巨细地罗致了各种推动"东亚文艺复兴运动"的具体措施,其目的仍然是为上述"东亚文艺复兴"思潮的主要内容服务。内容本身的欺骗性、空泛性和反动性,决定了这些实施方略也和他们开展"东亚联盟运动"的初衷与实质一样,仍然具有麻醉欺骗沦陷区人民、瓦解人民抗日意志的反动本质,也是为了粉饰其叛国投敌行径,是为其法西斯统治服务的。

除了这种言论上的探讨以外,从1941年至1944年,汪伪集团还以代表大会、运动周、座谈会、展览会、讲习会等多种形式,将上述实施方略付诸实践,产生了较大的影响。1941年8月3日,汪伪国民政府宣传部在广州召开第一次东亚新闻记者大会。检讨如何发扬东方道义精神,扫荡英美功利思想;决议从8月4日至10日起举行"东亚文艺复兴运动宣传周"。8月7日和8日,张榆芳和谢希平分别发表相关演讲,对全国广播。8月8日,中日文化协会举办"东亚文艺复兴"座谈会,谢希平、朱庆麒、张榆芳、郑燕生、刘漾然、吉冈正秀等出席并发表意见;协会机关刊物《两仪》围绕"东亚民族解放战与东亚文艺复兴"举行征文比赛。10月10日,《东亚联盟(北平)》月刊社召开"东亚联盟文艺座谈会",出席者有孟淑琪、穆穆、王维、岳蓬、萧艾、刘尊、林埜等华北文坛知名人士,围绕今日文坛为什么没有好的作品产生、今日的文艺复兴有可能吗、今后文坛的发展等话题展开座谈。

1942年4月20日至26日,中日文化协会举行全国代表大会,决议4月20日至26日举办"东亚文艺复兴运动周"系列活动,各地除分发标语传单以外,还发行了"东亚文艺复兴"特刊,举办了中日书画展览会、"大东亚文艺复兴"讲习会、"大东亚文艺复兴"音乐会及演剧大会等活动。4月20日,林柏生发表对全国广播;4月22日和26日,褚民谊和陈群分别在中华留日同学会进行主题演讲;4月26日,南京文化界围绕"今后中日文化沟通的展望"举行座谈会,周思梅、曹宝林、陈寥士、许锡庆等出席。8月5日,汪伪国民党宣传部在新京举行东亚操觚者大会。这是第二次东亚新闻记者大会。11月3日,汪伪政府派出周化人、许锡庆、潘予且、周毓英、龚持平、柳雨生、丁雨林、钱稻荪、沈启无等人赴日本东京出席第一次大东亚文学家大会,潘予且的小说《日本印象》及《予且短篇小说集》、袁犀的小说《贝壳》获得文学奖金。

1943年4月1日至3日,中日文化协会举行第二次全国代表大会,决议从3月30日至4月5日举行"东亚文艺复兴周"运动。8月25日至28日,派出周越然、陶亢德、鲁风、柳雨生、谢希平、陈寥士、章克标、关露、草野、沈启无、陈绵、张我军、柳龙光

---

① 王德言:《东亚文艺复兴之途径》,《作家》1942年第2卷第2期。

等人前往东京出席第二届大东亚文学家大会。

1944年4月6日,举行"东亚文艺复兴运动"座谈会,徐季敦、杨杏庭、吴与言、王宇澄等出席,在研究孔孟学说、整理固有文献、联合文化界组织复兴东亚文艺之团体、加紧组训青少年、消灭英美思想等工作上达成共识。4月,中日文化协会举办"东亚文艺复兴运动周"系列活动,开展中国文学演讲会(刘漾然主讲"新中国文学之动向",金陆戈主讲"中国文学之现阶段",李抱青主讲"近代中国文学与日本文学之关系")、儿童作品展览会(分设作文、书法、美术、劳作)等活动。

不难看出,为了实现其奴化欺骗沦陷区人民、粉饰其卖国求荣的汉奸行径、强化其法西斯统治力量的目的,汪伪集团想尽了各种办法,来实践其"东亚文艺复兴"的理想。但是,任何违反人民意志的反动言行,即使表面上看起来如何正义合理,终究也无法逃脱历史无情的审判和公正的裁决。在汪精卫病死后不久,随着日本帝国主义的垮台,汪伪集团所宣扬的"东亚文艺复兴论",也与汪伪政权一起被扫起了历史的垃圾堆。

值得一提的是,在汪伪集团的"东亚文艺复兴论"甚嚣尘上的时候,重庆方面也有一种声音,试图以"建国信仰"(三民主义)和"救国道德"(忠孝仁爱信义和平)来共图"东亚文艺复兴",作为反攻日本帝国主义"大和魂"和"皇道精神"之侵略理论的精神动员力量①。不过这种声音还过于薄弱,很快就被淹没在汪伪集团的反动声浪中了。

在本质上,"东亚文艺复兴"思潮是汪伪集团为了粉饰其叛国投敌行径,为日本法西斯侵略理论"东亚联盟论"作理论延伸,巩固其奴化主义傀儡政权而发展起来的汉奸思潮。它与中国传统封建思想糅合在一起,具有极大的欺骗性,曾在历史上产生了十分反动、恶劣的影响,严重地污染了中国的思想界。尽管"东亚文艺复兴"从一开始就是一个梦幻泡影,历史也早已宣判了它的死刑,但弄清这个思潮的来龙去脉及其反动本质,对于推动汪伪时期中国思想史的研究工作,无疑具有较大的学术意义,也具有一定的现实意义。

(作者单位:西南大学文学院、西华师范大学新闻传播学院)

---

① 李品仙:《发扬精神动员力量,共图东亚文艺复兴——国民精神总动员第三周年纪念暨植树节典礼训词》,《安徽政治》1942年第5卷第4期。

"大文学"视野

延安文艺建构中的陕北民间文艺①

邱跃强

本文所说的陕北民间文艺，主要指的是陕北说书、陕北民歌、陕北秧歌、陕北腰鼓与陕北剪纸五种陕北民间文艺，因为这五种陕北民间文艺经过历史长河的冲刷，已然活跃在陕北人民的生活之中，受到普通民众的喜爱，就连非本土的人们在提到陕北民间文艺时，脱口而出的也是陕北民歌、陕北说书等。因此，陕北说书、陕北民歌、陕北剪纸、陕北秧歌、陕北腰鼓成为陕北民间文艺的典型和代表，基本上是不存在争议的。同时，这五种陕北民间文艺都有着悠久的历史、独特的艺术特色以及一定的社会功用，它们蕴含着陕北人民群众在长期的生活实践中累积起来的生活理想、价值情感与心理诉求。

陕北民间文艺作为一种民间文化，相对于知识分子的精英文艺来说，是一种隐性的、地下的、边缘的文艺类型，其主要受众也只是生活在陕北这块黄土地上的普通民众。在当时的时代环境下，对于以延安为中心的中国共产党所在的解放区来说，最紧迫的任务就是要团结和争取广大的普通民众，共同致力于抗战。因此，陕北民间文艺虽然受众有限、传播范围有限、影响力有限，但这些陕北民间文艺作为陕北人民情感维系的纽带，依然有着强劲的生命力，一旦契机成熟，它们便会散发出无穷的魅力，也便会在文艺之林中更加茁壮与耀眼。

一、走进延安文艺视野的陕北民间文艺

客观上来看，抗战的爆发，无疑是陕北民间文化得以从民间走向"官方"、由地下

---

① 本文系国家社会科学基金重大项目"延安文艺与现代中国研究"（18ZDA280）、陕西师范大学博士研究生自由探索项目"延安文学与陕北民间文化关系研究"（2018TS031）的阶段性成果。

走向广场、由边缘走向中心的最大契机。抗日战争，作为全民族的抗战，在人数上占有极大优势的普通民众自然成为了这场战争中绝不容忽视的重要力量，而文艺又具有团结、联系民众共同抗战的重要作用。正如刘锡诚所说："在这种情势下，平日被掩盖着的、不被人们注意的民间文化，上升为民族精神和民族传统的体现者，民族间血缘文化关系的纽带。"① 因此，陕北民间文艺所具有的不可忽视的联结人民情感的作用，不管是领导者还是广大的文艺工作者，都无法回避，也无法绕开活跃在陕北普通民众中的民间文艺。

正是有了团结与动员最广大的普通民众参与革命的动机，文艺工作者就必须发挥自己的优势，充分利用文艺的作用，对广大的普通民众进行宣传和动员。毛泽东在《中国共产党在民族战争中的地位》一文中说过："洋八股必须废除，空洞抽象的调头必须少唱，教条主义必须休息，而代之以新鲜活泼的、为中国老百姓所喜闻乐见的中国作风与中国气派。"② 而如何使文艺真正起到动员和团结的作用，并使广大的普通民众喜闻乐见，也就自然地引发了"民族形式"问题的论争，是"旧瓶装新酒"，还是"新瓶装旧酒"？不论是哪一种观点，都避不开民间文艺。但有些文艺工作者，在思想情感上与普通民众存在着隔膜，对他们的文艺更是一种俯视的姿态，甚至瞧不起。例如《解放日报》于1942年11月1日第四版刊登了厂民的《关于诗歌大众化》一文，文中指出了文艺工作者在文艺创作上的问题："他们跑到街头，高呼大众化，回到房间里，又另抒写个人生活情绪的东西。他们是矛盾的，两面性的，他们把大众和个人割开，把自己看得高高在大众之上。"③ 这是当时很大一部分文艺工作者内心的真实写照，他们虽然在倡导大众化，但在内心里却瞧不起普通民众的文艺，因此，也就很难创作出能够真正打动普通民众的作品。

只要知识分子肯放低自己的姿态，深入普通民众中，真正在思想情感上与普通民众打成一片，学习并利用他们的文艺形式，就有可能缩短乃至消除他们之间的距离。1937年8月在延安成立的西北战地服务团，深入普通民众，学习并利用他们的文艺形式，了解民间文艺的特点与优势，并在此基础上，编排了普通民众喜闻乐见的秧歌舞、大鼓等陕北传统的民间文艺，并且悉心听取人民群众的意见，不断进行修改与提高，在传统的民间艺术形式中赋予抗战等时代内容，不仅受到普通民众的热烈欢迎和喜爱，而且也得到了毛泽东的重视和支持。而这也为更多的文艺工作者如何深入群众，利用民间文艺，创作出受普通民众喜闻乐见的文艺作品起到了很好的示范作用，同时，也给了文艺工作者信心和鼓励。虽然知识分子与普通民众之间存在着天然的距离，但这种距离并不是无

---

① 刘锡诚：《抗日战争和解放战争时期的民间文学运动》，《新文学史料》1992年第3期。
② 毛泽东：《毛泽东选集》（第二卷），人民出版社1991年版，第534页。
③ 厂民：《关于诗歌大众化》，《解放日报》1942年11月1日。

法消除的。

抗战和"民族形式"的论争使陕北民间文艺得到发掘,但创作出的文艺作品能否被普通民众所喜闻乐见,还取决于文艺工作者是否能深入群众,在思想与情感上和普通民众真正融合在一起。

二、《在延安文艺座谈会上的讲话》与陕北民间文艺的凸显

陕北民间文艺所具有的不可忽视的联结人民情感的作用,不管是领导者,还是广大的文艺工作者,都无法回避,从而陕北民间文艺就拥有了被发掘、整理,以至凸显的可能。而从文艺自身发展的规律来看,从"五四"新文化运动时期,知识分子为了达到"化大众"的启蒙目的,就有对民间歌谣的搜集和整理,然后再到20世纪30年代的"左翼"时期、40年代的"整风运动"等都涉及对民间文艺的整理与汲取。这是一个持续的、并未间断的过程,只不过在不同时期,知识分子对民间文艺的认识和重视都有所差异,而且在发掘和整理民间文艺的过程中,知识分子和普通民众在思想情感上并未真正地打成一片,而是存在着一定的隔阂与距离。正如杨劼在《旧形式与"延安体"》一文中所说,"1942年以前,民间的东西也很少有知识分子真正地在内心重视它"[1],知识分子与普通民众在生活环境、劳作方式、价值观念、思想情感等方面都存在着巨大的差异,难免对活跃于普通民众间的文艺存在着居高临下的态度。因此,知识分子真正以学习,甚至是仰视的态度对待民间文艺,并使陕北民间文艺得到凸显则是在《在延安文艺座谈会上的讲话》(以下简称《讲话》)之后了。

《讲话》的发表,为解放区文艺的发展指明了方向,也使知识分子对民间文艺的汲取与改造由"可以不这么做"转变为"不得不这么做"。在《讲话》中,毛泽东讲述了召开文艺座谈会的目的——"求得革命文艺的正确发展……借以打倒我们的民族敌人,完成民族解放任务"[2]。在全民抗战的时代里,在国家生死存亡的关头,文艺的首要任务就是要动员一切可以动员的力量,赶走外国侵略者,实现民族解放,因此,在这种时代环境中,知识分子就应该积极主动地向普通民众走近,学习和借鉴活跃在陕北普通民众中的民间文艺,达到动员和团结普通民众的作用。毛泽东在谈文艺为什么人的问题时说"我们是鼓励革命文艺家积极地亲近工农兵,给他们以到群众中的完全自由"[3],这就为

---

[1] 杨劼:《旧形式与"延安体"》,《文艺理论与批评》2003年第6期。
[2] 毛泽东:《在延安文艺座谈会上的讲话》,《解放日报》1943年10月19日。
[3] 毛泽东:《在延安文艺座谈会上的讲话》,《解放日报》1943年10月19日。

文艺工作者接近群众、深入群众提供了政治上的支持与鼓励,也为文艺工作者的实践活动指明了方向。紧接着,毛泽东提出了怎样为人民的问题,"只有用工农兵自己的东西,因此在教育工农兵的任务之前,就先有一个学习工农兵的任务"①。"工农兵自己的东西"实际上指的就是长期以来一直存在于普通民众中并为他们所独有的民间文艺,民间文艺是人民群众自己的文艺,它产生于他们的生产生活的实践之中,和他们的血液相通、气质相连、蕴含着他们的精神状态与生活理想。正如《讲话》中所说,"人民生活中本来存在着文学艺术的典藏……它们是一切加工形态的文学艺术的取之不尽、用之不竭的唯一的源泉"②。相对于知识分子来说,虽然普通民众的文化水平不高,认字读书的能力差,缺乏书本知识,但他们在民间文艺,也就是"他们自己的东西"上却很丰富,这是知识分子需要学习和汲取的。卢燕娟在《〈在延安文艺座谈会上的讲话〉与人民文化权利的兴起》一文中说知识分子"相对于劳动者所掌握的劳动技能和生产知识,失去了天然优越性,退居次要地位"③。从这段话中可以看出,在抗战的大时代背景和解放区特殊的环境下,普通民众的地位逐渐优于知识分子,受到重视,而民间文艺的地位也随着普通民众地位的提高而得到凸显,成为知识分子学习和借鉴的文艺形式。

在"教育工农兵"之前,要先"学习工农兵",其实质就是知识分子农民化,也就是在思想上、情感上要与农民相通。这与"五四"时期的"化大众"正好相反,知识分子不仅文艺上要"化"为农民喜闻乐见的文艺,而且思想上也要"化"为农民。"化"为农民的目的是要创作出能团结和鼓舞人民群众的作品,为抗战服务。然而要真正创作出普通民众喜闻乐见的文艺,一个重要的途径便是汲取民间文艺。也就是说,《讲话》使人民群众的地位提高了,民间文艺愈加得以凸显。在《讲话》精神的指引下,文艺工作者不仅要深入普通民众,在思想、情感等方面与普通民众融为一体,而且还要学习和利用普通民众喜闻乐见的民间文艺形式,为革命服务。文艺工作者不仅要汲取民间文化中的精华,也要有辨别性地剔除其中的糟粕;不仅要团结、联系民间艺人,汲取他们的长处,也要对他们身上的缺点进行改造。只有这样,才能更好地贯彻《讲话》的思想内涵,也才能更有效地服务于抗战。

---

① 毛泽东:《在延安文艺座谈会上的讲话》,《解放日报》1943年10月19日。
② 毛泽东:《在延安文艺座谈会上的讲话》,《解放日报》1943年10月19日。
③ 卢燕娟:《〈在延安文艺座谈会上的讲话〉与人民文化权利的兴起》,《中国现代文学研究丛刊》2012年第6期。

三、延安文人对陕北民间艺人的改造

陕北民间文艺在得到发掘与凸显之后，逐渐成为延安文艺建构中的一部分，而对陕北民间艺人和民间文艺的改造则使陕北民间文艺完全成为延安文艺建构中的重要组成部分。改造是必然的，同时也是必不可少的。

民间艺人作为普通民众中的一部分，他们和普通民众有着相通的生活理想、思想情感，因为，他们本身就是从普通民众中走出来的，是普通民众中的"明星"，有着相当高的活跃度，民间艺人在普通民众中有着较大的影响力以及较高的地位，他们是普通民众的发言人。而之所以要对民间艺人进行改造是因为"他们缺乏的是新的观点，对新生活新人物不熟悉，他们却拥有听众、读者，时代变了……从思想上改造这些人，帮助他们创作，使他们能很好地为人民服务"①。除此之外，民间艺人的言行举止，以及身上存在的恶习等，都有可能被普通民众仿效，也就是说，一个优秀的民间艺人，不仅要作品好，而且为人品德等都要好，要产生正面积极的影响，只有这样，才有利于团结和动员群众，更好地为抗战服务，为党的文艺服务。

但对民间艺人的改造并不是轻而易举、一帆风顺的，民间艺人同普通民众一样也有缺点，他们在文化价值、审美意识等方面和官方的价值观念、意识形态等存在着出入和差异，再加上他们长期生活在社会底层，难免存在一些封建和守旧的思想，有的甚至染上了吃喝嫖赌、吸大麻等恶习。因此，对民间艺人进行改造并不是一帆风顺的，也不是一蹴而就的，而是需要了解他们，懂得他们内心的真实想法，有针对性地、有方法性地去改造他们。比如《解放日报》1941年10月4日第四版上刊登石毅的《旧剧人的改造》一文，文中就讲到对旧剧人的改造时所遇到的困难："招呼这七个人是很困难的，在戏剧的表演上，总是坚持着他们师傅的老一套办法，同时每天要钱、要鸦片、要吃的。"② 可见，有些民间艺人表演形式固化，没有锐意进取的思想，而且身上存在着不少恶习。因此，有的人就认为对民间艺人进行改造是很困难，甚至是无法改造的。但这些只是少数现象，大部分的民间艺人本身就有着与时代共进步的倾向，愿意也乐于接受改造。

对民间艺人李卜的改造就是很好的证明。《解放日报》在1944年10月30日第四版刊登了丁玲的《民间艺人李卜》。李卜本是洛川一个戏班子的戏子，擅长郿鄠戏，有着丰富的演出经验和演唱技巧，在普通民众中很受欢迎。有时候戏唱完了，"观众听完了还

---

① 丁玲：《从群众中来，到群众中去》，河北人民出版社2001年版，第115页。
② 石毅：《旧剧人的改造》，《解放日报》1941年10月4日。

不肯散"。他身上也有着民间艺人普遍存在的一些恶习,"刚来时,他还喝些自己带着的洋烟"①。但民众剧团的团长柯仲平对民间艺人的改造讲究方法和技巧,他虽然知道李卜身上的恶习,但并不直接揭发而使他难堪,而是"装作不知道。只从旁劝说,别的人也给他暗示"②。因此,李卜慢慢转变了自己固有的思想,努力改掉了自己的恶习。"李卜本是一个爱和平的人……他从此明白了共产党与抗日的关系,抗日与人民的关系",于是他改掉自己的恶习,"一狠心,难受了几天,也就熬过去了"。最后,他决定加入民众剧团,从思想上转变了,"自觉到公家的东西就是自己的东西,公家的事就是自己的事"③。因此,当有人在边区文教大会上认为旧艺人难于改造的时候,他立即站起来以自己的亲身经历"做了说明",认为旧艺人是有一些恶习,他自己也是,但他改过来了,他指出旧艺人"在旧社会里是受压迫的,只要一解开革命道理,头脑弄通了,改起来也很容易"④。从这段话中可以看出,对旧艺人的改造,转变他们的思想是关键,他们其实是支持革命的,只要文艺工作者耐心劝导,讲清道理,对旧艺人的改造就很容易了。

再比如对民间说书艺人韩起祥的改造。韩起祥出生于贫困的陕北农村,有着苦难的童年,有着坎坷和曲折的人生经历。在动乱的年代里,他的说书生涯也不是一帆风顺的,他遇到过土匪,被抢劫、勒索过。本来就身无分文的他,愈加窘迫,是共产党给予他帮助,给他鞋穿,给他饭吃。因此,他从心底里感谢共产党,想要为革命出自己的一份力。他有着自觉接受改造的意识,并且也乐于接受改造,以适应时代的发展和更好地为革命服务。1944年8月2日,韩起祥正式参加革命工作,并开始编撰新书。当时《白毛女》、《兄妹开荒》等一大批深入群众的作品广为流行,并受到群众的喜爱。韩起祥受此影响,也想编撰出受欢迎的新作品,但又没有新书可说,"经过一段痛苦的思考后,他带着这一难题找到了边区文协……很快文协成立了说书组,还派了一名有文化的干事帮助他搞创作"⑤。从这段文字中可以看出,有些民间艺人有主动接受改造的意识,也希望自己能跟上时代的步伐,为革命做出自己的贡献。《解放日报》于1945年8月5日第四版刊登的付克的《记说书人韩起祥》便很好地证明了改造后的成功。韩起祥深入乡间说唱自己的新编书目,"为的是帮助革命做宣传","在语言上他用的是最活泼生动的人民大众的语气;他很少用旧艺人所惯用的那套公式……他的话不但本地人懂,外来人也是很容易懂

---

① 丁玲:《民间艺人李卜》,《解放日报》1944年10月30日。
② 丁玲:《民间艺人李卜》,《解放日报》1944年10月30日。
③ 丁玲:《民间艺人李卜》,《解放日报》1944年10月30日。
④ 丁玲:《民间艺人李卜》,《解放日报》1944年10月30日。
⑤ 祁玉江主编:《陕北说书》,花城出版社2010年版,第86—87页。

的"①。

  大部分的民间艺人都出生于贫困家庭，有过艰难困苦的生活。在战火纷繁的年代里，是共产党给予了他们一片和平的天空，因此，他们从心底里感激共产党，渴望能为革命贡献自己的一份力。这就为延安文人改造民间艺人提供了天然的契机，只需要运用适当的手段和策略，加以正确引导，改造民间艺人并不困难。而且，民间艺人主要是为了养家糊口，或者说混一口饭吃，他们本身就具有很强的适应能力和创新能力，他们善于揣摩农民群众的心思，也善于因时因地因人而变。比如陕北说书艺人韩起祥将最初说书时只有一把三弦、一个刷版的说书形式改成了同时使用三弦、刷版、小钗、"蚂蚱蚱"（韩起祥用讨饭的小竹板为原料，制作的一种类似蚂蚱叫声的伴奏乐器）四种乐器的演唱形式，很受普通民众的喜欢。而且，改造民间艺人的过程，也是知识分子自身不断改造和转变的过程。

四、延安文人对陕北民间文艺的改造

  在《讲话》之前，就已经有延安文人意识到了民间文艺在普通民众中的重要地位和影响，但同时也看到了民间文艺中有和时代、和革命相脱离的东西，因此，在旧形式中赋予其新的内容，以适应革命发展的需要，就显得颇为重要。例如《新中华报》在1938年2月10日第三版刊登的一则《边区文协征求歌谣启事》："从歌谣中，我们可以看出大众的生活和大众的艺术。利用歌谣的旧形式装进新的内容。"② 这里所说的"歌谣"，其实指的就是陕北民歌。它是普通大众的文艺，蕴含着他们的思想情感。同样有着相类似观点与看法的还有《新中华报》在1938年2月10日第四版上刊登的白苓的《关于戏剧的旧形式与新内容——问题的提起》一文，文中提到"我们对于旧形式，不但民歌小调都采用，连旧剧有时也宜采用"③，同时强调"但同样它要扬弃不合理的、腐旧的、不适宜的旧形式"④。再比如《新中华报》在1938年2月10日第四版刊登的少川的《我对延安话剧界的一点意见》一文说："希望多多产生新形式新内容的作品及利用旧形式装新内容。"同时，作者也强调"不是任何形式都可采取，必须能扬弃不合理、要不得的旧形式"⑤。正如陈思和在《民间的还原——文革后文学史某种走向的解释》一文中所说，

---

 ① 付克：《记说书人韩起祥》，《解放日报》1945年8月5日。
 ② 《边区文协征求歌谣启事》，《新中华报》1938年2月10日。
 ③ 白苓：《关于戏剧的旧形式与新内容——问题的提起》，《新中华报》1938年2月10日。
 ④ 白苓：《关于戏剧的旧形式与新内容——问题的提起》，《新中华报》1938年2月10日。
 ⑤ 少川：《我对延安话剧界的一点意见》，《新中华报》1938年2月10日。

"民间文化具有藏污纳垢的特点……但即使在污秽的一面里,仍然有我们新传统所不能理解的东西"①。民间文艺虽然需要文艺工作者去学习与汲取,但民间文艺中也有着不合理的、不利于革命现实的一些缺点在里面,因此,文艺工作者就需要对民间文艺采取辩证的态度,取其精华,去其糟粕,使民间文艺能够更好地联结普通民众,更好地为革命现实服务。

(一) 陕北说书的改造

陕北说书作为长期活跃在陕北普通民众中的艺术形式之一,和普通民众的生活习惯、心理诉求等息息相关,有的说书内容带有明显的封建迷信等色彩,有的说书语言带有粗俗、色情等特征,这些都和当时的时代环境、氛围等极不相称。因此,对陕北说书中封建落后等内容进行改造是势在必行的。

对陕北说书的改造,主要包括两个方面:一是说书内容,即思想主题等的改造。即将封建落后、迷信色彩的内容改造为积极健康向上的并且与时代环境氛围相符的内容。例如《解放日报》在1945年8月5日第四版刊登了林山的《改造说书》一文,文中说:"边区的说书,绝大多数还是'奸臣害忠良,相公招姑娘'那一套,有意或无意地在宣传封建伦理道德、因果报应的思想,或多或少总是含着对群众有害的毒药。"② 比如说书《请神》中所唱:"送子菩萨银莲台,催生神童两边排。玉柱安在凌霄殿,老君安在斗帅宫……"③ 从这段话中可以看出,传统的陕北说书中有很多封建落后思想,不仅与当前的革命氛围不协调,而且也禁锢、危害着民众的思想,更不利于团结民众,共同抗战。因此,对陕北说书进行改造是必然和必需的。

在延安文人和民间艺人共同的努力下,陕北说书的内容和思想等都有了很大的变化。比如说书艺人高尔峰创作的《陕北出了个刘志丹》:"打窑洞开荒办学堂,建立了陕甘革命的总后方。"④ 其内容和思想就与他之前演唱的说书曲目有了很大的不同。其内容赋予了新的时代内容,剔除了封建迷信色彩的旧内容,积极向上,歌颂共产党,歌颂新生活。

二是说书语言的变化。而说书语言的改造,除了将粗俗、色情的词语进行删减或改造,还有重要的一点就是新词新句迭出,富有时代色彩。正如著名说书艺人韩起祥谈到自己编书时的用词,"只懂得把好的高尚的词句来歌颂共产党,把丑的坏的词句,骂国民

---

① 陈思和:《民间的还原——文革后文学史某种走向的解释》,《文艺争鸣》1994年第1期。
② 林山:《改造说书》,《解放日报》1945年8月5日。
③ 祁玉江主编:《陕北说书》,花城出版社2010年版,第269页。
④ 祁玉江主编:《陕北说书》,花城出版社2010年版,第351页。

党"①。如韩起祥在新编说书《宜川大胜利》中形容共产党的军队是"解放军,是英雄,勇敢作战保人民。二月打仗到十月,仗仗得胜仗仗赢……"②,而描写胡宗南的军队则是"富县的胡匪看见事不好,好像疯狗向南跑……"③ 而且从其中"美国枪"、"美国弹"等新词新句可以看出,经过改造,说书艺人在思想上有了很大的转变,继而说书的内容、语言等都有了很大的不同,而且与时代、政治等的联系比改造之前也更为紧密。

陕北说书较之知识分子的文艺作品,即文本而言,它主要属于听觉和视觉艺术,不需要很高的文化水平,更不需要满腹经纶,不管读没读过书、识不识字,都可以听懂、看懂说书艺人的表演。陕北说书在之前主要是作为一种口头表演艺术,很少编辑成书,一方面是由于普通民众的文化水平不高、识字的不多,没有编辑成书的必要;另一方面是由于经济水平落后,编辑成书不仅要耗费人力、财力、物力等,而且还需要有一定的技术支持,这对身处底层的劳苦大众来说,是很困难的。将经过改造后的陕北说书编辑成书,其流传范围变大了,不仅识字的普通民众可以阅读,更重要的是它可以在知识分子当中传阅,供更多的文艺工作者学习和研究。

(二)陕北民歌的改造

延安文人在利用陕北民歌旧的曲调的基础上,对其歌词进行改造,重新填词。这些唱词都是积极向上、正能量地表现新的时代和生活、讴歌新政权的词语。比如《解放日报》1944年12月22日第四版刊登的根据陇东民歌《织手巾》改编的由塞克作词、紫光编曲的新民歌《新秧歌》:"全民族哇搞的欢,鬼子就会完蛋。"④ 节奏鲜明有力,歌词积极向上,令人欢快跃动,歌曲的主题较之以前更为宏大,已不再是个人的恩怨情仇,而是上升到国家、民族的高度,并且歌词也很生动地反映出普通民众乐观自信的精神状态,在面对困难挫折时的斗争与不屈。

在革命思想的指导和延安文人的帮助下,工农兵群众也成为了延安时期文艺的创作主体,讴歌共产党和赞美新生活是他们作品的主要基调。比如《解放日报》在1944年4月24日第四版上刊登佳县移民队长屈增全仿《骑白马持洋枪调》而创作的《边区办得没穷人》:"多生产,多打粮,边区政府为人民,……老百姓光景过美炸。"⑤ 在边区政府的领导下,边区人民生活幸福,而且日子还会一天比一天好,边区人民的喜悦之情溢于言表。除此之外,新改造的民歌中,渗透和弥漫着一种英雄气息,其中不乏对个人的崇

---

① 胡梦祥:《韩起祥评传》,中国民间文艺出版社1989年版,第230页。
② 祁玉江主编:《陕北说书》,花城出版社2010年版,第303页。
③ 祁玉江主编:《陕北说书》,花城出版社2010年版,第316页。
④ 陇东民歌《新秧歌》,《解放日报》1944年12月22日。
⑤ 屈增全:《边区办得没穷人》,《解放日报》1944年4月24日。

拜。使用民间文艺的形式歌颂英雄,既可以看出"英雄"在人民群众中的地位与影响,也可以看出在对英雄的歌颂中所蕴含的对民族独立与统一的希冀。比如至今传唱的由佳县民间歌手李有源仿《骑白马挂洋枪调》而创作的《毛主席领导穷人翻身》:"太阳升,东方红,中国出了个毛泽东,他为人民谋生存呀,嗨荷呀,他是人民大救星。"① 歌词虽然简单,却饱含着广大的受苦群众对毛主席给予他们幸福生活的感激之情,它们是来自内心的声音,也是广大普通民众的心声。

(三)陕北剪纸的改造

传统的陕北剪纸带有远古图腾崇拜的色彩,在内容和图案上主要以鸟、蛇、牛等动物图案为主,其次也有花草、人物等。延安文人对其进行改造后,图案与内容丰富繁多,多以革命和延安新生活为主。例如《解放日报》在1944年12月4日第四版刊登了艾青的《窗花剪纸》一文,文中提到边区文教大会陈列室中陈列了由延安文人古元、夏风等根据民间剪纸所创作的新的剪纸,"老百姓非常喜欢这些新的窗花,其中尤以古元同志的《卫生》、《装粮》……最受欢迎"②。延安文人扩宽了陕北传统剪纸的内容,增添了新的时代内容,如表现边区新生活和军民齐心抗战等,表达出了边区群众的心声,"老百姓的生活改变了,新的生活渴望着新的艺术去表现它"③。延安文人正是做到了这一点,因此改造后的剪纸也为普通民众所喜闻乐见。

除此之外,延安文人也拓宽了剪纸的用途。传统的剪纸主要是用于装饰房屋、贴在窗户上的,而延安文人,比如"李量林同志所搜集的那幅陇东的'顶棚剪纸',既可以做印花布(被面)的底样,也可以做了绒毯(炕垫)的底样"④。延安文人对传统陕北剪纸的改造,不仅拓宽了陕北剪纸的用途,增添了新的时代内容,而且也进一步丰富了群众的生活,起到了动员、组织和教育群众的作用。

(四)陕北秧歌的改造

《新中华报》在1938年4月20日第四版刊登了徐懋庸的《民间艺术形式的采用》一文。在文中,作者对西北战地服务团到民间采风、学习而取得的显著成绩给予了肯定和赞扬,而且西北战地服务团"把旧剧里的番子改装日本,把奸臣改装汉奸,忠臣改装抗日英雄……居然也使群众不大认得出是旧剧,这个收到了相当的效果,取得了群众的拥

---

① 李有源:《毛主席领导穷人翻身》,《解放日报》1944年3月11日。
② 艾青:《窗花剪纸》,《解放日报》1944年12月4日。
③ 艾青:《窗花剪纸》,《解放日报》1944年12月4日。
④ 艾青:《窗花剪纸》,《解放日报》1944年12月4日。

护"①。秧歌剧中有许多封建的内容，延安文人在利用其形式的基础上，把和革命无关及相悖的内容、人物等改造成为与革命息息相关的人和事。正如《解放日报》在1944年7月24日第四版刊登的沙可夫的《晋察冀新文艺运动发展的道路》一文谈到秧歌改造时说："这种'秧歌'活动虽充实了些新的内容，但由于在形式上未经多少改造，有的还保留了某些旧'秧歌'中所含的封建毒素（如色情、神怪等），以致不完全合适的来反映今天的现实生活。"② 因此，在旧形式中装进新内容的同时，也应该对传统秧歌的形式进行改造，对不适应今天时代内容的糟粕予以剔除和改造。

《解放日报》于1942年9月23日第四版上刊登丁里的《秧歌舞简论》一文，文中不仅讲述了秧歌起源与演化的过程、作用及在人民群众中的地位等，而且特别强调"秧歌舞是需要变，需要起质的变，应当从带有浓重的原始的旧式下，变成活泼生动的现实的舞蹈"③。从中可以看出，存在于民间的原生形态的秧歌，具有其历史的局限，有和时代、革命斗争等相背离的一面，因此，延安文人在《讲话》精神的指引下，"对'民间'予以意识形态化的改写和重塑，并在此之上创制出新的文化形态"④。《解放日报》在1944年6月28日第四版上刊登艾青的《秧歌剧的形式》一文，很好地说明了传统的秧歌存在的问题以及改造之后秧歌剧的变化。"延安的旧秧歌舞，我曾看见过几次，一次在新市场附近看见……扭的时候，男女互相调戏，色情气味很浓，这样的秧歌队，今年已不复见了。"艾青从自己的所见所闻、亲身感受来说明传统的秧歌所存在的缺陷，同时也指出了改造之后的秧歌所产生的新变化："今天的秧歌剧则不同。他歌颂人民，歌颂劳动，歌颂革命战争。他以军政民团结，对敌斗争；组织劳动力，改造二流子、增加生产；破除迷信，提倡卫生等为主题。在每个歌剧里，工农兵群众都成了主角。"⑤

延安文人在秧歌剧的基础上，创作出最为著名和最具代表的、或者说改造最为成功的剧目就是被称为街头秧歌剧的《兄妹开荒》。《兄妹开荒》由王大化、李波、路由集体编剧，路由作词，安波作曲。在演出形式上，它汲取了陕北传统秧歌在街头、在群众中演出的形式，脱离了正规舞台的限制；在内容方面，它赋予了时代的内容，剔除了传统秧歌剧中封建、低俗的内容；在语言上，它既通俗易懂、大众化，而且又加入了许多新鲜的、贴合革命的语言。比如"今年政府号召生产……人人赶上劳动英雄，个个都要加

---

① 徐懋庸：《民间艺术形式的采用》，《新中华报》1938年4月20日。
② 沙可夫：《晋察冀新文艺运动发展的道路》，《解放日报》1944年7月24日。
③ 丁里：《秧歌舞简论》，《解放日报》1942年9月23日。
④ 袁盛勇：《延安文人视域中的"民间艺人"——从一个侧面理解延安时期的"民间"》，《文艺理论研究》2006年第4期。
⑤ 艾青：《秧歌剧的形式》，《解放日报》1944年6月28日。

油干来么加油干"①,"劳动英雄"、"加油干"等都是时代新词,替换掉了不合时代氛围、革命情调的词。既采用了普通民众喜爱的形式,又增添了新的内容,从而更好地为革命和政治服务。

(五)安塞腰鼓的改造

延安时期,对安塞腰鼓的改造主要是对腰鼓的动作、服饰以及腰鼓的参与人员进行改造。传统的安塞腰鼓动作粗犷豪迈,舞蹈动作幅度大,因此,安塞腰鼓的参与人员主要是男性青壮年,这样便将一部分妇女、儿童和老人拒之门外了。而延安文人正是看到了传统腰鼓存在的这个不足,为了使腰鼓成为人人都能参与的活动,便将其改为动作幅度较小、舞蹈动作易学的安塞腰鼓。这样就可以有更多的人员参与其中,也在一定程度上扩宽了革命宣传的广度。其次,是对安塞腰鼓的服饰进行改造。传统的安塞腰鼓服饰较为繁重,如头戴盔缨、脚蹬马靴等,改造后服饰轻盈、简单便捷,腰间系一条红腰带,头戴白羊肚手巾。例如《解放日报》1944年5月23日第四版刊登的计桂森的一幅图画《学腰鼓》②,可以很形象地看出改造之后腰鼓的变化。图中共有五个人,既有老人,也有妇女。图中有老人说明改造之后的腰鼓,动作幅度和力度不会很大,舞蹈动作也简单易学,适合老人参与其中;图中有妇女则说明改造之后的腰鼓参与人员更广更多,没有了以前妇女不能参与腰鼓表演活动的限制。而且从图中人物的服装、头饰等也可以看出,改造之后的腰鼓摆脱了以前较为烦琐、厚重的服装,更倾向于便捷轻盈。

在民族危亡之时,在政治力量干预之下,作为民间文艺重要瑰宝之一的陕北民间文艺逐渐成为延安文艺建构中的重要组成部分,由民间走向"官方",由地下走向广场,由边缘走向中心。尤其在1942年《讲话》之后,陕北民间文艺在延安文艺建构中的地位和作用得到了前所未有的凸显,知识分子对陕北民间文化的汲取与改造也逐渐实现由自发到自觉的转变。

陕北民间文艺由被发掘,到整理与汲取,再到被改造,层层递进,呈现出一个动态发展的过程。从延安文人对陕北民间文艺的改造中,可以看出,延安文人在利用旧形式、增添新内容上是成功的,他们把革命、抗战、讴歌等普及给了人民群众,起到了动员的作用,收到了很好的效果;在普及的基础上,在对旧形式的利用上,又逐渐地提高了普通民众的文化水平和固有的欣赏水平。但在无形之中、在有意或无意之下,陕北民间文艺原有的、自在的艺术形态逐渐被打破。改造后的陕北民间文艺已不是纯粹的、只供普通民众自娱自乐的民间文艺了,而是在政治裹挟下具有一定政治性的文艺类型了。

---

① 《兄妹开荒》,《解放日报》1943年4月24日。
② 计桂森:《学腰鼓》,《解放日报》1944年5月23日。

—— 延安文艺建构中的陕北民间文艺 ——

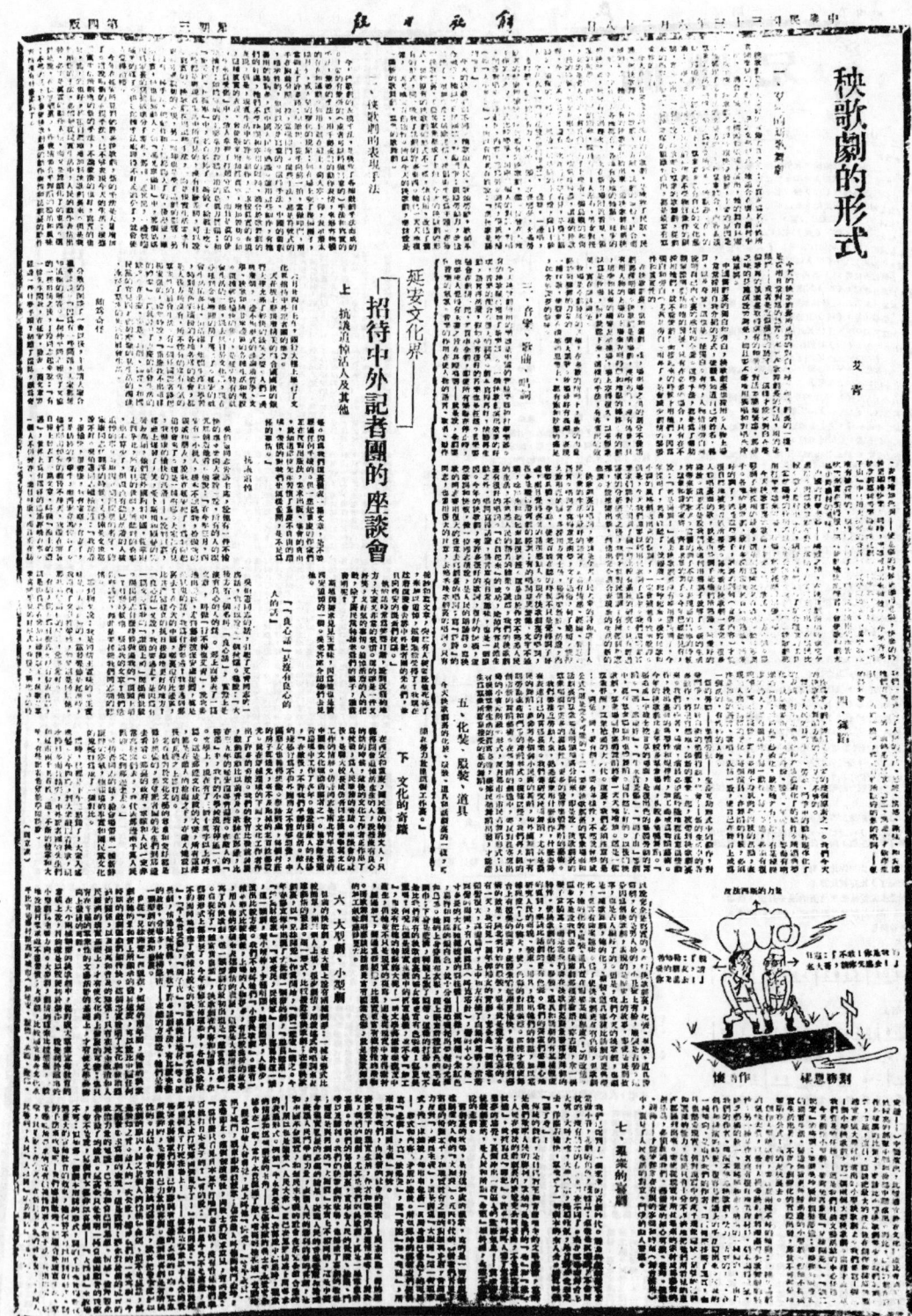

《解放日报》1944年6月28日第四版

《解放日报》1944年5月23日第四版

（作者单位：陕西师范大学文学院）

"大文学"视野

延安文艺在战后香港的传播
——以《华商报》为中心(1946—1949)

刘安琪

　　1942年延安文艺座谈会之后,随即涌现出大批遵照《在延安文艺座谈会上的讲话》(以下简称《讲话》)精神而创作的文艺作品,《小二黑结婚》、《李有才板话》、《王贵与李香香》、《荷花淀》、《白毛女》等小说、诗歌、戏剧作品因其范本价值成为延安文艺权威向全国文艺界大力推介与宣传的对象。随着抗战结束、内战爆发,国民政府迅速采取一系列制裁手段,接收、控制主要报纸杂志和舆论机关,打压、扼杀各类左翼刊物,使得延安文艺在国统区内的传播空间日渐缩小。而在战后香港,由于其特殊的地缘政治关系,随着大批左翼人士战略性南下,大量左翼刊物得以迅速在港地创刊、复刊,在诸多出版社与刊物的联动合作下,赵树理、李季、孙犁等延安文艺的代表作家作品进入港地读者视野和文学市场,在多元化的香港文学中获得一席之地。这其中,作为党报"喉舌"的《华商报》扮演了重要角色。

一

　　《华商报》创刊于"皖南事变"后不久。在内地舆论遭到全面打压的情况下,中共中央南方局决定将一些左翼及民主派人士转移到香港,在香港建立宣传据点。根据周恩来的指示,在邹韬奋、范长江、夏衍、乔冠华的组织下,《华商报》在香港创刊。为了不暴露其"左"的身份,遂邀请香港商人邓文钊、邓文田作为"法人代表"向港府申请注册。报纸之所以以商报面目出现,一方面注册法人的确是华侨商人,另一方面则"可以体现报纸的统一战线作用,并借以降低政治调子,让工商界和一般市民容易接受"①。于是大家搜集孙中山先生墨迹,组成"华"、"商"、"报"三字作为报头,于1941年4

---

① 南方日报、广东《华商报》史学会合编:《华商报史话》,广东人民出版社1991年版,第11页。

月8日正式出版。报纸由邓文田任总经理,实际则由副总经理范长江主持,总编辑为胡仲持,编辑主任为廖沫沙,主笔为张友渔,副刊和社论由夏衍负责。1941年12月,日军空袭珍珠港,次日进攻香港,《华商报》出版至12月12日便主动停刊。1945年9月,抗日战争的烽火刚刚熄灭,中共根据对内地形势的判断和估计,指示广东区党委"立即派出干部前往香港、广州占领宣传阵地",游击队东江纵队秘书长饶彰风和东江纵队机关报《前进报》社长杨奇带领编辑记者前往香港,准备恢复《华商报》,创办新的刊物;同年10月,廖沫沙也前往香港协助办刊事宜,并协同刘思慕等人对《华商报》的版面设计、基本方针进行了讨论,决定将《华商报》复刊为日报。经过三个月的准备,1946年1月4日,《华商报》复刊,由晚报改为日报,与有利印务公司、新民主出版社共同在香港干诺道中123号办公。中共港粤工委(又称香港工委)成立后,由工委书记兼报纸工作委员会书记章汉夫领导,总经理是邓文钊,后由萨空了接任,总编辑为刘思慕,廖沫沙、杜埃、邵宗汉先后担任副总编辑,副刊编辑先后由吕剑、黄文俞、华嘉担任。从《华商报》创刊、复刊的过程不难看出,这是一份党派色彩十分明显的刊物。一方面,它受到港粤工委的直接领导;另一方面,刊物从主编者到撰稿群,皆以共产党员或接受共产党领导的左翼人士为主。正如杨奇所言,"如果把中共在国统区创办的机关报《新华日报》比作茫茫黑暗中的一座灯塔,那么,《华商报》则是40年代高挂在香港这个英国殖民地上空的一盏明灯"①。

从1946年到中华人民共和国成立前夕,《华商报》在多个副刊栏目和广告中对解放区文学进行推广。小说方面,赵树理是战后较早进入香港读者视野的解放区作家,其推介活动主要围绕《李有才板话》和《李家庄的变迁》这两部作品。《李有才板话》在内地初版于1943年12月,进入香港市场时已逾三年,1946年12月由香港海洋书屋出版。为了配合小说发行,《华商报》积极刊发一些名家评论,转载了原刊于上海《文汇报》的郭沫若的文章《〈板话〉及其他》。读完作品之后,郭沫若说:"我是完全被陶醉了,被那新颖、健康、朴素的内容与手法。这儿有新的天地,新的人物,新的感情,新的作风,新的文化,谁读了,我相信都会感兴趣的。"②随后劳辛在副刊《书报春秋》上赞誉《李有才板话》"从新文学民族化与大众化的路向方面来说,它可算得是新方向的第一座纪念碑",至于赵树理为何会创作出这样的作品,原因在于在他的创作环境——"在新的民主政权底下,文艺工作者并不是和群众隔离的光摇笔杆的人。他们充分地享有民主和自由的幸福,积极地生活在群众的生活中间"③。朱自清1947年发表在《燕京新闻》

---

① 杨奇:《一个新的课题——纪念〈华商报〉五十周年的回忆与思考》,《羊城晚报》1991年12月13日。
② 郭沫若:《〈李有才板话〉及其他》,《华商报·热风》1946年9月2日。
③ 劳辛:《第一座纪念碑——〈李有才板话〉读后》,《华商报·书报春秋》1947年2月2日。

上的《论通俗化》也被全文转载,作者认为《李有才板话》运用了"新的语言","快板和那些故事的语言或文体都尽量扬弃了民族形式的封建气氛,而采取了改变中的农民的活的口语"。赵树理作为农民的代言人,"确是在结束通俗化而开始了大众化"①。

《李家庄的变迁》则是赵树理1946年1月出版的新作,1947年由香港新民主出版社出版。茅盾将其称为"走向民族形式的里程碑"式的作品,小说的技巧"用一句话来品评,就是已经做到了大众化","不但是表现解放区生活的一部成功的小说,并且也是'整风'以后文艺作品所达到的高度水准之一例证。这一部优秀的作品表示了'整风'运动对于一个文艺工作者在思想和技巧的修养上会有怎样深厚的影响"②。司马文森(宋芝)则将赵树理与邱东平做对比,认为两者的作品风格代表了两种倾向,一种是"用知识分子的语言来写作,强调作品中的气氛作用",一种是"采用生活的人民大众的语言,通过这种朴素的生活语言,来表现人民生活";作者否定了邱东平的作风,认为"西北解放区文艺工作者的整风运动,就是致力于纠正这种非人民大众的智识分子的路线"③。麦汉还介绍了《小二黑结婚》,认为这篇小说是"新民主主义文艺对于封建的买办的反动的文艺一个不小的胜利……无疑地,这篇作品对于民主运动中的乡村男女关系的改革,对于在为建立民主生活而斗争中,去发现民主的敌人,肃清民主的敌人,将长远地起了重大的教育和鼓舞的作用"④。除了赵树理作品之外,当时还未在港出版的马烽、西戎合著的《吕梁英雄传》,也被大力推荐道:"为一本从形式到内容整个属于人民的,是从人民中间来又回到人民中去的作品,作者组织那样庞大而又头绪纷繁的材料的能力,熟悉群众的生活及其语汇各方面的独到之处,及向大众化通俗化,利用旧有的民间形式,而又能够脱颖而出,不完全为其所限制所拘束的努力,是值得人感佩的。"⑤

诗歌方面,李季的叙事长诗《王贵与李香香》是推介的重点。《王贵与李香香》初版于1946年11月,1947年3月由香港海洋书屋出版。《华商报》副刊《热风》全文刊载了郭沫若为此书所作序言,作者从这篇长诗中"看出了天足的美,看出了文学的大翻身",认为形式问题固然重要,但"人民意识"更加重要,获得人民意识"不必限于解放区",而学习这种形式却"必须限于人民意识的获得","中国的目前是人民翻身的时候,同时也就是文艺翻身的时候。这儿的这首诗,便是响亮的信号"⑥。同日,《华商报》

---

① 朱自清:《论通俗化》,《华商报·文艺副刊》1947年7月21日。
② 茅盾:《里程碑的作品——论赵树理的小说〈李家庄的变迁〉》,《华商报·热风》1946年12月10日。
③ 宋芝:《从两个人的创作看"风格"》,《华商报·热风》1947年6月16日。
④ 麦汉:《小二黑结婚》,《华商报·书报春秋》1947年3月15日。
⑤ 杜庸:《英雄的史诗——论吕梁英雄传》,《华商报·书报春秋》1947年2月22日。
⑥ 郭沫若:《〈王贵与李香香〉序》,《华商报·热风》1947年3月12日。

还为该书刊登了广告:"这是用陕北民歌'顺天游'的形式,写出三边民间革命和爱情的历史故事;作者给我们刻画出一幅边区土地革命时的农民斗争图画。这是一首壮丽的人民的史诗,人民诗篇的第一座里程碑。郭沫若先生誉这是文艺翻身的响亮信号。关心人民文艺者不可不看,关心解放区人民生活者,更不可不看。"随后,文艺评论家黎辛(解清)也发文认为"《王贵与李香香》是值得我们学习的作品,它不仅是杰出的人民的史诗,而且是新诗创作方向的指导"①。1947年4月,孙犁的《荷花淀》由海洋书屋在香港出版,同月《热风》便刊出了葛琴的推介文章《读〈荷花淀〉》,作者盛赞该作品是"一篇真正有生命的作品,是属于人民大众的,以大众的血肉为血肉,大众的情感为情感,是最现实的大众生活的结晶"②。

从以上评论文章看出,《华商报》副刊对作品的推介一般都是为了配合作品在港出版而造势的,在时间上紧随出版日期,且多刊载一些名家的文章,为作品进入香港奠定了市场基础。从评介文章的立意来看,基本是将其作为延安文艺的典范而铺展开,一方面突出其题材、立意、风格、语言等方面的独特性与新颖性;另一方面将民族形式与大众化作为褒扬的重点,进而肯定解放区的相关文艺政策及其有利于文艺工作者创作的大环境。值得一提的是,《华商报》不仅为一些作品刊载书评,同时也长期为一些出版社作广告,如新民主出版社、中国出版社、读者出版社、人间书屋、南国书店、生活书店、民生书局等出版机构的作品小辑,从作品介绍到优惠信息,在报纸上也是一应俱全。而出版上述作品的出版社——香港海洋书屋与新民主出版社,前者是新知书店、群益出版社和中国出版社曾共用过的"化名"③,曾出版过周而复主编的"北方文丛"部分作品;后者本就是华商报社的附属机构。这也说明,延安文艺进入香港文学市场,主要还是依托其官方机构在香港设立的发行网络,从作品的出版、传播到评介、推广都是由一些左翼出版社和报纸杂志合作完成,在这个清晰而缜密的出版链条上,《华商报》不仅是一个推宣作品的媒体平台,更是一个承担着引导延安文艺登陆香港、推广《讲话》精神的重要的文化机构。

二

除了小说、诗歌,解放区的戏剧(歌剧)也是左翼向香港输入的重要文化资源。其

---

① 解清:《王贵与李香香》,《华商报·热风》1947年3月29日。
② 葛琴:《读〈荷花淀〉》,《华商报·热风》1947年4月19日。
③ 中共四川省委党史研究室编:《中共中央南方局的文化工作》(送审稿),2007年,第381-384页。

中，歌剧《白毛女》在港上演前后所制造的声势与论争尤为引人瞩目。《白毛女》被誉为中国歌剧里程碑式的作品，在延安诞生之初就受到广泛的关注，剧本在中共七大后做了部分修改，随后成为中国解放区最受欢迎的歌剧之一。《白毛女》主创将浪漫传奇与政治革命融为一体，表现"旧社会把人逼成鬼，新社会把鬼变成人"的主题，在两军对战、阶级斗争激烈的年代，作品所代表的农民翻身模式既满足了主流意识形态的需要，又极大鼓舞了农民参与革命斗争的勇气，成为延安文艺的代表作品。《白毛女》虽然早已为内地观众所熟知，但在香港上演却已经是1948年春季。据相关人员回忆，建国剧艺社的演员是在《华商报》的图书资料室里看见《白毛女》的剧本之后，决定由剧社负责人王逸和洪遒向夏衍请示是否排练上演，夏衍答复："香港不但能演这个戏，而且应该尽快争取在香港演出。"随后在夏衍、冯乃超、邵荃麟等人负责下，建国剧社联合中原剧社、新音乐社、中华音乐学院等共同完成了《白毛女》的排练和演出，随后以"人变成鬼，鬼变成人"的传奇故事向港府申报，批准后定于1948年5月29日在港首演①。

在演出正式开始前，《华商报》为《白毛女》作了密集的宣传。1948年5月15日，报纸首次刊出了《介绍即将演出的〈白毛女〉》，文章透露此剧"是一个新型的戏，是主要采取秧歌形式的民间味很浓的民族形式歌剧"，"在解放区演出，博得了空前热烈的欢迎"，并且"作为一个新歌剧，《白毛女》已经献出了许多研究、发展的材料"，至于实际成就，则说"我们看了演出之后再下定评罢"②。随后，5月23日，副刊《热风》刊载郭沫若的文章《悲剧的解放》，作者介绍了《白毛女》的故事情节，认为"喜儿"就是"整个受苦受难、有血有肉的中国妇女的代表，不，是整个受封建剥削的中国人民的代表"，喜剧结局的转化"并不是如像旧式的孟丽君，女扮男装中状元名扬天下，得到一个虚构的满足，而是封建主义本身遭了扬弃，由于封建主义所产生的典型悲剧也就遭了扬弃"。但是只欣赏表演是不够的，"我们要从这动人的故事中看出时代的象征。旋律固然是那么动人，但我们要从这动人的旋律中听取革命的步伐"，这部剧作是"人民解放胜利的凯歌或凯歌的前奏曲"③。刘尊棋则介绍了《白毛女》在解放区演出时的一些情况，认为此次在香港演出面临着许多挑战，例如"剧中若干北方特有情节的，对话中的'歇后语'，不一定容易获得广东观众的欣赏。还有全部乐曲几乎都是根据北方民间流行的旋律，如梆子，秦腔，道情，坠子里面所常有的。受惯西洋声乐训练的南方人，不容易一下子唱得好，唱得好也不易为观众所欢喜"，但他仍对此次联合演出充满信心，甚至

---

① 巴鸿：《忆1948年〈白毛女〉在香港的演出》，《世纪》1999年第6期。另见"喜儿"的扮演者李露玲的回忆文章《回忆歌剧〈白毛女〉在香港的一次演出》，《人民音乐》1981年第5期。
② 《介绍即将演出的〈白毛女〉》，《华商报·周末版》1948年5月15日。
③ 郭沫若：《悲剧的解放》，《华商报·热风》1948年5月23日。

提到"喜儿"的人物原型的下落——"喜儿获得解放后,头发眉毛已逐渐恢复了黑色。身上一些长的白汗毛也掉了不少。她还没有另外结婚"①。欧阳予倩则表达了对民间艺术的看法:"现在,改造地方戏,提倡秧歌,并不是专为便于对农民间的宣传,也可见民间艺术跟着农民们的抬头而兴旺起来,这是有深切的革命意义的",《白毛女》并不是单纯的秧歌,"这个戏用民间的传说和观实生活巧妙地联系起来,极富于戏剧性;有力地暴露着豪绅地主的残虐。当然也富于政治性"。作者也对民间歌剧在城市的上演提出了自己的看法:"这个戏,大都市的人们是不是易于接受,还不敢说。但是大都市的人们正应当接受这种戏剧。因为这正是人民的呼声。"② 同时,《华商报》还连续多日为《白毛女》打广告:"(白毛女)是中国农民翻身的史诗,是香港剧坛空前的杰作";"名歌百阙、布景十幢、设计新颖、规模宏大";"预知白毛女如何由人变鬼,由鬼变人,如何报仇雪耻?不可不看";"人民文艺的里程碑!最近演出轰动港九"!

经过声势浩大的宣传"炒作"之后,《白毛女》5月29日在普庆大剧院正式公演。据相关者回忆,观者如潮,"长龙似的人群在院前的空场上排成了一个弯弯曲曲的队伍,其中各阶层的观众都有:市民、职员、工人、学生,远处农村拖家带眷的农民也不少。还有从澳门、新加坡等地赶来看戏的"③。此次公演后,为扩大宣传、方便观众购票,演出委员会将门券售卖点从普庆剧院扩大至《正报》门市部、生活书店、新民主出版社、新知书店、前进书局、学生书店等机构,这几个售卖点几乎涵盖了港九的几个重要区域。建立了"销售网络"之后,剧团于6月5日、12日、19日、26日,7月3日连续五个周末在日场演出,这样的规模与场次对当时的香港剧坛而言也是比较少见的。

首场演出之后,《华商报》便迅速跟进报道,接连刊出了《白毛女导演团征求意见》、《白毛女导演团致观众书》等短文,鼓励读者观众发表对《白毛女》的观感,并由此引发了关于"洋唱法"和"土唱法"之争。论争始于音乐评论家李陵发表的文章《再谈〈白毛女〉的音乐——真假嗓子与中西乐器》,文章认为《白毛女》所唱使人"感到听不清楚和不亲切",原因是"咬字不清楚"、"没有把握好中国民歌的风趣",所以他认为此剧"不必改用土法唱歌","西洋歌唱方法没有罪,它应该被我们采用"④。洪遒随后在《华商报》发表不同意见,支持"土唱法",认为"土唱法里面一定藏有丰富的可贵的经验,不能以为他只在干着嗓子直喊,而加以轻视。即使这样好的效果就是由干着

---

① 刘尊棋:《〈白毛女〉在解放区》,《华商报·热风》1948年5月25日。
② 欧阳予倩:《祝白毛女上演成功》,《华商报·热风》1948年5月27日。
③ 巴鸿:《忆1948年〈白毛女〉在香港的演出》,《世纪》1999年第6期。
④ 李陵:《再谈〈白毛女〉的音乐——真假嗓子与中西乐器》,《华侨日报》1948年5月28日。

嗓子直喊而来,我们就应该学习研究这种'喊法',使它科学化起来"①。林默涵随后也发声支持"土唱法","一个演农民的演员,不但在对话、动作上应该像农民,在唱歌的时候,也应该像农民","用唱洋歌的方法唱民歌,一定会弄得三不像,唱不出民歌的特有的味道"。他指出"在新文艺工作者的脑筋里,洋教条不是太少而是太多,民间艺术不是太多而是太少……"② 论争由此展开。从6月中旬到月底,《热风》陆续刊出了严良堃《西洋发声法没有罪》、晓桦《我谈唱歌方法》、文丽《我赞成土唱法》、何石珠《究竟有没有中国发声法》、洪道《再谈唱法问题》、檀生《我对"洋唱法"和"土唱法"的看法》、陈皮《谈客家山歌的唱法》、王逸《土唱法也不可怕》、叶纯夫《唱法讨论的新目标:如何表现中国风》、BOXAN《我们所要求的科学唱法》、郭杰《谈中国音乐的民族形式》。双方就"土""洋"之争、什么是"科学发声法"进行了讨论,话题也随之引入"新音乐的民族形式要如何创造和运动"的问题。有趣的是,这场论争却以一份文件《联共(布)党中央委员会关于摩拉杰里的歌剧〈伟大的友爱〉的决议》而终止。该文件签发于1948年2月,苏联党中央批判《伟大的友爱》"没有利用民间的旋律、歌谣、曲调与舞蹈的乐曲的富源","片面地热中于器乐的、交响的、无歌词的音乐底复杂形式,而对于像歌剧,合唱音乐,供小规模的管弦乐队,民间乐器和合唱团所用的通俗音乐这类音乐形式,采取了轻视的态度"③。以苏共的批判文件结束这场论争,其微妙的倾向当然不言自明。不久,邵荃麟在《群众》发表了带有总结性质的文章《艺术的民族化与现代化的关系——关于〈白毛女〉的音乐论争的一点意见》。他首先肯定了《白毛女》的演出"使艺术大众化工作在实践上提高了一步",认为此次论争的核心涉及两方面,一是"艺术的民族化与现代化的关系问题",二是关于"普及与提高的问题",而所谓"旧瓶装新酒"、"民间形式是民族形式的源泉"等理论,"直到毛泽东的《在延安文艺座谈会上的讲话》出来,才明确地解决了这个问题"。最后,他总结"我们的讨论由实践的经验提高到理论的高度,这是好的,但也必须使理论归结到实践中去,我以为不应该专门停留在中西问题上去对立,而应该归结到怎样运用《白毛女》演出的经验,使我们的新音乐,无论在内容或形式上都更进一步成为广大人民群众所接受、所爱好的民族艺术,

---

① 洪道:《土唱法也应该学习——读〈真假嗓子与中西乐器〉》,《华商报》1948年6月4日。
② 默涵:《杂谈民歌的唱法》,《华商报·热风》6月16日。
③ 《联共(布)党中央委员会关于摩拉杰里的歌剧〈伟大的友爱〉的决议》,《华商报·热风》1948年6月30日。文末附编者按:"在唱法讨论热烈展开的今天,问题已经接触到了如何建立中国的民族形式的新音乐的具体问题,热风的篇幅所限,暂时结束唱法讨论,请赐稿的朋友和读友特别原谅,一俟各方讨论有了结论时,热风必再介绍于读友们。现在先提供这一篇宝贵资料,以供各方朋友座谈讨论时参考。"

这是今天摆在我们前面的一个实际的任务"①。

今天看来,《白毛女》在香港的上演已经成为其经典化过程的重要组成部分。早在香港上演的三年前,《白毛女》就已经被延安领导人"预设"为革命经典,经过《解放日报》副刊的一系列争论与批评,作品的叙事意义已经被引入"正确"的轨道,诠释权被牢牢掌握在官方手中,随着边区政府不断扩张,政权存在的合法性亟须论证,此时作为延安文艺代表作的《白毛女》不仅肩负着推广工农兵文艺的使命,更肩负着宣传"新旧社会两重天"的政治使命。随着军事力量一路南下,文艺工作者也有秩序地进行着配合革命的工作,在此期间,《白毛女》在东北、华北、华南进行了密集的演出,逐渐形成了一套非常成熟的演出策划、宣传、表演策略,因此在香港演出时,才会驾轻就熟,有条不紊。可以确定的是,在港的左翼领导人应当对《白毛女》早有耳闻,作品在香港上演也只是时间问题。从《华商报》对《白毛女》上演前后的反应来看,至少说明了两个问题:第一,作为延安文艺价值输出的"典范",《白毛女》的演出并非是相关剧团自下而上的自发演出,而是在港左翼机构之间互相配合,为了进一步在香港推广《讲话》精神而通过媒体发酵出的文化事件;第二,港地关于《白毛女》的论争,即所谓"土唱法"与"洋唱法"之争,仅仅是对戏剧外在形式的讨论,而未触及其主题、人物、内容、思想等问题,较之其发表之初在《解放日报》副刊引发的激烈论争,香港方面显然淡化了某些更为尖锐的问题,而是有意将论争引入《讲话》所涉及的文艺观,进而以总结论争、解决问题的形式使《讲话》精神得以宣扬。事实上,基于香港特殊的地缘关系,《白毛女》在港演出的意义不仅是向港人推介延安文艺,更是试图以香港为平台,向国际社会展现中国共产党领导下的工农革命的意义。在组织策划下,来自苏、德、英、法多国剧社代表观看了表演②。另外,香港媒体众多,《白毛女》在香港受到的舆论关注本身就具有宣传优势,也正是在以《华商报》为代表的媒体高度的配合与呼应下,《白毛女》在香港顺利完成了"经典建构"的任务。

三

有趣的是,《华商报》虽然刊载了大量推介延安文艺的文章、广告,但其本身却几乎没有直接刊出来自延安的文艺作品。一方面,这与报刊的自身定位有关。在港左翼刊

---

① 邵荃麟:《艺术的民族化与现代化的关系——关于〈白毛女〉的音乐论争的一点意见》,《群众》(香港) 1948 年第 2 卷第 28、29 期。
② 《白毛女演出手册》(新订本),建国剧艺社、中原剧艺社、新音乐社联合公演(香港),1948年。

物中,《华商报》、《正报》、《群众》、《大众文艺丛刊》等都是以杂文社论见长,以文艺理论与批评为主、文艺创作为辅。另一方面,延安文艺作品进入香港的途径除了通过出版社发行单行本之外,更多的是通过一些"纯文学"杂志进入读者视野。在香港颇有影响的《小说》月刊便是这其中的代表,它与《华商报》之间一"杂"一"专",一"破"一"立",优势互补,在南方局文委的统一部署下,在彼此的联结互动中共同促成了相关作品在港地的传播。

《小说》(月刊)创刊于1948年7月1日,由周而复发起并创办。周而复曾主编过杂志《小说家》,决定在香港办一个类似于《小说家》的、以小说创作为主体的刊物;经过与楼适夷、以群的协商,并邀请茅盾加盟,《小说》(月刊)便诞生了。该杂志为大32开本,每卷90到100余页不等,至1949年7月停刊,在香港共发行了2期12卷,初期编委有茅盾、巴人、葛琴、孟超、蒋牧良、周而复、以群、楼适夷八人①。从编委名单来看,除茅盾外,其余几位都是共产党员,显示了《小说》(月刊)的左翼性质。据笔者统计,《小说》(月刊)在港刊行的12卷中,共发表短篇小说53篇,其中包括长篇小说《太阳照在桑干河上》(丁玲)与《暴风骤雨》(周立波)的节选;中篇小说两部(郁茹《龙头山下》、聂绀弩《天嚷》);长篇小说3部(周而复《白求恩大夫》《燕宿崖》、艾芜《一个女人的悲剧》)。文学作品是其绝对主体,也凸显出其"纯文艺"的性质。

《小说》(月刊)创刊不久,《华商报》便积极为其做广告。除了每月底在报纸广告栏登出每期《小说》(月刊)的目录之外,还发表了方天的《读〈小说〉创刊号》,作者几乎介绍了所刊的每篇小说的故事梗概,感叹"在文坛这样荒凉的今天,有这么一种纯文艺杂志出版,像我这样爱读文艺作品的人,实在高兴得忍不住把它介绍给大家"②。在随后的《新刊介绍》中,《小说》(月刊)1卷5期成为推介的重点,作者形容杂志里的文章"都颇结实"、"生动逼真"、"平易可爱",旨在号召更多读者购买③。

《华商报》如此向读者大力推荐《小说》月刊,背后的原因在于这两份刊物之间的密切关系。首先,这两份刊物在组织上都隶属于港粤工委管辖。港粤工委是中共负责华南及港澳地区相关工作的重要组织,主要承担统战、文化、外事、经济、报刊、宣传等工作,香港工委下设的报刊委员会是直接领导《华商报》的部门;而《小说》主编周而复则时任香港工委另一下设机关文化工作委员会的副书记,因此可以说,《华商报》与《小说》月刊是接受同一系统领导指挥的"兄弟刊物",而《小说》自第二卷始,便干脆改由华商报社直接负责发行,使两者之间的分工更加明确。其次,两份刊物的编者与核

---

① 《小说》(月刊)版权页未见"主编"字样,而是以"编委"的集体面目出现。
② 方天:《读〈小说〉创刊号》,《华商报·热风》1947年7月27日。
③ 《新刊介绍》,《华商报·茶亭》1948年11月26日。

心撰稿人是部分重合的。《小说》的编者楼适夷、巴人、郭沫若、茅盾等人都是《华商报》的撰稿人。但是由于两份刊物的定位不同,一个是以杂文为主体,另一个则以小说为主体,因此作者在写稿时也有意为之,比如茅盾、聂绀弩、楼适夷、司马文森等人在《华商报》多发表其杂文作品,而在《小说》月刊则发表其小说创作。换而言之,这两份刊物一"杂"一"专",优势互补,为一些理论与创作兼备的作者提供了必要的平台。

《小说》编委尽管在发刊词中一再淡化党派意识,声称创办此刊物,一是因为"看到纯文艺的月刊实在寥寥",二是由于"我们以写作为职业的人总希望作品有个地方发表,而且希望这一块园地相当整齐,不至于太叫读者失望"①。但实际上,如周而复所回忆的那样,《小说》(月刊)和其他杂志一样,肩负着"宣传党中央和解放区的方针政策;团结一切可能团结的人士,共同反蒋,争取早日实现宏伟的解放目标;宣传和在可能范围内实践毛泽东同志《在延安文艺座谈会上的讲话》和方针路线;开展文艺界的统战工作"的任务②。《小说》(月刊)的稿源除了来自周而复、茅盾等大众熟知的、暂时寄居港地的左翼作家之外,还有大量源自解放区的、不为东南亚地区读者所熟悉的作品。这一点,周而复在办刊时就有所考虑,他邀请以群加入编委,很大一部分原因是以群时任香港"文艺通讯社"的主管,而这一部门的主要工作就是将解放区的进步作品向南洋一带发表,一些作者从解放区带出的文章,也多转交给以群处理,可以说,以群的加入为《小说》(月刊)带来了源源不断的"进步文艺",因此西戎、高朗亭、葛洛、周立波、丁克辛、艾明之、周洁夫、刘白羽、丁玲等在解放区声名鹊起的作者也赫然出现在《小说》(月刊)的作者名单之中。就其具体内容而言,体现出对解放区新人物、新气象、新政权的塑造;在形式上,体现出对"人民文学"及大众化的新风格的自觉追求;在文学接受上,体现出对解放区文学的高度评价。如周而复的两部长篇作品《白求恩大夫》与《燕宿崖》,前者描写抗战时期,白求恩大夫在晋察冀边区工作、生活的情况,热情歌颂了其国际主义的奉献精神,也从另一角度反映了在边区共产党领导下,军民一心、英勇抗敌的作战氛围;后者则直接以抗战时期的"雁宿崖战斗"为原型,讲述了在"反扫荡"斗争中,宛平革命根据地指战人员沉着冷静、英勇无畏的精神,塑造了八路军"冯团长"这样一个爱护军民、沉毅果敢的领导形象。这两部作品都直接表现了共产党政权为民族独立所做出的贡献和牺牲,洋溢着作者对边区政府的肯定和赞美。葛洛的《卫生组长》写农民们在卫生组长的带领下,克服愚昧无知、封建落后的生活习惯,最终移风易俗、接受了新事物的故事,表现出边区农村的生活新气象。李纳的《煤》讲述

---

① 编委会:《发刊词》,《小说》月刊1948年第1卷第1期。
② 周而复:《往事回忆录:空余旧迹郁苍苍》,中国工人出版社2004年版,第244页。

了"二流子"黄殿文经过劳动改造和思想教育,成为自食其力的工人阶级队伍中的一员的故事,也从侧面说明了共产党能将"废铁炼成钢"的改造能力。从作品的艺术形式来看,《小说》(月刊)所传达的仍是解放区"人民文艺"的审美形态,大众化仍是其基本风格。杂志所刊载的《挫折》、《崛起》和《翻身大爷》、《果园》四篇文章分别是长篇小说《暴风骤雨》和《太阳照在桑干河上》的节选,而这两部作品本就是延安方面树立的具有范本价值的文艺作品之一。也正因为这些作品的刊出,《华商报》在广告中将其称为"今天中国小说创作的权威刊物"①。

与此相对比的是,《华商报》在创刊之初就确立了以批判、暴露为主的办刊宗旨,其副刊《热风》和《茶亭》也秉承着"敢说,敢笑,敢哭,敢怒,敢骂,敢打"的精神。因为副刊版面狭小,不适宜刊登长篇累牍的文艺作品,因此简短有力、犀利幽默的杂文、短诗占据了绝大部分版面。副刊以"破"字当头,除了大量揭批国统区腐朽统治的杂文之外,还有讽刺歌、打油诗、方言诗、漫画等。如方言诗《鸡公仔》唱道:"鸡公仔,尾弯弯。我哋中国人,真正係艰难,朝缴军粮晚纳税,一年四季有时闲!鸡公仔,尾弯弯。法币日日低,全国破晒产,手中揸住一两万,然后可以食一餐!鸡公仔,尾弯弯。南边受专制,北边食炮弹,痛苦虽然有分别,其实一样受摧残!"② 又如潮州方言诗《贫农泪》:"六月大暑熟值时,地主讨租紧如弦。狗腿凶恶如老虎。卖儿当物着还伊。"③ 而到了1948年底国民党的经济改革彻底失败之时,《华商报》不仅在新闻版面约请多位经济学者和文化人士揭露国统区经济行将崩溃的现状,还在《茶亭》里刊登打油诗,如:"闻道金圆券,无端要救穷,依然公仔纸,难换半分铜。骗子翻新样,湿柴认旧踪,这真天晓得,垂死摆乌龙。"④ 这些作品讽刺揭露国民政府劳民伤财、贪污腐败,国统区民生凋敝,人民生活穷困、财匮力尽的现实,从而与《小说》(月刊)所塑造的解放区的欣欣向荣形成鲜明对比;在这一"破"一"立"中,凸显出国民政府合法性不断流失与新政权崛起的事实,在舆论上为迎接新政权做足准备。

不难看出,《华商报》、《小说》(月刊)作为香港工委主管的报纸杂志,其刊物形态、内容要素、创作倾向虽各有不同,但其基本立场与宣传指向是一致的,即通过对延安文艺的传播,突破国民党在内地的舆论封锁,有计划、有步骤地将解放区的政治形态与文化政策、中共的建国路线与方针等输入香港,进而通过香港向全世界扩散。事实上,军事斗争使得文学的政治宣传功能更加迫切,政党要获得政权的合法性不仅需要军事征

---

① 《华商报》1949年1月1日。
② 《鸡公仔》,《华商报·热风》1947年4月21日。
③ 《贫农泪》,《华商报·热风》1948年8月18日。
④ 《闻道》,《华商报·茶亭》1948年8月27日。

服和政治权威，更需要国家民众的广泛认可。当文艺工作者成为"文艺兵"时，便被纳入意识形态宣传系统，通过政治权利的运作将主政者的意识形态转化为具体的文化实践，而在20世纪40年代的媒介环境中，这些实践很大程度上依赖于报纸杂志的参与，广告、评论、宣传等都被统摄在内，即所谓"有全部权力来推行全部文化运动"①。

综上所述，在内地舆论遭到全面打压的情况下而复刊的《华商报》对延安文艺登陆香港发挥了重要作用。在对《李有才板话》、《王贵与李香香》、《吕梁英雄传》等作品的推介中，《华商报》与左翼出版机构之间相互配合，为作品进入香港奠定了舆论基础，并运用批评文章引导读者的接受方向；通过对《白毛女》的大规模宣传、造势，使得《白毛女》在香港的演出不仅成为一桩文化事件，而且成功地以"土唱法"与"洋唱法"的讨论，使《讲话》精神以总结论争、解决问题的形式得以宣扬。同时，《华商报》与"兄弟刊物"《小说》（月刊）之间互相配合，两者在一"杂"一"专"、一"破"一"立"中共同完成对延安文艺的价值渗透，凸显出国民政府合法性的不断流失与新政权崛起的事实。

（作者单位：复旦大学中文系）

---

① 中共中央文献研究室中央档案馆编：《中共中央关于发展文化运动的指示》，《建党以来重要文献选编（一九二一——一九四九）》（第17册），中央文献出版社2011年版，第527页。

"大文学"视野

鲁迅葬仪与30年代民众动员的情感机制

宋夜雨

1936年10月19日晨,鲁迅病逝于上海大陆新村的寓所内。鲁迅逝世后,相关的纪念活动随即大规模展开。借助纪念的形式,不同的话语力量参与其中,鲁迅的象征性空间由此被打开。在此一过程中,鲁迅的葬仪首先受到了各方势力的凝视、关注。而在鲁迅纪念史的脉络中,除了要对葬仪所承担的某种开端性意义加以把握之外,共时性层面的历史结构也是不容忽视的。

20世纪30年代,当整个国家面临内外交困的深重危机的时候,如何有效地对社会力量、民众资源加以组织和动员,成为了亟待解决的问题。在此问题框架之下,不仅各种形而上层面的象征符号被召唤和征用①,一般民众的情感世界,也成为了各种意识形态迥异、利益立场不一的话语力量进行凝视、介入和征用的重要场域。然而情感的抒发与表达并不是与生俱来、一成不变的,而是深受个人所站立的历史位置及其中波云诡谲的文化气氛、历史情境的影响,换言之,情感是在历史文化线索中,经由学习、熏染而被建构出来的。而这恰好也提示出了葬仪在被政治情境环绕的同时,可能也隐含着一条情感史的线索②。在回忆鲁迅葬仪的时候,胡风表达了葬仪一开始就设定的情感政治面向:"这样的大事,当然有巨大的政治影响","如果按一个伟大革命作家的身份安排好,那政治影响自然会发生,而且发生得更大更好(当时,如果由一些群众威信不高的政治人物来出面,在群众的感情上是不大能通过的)。"③ 葬仪在对鲁迅的受难这一事件加以

---

① 参见郭辉、李百胜:《历史记忆与社会动员:抗战动员中的"文天祥"记忆》,《福建论坛》(人文社会科学版)2018年第6期。
② 有关"情感史"的论述参见王晴佳、李隆国《外国史学史》第十四章第二节《从理性到感性:情感史的研究》,北京大学出版社2017年版。
③ 胡风:《关于鲁迅丧事情况——我所经历的》,《社会科学》1981年第4期。

呈现和纪念的同时,也在提供着一种情感表达机制,民众在表达着悲痛、惋惜、同情、崇敬的同时,也表达了自我的生活感受,而这种生活感受很大程度上又是内在于彼时的抗战救亡局势的。在此前提下,鲁迅的葬仪很难避免被各种"主义"侵扰、渗透和改造,而葬仪上的民众也面临着情感意志、主体人格被调配、征用的境地。依循这样的分析视野,鲁迅的象征性问题借助葬仪的操持在得到某种原点式揭示的同时,葬仪的表达机制,也让其时个人的主体内面得以呈现,也就是说,揭示出抗战背景下个人的心灵空间是怎样运作的。而彼时社会的层次感、纵深感也会由此得到一定程度的透视。此外,个人与社会整体的主题节奏之间构成了内在的呼应,社会在包容个人情感的同时,其实体感在凝聚与向心的情感导向之中得以落实。因而社会动员并不仅仅是政治体制环节自上而下的单向支配,如何调动民众在压力情境下的主体性参与,实际上才是问题的关键。本文的问题关怀是,在鲁迅葬仪上,民众在仪式的操演下产生了哪些情感表达,这些情感经由何种力量、何种手段的引导和塑造,民众的情感与"鲁迅的精神"如何对照、勾连,以及葬仪的解释力量如何与抗战的历史情境构成对话互动关系。

一、民众的葬仪

鲁迅逝世后,社会各方反应强烈。中共中央曾致电国民党中央委员会和南京国民政府,要求对"鲁迅先生遗体举行国葬并付国史馆列传"①,然而此一提倡并未得到响应和落实。因而沈钧儒在葬仪的演说中这样说:"像鲁迅先生这样伟大的作家的死去,无疑是国家民族的巨大损失。当局对于这样文化界先驱的溘然长逝,竟毫无表示,这不免有些遗憾。像目前这样的民众的纪念仪式,也许更适合于鲁迅先生。"② 从"国葬"到"民众葬"③,不仅鲁迅自身在国共两党政治格局中的历史位置得到揭示,30年代政治结构中的缝隙和错位也会得到一定程度的透视。除此之外,"鲁迅"如何踏实地进入大众的心灵空间、情感世界亦可得到勾勒和描摹。

葬仪当日,"一万余的群众,瞻仰他的遗体;六七千的群众送他的葬"④,"数万青年哭鲁迅",以致"送葬的群众""绵延数里"⑤。"在这里,有学生,有工人,有小职

---

① 《中国共产党中央委员会中华苏维埃人民共和国中央政府为追悼鲁迅先生告全国同胞和全世界人士书》,中央档案馆编《中共中央文件选集》(一九三六——一九三八),中共中央党校出版社1991年版,第104页。
② 《送鲁迅先生下葬》,《救亡情报》1936年第24期。
③ 《民众的葬仪》,《东方杂志》1936年第33卷第21期。
④ 章乃器:《我们应该怎样纪念鲁迅先生》,《救亡情报》1936年第24期。
⑤ 《民众的葬仪》,《东方杂志》1936年第33卷第21期。

员，有救亡的斗士，有青年，有妇女，有小孩子，有中年人"①，如此多的民众参与其中，那么，鲁迅对于他们而言究竟构成怎样的情感吸引？不同社会层次的民众通过葬仪的体验究竟想表达怎样的自我？鲁迅的逝世，自然是让人悲戚的。葬仪上，守灵的萧乾"看见了数千幅陌生的但诚笃的脸"，"冥冥中似有什么使他们肃然停足了，敬慕和哀悼如一双按住的手，他们的身子皆自然地屈下了"。在情绪感染之下，萧乾感到"一种超乎孩子胸膛容量的哀戚或尊敬感觉梗塞在我喉咙间。我赶不掉它"②。除去死亡带给人本身的悲戚与同情，鲁迅的伟大人格和精神气质也对民众的崇敬、仰慕形成吸引。不仅如此，在葬仪现场，鲁迅更多的是与抗战救亡的民族主义话语连缀在一起。郁达夫在《回忆鲁迅》中说道："当时，中国各地的民众正在热叫着对日开战，上海的智识分子，尤其是孙夫人蔡先生等旧日自由大同盟的诸位先进，提倡得更加激烈，而鲁迅适当这一个时候去世了，他平时，也是主张对日抗战的，所以民众对于鲁迅的死，就拿来当作了一个非抗战不可的象征；换句话说，就是在把鲁迅的死，看作了日本侵略中国的具体事件之一。在这个时候，在这一种情绪下的全国民众，对鲁迅的哀悼之情，自然可以不言而喻了。"③ 因而葬仪上，"鲁迅先生精神不死"、"继续鲁迅先生的精神奋斗到底"、"打倒日本帝国主义"、"打倒卖国贼，汉奸，走狗"、"民族解放斗争万岁"④ 这类口号此起彼伏。不同身份人士的讲演，大多也未曾脱离鲁迅民族英雄的身份框架。葬仪最后，章乃器等人将"民族魂"⑤ 旗帜覆盖在鲁迅的灵柩之上。鲁迅的文学实践和社会运动本身是内在于清季以来救亡图存的脉络之中的，而葬仪的独特之处在于，鲁迅的受难，构成了将中国的危局情势具象化的历史契机。葬仪的受难渲染结合了民族国家的受难，而民族国家本身并没有一个踏实可感的实体，"想象的共同体"⑥ 必然建构于一系列的社会事件并将之象征化，这样一来，鲁迅葬仪就成为了观照 30 年代民众的情感装置。在葬仪的渲染下，个人的苦难与整个民族命运扭合在一起。固然抗战救亡已成为结构性的社会气氛，但战争、国耻本身并不一定是全体民众的切身体会。而葬仪通过舞台效果的发挥，对苦难的铺陈和沉溺，激发出强烈的民族主义情绪，民众对抗战救亡的现实感也就此被构造出来。因为，"参与仪式之中会带来心理上的刺激，一种情绪上的激发；通过这些感觉，

---

① 《送鲁迅先生下葬》，《救亡情报》1936 年第 24 期。
② 萧乾：《朦胧的敬慕——纪念鲁迅先生》，《中流》1936 年第 1 卷第 5 期。
③ 郁达夫：《回忆鲁迅》，《宇宙风：乙刊》1939 年创刊号。
④ 《送鲁迅先生下葬》，《救亡情报》1936 年第 24 期。
⑤ 《送鲁迅先生下葬》，《救亡情报》1936 年第 24 期。
⑥ 参见 [美] 本尼迪克特·安德森：《想象的共同体》（增订版），吴叡人译，上海人民出版社 2011 年版。

仪式架构了我们的现实感和我们对周围世界的理解"①。

在"民族魂"之外，鲁迅还承担着"精神导师"的引导角色。围绕"导师"的话语表述，民众情感的另一重面向实际上也暗含其中。周文就曾感叹："作为中国人的我们，当一方面东方大盗正在加紧灭亡我们，汉奸卖国贼正在无耻地出卖我们，而另一方面不愿做亡国奴的中国大众已经在抗战或正要抗战的现在，突然一个惊雷似的失去了这特别感到骨肉般亲切的伟大战士的大导师的鲁迅先生，这损失，这悲痛，是无可比拼的！"②面对鲁迅的死，张天翼"感到生活失去了重心"："我感到给重重地打了一拳。我感到了无底的空虚"，"我讲不出那时候的心情：似乎迷惘，愤激，悲哀"③。30年代，"苦闷的象征"是与大多数青年的情感体验、生活理想相关联的。青年的精神苦闷既来自于忧国忧民的济世情怀，又来自于战争造成的社会失序所带来的对于人的生命意义的追问，对于民族前景的担忧。这样，鲁迅的"导师"身份被投注了巨大的想象空间，因此也具有了强烈的现实意义。"导师"的情感体认，与鲁迅生前的文学实践、"青年"论述、对青年的帮持等是不能切分的。因而，对于鲁迅的离世，在悲痛之余，青年们更因精神倚重的离去而苦闷、涣散，同时葬仪上苦难的气氛、悲痛的情绪所勾勒的民族危亡想象也让他们陷入迷惘。这种感觉，"是像在黯夜中一盏灯火突然熄灭，留下无边的一团漆黑，凝成固体，紧紧阻塞着"，"眼前与胸口的那种窒息的压迫"。然而，"对于鲁迅先生的死，一味的悲痛，如今不是时候；仅作空洞的纪念，也不能了事。我们目前所当发奋的是一方面继承他的精神，更勇敢更切实的为真理与正义而抗战，直到我们自己死去为止；一方面必须设法使他的著作与人格广大地传播，将他的精神与智慧传授给世界上每一个被压迫者"。如此一来，葬仪上有关鲁迅"导师"身份的话语机制，就不仅仅是一种追怀和评判，更是一种可供模仿的"永远不朽的典范"，规定着青年如何让自己的情感意志和现实行动与之保持一致，为迷惘的爱国青年提供踏实切身的人生方向感。只有这样，"为自己求取生存，为人类世界求取光明"④ 的日子才会有实现的可能。

同样的，"民族魂"在承担着追认、评价鲁迅的话语修辞的同时，二者的"转喻"之间亦确立起一种清晰具体的形象标准：什么样的人格境界才能算作"民族魂"？什么样的人生境界才是有超越性意义的？透过葬仪展演、视觉冲击、演说渲染，民族魂的理想人格在青年的内心世界便也留下了清晰的倒影。社会动员的一个面向往往也体现在民

---

① ［美］大卫·科泽：《仪式、政治与权力》，王海洲译，江苏人民出版社2015年版，第13—14页。
② 周文：《鲁迅先生是没有死的》，《中流》1936年第1卷第5期。
③ 张天翼：《哀悼鲁迅先生》，《中流》1936年第1卷第5期。
④ 吴组缃：《闻鲁迅先生死耗》，《中流》1936年第1卷第5期。

众通过修身、自省、自律的方式,把自我完善当作整个社会步步向上提升的步骤①。而这对于在社会与民众之间如何进行动员、调动的问题也提供了一种认知图示。战时背景下,相较于政治权力的上下组织,立足于民众自身的情感体验及其空间性的横向带动,或许更能把握社会动员的内在机理。帝国主义的侵略除了对国土、社会空间的实体破坏,还对民众的国家、民族的统一性观念进行了冲击,对民众的生活理想和社会想象进行了分割和破碎,而这些并不外在于民众自身,而是具体落实为日常生活中的苦难、烦闷、挫折和困惑,深刻地扰动着民众内心世界的情感空间。民众的情感也因此蕴含着巨大的政治能量。

二、仪式与情感

葬仪前日,是遗体告别。"虽然规定瞻仰遗容的时间是从九时起,但二十日的早上六时左右,就有一群青年男女慌忙地赶到了殡仪馆。他们在先生底遗容前面严肃地俯下首来,有的低低啜泣了。先生底精神,先生底理想已经活在千千万万的勇敢的青年男女底心里,这是我们早已确信了的事情,但眼前的事实却第一次使我们肉体的感官接触到了燃烧起来的,先生三十年来的工作所散布的火种。望着那些悲哀着的青春的生命,一种感激和悲痛的混合使我们泪流满面了。我知道,先生已经活在千千万万的青年男女底心里。"②"慌忙"、"严肃"、"低首"、"啜泣"这一系列的情感动作如何一步步产生?青年男女究竟本着怎样的意愿发散自我?以及,在一连串的情感动作中,胡风如何就能确信"先生底精神,先生底理想""已经活在千千万万的青年男女底心里"?这里所要提出的问题是,葬礼的仪式通过衔接的步骤程式唤起民众有关死亡的记忆和知识,进而完成对一个人死亡宣判的同时,在风俗习惯的担当之外,究竟还内隐着怎样的能量潜力?

葬仪的展演,自然不能脱离组织和规矩,需要稳定的程式步骤加以支撑和落实。鲁迅逝世当日,以蔡元培、茅盾为代表的治丧委员会随即成立③,筹办相关事宜,殡仪馆、墓地、出殡线路、时间步骤等方方面面皆已得到妥帖安置④。这些"重复性的仪式行为有时看似冗长,但这些因素也正是引导情绪、形成认知和组织社会群体的重要手段"。从

---

① "革命"与"修身"的相关论述参见姜涛:《革命动员中的文学与青年——从1920年代〈中国青年〉的文学批判谈起》,《中国现代文学研究丛刊》2009年第4期;于海兵:《革命青年的修身与自治》,《学术月刊》2018年第5期。
② 胡风:《悲痛的告别》,《中流》1936年第1卷第5期。
③ 《鲁迅昨晨逝世 定今晨举行告别式 明日入殓后日出殡》,《上海日日新闻》1936年10月20日。
④ 《鲁迅遗体昨午大殓,今午出殡万国公墓》,《申报》1936年10月22日。

―― 鲁迅葬仪与30年代民众动员的情感机制 ――

一位青年的讲述中或许可以分辨其中"仪式"与"情感"之间的辩证:"万国殡仪馆门首挂着'鲁迅先生丧仪'的大白布,这样的字,刺进眼帘,严肃和悲痛的心情,更加重起来,进门签了名,承一个女招待员替我戴上志哀的黑纱,跟了怀着同一心情同一意志而来追悼鲁迅先生的人步入了遗容所在的礼厅,黑压压的人在'肃静'的昭示下,差不多连呼吸都窒住一样'肃静',在招待员指导下,一排一排,依次的去瞻仰遗容,并静默致三鞠躬礼,始行退出。"① 从仪式的布置到不断衔接的程式叠合,心情由"严肃"、"悲痛"到"呼吸窒住"再到"肃静",仪式不仅引导着情感的进路,同时情感亦在从"内卷"的角度对仪式加以吸收和落实。如果再往细部纵深究探,"同一心情同一意志"似乎暗含了另一重的情感面向。葬仪的展演效果并不在于其能够独立呈现自我,而是需要调动其强大的辐射能力和吸纳功能,对民众加以集纳、拥趸和组织。30年代的战争环境,不仅对社会结构、日常生活空间施以分解、流散的压力,民众的情感世界在压力的冲撞之下也呈现出被区隔的分散状态,因而,对一种"共同体"的渴望成为了当时普遍的精神追求。而葬仪的集纳性质恰好为此提供了充分的空间想象,葬仪中的集聚行为向民众提供了一种集体中的身份感和位置感。民众对身份、位置的感知事实上又进而构造出彼此之间的团结感、支持感。而这也为抗战语境中的民众动员提出了另外的问题:社会如何通过民众之间的团结感得以凝聚?民众之间是不是具有一种相似的一体感?如果有,那么这种团结一致的感觉又是如何产生并加以维系的?

瞻仰遗体的时候,巴金"在这无数不同的脸庞上还看见了一种相同的悲戚的表情。这一切的人都是被这一颗心从远近的地方牵引到这里来的"②。对于"导师"的"遽失",张天翼感觉到"我们——上万的送葬的人,在求民族解放的战斗中","都团结得更紧,拥抱得更紧,熬着这种创痛,调整着步子,完成死者的志愿。我感到每张脸子都非常亲切,彼此的血管都交流着。我恨不得抱着每个人痛哭,呐喊"③。在这里,正是"失去"的心理共振,激起了青年们"团结"、"拥抱"的情感意愿。在仪式的召唤下,"失去"反而获得了相反的情感意义,并被用来不断回味和一再强化彼此的心理感受。

葬仪的现代性能量并不真的仅仅显现在一个幽闭的时空范围内,而是显现在对幽闭的空间、时间进行生产性开发,即通过游行、讲演、口号等形式将时局的动荡感、国家的羸弱无能,以及民众身处其间所受到的人格与情绪压力,和更大的社会与政治空间做一个联结。在科泽看来,"仪式,依循高度结构化和标准化的程度,有其特定的展演场所

---

① 盼兮:《万国殡仪馆瞻仰鲁迅先生遗容归来》,《铁报》1936年10月21日。
② 巴金:《一点不能忘却的记忆》,《中流》1936年第1卷第5期。
③ 张天翼:《哀悼鲁迅先生》,《中流》1936年第1卷第5期。

和时间,这些程序和时空都具有特殊的象征意义"①。鲁迅逝世当日,治丧委员会即发布了"讣告"②,告知民众瞻仰遗容的时间和地点,此后葬仪的行进路线和葬礼的时间步骤也大致被确定下来。出殡行列行进的时候,"正是学生、店员、工人放学、散工或落班的时候。在一般的民众爱国之下,我们得到了广大的同情。成千成百的热情群众都加入送殡的队伍中"③。葬仪的游行不仅为加入的民众提供一种集体意识,并且,通过参与的行为,民众的主体内面也由此得以呈现和强调。而游行又是一种戏剧性行为,在维持共同体形象的同时,亦在扮演着模范的角色,对游行行列之外观看的民众起到精神吸引、情感化用的作用。而"'看'的过程不是为了无利害地静观,从而再次确认自身智力与情感地完满,'看'的过程实际上也是一种搏斗和角力的过程。它要求破除那喀索斯式的封闭自我,要求一只挣扎着伸出去的手"④。因而,随着葬仪游行的演绎,"送葬的群众,在胶州路穿入爱文义路,一路上挤满观众,有的从高大的房屋中伸出头来,有的跟随队伍挤上去"⑤。战争的强力压迫之下,葬仪成为了一种"打开"装置,在与自我争斗的过程中,通过"跟随"、"加入"的行为方式,对于民众而言既是主体的敞开舒展,同时在葬仪主题的统合下民众的主体内在也被新的话语、情感填充、塑造。葬仪以集纳、装扮和游移的身体,将既有的物理空间转化为一个政治和道德张力十足的场所,并在其间强化民众秉持的信念和意志。伴随着送葬队伍的辐射和扩大,以及外围群众的围拢观看,视景的串联使得三者之间的空间区隔被打通。一方面悲痛的情绪被传递和分享,另一方面潜在的政治能量也在共同体的情感想象中酝酿、联结。

与此同时,葬仪统合下的时间面向同样是不容忽视的。葬仪在集纳民众、显露集体面貌的同时,事实上也是在对民众的日常时间进行调配和征用。那么,在何种程度上、以什么样的方法,葬仪上的时间感影响了民众的主体行为,以及在什么程度上影响民众内心情感的波动?如果说葬仪的现代性效果必须有某种习惯和纪律的建立,那么在多大程度上这种建立是与时间标志在民众的内心变化相联系的?参与葬仪也是在加入一种话语情境,相对于日常生活常态而言,葬仪意味着一种区隔和划分。身处其中,民众自己的思想与意识受到暂时性的悬置,思考的位置被仪式及其编织的价值信仰所替代。具体到鲁迅葬仪,出殡之时、时间序列、出殡行列、葬仪步骤都要进行妥帖安排:"午后一时半列队、二时由万国殡仪馆出发、三时到达万国公墓、三时三刻行下葬仪礼、四时入穴。

---

① [美] 大卫·科泽:《仪式、政治与权力》,王海洲译,江苏人民出版社2015年版,第12页。
② 《鲁迅先生讣告》,《大晚报》1936年10月19日。
③ 魏护:《十月的殡仪》,《锡报》1936年10月23日。
④ 姜涛:《巴枯宁的手》,北京大学出版社2010年版,第12页。
⑤ 雪村:《民众的仪葬:鲁迅先生的息安日》,《新认识》1936年第1卷第5期。

—— 鲁迅葬仪与30年代民众动员的情感机制 ——

其出殡行列㈠横额书'鲁迅先生殡仪'㈡挽联队㈢花圈队㈣挽歌队㈤遗像㈥灵车㈦家属车㈧执绋者,蔡元培、宋庆龄、内山完造等。至于葬仪:㈠奏乐㈡主席团蔡元培宣布葬仪㈢报告事迹㈣谏词㈤演说㈥行最后敬礼㈦挽歌㈧入穴。"① 在葬仪的时间序列中,不仅民众的行为动作,其心理体验、情感状态也被环环相扣的时间步骤编织、安顿,一种纪念的习惯和纪律由此生成。多年后,胡风还能回忆起当时的情感印象:"那个短时间内,那种巨大的悲壮感情把所有的人都结合在一起了。"②

在葬仪中,习惯和纪律其实也对应着一种秩序感。民众在葬仪的集合之中,彼此之间也构成了相互观看的姿态。"看"在"自我"与"他者"之间,在划分彼此的同时,实际上更是在模仿、融入彼此。所以,当民众"看到一小队一小队的行列,也用不到问上万国殡仪馆去是怎样的走,只是随着前面的行列"。并且"虽然有那么多人在走着,然而一点不嘈杂,每个人都是默默的,在关念着全世界人类最大的损失"③。"不嘈杂"、"默默"、"关念",既是哀痛的情绪,也是一种内心秩序的显露。而秩序也是一种情感的体验和表达。如果并不把民众仅仅作为情感的规训一方,而是充分对战争覆盖下民众内心的主体面向有所关怀,那么,"送葬的行列是异常有秩序的"内涵层次将大有继续讨论的必要。这其中,对鲁迅的崇敬、热爱自然是不难体会的。因而,"要是你在瞻仰遗容的当儿,东张西望,不仅要失掉严肃的态度,并且对于悼念鲁迅先生缺乏诚意"④。此外,抗战的冲击部分也很有深入的必要。"东北沦陷"、"华北沦陷",战争区划不仅对民众的日常生活空间、生活秩序造成了隔断和破坏,同时也实在对民众的内心秩序进行了冲击和破坏。秩序感成为民众普遍的内心追求。在此背景下,鲁迅葬仪的凝聚恰好为民众散乱、动荡的内心构造一种切实的秩序感。并且,战争动员的一个侧面也是体现在一种社会秩序的重造之中。正因为如此,当葬仪展演的时候,"行列排得非常齐整,各团体,各学校的代表,参加执绋的,有的五个人一排,有的六个人一排,各自成了行列,男的,女的,一队一队的排齐了。姑娘们今天的打扮也和平日不同,多数是穿着蓝布旗袍,手臂上缠着黑纱"⑤。在这里,行列之外,服装也成为了秩序落实的一个角落。

作为一种情感装置,葬仪统一的时空秩序,既为拥挤的民众情感容留暂存的空间,同时又对民众的情感倾向加以调动、修改和塑造。这样,葬仪本身成为"鲁迅"进入民众心灵空间的方式,不仅"鲁迅精神"得到伸张,连同鲁迅精神话语下所覆盖的其他话

---

① 《鲁迅遗体昨午大殓,今午出殡万国公墓》,《申报》1936年10月22日。
② 胡风:《关于鲁迅丧事情况——我所经历的》,《社会科学》1981年第4期。
③ 魏护:《十月的殡仪》,《锡报》1936年10月23日。
④ 盼兮:《万国殡仪馆瞻仰鲁迅先生遗容归来》,《铁报》1936年10月21日。
⑤ 梦白:《鲁迅先生殡仪杂写》,《礼拜六》1936年总第664期。

语目标也将得到传输和内化。葬仪通过对民众日常时间、空间的片段化择取、征用，绵密地将民众及其身体置放在密集、有序的线性过程中以凝视和塑造，从而制造一种统一性的共同体身份。对于抗战笼罩下的30年代民众而言，这种共同体想象为他们动荡紧张的内心提供了安顿和团结，葬仪借助民众情感的"内卷"也构造了自身的合法性基础。当地方性的报刊媒介①、影视力量②，甚至国际视野参与、介入到鲁迅葬仪的叙事之中，一种相当广泛的抗战动员机制得到想象性的联动。

三、声音的政治：口号、演说与纪念歌

葬仪上的游行、仪式展演，民众之间的彼此观看，各地报刊媒介的在地响应，影片的拍摄，相当程度上完成了葬仪"视景"机制的搭建。其中，"鲁迅"、"民众"、"地方"呈现出了互相"打开"的位置关系。也就是说，对于"鲁迅"如何帮助民众发现内面的自我，民众的情感缝隙如何呈现"鲁迅"进入的方式，地方性的呼应如何构成情感周流运动的轨迹，"视景"的政治效力将其发挥得淋漓尽致。然而，在"视景"之外，葬仪上的"声景"③部分似乎扮演着相当不同的角色任务。相较于"视角"共时性的横向带动，"声景"中的"听"、"说"环节或许更能呈现民众的情感纵深，葬仪的丰富面向和复杂内蕴也可得到更为深入的开掘。

葬仪上，身体行为的空间展演并不能完全承担民众的情感负担，民众情感的舒展还离不开声音层面的展开，在"听"、"说"的全面调配下，民众的主体内在在底色之上也得到了更为新鲜的着色。葬礼的最后是演说，"除了蔡元培先生致开会词外，更有沈钧儒宋庆龄章乃器邹韬奋内山完造等沉痛的演说"，演说的内容"不但报告了鲁迅先生的生平与伟大，并指示今后青年应当努力的方针，学习鲁迅先生的不屈服不投降的精神"④。这里，演说通过声音在划定一定的听觉场域，以集合的形式涵容民众的情感意愿的时候，似乎也提示着纪念鲁迅与"努力方针"之间的内在关联，即通过对鲁迅的生平事迹讲

---

① 这里可举东北、云南的葬仪记述为例。参见《华文豪鲁迅逝世昨日举行葬仪》，《盛京时报》1936年10月21日；《鲁迅葬仪记》，《盛京时报》1936年10月28日；《一代作家的长眠　鲁迅安葬经过　万人执绋送殡作家扶柩掌旗　挽歌声中葬仪告成》，《大同报》10月28日；马子华《秋的葬仪》，《鲁迅先生逝世三周年纪念特刊》（"文协"昆明分会编"文化岗位丛刊"之一）。

② 明星、联华两大电影公司都为葬仪摄制了新闻影片。《鲁迅葬礼》，《大晚报》1936年10月23日。

③ 参见 Emily Thompson, *The Soundscape of Modernity: Architectural Acoustics and the Culture of Listening in America, 1900–1933*, Cambridge, Massachusetts: MIT Press, 2002, pp.1–4.

④ 鲁萍：《鲁迅先生的葬仪》，《青年文化》1936年第1卷第1期。

述，为民众提供人格建设的标榜。并且，演说将鲁迅的生前死后加以描摹，在时间的维度上也是把过去、现在、未来呈现为一种连续性的状态，在这种时间感的支配下，对未来的憧憬渴望不仅抚慰了人们暂时创伤的心灵，更坚定了某种胜利到底的理想信念。对于战争而言，这或许是相当紧要的。

如果对葬仪上更多的"声景"进行观察体会，或许能够发现更为深刻的关节脉络。在接受听觉寻唤的同时，民众内心苦闷的积压也需要通过发出声音来进行纾解，更需要发出声音以分享相似的情感经验、心理故事，这样既能够抚慰彼此，又为彼此的遭遇划上共同体边界。因而，"当这悲壮的葬礼开会的前后，群众积压在胸头的苦闷，只有高喊'鲁迅先生万岁，中华民族万岁，弱小民族解放万岁'，来代替一腔热血"①。在另一则记述中，口号的内涵似乎更为丰富："在暮色苍茫中，已经到达了万国公墓。千百个群众，渐渐地集聚在一块儿了。悲痛侵蚀了每一个人的心，热血止不住沸腾，他们由悲痛而愤激，终于止不住呼号了：鲁迅先生精神不死！鲁迅先生精神万岁！纪念鲁迅先生，要打倒日本帝国主义！纪念鲁迅先生，要打倒汉奸！中华民族解放万岁！"② 那么，口号在单纯的情绪疏导之外，又"代替"了民众内心哪些潜在的情感层次？以及在口号的编排中，"鲁迅"与"民族解放"、"纪念"与"打倒"、"帝国主义"与"汉奸"的话语配置又呈现出怎样的情感动向呢？涂尔干认为，"正是对同一种对象喊出同样的声音，说出同样的话或者做出同样的动作，人们实现了言行一致，并感受到这种一体性"③。相同的内容、同样的节奏，借助言说"鲁迅"，口号不仅将民众的身份感受进行新的覆盖，也通过情感的共振赋予彼此之间的"同心同德"，统一性的社会认同也就此产生，抗战所需要的团结感也有了大致的来路。

不仅此也，口号在强音分贝的掩盖下也流露出了相当的不满，这其中既有对帝国主义、汉奸走狗的憎恨，更涉及整个战时体制所引爆的烦闷、受挫的生活困境。这样的情感态势自然苦不堪言，但也恰恰酝酿着大转折的可能。因为，"烦闷、生活挫折、日常小事的不如意可能被联系到一套更具理论性、更有延展性的思想系统，形成接口与接口的转接。透过'转喻'，使得生活的可以连接上思想的、主义的，因而一切存在的困境与烦闷便与政治主义有了连接，而且与现实行动形成最密切的关系。在这个格局下，日常生活的感受都直接或间接、近期或长远地联系到一个清晰的蓝图，使得人们内心的意义

---

① 遵时：《鲁迅先生死后——十九日起到安葬的速写》，《社会日报》1936年10月25日。
② 影愚：《最大的行列 最后的敬礼——民众的葬仪》，《读书生活》1936年第5卷第1期。
③ 涂尔干的观点，转引自［美］大卫·科泽：《仪式、政治与权力》，王海洲译，江苏人民出版社2015年版，第71页。

感得到一种满足"①。所以，口号内容中的政治潜力并不是空洞无形的，透过口号之间的层层转喻，个人的主体意志在递进的话语机制中也被不断提升。对于抗战动员而言，借由口号的形式，个人校准自己的抗战信念和意志，进而又通过声音不同层次的递进，个人及其信念意志最终汇入集体之中。在这个格局下，口号提供了可堪努力的方向，"将个人遭际与国家命运连接起来，将已经被打乱的、无所适从的苦闷与烦恼的人生与日常生活，转化、汇聚成有意义的集体行动"②。口号的感召在人们心中形成一种向往意识，让人们觉得在社会前景的透视中应该向它趋近，如此一来，口号就不单单承担声音的传递功能，更是作为一种思想渗透、模塑行为的潜力，使得民众内心的意义感到一种满足。口号歌唱在完成抒情自我建构的同时，也在为困境中的民众提供前景和方向。

与此起彼伏的口号相似，纪念歌也大致贯穿葬仪始终。那么，在歌唱与歌声的间歇，民众又表达着怎样的鲁迅形象，以及又呈现出怎样不同的情感面向？在葬仪行列行进阶段，"'哀悼鲁迅先生，哀悼鲁迅先生……'的歌声在一批批的送播出来，是那么地沉重而哀伤，每一句抑扬的乐调，使我们回想着一个不屈不挠的战士的伟大"。歌声并非仅仅作为一种声控背景，它在勾勒着鲁迅形象的同时，也在调控着人们的情感频道，"接着不久，打回老家去和义勇军进行曲更为了继承鲁迅先生的遗志而高昂起来"③。一方面，民众在接收着歌曲的内容熏染；另一方面，歌曲的韵律和生动的形象感也在制造着团结奋进的情感氛围。行列沿路前行，当参与其中的民众"一致地用着极沉着的调子，唱着悲壮的《挽歌》和《悼鲁迅先生》"，歌声不仅"响彻了天空"，"震荡了马路"，甚至"把躲在屋子里的人都拉出来"。歌声仿佛"一种无上的壮烈的力，感动着行人以及居户"④。这样的情感气氛恰恰是当时的社会情境所稀缺的，因而民众的感染，也是在内外之间寻求一种主动的心理平衡。民众的单一在汇入集体声音的同时，一方面是被集体概括、包含，另一方面，一种新的主体方式也在此生成。借助挽歌、纪念歌的表达形式，在一种动荡飘摇的历史情境中，民众不仅通过对歌词内容的反复吟唱，从中获得鲁迅精神承继者的身份感和责任感，同时，与鲁迅精神交织杂糅的民族主义情绪也由此进入民众的心灵世界，校准塑造民众的情感、心理与行为。而民众内心中的抗战压力、对时局的不满愤怒情绪也借此得到发散。歌唱在表达悲伤哀痛之余，民众内心深层潜藏的情感压力被释放，被抗战的整体氛围环绕。在共同抗日的目标之下，如何对个人的身心情状进行安顿当然是不可忽视的面向。

---

① 王汎森：《思想是生活的一种方式》，北京大学出版社 2018 年版，第 9 页。
② 王汎森：《思想是生活的一种方式》，北京大学出版社 2018 年版，第 13 页。
③ 杨晋豪：《追记送鲁迅先生的葬礼》，《青年界》1936 年第 10 卷第 5 期。
④ 《鲁迅葬礼》，《大晚报》1936 年 10 月 23 日。

—— 鲁迅葬仪与30年代民众动员的情感机制 ——

抗战绝不局限于血腥的战争本身。如果说武器对于军人意味着一种战斗身份的赋予，那么对于没有武器的民众而言，爱国抗日的民族主义感受的获得也是甚为重要的。游行、示威、口号、演说、歌唱等身体展演在表达自我的同时，也在展示一种身份感和位置感。经由口号、演说、纪念歌等声音层面的传导铺叙，摄影、电影等媒介的视觉呈现，以及报刊主导的地方性舆论空间的想象，鲁迅葬仪由个体事件迅速跃升为全国性的情感共振。以致未曾参加的民众，在媒体的感染下，对于抗战前景，心底"也作着这样宣言"，"相信，全中国，全世界一切争自由争光明的青年大众，在他们的心底都会作着这样的宣言，并且，勇敢地坚毅地做去"①！社会动员的张力结构也就内含在葬仪的内外互动之间。

葬仪，在完成纪念鲁迅的同时，30年代民众的情感世界、心理状态也在其中得到了不同层次的探查和体贴。鲁迅与民众的情感辩证，既还原出鲁迅逝世之后被象征的周流、遍布轨迹，又为抗战压力下民众的情感诉求提供了具有相当弹性的话语空间，并且民众在表达自我的同时，也被丰富纷杂的话语力量重新刷新、校准自身的主体意志。在抗战动员的社会气氛下，面对如何"制造"统一团结的"民众"这一问题框架，新的主体生成是相当重要的。至此，借助情感史的分析视野，"鲁迅葬仪"已然成为一个观看30年代中国的视角和方法，这不仅意味着鲁迅纪念史的开端意义得到一种解释，还在于葬仪暗涌的情感脉络对于抗战动员的组织意义也被大致呈现。更重要的是，不同话语的交织所透露的"权力"味道，亦抽离出"现代中国"的历史逻辑。对葬仪的"情感"把握，既是历史现场的还原，我们自身所处的当下历史位置以及这种历史位置如何"偏移"的"认识装置"，也会被清理呈现出来。

（作者单位：南京师范大学文学院）

---

① 杨西濛：《悼鲁迅先生》，《无锡人报》1936年10月25日。

民国文学研究

呼语、人称、"乱写"及其诗学的辩证[①]
——论郭沫若早期抒情诗的叙事性

傅 华

如果说胡适是白话新诗的第一人,那么现代抒情诗的确立则肇始于郭沫若[②]。在1921年出版的《女神》中,郭沫若抒情诗中的叙事性已初显端倪。在《女神》诗集中,很多抒情诗都在不同层面分享了事件、对话、场景描写、视点转移、人物塑造等常见的叙事因素,而此类诗歌在郭沫若早期抒情诗中成为叙事性因素凸显的标志性文本。

郭沫若抒情诗中的显性叙事特征在《凤凰涅槃》一诗中颇具有代表性,事件、叙事视点、对话等叙事元素成为诗中的结构性要素。或者可以说,借助这一凤凰自焚与众鸟旁观的事件,此诗的抒情获得了坚实的结构。而且,在这个意义上,狂飙突进的情感、飞动神奇的想象、跨越时空的追问、对精神与肉身的夸张书写,得到叙事结构的有力支撑。郭沫若的天才表现在,他以结实的结构性叙事与酷烈激越的抒情,抵达了个体生命的巅峰,张扬了"五四"时代的精神。

在《女神》诗集中,有着不同叙事性特征的众多抒情文本,彰显了现代抒情诗的多种叙写形态。回忆或者说追述是叙事性重要的表现手段,正如迈纳所说:"抒情诗强烈的即时呈现是怎样的伴随着思维的闪电将过去、现在和未来贯通在一起的。在对过去的回想中的强烈的即时呈现,构成了抒情诗的特征。"[③] 在诗集《女神》中,此类叙事手段颇

[①] 本文系2015年国家社科基金重大招标项目"中国诗歌叙事传统研究"(15ZDB067)子项目、西华师范大学博士启动项目、西华师范大学英才科研基金项目的阶段成果。

[②] 本文考察的是郭沫若早期的诗歌,主要以诗集《女神》(1921)中的作品为主。这类作品代表了郭沫若诗歌的主要成就,确立了他在中国现代诗歌史上的地位。

[③] [美]厄尔·迈纳:《比较诗学》,王宇根、宋伟杰等译,中央编译出版社2004年版,第190、191页。

为常见。《电火光中》是诗人对苏武、贝多芬的想象性追忆,《光海》一诗则是诗人自我经历的倒叙性追述。除此而外,叙事性有着更为多样的特征。《地球,我的母亲》与《别离》二诗在场景转换中倾诉与畅想,《登临》中有着对登山过程的叙述与山脚下两个行人的插入性描写,《太阳礼赞》和《新阳关三叠》中不乏叙事性对话,《巨炮之教训》在场景转移中对话与虚构,《三个泛神论者》、《炉中煤》、《匪徒颂》、《胜利的死》等诗中充斥着对人物的描述与塑造,《辍了课的第一点钟里》是对事件起因发展的直写……《日暮的婚宴》中夕阳下美景的拟人化叙写,不仅让静态的美景成为婚宴的现场,而且将夕阳比拟为新娘、海水喻为新郎,在婚宴场景的布置中写出景色的动态之美,可谓别具眼手。上述诗歌都有着显见的叙事性特征。然而这还不是郭沫若早期抒情诗叙事性的全部特征,在呼语、人称与排比、列举的"乱写"中,其叙事性得到了独异而隐性的表达。

一、呼语与叙事性的抒情

浪漫主义诗歌中的呼语法彰显了现代抒情诗巫术性的修辞特征。在语法层面,呼语法(apostrophe)是指"在演讲或文章中通常对不在场的第三者或已故者发出的呼唤,有时也对一个无生命物发出呼唤"①。呼语法借助显在或隐藏的主体展开对包括"第三者"、"已故者"、"无生命物"等他者的召唤,这一"我"对"你"的呼唤是"一种无故的、仪式性的行为",既"有利于突出诗歌中的抒情感染力"②,又从独白中发展出一种虚拟的对话性叙事结构。但这种虚拟的但必要的对话结构③却具有一种指涉功能,"它们却迫使我们架构出虚构的语言行为发生的环境,形成一种声音,一种被呼唤的力量"④,不仅与世界构成一种对话的形式,也更加呈现了一种"心智内部的戏剧"⑤。在抒情主体与外界的虚拟对话中,通过戏剧性的人物关系、动态化的行为、心理与情感的变化,建构一

---

① 孙亦丽等编:《最新高级英汉大词典》(第3版),商务印书馆国际有限公司2014年版,第80页。
② 参见乔纳森·卡勒对于哈特曼《超越形式主义》中的引用。[美]乔纳森·卡勒:《结构主义诗学》,盛宁译,中国社会科学出版社1991年版,第247页。
③ 因为呼吁法就是一种"自明其虚构性的虚构符号"。参见王璞:《抒情与翻译之间的"呼语"——重读早期郭沫若》,《新诗评论》2014年第18辑。
④ [美]乔纳森·卡勒:《结构主义诗学》,盛宁译,中国社会科学出版社1991年版,第247页。
⑤ 转引自王璞:《抒情与翻译之间的"呼语"——重读早期郭沫若》,《新诗评论》2014年第18辑。See Jonathan Culler, *The Pursuit of Signs: Semiotics, Literature, Deconstruction*, Ithaca: Cornell University, 2011, p. 148.

个独特的抒情主体,从而使抒情诗轻声而宏大的力量得以实现。由此,我们从叙事性的语言结构和形式要素来看待诗人与抒情诗主体的截然划分,以及抒情主体——作为动作发出者的姿态以其特殊的不易归纳的方式,从声音、动作、情感、心理、意识的变化来展开对主体的形成与建构过程的理解,从而界定这一抒情主体本身与世界的关系。呼语中"我—你"的关系,即是在对象的呼唤、呼告中建立主客关系与情感交流,实质上建构了主体与对象世界的关系,也提供了理解抒情主体的独特路径。呼语法独特的叙事与抒情功能,为重新观照和解读郭沫若诗歌提供了别样的进入方式。

在对中西诗学的比较与重审中,赵庆庆对呼语法在浪漫主义诗学中的渊源有过如下描述:"从英国湖畔诗派开始,越来越多的浪漫诗人钟情自然,在观照山水时,与其对话,与自我对话,与神对话。这个过程交织着主动、强烈、不安的心智活动。审美主体'我'频频显身诗中,对自然物体,直呼其名。呼语法(apostrophe)修辞的大量运用,既表现诗人和身外物的分裂,又显示出诗人对后者源源不断的感情投射和理性求索。"①呼语出现在与自然对话的主体声音里,不仅凸显了抒情诗中主体与世界的对象化关系,同时在情感表达中成为抒情声音最为直接的表现,或者说是抒情诗的"声音意象"②。这一声音意象,虚构了被召唤对象的出场与表演。正如卡勒指出:"呼语的诗人将他的宇宙视为一个由有生命的力量组成的世界。"③ 这种"泛神论"的预言(prophetic)或召唤(vocative)模式,在郭沫若早期抒情诗中得以集中体现。

郭沫若借助呼语巫术般的修辞使白话新诗从写实性、描述性为主的幼稚尝试,走向了一种生命力的张扬与个性化的表现。呼语在郭沫若抒情诗中成为颇为突出的抒情方式,有对单一对象的呼唤,也有对多个对象的呼唤。对单一对象的呼唤,旨在以独白的叙事话语建立"我"与"你"或"他"的面对面交流的关系,从而呈现内心情感的交流或冲突。《凤凰涅槃》中对"宇宙"的呼唤,《地球,我的母亲》反复直呼"地球,我的母亲",《梅花树下醉歌》直呈对"梅花"的呼唤与赞美,《夜》执着于对"夜,黑暗的夜"的呼唤,《夜步十里松原》呼唤着"哦!太空",《太阳礼赞》对"太阳哟"的反复

---

① 赵庆庆:《重思朱光潜之〈中西诗在情趣上的比较〉》,乐黛云、[法]李比雄主编《跨文化对话》(第30辑),三联书店2013年版,第470页。
② 转引自王璞:《抒情与翻译之间的"呼语"——重读早期郭沫若》,《新诗评论》2014年第18辑。See Jonathan Culler, *The Pursuit of Signs: Semiotics, Literature, Deconstruction*, Ithaca: Cornell University, 2011, p. 142.
③ 转引自王璞:《抒情与翻译之间的"呼语"——重读早期郭沫若》,《新诗评论》2014年第18辑。See Jonathan Culler, *The Pursuit of Signs: Semiotics, Literature, Deconstruction*, Ithaca: Cornell University, 2011, p. 139.

呼唤,《炉中煤》呼唤着"我年青的女郎",《浴海》呼唤着"弟兄们",《鹭鸶》呼唤着"鹭鸶!鹭鸶",《蜜桑索罗普之夜歌》呼唤着"无边天海",《鸣蝉》对秋的呼唤,《晚步》中对路过的"松林"的感叹,《春蚕》在对"蚕儿呀"的召唤中的自拟,《黄浦江口》呼唤故乡"平和之乡哟",《西湖纪游·沪杭车中》对"唉,我怪可怜的同胞们哟"哀其不幸、怒其不争的叹呼,《雨中望湖》对"沐浴着的西子"的呼唤……这些无一不是对单一对象的召唤。其中,《凤凰涅槃》借助对宇宙的呼唤,接通了"我"与宇宙的复杂关系。"宇宙呀,宇宙/你为什么存在?/你自从哪儿来?/你坐在哪儿在?/……/那拥抱着你的空间/他从哪儿来?"对"宇宙"召唤,不仅建构了抒情主体与宇宙的对话关系,而且对宇宙之外的空间、"你"之外的"他"也做了进一步的追问。

如果说在"我"对"你"——单一对象的呼唤中抒情主体从对象世界分裂出来得以确立,在"我"与"你"的情感交流、投射与理性求索或冲突中开始了现代主体的抒情或者批判①,那么对繁多对象的呼唤,则开始了抒情主体的扩张。《晨安》、《笔立山头展望》、《匪徒颂》、《胜利的死》等诗则是对繁多对象的召唤。尤其是在《晨安》中,郭沫若将万物置于自己的驱遣之下。在呼语中,郭沫若成为中国新诗史上第一个敞开胸怀拥抱世界、吞吐日月(《天狗》)、追问宇宙、追问历史现实(《凤凰涅槃》)、问候万物(《晨安》)、召唤弟兄们(《浴海》)的生命与情感得到极度扩张的个体。这不仅是抒情主体的扩张,也是现代抒情诗的扩张,这类诗歌无疑成为了一个"世界文本"②,形成了"新世界的诗"③,建立了现代中国与世界的新型关系。通过这一呼语,郭沫若虚构了"我"与世界万物的关系,实现了浪漫主义"完成了主体(自我)和客体(宇宙)相互认同、相互转化的仪式"④。于是,呼语"架构出一个符合全诗其余部分主题要求的叙事者"⑤,成为抒情主体的"叙事化"的标志之一。同时呼语的指涉性叙事功能是"对于诗

---

① 邹羽从文本与语言的话语操作本身的关系诠释了郭沫若诗歌中批判与抒情"从语言的角度来看,所谓对破坏的渴求,其实也就是对话语言说者本身自职能的批判,而那种新鲜有力的感情表达方式,则是建立了作为'自我'的言说者与其他相邻言说者之间直接的关系。在这种关系中,言说者的'感情'成为话语交流的一个重要内容,而这种话语交流则可称之为抒情"。参见邹羽:《批判与抒情——论郭沫若早期诗作中的自我问题》,王晓明主编《二十世纪中国文学史论》(上卷),东方出版中心2003年版,第379页。

② 佛朗哥·莫莱蒂语,转引自王璞:《抒情与翻译之间的"呼语"——重读早期郭沫若》,《新诗评论》2014年第18辑。

③ 朗西埃尔对惠特曼的抒情形态的定义,转引自王璞:《抒情与翻译之间的"呼语"——重读早期郭沫若》,《新诗评论》2014年第18辑,第78页注释1。

④ 王璞:《抒情与翻译之间的"呼语"——重读早期郭沫若》,《新诗评论》2014年第18辑,第71页。

⑤ [美]乔纳森·卡勒:《结构主义诗学》,盛宁译,中国社会科学出版社1991年版,第249页。

歌主题结构的提前肯定：想象力对客观世界具像的吸收同化和所作出的反应"①，进而发展了抒情或某种诗歌主题。在呼语的叙事功能中，郭沫若使一种生命力度得以张扬。这一极度张扬的生命力不仅使现代抒情主体得以确立与扩张，而且以个性化的面目使现代中国与世界的新型关系得到初步确立。在抒情主体与抒情诗的现代性扩张中，郭沫若早期抒情诗的呼语及其指涉性叙事特征无疑具有发展和深化中国新诗抒情特质的诗学功能。

二、人称与抒情诗的叙事性

在郭沫若早期抒情诗中，呼语与抒情主体的"我"在一种叙事性的召唤构架中遇合。由于呼语的存在，抒情主体的内外面目或声音得以出现并确立。在膜拜伟人、问候世界、召唤万物等吁请举动中，抒情主体不仅以第一人称的"我"得以凸显，而且表现出迥异于古典抒情诗主体的面目。

有论者曾指出："在20年代感伤、激越的文学空气中，以《女神》为代表的新诗正因为提供了这样一种激动不安的主体机制，而受到众多时代青年的追捧。"② 这一"激动不安的主体机制"揭示了现代抒情主体的形象特征。这一特征也符合林庚将自由体的新诗称为"自由诗"，将有格律的古典诗歌称为"自然诗"的区分——他认为"自由诗"给人"精警紧张"的阅读感受，而"自然诗"则给人以"自然从容"之感③。这一区分其实就包含了古典与现代诗歌中抒情主体从情感到精神的内在差异。在古典抒情诗中，抒情主体与世界是物我交融、天人合一的，所以在"两间莫非生意"、"万物莫不适性"④ 中显得自然从容。现代抒情主体是"激动不安"的。在现代社会的变形、变化、分裂、矛盾中，与自然、万物对话的抒情主体从世界中分裂、独立出来，不仅开始了张扬个性的自我表现，而且在自我的世界中表现出动与乱、紧张与苦闷的特征。这既表现在肉身上，同时也表现在精神层面上。前者如《天狗》中吞吐日月、吞噬自我的抒情主

---

① ［美］乔纳森·卡勒：《结构主义诗学》，盛宁译，中国社会科学出版社1991年版，第249页。
② 姜涛：《"病中的诗"及其他》，《巴枯宁的手》，北京大学出版社2010年版，第168页。原刊于《新诗评论》2008年第1辑。
③ 参见林庚《诗的韵律》中的观点："自由诗好比冲锋陷阵的战士，一面冲开了旧诗的约束，一面则抓到一些新的进展；然而在这新进展中一切是尖锐的，一切是深入但是偏激的；故自由诗所代表的永远是这警绝的一方面"；"而且尖锐的，深入的，偏激的方式，若一直走下去必有陷于'狭'的趋势。于是人们仍需要把许多深入的进展连贯起来，使它向全面发展，成为一种广漠的自然的诗体。这种诗体，姑名之曰'自然诗'；如宇宙之无言而含有了一切，也便如宇宙之均匀的，从容的，有一个自然的，谐和的形体；于是诗乃渐渐的在其间自己产生了一个普遍的形式"。《林庚诗文集》（第2卷），清华大学出版社2005年版，第77、78页。原载《文饭小品》1935年第3期。
④ （南宋）罗大经：《鹤林玉露》，上海古籍出版社2012年版，第92页。

体表现出一系列内噬的举动:"我剥我的皮,/我食我的肉,/我嚼我的血,/我啮我的心肝。"这一形象是"身体高度痉挛的,甚至自我肢解破碎的抒情自我形象"①,也是肉体盛不下精神的产物,所以有"我的我要爆了"的呼告。作为20世纪初被青年读者热衷阅读的诗集——《女神》,其中处处充满"我"这一激动不安主体的述说。正如有论者指出:"把生活欲望、冲突的意识置于作品中,由作品显示了一个人灵魂的苦闷与纠纷,是中国十年来文学其所以为青年热烈欢迎的理由。"② 这一不安激动的主体以个性化陈述,或宣叙自我肉身的痉挛与肢解,或呼告精神的矛盾与爆炸,表征了"五四"青年一代真实的心声,成为一种宏大的历史叙述,同时也呈现出现代抒情诗"尖锐的,深入的,偏激的"③ 警绝紧张的诗美特质。而"我便是我呀",则在"我"的主体性再次被确认中,"增强了抒情主体——自我形象的英雄性与时代性",显示了"创造主体的'我'与被创造客体的'我'——即艺术中自我形象之间的距离等于零",实现了"创造主体与被创造的艺术完全等同的问题"④。经由郭沫若"我便是我呀"的呼告与陈述,抒情主体不仅得以确立,而且得以高扬,同时在"灵魂的苦闷与纠纷"中塑造了现代抒情主体"激动不安"的形象。虽然抒情主体独白性述说往往湮没在历史叙述的宏大共鸣里,但现代抒情主体却成为与古典抒情主体有着完全不同的情感与精神特质的"我",而这正是新诗与古诗的区别之处。

呼语作为抒情诗独特的修辞术,带来抒情主体自我建构与叙事语境的虚拟,同时也带来了人称的扩张、变易。郭沫若早期抒情诗中,除了"我"的抒情宣叙之外,"我们"的歌唱述说也开始出现。《凤凰涅槃》中除了出现角色形象,而且在召唤万物的呼语中出现了群体形象——"我们"的述说与合唱:"我们新鲜,我们净朗/我们华美,我们芬芳。"在此,抒情主体的复数形态,除了说明集体观念在人称叙事中的出现,同时也可见出,后来勃兴的政治抒情诗的情感结构与呼语、人称等诗学特征都可以在郭沫若的抒情诗中找到可以呼应对照之处。这是抒情主体人称变化带来叙事性述说的别一表征。

---

① 姜涛:《"病中的诗"及其他》,《巴枯宁的手》,北京大学出版社2010年版,第167页。原刊于《新诗评论》2008年第1辑。
② 沈从文:《论朱湘的诗》,张兆和主编《沈从文全集》(第16卷),北岳文艺出版社2009年版,第140页。原载《文艺月刊》1931年第2卷第1期。
③ 林庚:《林庚诗文集》(第2卷),清华大学出版社2005年版,第78页。原载《文饭小品》1935年第3期。
④ 孙玉石:《〈女神〉艺术美的获得与失落》,《中国现代诗歌艺术》,北京大学出版社2010年版,第144页。

三、"乱写"及其诗学辩证

呼语法也往往带来罗列排比,因为"'包容的修辞'在罗列万事万物、各色人等时,也体现出呼语法的特征"①。这一罗列排比得甚至狂乱夸张的叙事性书写在郭沫若抒情诗中颇为突出。废名在新诗发生语境下,评价郭沫若和冰心时,指出他们"诗情的泛滥"、"乱写"、"夸大狂"②的特征。在废名看来,"他(即郭沫若——引者注)的诗本来是乱写,乱写才是他的诗,能够乱写是很不易得的事"③,甚至指出"乱写"是"在中国诗体解放运动之后,应有的一番诗人的本色"④,而"郭沫若的新诗里楚国骚豪的气氛确是很重,大概因为诗体解放而有诗情解放,因为诗情解放而古代诗人的诗之生命乃在今代诗人的体制里复活,原是一个很自然的事情"⑤。在此,废名首先肯定了郭沫若的"乱写是很不易得的事",同时认为解放的诗体也解放了诗情,郭沫若本色的"乱写"也是自然的事。但这一说法却往往成为郭沫若被人诟病的口实。

如果细致地考察包括呼语等在内的各类罗列排比、狂乱夸张的叙事性书写,可以发掘出郭沫若早期抒情诗的美学特质。"乱写"有着自身表述被误解的可能。早在1922年,郭沫若提出了"诗不是做的,诗是写的"⑥观点。这一观点有可能被不喜欢他大量排比列举而显得气势磅礴的诗歌的人视为"乱写"的根源,也许会冒犯美学的精致主义者对诗歌的审美习惯。比如沈从文在批评郭沫若的小说创作时,对郭沫若的"乱写",不仅视为"奔放到不能节制"的"废话""琐碎"⑦,甚至批评道:"他是修辞家,文章造句家,每一章每一句,并不忘记美与顺适,可是永远记不到把空话除去。"⑧这虽是针对小说,其实也不妨视为对其诗中散漫罗列的抒叙的隐在批评。

在文学史上,郭沫若这类罗列排比、狂乱夸张的叙事性书写多遭人纷纭置喙、甚至

---

① 王璞:《抒情与翻译之间的"呼语"——重读早期郭沫若》,《新诗评论》2014年第18辑,第77页。
② 废名:《沫若诗集》,废名、朱英诞《新诗讲稿》,北京大学出版社2005年版,第130页。
③ 废名:《沫若诗集》,废名、朱英诞《新诗讲稿》,北京大学出版社2005年版,第130页。
④ 废名:《沫若诗集》,废名、朱英诞《新诗讲稿》,北京大学出版社2005年版,第135页。
⑤ 废名:《沫若诗集》,废名、朱英诞《新诗讲稿》,北京大学出版社2005年版,第135页。
⑥ 郭沫若:《曼衍言》(一),转引自孙玉石《郭沫若:一个浪漫主义诗人的沉思》,《中国现代诗歌艺术》,北京大学出版社2010年版,第3页。原载《创造周报》1922年第1卷第2期。
⑦ 沈从文:《论郭沫若》,张兆和主编《沈从文全集》(第16卷),北岳文艺出版社2009年版,第155页。原载《日出》1930年1卷1期。
⑧ 沈从文:《论郭沫若》,张兆和主编《沈从文全集》(第16卷),北岳文艺出版社2009年版,第159页。原载《日出》1930年1卷1期。

否定质疑，但也不乏肯定，乃至激赏者。除了闻一多给予肯定性评价的两篇文章《〈女神〉之时代精神》、《〈女神〉之地方色彩》外，早在1924年，创造社同仁滕固就指出："艺术的要素是一个'动'字，并非简单表出受动的感觉，是表出内面的动——生命就是动——是表出内面的生命。这种动作就是创造，是个性的创造。"① 他肯定艺术中的"生动"与"个性的创造"，无疑从侧面呼应了郭沫若"乱写"与"夸大"的创作中表现出的内面生命与个性创造。新月诗人朱湘肯定其诗中对大的崇拜与力的崇拜，但对由此在艺术上呈现出的"粗"，即艺术上的粗糙有所揭示，正包含了对"乱写"的批评②。但孙玉石认为在《凤凰涅槃》、《晨安》、《天狗》等诗中，这种排比列举中能见到一种"打破模仿自然的恶习，朝着动的方向走"③的绝端自由的创造，比如"我飞奔，/我狂叫，/我燃烧。/我如烈火一样地燃烧！/我如大海一样地狂叫！/我如电气一样地飞跑！/我飞跑，我飞跑，/我飞跑，我剥我的皮，/我食我的肉，/我嚼我的血，/我啮我的心肝，/我在我神经上飞跑，/我在我脊髓上飞跑，/我在我脑筋上飞跑"。这一激越的情感述说中充满一种激情与速度的美学，更是巨大的生命能量与创造力的彰显。

　　抒情诗中的"我"、"我们"与呼语在文本中强劲的遇合之后，郭沫若的"乱写"，其实是一种想象力的爆发，是一种富有生气的创造力的喷薄。正如惠特曼对诗人的评价："对有生气的与伟大的事物的热情，只有当它在人的灵魂里有着有生气的与伟大的源泉时，才会结出硕果来。"④ 而崇拜惠特曼的郭沫若无疑也获得了这种热情与生气。《晨安》中对世界的问候、对伟人的致敬，《凤凰涅槃》中生命重生与人类大同的欢庆合唱，既是想象力的爆发与创造力的表现，也是一种生趣与活力的获得。正如郭沫若指出的，"古人用他们的言辞表示他们的情怀，已成为古诗，今人用我们的言辞表示我们的生趣，便是新诗"⑤，而充满生趣恰恰是郭沫若抒情诗的特征之一。而现代抒情诗最为核心的便是其生机与生趣，一如林庚指出《诗经》等古典抒情诗平实浑然中给人以难忘的喜悦，因为"生活上最需要的莫过于健康与生趣，而这些往往都毁于过虑与感伤之中"⑥。而后来的古典抒情诗沉湎于"过虑与感伤"中，缺少了"健康与生趣"，恰恰是新诗重新使诗

---

① 滕固：《艺术与科学》，《创造周报》1924年第40号。
② 朱湘：《郭君沫若的诗》，王训昭、卢正言、邵华等编《郭沫若研究资料》（中），知识产权出版社2010年版，第583页。原载《晨报副刊》1926年4月10日。
③ 孙玉石：《郭沫若：一个浪漫主义诗人的沉思》，《中国现代诗歌艺术》，北京大学出版社2010年版，第40页。
④ ［美］华尔脱·惠特曼：《〈草叶集〉序》，刘保端译，《美国作家论文学》，三联书店1984年版，第35页。
⑤ 田寿昌、宗白华、郭沫若：《三叶集》，上海书店出版社1982年版，第46页。
⑥ 林庚：《君子于役》，《林庚诗文集》（第7卷），清华大学出版社2005年版，第211、212页。

歌焕发出生机与活力。早期郭沫若抒情中的叙事性书写正是这一生机与生趣的明证，而这一颇为人诟病的"乱写"，则有着可资辩难的、诗学的辩证。

当然，这一狂乱夸张的叙事性书写，也需要艺术的熔铸与锤炼，不然就会堕入流弊之途，成为被人诟病的"深厚不足，平实粘滞，缺乏透视，粗滑松脱"① 之作。对这一缺陷，废名也含蓄地批评了其中顺滑书写带来的"无力"："白话新诗对于这一派诗人的天才，有时反而不能加以帮助，好比冰场上溜冰一样，本来是没有阻碍的，但滑就是阻碍，随便的滑一下，自己觉着，别人也看着你滑一脚了，好像气力不够似的。"②

作为情感丰富、灵魂热度高的诗人，郭沫若早期抒情诗在隐性叙事层面赓续了浪漫主义诗歌中的呼语法，以对"我"与"我们"等人称的自如变易、切换，建构了有着个性面目与时代特征的、独立不羁的现代抒情主体，并且在现代抒情诗及其主体的扩张中重构了现代中国与世界的新型关系，展现了现代抒情诗与古典抒情诗迥异的情感与精神面目，同时以其飞动的想象与夸张，使白话新诗在不乏"乱写"的诗学辩证中摆脱了新与旧的纠缠，克服了早期白话新诗想象力、形象性不足的缺点，以强健有力的想象与创造，给诗歌注入生气与活力，使之走向了真正意义上的现代抒情诗。可以说，在"五四"新文化中郭沫若将个体肉身的经验突入历史与现实的观察与表现中，说出了"不能说话的事物所固有的优美和庄严，沟通现实和灵魂的道路"③，成为时代精神的表征。郭沫若抒情诗的叙事性诗学实践参与了这一"时代精神"发明，在推动中国现代抒情诗的生长、扩张中，使之成为崭新而富有生命力的诗歌范式。正是在这个意义上，郭沫若早期抒情诗的叙事性无疑是有力构建现代诗歌抒情传统的形式要素之一。

（作者单位：西华师范大学文学院）

---

① 蓝棣之：《现代诗的情感与形式》，人民文学出版社2003年版，第15页。
② 废名：《沫若诗集》，废名、朱英诞《新诗讲稿》，北京大学出版社2005年版，第138页。
③ [美]华尔脱·惠特曼：《〈草叶集〉序》，刘保端译，《美国作家论文学》，三联书店1984年版，第17页。

民国文学研究

思想相遇与观点误读
——从前期思想的角度看鲁迅如何接受"同路人"概念[①]

彭冠龙 周 循

　　研究托洛茨基文论对鲁迅思想的影响，需要突破一个时间界限。目前学界普遍将这一话题归入"鲁迅后期思想研究"范围内，主要考察1925年鲁迅买到《文学与革命》一书之后的思想发展状况，这一划分方式固然有其道理，但同时也造成了局限和断裂，它将我们的目光聚焦于"后期"这样一个时间范围内，就很容易忽视其"前期"思想，从而导致无法在一个连贯的思想发展脉络中考察托洛茨基文论与鲁迅思想的关系。在这一话题的讨论中，有两个基本现象往往被忽视，一是鲁迅从来没有在自己的文章中直接使用托洛茨基文论的译文，而是将之与自己的感悟、观点、意见、经验等等掺在一起，借助托洛茨基文论中相关观点的大致含义阐发自己的思考；二是托洛茨基文论中的大部分内容，包括"同路人"等重要概念的核心观点并没有引起鲁迅的兴趣，可以说，鲁迅在接受托洛茨基文论时存在比较严重的误读。如果放眼1925年以前的鲁迅思想，就可以发现这两个现象的形成原因，即鲁迅自身本来就已经形成了某些思想的雏形，在托洛茨基文论的影响之下，催生出了具体观点。因此，托洛茨基文论对鲁迅思想的影响不是观点的习得、移植和启发，而是思想相遇，它使鲁迅在面对20世纪20年代末至30年代的革命斗争情况及其影响下产生的革命文学思潮这种具体时代语境，开始了独立思考却尚未形成相应有效的话语方式的情况下，找到了一个可资借鉴的话语资源，他们两个从未谋面的人所持有的两套独立思想体系中，或许存在着重要的契合点。因此，跳出"鲁迅后期思想"这一范围，将眼光伸向"前期"，寻找两人思想的重要契合点在哪里，就可

　　[①] 本文系山东省高等学校人文社科规划项目"托洛茨基与中国现代文学家思想转向研究"（J17RA040）的成果。

以重新讨论托洛茨基文论对鲁迅思想的影响。

一、鲁迅运用托洛茨基文学观点的两种方式

鲁迅对托洛茨基关于文艺政策、无产阶级文化等方面的观点似乎毫无兴趣,在他的所有文章中,几乎找不到任何这些方面的痕迹,这或许意味着鲁迅对托洛茨基文论观点的接受是有选择的。他只关心托洛茨基关于"同路人"、"革命人"和文学作品独立审美价值的论述,这在他的文章中表现得非常明显,不仅经常出现托洛茨基在这些方面的相关观点,而且经常借用《文学与革命》中的具体例证。然而,这些内容与鲁迅自己的言论完全融合在一起,如果不进行仔细对照和辨别,甚至很难发现它们来自托洛茨基的文论。这种融合大致分为两类。

第一类是鲁迅化用托洛茨基的观点表达自己想说却不知该如何说的话,这以1926年所作《中山先生逝世后一周年》一文最为典型。鲁迅在这篇文章中表达了对孙中山先生的敬意,在文章末尾高度评价其革命精神时,却出现了一个奇怪的现象,本来与文学艺术无关的一篇文章,却以托洛茨基对革命艺术的定义作为对孙中山革命精神的全部评语:"他是一个全体,永远的革命者。无论所做的那一件,全都是革命。无论后人如何吹求他,冷落他,他终于全都是革命。为什么呢?托洛斯基曾经说明过什么是革命艺术。是:即使主题不谈革命,而有从革命所发生的新事物藏在里面的意识一贯着者是;否则,即使以革命为主题,也不是革命艺术。"对于这一现象,我们或许可以这样理解:鲁迅想表达的意思是赞颂"矢志不渝追求革命的领袖",这可以从托洛茨基的定义中体会出来,但是他在当时尚未有充分的话语准备,还不知道该如何组织语言,这可以从语句的略显凌乱现象中得到印证,鲁迅想使用的不是这个定义,而是定义中隐含的意思,另外,这个定义在《文学与革命》一书中是无法找到的,托洛茨基没有对它进行准确精练的概括,而是通过大量举例分析传达出来的,因此,鲁迅是意会了托洛茨基的观点,并在词穷之时发现恰好可以将之用做替代。这一类的例子还有很多,比如《文艺与革命》中,鲁迅提出"但我以为当先求内容的充实和技巧的上达,不必忙于挂招牌。'稻香村''陆稿荐',已经不能打动人心了,'皇太后鞋店'的顾客,我看见也并不比'皇后鞋店'里的多。一说'技巧',革命文学家是又要讨厌的。但我以为一切文艺固是宣传,而一切宣传却并非全是文艺,这正如一切花皆有色(我将白也算作色),而凡颜色未必都是花一样。革命之所以于口号,标语,布告,电报,教科书……之外,要用文艺者,就因为它是文艺"。如果与托洛茨基《文学与革命》的内容对照,可以看到"当先求内容的充实和技巧的上达……一说'技巧',革命文学家是又要讨厌的……革命之所以于口号,

标语，布告，电报，教科书……之外，要用文艺者，就因为它是文艺"①。这个观点以及行文逻辑与《文学与革命》第六章中的一段内容基本一致②，但鲁迅是以"我以为"的角度进行表达的，且论述这个观点时所用的证据是"稻香村"、"陆稿荐"、"皇太后鞋店"、"皇后鞋店"等等鲁迅所熟知的中国事物，并加入了对辛克莱"一切文艺是宣传"观点的讨论。综合这些方面来看，鲁迅对于"当先求内容的充实和技巧的上达"应该是已经形成了自己的思考和看法，而在形诸文字时，为了进行有效表达，他借用了《文学与革命》中的话语资源。这一借用过程并非原封不动地照搬语句，而是选取了托洛茨基文论观点中与自己思想相一致的方面，予以概括使用。在《文学的阶级性》中，鲁迅对"脱罗兹基曾以对于'死之恐怖'为古今人所共同，来说明文学中有不带阶级性的分子"表示肯定，这也是以自己的深入独立思考为基础的："在我自己，是以为若据性格感情等，都受'支配于经济'（也可以说根据于经济组织或依存于经济组织）之说，则这些就一定都带着阶级性。但是'都带'，而非'只有'。所以不相信有一切超乎阶级，文章如日月的永久的大文豪，也不相信住洋房，喝咖啡，却道'唯我把握住了无产阶级意识，所以我是真的无产者'的革命文学者。"③

第二类是鲁迅将自己所久已熟知的事实例证与来自《文学与革命》的"同路人"现象放在一起进行讨论。自从接触到《文学与革命》一书之后，在鲁迅的文章中就开始经常出现勃洛克、叶遂宁、梭波里、毕力涅克等等名字。这些都是托洛茨基所谓的"同路人"，尤其是勃洛克，在他所作《十二个》中译本出版时，鲁迅亲自翻译了《文学与革命》中的相关章节作为序言，并写了后记。另外，鲁迅在《马上日记之二》中谈到勃洛克时，也表达了对托洛茨基观点的认可："然而他眼见，身历了革命了，知道这里面有破坏，有流血，有矛盾，但也并非无创造，所以他决没有绝望之心。这正是革命时代的活着的人的心。诗人勃洛克（Alexander Block）也如此。他们自然是苏联的诗人，但若用了纯马克思流的眼光来批评，当然也还是很有可议的处所。不过我觉得托罗兹基（Trotsky）的文艺批评，到还不至于如此森严。"④ 对于这些"同路人"例子，鲁迅在列举的时候都是与中国的南社等等并列。在《现今的新文学的概观》中，首先谈到"希望革命的文人，革命一到，反而沉默下去的例子，在中国便曾有过的。即如清末的南社，便是鼓吹革命的文学团体，他们叹汉族的被压制，愤满人的凶横，渴望着'光复旧物'。

---

① 鲁迅：《文艺与革命》，《鲁迅全集》（第4卷），人民文学出版社2005年版，第84-85页。
② 参见托洛茨基：《文学与革命》，未名社出版部，1928年，第270页。
③ 鲁迅：《文学的阶级性》，《鲁迅全集》（第4卷），人民文学出版社2005年版，第128页。
④ 鲁迅：《马上日记之二》，《鲁迅全集》（第3卷），人民文学出版社2005年版，第361-362页。

但民国成立以后,倒寂然无声了。我想,这是因为他们的理想,是在革命以后,'重见汉官威仪',峨冠博带。而事实并不这样,所以反而索然无味,不想执笔了",然后联想到"俄国的例子尤为明显,十月革命开初,也曾有许多革命文学家非常惊喜,欢迎这暴风雨的袭来,愿受风雷的试炼。但后来,诗人叶遂宁,小说家索波里自杀了……这是什么缘故呢?就因为四面袭来的并不是暴风雨,来试炼的也并非风雷,却是老老实实的'革命'。空想被击碎了,人也就活不下去"①。《对于左翼作家联盟的意见》同样如此,先谈到"所以对于革命抱着浪漫谛克的幻想的人,一和革命接近,一到革命进行,便容易失望。听说俄国的诗人叶遂宁,当初也非常欢迎十月革命,当时他叫道,'万岁,天上和地上的革命!'又说'我是一个布尔塞维克了!'然而一到革命后,实际上的情形,完全不是他所想像的那么一回事,终于失望,颓废。叶遂宁后来是自杀了的,听说这失望是他的自杀的原因之一。又如毕力涅克和爱伦堡,也都是例子",然后又联想到"在我们辛亥革命时也有同样的例,那时有许多文人,例如属于'南社'的人们,开初大抵是很革命的,但他们抱着一种幻想,以为只要将满洲人赶出去,便一切都恢复了'汉官威仪',人们都穿大袖的衣服,峨冠博带,大步地在街上走。谁知赶走满清皇帝以后,民国成立,情形却全不同,所以他们便失望,以后有些人甚至成为新的运动的反动者。但是,我们如果不明白革命的实际情形,也容易和他们一样的"②。在为《十二个》所写的后记中,鲁迅对托洛茨基关于勃洛克的观点深表认可,并赞许他"是一个深解文艺的批评者",也是以赏析评论中国文学的眼光为基础的:"呼唤血和火的,咏叹酒和女人的,赏味幽林和秋月的,都要真的神往的心,否则一样是空洞。人多是'生命之川'之中的一滴,承着过去,向着未来,倘不是真的特出到异乎寻常的,便都不免并含着向前和反顾。"③ 这些现象说明鲁迅是根据自己已有的知识积累和人生阅历来接受托洛茨基文论的,《文学与革命》中对很多俄国文学现象的分析和判断,恰好与鲁迅对中国某些重要现象的认识相一致。

二、娜拉·吕纬甫·范爱农

从以上表面现象深入下去,"同路人"概念成为需要深入具体探讨的点。托洛茨基

---

① 鲁迅:《现今的新文学的概观》,《鲁迅全集》(第4卷),人民文学出版社2005年版,第137-138页。
② 鲁迅:《对于左翼作家联盟的意见》,《鲁迅全集》(第4卷),人民文学出版社2005年版,第239页。
③ 鲁迅:《后记》,《十二个》,未名社出版部,1926年,第71页。

首次将"同路人"这一政治领域内的术语应用于文学批评,并在《文学与革命》中以占全书约三分之一的篇幅进行讨论,其中的重要观点和具体作家作品例证都对鲁迅产生了很大影响,这在鲁迅文章中表现得很明显。鲁迅根据自己的理解,对托洛茨基的"同路人"概念进行了概括:"托罗茨基也是支持者之一,称之为'同路人'。同路人者,谓因革命中所含有的英雄主义而接受革命,一同前行,但并无彻底为革命而斗争,虽死不惜的信念,仅是一时同道的伴侣罢了。这名称,由那时一直使用到现在。"①

类似这样的认识在鲁迅的很多早期文章中都曾出现过。《摩罗诗力说》中就注意到"特生民之始,既以武健勇烈,抗拒战斗,渐进于文明矣,化定俗移,转为新懦,知前征之至险,则爽然思归其雌,而战场在前,复自知不可避,于是运其神思,创为理想之邦,或托之人所莫至之区,或迟之不可计年以后。自柏拉图(Platon)《邦国论》始,西方哲士,作此念者不知几何人"②。虽然《摩罗诗力说》中讨论的是人类文明伊始的情况,但是已经出现了类似"并无彻底斗争,虽死不惜的信念,仅是一时同道的伴侣"这样的思考,说明鲁迅很早就关注到这一类现象了。在 1925 年所作《杂忆》中,鲁迅就具体说到革命过程中的这样一批中国青年:"时当清的末年,在一部分中国青年的心中,革命思潮正盛,凡有叫喊复仇和反抗的,便容易惹起感应……别有一部分人,则专意搜集明末遗民的著作,满人残暴的记录,钻在东京或其他的图书馆里,抄写出来,印了,输入中国,希望使忘却的旧恨复活,助革命成功。于是《扬州十日记》,《嘉定屠城记略》,《朱舜水集》,《张苍水集》都翻印了,还有《黄萧养回头》及其他单篇的汇集,我现在已经举不出那些名目来。别有一部分人,则改名'扑满''打清'之类,算是英雄。这些大号,自然和实际的革命不甚相关,但也可见那时对于光复的渴望之心,是怎样的旺盛。不独英雄式的名号而已,便是悲壮淋漓的诗文,也不过是纸片上的东西,于后来的武昌起义怕没有什么大关系。待到革命起来,就大体而言,复仇思想可是减退了……但那时的所谓文明,却确是洋文明,并不是国粹;所谓共和,也是美国法国式的共和,不是周召共和的共和。"③ 鲁迅在这里所关注的中国青年,以"叫喊复仇和反抗"、"扑满"、"打清"为"英雄式的名号",可以说就是"因革命中所含有的英雄主义而接受革命",但这些名号"自然和实际的革命不甚相关",等革命兴起后,他们发现与自己"对于光复的渴望之心"相距甚远,且革命后的文明"却确是洋文明,并不是国粹",共和"也是美国法国式的共和,不是周召共和的共和",于是这批青年就消失了。这与来自《文学与革命》的勃洛克、叶遂宁的经历和遭遇何其相似。根据《鲁迅全集》中关于"南社"的注释可

---

① 鲁迅:《〈竖琴〉前记》,《鲁迅全集》(第 4 卷),人民文学出版社 2005 年版,第 445 页。
② 鲁迅:《摩罗诗力说》,《鲁迅全集》(第 1 卷),人民文学出版社 2005 年版,第 68-69 页。
③ 鲁迅:《杂忆》,《鲁迅全集》(第 1 卷),人民文学出版社 2005 年版,第 233-234 页。

以推测，后来鲁迅经常与俄国"同路人"作家相提并论的"属于'南社'的人们"① 大概就在这批青年的行列中。

鲁迅早期对于这种现象和这一类青年的思考，以娜拉、吕纬甫和范爱农三个形象为典型，与他在 1925 年后经常提及的四个"同路人"——皮涅克、勃洛克、叶遂宁和梭波里——相对照，会发现他们之间在某些重要方面上高度相似。从这一角度来看，娜拉、吕纬甫和范爱农可以被视为鲁迅早期尚未接触到托洛茨基"同路人"概念时，就已经产生的与之类似的思想雏形。

娜拉是易卜生作品《傀儡家庭》中的文学形象，这部作品译介到中国后，产生了很大影响。鲁迅在北京女子高等师范学校文艺会上以《娜拉走后怎样》为题做了一次演讲，从"她竟觉悟了：自己是丈夫的傀儡，孩子们又是她的傀儡。她于是走了，只听得关门声，接着就是闭幕"开始，猜测娜拉走后会发生什么事。鲁迅认为，"从事理上推想起来，娜拉或者也实在只有两条路：不是堕落，就是回来。因为如果是一匹小鸟，则笼子里固然不自由，而一出笼门，外面便又有鹰，有猫，以及别的什么东西之类；倘使已经关得麻痹了翅子，忘却了飞翔，也诚然是无路可以走。还有一条，就是饿死了，但饿死已经离开了生活，更无所谓问题，所以也不是什么路"。他在文末还补充了一种假设："然而上文，是又将娜拉当作一个普通的人物而说的，假使她很特别，自己情愿闯出去做牺牲，那就又另是一回事。我们无权去劝诱人做牺牲，也无权去阻止人做牺牲。况且世上也尽有乐于牺牲，乐于受苦的人物……只是这牺牲的适意是属于自己的，与志士们之所谓为社会者无涉。"② 将"从事理上推想起来"的结果与文末的假设结合，鲁迅的意思可以完整表述为：娜拉虽然觉醒了，但是她在出走之后很可能没有为争取自身自由而"情愿牺牲"的决心，所以其"觉悟"和"出走"只是一时的，其结果必然会"不是堕落，就是回来"。易卜生的作品所讨论的是家庭中的妇女解放问题，鲁迅的演讲实际也是借娜拉形象继续谈论这一问题，但是这个问题在一定程度上也属于一种革命，即妇女社会地位的革命，出走的娜拉便可视为参与了这次革命的典型人物，可见，鲁迅在思考这样一位典型人物的命运时，就已经产生了"并无彻底为革命而斗争，虽死不惜的信念"的担忧。托洛茨基对皮涅克的论述与鲁迅对娜拉的思考非常相似："皮涅克也是每次在困难中就拿出他底罗曼主义的通行证。这在他必得十分显然地，不是用暧昧双关的名词，显示他接受革命的时候，尤其如此。于是他即刻又倒退几步，并且以一种完全新的风调宣示：请莫忘记，我是一个罗曼主义者……革命毕竟不是一双破靴加上罗曼主

---

① 鲁迅：《对于左翼作家联盟的意见》，《鲁迅全集》（第 4 卷），人民文学出版社 2005 年版，第 239 页。

② 鲁迅：《杂忆》，《鲁迅全集》（第 1 卷），人民文学出版社 2005 年版，第 166、170 页。

义。"皮涅克是个向往革命的青年,但是在深入革命生活之后,遇到实际困难,并非矢志不移地克服困难,而是"逃出困难的情况","倒退几步",退回到参加革命以前的状态中,再次"拿出他底罗曼主义的通行证"①。这样一个觉醒后主动追求革命、遇到实际困难就退回的现实例子,在一定程度上印证了鲁迅关于"娜拉走后怎样"的担忧。

鲁迅通过小说《在酒楼上》塑造了人物形象吕纬甫,这是一个因革命受挫而颓唐消沉、由战斗者变成苟活者的知识分子。吕纬甫年轻时对中国革命充满了期待,但后来逐渐变得浑浑噩噩。他自己说:"你这样的看我,你怪我何以和先前太不相同了么?是的,我也还记得我们同到城隍庙里去拔掉神像的胡子的时候,连日议论些改革中国的方法以至于打起来的时候。但我现在就是这样了,敷敷衍衍,模模胡胡。我有时自己也想到,倘若先前的朋友看见我,怕会不认我做朋友了。——然而我现在就是这样。"之所以会有这样的变化,是因为"你看我们那时豫想的事可有一件如意?我现在什么也不知道,连明天怎样也不知道,连后一分……"② 关于吕纬甫"先前"朝气蓬勃、对革命跃跃欲试的精神状态,以及在革命中失意的情况,鲁迅只写了这很少的一部分内容,但是已经基本可以看到,吕纬甫的颓废,很大程度上是因为他感到革命的实际过程与曾经设想中的情形存在很大差异,这让他既失望又不知所措。鲁迅以这个典型形象反映一批经历了辛亥革命的青年知识分子对革命的不满、迷茫和沮丧,也表达了对他们这一精神转变的思考。关于这一类青年人,在《文学与革命》中有一个具体的"同路人",即勃洛克。"勃洛克觉得两次革命中的反动,是一种精神底空虚,而于时代底无目的性,他觉得是一种以莓汁替代了血的闹戏场","像事实底石雨,大事件底地质学的崩土一般降到诗人身上的革命,驳责或宁说是扫荡了革命前的勃洛克——他在苦闷与豫感中自己消磨着在。用咆哮着的,自胸腔进出的破坏底音乐,革命压灭了个人主义底温存的,蚊子似的音调"③。勃洛克因两次革命中的反动而精神空虚苦闷,即如鲁迅所概括的"他听到黑夜白雪间的风,老女人的哀怨,教士和富翁和太太的彷徨,会议中的讲嫖钱,复仇的歌和枪声……"这些细节内容在塑造吕纬甫时没有出现,然而,"我们那时豫想的事可有一件如意"之问,在文学形象吕纬甫和真实人物勃洛克身上共同存在,因此,鲁迅和托洛茨基发出了一致的慨叹:"如托罗兹基所言,因为他'向着我们这边突进了。突进而受伤了'","他向前,所以向革命突进了,然而反顾,于是受伤"④。

如果说鲁迅1923年对娜拉的思考尚未触及革命,1924年对吕纬甫的塑造也只是初

---

① 托洛茨基:《文学与革命》,未名社出版部,1928年,第112页。
② 鲁迅:《在酒楼上》,《鲁迅全集》(第2卷),人民文学出版社2005年版,第29、34页。
③ 托洛茨基:《文学与革命》,未名社出版部,1928年,第154、156页。
④ 鲁迅:《后记》,《十二个》,未名社出版部,1926年,第70–71页。

步、简单地露出了与托洛茨基"同路人"概念相一致的思想端倪,那么,1926年的《范爱农》则非常详细地展现了一个"因革命中所含有的英雄主义而接受革命,一同前行,但并无彻底为革命而斗争,虽死不惜的信念"的知识分子。这篇文章发表于1926年,此时的鲁迅刚刚接触到托洛茨基文论思想,但是所记录的人和事均发生于1912年以前,且根据鲁迅日记中所言"悲夫悲夫,君子无终,越之不幸也,于是何几仲辈为群大蠢"①可知,范爱农的死对鲁迅的触动非常大,以致鲁迅专门为此作诗三首,时隔十几年,又写了一篇文章记述范爱农的情况,可见,范爱农的遭遇给鲁迅带来了挥之不去的影响。在革命初起时,范爱农充满了向往,听说了武昌起义和绍兴光复之后,"第二天爱农就上城来,戴着农夫常用的毡帽,那笑容是从来没有见过的。'老迅,我们今天不喝酒了。我要去看看光复的绍兴。我们同去。'"很快,他就获得了师范学校校长的任用,"爱农做监学,还是那件布袍子,但不大喝酒了,也很少有工夫谈闲天。他办事,兼教书,实在勤快得可以"。从细节中可以看到,在这项具体的革命工作中,范爱农是尽职尽责、充满热情的,但是境遇并不顺利,他遭到了多方面的排挤。按照文章《范爱农》中的记录:"爱农的学监也被孔教会会长的校长设法去掉了。他又成了革命前的爱农……他后来便到一个熟人的家里去寄食,也时时给我信,景况愈困穷,言辞也愈凄苦。终于又非走出这熟人的家不可,便在各处飘浮。"② 按照鲁迅所作诗《哀范君三章》中"白眼看鸡虫"语,以及鲁迅日记所记录的内容,范爱农是受到了中华自由党绍兴分部骨干分子何几仲的排挤。在挫折面前,他给鲁迅的信中写道:"如此世界,实何生为?盖吾辈生成傲骨,未能随波逐流,惟死而已,端无生理。"③ 于是,他死了。鲁迅认为他是自杀。在托洛茨基的《文学与革命》中,也有因在革命过程中遭遇挫折而自杀身亡的"同路人",即鲁迅经常用来做例证的叶遂宁和梭波里。鲁迅详细描述了叶遂宁从兴奋地走上革命道路到失望、颓废而自杀的过程:"听说俄国的诗人叶遂宁,当初也非常欢迎十月革命,当时他叫道,'万岁,天上和地上的革命!'又说'我是一个布尔塞维克了!'然而一到革命后,实际上的情形,完全不是他所想像的那么一回事,终于失望,颓废。叶遂宁后来是自杀了的,听说这失望是他的自杀的原因之一。"④ 鲁迅也描述了梭波里最后绝望的喊叫:"俄国十月革命时,确曾有许多文人愿为革命尽力。但事实的狂风,终于转得他们手足无措。显明的例是诗人叶遂宁的自杀,还有小说家梭波里,他最后的话是:'活不下去

---

① 鲁迅:《壬子日记》,《鲁迅全集》(第15卷),人民文学出版社2005年版,第11页。
② 鲁迅:《范爱农》,《鲁迅全集》(第2卷),人民文学出版社2005年版,第324、325、327页。
③ 参见《鲁迅全集》第2卷中《范爱农》的注释,人民文学出版社2005年版,第332页。
④ 鲁迅:《对于左翼作家联盟的意见》,《鲁迅全集》(第4卷),人民文学出版社2005年版,第239页。

了！'"① 叶遂宁的经历几乎是范爱农的遭遇的翻版,梭波里说的"活不下去了"也与范爱农信中所言"盖吾辈生成傲骨,未能随波逐流,惟死而已,端无生理"一模一样。

三、猛士

托洛茨基在《文学与革命》中以较大篇幅论述"同路人",主要是为了说明"假如人不在革命底全部中,即作为革命主力底标的那种客观的历史的工作中去看革命,那是不能够了解革命,也不能接受或绘画革命的,甚至就连部分地也不能够。假如这个弄错了,那末中枢与革命就都吹了。革命就分裂成枝叶与奇谭,这些既不是英雄的,也不是罪恶的。要是如此,画一点儿怪乖巧的图画还可能,重新创造革命是不可能的,和革命和谐一致自然是不可能的了"②。对此,鲁迅深以为然,"托洛斯基曾经说明过什么是革命艺术。是:即使主题不谈革命,而有从革命所发生的新事物藏在里面的意识一贯着者是;否则,即使以革命为主题,也不是革命艺术"③。在此基础上,鲁迅表达了与托洛茨基相同的观点:"所以革命文学家,至少是必须和革命共同着生命,或深切地感受着革命的脉搏的。"④ 这样的革命文学家首先必须是一个"革命人"、"战斗者","革命人做出东西来,才是革命文学"⑤。这是托洛茨基文论对鲁迅思想产生的基本影响⑥。

然而,在鲁迅早期的文章中,存在着娜拉、吕纬甫、范爱农等具体的关于"同路人"的早期思想雏形,却找不到一个具体的"革命人"雏形。其原因,或许如鲁迅所言,"而且还是准备'思想革命'的战士,和目下的社会无关。待到战士养成了,于是再决胜负。我这种迂远而且渺茫的意见,自己也觉得是可叹的"⑦。言外之意是鲁迅所期望的战士尚未出现,而且远未达到战士养成的时候,因此,只能通过分析娜拉、吕纬甫、范爱农一类的人来思考"革命人"、"战斗者"应具备的特质。虽然如此,但是并不意味着鲁迅早期思想中在这一方面与托洛茨基文论没有契合点。

在对娜拉、吕纬甫、范爱农一类人的思考的基础上,对"革命人"、"战斗者"提出设想和希冀,这一整体逻辑,就与托洛茨基批评"同路人"时的思路基本一致。托洛茨

---

① 鲁迅:《革命文学》,《鲁迅全集》(第3卷),人民文学出版社2005年版,第568页。
② 托洛茨基:《文学与革命》,未名社出版部,1928年,第116页。
③ 鲁迅:《中山先生逝世后一周年》,《鲁迅全集》(第7卷),人民文学出版社2005年版,第306页。
④ 鲁迅:《上海文艺之一瞥》,《鲁迅全集》(第4卷),人民文学出版社2005年版,第307页。
⑤ 鲁迅:《革命时代的文学》,《鲁迅全集》(第3卷),人民文学出版社2005年版,第437页。
⑥ 关于这一点,本人已在另一篇文章中进行了详细论述,参见拙作:《"革命人做出东西来,才是革命文学"——托洛茨基文论对鲁迅文学思想的影响》,《鲁迅研究月刊》2015年第5期。
⑦ 鲁迅:《通讯》,《鲁迅全集》(第3卷),人民文学出版社2005年版,第23页。

基给"同路人"下的定义中,包含如下几句话:"介于在反覆或沉默中消逝的资产阶级的艺术,与尚未诞生的新艺术之间,创造出了一种过渡的艺术,它多少和革命有机地相连,但同时又不是革命的艺术……他们没有任何革命的过去……就全体说,他们的文学的和精神的前线,是被革命,被革命的捉着了他们的那一角所造成,并且他们都接受了革命,各人以他自己的方法。但是在这些个人的接受中,有一种特征把他们从共产主义截然分开,并且时常有使他们与之反对的形势……"① 这正是要以全书三分之一左右篇幅对这一群体进行批评的前提。革命文学家尚未出现,只能以分析"同路人"为手段,侧面阐述革命文学家应具备的两大基本素质:第一,必须矢志不移地追求革命,不能如"同路人"一般,"意象主义者玛林禾夫去下帽子,恭敬而且讥刺地向陷卖了他的革命说再会。并且尼克金在他底小说《皮拉》中以不如玛林禾夫畏缩,但却同样藐世的内在惑疑的话终结:'你倦了,我也已经抛弃追逐了……并且现在追求于我们是枉然的了……'","他们的路,和疏远革命并列。没有什么追求的人,是一个精神的亡命者的候补人"②;第二,能够用实际行动深入现实斗争,"沉没在革命中"、"溶解在革命中以领悟革命","不仅拿革命当一种元素的力,也当作一种有目的的进程去领悟它"③。

在鲁迅早期思想中,有一类他所盼望出现的人完全符合这两大基本素质,这类人即"猛士"。在《摩罗诗力说》中,鲁迅就已经"举一切诗人中,凡立意在反抗,指归在动作,而为世所不甚愉悦者悉入之,为传其言行思惟,流别影响,始宗主裴伦,终以摩迦(匈加利)文士",并十分推崇这类诗人百折不回的战斗精神:"则所遇常抗,所向必动,贵力而尚强,尊己而好战,其战复不如野兽,为独立自由人道也……瞻顾前后,素所不知;精神郁勃,莫可制抑,力战而毙,亦必自救其精神;不克厥敌,战则不止。而复率真行诚,无所讳掩。"④ 在《野草》中,鲁迅更是以各种艺术手法表达了对"猛士"的崇拜和期盼,他所希望的是"叛逆的猛士出于人间。他屹立着,洞见一切已改和现有的废墟和荒坟,记得一切深广和久远的苦痛,正视一切重叠淤积的凝血,深知一切已死,方生,将生和未生。他看透了造化的把戏。他将要起来使人类苏生,或者使人类灭尽,这些造物主的良民们"⑤。这类"猛士"将"走进无物之阵",并"举起了投枪"⑥,其战斗的气势如同秋夜的枣树,"默默地铁似的直刺着奇怪而高的天空,使天空闪闪地鬼

---

① 托洛茨基:《文学与革命》,未名社出版部,1928年,第68页。
② 托洛茨基:《文学与革命》,未名社出版部,1928年,第94、95页。
③ 托洛茨基:《文学与革命》,未名社出版部,1928年,第117页。
④ 鲁迅:《摩罗诗力说》,《鲁迅全集》(第1卷),人民文学出版社2005年版,第68、84页。
⑤ 鲁迅:《淡淡的血痕中》,《鲁迅全集》(第2卷),人民文学出版社2005年版,第226-227页。
⑥ 鲁迅:《这样的战士》,《鲁迅全集》(第2卷),人民文学出版社2005年版,第219页。

眼；直刺着天空中圆满的月亮，使月亮窘得发白"，"默默地铁似的直刺着奇怪而高的天空，一意要制他的死命，不管他各式各样地睞着许多蛊惑的眼睛"①，又如同"地火在地下运行，奔突；熔岩一旦喷出，将烧尽一切野草，以及乔木，于是并且无可朽腐"②，"待我成尘时，你将见我的微笑"③！明知前路是坟而毅然前进的"过客"④是这类"猛士"的一个缩影。在鲁迅看来，娜拉、吕纬甫、范爱农一类人遇到黑暗后就会颓废、退缩、停止斗争，而"猛士"正相反，"即使所发见的不过完全黑暗，也可以和黑暗战斗的"⑤，"真的猛士，敢于直面惨淡的人生，敢于正视淋漓的鲜血"，"苟活者在淡红的血色中，会依稀看见微茫的希望；真的猛士，将更奋然而前行"⑥。

然而，鲁迅对"猛士"的呼唤与托洛茨基对"革命文学家"的期待是存在区别的。托洛茨基在《文学与革命》中明确地面向文学领域发言，而鲁迅心中的"猛士"并不局限于文学领域。他在《摩罗诗力说》中所推崇的"猛士"都是诗人，在反对"瞒和骗的文艺"时，提出的"我们的作家取下假面，真诚地、深入地、大胆地看取人生并且写出他的血和肉来"，"早就应该有一片崭新的文场，早就应该有几个凶猛的闯将"，也是针对文学领域而言，但在更多的文章中，则是侧重于社会革命。因此，鲁迅是以社会革命为底色，将文学领域视为其中的一部分，来期待作家的"猛士"特质。其论述过程概略化、语言写意化现象非常明显，而且论证方法以举例描述为主，没有形成具有较强思辨性的语言，这一现象在鲁迅接触到托洛茨基文论后得到明显改变。提出"革命人做出东西来，才是革命文学"观点的《革命时代的文学》一文，对于革命与文学的关系进行了具有一定历史高度的系统探讨，其"大约可以分开三个时候来说"的整体结构明显脱胎自《文学与革命》一书，"文学总是一种余裕的产物"⑦等等观点也都脱胎自托洛茨基"要文学的复活，休息是必要的"⑧观点。对于文学家"不但应该知道革命的实际，也必须深知敌人的情形，现在的各方面的状况，再去断定革命的前途。惟有明白旧的，看到新的，了解过去，推断将来"⑨的要求，也明显带有托洛茨基"每个大时代必得整个地

---

① 鲁迅：《秋夜》，《鲁迅全集》（第2卷），人民文学出版社2005年版，第167页。
② 鲁迅：《题辞》，《鲁迅全集》（第2卷），人民文学出版社2005年版，第163页。
③ 鲁迅：《题辞》，《鲁迅全集》（第2卷），人民文学出版社2005年版，第208页。
④ 鲁迅：《过客》，《鲁迅全集》（第2卷），人民文学出版社2005年版，第193—199页。
⑤ 鲁迅：《忽然想到》，《鲁迅全集》（第3卷），人民文学出版社2005年版，第99页。
⑥ 鲁迅：《记念刘和珍君》，《鲁迅全集》（第3卷），人民文学出版社2005年版，第290页。
⑦ 鲁迅：《革命时代的文学》，《鲁迅全集》（第3卷），人民文学出版社2005年版，第442页。
⑧ 《关于对文艺的党的政策——关于文艺政策的评议会的议事速记录》，《文艺政策》，水沫书店1930年版，第123页。
⑨ 鲁迅：《上海文艺之一瞥》，《鲁迅全集》（第4卷），人民文学出版社2005年版，第308页。

被接受"的思想①。

通过对照可以感受到,鲁迅在接触托洛茨基文论后,不仅将"猛士"具体化为"革命人",将领域具体到文学方面,而且论述的思辨性和思想高度明显提高。从这一角度来说,托洛茨基文论之于鲁迅的意义,是让他在参与革命文学思潮时找到了符合自己思想的有效的话语表达方式。这可以从两个方面来理解:首先,托洛茨基文论的主体内容,与鲁迅已经形成的很多观点和正在思考的很多问题不谋而合,这使鲁迅可以直接借助该理论资源,将自己一直以来关于革命、文学、人等等方面的思想转化成适应具体历史语境的表述;其次,在革命文学思潮发展过程中,马克思主义文学理论始终占据重要地位,托洛茨基文论作为马克思主义文学理论的一部分,成为鲁迅的理论资源之后,就使他具备了与其他革命文学家同等的话语能力,将自己的思考深度有效地表达出来,实现了进行平等对话和思想交锋的可能。

四、误读

从以上对照分析中还应该看到,鲁迅对"同路人"概念的接受存在比较严重的误读,这既表现为他未能完整理解该概念所包含的两个维度,又表现为他忽视了该概念的本质与核心。

在托洛茨基文论体系中,"同路人"概念包含两个方面的内容。首先,"同路人"文学不属于曾经的资产阶级艺术的范畴,它已经开始向"革命"行进了。这批作家接触到了无产阶级革命并接受了这一革命,甚至已经开始眷恋这一革命,他们将这种感情带入自己的文学创作中,形成了与十月革命前资产阶级文学相区别的根本特征,如果他们"离开革命,他们即刻就要显出自己是被扔弃的革命前的文学派别底二三流的残余者"②。另一方面,"他们并不在想着和革命决裂,他们是被革命造成的,想不到他们是在革命之外,并且他们也不能这样想他们自己。但是这一切都不明确,而且甚至暧昧。自然他们不能使自己和革命分离开,只要革命是一件事实,甚至是一种环境。在革命之外,就是要加入亡命者之中。对于这不能有什么讨论。但是除开国外的亡命者,还是国内的亡命者。他们的路,和疏远革命并列。没有什么追求的人,是一个精神的亡命者的候补人。这无可避免的是艺术的死亡,因为愚弄自己没有用处——年岁较轻者底得人爱、新颖和要义,都完全从他们所触到的革命得来"③。其次,"同路人"作家并不属于无产阶级,

---

① 托洛茨基:《文学与革命》,未名社出版部,1928年,第100页。
② 托洛茨基:《文学与革命》,未名社出版部,1928年,第88页。
③ 托洛茨基:《文学与革命》,未名社出版部,1928年,第95页。

不能被称为革命文学家。托洛茨基认为,以反映时代变迁为立意的文学创作必须以该时代作为一个"不可见的中枢",对于革命文学来说,"不可见的中枢应当是革命底自身,绕着它旋转的,应当是全盘不安稳的,混乱的,在重行建造着的生活。但是要想叫读者觉得这中枢,作者自己必得曾经觉得过,同时必得把它思索过……每个大时代,无论是宗教改革也罢,文艺复兴也罢,革命也罢,必得整个地被接受,不是成段地或分为小部地"①。然而"同路人"作家没有"曾经觉得过"这个"中枢",更没有"把它思索过",他们只是在感情上向往革命,但没有深入到革命进程中去感受革命以形成理性认识,从而不能把握革命脉搏,无法"站立在十月的视线"②之内,因此,他们无法"整个地接受"革命,导致其作品只是反映革命时代的碎片。

可见,托洛茨基对"同路人"的论述是在作家和作品两个维度上展开。在作家这一维度上,托洛茨基指出了"同路人"对待革命的态度是向往、渴望却又不愿意实际参与,因此,他们不是革命者,对于革命的原因、过程、目的、意义等等方面并不了解;他们不是革命者,也就不是革命文学家了。在作品这一维度上,托洛茨基认为,正因为"同路人"作家对革命根本不了解,所以他们只是从革命时代中寻找琐碎的现象作为创作素材,并不能用自己的作品为革命服务,其作品可以达到很高的艺术水平,但是无法为群众指明革命的前进方向,无法展现无产阶级的革命精神,他们的文学创作活动只能是文学领域内的行为,无法转化成革命行为,不能对革命运动的发展起推动作用。

从早期思想来看,无论是对娜拉、吕纬甫、范爱农的思考,还是对猛士的期待,鲁迅始终关注的是"人",这就导致他与托洛茨基文论相遇后,所看到的也全是关于"人"的论述,他对"同路人"的理解,基本是沿着上述第一个维度展开的。虽然鲁迅译介了很多"同路人"的文学作品,但他在文章中谈到"同路人"的时候,所说的往往是叶遂宁的自杀、勃洛克的"虽然突进,却终于受伤"③,"'绥拉比翁的兄弟们',也终于逐渐失掉了作为团体的存在的意义,始于涣散,继以消亡"④,都是"人"在革命中出现了哪些问题,基本不涉及作品分析。基于此展开的对中国革命文坛的批评,也是针对"人",即"现在所号称革命文学家者"⑤,不满于他们"只好在大屋子里寻,在客店里寻,在洋人家里寻,在书铺子里寻,在咖啡馆里寻……"⑥,"或则高谈,或则沉思,面前是一大杯热气蒸腾的无产阶级咖啡,远处是许许多多'龌龊的农工大众',他们喝着,想着,

---

① 托洛茨基:《文学与革命》,未名社出版部,1928年,第100页。
② 托洛茨基:《文学与革命》,未名社出版部,1928年,第22—23页。
③ 鲁迅:《后记》,《十二个》,北新书局1926年版,第71页。
④ 鲁迅:《〈竖琴〉前记》,《鲁迅全集》(第4卷),人民文学出版社2005年版,第445页。
⑤ 鲁迅:《文艺与革命》,《鲁迅全集》(第4卷),人民文学出版社2005年版,第84页。
⑥ 鲁迅:《路》,《鲁迅全集》(第4卷),人民文学出版社2005年版,第90页。

谈着,指导着,获得着,那是,倒也实在是'理想的乐园'"。在鲁迅眼中,他们是"在革命店里做装点",是"躲在咖啡杯后面在骗人"①;不仅如此,他们甚至"对于目前的暴力和黑暗不敢正视"②,"特别畏惧黑暗,掩藏黑暗,……不敢正视社会现象,变成婆婆妈妈,欢迎喜鹊,憎厌枭鸣,只捡一点吉祥之兆来陶醉自己"③。

更重要的是,托洛茨基论述"同路人"的两个维度无不显现出鲜明的阶级立场,这一立场被托洛茨基概括为"十月底观点"、"十月的视线"。可以说,这是一个在政治主张影响下通过分析作家阶级归属得出的概念,它首先是一个政治身份,这是"同路人"概念的核心。托洛茨基认为,1917年的十月革命不仅推翻了政权,而且推翻了建在财产私有制度上的整个社会组织,这个旧社会组织的崩溃导致了以此为基础的十月前的文学的崩溃,十月革命后,旧文学已经不存在了,十月已经开始在文学中申述自己、指挥文学而且管理文学。"十月已经进入了俄国人民的命运中,有如一种决定的大事,而且给每种东西其自己的意义,与自己的价值。过去的即刻引退了,枯萎而且衰落了,艺术只能从十月底观点中复活。站立在十月的视线之外者,完全而且绝望的归于乌有……"④ 关于"同路人"的论述正是在这一立场下展开的,由于"同路人"作家无法"整个地了解革命",导致他们与共产党的理想产生了严重隔膜,他们或许只能"从一个农民底错误方面行近革命,并且获得这种半背心者底观点",也或许只能像皮涅克一样,"简直把革命当作一种元素,并且因为他的性格关系,把革命当作一种冷的元素"⑤,却不能把革命视为"一个观念,一种组织,一种计划,一件工作"⑥,从而无法具备无产阶级的革命观念,他们已经脱离了十月革命前的资产阶级立场,但尚未获得真正的无产阶级立场,因此不是在"十月底观点"、"十月的视线"中进行文学创作。

鲁迅是沿着早期关于"人"的思考赞同托洛茨基"同路人"概念的,这两个独立思想的相遇,具有鲜明的主体性、独立性,并非如蒋光慈、胡秋原等等同时期大多数文学家抱着学习的态度翻译、学习托洛茨基文论。鲁迅并没注意"阶级分析"这一核心内容,而是将它理解为"同路人者,谓因革命中所含有的英雄主义而接受革命,一同前行,但并无彻底为革命而斗争,虽死不惜的信念,仅是一时同道的伴侣罢了"。这里所说的"因革命中所含有的英雄主义而接受革命",是从他们作品中"所描写的恐怖和战栗,兴

---

① 鲁迅:《革命咖啡店》,《鲁迅全集》(第4卷),人民文学出版社2005年版,第117页。
② 鲁迅:《文艺与革命》,《鲁迅全集》(第4卷),人民文学出版社2005年版,第85页。
③ 鲁迅:《太平歌诀》,《鲁迅全集》(第4卷),人民文学出版社2005年版,第104页。
④ 托洛茨基:《文学与革命》,未名社出版部,1928年,第22—23页。
⑤ 托洛茨基:《文学与革命》,未名社出版部,1928年,第104页。
⑥ 托洛茨基:《文学与革命》,未名社出版部,1928年,第94页。

奋和感激"里体会出来的①,"并无彻底为革命而斗争,虽死不惜的信念",是由于革命"决不是如诗人所想象的那般有趣,那般完美;……决不如诗人所想象的那般浪漫;……所以对于革命抱着浪漫谛克的幻想的人,一和革命接近,一到革命进行,便容易失望"②。可见,这是基于对诗人创作心态的感受来理解"同路人"概念的,根本没有意识到"阶级"问题。同样是对叶遂宁、勃洛克等等进行介绍和评价,鲁迅与托洛茨基极其相似的语言中实际透露出了理解角度的本质差异。

从鲁迅前期思想入手,可以看到他早在《摩罗诗力说》等文章中就已经表现出与托洛茨基的"同路人"概念高度一致的思考,并逐渐演化出娜拉、吕纬甫、范爱农和猛士等具体人物和形象,因此,他对"同路人"概念的接受,与其说是观点的习得,不如说是思想的相遇。正因为鲁迅是沿着他早期关于"人"的思考来赞同托洛茨基关于"同路人"的评论,所以出现了误读,没有全面理解这一概念的两个维度,也没有看到其根本的阶级属性。

(作者单位:山东师范大学文学院)

---

① 鲁迅:《〈竖琴〉前记》,《鲁迅全集》(第4卷),人民文学出版社2005年版,第445页。
② 鲁迅:《对于左翼作家联盟的意见》,《鲁迅全集》(第4卷),人民文学出版社2005年版,第238-239页。

民国文学研究

风景书写与现代主体的呈现
——《呐喊》《彷徨》风景书写之比较

王 植

新文化运动与五四运动促发了现代文学的诞生,也赋予了文学关注社会问题的美学旨归,传统文人趣味或者个人的悲欢,不再被认为是文学应该关注的方向。但正如普实克指出的,中国传统文学的主观性、抒情性传统并没有因为这种社会性的要求而消隐,而是融入了新的小说叙事模式。"对个人体验的加工处理造就了中国新文学最完美的形式——既表现心理又反映社会的短篇小说。"① 如何理解这种新的叙事模式,以及背后现代主体的呈现方式,是一个值得思考的问题。

在文学革命到革命文学这段时期内,"抒情"确实推动了短篇小说的壮大,但也出现了许多直白浅陋的"五四"文艺腔。鲁迅以更为深隐、整体的形式的锤炼,将这种以"主观性"为核心的短篇叙事文体的深广度做了极大的拓展。本文认为,能做到这种拓展,风景书写起到了关键性的作用。流动的外在社会现实与个人生活生命体验如何赋形为风景?风景如何参与文本、个体与历史的复杂关系?在这样的过程中,作者主观性的深层逻辑又是如何呈现的?阐释这些问题,有助于我们具体理解现代小说叙事模式与现代主体之间的关联。

一、入题:"人道"与"无治"

"五四"之前,中国知识分子已经开始初步反思自身的政治与文化体制。1907—1908

---

① [捷克]亚罗斯拉夫·普实克:《抒情与史诗:现代中国文学论集》,李欧梵编,郭建玲译,上海三联书店2010年版,第83页。

年，鲁迅在东京作数篇文言论文，对科学、文学、文化、政治等新思想分别进行论述。各篇之间相通的论点在于新思潮具有能影响人的力量，它作用于"心"，"萃人心于一隅"，明晓这种影响的知识分子更应"奋其伟力，以撼种族不变说之基础"①。由力及心，再由心而力，此种"心"与"力"之间的辩证与漫衍，对于鲁迅而言，是比诸种新思潮的具体内容更为核心的逻辑。它是新思潮能得以流布的最初因，也是在民族衰弱、人间种种黑暗充溢之时，光大生命本源处力量予以抵抗的基础，是"坟"下涌动未熄的地火。

拥有这样的"心"与"力"者，鲁迅名之为"撄人心"的"摩罗诗人"。他们不是顺世和乐的帮闲，也不仅仅反抗黑暗与威压，他们那种生命本源处的力量乃至野性更为关键，在窒闷晦暗的氛围之下，它就是冲决的可能性。所以"裴伦既喜拿坡仑之毁世界，亦爱华盛顿之争自由，既心仪海贼之横行，亦孤援希腊之独立，压制反抗，兼以一人矣。虽然，自由在是，人道亦在是"②。这并非一般意义上的"人道主义"，而是"立人"之道，摆脱奴性与从众的独立主体性之道；文学既成为装载这种摩罗之力的载体，也成为生发摩罗之力的土壤。当"心"被撄之后，一切文学之声遂能反响回荡不绝而至于无尽，而震起崇实之士；亦可如米如盐，滋养出国家与人获得独立的内质③。这种独立性朝向真正的自由，不为神或撒旦等世俗正邪虚名、形式所框限，唯倾生命本源之力，以尽"伏曜"之深沉雄大。这是"五四"前鲁迅的文学观与价值观，也即一面朝向热诚而自由之"力"，一面归于爱世与同情之"心"，而臻向独立、武健、勇烈的"摩罗性"："斯人也，心情反张，柔而刚，疏而密，精神而质，高尚而卑，有神圣者焉，有不净者焉，互和合也。裴伦亦然，自尊而怜人之为奴，制人而援人之独立，无惧于狂涛而大傲于乘马，好战崇力，遇敌无所宽假，而于累囚之苦，有同情焉。意者摩罗为性，有如此乎?"④ 在"五四"退潮之后，鲁迅认为这种"摩罗性"是一种人道主义："教我自己说，或者是'人道主义'与'个人的无治主义'的两种思想的消长起伏罢。所以我忽而爱人，忽而憎人；做事的时候，有时确为别人，有时却为自己玩玩，有时则竟因为希望将生命从速消磨，所以故意拼命的做。"⑤ 这直接在一方面决定了他小说创作与个体生命、外在历史的复杂关联。

另一方面，则是"个人的无治主义"的内涵。《摩罗诗力说》之后的《科学史教

---

① 鲁迅：《坟·人之历史》，《鲁迅全集》（第1卷），人民文学出版社2005年版，第12-13页。
② 鲁迅：《坟·摩罗诗力说》，《鲁迅全集》（第1卷），人民文学出版社2005年版，第81页。
③ 鲁迅：《坟·摩罗诗力说》，《鲁迅全集》（第1卷），人民文学出版社2005年版，第73-74页。
④ 鲁迅：《坟·摩罗诗力说》，《鲁迅全集》（第1卷），人民文学出版社2005年版，第84页。
⑤ 鲁迅：《书信·250530 致许广平》，《鲁迅全集》（第11卷），人民文学出版社2005年版，第493页。

篇》、《文化偏至论》、《破恶声论》虽然注意到要达到人性之全,构成"摩罗性"的"力"与"心"两方面都不可少,但彼时中国因为还未完全走出传统文化情境,极易片面追求"力"之提振,蹈袭西方器物与体制,反而使得本就不甚发扬的主观之"心"的独立更加哑默在现代的群氓大潮中。鲁迅彼时期待主观之"心"的独立性,并以此预示中国未来的道路:"外之既不后于世界之思潮,内之仍弗失固有之血脉,取今复古,别立新宗,人生意义,致之深邃,则国人之自觉至,个性张,沙聚之邦,由是转为人国。人国既建,乃始雄厉无前,屹然独见于天下,更何有于肤浅凡庸之事物哉?"① 他继而从"心"之独立阐发到起"内曜"、破"伪士",洋洋洒洒,却也终于走向了一个界限。因为"人道主义"的"心"的发扬,虽然能促进国家的真正独立与进步,但"心"也必将面对被现代民族国家机器规训的事实,"个人的无治主义"的愿望若想达成,必须取消国家意识,所以鲁迅从一国之进步,跳跃到世界上全体受压迫民族的自由。这是注定"未完"② 的《破恶声论》暂存的结尾,因为这样的纠结是一种主体的界限——"心"之独立,是否可以无远弗届?而"个人的无治主义"如何与人道主义或"摩罗性"共存,也成为此后在小说创作中需要直接面对的具体问题,两者共同构成了鲁迅小说叙事模式建构的深层逻辑。

二、《呐喊》:理念化的"忧郁"风景

关于《呐喊》的创作,有论者引《呐喊·自序》中鲁迅关于"梦"的叙述,认为"鲁迅并不想呐喊,但他的不能全忘的梦却是为呐喊而生的……《呐喊·自序》标志着《呐喊》的诞生正是主体论破产或解体的产物……由于主体论的破产,梦的世界得以自我呈现——梦不再是主体的延伸,而是有着自己的生命和意志的物质性存在"③。这样的讨论忽视了这篇自序写于1922年,在作品之后而非之前。鲁迅在写作《呐喊》时,并没有一个要将这些作品综合起来命名为"呐喊"的意识和计划,现在的篇目系统也有许多偶然性。此外,他在创作初期并不很具有文类的自觉,《呐喊》诸作在"稿"、"文稿"、"小说"之类的名目间含混相杂,与他在同一时期所作的其他文字相比,也并未有意识

---

① 鲁迅:《坟·文化偏至论》,《鲁迅全集》(第1卷),人民文学出版社2005年版,第57页。郜元宝认为这种选择最终也被鲁迅放弃了,而走向独立创造之路。见郜元宝:《鲁迅六讲》,北京大学出版社2007年版,第24页。
② 鲁迅:《集外集拾遗补编·破恶声论》,《鲁迅全集》(第8卷),人民文学出版社2005年版,第36页。
③ 汪晖:《声之善恶:鲁迅〈破恶声论〉〈呐喊·自序〉讲稿》,三联书店2013年版,第121–122页。

地进行区分；而《彷徨》各篇则全部记为"小说"的名目，与其他文类绝无混用①。所以，被预设为具有"主体论破产或解体"这种内部同一性的《呐喊》小说系统，其实是不存在的，这其实正是一种多元化的探索。

在这样的基础上，我们可以深入具体文本的分析。《狂人日记》的诞生过程历来为人津津乐道，但它在鲁迅的日记中并没有留下丝毫印迹，这并不表示鲁迅对之不甚重视，而毋宁是一种十分矛盾的态度。以风景描写的视角来看，《狂人日记》开头两节对自然与人间风景即有着墨：

> 今天晚上，很好的月光。我不见他，已是三十多年；今天见了，精神分外爽快。才知道以前的三十多年，全是发昏；然而须十分小心。不然，那赵家的狗，何以看我两眼呢？
>
> 今天全没月光，我知道不妙。……还有七八个人，交头接耳的议论我，又怕我看见。一路上的人，都是如此。……前面一伙小孩子，也在那里议论我；眼色也同赵贵翁一样，脸色也都铁青②。

这种风景是通过疯狂的视角看出的，所以也可以说是一种"疯景"。已有论者指出"月亮本身并不是光源（启蒙思想），只能是去折射太阳之'光'（外在因素）"③，虽然"月光"让"狂人"不再发昏，但微弱的月光并无启蒙之能，所以它复苏的应还是那被压抑了"四千年"的生命本源的主观之力，也即人道主义与摩罗性所蕴含的"力"。赵家的狗，帝制治下的帮闲与顺民，却也由此感到了被冲决的危险，故而"脸色铁青"地"交头接耳的议论"，这位摩罗狂人也由种种麇集议论的景象而了悟人间风景的核心是"吃人"。

---

① 《呐喊》诸作，《孔乙己》在日记中的记录是"录文稿一篇讫"（1919年3月10日），《药》是"寄钱玄同信并稿一篇"（1919年4月28日），《明天》是"寄交罗志希信并稿一篇"（1919年7月8日），《风波》是"小说一篇至夜写讫"（1920年8月5日），《故乡》是"寄新青年社说稿一篇"（1921年2月8日），《阿Q正传》是"寄孙伏园信，内文稿"（1921年12月8日）、"寄何作霖信，并稿一篇"（1922年2月2日），《兔与猫》是"夜以日文译自作小说一篇写讫"（1922年12月6日）；而《彷徨》各篇则明显发生变化，《祝福》、《肥皂》、《在酒楼上》、《长明灯》、《示众》日记中都明确记为"小说"。

② 鲁迅：《呐喊·狂人日记》，《鲁迅全集》（第1卷），人民文学出版社2005年版，第444–445页。

③ 宋剑华：《围城中的巨人：理解鲁迅的"寂寞"与"悲哀"》，华南理工大学出版社2017年版，第147页。

最奇怪的是昨天街上的那个女人，打他儿子，嘴里说道，"老子呀！我要咬你几口才出气！"他眼睛却看着我。我出了一惊，遮掩不住；那青面獠牙的一伙人，便都哄笑起来。

前几天，狼子村的佃户来告荒，对我大哥说，他们村里的一个大恶人，给大家打死了；几个人便挖出他的心肝来，用油煎炒了吃，可以壮壮胆子①。

《狂人日记》因此是一部刚刚获得"新生"的摩罗的风景记与心灵史。外在自然景象"黑漆漆的，不知是日是夜。赵家的狗又叫起来了"②。而人间风景的发生，也不过是"自己想吃人，又怕被别人吃了，都用着疑心极深的眼光，面面相觑"③。狂人最终只能在发出"救救孩子……"这逐渐微弱下去的声音后赴某地候补，并被书写过陈年流水簿子的文言所记录。"吾愿先闻其白心。使其羞白心于人前，则不若伏藏其论议，荡涤秽恶，俾众清明，容性解之竺生，以起人之内曜。如是而后，人生之意义庶几明，而个性亦不至沉沦于浊水乎。顾志士英雄不肯也，则惟解析其言，用晓其张主之非是而已矣。"④ 以《破恶声论》的这一段论述来看《狂人日记》，这位摩罗狂人所做的，便是一段"起人之内曜"的失败经历。他所看到的风景/疯景，是他自己的"内曜"与心声，而他的失败，则体现出具有人道主义或摩罗性之"力"与"心"的独立的主体，是如何被献祭给陈年流水簿子的。"以独制众者古，以众虐独者今"，《破恶声论》以此表达对"伪士"、"英雄"的怀疑，狼子村没有这些，不过是最凡俗的人间风景，但"众"与"独"之间的关系却从古到今没有什么变化，依旧是"大家连络，布满了罗网，逼我自戕"⑤。

另一方面，《狂人日记》是鲁迅自己的"内曜"，但还是体现出一种犹豫与欠缺感。狂人历经"新生"，还是小心翼翼，胡思乱想，并无摩罗诗人的决意与破坏之力，可以说他是一位萎缩了的摩罗诗人。而鲁迅在此篇中对风景的书写，即使是"听将令"，也显出一种怪异的气质。自然风景只有清寒而短小的月光，人间景象则虽然到处是预示着吃人的目光与狼子村村民的麇集，但其呈现节奏的安排却并无峻急的冲击力，而是稚拙的紧张；日记的体式更使得这种紧张增添了停顿与分裂，整个故事与其说恐怖，倒不如说有几分忧郁的味道。作品中有一有趣细节，即大哥给狂人讲书，言到荒年时"易子而

---

① 鲁迅：《呐喊·狂人日记》，《鲁迅全集》（第1卷），人民文学出版社2005年版，第446页。
② 鲁迅：《呐喊·狂人日记》，《鲁迅全集》（第1卷），人民文学出版社2005年版，第449页。
③ 鲁迅：《呐喊·狂人日记》，《鲁迅全集》（第1卷），人民文学出版社2005年版，第451页。
④ 鲁迅：《集外集拾遗补编·破恶声论》，《鲁迅全集》（第8卷），人民文学出版社2005年版，第28-30页。
⑤ 鲁迅：《呐喊·狂人日记》，《鲁迅全集》（第1卷），人民文学出版社2005年版，第449页。

食"的无奈，与对恶人不但该杀还当"食肉寝皮"云云。这类看似正确，实则费厄泼赖的东西，正是"业儒"们用来"正人心而端风俗"，使得"国民将到被征服的地位"的说辞①。在现代到临之时，这些东西因民族主义、国家主义、个性解放等思潮之兴而发生动摇和坍塌，从而可以让人道主义不再献祭给君父、业儒、陈年流水簿子。也就是狂人所言的："你们可以改了，从真心改起！要晓得将来容不得吃人的人，活在世上。你们要不改，自己也会吃尽。即使生得多，也会给真的人除灭了，同猎人打完狼子一样！——同虫子一样！"②

但事情似乎并不似狂人所想的那样简单。《破恶声论》中，鲁迅已经在担忧当君父、业儒、陈年流水簿子被摩罗与狂人"踹"开之后，继起的由"志士"甚至是"伪士"建立起的现代民族国家会成为新的"父"，要求着子民再次献祭自身主观之"心"，从而最终走向思考的界限。但《狂人日记》却让他发现他只能写出一个不那么摩罗的摩罗，一个并不狂的狂人。他在《破恶声论》里的担忧，竟有些自作多情的味道，因为那个象征新"父"的现代民族国家始终没有建立起来，有的只是不断的混乱。身处其中，而有一种类似悬荡的状态和无力感："见过辛亥革命，见过二次革命，见过袁世凯称帝，张勋复辟，看来看去，就看得怀疑起来，于是失望，颓唐得很了。"③ 所以，现代文学可以说是一种无父的文学，既无自进为父的能力，而只能漂泊或寻觅。这使得鲁迅对传统的否定，以及承担这种否定所需的人道主义与摩罗性的"力"与"心"，变得延宕、"逼促"④ 而欠缺完成的可能。这种复杂的忧郁，是鲁迅发现的在"力"与"心"之外所无法弃置的成分，是现代知识分子与现代民族国家之间尴尬而无奈的关系。中国的摩罗诗人也因此无法成为拜伦那样的豪气干云者，其摩罗性更多像是一种转型期的躁动，而缺少本应有的强大而不绝的生产性。而《狂人日记》也因这种忧郁，在鲁迅小说中具有了总纲的意义。"去的前梦黑如墨，在的后梦墨一般黑"⑤，他也只能承担这种忧郁。

而与《狂人日记》逼促的风景书写和直接取用的日记形式相比，《孔乙己》的鲁镇街景以及《药》、《明天》的夜景、街景与坟地景象，却做到了与小说的其他部分融合无间，且真正发挥了促进小说形式建构的作用。

---

① 鲁迅：《坟·我之节烈观》，《鲁迅全集》（第1卷），人民文学出版社2005年版，第126页。
② 鲁迅：《呐喊·狂人日记》，《鲁迅全集》（第1卷），人民文学出版社2005年版，第453页。
③ 鲁迅：《南腔北调集·〈自选集〉自序》，《鲁迅全集》（第4卷），人民文学出版社2005年版，第468页。
④ 鲁迅：《集外集拾遗·对于〈新潮〉一部分的意见》，《鲁迅全集》（第7卷），人民文学出版社2005年版，第236页。
⑤ 鲁迅：《集外集·梦》，《鲁迅全集》（第7卷），人民文学出版社2005年版，第31页。此诗与《狂人日记》同一期发表。

鲁镇的酒店的格局，是和别处不同的：都是当街一个曲尺形的大柜台，柜里面预备着热水，可以随时温酒。做工的人，傍午傍晚散了工，每每花四文铜钱，买一碗酒……靠柜外站着，热热的喝了休息……这些顾客，多是短衣帮，大抵没有这样阔绰。只有穿长衫的，才踱进店面隔壁的房子里，要酒要菜，慢慢地坐喝。(《孔乙己》)①

秋天的后半夜，月亮下去了，太阳还没有出，只剩下一片乌蓝的天；除了夜游的东西，什么都睡着。

西关外靠着城根的地面，本是一块官地；中间歪歪斜斜一条细路，是贪走便道的人，用鞋底造成的，但却成了自然的界限。路的左边，都埋着死刑和瘐毙的人，右边是穷人的丛冢。两面都已埋到层层叠叠，宛然阔人家里祝寿时候的馒头。

华大妈跟了他指头看去，眼光便到了前面的坟，这坟上草根还没有全合，露出一块一块的黄土，煞是难看。再往上仔细看时，却不觉也吃一惊；——分明有一圈红白的花，围着那尖圆的坟顶。……微风早经停息了；枯草支支直立，有如铜丝。一丝发抖的声音，在空气中愈颤愈细，细到没有，周围便都是死一般静。两人站在枯草丛里，仰面看那乌鸦；那乌鸦也在笔直的树枝间，缩着头，铁铸一般站着。(《药》)②

老拱的歌声早经寂静，咸亨也熄了灯。单四嫂子张着眼，总不信所有的事。——鸡也叫了；东方渐渐发白，窗缝里透进了银白色的曙光。银白的曙光又渐渐显出绯红，太阳光接着照到屋脊。(《明天》)③

有论者指出这些风景大都晦暗阴森，体现了越文化负面因素对于鲁迅的深刻影响④，但从小说形式的建构来看，这几篇作品的风景描写从象征转成写实为主，叙述风格较《狂人日记》也更为客观、稳健、绵密。《孔乙己》的鲁镇景象，带着小伙计旁观的回忆性视角，在空间与时间上同时隔开了距离，也表现出作者信笔写来的精细与从容。《药》和《明天》虽然因为"听将令"而"不恤用了曲笔，在瑜儿的坟上平空添上一个花环"、"不叙单四嫂子竟没有做到看见儿子的梦"⑤，风景描写也显得肃杀、荒寒、阴森可怖，

---

① 鲁迅：《呐喊·孔乙己》，《鲁迅全集》（第1卷），人民文学出版社2005年版，第457页。
② 鲁迅：《呐喊·药》，《鲁迅全集》（第1卷），人民文学出版社2005年版，第463、470-471页。
③ 鲁迅：《呐喊·明天》，《鲁迅全集》（第1卷），人民文学出版社2005年版，第477页。
④ 朱文斌：《风景之发现——论越文化对鲁迅的负面影响》，《鲁迅研究月刊》2005年第3期。
⑤ 鲁迅：《呐喊·自序》，《鲁迅全集》（第1卷），人民文学出版社2005年版，第441页。

暗喻革命者的失败与群体庸俗习惯的不可改；但这些夜景、坟地景象、底层人民面对连死亦被剥夺却永远也无法理解的愁惨景象的书写，还是颇具章法的。从《狂人日记》那种隐喻、跳跃性极大的心理性景象，已经转变为有着具体的时空（夜晚、发白、绯红）、位序（中间、左边、右边、窗缝），乃至有意识地塑造一种人物的视觉与物象（月亮、太阳、天、坟冢、枯草、乌鸦、曙光）相互反射的效果，物象在塑造风景时也仿佛在看着人。而时间在这样的情境与时刻往往会造出停格的感觉，这正是抒情诗将时间冻结与空间化的技艺，这种技艺在本质上隐喻了生命深处的沉默，也是一种对死亡和疯狂的触摸。

即便如此，风景以这样的样态呈现，对鲁迅来说其实并不简单。首先，这种象征褪去，个人主观或抒情性视角之下的世俗风景的大量发现，背后其实是现代小说这种装置在中国的发展而对作者的必然要求。现代小说作为一种与现代民族国家之建构同构的事物，既作为"想象的共同体"形成的必要材料，也被寄予了反映乃至参与现实、改造现实的期待。其次，便是所谓的"听将令"。于是，此三篇作品的风景书写可以说是在听将令的要求之下，对外在现实之感应的最直接的视觉想象，它们以鲁迅自己的主观"内曜"、人道主义之"力"与"心"为本，以现代小说体式的要求为壳，调节着文辞之间的节奏。它们褪去《狂人日记》的梦呓与神性，开始写具体现实，也顺应了新的现代民族国家对自身外在形象之书写的吁求。但仅看到这一层或许未必足够。这三篇小说作于五四运动早期，在当时怀疑论盛行的氛围中，破除偶像崇拜的精神升腾在知识阶层①。鲁迅也引易卜生的话"世界上最强壮有力的人，就是那孤立的人"，并加以评价："这样，才是创作者。——我辈即使才力不及，不能创作，也该当学习；即使所崇拜的仍然是新偶像，也总比中国陈旧的好。"② 话中之意，五四运动中那些新的文化"偶像"与他们的"将令"只是权宜，最终仍是要不以为然的。在这个意义上，三篇作品与其说是以"将令"去规训自己来书写风景，不如说是以一贯的人道主义与摩罗性，来将新文化运动和"五四"偶像们的将令"摧破"在创作过程中的结果，因而书写的就是自己理解的现实与真实。

我以为必须综合这两个层面，才能看清鲁迅小说的发生中不同因素的化合影响，看清其人道主义与摩罗性在那种"忧郁"影响之下的摆荡纠结，这对此后的小说创作而言，起着框架性作用。如果《狂人日记》代表的是一个哲学的、完整的鲁迅，那么《孔乙己》《药》《明天》则代表一个面对现实的鲁迅。而面对现实，无论他是"听将令"

---

① 周策纵：《五四运动史》，岳麓书社1999年版，第419页。
② 鲁迅：《热风·四十六》，《鲁迅全集》（第1卷），人民文学出版社2005年版，第348–349页。

还是"摧破"将令，都预示了作为一个现代作家，在创作过程中必将面对的复杂的主观性与主体疆界的问题，以及如何安置那种"忧郁"的问题，而以不同的方式在小说中将外在现实的影响赋形。所以《呐喊》中剩余的作品，可以说都是在这前几篇作品所体现的这种关联之下做出的。《药》、《明天》采用的隐去了叙述者的展示性模式，可延伸到《风波》、《端午节》、《白光》。由《孔乙己》奠立的靠叙述者调节的讲述性模式是主流，旁及剩余诸作，其中《故乡》最具小说的完整结构。篇幅最长的《阿Q正传》则体现着两种模式的交替并行。

在讲述性模式的小说中，日常生活往往促发了写作，而之所以是这类作品能写到最后，也是因为这种模式对处于时代变革之中的作者是更具包容性的。展示性作品的低产，其实已经体现出了"五四"的退潮、"将令"的消散。五四运动之于鲁迅，竟和之前看到的革命与复辟一样，文化偶像们的实践不但没能带来根本的进步与改变，反而走向分裂，各行其道，简直令他有"若要官，杀人放火受招安"之感①。通过《狂人日记》把握到的那种忧郁，鲁迅在历经"五四"短暂的热闹与纷扰之后，又再次体会到了。但另一方面，他在这一年底也说："今后写还是要写的，但前途暗淡，处此境遇，也许会更陷于讽刺和诅咒罢。"② 在这个意义上，其实可以说鲁迅还在新的情境中寻找装载自身人道主义与摩罗性的形式，而《故乡》便可视为一个总结。

> 时候既然是深冬；渐近故乡时，天气又阴晦了，冷风吹进船舱中，呜呜的响，从篷隙向外一望，苍黄的天底下，远近横着几个萧索的荒村，没有一些活气。我的心禁不住悲凉起来了。
>
> 阿！这不是我二十年来时时记得的故乡？③

这样荒败的风景，已有论者从经济学角度考证了是不符合当时浙东乡村的实际情况的④。而叙述者也模糊认识到了这一点："我所记得的故乡全不如此。我的故乡好得多了。但要我记起他的美丽，说出他的佳处来，却又没有影像，没有言辞了。仿佛也就如此。于是我自己解释说：故乡本也如此，——虽然没有进步，也未必有如我所感的悲凉，

---

① 鲁迅：《花边文学·"京派"与"海派"》，《鲁迅全集》（第5卷），人民文学出版社2005年版，第454页。
② 鲁迅：《书信·201214 致青木正儿》，《鲁迅全集》（第14卷），人民文学出版社2005年版，第176页。
③ 鲁迅：《呐喊·故乡》，《鲁迅全集》（第1卷），人民文学出版社2005年版，第501页。
④ 孙伟：《文化重建的起点——论鲁迅笔下的故乡》，《文艺研究》2018年第1期。

这只是我自己心情的改变罢了。"① 心情的不快使"我"在返乡前建构起一个二元对立的结构,但来了却发现这结构的怪异。具体而言,有论者据柄谷行人和康德的理论,认为《故乡》、《社戏》中的童年与闰土等好友玩耍、嬉闹、捕鸟、看戏的田园风景,是一种儿童视角下的、代表着"美"的"古典的风景";而目下所见的荒败,则是成人视角下"不愉快"的"现代的风景",它指向的不是美,而是崇高②。这种分析并不准确,康德所言不愉快的、崇高的风景,指的不是鲁迅故乡里的这种阴郁、低沉、悲伤之景,而是蕴蓄着蓬勃的自然伟力的盛大、雄浑、可怕的壮绝之景,它当然是不愉快的,因为它关联着一种类似宗教性的超越情愫,不能以凡俗的愉悦来定义。而鲁迅的不悦虽然和家族的败落、自己的漂泊有很大关系,但故乡生活还是"时时记得";既然"时时记得","没有影像,没有言辞"中如此干脆的"没有"便显得费解。此后闰土、杨二嫂之类人物,搬家、谈天、干活之类事情,都是在这种"没有"中描写的。这些当然不是"有",那么记忆中关于闰土的风景,"深蓝的天空中挂着一轮金黄的圆月,下面是海边的沙地,都种着一望无际的碧绿的西瓜,其间有一个十一二岁的少年,项带银圈,手捏一柄钢叉,向一匹猹尽力的刺去,那猹却将身一扭,反从他的胯下逃走了"③,以及水生、宏儿作为未来的象征与美好希望的一面,就是"有"吗?恐怕最多也只是表层的意义。那么《故乡》背后,这个"有"到底是什么?

"我"离开故乡时看到的风景:"我们的船向前走,两岸的青山在黄昏中,都装成了深黛颜色,连着退向船后梢去……老屋离我愈远了;故乡的山水也都渐渐远离了我,但我却并不感到怎样的留恋……我躺着,听船底潺潺的水声,知道我在走我的路。"④ 也即在动态的、渐渐远离的风景中,"我"终于明白了这"有"的内涵,也即"我在走我的路"。在这路上,眼前的一切都会退后,包括曾经的美好与希望。风景只有是流动的,才能成为不断牵引着"我"的目光"走"下去的存在,这里的"前后"意不在进步与落后,而在"走",来处与归处已经不重要。"没有影像,没有言辞",因为难以用现代小说的写实叙述来写出这样动态性的风景。而只有在这样动态性的风景中,故乡才能永葆安身之地,换句话说,故乡在其中获得了无限。执着于具体的故乡,若心中的美好与视觉没有重叠,便无法找到,主体便不得不臣服于线性时间的法则,也就不免陷入虚妄的承诺和承诺溃散的失望、颓唐。但放入了流动风景中的故乡,便提供了一种新的、随时

---

① 鲁迅:《呐喊·故乡》,《鲁迅全集》(第1卷),人民文学出版社2005年版,第501页。
② 张夏放:《旗帜上的风景——论中国现代小说的风景描写》,《西安外事学院学报》2006年第1期;徐妍:《文学研究的恒与变》,中国社会科学出版社2016年版,第10、22页。
③ 鲁迅:《呐喊·故乡》,《鲁迅全集》(第1卷),人民文学出版社2005年版,第502页。
④ 鲁迅:《呐喊·故乡》,《鲁迅全集》(第1卷),人民文学出版社2005年版,第510页。

可以进入的多元而动态的入口。作为启蒙者之责任的文化重建，便也可以舍弃那些廉价而固定的希望与空谈，使之"无所谓有，无所谓无"，转而在这多元与交叉的"走"的过程中，"熬苦求学"①。这样的思索，也成为鲁迅思考如何承担那"忧郁"的一种选择。

《呐喊》的风景书写，至此呈现出非常明晰的理念化为主的特征，而成为一种主体与家国之间关系的历史哲学式的赋形。这是一种结构性的力量，在从早年的哲思走向现实的书写的时刻，它让鲁迅精准把握到在人道主义与摩罗性之外的，主体生命深刻的忧郁。这忧郁来自于人道主义与摩罗性的无力生长亦无法舍弃，因此也开启了后面的文本在"将令"与主观性之间的摆荡，所写下的《孔乙己》、《药》、《明天》中具体的风景，一方面成为这种调节、这种纠结的产物，一方面又必定会延宕乃至加剧这种纠结。因此，这些风景描写既照应着五四运动的升沉起落，也在外在文明不断变动的历史节奏中，逐渐体现出作家主观性与主体疆界的新的逻辑、范围与方向，以及一种新的能动性的认识机制，风景的书写又因而可以朝向新现实的构造，而这新现实是不须问的，只需在"走"中去感悟，《故乡》就是显例。此外，偏重于抒情的文体也确实体现了普实克所论新文学仍具有的对主观性的重视，但鲁迅小说并无直白浅陋的抒情，而是以这种理念性的风景书写，展开了对新的主观性的种种辩证和赋形，在一种整体的意义上诠证了新文学主观性的复杂性。而在这样的文本实践的逻辑中，小说的社会性内容也被纳入，种种人物并不简单作为符号存在，"走的人多了，也就成了路"，其实也是一种路上的"风景"。无论他们用怎样的方式在"走"，孤独的、愁惨的、悲哀的、滑稽的，其实在深层次上都是那种新的认识机制下所看出的人物，作者的态度是敞开的，所以他们的命运也并不预先决定，而与风景一样在"走"之中朝向新现实的构造。比如阿Q，其塑造无论是意在嘲讽、批判、揭露，皆有其理，但他始终在"走"，即便充满着荒唐滑稽，却也留下了一个不固着于具体风景的形象："未庄本不是大村镇，不多时便走尽了。村外多是水田，满眼是新秧的嫩绿，夹着几个圆形的活动的黑点，便是耕田的农夫。阿Q并不赏鉴这田家乐，却只是走，因为他直觉的知道这与他的'求食'之道是很辽远的。"② 鲁迅对待阿Q以及别的人物不是认可与欣赏，而是呈现一种可能，一种新的认识机制下朝向新现实的可能，"可以由此得生，而也可以由此得死"③。他只能通过动态的风景与"走"承担那种忧郁，同时打开这承担的多元性，能让各样的人去"走"。正如有论者认

---

① 鲁迅：《书信·200504 致宋崇义》，《鲁迅全集》（第 11 卷），人民文学出版社 2005 年版，第 383 页。
② 鲁迅：《呐喊·阿Q正传》，《鲁迅全集》（第 1 卷），人民文学出版社 2005 年版，第 531 页。
③ 鲁迅：《而已集·〈尘影〉题辞》，《鲁迅全集》（第 3 卷），人民文学出版社 2005 年版，第 571 页。

为的，文化改造不是文化选择，而是抛开现有进行独立创造①，"鲁迅作为近现代转型期的知识分子，最为闪光的地方，在于能够将各不相同、相互矛盾的话语都纳入思考范围，然后在互相辩驳的过程中，探寻生命的多种可能性"②。

三、《彷徨》：具象化的"无物之阵"风景

与《呐喊》旷日持久的创作相比，《彷徨》仅以不到两年的时间便写完。1923年7月，鲁迅兄弟失和被赶出家门，同时肺病复发，从身体到精神皆跌入谷底，而叹"一者不再与新认识的人往还，二者不再与陌生人认识……不如销声匿迹之为愈耳"③。次年春节期间，鲁迅连作《祝福》、《在酒楼上》、《幸福的家庭》三篇形式相当规整的作品，这也是他经历"五四"退潮与兄弟失和后，重新回退到个体化的自我这一现代人类的根本特征之后的产物，是真正的"小说"。因之，其中的风景书写便更加扣紧他本人的意识形态与倾向，也更显出抒情性的耽溺。

作为鲁迅故乡书写脉络上的作品，首篇《祝福》与《故乡》气质相近，但叙事模式却复杂得多，讲述之中嵌套了展示，这一点与《阿Q正传》相同；而全篇的风景描写，也只在讲述式的部分之中。小说开始便是风景："旧历的年底毕竟最像年底，村镇上不必说，就在天空中也显出将到新年的气象来。灰白色的沉重的晚云中间时时发出闪光，接着一声钝响，是送灶的爆竹；近处燃放的可就更强烈了，震耳的大音还没有息，空气里已经散满了幽微的火药香。我是正在这一夜回到我的故乡鲁镇的。"④ 相比《故乡》中理念化的"萧索"的风景，《祝福》的"我"虽然仍是不甚看得惯故乡现状的知识分子，但其描写却颇具人间烟火气。"天色愈阴暗了，下午竟下起雪来，雪花大的有梅花那么大，满天飞舞，夹着烟霭和忙碌的气色，将鲁镇乱成一团糟。"⑤ 祥林嫂是在这样的人间烟火中重逢的，她的生与死，她的关于"魂灵"、"地狱"与"见面"的诘问，也只有在这样看似混乱、实则安详有序的人间烟火中才显得突出和惊异。"冬季日短，又是雪天，夜色早已笼罩了全市镇。人们都在灯下匆忙，但窗外很寂静。雪花落在积得厚厚的雪褥上面，听去似乎瑟瑟有声，使人更加感得沉寂。"作者在这样的风景中改换了叙述模式，从原来的讲述变成直接的展示式叙述，同时将这种技术化的操作明白写出："然而先前所

---

① 郜元宝：《鲁迅六讲》，北京大学出版社2007年版，第24页。
② 孙伟：《文化重建的起点——论鲁迅笔下的故乡》，《文艺研究》2018年第1期。
③ 鲁迅：《书信·231024致孙伏园》，《鲁迅全集》（第11卷），人民文学出版社2005年版，第436—437页。
④ 鲁迅：《彷徨·祝福》，《鲁迅全集》（第2卷），人民文学出版社2005年版，第5页。
⑤ 鲁迅：《彷徨·祝福》，《鲁迅全集》（第2卷），人民文学出版社2005年版，第6页。

见所闻的她的半生事迹的断片,至此也联成一片了。"①

这种操作是必需的,否则祥林嫂与鲁镇不同人之间的对话的精细复现,是无法装在讲述式叙述中的,那会造成整个叙述的不可靠。如此的操作也让祥林嫂如阿Q一样被"风景"化,但与阿Q不同的是,她并非由作者那种新的认识机制所看出,而只是依靠一种略为生硬的技术操作而被重新发现,并为了"联成一片"而弥合了其中的隐微断裂处。正如柄谷行人所言,"风景乃是一种认识性的装置,这个装置一旦成形出现,其起源便被掩盖起来了"②。而在一阵顺遂的想象过后,叙述者竟重回到了一种"想象的共同体"式的风景想象中:

> 我给那些因为在近旁而极响的爆竹声惊醒,看见豆一般大的黄色的灯火光,接着又听得毕毕剥剥的鞭炮,是四叔家正在"祝福"了;知道已是五更将近时候。我在蒙胧中,又隐约听到远处的爆竹声联绵不断,似乎合成一天音响的浓云,夹着团团飞舞的雪花,拥抱了全市镇。我在这繁响的拥抱中,也懒散而且舒适,从白天以至初夜的疑虑,全给祝福的空气一扫而空了,只觉得天地圣众歆享了牲醴和香烟,都醉醺醺的在空中蹒跚,豫备给鲁镇的人们以无限的幸福③。

从祥林嫂个人的"风景"直接跳到群体性的风景想象,掩盖的正是由那些诘问给叙述者带来的内在危机。这样的结尾是一种触摸这危机后的退婴状态,一种退缩的创伤状态,也是一种创伤风景。在走出八道湾后独身而过的第一个新年,融入群体(之祝福仪式)之于此时的作者而言,或许是考虑过的一种选择。在"五四"退潮与兄弟失和并发之际,群体犹如母体,竟有了回归的诱惑。祥林嫂的那些"天问",是底层最深切的诘问与困惑,却也是那一时期作者主体危机的表现,是作者对自己的剖问。他对李秉中有信言:"我不大愿意使人失望,所以对于爱人和仇人,都愿意有以骗之,亦即以慰之,然而仍然各处都弄不好。"④ 这和《祝福》里所言"魂灵的有无,我不知道;然而在现世,则无聊生者不生,即使厌见者不见,为人为己,也还都不错"⑤ 正是相通的。直到临终前,他还写下《我要骗人》这样的文章,只"为了希求心的暂时的平安";因为

---

① 鲁迅:《彷徨·祝福》,《鲁迅全集》第2卷,人民文学出版社2005年版,第10页。
② [日]柄谷行人:《日本现代文学的起源》,赵京华译,中央编译出版社2013年版,第10页。
③ 鲁迅:《彷徨·祝福》,《鲁迅全集》(第2卷),人民文学出版社2005年版,第21页。
④ 鲁迅:《书信·240924 致李秉中》,《鲁迅全集》(第11卷),人民文学出版社2005年版,第453页。
⑤ 鲁迅:《彷徨·祝福》,《鲁迅全集》(第2卷),人民文学出版社2005年版,第10页。

"披沥真实的心的时光"①，也即能让人道主义与摩罗性耀现的时刻，始终没有到来。虽然《故乡》朝向了新现实的构造，但毕竟抽空了具体的母土，那么此时的鲁迅连家人也一并失去了。当摩罗没有了欲望的支撑点与投射点，通过《呐喊》理念性地把握到的那种忧郁，就变得具体可及。它直接通向《野草》里的"无物之阵"，成为鲁迅终生与之搏斗的存在，且往往以共同体的风景作为自身的视觉显像。《彷徨》诸作形式的完整，也不再如《呐喊》是得自"听将令"和现代小说体式发展的自然要求，而是得自这些要求的一体两面之物，也即"无"，或者说"无物之阵"。

这"无"让鲁迅往往产生过量的思考与极为细致的书写。例如《祝福》，作者书写风景时调动起听觉、嗅觉、联想，以一种全身体的方式来感受，并进行集中描写，从而多方面地营造出一种耽溺的节奏和韵律，因此形成瞬间感受的大规模演绎，或是长久回顾时的意义丰富的感慨。这样的感受过度私人化，只能是一种时间停格的黑暗角落，带给主体以感动、力量、疲倦乃至死亡的诱惑，也作为日常生活和历史事件之间的过渡性思索。再比如《在酒楼上》的风景："这园大概是不属于酒家的，我先前也曾眺望过许多回，有时也在雪天里。但现在从惯于北方的眼睛看来，却很值得惊异了：几株老梅竟斗雪开着满树的繁花，仿佛毫不以深冬为意；倒塌的亭子边还有一株山茶树，从暗绿的密叶里显出十几朵红花来，赫赫的在雪中明得如火，愤怒而且傲慢，如蔑视游人的甘心于远行。我这时又忽地想到这里积雪的滋润，著物不去，晶莹有光，不比朔雪的粉一般干，大风一吹，便飞得满空如烟雾。"②可谓颇尽汉语之美，但也曲折耽溺，反而少了几分《呐喊》风景书写直击性的力度。而处于"无物之阵"之中的人们，鲁迅则在这种耽溺中给与他们走向毁灭的命运。但值得注意的是，如果据周作人的解释是鲁迅将本人的经历赋予了吕纬甫、魏连殳③，那么这种毁灭也就是反身性的。

《孤独者》、《伤逝》与《在酒楼上》相似，构成模式也是反身性的，作者先提炼出一个对象，代表那个经历这些年的事后死去的那部分自己，另一个是未死的、要继续寻找"路"走下去的自己，然后让两者展开过量的对话或思索，作为对"无物之阵"的反击。死去的那部分，便是吕纬甫、魏连殳、子君，都是或择取自身经历为材料，或直接将自身的感受赋形而来；剩下的那部分自己，也即三篇作品的叙述者，则像本年所作《影的告别》里的"影"，"终于彷徨于明暗之间，我不知道是黄昏还是黎明"④。当时的

---

① 鲁迅：《且介亭杂文末编·我要骗人》，《鲁迅全集》（第6卷），人民文学出版社2005年版，第503–506页。
② 鲁迅：《彷徨·在酒楼上》，《鲁迅全集》（第2卷），人民文学出版社2005年版，第25页。
③ 周作人：《鲁迅小说里的人物》，河北教育出版社2002年版，第203、225页，。
④ 鲁迅：《野草·影的告别》，《鲁迅全集》（第2卷），人民文学出版社2005年版，第169页。

鲁迅还未从兄弟失和的阴影中走出来,又发生了与现代评论派的笔仗、女师大风潮、被教育部开除公职等等事件,充分领略了"正人君子"们的下作与外界现实的黑暗与威压。于是他在与许广平的通信中提到的"'黑暗与虚无'乃是'实有'",但也要"常抗战而亦自卫",主张"专与苦痛捣乱"的"壕堑战",以"多留下几个战士,以得更多的战绩"①。看似积极,但《孤独者》、《伤逝》的风格依然偏重于个体性的抒情和自白。这种过量的思考和描绘,是将"一生缩在眼前了,亲手造成孤独,又放在嘴里咀嚼"②,指向的往往是沉默甚至死亡,以及留恋。像吕纬甫对于顺姑,"我这一夜虽然饱胀得睡不稳,又做了一大串恶梦,也还是祝赞她一生幸福,愿世界为她变好"③。魏连殳对于"我":"倘早,当能相见。——但我想,我们大概究竟不是一路的;那么,请你忘记我罢。我从我的真心感谢你先前常替我筹划生计。但是现在忘记我罢;我现在已经'好'了。"④ 这种隐微的情绪,通过如此的文本设置而被把握到,对于作者而言,毋宁是非常珍贵的。作者最终借由涓生的思索来给他们做了总结:"独自负着虚空的重担,在灰白的长路上前行,而又即刻消失在周围的严威和冷眼里了。"⑤

而这三篇作品的叙事者"我"能回应给他们的,唯一的,竟都是风景。

我们一同走出店门,他所住的旅馆和我的方向正相反,就在门口分别了。我独自向着自己的旅馆走,寒风和雪片扑在脸上,倒觉得很爽快。见天色已是黄昏,和屋宇和街道都织在密雪的纯白而不定的罗网里。(《在酒楼上》)⑥

潮湿的路极其分明,仰看太空,浓云已经散去,挂着一轮圆月,散出冷静的光辉。

我快步走着,仿佛要从一种沉重的东西中冲出,但是不能够。耳朵中有什么挣扎着,久之,久之,终于挣扎出来了,隐约像是长嗥,像一匹受伤的狼,当深夜在旷野中嗥叫,惨伤里夹杂着愤怒和悲哀。

我的心地就轻松起来,坦然地在潮湿的石路上走,月光底下。(《孤独者》)⑦

初春的夜,还是那么长。长久的枯坐中记起上午在街头所见的葬式,前面是纸

---

① 鲁迅:《书信·250311 致许广平》、《书信·250318 致许广平》,《鲁迅全集》(第 11 卷),人民文学出版社 2005 年版,第 462、467 页。
② 鲁迅:《彷徨·孤独者》,《鲁迅全集》(第 2 卷),人民文学出版社 2005 年版,第 100 页。
③ 鲁迅:《彷徨·在酒楼上》,《鲁迅全集》(第 2 卷),人民文学出版社 2005 年版,第 31 页。
④ 鲁迅:《彷徨·孤独者》,《鲁迅全集》(第 2 卷),人民文学出版社 2005 年版,第 104 页。
⑤ 鲁迅:《彷徨·伤逝》,《鲁迅全集》(第 2 卷),人民文学出版社 2005 年版,第 132–133 页。
⑥ 鲁迅:《彷徨·在酒楼上》,《鲁迅全集》(第 2 卷),人民文学出版社 2005 年版,第 34 页。
⑦ 鲁迅:《彷徨·孤独者》,《鲁迅全集》(第 2 卷),人民文学出版社 2005 年版,第 110 页。

人纸马,后面是唱歌一般的哭声。我现在已经知道他们的聪明了,这是多么轻松简截的事。(《伤逝》)①

这样的结尾体现出的文本结构设置,也直接承续《祝福》而来。鲁迅在《呐喊》中渐渐打开的"路"在 1923—1925 年历经了重大的打击,如何重新上路成为一件必须清理的事。但从这四篇小说的文本设置来看,在吕纬甫、魏连殳、子君死去后的叙述者们,却都只能在风景中感到"爽快"、"轻松"或无力地"枯坐",仿佛"新生"是一件很容易的事情。数年后鲁迅在上海批判"民族主义文学"借民族主义的抗日口号行压迫无产阶级之实,就曾说道:"落葬的行列里有悲哀的哭声,有壮大的军乐,那任务是在送死人埋入土中,用热闹来掩过了这'死',给大家接着就得到'忘却'。现在'民族主义文学'的发扬踔厉,或慷慨悲歌的文章,便是正在尽着同一的任务的。"② 所以,这种"嚎丧"式的行为,涓生会认为"是多么轻松简截的事"。他于是高叫着,希望地狱的毒焰来包围他,将他烧尽,是为一条路。吕纬甫为小兄弟迁坟捡骨而不可得,为顺姑买绒花顺姑却早逝,母土被抽干以后,叙述者暂时也只能是在"密雪的纯白而不定的罗网里",以一种悬荡的样态获得"爽快",亦是一条路。但这两者都不符合"壕堑战"。《孤独者》的叙述者虽然也得了"轻松",但其与魏连殳既非吕纬甫式偶遇,也非子君式被抛弃,而是"以送殓始,以送殓终"③,从而有着从生死命运到现实情感上的亲近。魏连殳肉身虽死,但"我"在风景中痛苦的号叫,或许仍有继续着魏连殳之路走下去的可能。魏连殳曾说:"呵,人要使死后没有一个人为他哭,是不容易的事呵……我还得活几天……我还得活几天!……我自己也觉得不配活下去;别人呢?也不配的。同时,我自己又觉得偏要为不愿意我活下去的人们而活下去。"④ 这也正是"壕堑战"的"韧"性精神。就像鲁迅本年自己所言:"无泪的人无论何时,都不愿意爱人下泪,并且连血也不要:他拒绝一切为他的哭泣和灭亡……杀了无泪的人,一定连血也不见。爱人不觉他被杀之惨,仇人也终于得不到杀他之乐:这是他的报恩和复仇。"⑤ 是为最终之路。

---

① 鲁迅:《彷徨·伤逝》,《鲁迅全集》(第 2 卷),人民文学出版社 2005 年版,第 132 页。
② 鲁迅:《二心集·"民族主义文学"的任务和运命》,《鲁迅全集》(第 4 卷),人民文学出版社 2005 年版,第 328 页。
③ 鲁迅:《彷徨·孤独者》,《鲁迅全集》(第 2 卷),人民文学出版社 2005 年版,第 88 页。
④ 鲁迅:《彷徨·孤独者》,《鲁迅全集》(第 2 卷),人民文学出版社 2005 年版,第 100-103 页。
⑤ 鲁迅:《华盖集·杂感》,《鲁迅全集》(第 3 卷),人民文学出版社 2005 年版,第 51 页。

四、余论

　　对比《呐喊》的理念化与多元化，《彷徨》的风景书写所涉及的问题要少得多。总体来说，《彷徨》的风景是个体经验的私语化、具象化的呈现，鲁迅提炼出那个备受创伤的自己为小说对象，予以相当抒情化的表达；个体为了避免被"无物之阵"所吸附，而让文本多处于一种反复拉扯的状态，自然风景与共同体风景都成为摆在鲁迅面前需要辩难的东西。小说所涉及的社会问题依旧深刻，却已不是话语空间的核心，而只作为符号与材料，被作者围绕同一个问题进行反复的操演。《彷徨》虽然如《呐喊》一样，还是在整体的意义上复杂地展现新文学的主观性，且在小说文类的形式、文辞、内容上都更加自觉，却也从理念转变为具象，一定程度上封闭了《呐喊》所形成的对人道主义、摩罗性和忧郁的多面向的实验与探索。如果《呐喊》是承担那种理念化的忧郁的努力，那么这种努力在《彷徨》里是弱化的；对于世界的人道主义与摩罗之爱，也直接转变为个体自身的"爱是否可能"的问题，主体的疆界问题也因而更显得岌岌可危。而在《呐喊》中通过动态的风景而形成的新的能动性的认识机制，以及所蕴含的以"走"朝向新现实的构造的可能，在《彷徨》可以说经历了一次搁浅。或许正是这次搁浅，启示了鲁迅在此后多次提起的文学是余裕的产物、文学对于政治和现实是无力的之类的反思①。《彷徨》后的中国自北伐到左翼革命壮大，鲁迅迫切感到他参与文学与现实的态度，需要做出新的变革，这既是为自己的人道主义思想寻找新的生长场域，更开启了对文学本质的重新思考。文学无力改变政治，但政治也无力改变真正的文学，新文学对"主观性"的重视，不能再局限于文本设计的层面，而必须走向政治与现实。"我以为根本问题是在作者可是一个'革命人'，倘是的，则无论写的是什么事件，用的是什么材料，即都是'革命文学'。"② 革命文学不是叫喊打杀，道理相通，主观性的赋形也不是浅陋的抒情，只有作者先是一个独立的主体，那么他无论以什么方式和材料，创造的都是真正的、行动性的文学。鲁迅所言的自己的"人道主义"与"个人的无治主义"，也只有经历这样的思想蜕变，才能获得新的融合，而成为对"忧郁"的新的承担。在革命历史宏大地展开的过程中，它更有着关键性的意义。

---

① 鲁迅：《集外集·文艺与政治的歧途》，《鲁迅全集》（第7卷），人民文学出版社2005年版，第115-122页；《而已集·革命时代的文学》，《鲁迅全集》（第3卷），人民文学出版社2005年版，第436-442页。

② 鲁迅：《而已集·革命文学》，《鲁迅全集》（第3卷），人民文学出版社2005年版，第568页。

鲁迅曾言自己在日常生活中对风景"无甚感动"①。但在《摩罗诗力说》中,他写摩罗诗人雪莱"方在稚齿,已盘桓于密林幽谷之中,晨瞻晓日,夕观繁星,俯则瞰大都中人事之盛衰,或思前此压制抗拒之陈迹;而芜城古邑,或破屋中贫人啼饥号寒之状,亦时复历历入其目中。其神思之澡雪,既至异于常人,则旷观天然,自感神秘,凡万汇之当其前,皆若有情而至可念也。故心弦之动,自与天籁合调,发为抒情之什"②。种种风景,无论自然万有、晓日繁星,还是人间烟火、摧迫威压,皆是摩罗诗人澡雪精神,锻造强大不绝的摩罗性所必须对话的存在。《呐喊》、《彷徨》亦不例外,风景书写也直接关涉着他文学的生发、建构与延续。具体而言,则关联着民族国家的建构、外界瞬变的现实、文明的升沉起落、个我生命的挫折等等问题。而对于这些问题,无论忧郁、退婴、绝望还是新生,风景书写始终体现着的是一个现代知识分子在新文学创作中的主观性与主体呈现问题。所以,鲁迅小说对风景元素的安置不仅在小说结构与创作范式上具有开创性意义,也"显示着现今中国文学的自律性的本源"。

(作者单位:暨南大学文学院)

---

① 鲁迅:《华盖集续编·厦门通信》,《鲁迅全集》(第3卷),人民文学出版社2005年版,第387页。
② 鲁迅:《坟·摩罗诗力说》,《鲁迅全集》(第1卷),人民文学出版社2005年版,第88页。

民国文学研究

虚无的存在：论五四话剧的身体建构①

卫亭绒

19世纪末、20世纪初，中国在西方愈演愈烈的殖民侵略中开始了被动的现代化进程。由于现代化伴随着政治的混乱和社会的动荡，"（中国传统社会）内圣外王的道德理想主义到二十世纪初产生了严重的危机。概括地说，传统的危机表现为两个基本的层面：道德和信仰层面的意义危机、社会政治层面的秩序危机"②。新文化运动作为中国的启蒙运动，敏锐地捕捉到当时社会的需求。陈独秀在其主编的《青年杂志》（后更名为《新青年》）首期就从西方请进了"德先生"（Democracy）和"赛先生"（Science），试图用"民主"来重建社会政治秩序，用"科学"来启迪引导民众。"要拥护那德先生，便不得不反对孔教、礼法、贞节、旧伦理、旧政治。要拥护那赛先生，便不得不反对旧艺术、旧宗教。要拥护德先生又要拥护赛先生，便不得不反对国粹和旧文学。"③这场思想文化运动致力于重新估定中国旧有的一切价值，而话剧作为一种从西方引进的较为"现代"的艺术形式，基本上与近现代中国的现代化同步，在"五四"新文化运动中面临的问题并非是"重新估定"，而是如何在现代化背景下定位和建构自身。

本文希望通过探讨"五四"话剧呈现出的身体样态，重新审视"五四"的时代风貌，还原"五四"时代人真实的存在状态。这里作为切入点的"身体"当然包含但决不仅仅是"肉体"、"躯体"，而是哲学意义上作为人的根本存在的、具有主体性地位的身体。在西方传统哲学中，人被作为"肉体"和"精神"的二元存在；包括宗教在内的知

---

① 本文系山西省高等学校哲学社会科学研究项目"山西百年话剧中'三晋风格'的美学研究"（2019w149）、2017年度重庆市社会科学规划项目"传播伦理建构与社会文化实践问题研究"（2017YBCB065）的阶段性研究成果。
② 许纪霖：《二十世纪中国思想史论》，东方出版社2000年版，第4页。
③ 陈独秀：《本志罪案之答辩书》，《常识之无》，陕西人民出版社2013年版，第19页。

识体系中，人的精神被认为是区别于自然和动物的根本，是人的全部价值所在，肉体只是需要约束和控制的累赘，是思想主体奴役的对象性客体。身体作为灵魂的"容纳者"，被动而卑微地承载着主动、不可分的灵魂；从柏拉图到笛卡尔的西方思想主流脉络将身体分割为"肉体"和"精神"，"身体被降格为被动的、空间化的、可解剖的、与一般动物身体无异的肉体，隐含的立场其实也是把丰富、动态的存在降格为存在物来研究。这使西方文化具有很高的超越性的同时，也带来了一系列无法解决的理论难题"①。因此，现代以来，西方哲学将身体的地位进行了革命性地重建，"以费尔巴哈、叔本华为前驱，以尼采为最有力的传统颠覆者，以福柯、德勒兹、梅洛—庞蒂、巴塔耶等为后继，现代西方哲学家前仆后继地将身体推为思想舞台上最醒目的明星，完成了'身体转向'"②。他们认为，"思想的承担者既不是某种神秘的实体，亦非孤零零的大脑，而是整个身体"③。正是在这种思路的引导下，一系列西方思想家逐步发现了身体的主体性，最终完成了迎接身体—主体出场的思想仪式。转向后的身体无论被认为是权力意志本身，还是政治、文化、权力的铭刻之所，都不再是意识和灵魂的傀儡，而成为人作为存在的全部所系。不同于笛卡尔式的将身体降格到肉体的观念，尼采将身体提升为一切事物的起点——人就是身体本身，身体就是审美的主体，思想和精神只是身体机能中的一种。"在尼采这里，身体和生命没有根本的差异，二者都充斥着积极地、活跃的、自我升腾的力量。尼采正是要将这种肯定的力量激活，这也正是他所标榜的价值所在：强健、有力、充盈、高扬、攀升，这种价值的理想存在正是那种至高卓绝的'超人'。"④

对于传统的中国哲学和文化来讲，"对人身的戒慎看重，并且试图通过种种仪礼教化来加以统筹规制的做法，是儒家思想在过去两千余年来体现于外的最明显特征"⑤。宋明以来，中国传统社会的礼教传统进一步发展，朱熹提出"存天理，灭人欲"，强调理性精神的绝对权威，将人的感性欲望视作与理性对立的、应该予以消灭的否定性价值。随着近代与国际世界之间的被动交往，中国逐渐陷于被动挨打的窘境，清政府从器物改革（洋务运动）到制度改革（维新运动），无一不以失败告终。知识分子开始以自己的方式寻求救亡图存之道，认为想要救亡，应该从"人"着手，启蒙民众的精神，改造民众的身体，"苟有新民，何患无新制度、无新政府、无新国家"⑥。从这样的认识出发，近代

---

① 欧阳灿灿：《当代欧美身体研究批评》，中国社会科学出版社2015年版，第46页。
② ［美］彼得·布鲁克斯：《身体活》，朱生坚译，新星出版社2005年版，第2页。
③ 王晓华：《主体论身体美学论纲》，《美与时代（下）》2017年12期，第24页。
④ 汪民安：《尼采与身体》，《身体的文化政治学》，河南大学出版社2004年版，第118页。
⑤ 黄金麟：《历史、身体、国家：近代中国的身体形成（1895–1937）》，新星出版社2006年版，第37页。
⑥ 梁启超：《新民说》，（台湾）中华书局1978年版，第2页。

中国出现了众多改造国民的运动,新文化运动便是文化领域的代表。

"五四"新文化运动的先锋倡导者们热烈宣扬尼采的"超人"学说,赞扬人的生命意志,倡导人的主体性复归。在"五四"精神的感召下,"五四"话剧体现出对人主体性的高扬,集中批判了封建伦理道德对人性的压制,呈现启蒙话语对人主体意志的推重以及民族兴亡匹夫有责的宣讲。然而需要注意的是,"五四"提倡的"人的主体性",其暗含的逻辑是人的"精神主体性",尼采"超人"学说中将身体视为人的最高存在的认识并未被吸纳,而是有意无意地忽视身体,抬高精神,虽未曾走回笛卡尔"身心二分"的老路,但也在运动的过程中将身体的问题搁置,使得"五四"话剧在"人的主体性"复归中,产生了"精神"与"身体"之间的话语缝隙,"五四"话剧便在这缝隙中呈现出多元的"身体样态"。

一

其中显著的身体样态之一,是封建制度和道德规训下的"伦理态身体"。"五四"新文化运动横扫一切旧传统,首当其冲的便是封建伦理道德。封建制度的核心是对身体进行控制,以维持统治秩序。从经济制度来看,地主阶级通过掌握生产资料,将农民牢牢地束缚在土地上,避免人身流动造成的劳动力损失;从政治制度来看,严密的等级制度不仅用来区分贵贱,也用来区分行业和劳动性质,在最大程度上减少阶层的流动和变化;在文化上,贯彻和维护整套经过精心提炼的伦理话语体系,从思想和日常行为规范上规定人的所行所止;社会的低技术化也使封建社会中的身体与自然节律紧密相关,日出而作日落而息,依照节令劳作耕种。总体来说,固定的身份在固定的时间和空间中做固定的事情,遵守一致的道德规约,是我国"五四"之前社会和人的基本状态。随着近代以来西方思想的引入,几千年的封建传统被动摇甚至被否定,大规模的邅变必然引起人们思想上的混乱——原有的祖祖辈辈遵循的男女大防是否应该继续坚守?又该在多大程度上解放?人的尊严和价值是否应该继续维系在家族的荣耀中?个人又应该以怎样的方式存在,又应该具有什么价值?……剧烈的"风暴"席卷而来,被根深叶茂的传统观念和来势凶猛的新思想来回撞击的人们,不免要被左右拉扯。但无论如何,原本"合理"的,在这场运动中都要被怀疑、被审视、被判断,封建制度和道德规训下的"伦理态身体"便在这怀疑、审视、判断中,成为戏剧性的来源。

丁西林的话剧《一只马蜂》,讲述了一对青年男女在爱情中相互试探,希望能自由自主地选择伴侣的故事。但是在封建伦理的约束之下,青年男女必须遵守父母之命,严守男女大防。吉先生在剧中调侃中国传统的男女交往:"中国是一个可怜的社会,男人尤其可怜。除了赌钱，遇不到人家的小姐太太，除了生病，得不到女人的一点同情。所以一星期要打一次牌，一个月要装一次病。"① 正常的情感满足和两性交往既是人性解放的目的，也是解放人性的手段，而戏剧中的青年男女情感的具身性满足只能依靠"装病"和"打牌"来完成。戏剧用这样的方式描述了现实情况，因此，身体交往的界限成为青年人婚恋问题的焦点。丁西林很精准地把握到了这一焦点问题，把恋爱中的身体置于剧作和舞台的聚光灯下，也就成为最能够引起读者和观众共鸣的桥段。剧中的吉先生在遮遮掩掩中向余小姐吐露真情，两人情难自抑深情相拥时，被吉老太太撞到：

　　余小姐（失声大叫）　喔！（老太太由右门，仆人由左门，同时惊慌入。吉已释手）

　　吉老太太　什么事？什么事？（余一手掩面，面红不知所言）

　　吉先生（走至余前，将余手取下，视其面）　什么地方？刺了你没有？

　　吉老太太　什么事？什么一回事？

　　余小姐（呼了一口深气）　喔，一只马蜂！（以目谢吉）②

至此，戏剧在对身体的凝视中达到高潮，让人不禁莞尔。这喜剧效果的产生，不仅仅在于传统观念和新式思想在舞台上的短兵相接，也在于戏剧人物用身体动作和表征呈现出的对于新旧观念交锋时的无所适从。舞台上演员情感和身体的不和谐被清晰地呈现，诠释了"喜剧"艺术的"不和谐"的本质特征，产生了极佳的喜剧效果。除此之外，剧作家还用人类共通的身体感受——惊呼、掩面、面红耳赤——将戏剧人物和受众联系在一起，受众能够通过有关身体表征的具身化描写，切身体会到剧中人的尴尬处境，这些因素使这部喜剧在身体的维度呈现出了戏剧艺术的价值。

《孔雀东南飞》一直以来都是以焦仲卿和刘兰芝的爱情悲剧为讨伐封建家长制度的利刃。焦、刘二人伉俪情深，却因寡母焦氏的无端阻挠而无奈双双殉情。"寡母"本身就是封建伦理制度的典型符号，承载着贞节、孝道等封建社会核心价值，是不容置疑的伦理标杆。而焦、刘的爱情即便再浓烈纯粹，也不过是个体性的、感性化的情感，无法撼动寡母（也就是封建伦理）的权威。焦母在成为伦理符号之前，也曾是一个具身性的存在，是一个个体化、感情化的人。她在漫长的守寡岁月中，接受了封建伦理编织的话语，克制情感，压抑欲望，将整个生命热情倾注在儿子身上，当儿子和儿媳享受甜蜜爱

---

①　丁西林：《丁西林剧作全集》（上册），中国戏剧出版社1985年版，第19页。
②　丁西林：《丁西林剧作全集》（上册），中国戏剧出版社1985年版，第22页。

情时，焦氏感到失去了唯一寄托，压抑的情感也在美好的爱情面前被"冒犯"，她只得强化她的封建伦理权威，将自己作为缺少温情和同理心的伦理符号，也作为"忠孝节义"的代言人，强迫夫妻二人分离，最终导致悲剧的发生。剧中的旁观者"姥姥"一语道破焦母的处境：

> 你别悲伤。人事总有一定的。听天由命吧！况且我们守寡，一来为丈夫承宗接后，二来为暮年图个旌表。我们所打的主意原是吃苦，牺牲。所注重的原在远大的地方。这心的问题只好让一步。我的一生的功绩就在征服了这颗心。村口的那座白石贞节牌坊就是我一生与心为难的战绩①。

所谓"征服了这颗心的"，无非是守着寡的身体。身体之所以能够压制人的正常欲望和情感，是因其成为了封建伦理话语权力的附着之所。福柯的身体政治认为，身体是权力铭刻的表面，也是构成日常实践与权力的大规模组织之间的唯一关联，社会的组织形式、权力技术和历史悲喜剧，都围绕着人的身体展开。"通过所选择的技术，按照预定的速度和效果，使后者（身体）不仅在'做什么'方面，而且在'怎么做'方面都符合前者（权力）的愿望。这样，纪律就制造出驯服的、训练有素的肉体。"② 值得重视的是，福柯的权力是一种微观技术，不再以强力压制实现控制，而用精心编织的"话语"来对身体实施微观的影响，通过激励来维持控制，让身体自己主动去附和权力的需求，从而获得价值。焦母的身体便是典型的被封建伦理规训了的身体。她服从"贞节"、"三从四德"等权力话语，"传宗接后"和"贞洁牌坊"这些"激励"使她主动压制具身性的身体欲望和情感需求以获得作为"道德楷模"的价值。身体脱离了自身的真实需求，也就脱离了人类共通的情感体验，"'规训态'的身体是单子式的，孤立的，脱离于自身的外表，也脱离于与其他身体之间的任何移情"③。这样的身体没有能力给予或接收感情：她不懂得如何使自己和家人获得真正的快乐，也无法接收到儿女们给予的真挚情感，在儿子和儿媳享受爱情的甜蜜时，无法产生共情。这个悲剧的始作俑者，实则也是封建伦理道德的受害者。

如果说《一只马蜂》的喜剧性来自身体和情感的不和谐状态，《孔雀东南飞》的悲剧来自于对具身性情感的压制和感性身体的僵化，那么发表于《奔流》第一卷第6期的

---

① 袁昌英：《袁昌英作品选》，湖南人民出版社1985年版，第9页。
② [法] 米歇尔·福柯：《规训与惩罚》，刘北成、杨远婴译，三联书店2003年版，第156页。
③ [英] 克里斯·希林：《身体与社会理论》（第二版），李康译，北京大学出版社2010年版，第92页。

《子见南子》，则是通过虚构孔子和南子之间的交往对话，试图将僵化、麻木的"伦理态身体"放置在现代性话语之下进行"唤醒"和"复活"，在明显的二元冲突中呈现两相对立的身体状态和价值观念。剧中的南子生性潇洒，见地不凡，娇憨貌美又多才多艺，反衬得孔子迂腐可笑。南子对"饮食男女"的认同，对于生命活力和身体欲望的认可，让孔子感叹：

"行年五十六，到今日才明白艺术与认识人生。是的，这才是真正的诗，真正的礼，真正的乐。别种的雅颂及别种的揖让都是无谓的，虚饰的。"

"南子有南子的礼，不是你们所能懂。"

"她的礼，她的乐……男女无别，一切解放，自然……（瞬间现狂喜之色）……啊！……不（面色黯淡而庄重）不！我走了！"①

剧中的孔子显然受到南子生动鲜活的生命气息的感召，在南子的自然生命中看到了真正的美和真正的生活，但却在"狂喜"之后回归礼教，将身体重新归顺于封建制度的权力话语。南子的形象自然是"五四"新文化运动所倡导的，南子的见地也是时代的强音。儒家道学倡导的"克己复礼"、"男女大防"压制人的身体感受，这样的道学虽具有权力话语体制中的自洽性，却在南子的一派天真自然中显得局促矫饰。"非礼勿言"、"非礼勿听"、"非礼勿视"等一整套规约，都是针对身体感官制定的，规约既压制身体，却又不得不利用身体，同时也经由身体来体现，身体在规约中完全沦为"工具"。因此，无论是《子见南子》中的孔子，还是《孔雀东南飞》中的焦母，他们对于封建伦理的认同和践行，使自身丧失了身体感知的具身性体验。这种规训状态下木然的决不仅仅是躯体，而是连同被身体"征服"了的灵魂。人的整个身心，都在权力话语的规训下喑哑，失去生命"飞扬的大欢喜"。

二

封建伦理制度下被规训的身体承受着社会、文化等话语加诸的束缚和苦难，因此对于"五四"话剧来说，寻求人的解放是最大命题。受"五四"话剧关注最多的是婚恋问题，这是十分个体化的问题，也是社会的权力意志和个人之间最常见的角力场所，自古以来在各个艺术门类中都被反复书写。除了讨论婚恋中的传统伦理之外，"五四"话剧

---

① 旷新年选编：《六十个孔子》，湖南文艺出版社2006年版，第19页。

婚恋题材更多的是赞美和呼吁个性解放、婚恋自由。这一类话剧滥觞于1918年《新青年》的《易卜生专号》。"易卜生主义"和戏剧《娜拉》在中国引起热议，随后出现了胡适的《终身大事》、陈大悲的《幽兰女士》、郭沫若的《卓文君》、白薇的《打出幽灵塔》、欧阳予倩的《潘金莲》等众多广受好评的戏剧作品。在这些剧作中，青年男女大多实现了精神上的觉醒，意识到自己独立人格的自由权利，渴望掌握婚恋爱情的自主权，尤其是深受束缚的女性。在"五四"戏剧中，以娜拉的觉醒和出走为楷模，出现了蔚为大观的"出走"主题，开了"五四"话剧"出走的身体"之风气。

《终身大事》中的田亚梅毅然决断，坐着陈先生的汽车去了。卓文君在亲眼见证侍女红萧的死亡之后，抛弃了种种束缚，完成"自己做人的责任"，追随爱情：

  程 郑 你就忍丢下你的弟妹吗？他们醒来的时候要哭着找你呢！

  卓文君 他们醒来的时候，你对他们说，教他们到都亭来。我在那儿替他们结识了一位新的姐夫。

  程 郑 你做女儿的责任呢？

  卓文君 便是我自己做人的责任！盲从你们老人，绝不是甚么孝道！

——《卓文君》第三景①

对比"出走"主题的鼻祖《娜拉》：

  海尔茂 ……你就是这样抛弃你的最神圣的责任吗？

  娜 拉 你以为我的神圣的责任是什么？

  海尔茂 还等我说吗？可不是你对于你的丈夫和你的儿女的责任吗？

  娜 拉 我还有别的责任同这些一样的神圣。

  海尔茂 没有的。你且说，那些责任是什么？

  娜 拉 是我对于我自己的责任。

  海尔茂 最要紧的，你是一个妻子，又是一个母亲。

  娜 拉 这种话我现在不相信了，我相信第一我是一个人正同你一样——无论如何，我务必努力做一个人。

——《娜拉》第三幕②

---

① 傅谨主编，陆炜选编：《中国话剧百年典藏·作品》（第二卷），人民文学出版社2015年版，第122页。

② 杨宏峰主编：《〈新青年〉简体典藏全本》（第四卷），宁夏人民出版社2011年版，第352页。

何其相似的话语！卓文君、田亚梅都像娜拉一样，在寻找自己作为一个独立的人的权力，这是启蒙精神的完美写照。身体"出走"以反抗现实，固然张扬了高贵的人性，广大的青年男女都因这样的出走而感到欢欣鼓舞。但是破门而出何其容易，真正需要面对的是，出走之后该当如何？鲁迅在看了《娜拉》后著文《娜拉走后怎样》，一针见血地指出娜拉可能会面临的结局："娜拉或者也实在只有两条路：不是堕落，就是回来。"①精神被启蒙之后，身体又该如何安放？虽然鲁迅先生发出了"娜拉走后怎样"的疑问，也做出了"不是堕落，就是回来"的回答，但这样的冷峻和清醒并未被直面和回应，"五四"时期的话剧作品中依然塑造出大量的"出走的娜拉"。"五四"剧作家同易卜生一样，并没有让"娜拉们"去面对"出走"后真正需要面对的问题。或许剧作家自己也无法给这些觉醒了的身体找到安身之所，"娜拉们"大都面临"梦醒了无路可走"的痛苦——让觉醒的灵魂飞升，而让无处安放的身体死亡。幽兰女士带着求而不得的自由理想葬身在旧家庭之中；潘金莲泼辣直率，直视自己的情欲，从不掩饰对爱情的追求，拥有着充沛的生命力，可这朵从封建伦理中野蛮生长出来的恶之花，找到自我之后却无路可走，只能去破坏——破坏别人，也破坏自己——她的破坏是为了重建，可是已经腐败的废墟又怎能重新建立起健康的人性呢？正如《原野》中那句经典的台词："为什么我们必须杀了人，犯了罪，才到的了（黄金子铺地的地方——本文作者注）呢？"② 这样的悲剧是"五四"时代青年男女生命状态的真实写照。

在"出走"的主题下，"沉重的肉身"成为一个真正的"缺席在场（absent presence）"③。中国传统社会中，人的身体被作为压抑人性的起点，成为一切"罪恶"和"不洁"的渊薮，"五四"新文化运动虽然横扫旧的一切，也高高地举起了"人"的大旗，解放自然人性，肯定人的欲望，将人作为衡量一切的标准，可是在具体的话剧作品中，身体只获得了空头的合法性，依然没有获得它的感官，无法感受疼痛，也不会兴奋，虽有欲望，却无法切身实现。它自然享有解放和自由的权力，可是如何解放，在什么程度上解放，是被搁置的问题。身体作为讨论的话题是存在的，但是作为考察焦点却是缺席的。它是启蒙话语中不可或缺的主体，却又在真正的启蒙中无法拥有具体切身的存在能力，或是妥协，或是死亡，终究是一个不在场的主体。正如希林在其著作《身体与社会理论》中批评福柯的那样，"老想着规训系统和性之类的东西，而在其讨论中，身体

---

① 鲁迅：《娜拉走后怎样》，《鲁迅经典杂文全集》，友谊出版社 2018 年版，第 15 页。
② 田本相、刘一军主编：《曹禺全集》（第一卷），山花文艺出版社 1996 年版，第 501 页。
③ ［英］克里斯·希林：《身体与社会理论》（第二版），李康译，北京大学出版社 2010 年版，第 21 页。

却往往消失不见,不能成为切实的、物质性的分析对象"①。身体被化约为可有可无之物,被心智为核心的话语牢牢控制,甚至遮蔽。

身体在剧本中尚且具有空头的合法性,而在现实中,恐怕连作为一个冲破传统道德藩篱的符号,都足以使人避之唯恐不及。胡适在《终身大事·跋》中无奈地说:"这出戏本是因为几个女学生要排演,我才把它译成中文的。后来因为这戏里的田女士跟人跑了,这几位女学生竟没有人敢扮演田女士,况且女学堂似乎不便演这种不道德的戏!所以这稿子又回来了。我想这一层很是我这出戏的大缺点。我们常说要提倡写实主义。如今我这出戏竟没有人敢演,可见得一定不是写实的了。"②热血沸腾的青年学生受了新文化运动的启蒙,想要排演新剧,剧中的女主角跟人跑掉的桥段若只是远观,确实是恋爱自由、人性解放的最佳范本,可是现实排演中,却没有哪位女学生能够接受这样的"不道德"。精神对自由心向往之,身体却在黑牢里乐不思蜀,可见时代思想和真实境况之间的距离。

三

真实的身体或在封建制度的规训之下尴尬受缚,或在新文化运动的号召下不计后果地出走,真正能够接纳无所适从的身体的归宿在哪里?从"五四"话剧呈现的身体样态看,答案无疑指向了"国家态身体"。

不可否认的是,"五四"新文化运动是一场针对思想的运动,也是先锋志士们为风雨飘摇的中国开出的理想药方。晚清以来,在积贫积弱、任人宰割的中国,国民身体的孱弱和国运的衰微使社会革命家们经常将个人的身体和民族相互指涉,形成民族和个人身体重合的叙事模式。梁启超作于1900年的《少年中国说》,极力歌颂少年的朝气蓬勃,指出封建统治下的中国是"老大帝国",热切希望出现"少年中国",并将此希望寄托在中国少年身上。

这样的身体话语延续到了"五四"新文化运动时期。陈独秀在《敬告青年》一文中谈到青年对于社会的意义时道:"青年之于社会,犹新鲜活泼细胞之在人身。新陈代谢,陈腐朽败者无时不在天然淘汰之途,与新鲜活泼者以空间之位置及时间之生命。人身遵新陈代谢之道则健康,陈腐朽败之细胞充塞社会则社会亡;社会遵新陈代谢之道则隆盛,

---

① [英]克里斯·希林:《身体与社会理论》(第二版),李康译,北京大学出版社2010年版,第77页。
② 胡适:《胡适文存最新修订典藏版》(第四卷),华文出版社2013年版,第521页。原载《新青年》1919年第6卷第3号。

陈腐朽败之分子充塞社会则社会亡。"① 这种身体的"国家化"话语打破了传统中国"身体道德化"的指涉，将中国人的身体拉进了社会国家的政治视野之内，成为救亡图存的重要凭借。"身体在20世纪初的中国成为了一个备受关注的政治问题。尽管各方势力对身体的关注角度不同——知识精英关注的是新民之道；地方豪绅关注的是拥兵自重，中央政府关注的是国家治理技术的发展，但三方共同促成了身体从道德化到政治化、从以士绅的修身为重心到以民众的强身为重心的转变。由于处在国力衰微、列强环伺的危机中，尽管也存在着某些离心力，但从总的倾向来看，身体的政治化几乎近于身体的国家化，即把身体作为挽救国家命运的工具。"②

这类将个体的身体和国家机体重叠的叙事话语模式在社会学中属于"社会建构论的身体观"，它将身体作为社会意义生成的处所，既构成了社会，又被社会所构成。人类学家道格拉斯在其著作《自然象征》中认为，人的身体是最容易用来反映一个社会系统的意象，不仅如此，社会中的特定群体对于身体所采取的思路，往往会符合其所处的社会位置。"五四"时期先进思想的倡导者由于自觉地担负着"五四"为"救亡"民族而"启蒙"民众的使命，希望能够通过民众的觉醒和理性来使得民族国家强大，抵御外辱，自立自强。在这样的语境下，将千千万万的个人态身体，化约为社会态身体，也即"国家态身体"，就显得理所应当。近代以来的身体解放运动，都是希望通过对身体的改造将孱弱的国民变得强壮，当精神上获得一定程度的启蒙后，貌似属己的身体在这样动荡的国家中真正能够享有的自由，便是去寻求国家的保护并且承担国家的责任，自愿成为国家和民族的工具，身体的所有权从封建家庭转移到了民族国家的手上，这可能才是"出走"的身体在"五四"时期最好的归宿。

将身体国家化的趋向从"五四"时期对易卜生的有意"误读"中就有所体现。从1918年的《易卜生专号》开始，胡适向中国介绍了"易卜生"，全国随即兴起了讨论"易卜生主义"的热潮。"那时候，易卜生这个名儿，萦绕于青年的胸中，传述于青年的口头，不亚于今日之下的马克思和列宁。"③ 在《易卜生主义》一文中，胡适写道："易卜生的人生观只是一个写实主义，易卜生把家庭社会的实在情形都写了出来，叫人看了动心，叫人看了觉得我们的家庭社会原来是如此黑暗腐败，叫人看了觉得家庭社会真正不得不维新革命——这就是'易卜生主义'。"④ 胡适将易卜生作为文学革命家，作为妇

---

① 陈独秀：《敬告青年》，《独秀文存》，安徽人民出版社1987年版，第3页。
② 应星：《身体政治与现代性问题》，杨念群、黄兴涛、毛丹主编《新史学》，中国人民大学出版社2003年版，第698页。
③ 茅盾：《谈谈傀儡之家》，《文学周报》1925年176号。
④ 傅谨主编，王凤霞选编：《中国话剧百年典藏·理论》（第一卷），人民文学出版社2015年版，第392页。

女解放、反抗传统思想等新运动的旗手,同时胡适也很清楚易卜生作为一个戏剧家,关注的是个人的充分发展,并非是国家主义的代言人。然而对于胡适来说,他希望借由易卜生唤起的,是中国青年对社会现状的反思,从而引起疗救的注意。娜拉需要作为所有妇女自我解放的旗帜,斯铎曼医生需要作为青年人承担社会责任的标杆。至于娜拉出走后怎样生活,斯铎曼医生被人攻击后如何自处,胡适没有讨论。正如他自己所说,他发扬易卜生主义,是希望"在思想文艺上替中国政治建立一个革新的基础"①,后来胡适说得更明确:"我们的宗旨在于借戏剧输入这些戏剧里的思想……试看我们那本《易卜生号》,编制我们注意的易卜生并不是艺术家的易卜生,乃是社会改革家的易卜生。"② 这是明确地进行了话语的转化,易卜生笔下个人的人生困境,已经在"五四"的语境中转化为社会问题,易卜生戏剧中的个人追求,也应该成为当时中国全体青年的追求。这里的青年既是个体,更是一个整体。

在这样的时代背景之下,"五四"话剧中出现了许多主题鲜明的社会问题剧。汪仲贤在《好儿子·序》中写道:

> 这剧虽是叙述一个家庭,也可以把它当作一个现在的中华民国的缩影。好儿子陆慎卿就是家庭中惟一的生产者,母亲、妻子、兄弟,都靠他一个人赚钱回来养活。……分利者多,生利者少,果然是一种贫弱的原因;而利己心太重,人人没有公共观念,尤其是我们民族的弱点。上至政府,下至家庭,都把管理财政的职务当作肥私囊发洋财的差使。
>
> 人人都说中国穷极了,地方上的公益不易筹办,而督军下任,总腰缠千万家财;政府穷极了,为了几个教育经费,打得头破血淋,而执政的阔人,一夜赌局就有几十万进出。这种情形与好儿子的家庭有什么两样③?

剧作家做此剧的目的,显然并非是提出个人家庭的问题,家庭中人物的设置也并非为了揭示性格、讨论人性,而是借民众熟悉的家庭生活,来映射整个国家积贫积弱的原因,让启蒙民众认识和了解国家民族衰微的症结,从而振奋精神,祛除时弊。再如郑伯奇的《抗争》,各个人物形象都只具备抽象的符号功能,对白基本就是议论时事。这类舍弃个体人性阐发,用一个家庭来映射整个社会,用一个细胞来映射整个身体的话剧题

---

① 胡适:《我的歧路》,《胡适文存》(第二辑第三卷),上海亚东书局1924年版。
② 胡适:《论译戏剧——答T. F. C等》,《新青年》1919年第6卷3号。
③ 傅谨主编,陆炜选编:《中国话剧百年典藏·作品》(第二卷),人民文学出版社2015年版,第14页。

材,是"五四"话剧的重要组成部分,也是众多话剧人物形象的呈现方式。若是探讨《好儿子》、《抗争》这类戏剧与"五四"精神中人的主体性的关系,恐难从中寻得真正对个体的书写。甚至剧作家借由剧中人物之口,明确地指出个人在这样的大时代中身份的虚无,"在这样伟大的时代,我们才是最不重要的脚色。从前我也很妄想,现在我却明白了。活着一天,我便吃一天,玩一天,在那半醉半醒的朦胧乡里,创造出些幻想的快乐,聊以自慰。譬如对于那位密斯沈,在你活着还有一种恋爱的感情,我却不然,连对于异性的兴会都没有了"①。这种虚无以身体的切身体验的缺失为表征。这与"五四"精神中所宣扬的高扬的"精神"无疑是龃龉的,这种精神的高扬和身体的虚无,应该便是"五四"时期人的真实存在状态。而逐步在"五四"新文化运动中孕育和显形的"国家态身体",从某种程度上讲是对尴尬的和无所适从的身体的拯救。由此看来,封建伦理压制下的"伦理态身体"和启蒙话语中"出走的身体",在"五四"时期最好的也是唯一的归宿便是与国家话语合并,将个体的身体与国家民族合为一体,才能够取得存在的合法性。而且从后续发展来看,这样的身体样态显然影响广泛,甚至成为强势话语,很长一段时期内,都以压倒性的权力话语将试图从中脱离的个体归拢。"国家态身体"与社会主义现实主义的创作方法一起,成为了我国20世纪话剧的主流样态。

正像张灏在《五四运动的批判与肯定》中所言,"就思想而言,五四实在是一个矛盾的时代:表面上它是一个强调科学,推崇理性的时代,而实际上它却是一个热血沸腾,情绪激荡的时代;表面上五四以西方启蒙主义、重知主义为楷模,而骨子里它却带有强烈的浪漫主义色彩"②。"五四"的这种矛盾实则也隐藏在"启蒙"和"革命"两种话语之中。启蒙是对人精神的点醒和照耀,而革命本身就是对身体的重置,也是对权力的重置。"启蒙"和"革命"看似同路,但却在身体和精神的层面上互有侧重。身体和精神之间的关系从未被正面对待,似乎这是个无须回应的问题。在这个被搁置的问题留下的话语缝隙中,"五四"话剧以戏剧艺术的切身性和感性特征,呈现出时代中真实的人的状态——作为革命工具的人在被抽取了其所蕴含的精神性之后,真实的身体便消失在权力话语的决定力中。这是一种无法逃避的权力扭结,也是"五四"时期戏剧家们的自发追求。

(作者单位:山西师范大学戏剧影视学院、运城学院)

---

① 郑伯奇:《郑伯奇文集》(第二卷),人民文学出版社1988年版,第119页。
② 张灏:《张灏自选集》,上海教育出版社2002年版,第232页。

民国文学研究

从《萧萧》的版本变迁看沈从文对湘西文化的态度差异

武斌斌

沈从文与湘西文化的关系，正如吴福辉先生所说，"二者如鬼神纠缠不可拆解"①。从作家个人经历来说，沈从文的青少年时代基本是在湘西凤凰城区以及与之相关的沅水、辰水流域附近度过的，湘楚文化作为一种整体的文化氛围形塑了作家的个人气质与生命气息。而从作家的创作经历来说，沈从文的文学创作始于"对城市生活的不适"，因其"不适"，故反观湘西社会，努力寻找其中健康、优美、自然、合理的因素，这不仅慰藉了他初入城市的失落感，而且从文化源流上确立了他对"自我"的认同与欣赏。此后，在一系列的创作中，沈从文不仅自觉构建了"都市社会"与"乡村社会"两相对立的二元创作模式，而且主动挖掘湘西社会所蕴含的"神性"，以期"借文字的力量把野蛮人的血液注射到老迈龙钟颓废腐败的中华民族身体里去使他兴奋起来，年青起来，好在世世纪舞台上与别个民族争生存权利"②。从"文学的自觉"到"文化的自觉"，湘西文化对沈从文来说扮演了越来越重要的角色。但正如丹纳在《艺术哲学》一书中所说，作家的文学创作除决定于种族和环境外，难免还受到时代风气的影响，这种风气（或者说是"精神的气候"）在作家的各种才干中"作这'选择'，只允许某几类才干发展而多多少少排斥别的"③。因此，研究沈从文创作与湘西文化之间的关系除了要考虑作为"常态"因素的"种族"与"环境"外，还应当适当参考"变态"性的"时代"因素。张新颖先生曾指出，如若我们把沈从文"不同时期的自传性文字对照起来读，会看到他这个自

---

① 吴福辉：《湘西文化·民族重造·两性表达：沈从文三题》，《名作欣赏》2016年第16期。
② 苏雪林：《沈从文论》，《文学》1934年第3卷第3期。
③ 董学文主编：《西方文学理论名著概要》，江西人民出版社2016年版，第191页。

—— 从《萧萧》的版本变迁看沈从文对湘西文化的态度差异 ——

我的一脉相承的核心的东西，也会看到在不同的现实情形中，在个人的不同状态下不同侧面的反应"①。何止是"自传"，文学作品作为蕴藉作家思想观念、情感态度的最高话语实践方式，更能隐微而真切地表现作家的真实心理。好在，沈从文作为有名的"文体家"，他不仅喜欢不断地进行"文体试验"，"扭曲文字试验它的韧性，重摔文字试验它的硬性"②，而且，他还喜欢对已有的作品进行三番五次的修改，这就为我们窥视他不同时期的思想、情感变化提供了极大的便捷。就此而言，《萧萧》作为沈从文表现湘西乡土文化的代表性作品，虽在艺术特色上远不及其文学创作成熟期的后期作品（如《边城》或《湘行散记》），但在"典型性"上却独具意义。《萧萧》最早见刊于1930年1月10日《小说月报》第21卷第1号，此后，沈从文又在1936年7月与11月、1957年、1983年、2002年（此版是张兆和以1936年《新与旧》集中的《萧萧》为底本进行修订的）进行了多次修改③。其中，前三次的修改变化极大④，最能反映作者的"精神气候"。因此，本文主要选取1930年《小说月报》版、1936年7月《文季月刊》版⑤与1957年人民文学出版社版三个版本进行对比研究⑥，以期窥探沈从文对湘西文化的态度变迁。

---

① 张新颖：《沈从文与二十世纪中国》，《当代作家评论》2012年第6期。
② 沈从文：《情绪的体操》，《水星》1934年第1卷第2期。
③ 目前发现的《萧萧》版本共有6个，即《小说月版》1930年第21卷第1号版，《文季月刊》1936年第1卷第2期版，1936年11月良友图书印刷公司版（收入《新与旧》一集中），1957年人民文学出版社《沈从文小说选集》版，1983年广州花城出版社、香港三联出版社《沈从文文集》版以及2002年北岳文艺出版社《沈从文全集》版。
④ 从1930年版到1957年版，逐次推进，《萧萧》每次的修改变化都有130次以上之多，1983年版相对于1957版来说变化较小，2002年版基本以1937年11月为底本，变化较小。具体可参阅王文博《〈萧萧〉版本研究》（《天中学刊》2016年第1期）一文。目前有关《萧萧》版本研究的论文主要有陈国恩、孙霞《〈萧萧〉、〈丈夫〉、〈三三〉、〈贵生〉的版本问题》（《中山大学学报》2006年第5期）、陈杨萍《〈萧萧〉〈丈夫〉初刊本和选集本的比较》（《青年文学家》2012年第12期）和上面所提到的王文博文共三篇。其中陈国恩与孙霞文收集到了除1936年7月《文季月刊》版外的5个版本，较为全面，而陈杨萍文只对比了1930年《小说月报》版与1957年人民文学出版社版，疏漏较多，直至王文博文才真正收集全了《萧萧》的全部版本，并从语言差异、结构差异、修辞差异三个方面进行了详细的版本汇校。这为本文的写作提供了诸多便利，在此笔者表示真心感谢。
⑤ 1936年7月与11月版，因时间间隔较短，变化不大，故笔者只选取其中的一个版本进行分析。
⑥ 本文主要进行思想研究，因此不对具体的字词变化等进行详细考察，而只关注涉及文本主题、思想内容与情感态度等方面的内容。

一、1930年版:"原始"视角下的生命张扬

20世纪30年代初,对沈从文来说,是生活较为平和的一段时期。此时,他在林宰平、郁达夫、胡适等人的扶持下不仅摆脱了"窄而霉小斋"的困境,而且工作、生活也逐渐趋于稳定。其次,就文学创作而言,经由五年的反复练笔,"从30年代初期开始,沈从文的创作日趋成熟,开始成为北方作家的重镇"①。《萧萧》作为沈从文1930年创作的首篇小说,很好地体现了他此时的"精神气候",即"他试图写出寄寓他社会生活理想的作为文化形态的湘西"。在初刊本的《萧萧》中,沈从文描述这种理想的文化形态基本上没有采取"现代人"的眼光,而是取用了一种平视的态度,主动逼近,客观描绘,这就使初刊本与后世几个改写本之间形成了极大的差异。对此,对比《萧萧》初刊本与之后几个版本之间的差异,尤其是研究初刊本独"有"② 而之后版本皆"无"的几处情节、场景表现,我们可以发现初刊本的主题相对来说没有之后版本那么复杂、矛盾,却具有属于它自身的独特价值和意义。这主要表现为以下几个方面:

(一) 极力凸显了边地任性自然的民情风俗

在《小说月报》版的《萧萧》第140页,沈从文在描述完萧萧的茁壮成长之后,出现了以下这样一段文字:

> 天热,男子汉皆不穿衣,娘女们也各躺胸露奶,从萧萧方面看来,仿佛是哥哥几个家中男子汉,身体那么壮实,使人吃惊,膀子一弯就有大筋凸起,有些地方怪有趣味。
>
> 看到那如牛似虎的体魄,萧萧容易记起武松打虎的故事,萧萧如许多人一样,佩服武松同张飞,虽然想起张飞是粗人,有害怕,但张飞武松总仍然是好人,如自己所见男子一样的。

此段文字只见于《萧萧》的初刊本,在之后的版本中均未出现,缘何删除,日本学者城谷武男认为,主要是为了符合作品叙事的逻辑——"否定萧萧对异性抱有自发性的主体意识"③。笔者对此有不同意见。从现代人的角度来说,萧萧的确不具备个人性的、

---

① 凌宇:《从边城走向世界》(修订本),岳麓书社2006年版,第6页。
② 此处所说的"独有"不仅包括初版本中所独有的文字,也包括初版本整体语境所独有的意蕴,并非仅从文字有无的角度而言。
③ 日本学者城谷武男曾分别从主体性、通俗性、色情性三个角度出发分析过此段文字在之后版本中被删除的原因,得出的结论为"沈从文的删除正是为了否定萧萧对异性抱有自发性的主体意识"(见黎颖2014年湖南师范大学硕士论文《论城谷武男的沈从文研究》)。

—— 从《萧萧》的版本变迁看沈从文对湘西文化的态度差异 ——

独立的、自主的主体意识，但置身于湘西文化的整体氛围中，萧萧可以说是具有自发的"种族性"主体意识。对沈从文来说，这种种族主体的"集体意识"的价值并不亚于现代社会中女性个体独立的价值。由此，删除的关键并不在于萧萧是否"对异性抱有自发性的主体意识"，而在于沈从文之后审视湘西文化的视角与态度均发生了极大改变（后文将有详细论述），但这并不意味着此一段文字在初版本中即为赘笔，恰恰相反，正是这样一段令作者之后略显"忌讳"的文字蕴含了他此时诸多对湘西文化的真实态度。首先，此处"天热，男子汉皆不穿衣，娘女们也各躺胸露奶"的"大胆"描写极具形象地表现了边地人民自由、张扬的"性意识"，为结尾处萧萧的被"谅解"埋下了伏笔。其次，萧萧对男性身材的注意，尤其是"膀子一弯就有大筋凸起"的描述，为下文她被花狗大"膀子真大"所吸引而失身做了铺垫，表现出了边地人民对"美"的物质表现——强壮体魄的独特认知。最后，也是最为重要的一点，此一段描述在形象勾勒边地人民对"强壮体魄"的审美欣赏之时，也建构起了他们对人性的独特认知："强健体魄" = "好人"。这样的认知在理性的现代人看来简直荒谬，但在湘西文化中，强健的体魄（物质基础）即是原始生命力的象征，也是自身对他人情感认知的前提标准。从萧萧的角度而言，她的失身首先是对这种潜在标准的隐性认同，而非受到男性引诱的过失之举，这与后世学者所津津乐道的"反对封建礼教说"、"女性命运沉沦说"等是大不相同的。对原始生命自然、自在性的极度张扬，才是沈从文这一时期建构"文化湘西"的主旨所在。

（二）"自然"作为衡量道德的唯一标准

如若说湘西边地民情的大胆书写是以文化民俗的外在方式充分张扬了沈从文文化湘西的任性自然观的话，那么，作为衡量生命价值的重要窗口，对"性爱"的态度则更能印证《萧萧》初版本对原始自然生命力的永恒追求。《萧萧》作为沈从文创作中少有的现实主义成分比较浓重的作品，其性爱描写虽没有《月下小景》那么壮烈，没有《看虹录》那么唯美，但这并不代表《萧萧》（初版本）的性爱观就是现实主义的、批判的。就主旨而言，《萧萧》初版本中的"性爱观"与其说是"批判的"，不如说是"论证的"——论证了"自然"作为道德衡量标准的唯一原则这一典型生命力特征。这主要表现在两个方面：对花狗的态度评价上；对萧萧失身的独特评价上。花狗作为《萧萧》中的"邪恶"人物，如若在丁玲、萧红等女性作家的笔下，那必将是一个人神共愤的人间渣滓形象，但在初版本的《萧萧》中，沈从文对其态度不仅十分"客观"而且十分"冲淡"——"但花狗是男子，凡是男子的美德恶德皆不缺少"。与之后版本对花狗的评价"这家伙个子大，胆量小，个子大容易做错事，胆量小做了错事也就想不出办法"相比，初版本的写作可谓是极尽了"无我"之能事，"作品中并没有作者或作者化身露面，不用作者的感慨或议论，全由生活自身显示出一切善善恶恶，去唤起读者的喜怒哀乐"①。沈从文之所以对一个引诱少女失身的"负面"人物进行如此描绘，究其根源就在他对人类生命价值判断的独特信守——"有权对人裁决的只有'自然'这一尊神"②。因此，他在创作时"不大领会伦理的美。接近人生时，我永远是个艺术家的感情，却不是所谓道德君子的感情"③。其实，何止是"美"，即便是"恶"，沈从文也同样是以"自然"作为衡量的唯一手段的，由此，才出现了初版本中我们读来"野蛮"却并不令人"怨憎"的花狗形象（以负面人物形象论证生命自然的永恒标准，沈从文可谓是得"否定之否定"之精髓）。与之相反，在初版本中，沈从文对萧萧这一正面人物的评价，反而多"龃龉"之处，这也是"反其道而行之"论证了他对"生命"所采取的"自然"标准。萧萧作为童养媳嫁给了比自己小九岁的丈夫，随着她身体的"茂盛"成长，本应与之相伴随的"性意识"却一直处于一种被压抑、被泯灭的状态中（她要被迫等待丈夫十二年才能圆房），这在沈从文看来显然是违背"自然"的。由此，在初版本中，沈从文对萧萧的刻画就出现如下的"奇异"之处：（一）萧萧的失身，虽主要源于花狗的引诱，但萧萧自身也有可归"怪罪"之处。如，萧萧明知小丈夫口中唱的山歌是花狗教的，但仍故意问这是谁教你的歌，就此而言，萧萧的失身绝非简单的引诱即可解释。（二）萧萧失身虽然是一件涉及女性命运悲剧的大事，但沈从文却只对此进行了"轻描淡写"的描述："听到这些话仍然不懂什么的萧萧，先注意到他的那一对膀子，到后只注意到他的最后一句话。她要他当真对天赌咒，赌了咒，一切好像有了保障，她就一切尽他了。"这样的表现方式显然与沈从文独特的价值评判有关。在他看来，与"失身"这样的伦理事件相比，"人性的自然"（包括"性"的自然）才是生命真正的"自然"。对此，赵园先生曾有过切中肯綮的评述，她认为沈从文"对于翠翠、萧萧们'无知无识，顺帝之则'的生存形态的欣赏态度，不仅仅出诸对'自然'这一理想的钟爱，他的以女性为'自然'的精灵，也决不是偶然的选择。他是在一个女人完成'自然派定的那份义务'这种意义上，理解萧萧这形象的伦理内容和人性内容的。在这个意义上，她的'失身'于花狗只是更使她像一个人，因为她有'人性'"④。这一论断可谓是空前之见，与"失身"相比，萧萧因有了"人性"的自然需求而具备了"人"的价值，这可以说是沈从文对原始生命力激赏的独特表现。

（三）原始生命力的张扬

无论是对边地民情的大胆展露，还是对边地人民自然人性的独特理解，湘西文化对

---

① 李恺玲：《冲淡又深情——从小说〈萧萧〉谈沈从文的艺术风格》，《武汉师范学院学报》1982 年第 6 期。
② 赵园：《沈从文构筑的"湘西世界"》，《文学评论》1986 年第 6 期。
③ 沈从文：《女难》，《沈从文全集》（第 13 卷），北岳文艺出版社 2002 年版，第 323 页。
④ 赵园：《沈从文构筑的"湘西世界"》，《文学评论》1986 年第 6 期。

—— 从《萧萧》的版本变迁看沈从文对湘西文化的态度差异 ——

于沈从文来说最主要的意义还在于他在他所建构的文化湘西中发现了有助于生命积极向上的真正的"力"——原始生命力。沈从文以"蒙昧"的眼光"平等"地审视原始、落后、野蛮的边地世界,从中发现了湘西文化的最高价值——原始生命力的张扬。这在《萧萧》初版本中也得到了很好的体现,具体则表现在萧萧人物形象塑造与小说结尾对原始生命力的哲理升华两个方面。

初版本中的萧萧,婆婆对她的"修剪"还没有具体的表现,对"自由"的向往也还没有刻意的呈现(有关这两点,笔者将在下文具体论述)。换而言之,与之后版本中作者对萧萧形象的进一步"扭曲"相比,初版本中的萧萧尽显了生命的本色:

> 也有做媳妇不哭的人,螺蛳山的萧萧,她不哭,看到母亲伤心伤心哭,眼泪多到岂有此理,这女人她笑。她又不害羞,又不怕,她是什么事也不知道,就做了人家的媳妇了。
>
> ……
>
> 萧萧过了门,做了三岁大的拳头丈夫的媳妇,一切并不比在家为苦,看她本年来身体发育就可以明白,像一株长在园角的不为人注意的蓖麻大叶大枝,日增茂盛,这人是全不为丈夫设想那么长大起来了。
>
> ……
>
> 都说萧萧是大人了,天保佑,喝冷水,吃粗砺的饭,四季无疾病,发育得这样快,虽婆婆生来像一把剪刀,把凡是给萧萧暴长的机会都剪去了,但乡下的春风秋雨帮助人长大,却不是工夫折磨可以拦得住。

先说第一则,在《萧萧》的六个版本中,初版本是唯一一个萧萧有母亲存在的版本,此后则变为萧萧"没有母亲,从小寄养到伯父种田的庄子上",具体的细节变化后文将列表详述。就此独特"存在"而言,萧萧即便有母亲,却也不是为了凸显亲情的关爱,而是为了进一步突显命运的"自然":面对萧萧失身这样的大事,婆家没有去请萧萧的母亲,而只是叫来了萧萧的"伯父",原因只在于萧萧本族的人"只有一个伯父在近处",因其"近",伯父取代母亲成为了萧萧命运的掌控人,这看似十分荒谬,但在对比中更能凸显湘西社会生命流转的"自然"色彩。

再说第二和第三则,熟悉沈从文的人读到这两则文字时势必会想到《边城》中的翠翠:

> 翠翠在风日里长养着,把皮肤变得黑黑的,触目为青山绿水,一对眸子晶莹如

水晶。自然既长养她且教育了她，为人天真活泼，处处俨然一只小兽物。人又那么乖，如山头黄麂一样，从不想到残忍事情，从不发愁，从不动气。

但与《边城》以自然环境烘托、映衬人物的美好品性不同，萧萧的"自然"来自于"人为"的"战斗"——"一切并不比在家为苦"、"却不是工夫折磨可以拦得住"，这样的描述更加彰显了原始生命力的张扬。在沈从文看来，原始、野性并非什么可羞可耻的事，他不仅自身"崇拜朝气，欢喜自由，赞美胆量大的，精力强的"①，而且在创作中也"有意借着湘西黔边这一带的陌生地方的神秘性来鼓吹一种原始性的野的力量"②，这在萧萧人物形象的塑造上得到了很好的体现。

其次，最终决定小说主题意蕴——原始生命力的张扬的关键还在于小说的结尾。1930年版的《萧萧》，小说结尾十分简洁：

生下的是儿子，不嫁别处了。
到萧萧正式同丈夫拜堂，儿子有十岁，已经能看牛，他喊萧萧丈夫做大哥，大哥也答应，不生气。

与之后的众多版本相比，这一版本的结尾具有十分独特的价值。先说细节，初版本中萧萧儿子对其丈夫的称呼为"大哥"，之后的版本均改为"大叔"，名称的变化意味着作家观察视角的变化，如若说初版本是母系视角，彰显的是原始生命意识的平等的话，那么之后的版本则尽显了父系的权威（即便是认可）。就此而言，初版本在主题上凸显的是生命的本色：这个世界不是用法律也不是用道德来维持的，"一切都为一个习惯所支配"③。对（父系）伦理道德的反抗与其说是沈从文"无心插柳"，不如说他是有意为之，"他试图以审美意识'统一'伦理意识，反复告诉你'美就是善'，倒也因此更透露出对于'善''恶'的真正关心"④。沈从文笔下的"美"和"善"不是具有伦理道德色彩的美和善，而是具有丰富生命意蕴的"美"与"善"的统一。其次，初版本的小说结尾语虽平淡无奇，但实际上蕴含着十分深刻的意蕴，这主要表现为：一，"个人"生命的"从容"；二，"集体"生命的"宽容"。首先，"从容"在这儿仍是"自然"的代名词，沈从文描写他笔下的人物并不以现代文明为标准，而只是尽其本能自然，让他们

---

① 沈从文：《〈篱下集〉题记》，《沈从文文集》（第11卷），花城出版社1984年版，第33页。
② 邵华强编：《沈从文研究资料》（上），知识产权出版社2011年版，第160页。
③ 沈从文：《边城》，《沈从文全集》（第8卷），北岳文艺出版社2002年版，第71页。
④ 赵园：《沈从文构筑的"湘西世界"》，《文学评论》1986年第6期。

在"自然的法则中生长、繁衍、淘汰、延续,从而呈现出生命强旺、自在、坚韧、彪悍的本质特征"①,由此,他小说中的人物俨然同"自然"相融合,"很从容的各在那里尽其性命之理"②,无论是萧萧、丈夫还是儿子,小说中的各个人物最后皆如自然般过得十分从容。其次,是"宽容"。这种"宽容"既表现在人与人之间(如萧萧丈夫对其私生子的宽容),也表现在人与自然的秩序关系上:"'自然'的就是'美'的,秩序为了'美'而存在——而不是相反;道德统一于'美'——也不是相反。"③ 生命以其自然的秩序彰显了美,这种自然的"美"统一了道德,统一了伦理,这才是现实人间秩序之上的"大秩序"——"大爱"。初版本的《萧萧》结尾所体现的正是这样一种基于自然秩序之上的大宽容与大爱,萧萧宽容了花狗、宽容了命运,丈夫宽容了萧萧、宽容了孩子,"宽容"尽显人间的大秩序,这才是小说主旨意蕴之所在④。

综上,1930年版的《萧萧》虽有诸多文字描写不足之处,但就小说的主题意蕴而言,此一版本的《萧萧》独显生命的原始色彩。"原始生命力"经由沈从文的文学建构成为了湘西文化最本真的存在。

二、1936年版:"现代"视角下的命运隐忧

沈从文的小说在中国现代文学史上一直是一种独特的存在,它既不能完全纳入"五四"文学对"人"的现代性的总体追求之中,也不能纳入左翼文学功利主义的革命版图之中,但这并不是说,沈从文的小说就完全是超然独立的、无可规范的。正如有学者所说,在沈从文的创作中"我们一方面见及'五四'新文学'为人生'这一方向对他的导引,从而保证了他作品的现代品格,另一方面,他从楚文化精神中所汲取的生命意识、流美观念,人与自然契合的思想及重情倾向,又为他作品赋予了古远而深沉的旋律"⑤。沈从文从楚文化精神中获得了"古老而深沉的旋律"已为上文所论证,至于其文学创作中的"现代品格",则需要时间去印证,这在1936年改写版的《萧萧》中得到了极好的

---

① 刘洪涛:《沈从文小说新论》,北京大学出版社2005年版,第68页。
② 沈从文:《箱子岩》,《沈从文全集》(第11卷),北岳文艺出版社2002年版,第280页。
③ 赵园:《沈从文构筑的"湘西世界"》,《文学评论》1986年第6期。
④ 在此,有兴趣的读者不妨将初版本的《萧萧》与日本小说家志贺直哉的短篇小说《老人》对比着来看,二者无论在小说结尾还是在主题意蕴上都有极大的相似之处。日本小说家菊池宽评价该作"他所怀着的道德,我解释为'人间性的道德'。这种道德,在他的作品里最明显的是'对于正义的爱'(Love of justice),就是正义,就是人间的正义"(见谢六逸译《志贺直哉集》,中华书局1935年版,第9-10页),沈从文初版本的《萧萧》在结尾表现上又何尝不是这样一种对于"人间的正义"的欣赏与追求呢?
⑤ 刘一友:《论沈从文与楚文化》,《吉首大学学报》1992年第40、41期合刊。

体现：一转先前对原始生命力的极力张扬，此版本的《萧萧》凸显了作者现代视角下对人物命运的极度隐忧。

《萧萧》（初版本）发表之后的第二年，"九·一八"事变爆发，东北三省沦入了日本侵略者的铁蹄之下，之后的几年时间里，华北告急、西北告急，整个中国都陷入了四分五裂的危机之中。1934年，沈从文因探母病回了一趟湘西，此次回乡路上的所见所闻不仅让他深感湘西下层人民"生的庄严"，而且让他深悟"现实并不使人沉醉，倒令人深思"。在他看来，"这些不辜负自然的人，与自然妥协，对历史毫无负担，活在这无人知道的地方。另外尚有一批人，与自然毫不妥协，想出种种办法来支配自然，违反自然的习惯，同样也那么尽寒暑交替，看日月升降。然而后者却在慢慢改变历史，创造历史。一份新的日月，行将消灭旧的一切。我们用甚么方法，就可以使这些人心中感觉一种对'明天'的惶恐，且放弃过去对自然和平的态度，重新来一股劲儿，用划龙船的精神活下去？这些人在娱乐上的狂热，就证明这种热能换个方向，就可使他们还配在世界上占据一片土地，活得更长久一些。不过有甚么办法，可以改造这些人的狂热到一件新的竞争方面去，可是个费思索的问题"①。此时，沈从文对湘西文化古老的"恒常"已经产生了怀疑。在他看来，生活于此间的人们从理论上来说当然有其"占据一片土地"的资格，但历史的车轮滚滚向前，如若他们只懂得一味地固执坚守原始的力量，那么"一份新的日月"必将使其灭亡。就此而言，沈从文的内心喜忧掺杂。与之前明确且单纯地高扬原始生命力的"神性"不同，20世纪30年代中期的他不得不时刻关注这些人命运的急剧变迁，他"注目于处于历史转折期的湘西社会在不同的'时间'与'空间'里，'常'与'变'即不同的文化形态按不同比重现实的交织"，他的作品中"既见出'乡下人'主观精神与现实环境下不相平衡而出现的可笑情状，又见出因'常'与'变'的冲突而产生的人物悲剧命运"②。就此而言，1936年版的《萧萧》不仅关注"社会之变"，而且关注社会之变背后所隐藏的人物命运之忧。这在此一版本中主要表现为以下三个方面：

（一）对女学生事件的充盈

1936年版的《萧萧》与初版本相比较而言，一个重要的变化就是对过路女学生的描写更加丰富和充盈了起来。如，先前的"一二女学生"变为了"三三五五女学生"；对女学生流言的描述也进一步进行了文字充实，她们结婚"不要媒人，也不要彩礼。名叫'自由'"，她们一受委屈"就上衙门打官司，要官罚男子的款，这笔钱她可以同官平

---

① 沈从文：《箱子岩》，《沈从文全集》（第11卷），北岳文艺出版社2002年版，第280—281页。
② 凌宇：《从苗汉文化和中西文化的撞击看沈从文》，《文艺研究》1986年第2期。

分"。此中当然不乏沈从文为追求情节完整而"补写"的成分,但"补写"的背后蕴含着的是作者对时代之变的隐忧。换句话说,文本中描述女学生的情节越为饱满,则萧萧的生活就会被相形得越为鄙陋,越为贫乏。

(二) 对童养媳制度的批判

除此之外,1936年版的萧萧还极力凸显了与时代氛围极不相容的"童养媳制度"。如若说在1930年版的《萧萧》中"童养媳制度"只是一种地方性背景的话,那么,改写之后,童养媳制度就成为了现时的文化陋俗,走到了台前,这主要是通过对婆婆的"丑化"得以完成的。在初版本中,萧萧的婆婆基本上是一个"幕后"人物,只在沈从文的随意评价中简单出场过,但在再版本中,婆婆的形象有了更具体的表现。如当萧萧做梦呓语大声喊"妈"时,吵了隔壁的人,婆婆便骂道:"疯子,你想什么!"由此,"童养媳制度"的罪恶在此逐渐落到了实处。

(三) 对人物悲剧命运的揭示

沈从文对湘西人物命运的担忧,最终落实到了对湘西文化"变"中之"常"的反思之上。时代虽然在变迁,但地处偏远的湘西却仍然保留了不少与时代不符的陋习。这种陋习犹如命运的轮回一样,一代一代地在此地人民的生活中、精神上深深扎根。对此,沈从文通过改写小说的结局进行了深刻的反思。与1930版的小说结尾简洁、喜庆、团圆,张扬了原始生命力的大欢喜、大奔放不同,1936版的《萧萧》表现出了浓厚的悲剧色彩。这主要经由如下的"添写"而完成:

> 到萧萧正式同丈夫拜堂圆房时,儿子年纪十岁,已经能看牛割草,成为家中生产者一员了。平时喊萧萧丈夫做大叔,大叔也答应,从不生气。
>
> 这儿子名叫牛儿。牛儿十二岁时也接了亲,媳妇年长六岁。媳妇年纪大,方能诸事做帮手,对家中有帮助。唢呐吹到家门前时,新娘在轿中呜呜的哭着,忙坏了那个祖父、曾祖父。
>
> 这一天,萧萧抱了自己新生的月毛毛,却在屋前榆蜡树篱笆看热闹,同十年前抱丈夫一个样子。

短短三个自然段的增添,既表现了萧萧命运的转折(既没有被沉潭也没有被发卖,反而正常长大了),又表现了萧萧命运的循环(又一代萧萧娶进了家门),还塑造了一个作为"看客"萧萧的形象(抱着新生儿看另一代萧萧的进门,自己则向婆婆的身份迈进)。对此,我们在钦佩沈从文文笔神妙之余,不得不承认,1936版的《萧萧》其作品主题意蕴已经发生了彻底的改变:萧萧一改原始生命力的自由象征而变为了鲁迅《祝福》中祥林嫂早期悲剧命运（她是"山里人，丈夫打柴，比她小十岁"）描写中"所略去的一笔"①，萧萧面对命运的顺其自然变为了"对自身悲剧命运的浑然不觉与无关心"②（着重号为原文所有）。正是这寥寥几段的添加使得沈从文的创作视角（由原始文化的平等观察者变为了审视者）、创作态度（由对原始生命力的单纯张扬变为了对湘西文化继续留存的担忧）、创作构思（由表现原始生命力变为了表现童养媳制度下女性命运的轮回）都发生了极大的转变。这不仅给后世的沈从文研究造成了极大的歧义与困惑③，就其自身而言，也呈现出了他对湘西文化命运发展的复杂与暧昧之情。

综上，改写之后的《萧萧》更多地凸显了沈从文对时代之"变"的担忧，他企图反思湘西蒙昧制度以及边地人性中的贫困与简陋，希望其经由"净化"之后重新加入新的竞争中去，从而为自己的未来争得一片新的天地。就此而言，从1930年版到1936年版，沈从文对湘西文化的态度由"原始的单纯"变为了"命运的忧虑"，这既是作者之"变"，也是时代之"变"。

三、1957年版：新时代视角下的悖论认同

中华人民共和国成立之后，沈从文作为"桃红色作家"、"反动作家"④，一直处于靠边站的地位。1957年，适值"双百方针"，主管文艺工作的周扬托严文井向沈从文约稿并建议其为人民文学出版社编选《沈从文小说选集》。旧作能够重新出版，沈从文当然十分欣喜，对此，他曾不无违心地表态："正由于一开始就把个人只看成是本世纪整个文学运动一名小卒，主要任务是作尖兵，为大队伍打前站，在作品中纪录突破试探，因

---

① 李恺玲：《冲淡又深情——从小说〈萧萧〉谈沈从文的艺术风格》，《武汉师范学院学报》1982年第6期。

② 凌宇：《沈从文创作的思想价值论》，《文学评论》2002年第6期。

③ 如赵园认为"沈从文笔下的湘西，也只能是现代知识者沈从文眼中的审美想象中的湘西，作为一个现代人的审美理想的感性显现的湘西，使原始变性成为美对象的，正是一种现代人的审美意识"（见赵园：《沈从文构筑的"湘西世界"》，《文学评论》1986年第6期）。刘洪涛认为"我们不能忽略沈从文小说'非客观性'的一面，这就是叙述人'蒙昧'的态度。这种'蒙昧'的叙事态度，一方面使沈从文小说表现的湘西生活'封存'在原始状态中，另一方面，这'蒙昧'又是现代人的，因而是伪装的。就因为'伪蒙昧'的存在，那些看似朴素、货真价值的故事，让我们联想到现代主义"（见刘洪涛：《沈从文小说新论》，北京大学出版社2005年版，第25页）。如上表述都揭示了沈从文对湘西文化表述的复杂性与暧昧性，这当然是沈从文小说创作的总体特征，但就单篇而言，笔者认为这种现象的出现至少有一部分原因是由于沈从文的不断改写造成的，《萧萧》即是典型一例。

④ 郭沫若：《斥反动文艺》，1948年3月1日《大众文艺丛刊》第1辑。

之永远从'习题'出发，进行写作。"① 正是基于这样的"违心"且"欣喜"，此次编选，沈从文对旧作又进行了极大的修改。单从《萧萧》而言，主要表现为意识形态话语与阶级成分话语的增加，如：

（1）抬花轿的轿夫由"四个"变成了"两个"，突显了湘西边地的阶级压迫。

（2）萧萧未出嫁前的生活得到了具化。"终日提个小竹兜箩，在路旁田坎捡狗屎"，表明了萧萧的贫民成分。

（3）突出了童养媳制度的罪恶。萧萧夜里起来哄小丈夫，刚蜷缩到小床上不久，则鸡叫了；萧萧无意中闭眼睁眼玩，"看一阵在面前空中变幻无端的黄边紫心葵花，那是一种真正的享受"，以幻觉凸显日常生活的艰辛。

（4）对祖父的形象也进行了刻意的"权威性"丑化。先前版本中对萧萧一直疼爱有加的祖父在此版本中由"普通人"变为了"祖父是当地人物"，突显了阶级对立。

（5）突显了封建社会意识形态下官与民之间的对立。如，把女学生比附为做官者，"她们咬人，和做官的一样，专吃乡下人，吃人骨头渣渣也不吐，你不怕?"

如上，都是政治意识形态对文学创作的强制化影响。时代原因，毋须多言。笔者在此想要思考的是另外两个细节：

（1）对封建文化的点名批判问题

在《萧萧》的六个版本中，无论是早期的1930年版、1936年版，还是之后的1983年版、2002年版，有关萧萧失身之后请来其伯父的描写皆为"什么也没有说，大肚子作证，伯父不忍把萧萧沉潭，萧萧当然应当嫁人作二路亲了"，只有1957版添加了"照习惯，沉潭多是读过'子曰'的族长爱面子才作出的蠢事。伯父不读'子曰'，不忍把萧萧当牺牲"一句。此句在历来的《萧萧》研究中都曾被反复引用，但缘何只出现在1957年版中似乎值得进一步思考。

（2）对"自由"向往的刻意添加问题

1957年版的《萧萧》还对小说结尾进行了进一步的修改，表现了边地人民对"自由"的向往：

> 小毛毛哭了，唱山歌一般哄着他：
>
> "哪，弟弟，看，花轿来了。看，新娘子穿花衣，好体面！唓，唓，唓，不许闹，不讲道理不成的！不讲道理我要生气的！看看，女学生来了！明天长大了，我们讨个女学生媳妇！"

---

① 沈从文：《〈沈从文小说选集〉题记》，刘洪涛、杨瑞仁编《沈从文研究资料》，天津人民出版社2002年版，第105页。

此两处细节之所以重要，不仅在于它们是"新添"，而且在于其在"可说"与"不得不说"之间隐含了沈从文对湘西文化的隐曲态度。在1949年之前，对封建文化的批判并非是一个令人忌讳的话题，但在前期几次的改写过程中沈从文却一次都没有明确凸显他对以"子曰"为代表的封建文化的批判，直到1957年重新编选时他才刻意突出此点，这可以说是时代语境允许下的"可说"与"重点明说"。与之相比，小说结尾的修改则属于"不得不说"。中华人民共和国成立之后，经由《新民主主义论》的定性，毛泽东将共产党领导的新民主主义革命定义为"民主主义革命的必然趋势"[①]，这样，对以"五四"为代表的新文化的批判在新时代的语境中就成为了一个"不可说"的话题。由此，沈从文不得不替小说加上了一条光明的"尾巴"——"明天长大了，我们讨个女学生做媳妇"。但只需细读文本即可发现，这样的结尾与小说前文萧萧对"自由"的懵懂无知显然充满了矛盾。而之所以会出现这样的矛盾，显然与沈从文对湘西文化的"固执"认同相关。对他来说，无论是封建文化，还是现代文化，二者都属于"中心文化"，而这与其建设新文化的设想根基——"边地文化"（湘西文化视角）是极为冲突的。故此，他虽多次改写，但其背后仍流露出了一种对湘西文化的一往情深。只是，这种"情深"在新的时代语境中发生"变异"——变为了一种"悖论式"的认同："1930年之后，在沈从文的'湘西书写'中，苗族似乎已经消失在'中华民族'中。这时候，'湘西'已经不可避免地与现代国家勾连在了一起。这样的一个'湘西'是具有'建设性'的。"[②] 沈从文认同湘西与现代民族国家勾连的必须性，但在认同的过程中必然会产生一种悖论，那就是，他深知湘西社会需要改变，但他越想挖掘湘西社会中的"建设性"成分，就越会让原有的"文化湘西"偏离它本有的轨道，变异之后的"湘西"只能是无根之木、无源之水，而这既是时代造成的恐慌，也是沈从文作为一个种族意识极强的现代作家的深深忧虑。

综上，经由《萧萧》版本的变迁分析，我们可以看出，随着时代的变化，沈从文对湘西文化的态度发生了极大的转变，但整体而言，他与湘西文化的关系还是如"鬼神纠缠不可拆解"。对沈从文来说，他对湘西文化的态度虽褒贬时有位移，但其价值判断却是根深蒂固的，而随着时代的发展，这种价值判断是否可以长久，这在沈从文这里成为了一种不可解的悖论。

---

① 毛泽东：《新民主主义论》，《毛泽东选集》（第2卷），人民出版社1991年版，第652页。
② 黄锐杰：《"湘西"背后的"民族"与"国家"——由近三十年沈从文研究的流变谈起》，《当代文坛》2018年第5期。

—— 从《萧萧》的版本变迁看沈从文对湘西文化的态度差异 ——

本文所涉及的版本内容比较图

	1930 年版	1936 年 7 月版	1936 年 11 月版	1957 年版
萧萧出生	她不哭,她看到母亲伤心伤心哭,眼泪多到岂有此理。	这女人没有母亲,从小寄养到伯父种田的庄子上。	(同 7 月版)	从小寄养在伯父种田的庄子上,终日提个小竹兜箩,在路旁田坎捡狗屎
哭嫁的缘由	做新娘,从母亲身边离开,去做母亲,从此将有许多新事情等待发生,像做梦,将同一个陌生男子汉在一个床上睡觉,就是新事情之一,所以照例觉得要哭,就哭了。	做新娘子,从母亲身边离开,且准备作他人的母亲,从此将有许多新事情等待发生,像做梦,将同一个陌生男子在一个床上睡觉,十分害怕。	将同一个陌生男子在一个床上睡觉,做着传宗接祖的事情,当然十分害怕。	从此必然将有许多新事情等待发生。像做梦一样,将同一个陌生男子在一个床上睡觉,做着承宗接祖的事情。这些事情想起来,当然有些害怕。
萧萧做梦	她夜里睡觉,也常常做世界上人所做过的梦,梦到捡得钱,吃好东西,爬树,自己变成鱼到水里溜扒,或一时仿佛很小很轻,身子飞到天上众星中,没有一个人,只是一片白,一片金,于是大喊"妈",人醒了。	夜里睡觉,便常常做世界上人所做过的梦,梦到门角落或别的什么地方捡得大把大把的铜钱……(同 1930 年版)人醒了。醒来心还只是跳。吵到了隔壁的人,就骂着"疯子,你想什么!"	到了夜里睡觉……(同 7 月版)就骂着"疯子,你想什么!"却不作声只是咕咕笑着。	(同左)吵了隔壁的人,不免骂着:"疯子,你想什么!白天玩得疯,晚上就做梦!"萧萧听着却不作声,只是咕咕的笑。
湘西边地民俗	在夏夜光景前,有这么两段: 天热,男子汉皆不穿衣,娘女们也各躺胸露奶,从萧萧方面看来,仿佛是哥哥几个家中男子汉,身体那么壮实,使人吃惊,膀子一弯就有大筋凸起,有些地方怪有趣味。 看到那如牛似虎的体魄,萧萧容易记起武松打虎的故事,萧萧如许多人一样,佩服武松同张飞,虽然想起张飞是粗人,有害怕,但张飞武松总仍然是好人,如自己所见男子一样的。			

	1930年版	1936年7月版	1936年11月版	1957年版
女学生	才有一二女学生	便有三三五五女学生	（同左）	（同左）
祖父			祖父是当地人物	祖父是当地一个人物
有关女学生的谈话	"祖爹，明天有女学生过路，你喊我，我要看。" "你看，她们捉你去作丫头。" "我不怕她们。" "她们咬人你不怕？" "也不怕。"	（同左）	"我不怕她们。" "她们读洋书，你不怕？" "我不怕。" "她们咬人你不怕？" "也不怕。"	"爷爷，明天有女学生过路，你喊我，我要看看。" …… "她们读洋书念经你不怕？" "念观音菩萨消灾经，念紧箍咒，我都不怕。" "她们咬人，和做官的一样，专吃乡下人，吃人骨头渣渣也不吐，你不怕？"
萧萧逃跑	萧萧也步了花狗后尘，想逃，跟了女学生走，但没有动身即被发觉了。	也想逃走，收拾一点东西预备跟了女学生走的那条路上城。但没有动身，就被家里人发觉了。	（同左）	收拾一点东西预备跟了女学生走的那条路上城去自由…… 这种打算照乡下人说来是一件大事，于是把她两手捆了起来，丢在灶屋里，饿了一天。
对萧萧的惩罚	什么也没有可说，大肚子作证，萧萧当然嫁人作二路亲了。	伯父不忍心把萧萧沉潭，萧萧当然应当嫁人作二路亲了。	（同左）	大肚子作证，什么也没有可说。照习惯，沉潭多是读过"子曰"的族长爱面子才作出的蠢事。伯父不读"子曰"，不忍把萧萧当牺牲，萧萧当然应当嫁人做二路亲了。

—— 从《萧萧》的版本变迁看沈从文对湘西文化的态度差异 ——

	1930年版	1936年7月版	1936年11月版	1957年版
小说结尾	生下的是儿子,不嫁别处了。到萧萧正式同丈夫拜堂,儿子有十岁,已经能看牛,他喊萧萧丈夫做大哥,大哥也答应,不生气。	生下的是儿子,不嫁别处了。到萧萧正式同丈夫拜堂圆房时,儿子年纪十岁,已经能看牛割草,成为家中生产者一员了。平时喊萧萧丈夫做大叔,大叔也答应,从不生气。这儿子名叫牛儿。牛儿十二岁时也接了亲,媳妇年长六岁。媳妇年纪大,方能诸事做帮手,对家中有帮助。唢呐吹到家门前时,新娘在轿中呜呜的哭着,忙坏了那个祖父、曾祖父。这一天,萧萧抱了自己新生的月毛毛,却在屋前榆蜡树篱笆看热闹,同十年前抱丈夫一个样子。	(同左)	这一天,萧萧刚坐月子不久,孩子才满三月,抱了自己新生的毛毛,在屋前榆蜡树篱笆看热闹,同十年前抱丈夫一个样子。小毛毛哭了,唱歌一般哄着他:"哪,弟弟,看,花轿来了。看,新娘子穿花衣,好体面!嘿,嘿,嘿,不许闹,不讲道理不成的!不讲道理我要生气的!看看,女学生来了!明天长大了,我们讨个女学生媳妇!"

(作者单位:太原师范学院文学院)

民国文学研究

战时返乡的传道者
——20世纪40年代废名的思想状况与乡土实践

康宇辰

写作于抗战胜利、内战正在进行之时的小说《莫须有先生坐飞机以后》（1947-1948，未完篇，以下简称为《坐飞机以后》），是废名在北平追忆之前抗战时期家乡避难生活、阐述自己所悟之道的作品。比起之前30年代初的虚构小说《莫须有先生传》，废名强调它"完全是事实，其中五伦俱全……牠可以说是历史，牠简直还是一部哲学"①。这一方面提示我们，《坐飞机以后》很大程度上是真实叙述废名避难生活的一部自叙传，其中的主人公"莫须有先生"在接下来的讨论中一般来说即可被等同于废名本人；另一方面，作品中强烈的现实关怀和针对性、囊括万有的大文学观，使得它成为一部面对中国局势积极发言之作，也可看作是新文学传统中前无古人的一次文学试验。本文正是试图以这部小说为中心，参证于40年代废名的几个思想文本，考察废名在抗战期间的思想面貌以及他以家长、教师身份参与的乡土社会实践。本文将思想的状态和在乡土社会中的角色扮演放在一起说，主要是基于这么一个认识，即个人和历史发生关系，很多时候并不是脱离社会网络的"五四"式独异个人与抽象的整体历史的碰撞，而应该是通过个人加入到具体社会关系中去实践，产生与历史的结构性关联。而人的思想认识和这种处身的结构是相互作用的。废名思考的是，作为一个现代中国的"读书人"，应该有怎样的世界观和人格，又怎样参与中国社会结构，安顿和教化百姓，尽自己的力量促进抗战建国。

但需要注意的是，这段抗战经历是战争胜利、废名"坐飞机"回到北平重新任教北

---

① 废名：《莫须有先生坐飞机以后·开场白》，原载《文学杂志》1947年第2卷第1期，引自《废名集》，北京大学出版社2009年版，第809页。

京大学以后，对于避难生活的追忆。因为战争的胜利、生活磨难的洗礼、人生经验的不断丰富、思想的不断发展，这段"避难记"的言说时期，或许不免会带有追忆的后涉眼光，反映的更是1947-1948年间废名的思想状况，这一思想状况是抗战以来他思想不断发展演进的一个集大成。书名为《坐飞机以后》，而所写事实均发生在坐飞机回北平以前，其实就是对这一后涉眼光的暗示。坐飞机重回现代都市文明怀抱的废名，对于科学和人类幸福问题有着深切的忧思，与农民的朝夕相处让他更加信任通过以传统政治、生活观念的引导改造而解决中国问题，试图"鲁一变，至于道"。而历史再往前发展，这些思想勾连起的就是1949年春《一个中国人民读了新民主主义论后欢喜的话》这样的文章中的新变了。这样看来，《坐飞机以后》和同时期的一些政治性的儒佛论文，可说是废名接触《新民主主义论》前思想独立演进的最成熟果实。这个成熟性的获得，来自于他抗战以来对乡土社会的参与和修行悟道，这些就是本文主要想梳理的方面。

一、"理"的参悟与废名的乡土教育实践

无论在自传性的《坐飞机以后》或《阿赖耶识论》等思想文本中，"理"、"理智"、"理性"这样的词都是高频词语。并非哲学从业者的废名，在词语使用上多有随意之处，致使这类词在文本中有多层含义。已经有研究者把这个"理智"与西方启蒙主义工具理性互通，从而认为其与"经验"对立，并且这种对立折射出的是西方和东方、科学和迷信、新和旧的对立①。这个说法是有文本根据的②，但"理"类词汇的全部内涵并不仅此一种，要理清废名的"理"这一较为核心的观念，则要回归废名40年代留下的文本本身，做一种更细致全面的考察。

废名的《阿赖耶识论》，1942年冬天动笔，1945年秋写毕于黄梅，1947年3月13日撰序于北平，集中展现了《坐飞机以后》发生的时段中废名关于世界本质的哲学思考，他宣扬一套基于佛教而又有自家发挥的唯心世界观，认为"世界是心不是物"③。废名与此相关的一个重要思想是他反复阐说的"合内外之道"。《阿赖耶识论》序中申明："所

---

① 相关论述参见段从学：《走向古典理性的启蒙——〈莫须有先生坐飞机以后〉新解》，《中国现代文学研究丛刊》2015年第5期。
② 应该说，当废名目睹日军暴行而感叹"事不可以理推"，"可有的事都是有的"（《废名集》，第826页）时，确实是战争的残酷超出了理性所能设想的限度，是理性主义认为人能凭理性实现文明进化这一观念的破产。而废名在路过王祠堂废墟时说："我们凭着理智所斥责的迷信，大约都是经验了。一个人的经验无法告诉别人的，世间的理智每每是靠不住的了。"（《废名集》，北京大学出版社2009年版，第986页）这两例都可以成为以"理智"为工具理性这种解读的文本依据。
③ 废名：《阿赖耶识论·阿赖耶识》，《废名集》，北京大学出版社2009年版，第1895页。

谓内外之分，是世俗的习惯，是不合理的。"① 常情所认为的内，譬如梦境，外则譬如醒时经验的外部世界。而废名说道："在你的梦里，色声香味触都是有的，而你说是假的，因为没有色声香味触的东西在外面存着，岂知这是因果法则有异，不是真实有异；是心有异，不是内外有异。梦时是汝的意识转，醒时是汝的意识同眼耳鼻舌身识一起转。"② 可见在废名的唯心世界观里，没有唯物论者的内外之分，也就是外部客观世界和内部心灵的分别。

如果一切是心的作用，没有内部世界和外部世界的分别，则世界的万事万物究竟是什么呢？废名说：

  世界是幻术，这个幻术是理智，一无所有而无所不有，便是"色即是空，空即是色，受想行识亦复如是"。我最赞叹佛经上这样的话："譬工幻师，造种种幻！"呜呼！孰能知此意！由理智而能知此意。宗教是理智之至极，世人乃以相名妄想去批评他③。

在《坐飞机以后》中，废名继续感叹"理智是神，世界便是这个神造的"④，也是这个意思。由此，我们就能读懂《坐飞机以后》中废名对于理智的重要思考：

  唯物的哲人以为推理是从经验来的，他不知道他的"经验"的含义便不合乎推理，正是理智所说不通的。经验正是理智的表演罢了。换一句话说，世界是理。理不是空的理想，小孩子便是理的化身了，他会发光明的。故他对着眼前的世界起推理作用了。从此他天天用功，中人以下向"物"用功，也还是推理，还是理智，他不知道他是南辕而北辙了，可怜以理智为工具而走入迷途，而理智并没有离开他，所谓道不远人，人之违道而远人。中人以上向"己"用功，便是忠，而忠必能达到恕，即是由内必能合乎外，内外本分不开的，所谓致知在格物。到得用功既久，一旦成熟，便是物格知至，这时世界是理智。中国的话大约还不能完全这样讲，但趋向如此，即是合内外之道。印度的色即是空，空即是色，受想行识亦复如是，完全是这样讲了。这里理智是一切。一切都是理智假造的了。知道"理智假造"的意

---

① 废名：《阿赖耶识论·序》，《废名集》，北京大学出版社2009年版，第1836页。
② 废名：《阿赖耶识论·阿赖耶识》，《废名集》，北京大学出版社2009年版，第1902—1903页。
③ 废名：《阿赖耶识论·真如》，《废名集》，北京大学出版社2009年版，第1905—1906页。
④ 废名：《莫须有先生坐飞机以后·民国庚辰元旦》，原载《文学杂志》1948年第3卷第2期，引自《废名集》，北京大学出版社2009年版，第1002页。

义，才真懂得宗教①。

　　这是废名"理智"思想的较完整呈现，即是说人的理智可以向"物"用功，也可以向"己"用功。向"物"用功，则是唯物论者，西方的科学就是这个路向上的巅峰，而这样的理智就和西方启蒙时代倡导的"工具理性"相近。但是东方学问的精髓在废名看来，是中人以上向"己"用功，这就是中国的格物致知，这是要人认识"天理"而不是"物理"②。这种"理智"就完全不是工具理性，而是对内外世界的规定，是世界的万千幻化背后的真相。人的认识和修行的极致就是合内外之道，因为内外的一切在本质上说都是理智的幻象，"理"才是世界的根本。所以他感慨道："真善美三个字都是神。世界原不是虚空的。懂得神是因为你不贪，一切是道理了。"③

　　废名说："圣贤觉世的功课便只是这一句：'致知在格物。'我常想努力讲这一句话。这句话的含义，与科学的求知，恰是反对的方向，一是向内，一是向外。"④ 既然西方科学向物用功是低级的做法，则废名作为一个教师，在他的教育理念中对于是教授西方科学还是中国格物致知之学，答案也是明显的了。科学首先不是从中华文明自身历史和哲学中生长出来的，而是西方舶来品，故中国从事科学永远不能赶上西方，最多及格而已，也只求及格就行。并且废名还有一个看法：中华文明以儒家为代表是足以救世界的，儒家作为一种教化方案是真正可行的政治哲学，故中国还是应该从事自己的学问格物致知，即是中人以上向内用功。需要知道的是，废名对"格物致知"的看法包含他对于儒家由孔子到宋儒这条发展线索的认识。在废名看来，"儒家本来是宗教，其中心事实便是'天'"⑤。这个"天"（也称"天理"、"天命"）也就是儒家对佛教的"理"的另一种称呼，故格物致知求"天理"也就是对于构成世界的"理智"的认识。孔子是知有"天"的，故孔子追求"不怨天，不尤人，下学而上达。知我者，其天乎？"宋儒则进一步把这一点具体化了，"下学而上达"的方法便是"格物致知"。二程子专门说："仁义理智，

---

① 废名：《莫须有先生坐飞机以后·民国庚辰元旦》，原载《文学杂志》1948 年第 3 卷第 2 期，引自《废名集》，北京大学出版社 2009 年版，第 1002-1003 页。
② 废名：《说人欲与天理并说儒家道家治国之道》，原载《哲学评论》1947 年第 10 卷第 6 期，署名冯文炳，引自《废名集》，北京大学出版社 2009 年版，第 1910 页。
③ 废名：《莫须有先生坐飞机以后·民国庚辰元旦》，原载《文学杂志》1947 年第 3 卷第 2 期，引自《废名集》，北京大学出版社 2009 年版，第 1011 页。
④ 废名：《说人欲与天理并说儒家道家治国之道》，原载《哲学评论》1947 年第 10 卷第 6 期，署名冯文炳，引自《废名集》，北京大学出版社 2009 年版，第 1910 页。
⑤ 废名：《孟子的性善和程子的格物》，原载《世间解》1947 年创刊号，引自《废名集》，北京大学出版社 2009 年版，第 1924 页。

非由外铄我也，我固有之也。因物而迁，迷而不悟，则天理灭矣，故圣人欲格之。"① 可见格物就是不被"物"障惑，就是"求放心"。故而我们知道格物致知是废名所认同的宋儒对原始儒家"事天"的具体操作方法的补充。

把对"理智"／"天理"的追求贯彻到教学中，就有了废名独特的教学方法，即"中国教育的课程应该以修身为主"②，向内修养自身，而反对一切八股的教学思路。这一思路一方面让他看重小儿的天真性情自由发展，反对私塾，提倡西方现代卢梭式教育理念，延续新文化人的立场，另一方面越来越坚决反对以黄梅中学战时教育为代表的"洋八股"教育。可以说，一切只重表面皮毛、缺乏诚意的态度，不得格物致知的中学根本，则无论来自传统，还是来自迷信西方，都是他反对的。

首先，我们来看看废名教育思考中对新文化的继承。新文化人的立场，表现在废名对于中国传统私塾教育的厌恶以及在乡间与腐儒等顽固旧文化人的抗争上。莫须有先生在乡下时，先是在金家寨小学教国语，后来又在五祖寺中学教英语。五祖寺中学遭散后，他也曾在乡间设私塾教育农村子弟。教小学国语时，他与私塾教育针锋相对，用新式方法教语法、教白话文，乡间腐儒起而攻击他，最后使他不愿再教下去③；后来就算教起了英语，还跟教国语的老秀才常常争执于怎样的文章才是好文章、才应教给子弟。而在这一切之前，在莫须有先生来到乡下后不久，又曾经因为听到附近一个私塾的读书声而带着儿子纯去闯学，并且发了大通议论，回忆自己从前的私塾生涯，申诉传统教育的私塾是"黑暗的监狱"。他1947年的散文《小时读书》④，讲自己在私塾中怎样读《论语》，在不人道也不科学的教学方式下，儿童天真的心用自己的方式逃避和化解教育的损害，而后来这颗种子心到了莫须有先生上大学、接触西洋文学时便发展了起来，读乔治·艾略特的水磨故事，"乃忽然自己进了小学了，自己学做文章，儿童生活原来都是文章，莫须有先生从此若决江河沛然莫之能御了，从此黑暗的世界也都是光明的记忆，对于以前加害于他的，他只有伟大的同情了"⑤。这和新文化潮流中著名的"儿童的发现"是合

---

① 二程子此言转引自废名：《说人欲与天理并说儒家道家治国之道》，原载《哲学评论》1947年第10卷第6期，署名冯文炳，引自《废名集》，北京大学出版社2009年版，第1910页。
② 废名：《莫须有先生坐飞机以后·莫须有先生教英语》，原载《文学杂志》1948年第3卷第5期，引自《废名集》，北京大学出版社2009年版，第1051页。
③ 关于放弃教国语的表白，比如小说中说："真的，莫须有先生起先是在小学教国语，不久便改了，在中学里教英语，教算学，是他知难而退，否则就要受社会的压迫了。其实在小学教国语压迫便已来到头上了。"引自废名：《莫须有先生坐飞机以后·上回的事情没有讲完》，原载《文学杂志》1948年第2卷第8期，引自《废名集》，北京大学出版社2009年版，第898页。
④ 废名：《小时读书》，原载《中国新报·新文艺》1947年第29期，参见《废名集》，北京大学出版社2009年版，第1445–1448页。
⑤ 废名：《莫须有先生坐飞机以后·旧时代的教育》，原载《文学杂志》1947年第2卷第6期，引自《废名集》，北京大学出版社2009年版，第869页。

拍的,其实是废名接受大学的新文化教育以后,建立起了自己批判中国传统儿童观和教育观的新文化人立场。后来在《桥》中废名更以诗意的笔墨写了主人公程小林的童年生活,这部分文章尤其为新文化运动的倡导者、其师周作人所欣赏①,体现了新文化人在西方儿童教育观的影响下普遍重新审视和发现中国儿童世界的心情。这种对儿童世界的珍重其实在40年代的《坐飞机以后》中也仍然耀眼。莫须有先生对于子女慈和纯的怀着父爱的观察和描写最能体现这一点,比如在乡下两个孩子拾柴一节,儿童的天真游戏被赋予了审美和伦理的价值,成为构成废名所谓"欢喜的世间"② 的重要内容。废名对于儿童之美的文学家的观察力,以及对于传统教育的厌恶,体现在许多方面,比如他教国语反对八股家的文章写法,要孩子们"写实",写自己生活中的欢喜。这就反映了他作为"五四"新文化人的立场。

其次,在佛教徒废名看来,人有三世因果,文明亦然,故每个文明之间无法强同,甚至也不该和不能互相模仿,中国学习西方的皮毛是不可能变好的——这也正是从佛教唯识种子义所推出的,后文会再详述。正是有了这样的信仰,废名又由新文化人而成了一个"洋八股"反对者。这也就是为什么当莫须有先生在五祖寺中学教书时看到中学课程表要这样说:

> 本着这张课程表,中国必亡。何以呢?因为这是奴化教育。换一句话说,这个教育表示中国以前没有教育,现在有教育是学西洋的教育。外国语不用说得,是学西洋人说话。物理化学不用说得,中国以前所没有的。图画是西洋画。音乐是西洋音乐。体育也是西洋体育而是中国人的身体,而是中国人的懒惰。国文呢?这个倒不妨取法西洋,而偏不取法,一反小学的国语教学……③

---

① 比如周作人1928年写的文章《〈桃园〉跋》中说:"……特别是长篇《无题》(即《桥》——引者注)中的小儿女,似乎尤其是著者所心爱,那样慈爱地写出来,仍然充满人情,却几乎有点神光了。"引自《〈桃园〉跋》,1928年10月31日作,收入《永日集》、《苦雨斋序跋文》,引自周作人著,钟叔河编:《周作人散文全集》(第5卷),广西师范大学出版社2009年版,第507页。又比如周作人1939年写的文章《桥》中这样说道:"……可是我所最爱的也就是《桥》里的儿童,上下篇同样的有些仙境的,非人间的空气,而上篇觉得尤为可爱……中国写幼年的文章真是太缺乏了,《桥》不是少年文学,实在恐怕还是给中年人看的,但是里边有许多这些描写,总是很可喜的事。"引自《桥》,1939年1月22日作,收入《书房一角》,引自《周作人散文全集》(第8卷),广西师范大学出版社2009年版,第95页。从这两例可看出周作人对废名儿童描写的欣赏。

② 废名:《莫须有先生坐飞机以后·莫须有先生动手著论》,原载《文学杂志》1948年第3卷第6期,引自《废名集》,北京大学出版社2009年版,第1072页。

③ 废名:《莫须有先生坐飞机以后·莫须有先生教英语》,原载《文学杂志》1948年第3卷第5期,引自《废名集》,北京大学出版社2009年版,第1048页。

可以看出，莫须有先生对于全盘西化的现代教育也是反感的。因为他说：

> 中国现在的学校教育学西洋教育……中国乃是换了一个题目而已，所谓洋八股。八股本是亡国的，教育而是统治阶级愚民的工具，洋八股则是自暴自弃，最初是无知，结果是无耻，势非如顾亭林所说的亡天下不可，即是中国的民族精神将因学校教育而亡了①。

废名对于西方皮毛的拒绝，对于传统的信心，归根结底还是来源于世界是"理"，西方科学向物用功走入歧途，而格物致知的中国学问可以穷究天理的观念。他教学方法中一个抵制八股的武器就是宣扬"写实"，这不只是一种国语教学作文法，还是一种健康人格的养成装置②。废名对于"写实"和穷"理"的热心，体现了他一贯的对于"内容"的"质实"的看重，这一点从30年代《谈新诗》中认可新诗要有"诗的内容、散文的文字"、"当下完全"的观点开始，到现在教学中的"格物致知"理想，可谓始终如一了。

二、历史的思考与废名的"齐家"实践

在废名儒佛相杂、外儒内佛的思想状态里，对因果的思考以及由此一再申说的历史观念，是非常显眼的。废名的历史观可以这样总结：每个民族都有自己的历史与哲学，或者说，每个民族的历史都是自己哲学的展开。诚如冷霜的论述，"文明首先不是取决于地理、物候、人种等物质性因素的彼此作用和相互生发，而是各自'绝对理念'的自我展开。用废名的话说就是：'各民族的历史都有其哲学的根据的，换一句话说，历史就是哲学，哲学就是宗教。'而各民族/文明之间的交往虽可能带来某些变化（如宋儒对佛教知识论的吸收），但不会造成根本的改变"③。

废名为什么形成这样的史观，或许《阿赖耶识论》等思想文本里对种子义的阐述可以给我们一个参照。种子义的说法来源于佛教有宗菩萨，是对于世间因果问题的一个解

---

① 废名：《莫须有先生坐飞机以后·莫须有先生教英语》，原载《文学杂志》1948年第3卷第5期，引自《废名集》，北京大学出版社2009年版，第1049页。
② 关于作为废名的国语教学和写作原则的"写实"主张，笔者有拙文《从文章到天下——论废名的"写实"主张》专门探讨，本文中不再赘述。文章见《汉语言文学研究》2017年第1期。
③ 冷霜：《建国前后废名思想的转变——以〈一个中国人民读了新民主主义论后欢喜的话〉为中心的考察》，《文学评论》2016年第1期。

释。种子是事物的因,是在事物的过程展开之前就已经规定好了的。种子义的道理看来抽象,但是一旦我们把它从抽象的佛理思辨转移到《坐飞机以后》中对文明的因果展开的思考,则废名的史观和文明观就可以清晰彰显了。中国的今天既是昨天的果,又是明天的因,中国的过去、现在、未来,都包罗在中国的种子里了,这个种子是中国独有的,其他文明不能具有相同的种子,是故文明间根本上不可能互相模仿而得对方精髓。另外须知废名这个中国文明不是指中国的人口、地理实体,而是指中国的民族精神,如冷霜所言,在这里有黑格尔式的"绝对精神"的意味。因为废名是唯心论者,相信阿赖耶识就是世界,所以民族的根本也是它的"心"。

那么也就难怪废名对家乡民俗古迹有着一种异乎常人的感情了。因为这些民俗古迹保留到今天,是民族精神的种子的生发,是历史遗物,进一步说是民族精神的示现。比如《停前看会》一章,写战乱之中废名做父亲还不忘带两个孩子到停前看会,欣赏民俗,教学生写作文也出"放猖"、"送油"一类民俗的题目,对于故乡的五祖寺也津津乐道,说"就教育说,这个中学教育抵得当年五祖寺具有教育的意义吗?那是宗教,是艺术,是历史,影响于此乡的莫须有先生甚巨"①,而非常不满政府无视历史古迹,拿五祖寺办中学。

秉持着种子义,废名自然要破西方进化论史观,而有自己独特的历史见解。在《坐飞机以后》中,他自述不能担任小学历史教师的理由道:

> 莫须有先生不肯担任历史,因为他是一个佛教徒的原故。历史无须乎写在纸上的,写在纸上的本也正是历史,因为正是业,种瓜得瓜,种豆得豆。中国的历史最难讲,当然要懂得科学方法,最要紧的还是要有哲学眼光。中国民族产生了儒家哲学,儒家哲学可以救世界,但不能救中国,因为其恶业普遍于家族社会,其善业反无益于世道人心。……中国的命脉还存之于其民族精神,即求生存不做奴隶。宋儒是孔子的功臣,而他不知道他迫害了这个民族精神。中国的历史都是歪曲的,歪曲的都是大家所承认的,故莫须有先生不敢为小学生讲历史,倒是喜欢向大学生讲宋儒的心性之学②。

其中所谓"科学方法",大约就是破进化论的唯识史观。中国的民族精神是求生存,

---

① 废名:《莫须有先生坐飞机以后·五祖寺》,原载《文学杂志》1948年第3卷第4期,引自《废名集》,北京大学出版社2009年版,第1047页。
② 废名:《莫须有先生坐飞机以后·莫须有先生教国语》,原载《文学杂志》1947年第2卷第7期,引自《废名集》,北京大学出版社2009年版,第889–890页。

宋儒教人死节，能懂二帝三王哲学而不懂他们的事功，是以破坏了民族精神。但这些都是中国民族内部的消长和困境，无须乎外力支援，改正也得从内部调整。废名在乡间，正是一个图谋此种内部改正的人。他找到的改正入口，就是与民族相始终的家族，于是他在乡下有志于修身齐家了，即担任家长和户长。

废名在乡下是一家四口的小家庭，夫妻和一儿一女同住，故夫妇相处、教育子女都是日常功课。废名教育子女，以家训最见其用心。他与子女的问答，是老牛舐犊的父爱之情，也是把自己修行所得的大道理，用最简单有趣的方式传达给儿女。我们不妨看看废名对于家训的看法：

> 莫须有先生的家训可以教人信佛教，可以教人学孔子，比新文化运动时期受西方文学的影响因而兴起的恋爱至上主义要得人生意义多了。比教儿子信科学还要合乎理智①。

可以看出，废名在"家训"上面是灌注了他全盘的思考与信仰的，因为他自己信儒佛之道，对"五四"自由解放观念有反思，对科学持保留意见，所以他教育儿女也如是说。

日常生活中，他教两个孩子最多的就是"忍耐"，这也是他自己最以为重要的品德之一。女儿止慈喜欢洗衣服，觉得好玩，废名和太太一起纠正她："人要能忍耐工作，不能只是好玩。"② 后来有一次儿子思纯盼着吃芋头，废名给他讲孔融让梨的故事，也是要他学会忍耐③。"忍耐"也正是废名带有宗教色彩的人生智慧。"忍耐"是佛教的人格修养，对佛经的阅读大约是废名认识和赞同这个戒律的途径之一。到了40年代，这个北京大学英文系科班出生的废名，已经在传统文化尤其是儒佛中浸淫很深，这时候的他信奉"忍耐"，来自于他对于世界的基本认知。废名曾长篇大论地议论道：

> 西方的格言，"不自由，毋宁死！"莫须有先生笑其无是处。世界的意义根本上等于地狱，大家都是来受罪的，你从那里去接受自由呢？谁又能给你以自由呢？唯

---

① 废名：《莫须有先生坐飞机以后·一天的事情》，原载《文学杂志》1947年第2卷第11期，引自《废名集》，北京大学出版社2009年版，第962页。
② 废名：《莫须有先生坐飞机以后·卜居》，原载《文学杂志》1947年第2卷第3期，引自《废名集》，北京大学出版社2009年版，第849页。
③ 废名：《莫须有先生坐飞机以后·一天的事情》，原载《文学杂志》1948年第2卷第11期，引自《废名集》，北京大学出版社2009年版，第958页。

有你觉悟到你是受罪,那时你才得到自由了。……人唯有自己可以解放,人类的圣哲正是自己解放者,自己解放然后有绝对的自由,自由正是从束缚来的,所以地狱又正是天国,人生的意义正是受罪了①。

由此可知,在废名对世界的认知里,世界是地狱,苦难是常态,当一个人觉悟到世间苦的恒常状态,就得道了,黑暗再不能障蔽你,你就获得了光明。那么,坦然于受苦,忍耐苦难,正是一种清楚人生本质以后的智慧的态度。佛教传授给人的智慧是对苦难的洞见和忍耐,而不是起来推翻造成苦难的制度,因为世间皆苦,斗争是业的积累,觉悟才是光明。

除了忍耐,废名还教育子女要"不贪"。民国庚辰元旦,废名问纯为什么喜欢压岁钱,从中生发出他的"不贪"说和"三世因果"说。废名说,不贪的心好比光明,贪则是障蔽光明的黑暗,黑暗只是障碍。可以呼之欲出的,似乎是这样一个结论:世界根本上是光明,是不贪,是善。废名在另一处又欢喜赞叹大程子的话:"天下善恶皆天理。谓之恶者,本非恶,但或过或不及,便如此。"② 可见世界在根本上最切实的东西是"天理",不好的东西都只是没有达到"中",是过或不及。废名这样论述道:

> 世界是善恶并存,虽是善恶并存,善有因而恶无根,善不可消灭,恶则人心确乎是想去除。天理是善,而恶则势也,故恶亦是天理③。

这样的思想应用到人性上,废名就信仰孟子的"性善"说。人性本善,而非告子所说的"生之谓性",本能、食色不是性是习,也是后天的障蔽④。而人在佛教看来是反复投胎的,其身上后天恶业的积累不是一世的事情,故得道也很难,需要人持续几世的用功修行。因此,《坐飞机以后》里常常提到废名的用功。废名写人们赞美莫须有先生生

---

① 废名:《莫须有先生坐飞机以后·旧时代的教育》,原载《文学杂志》1947 年第 2 卷第 6 期,引自《废名集》,北京大学出版社 2009 年版,第 864 页。
② 废名:《说人欲与天理并说儒家道家治国之道》,原载《哲学评论》1947 年第 10 卷第 6 期,署名冯文炳,引自《废名集》,北京大学出版社 2009 年版,第 1908 页。
③ 废名:《说人欲与天理并说儒家道家治国之道》,原载《哲学评论》1947 年第 10 卷第 6 期,署名冯文炳,引自《废名集》,北京大学出版社 2009 年版,第 1909 页。
④ 参见废名:《我怎样读论语》,原载《天津民国日报·文艺》1948 年第 132 期,引自《废名集》,北京大学出版社 2009 年版,第 1471 页。

活上很能干，而莫须有先生对此的反应是"莫须有先生最怕他贪着生活而失掉修行的意义"①。另一次，莫须有先生向石老爹求助，希望帮他家找个住处，而话一出口，心里的反应是"莫须有先生仿佛感到自己的程度还不算够似的，向外面尚有所要求，要求租一个简单的房子，所以说话时的心情很是怯弱了"②。莫须有先生的"不贪"，不只是钱的问题，而是合于孔门问道，生活上"食无求饱居无求安"，甚至对于人间生活本身，也不可过于贪恋。

《坐飞机以后》就是以废名一家做难民下乡开的头。废名找到了金家寨小学教师的工作，于是这家人凭着亲戚借给的三元资本，来到了乡下亲戚石老爹家。一家人这时自认为难民，战战兢兢，到亲戚家也觉得不能不备礼，怕人家笑话家贫没礼貌。可有意思的是，第一次和石老爹见面，石老爹就向莫须有先生谈起儿子季，求莫须有先生帮忙让季住学校，同时帮莫须有先生在本家农人顺处找到了住所。原来一入乡，莫须有先生在乡人眼里就另有身份了，乃是教师，乃是冯姓家族的先生。顶着这两个身份，莫须有先生便有了乡土社会的入场券，虽然最初他对这一点并不自知。在《卜居》一章中，写莫须有先生找房子住，他一开始以都市文明人的习惯向素昧平生的乡下人打听租房，乡下人因为不认识他，故怀疑他是乡公所派来的侦察者，引起恐慌。后来石老爹按照乡下人的方式，帮他在本家农人那里轻易找到了房子，这让他第一次了解到了自己的乡土身份及其重要性。后来随着教书，随着在征兵问题上帮助本家农人，他逐渐接受了乡土共同体的归属。这种归属的建立其实也和中国乡土社会的生活方式有关。正如费孝通书中所引一位朋友的观察，"乡村里的人口似乎是附着在土上的，一代一代的下去，不太有变动"③。中国农民安土重迁，乡土社会变迁节奏慢，人际网络较稳定，人和人之间是一个"熟人社会"，各自的角色都是清楚的，不比现代都市社会由陌生人组成。莫须有先生回乡下，也逐渐接受了乡土的人际方式。

废名回归乡土，首先是回归家族。他住在本家农民的房子里，接受他们的帮忙，在他们遇到困难的时候，也非常外行地尽力相助过。战前的废名可以说是个家庭观念不算太强的新派人，甚至把妻子都送回黄梅，夫妻异地，自己在战前还住进了雍和宫。可是回到乡土社会，他作为一个拥有北大"功名"的读书人，就依照乡间传统成了冯姓家族

---

① 废名：《莫须有先生坐飞机以后·卜居》，原载《文学杂志》1947年第2卷第3期，引自《废名集》，北京大学出版社2009年版，第841页。
② 废名：《莫须有先生坐飞机以后·卜居》，原载《文学杂志》1947年第2卷第3期，引自《废名集》，北京大学出版社2009年版，第839页。
③ 费孝通：《乡土中国·乡土本色》，《乡土中国·生育制度·乡土重建》，商务印书馆2001年版，第7页。

的"先生",是家族的头脸人物,受到尊敬的同时也担负有保护家族利益的责任。另外也同样是因为"读书人"的身份,他先后在金家寨小学和五祖寺中学谋到了教职,担负起教育乡村子弟的任务。家长、教师两个传统读书人的身份,废名全部获得了,也在认真扮演。因为深厚的儒家修养和绝不潦草敷衍的人生态度,他把儒家从个人修身到齐家、治国、平天下的贯通思维很自然地应用了起来,因此,他的家族、教育实践,也就是凭读书人的身份地位和主观努力改造中国社会,挽救世道人心。我们不妨来看看他的一些重要尝试。

废名下乡,首先感到的就是家族制度的好处:莫须有先生在龙锡桥的住处问题是本家农人帮忙解决的;过年过节的时候莫须有先生一家和本家农人聚会,乡间传颂;水磨冲的避难之家也是靠了家族关系,往后山铺去时又是本家农人帮忙搬家、料理新居事宜。从家族中的互助、百姓各爱其家中,他看到了家族制度对于凝聚乡土中国、安顿家族中的每一分子、让他们有所归属的作用。于是废名写道:"中国的家族制度诚然有其坏处,但这是命运如此,其好处却正是中国民族所以悠久之故。中国历史上有君主亡国,没有百姓亡家的。有夷狄亡中国,没有夷狄亡中国的家族的。"① 可见废名认为家族制度在,则中国文明不会灭亡。

但是作为先是默认后是主动担当的户长,废名在关怀本家农民的最开始,却显得不得要领,这就是小说中花了一章篇幅书写的征兵一事。这件事突然降临冯家的时候,废名是完全不懂得的,因为"同莫须有先生一样一向在大都市大学校里头当教员的人,可以说是没有做过'国民'。做国民的痛苦,做国民的责任,做国民的义务,他们一概没有经验"②。当初的城市知识分子作为一个新兴阶级,确实属于社会中上层,对于绝大多数中国农民的压迫到不了他们头上。而龙锡桥冯家三兄弟中的冯三记被抽丁一事,因为三记已经过了征兵年龄,这个征兵并不公道,故本家农人央求莫须有先生出面说话。废名这才切身体会到乡间豪绅对于农民的压迫欺凌有多么大。废名是读书人,而读书人在家族中,每每成为户长,要家族里有读书人则可以在乡下不受欺负。因为乡村社会已经形成了绅欺民的惯例,故莫须有先生自承为户长,要帮助本家农人抵抗官绅。然而这一次对于征兵的抵抗只是暴露了莫须有先生是一介书生,他徒有热肠沸涌,但没有绅士们的权谋,所以他的抗议也不起作用,仅仅是让本家知道这是一个有德君子而已。不过,莫须有先生的抗议虽然无效,在他自己的逻辑里他却仍然是成功的。因为通过这一系列

---

① 废名:《莫须有先生坐飞机以后·莫须有先生教英语》,原载《文学杂志》1948年第3卷第5期,引自《废名集》,北京大学出版社2009年版,第1053页。
② 废名:《莫须有先生坐飞机以后·关于征兵》,原载《文学杂志》1948年第2卷第10期,引自《废名集》,北京大学出版社2009年版,第935页。

事情，他完成了一种自我教育，接受了自己是乡土社会的读书人而为户长的角色，做了自己该做的事情，这种对于家族责任的承担比起之前事不关己的都市人态度，是一种成长。

在回归家族的过程中，莫须有先生深切地体会着、思考着家族的意义，他知道家族关系在乡土中国的切实性了。在新年留客吃饭时，农人都来给他磕头，这时候废名写莫须有先生的良心想道："是的，我同你们有家族关系。我不能拒绝你们向我拜年，可见我同你们不是路人。'先进于礼乐野人也，后进于礼乐君子也'，还是你们乡下人对，我一向所持的文明态度，君子态度，完全不合乎国情了，本着这个态度讲学问谈政治，只好讲社会改革，只好崇拜西洋人了，但一点没有历史的基础了！"① 可见这时废名不仅感到家族关系的切实，还把它看成中国社会之拒绝西洋、走自己特殊道路的基石，中国社会可以由家族而凝聚成功，不必再从外部强加以实验性的各种社会组织。至此废名完全接受了家族的存在，并且尽力在更大范围内"齐家"，让农人感受到自己的一片关怀，用自己的德行教化本家，效果正如乡里人感叹的："自从有莫须有先生到这里来住，这个地方热闹起来了，连凤也变了！"②

三、传道者的家国思考

废名在返乡以后，把自己定位为"读书人"，以读书人的修养和见识而做了家长和教师，因此他在《坐飞机以后》中的发言大多数主要针对的拟想读者是读书人阶层，这是一本读书人阶层的修身书，其中把中国之困局归结为"不是外患是内忧"，然后把这个内忧进一步归结为读书人的堕落，又反复敲打读书人的"良心"。细细梳理全书，我们不难发现废名眼中的中国分为两个阶级，他们的分别和对应关系在各个方面可以简单归纳如下：

读书人——官——统治者——家长——教师
老百姓（农民为主）——民——被统治者——家庭成员——被教化者
这两个阶级是被废名鲜明地区别对待的。他说：

你们（口喊民主者——引者注）为什么不修身齐家治国平天下呢？你们为什么

---

① 废名：《莫须有先生坐飞机以后·留客吃饭的事情》，原载《文学杂志》1948 年第 3 卷第 3 期，引自《废名集》，北京大学出版社 2009 年版，第 1024 页。
② 废名：《莫须有先生坐飞机以后·民国庚辰元旦》，原载《文学杂志》1948 年第 3 卷第 2 期，引自《废名集》，北京大学出版社 2009 年版，第 1008 页。凤是小说中废名的一个邻居农妇。

也同一般老百姓一样自私其家呢？老百姓私其家无害于国，老百姓私其家正是中华民族悠久之故，读书人私其家便足以亡国了，因为私其家便是贪官污吏，便争权夺利，便卖国求荣。你们作秀才的只要以天下为己任，你们只要自己良心发现，国事马上好转了。因为中国的百姓都在那里治，只要你们帮忙好了，所谓无为而治①。

为什么百姓可以私其家而读书人必须是有良心的君子？这和废名对于中国社会有机体的运作机制的认识分不开。因为中国的基本社会单位是家族，中国讲究"君子之德风，小人之德草"的教化力量，也就是说，中国的政治和家族、教育分不开。对于家人，当然不能严刑峻法，亲人之间互相讲礼，孝悌为本；对于师生型的理想官民模式，也是官教化民。这一切，都要求道德感化而非刑法禁止，所谓"道之以政，齐之以刑，民免而无耻；道之以德，齐之以礼，有耻且格"。用废名的话说：

> 中国二帝三王都不是"君"而是家长，在另一方面孔子亦不是政治家而是"师"，做父母的与做老师的还用得着要权力吗？只要道德，只要礼义，而结果自然有事功②。

而在中国传统的价值观中，是有着一个众人信仰的理想读书人形象的。这个理想形象废名也深深相信，并一再张扬：

> 真正的中国读书人是以天下为己任，不要老百姓举我做代表的，老百姓举我做代表我则是做官，不是己欲立而立人，己欲达而达人了。历史上中国真正的读书人曾有一人贪污否？他们怎么会贪污呢？他们都是哲学家，都是宗教家，天下岂有学问道德而不可相信的吗？你就是下愚你也容易答复这句话的，学问道德岂不可信，只是我们没有学问没有道德罢了③。

而现在，这种理想读书人却失落了。废名把这一情况归结为现代学校的唯物教育，

---

① 废名：《莫须有先生坐飞机以后·莫须有先生教英语》，原载《文学杂志》1948年第3卷第5期，引自《废名集》，北京大学出版社2009年版，第1053–1054页。
② 废名：《说人欲与天理并说儒家道家治国之道》，原载《哲学评论》1947年第10卷第6期，署名冯文炳，引自《废名集》，北京大学出版社2009年版，第1915页。
③ 废名：《莫须有先生坐飞机以后·莫须有先生教英语》，原载《文学杂志》1948年第3卷第5期，引自《废名集》，北京大学出版社2009年版，第1052页。

唯物教育不承认有良心而要用制度限制人,所以教育出来的读书人都是小人儒。这也是废名的锥心之痛,他作为一个唯心论者,那么相信学问道德,认为世界的本质就是真理,而现在都是黑暗障蔽光明,个人和民族都不得解脱了。

之前说到中国社会以家族为基本单位,按费孝通的说法,中国乡土社会呈现出差序格局,即"中国传统社会里一个人为了自己可以牺牲家,为了家可以牺牲党,为了党可以牺牲国,为了国可以牺牲天下"①。那么在国和家之间,一般老百姓私其家而不知有国也是社会学家归纳出的一种普遍现象了。连废名自己从儒家差等爱的原则出发,也认为这是合理的。当该起来抗战的时候,每家人都不愿儿子当兵。莫须有先生为冯三记写陈情信,希望免去他们家抽丁的义务。他一边写一边想着自己是否是因家族之私而妨碍国家呢?于是他这样想道:

> 莫须有先生的仁,最初好像是私。与国家制度有妨害,其实是公,修身齐家治国平天下一以贯之。因为天下无大公,故莫须有先生的仁最初好像是私,替家族讲人情,这个人情便是"能近取譬,可谓仁之方也矣"。莫须有先生看见社会上有不平的事,怎能不说话呢?家族之间为什么不应该有感情呢?这都是自然的。国家社会就应该建筑在"忠""孝"两个字上面,忠是对国的道德,孝是对家与社会的道德。这两个道德是绝不冲突的。凡属道德都不会冲突的。中国社会犹有孝,但中国社会不能表现忠,这确是中国最大的弱点,即如国家征兵,一般人民畏之如虎。畏之如虎,并非认征兵制度为苛政,乃是征兵之政行得不公平,黑暗,于是苛政猛于虎了②。

由此可见,莫须有先生一点也不认为家族中的人情之慈孝会妨碍国家凝聚,正相反,理想的国家道德正是家族道德的扩大,是人民各自爱亲人,然后"老吾老以及人之老",推己及人而天下为公。所以家族是国家的基石,爱国是家族感情的延伸。只是当官吏腐败谋私利时,这个感情的推广道路被阻碍了。其实,就像传统中国人都知道尊君,到了民国,中国人也已经有爱国观念。废名观察到乡下人纷纷以"天地国亲师位"代替了昔日的"天地君亲师位",供奉起来。而人民的"国"的意识就像从前的"君"的意识一样,也有赖于读书做官者教化。即如废名认为中国的春秋时期很好,因为鞌之战齐侯败

---

① 费孝通:《乡土中国·差序格局》,《乡土中国·生育制度·乡土重建》,商务印书馆 2001 年版,第 31 页。
② 废名:《莫须有先生坐飞机以后·关于征兵》,原载《文学杂志》1948 年第 2 卷第 10 期,引自《废名集》,北京大学出版社 2009 年版,第 943 页。

了,狼狈而归,遇见齐国的女子问君安否,又问父亲,却没有问也在打仗的丈夫,这是教化良好的大国民。对于军人,则"孔子以不教民战为弃之,可见有能教民战的事实了"①。这和抗战时期中国政府"征兵实际上只等于一个'掳'字,把人'掳'去了,然后不当一只猪养"② 形成了鲜明对比。废名在石老爹家看到的情况就是证明:

> 他(石老爹——引者注)一面招待莫须有先生一面心不在焉,心里有家事,而这家事都与国事无关,而这家事是保甲向他要钱要米。分明是国事,而与国事无关,而是家事。是的,甲长来要钱要米,也是为得甲长的家事来,因为他做了甲长他就可以不出这一份钱米了,他的家就可以省得这一份钱米了。保长则不是求省得,是求赚得,所以只有甲长是中国最廉洁的公务员了,而保长也是为得保长的家事来了③。

在中国,国家本处在上通下达的有机体中,理想情况下很大一部分靠教化、靠官取信于民来维持正常运作,现在"官吏"这个机体组织癌变了,带来了国家的灾难。这就是为什么废名在《坐飞机以后》中对读书人的品德如此痛心疾首、一再申说的原因。

大约是因为坚定信仰着佛教唯识宗的种子义,废名在从抗战到《坐飞机以后》的写作时期一直坚定地相信各文明有其自己不同的哲学和历史展开方式。因此他对中国问题的思考,很要紧的一点就是始终立足于中国历史传统。比如官与民、读书人与农民这样传统中国社会中或许有一定合理性的阶级二分,并没有因为近代以来西方文明的东渐而在废名的眼中有所改变。他作为一个新文化人,本来应该算作新兴的阶层,但他把自己以及一切新旧读书人都回收到传统的读书做官群体中去了,这个操作或许不甚恰当,但很显出废名申言"这是中国的历史,新的理论都没有用的"④ 的信念——他想在他所理解的中国固有基础上改良社会。这种思路和后来诸如沟口雄三的"以中国为方法"有着暗合之处,也展现了某种独异的洞察力。

废名在《坐飞机以后》中同时展现出的对世界的自成一体的理解,以及主人公鲜明

---

① 废名:《莫须有先生坐飞机以后·关于征兵》,原载《文学杂志》1948 年第 2 卷第 10 期,引自《废名集》,北京大学出版社 2009 年版,第 944 页。
② 废名:《莫须有先生坐飞机以后·关于征兵》,原载《文学杂志》1948 年第 2 卷第 10 期,引自《废名集》,北京大学出版社 2009 年版,第 944 页。
③ 废名:《莫须有先生坐飞机以后·无题》,原载《文学杂志》1947 年第 2 卷第 2 期,引自《废名集》,北京大学出版社 2009 年版,第 822 页。
④ 废名:《莫须有先生坐飞机以后·停前看会》,原载《文学杂志》1948 年第 2 卷第 9 期,引自《废名集》,北京大学出版社 2009 年版,第 918 页。

的身份感，和对于乡土事务的参与意识，是这部40年代后期的小说非常不同于二三十年代废名小说的地方。无论是《桥》还是《莫须有先生传》，都是一个都市中来的闲人旁观乡土，无论是面对女儿的审美凝视，还是面对乡下老妇人的嘲人与自嘲，都是参与感并不浓厚的看戏人态度，而《坐飞机以后》的主人公则成了他生活的世界的一个必要部件，甚至是更为重要的存在——他以他的参与实践来执着地按他的思考改造世界。在今天的我们看来，他的大道理或许并不是那么贴合中国实情，而更像是一个有正义感的读书人热肠沸涌，表达着对中国的痛惜和期待。他的实践也是一个不会成功的对乌托邦的孤独召唤。但是在抗战烽火中孤独的沦陷区一隅，在生活的压迫和战乱的威胁下，他依然保持了这种对真理的热爱，对国家前途的关心，实在不能不说是一个特立独行然而仍值得尊敬的"中国的脊梁"。

（作者单位：北京大学中文系）

民国文学研究

艾芜经验与现代中国左翼文学的转折

李 笑

1925年夏，艾芜从川西平原步行至滇缅边境，一路过着半工半读的流浪生活，直到1931年春，因发表同情缅甸农民暴动的言论而被英国殖民当局驱逐回国，历时五年的第一次南行就此结束。离开仰光后，艾芜由香港至厦门最后转到上海，并于1932年春加入左联。在上海的六年，可以说是艾芜文学创作的黄金时期，出版了《山中牧歌》、《南国之夜》、《南行记》三部短篇小说集和散文集《漂泊杂记》等，成为一名优秀的左翼青年作家，也由此奠定了他在中国现代文坛的地位。艾芜到底是如何从一个自由撰稿人成长为左翼青年作家的？目前学界对这一问题的研究，有现实生存的需要、好友沙汀的鼓动、抑或小说《伙伴》投稿被拒后的歪打正着等说法。当我们今天重回民国语境去观照作家艾芜及其文学创作，必须承认的是，艾芜的文学成绩离不开左翼文学及其背后的力量支撑，而20世纪30年代左翼文学的发展也需要艾芜这类对边地生活有切身体验的作家，去重新激活"五四"新文学中"直面人生"的传统因子。然而，初学写作的艾芜从一个外地流民转换为左翼青年作家后，身份的转变与写作姿态的选择、左翼话语及评论者的指导、时代革命的需要与个人体验的抵牾，都拧成一股合力共同规约着他的创作走向。

一、从《关于小说题材的通信》[①] 说起

1931年，初入上海为生计奔波的艾芜遇到了老友沙汀，在其鼓励下尝试文学写作，把"自己亲身经历的，看见的，听到的———一切弱小者被压迫而挣扎起来的悲剧，切切

[①] 鲁迅：《关于小说题材的通信（并Y及T来信）》，《鲁迅全集》（第4卷），人民文学出版社2005年版，第375页。以下关于此信的引文皆见于此，不再另行标注。

实实地绘了出来"①。两人于当年 11 月 29 日联名给鲁迅先生写信，求教关于短篇小说创作题材的问题，鲁迅于同年 12 月 25 日回信，后将以上通信发表于 1932 年 1 月 5 日的《十字街头》第 3 期，这一来一回的信件仅一千多字，但研究艾芜的学者都不会忽视其对于艾芜小说创作的特殊意义，回信中那句"不过选材要严，开掘要深，不可将一点琐屑的没有意思的事故，便填成一篇，以创作丰富自乐"更是常被研究者引去解读鲁迅的小说技法。而今，当我们回到 20 世纪 30 年代的文学语境去重读这两封信时，就会发现青年艾芜与沙汀的写作困惑像一面镜子投射出当时左翼文坛的某些弊病，而鲁迅的回信一方面在解答"写什么"的问题，另一方面则是对两位"向着前进的青年"提出自己对左翼文学发展的新希望。

表面看来，来信请教的是小说写作题材与作家人生经历的关系问题。两位青年作家在信中表达了自己对一时风行的普罗文学的不满，"虽然也曾看见过好些普罗作家的创作，但总不愿把一些虚构的人物使其翻一个身就革命起来，却喜欢捉几个熟悉的模特儿，真真实实地刻划出来"。在这里，"翻一个身就革命起来"的说法来自茅盾于 1931 年 9 月 20 日《北斗》创刊号上发表的《关于"创作"》一文，文中指出了蒋光慈等人创作的普罗小说的弱点，即"脸谱主义"，"因为他的作品中的革命者只有一个面目——这就是他的革命人物的'脸谱'……作品中人物的转变，在蒋光慈笔下每每好像睡在床上翻一个身，又好像凭空掉下一个'革命'来到人物的身上，于是那人物就由不革命而革命"。茅盾一语指出其根源所在："而最大的病根则在那些题材的来源多半非由亲身体验而由想象。"此外，他还开出了药方："有价值的作品一定不能从'想象'的题材中产生，必得是产自生活本身。"② 这样看来，艾芜和沙汀应该读过茅盾这篇文章，并对文中所谈问题进行了反思，但到底写不熟悉的但时代所需要的"革命"，还是写熟悉的但对时代似乎无所助力的"非革命"——"在现时代大潮流冲击圈外的下层人物"，"把那些在生活重压下强烈求生的欲望的朦胧反抗的冲动，刻划在创作里面"，成为这两位文学青年的写作困惑。

再来看鲁迅的回答："总之，我的意思是：现在能写什么，就写什么，不必趋时，自然更不必硬造一个突变式的革命英雄，自称'革命文学'；但也不可苟安于这一点，没有改革，以致沉没了自己——也就是消灭了对于时代的助力和贡献。"面对两位一无都市体验二无革命经历的，来自边陲之地底层社会的文学青年，鲁迅非常明白他们的身份焦虑与尴尬处境："两位都并非那一阶级（指无产阶级），所以当动笔之先，就发生了来信所说似的疑问。"作为小资产阶级的青年作家如何去写无产阶级呢？鲁迅的回答显示了一

---

① 艾芜：《南行记·序》，文化生活出版社 1935 年版，第 7 页。
② 茅盾：《关于"创作"》，《北斗》1931 年 9 月 20 日。

个成熟作家的独立思考——"不必趋时"去写所谓的"革命文学",但写出来的作品也不能缺失对"时代的助力和贡献"。这其实体现着鲁迅对30年代左翼文学独立发展的希望,即,并未否定带有罗曼蒂克色彩的革命文化,而是尝试将处于都市中心的革命文化与边陲之地的社会文化相融合,以此达到对整个中国社会的助力与贡献。鲁迅很清楚,对于青年艾芜和沙汀,最好的写作材料就是亲身所经历的生活,也就是茅盾所说的"生活本身"。

题材的选择,即作家的写作材料与社会经验之间的隔膜问题,不仅是30年代左翼文学也是新文学发生之初的一大难题。发源于中心城市北京的"五四"新文学,其作者和读者更多是来自高等学府和都市。热心于新文学的多半是文艺青年,他们随着"五四"新文化的风潮开始关注社会问题,同情那些"被损害与被侮辱者",态度真挚但缺乏切实的生活体验,勉强拿着听来或看来的材料尝试写作,势必造成不真切之感。作为编辑的茅盾由此坦言:"我被迫处在一个不自然的境地",深感"出品虽多,变化太少"①,"尚不在表现的不充分,而在缺少活气和个性"②。即使1923年侨寓北京的乡土文学作者,也不过是在都市文化环境中体验到的"隐现的乡愁",是站在文化中心的高地向边缘之地的故乡投去一瞥深情回望或展开冷静审视,他们并没有建立起独立观照边缘之地的姿态,反而迎合和依附于都市流行文化,书写着使都市人消闲娱乐的故事。这一点在新文学中心于第二个十年转到上海之后表现得更为明显。这样说来,拘囿于有限空间的新文学一开始就是在书斋里看社会,更多的写作者们将之视为一种职业或求生之需,新文学本身所内蕴的社会文化关怀就像锅里的水,在二三十年代都市文化日益旺盛的火苗中渐渐蒸发,很难深入或普及到乡土中国的边缘之地。那么,如何普及?茅盾在"被迫"阅稿之后另作文章给出建议:"我对于现今创作坛的条陈是'到民间去';到民间去经验了,先造出中国的自然主义文学来。否则,现在的'新文学'创作要回到'旧路'。"③

那么,谁来承担20世纪30年代左翼文学转变的重任?作为"五四"新文学创作的主将,鲁迅此时致力于杂文的写作及马克思主义文论的翻译介绍。他在"左联"成立大会上把"我们应当造出大群的新的战士"作为一项重要任务,"因为现在人手实在太少了,譬如我们有好几种杂志,单行本的书也出版得不少,但做文章的总同是这几个人,所以内容就不能不单薄"。"在我倒是一向就注意新的青年战士底养成的,曾经弄过好几

---

① 茅盾:《一般的倾向——创作坛杂评》,《时事新报》附刊《文学旬刊》1922年4月1日。
② 郎损(茅盾):《新文学研究者的责任与努力》,《小说月报》1921年2月10日。
③ 郎损(茅盾):《评四五六月的创作》,《小说月报》1921年8月10日。

个文学团体,不过效果也很小。"① 可见,此时的左翼文坛急需一批文学"新人"来增强其活力,突破现有的创作僵局。若让先前的"五四"作家去民间"经验"了再回到都市写作显然是不切实际的,最有力的路径就是鼓励和提携那些从边缘之地来到上海的文学青年,因为他们最大的优势正是其"民间经验"。鲁迅在为叶紫的小说集《丰收》作序时说:"作者还是一个青年,但他的经历,却抵得太平天下的顺民一世纪的经历,在转辗的生活中,要他'为艺术而艺术'是办不到的。"② 从这里,我们似乎可以看到鲁迅之于30年代新文学发展的特殊意义,即,"为艺术而艺术"的浪漫想象是无法推动新文学继续向前向更深处发展的,抛开想象而转向自我民间体验的实写,或许可以为日渐消费化的新文学探索一条新的路径。20世纪30年代左翼文学对底层社会的关注,对自然主义小说写法的大力推崇,为那些年纪尚轻却有丰富人生体验的边地青年提供了写作契机,这也就为将新文学的生存视域从有限的都市空间向占有更高人口比例的农村和边缘之地延伸,将新文学的社会关怀从都市知识分子自身延展到边陲之地底层社会的"化外之民"群体提供了可能。反过来,左翼文学也需要他们重新激活"五四"新文学中鲁迅所开创的精神传统——"我们的作家,取下假面,真诚地,深入地,大胆地看取人生并且写出他的血和肉来"。

二、"写什么":左翼批评语境下的创作两难

上文中提到鲁迅《关于小说题材的通信》,来信中那"冒昧地麻烦先生"、"几度地思量之后"、"冒昧地来唐突先生"等略显谨慎的措辞,以及结尾处"目前如果先生愿给我们以指示,这指示便会影响到我们终身的"所显露的诚心,透露出两个初学写作的文学青年向鲁迅请教时的战战兢兢与赤诚真心。然而,当收到鲁迅的回信后,艾芜是否真的将其作为"影响到我们终身的"指示?特别是1932年加入"左联"后,艾芜能否"不必趋时"而去写"在现时代大潮流圈外的下层人物"?他与左翼之间的复杂纠葛又是如何在其小说创作中呈现的?这些问题都值得我们去重新思考。

20世纪30年代的上海有着特殊而复杂的文学场域,文学的生存空间与政治或经济发生着纠葛与缠绕,且有鲁迅、茅盾、丁玲等一批成熟作家坐镇。对于青年艾芜来说,在此立足并非易事。他曾坦言:"寻找工作来维持生活的严重问题,又提到我的面前。没

---

① 鲁迅:《对于左联作家联盟的意见》,《鲁迅全集》(第4卷),人民文学出版社2005年版,第241页。

② 鲁迅:《叶紫作〈丰收〉序》,《鲁迅全集》(第6卷),人民文学出版社2005年版,第228页。

有事做，手又痒了起来；又写诗和小说，以及散文，向上海的报纸杂志投去，用作品去敲敲门……然而，在上海要靠写作为生，还是十分艰苦的。"① 可见，艾芜当时的文学之路走得并不顺畅，想要以文为生而在上海立足并不容易——"有的遭到退稿，有的登了，不给稿费，或者给予最少的稿费。没有灰心，还是写。因为找不到工作，同时，也没有别的本事"②。1931年，艾芜将短篇小说《伙伴》投向左翼杂志《北斗》，遭到退稿，却受邀参加其读者座谈会，由此结识了丁玲、冯雪峰等人，后被正式编入左联小组，与茅盾、钱杏邨分在一起。1932年，其以自身流浪经历为蓝本写就的短篇小说《人生哲学的一课》，发表在左联的机关刊物《文学月报》1卷5、6期上，艾芜由此亮相上海文坛。胡风后来回忆说："那一种平易的然而是新鲜的对待生活的态度以至作风，给了我们一个难忘的印象。"③ 小说中的那个"我"流落异乡走投无路，卖掉唯一的草鞋只为填饱肚子，饥寒困苦之余，心中却燃烧着"我要活下去"的信念。显然，这种底层求生的真实写照与左翼文学关注下层民众的倾向有着契合之处。

然而，如果把艾芜在"左联"时期的小说摘取出来，就会发现有一种明显的跳跃性和阶段性，即呈现出两种写作题材，一种是应时写就的爱国反帝主题小说，一种是基于1925-1931年滇缅之行所写的"南行记"。1931年冬写的小说《太原船上》，是艾芜于1931年4月搭乘英国太古公司的"太原号"客轮从厦门到上海，回到上海后根据在福建同安所听到的关于闽西苏区的传闻而写就的一部小说。小说以一名普通士兵的视角去陈述一场"剿共"的失败："满山满野都是敌人，老的小的，妇女小孩，通来助战。前面是枪，后面是棒、镰刀、矛子、锄头，也拿来砍杀。咳，听清楚，这就是他们的队伍呀！弟兄，你不要笑哩，吓，告诉你，我们一连兵硬给他们打败啰。枪失落五十多支，真丢脸！"④ 同时，小说还借兵士之眼，为船上的民众展示了中共苏区的社会风貌：男女平等、婚姻自由、讲礼貌、剪辫、禁止赌钱烧鸦片、要做工要念书、长官是穷人打扮，"没有一个逞凶的有钱人"。这明显是针对小说开头所描写的舱位等级制的一种讽刺。从这些描写中，可以看出从未到过苏区的艾芜是基于对左翼政治思想的图解与革命话语的艺术想象才完成这部小说的创作的。用一个国民党士兵在思想上的倒戈去说明"剿共"的不义，显出对材料的单纯化处理。但艾芜的聪敏之处在于，他将"传闻"的发生地设置在"船上"这一各阶层群众聚集的公共场所，"船上"这一空间的流动性、摇摆性使得士兵

---

① 艾芜：《南行记·序》，《艾芜文集》（第1卷），四川人民出版社1981年版，第6页。
② 艾芜：《南行记·序》，《艾芜文集》（第1卷），四川人民出版社1981年版，第6页。
③ 胡风：《南国之夜》，《文学》1935年6月1日。
④ 乔诚（艾芜）：《太原船上》，《文学新地》1934年创刊号。

的言说更具传播性与可信性，包纳着国共之间激烈的意识形态竞争。有学者在查考了 30 年代初的新闻报刊，如《申报》等主流媒介及受国民党官方意识形态影响的报刊后，发现《太原船上》的写作针对的正是 30 年代初现实语境中对"匪区"扭曲和夸大的一种回应及辩护，带有强烈的意识形态色彩①。

而另一方面，同一时间写作的短篇小说《伙伴》，却呈现出一派迥异于前者的"自在"风景。两个形影不离的滑竿夫一路抬着滑竿快活地走着，时不时哼一曲山歌小调，即使吵吵闹闹也不妨碍他们抬客做生意。在行程途中，老朱冒着坐牢的风险私贩鸦片，一路担惊受怕好容易挣了钱又一夜间赌个精光，回去之后又气又急，拿老何发泄，之后又后悔认错，没过多久两人又肩靠肩地亲密起来。滑竿夫这一群体是艾芜在多年的南行旅程中经常碰到的，以此为原型的小说创作是作家调动自己边地生活体验的结果，而在这种几乎"无事"的小说中，主人公正是前面提到的"在现时代大潮流冲击圈外的下层人物"，带给读者的不是悲苦而是一股清新温暖的边地人文情怀。遗憾的是，该文因与 30 年代左翼小说所要求的普遍性与阶级性主题不符，在投向《北斗》后被退稿。以上两篇小说均为 1931 年冬的创作，但风格迥异，前者读来生硬隔膜，后者却轻松有活气，这根源于从边地走来的艾芜对南行路上的人、景、情再熟悉不过。

以往提到艾芜就会想到他的《南行记》，但在这之前出版的短篇小说集《南国之夜》（包括《南国之夜》、《咆哮的许家屯》、《欧洲的风》、《左手行礼的兵士》、《伙伴》、《强与弱》）更受到左翼批评家的重视。艾芜的小说《咆哮的满洲》经茅盾之手改题为《咆哮的许家屯》，发表在 1933 年 7 月《文学》月刊创刊号上。在左翼文学创作不振的情况下推出这位青年作家，对艾芜来说无疑是一种鼓励。没过多久，茅盾在推出另一位青年作家周文的小说《雪地》时，同期附上一篇《〈雪地〉的尾巴》，文中顺带指出《咆哮的许家屯》（未刊之前）中的"尾巴"问题："毛病不仅在概念的和公式化，而在那'绝处逢生'的旧小说格调以及非常'罗曼蒂克'的色彩。"茅盾认为"写抗日暴动的'乌合'的民众自己变成了有组织有纪律的军队，或是他们怎样和附近的力量较厚的义勇军取得了联络，都可以；这都能够增强'主题的积极性'"②。对小说创作要体现"主题的积极性"是茅盾在 30 年代文学批评中始终强调的重点，他的《农村三部曲》通过中国农村经济的破产表现农民的觉醒与反抗过程就是集中体现。如今我们无法看到未刊之前的"尾巴"，那么，且看刊发出来的《咆哮的许家屯》结尾：

---

① 姜飞：《艾芜〈太原船上〉与意识形态传闻——兼涉沙汀〈法律外的航线〉》，《艾芜与文化中国论文集》，2019 年，第 30 页。
② 茅盾：《〈雪地〉的尾巴》，《文学》1933 年 9 月 1 日。

满洲平原的地雷炸裂了。

许家屯在黑暗中咆哮着。

各处涌着被压迫者愤怒的吼声。

关帝庙和冯公馆，冒出冲天的火焰，吐出无数鲜红的舌头，宛如要吞尽漫空的黑暗一样①。

这样一条体现主题积极性的"尾巴"依然是在左翼文学的"潜规则"下硬添上去的，抹去了作为初学者那种可爱的个性，在左联倡导爱国反帝题材的书写要求下，借助一些社会见闻等二手材料写就，明显缺乏生活实感与活气。这种生硬的创作直接体现了茅盾的"斧子说"："文艺家的任务不仅在分析现实、描写现实，而尤重在分析现实描写现实中指示了未来的途径。所以文艺作品不仅是一面镜子——反映生活，而须是一把斧子——创造生活。"② 所以说，无论这条拙劣的"尾巴"如何改，《咆哮的许家屯》都注定是失败的，是艾芜脱离《伙伴》所显示的创作个性而向左翼模式靠拢的产物，是一个流浪游民在拥有左翼青年作家身份之后的自觉转向。他不得不抛开那些富有传奇色彩的"南行"故事，因为在茅盾看来那种关于风土人情的描写，"虽能引起我们的惊异，然而给我们的，只是好奇心的餍足。因此在特殊的风土人情而外，应当还有普遍性的与我们共同的对于运命的挣扎"③。在这里，"特殊的风土人情"即文学的地方性特征并不具备独立的价值和意义，而是被置于"普遍性"的衡量维度之下，离开作家的个性特征去谈文本。显然茅盾并未意识到像艾芜这类从边地走向都市的文学青年的真正可爱之处，他需要的是"为人生的文学"，而不是艾芜那种"人生的文学"。

但是，胡风看到了这一点。他曾在《文学》月刊4卷6期上对艾芜短篇小说集《南国之夜》做了评论，肯定了当时一批优秀的青年作家，"从他们的主要创作方向来看，处处现出了能动地在社会性格里面照明或追求真实的人生样相的热情"。艾芜正是这些青年之一，但胡风的敏锐在于看出了"尾巴"之外的问题："作者选择了这些主题（即自发的反帝国主义斗争，笔者加）并不是偶然的"，"较之《南国之夜》，作者对于这一篇（《咆哮的许家屯》）的题材是很生疏的"。"首先可以提出的是主题的分裂……原因当然是作者把对象看得太单纯了……另一方面，这里面出现的外国兵也很抽象，我们看到的

---

① 艾芜：《咆哮的许家屯》，《文学》1933年7月1日。
② 茅盾：《我们所必须创造的文艺作品》，《北斗》1932年5月20日。
③ 蒲（茅盾）：《关于乡土文学》，《文学》1936年2月1日。

一律是抢夺酒食和到处强奸的面孔。"对于外国兵到来前民众的反应，胡风说："这写法是过于一般了，不能使人得到一个具体的生动的感应。就是在个别的描写上，作者也没有脱出这种写法，创造出更有力而富于特性的形象。"① 题材生疏、对象单纯、主题分裂、写法一般、形象无个性等，可以说是胡风对这篇刊在《文学》月刊创刊号上的作品的指摘。总之，无论人物还是情节，都是被作者"安排着"来完成了他的故事，他们自己并没有显示出有个性的面貌。

苛责之外，胡风表明了自己的用意和诚意："这些意见，看来好像是故意向作者苛求，但我的用意却很平凡，只不过是想证明：如果作者不熟悉他所要描写的题材——人物和抚育这人物的环境，那他的描写本领即令很大也无从施展，他的'热情'即令很高也会成为浮在纸面上的东西，《咆哮的许家屯》就是例子。"② 可见，胡风并不怀疑艾芜的"热情"，而是质疑他对写作材料的熟悉。对于艾芜而言，他并没有直接参与爱国反帝战争的切身经历，企图用耳闻的材料去直接写民众与帝国主义面对面肉搏的图景，显得浮夸而失真。接着，胡风肯定了艾芜以一群马夫在运货路上的哗变为主题的小说《欧洲的风》，认为故事的发展没有架空的痕迹，"每个人物都照他自己的意志活动着，决不是作者的代言机器"③。可见，胡风对"代言"式书写是反感的，对不熟悉题材就下笔是不满的。但当艾芜在《伙伴》中为我们展现了两个以抬滑竿为生的"老江湖"，写着他熟悉的人与事，胡风表示，素朴而温暖的伙伴身上看不到统治者的黑影。

从茅盾与胡风的左翼文学批评去看艾芜在30年代的小说创作，可以隐约认识到制约艾芜"南行"写作的两难处境。艾芜从一个"游民"成为左翼青年作家，丰富的底层生活与切身的生存体验是其优点，但同时也缺乏独立创作与思考的定力，容易受外部环境影响而改变自己的创作路向，其小说的生成过程不可避免地受到茅盾或胡风这样在文坛有威望、有影响力的批评家（特别是以一部《子夜》蜚声文坛的茅盾）的指导。可以说，艾芜对"南行"经验的书写或想象所呈现出来的差异性与阶段性，是一个有切身边地体验的底层青年在获得左翼作家身份后，试图追随时代风潮为其加入一丝助力或贡献的结果。但在调整写作姿态的过程中，如何将个人的南行体验与左翼理念有效结合并融入小说写作中，对艾芜的30年代及其之后半个世纪的"南行"叙事都是一个难题。

---

① 胡风：《南国之夜》，《文学》1935年6月1日。
② 胡风：《南国之夜》，《文学》1935年6月1日。
③ 胡风：《南国之夜》，《文学》1935年6月1日。

三、南行故事:"谁在讲"与"怎么讲"

艾芜的南行题材小说基于自己六年的漂泊经历写就,其中的自传色彩自不必说,但南行路上的所见所闻与南行归来的所作所写,毕竟存在时间和空间上的腾挪与间隔。而小说作为一种"有意味的形式","谁在讲"与"怎么讲"有时比"讲什么"更重要。靠写作为生的艾芜并不是一个忠实谨慎的书记员,有学者将其比为本雅明所说的"讲故事的人","也许艾芜并没有清楚地意识到他所拥有的讲述生活的能力与天赋,也许一个时代的主流理论的声音太强大,它压倒了个性微弱的声音,总之,在艾芜的创作中,矛盾双方的较量常常难以避免"①。细读艾芜在"左联"前后的南行题材小说,会发现文本中常常存在两个自我:一个是书写漂泊游历中的所见所闻似"讲故事"的自我,一个是加入左联团体后在其文化感召下代民众立言的自我。显然,这两个矛盾的自我是在当时左翼文坛批评家的关注中不断调整写作姿态的结果,而这种差异也在抗战局势越发紧张的时期越发走向极端,在1936年这一时期后的"南行"故事中,左翼革命话语的内核渐渐浮出水面。

作为一个"讲故事的人",艾芜首先是以坦诚的心态打量南行路上的奇人异事,小心呵护着故事的"原生态",并不苛求一种完美的叙述,而是接近一种朴实自然的"无事"的叙述。艾芜试图用自我的南行体验去靠近左翼观念的同时,自叙性质的表达中又唤醒着他刻骨的边地往事和漂泊记忆,拒绝或避免着某种观念模式对自我体验的肢解。"我们来看他的《南行记》,这分明就是一部关于南国的故事集,而在述说这些故事时,艾芜最惯用的手法是对人物对话的摹拟和还原,让每个人物都用自己的语音语调、谈话内容讲述自我,而较少对其个性与心理进行直接刻画。"② 收在短篇小说集《南行记》(上海文化生活出版社,1935年12月)中的《松岭上》,整个行文基本上是由大篇幅的人物对话构成。一位白发老人隐居于寂寥的山家店中,每天都在向我絮絮叨叨着他的过往,且在醉酒后执意要把女儿嫁给"我",后来"我"从秃头小贩的口中得知,老人杀害地主全家及自己的妻儿后逃命到了山野。老人的常常醉酒以及酒后嫁女儿的玩笑话,可以说是内心深处对妻儿极度思念又愧疚的宣泄与表达。这个被别人称为"酒疯子"、"老魔鬼"的独居老人想要"我"留下来,但"我"还是选择决绝地离开,"爬上一个坡,回头来看,老人还无力地依在门边,望着我去后的背影。四山静寂,松林无声,牛

---

① 冷嘉:《讲故事的人——对艾芜小说的一种解读》,《浙江社会科学》2002年第5期。
② 冷嘉:《讲故事的人——对艾芜小说的一种解读》,《浙江社会科学》2002年第5期。

羊的铃子,在朝雾濛濛的远处,幽微地叮当着"。这种诗意朦胧的抒情笔调,加上人物细腻而又琐碎的鲜活语言,使整个小说文本萦绕着浓郁的伤感与悲情色彩。艾芜在同一时期出版的另一部短篇小说集《山中牧歌》(上海天马书店,1935年9月),也展现了作家在讲故事的过程中试图理解他人苦难的情怀。《快活的人》描摹的是一个顶快活的人——胡三爸。"客栈里的人,没一个不同他谈谈笑笑的",他靠着手上的力气打烧鸦片的铁签子,等到烟禁就去捶背,每天打诨说笑地过生活,这样的老好人有一天却莫名地死在墙边,让人唏嘘不已。"我"在红十字会做义工时认识了吴大经(《左手敬礼的兵士》),他渴望伤愈回家却不料被长官一次次送上战场,最后沦为街头乞丐,因为家乡遭遇战事后已无家可归。《罂粟花》里的"我"跟着小伙子到家里吃了一顿粗糙而苦涩的午餐,因为田野里并不种粮食,而是红花灼灼的罂粟,走之前"我"把头上的打鸟帽送给他,给他进城谋生的希望。贵生母亲因思念在外打仗的儿子变得疯疯癫癫,遭到街边顽童的戏弄,隐含着作者对战争的控诉(《疯婆子》)。五个农人在家乡遭遇旱灾后结伴坐船到上海谋生,他们在甲板上想象着繁华的上海,却不料因买了假船票被洋人和中国办事员用麻袋装起来无情地扔到海里,"于是,从旱灾里逃出的人们,终于毕竟得着水了!"(《海葬》)一个个"被侮辱与被损害"的小人物,借着艾芜的笔才得到世人的关注,读者在听故事的同时越来越感受到作者对南国世界的爱与恨。

艾芜于1937年秋写就的短篇小说《乌鸦之歌》,是一个关于"狂人"的故事。但与鲁迅笔下的狂人相比,他的"疯"和"狂"少了更多象征性与多义性,而多了茅盾所说的"主题的积极性"。"我"在傍晚时分打算找地方住宿,遇到三个年轻猎人抬着鹿子走来,将一路的禾苗踏倒,且对"我"的询问不理不睬。后来通过与相识老人和年轻人的攀谈,才得知那是霸占老人田地的本家魔王兄弟,于是"我"随着年轻人到家里住宿,在月色下听他讲述老人一家的悲惨遭遇。原来,老人家的田地被无理霸占后选择一再忍让,但面对魔王兄弟的强权欺人,年轻气盛的儿子在看到树上的乌鸦从蛇口中冒死救子的情景后决定反抗,这才被老人关在房中,且叫出像乌鸦一样凄厉的声音。"我不禁想起:人类在最古的时代,一定象乌鸦一样,不晓得容忍的;如果一开始就会对仇敌容忍,那人类绝不能活到现在!"① 这里,"我"将老人一家的不幸遭遇上升到"人类"普遍性的高度,霸道的本家兄弟这时也成为"仇敌",被关的"狂人"似乎在为一切不平与压迫发声怒吼。边地现实的黑暗显现着山林深处强权社会的存在,而带有反抗色彩的"乌鸦之歌"正召唤着山林外革命的到来,结尾处"我"面对这"快要灭亡掉的村庄"一边

---

① 艾芜:《南行记·乌鸦之歌》,《艾芜全集》(第1卷),四川文艺出版社2014年版,第76页。

感到悲哀，同时又觉得有希望，"呼吸着山间特有的清新空气，又听见沿途飞着觅食的乌鸦叫着单纯而又勇敢的声音，两脚就渐渐硬朗起来，满身也添加了许多活气"①。同样是写一个老人的悲剧，相比于《松岭上》，《乌鸦之歌》有着更为明确的革命性主题，小说中的"我"也不仅仅是一个听故事的人，而是边地阶级压迫现象的见证者。附着于左翼革命意识形态而失去了言说的独立性，艾芜在文本之间适应着茅盾对"乡土文学"写作的观念：

> 关于"乡土文学"，我以为单有了特殊的风土人情的描写，只不过像看了一幅异域的图画，虽能引起我们的惊异，然而给我们的，只是好奇心的餍足。因此在特殊的风土人情而外，应当还有普遍性的与我们共同的对于运命的挣扎。一个只具有游历家的眼光的作者，往往只能给我们以前者；必须是一个具有一定的世界观与人生观的作者方能把后者作为主要的一点而给予了我们②。

由此看来，艾芜拒绝了胡风那种重视作家"主观战斗精神"的指导，而走向了茅盾之"分析现实、描写现实中指示了未来的途径"的创作路子，虽然他对于社会的分析解剖篇幅不多且隐于边地书写的背后，但内在的阶级意识忽隐忽现。如《山峡中》小黑牛的惨死，表面上是强盗同伙们怕受牵连将其残忍抛弃，内里却是被张太爷抢了田地不得不离乡活命的无奈，张姓地主的隐形出场是作者以强权压迫的社会真相显出革命的合法性，同时使魏大爷一伙的残酷性质弱化，揭出这群江湖人同命相怜的景况。江湖人的悲惨人生背后是阶级压迫的社会根源，小黑牛的死与野猫子们的"盗亦有道"生存理念其实是一步步对革命话语的靠近，此时的艾芜在完成了对"南行"经历的实写实录（类似于《人生哲学的一课》）之后，在不自觉地转向一种对革命的浪漫想象。

对于艾芜来说，"南行"已不仅仅是一种写作题材，更是这一生的精神原乡。促使其登上文坛的短篇小说集《南行记》，在1935年12月初版（上海文化生活出版社）时只有8篇，1946年2月出版（上海文化生活出版社）时增至12篇，1963年11月出版（作家出版社）时又增至24篇。无论是30年代的左翼时期，还是40年代的战争时期，抑或是60年代的政治运动风潮中，即使有战争题材或工业题材的应时写作，但艾芜都没有停下自己的"南行记"，似乎滇缅边地已经成为他的写作根据地。在近半个世纪的文学创作中，他多次对"南行"经验进行书写、想象及叙述，60年代的《南行记续编》与80

---

① 艾芜：《南行记·乌鸦之歌》，《艾芜全集》（第1卷），四川文艺出版社2014年版，第76页。
② 蒲（茅盾）：《关于乡土文学》，《文学》1936年2月1日。

年代的《南行记新编》就是最好的证明。他在"左联"前后的"南行"小说，熔铸了一个有切身生活体验的知识青年对底层众生相的观察和思考，用那种自然形成的文学感受与独特的表达方式展开文学写作，这客观上缓解了"五四"新文学发展到30年代左翼文学的危机。有学者指出这批文学"新人"与左翼文学之间的互哺关系："被1927年这场更大范围的中国社会政治动荡驱赶出边缘省份底层社会的青年知识分子，他们对新文学反而有着更深的理解，这根源于他们在自身文化环境和社会境遇中自然形成的文学感受方式，左翼文学的发生为他们感受文学的特有方式之进入新文学提供了可能，左翼文学需要通过他们的进入得到富有意义的发展。"① 但同时，我们也应看到，艾芜经验在左翼文化语境中的价值缺失，特别是他直写边地底层社会的地缘小说无法在左翼文学的规范下得到发展，这是作家的遗憾，也是时代的选择。

（作者单位：西南大学文学院）

---

① 陈方竞：《1933年的左翼青年作家·周文·地缘小说》，《纪念鲁迅定居上海80周年学术研究会论文集》，2007年，第369页。

共和国文学研究

《绝地逢生》：脱贫攻坚的文学书写与时代影像[①]

颜同林

乡土书写在当代文学创作史上的普遍模式是以村落叙事为代表，将时代变革、社会风貌、特色主题、人物刻画安置在具体村落里面，以小见大地呈现出时代变迁中的人性侧面和人物命运。这实在是屡见不鲜的文艺现象。不论是南方还是北方，不论是自然村寨还是多民族杂居村庄，村落多数是依赖血缘、婚姻、家族等聚居而成，熟人社会、乡村伦理制约着乡间人物的言行举止与思想性格，也是顺当得很的事情。不论是衣食住行、婚丧嫁娶，还是兴衰荣败、人伦纲常，就像不同地域空间中土地上的庄稼，在四季面前变换着颜色与品种。人与自然、人与人之间的关系便成为了窥视村落叙事的窗口，这一基本范式的形成与演变，可以说算得上久经历史风雨的冲刷而屹立不倒。

在贵州新文学史上流光溢彩的知名小说家中，大凡有乡土小说创作热情的作家对于村落叙事的坚守与思考也是一以贯之。蹇先艾的黔北乡村，何士光的黔北青羊场、梨花屯，欧阳黔森的三个鸡村、梨花村；以及70后、80后代表性作家肖江虹的猫跳河沿途燕傩村等村寨，曹永的迎春社、野马冲等，都是黔地小说中具有独特民俗与风情的村落。作为当下贵州文坛的领军人物，欧阳黔森在小说创作的背景与素材方面，一以贯之都是置放在贵州背景里面，不论是短篇小说，还是中篇和长篇小说。以雷达、董之林、孟繁华、陈晓明、周新民、李遇春、杜国景、谢廷秋、颜水生等为代表的评论家在评论欧阳黔森小说创作时，也很看重贵州题材对于欧阳黔森的重要意义。——相对于三个鸡村、梨花村这样的黔东村落叙事而言，乌蒙山区腹地的盘江村（先是盘江大队，后改为盘江村），成了欧阳黔森小说创作地域背景中的又一个典型村庄。盘江村被赋予了新的时代意

[①] 本文系国家社会科学基金项目"社会主义建设初期文学语言研究"（17BZW193）的阶段性成果。

义,成为乡村脱贫攻坚的一个响亮音符。极度贫瘠、"石漠化"地貌典型的乌蒙山区腹地村庄——盘江村,曾是一片被联合国"教科文卫组织"列为不适合人类居住的地方,是一个人类生存的"绝地",但是它却开启了乡村振兴最先行动的时代大幕。早在2008年全国"两会"期间同名电视剧《绝地逢生》在中央电视台第一套黄金时段播出之际,它便引发了全国文艺界的轰动效应。"盘江村"成为全国最先进行生态扶贫、科学发展、同步奔小康的村落代表,它既作为贵州乡村的现实符号而存在,也作为一个文学书写的象征符号而存在。站在今天精准扶贫的高度来审视,这一先行的作品恰恰具有象征的意味,无疑具有多重启示特征。

以长篇小说《绝地逢生》①为中心,结合同名电视剧来探讨小说的主题思想、人物形象、艺术内蕴;并在时间维度上将欧阳黔森在此前后不同阶段的创作进行整体观照,以及将同时代作家反映贵州脱贫攻坚主战场的同母题创作进行多维对比,目前还缺乏相关的跟踪式研究。基于此,本文先行一步,试图进行溯源式考察,在深入文本的基础上进行综合研究。长篇小说《绝地逢生》是以乌蒙山区一个布依族、苗族、汉族等多民族杂居的村落为背景,讲述村支书蒙幺爸带领全村人脱贫致富奔小康的乡土中国故事,形象地反映了我国内地农村改革开放以来三十多年的发展历程。《绝地逢生》既是新世纪以来文艺创作在村落叙事上的典型个案,也是"具有寓言意味的当代世俗传奇"②的生动呈现,显然具有特别而重要的参照价值。

一、从《八棵苞谷》到《绝地逢生》:主题的承续与衍变

在接受文学媒体采访时,欧阳黔森简要回顾了自己几部代表性长篇小说与同名电视剧的先后关系。"《奢香夫人》是小说在前,是出版社为了等央视一套黄金时间播出时,同时推小说市场会好些。《绝地逢生》其实最早来自于我发于《十月》的中篇小说《八棵苞谷》,后拓展为20集电视剧剧本《绝地逢生》,再后是出版社需要改成长篇小说《绝地逢生》。有小说在前当然文学性更强一些。但小说与影视是不同的艺术形式,一种是语言的艺术,一种是视觉视听艺术,两者不好类比。不过,我还是赞同小说改编为影

---

① 除电视连续剧《绝地逢生》先后获中宣部、贵州省"全国五个一工程奖"及全国少数民族题材一等奖、中国电视"飞天奖"、"金鹰奖"之外,长篇小说《绝地逢生》也曾获贵州省"五个一工程奖",贵州省政府文艺奖及中国作协、中国国土资源作协"中华宝石文学奖"。
② 颜水生:《传奇叙事与形式的辩证法——欧阳黔森小说论》,《贵州师范大学学报》(社会科学版)2019年第2期。

视，影视改编为小说是不恰当的。"① 从接触电视剧本的先后顺序来看，欧阳黔森在《雄关漫道》一炮打响后，接着写了一部农村题材剧，剧本名称是《布依人家》，定位是轻喜剧风格的民俗风情片，故事跨度则为 2000 年到 2007 年。据欧阳黔森自述，就在 2008 年全国"两会"期间，他与央视影视部副主任傅思讨论《布依人家》时，后者建议他改为《绝地逢生》，时间跨度则从 1978 年写到 2005 年，拉长现实物理时间跨度，覆盖改革开放以来西南农村至今翻天覆地的深刻变革。显然欧阳黔森听从了这个建设性意见，对《布依人家》进行了根本性的改写，主题、结构、人物各方面都有大河改道式的调整改变，在台词方面则全部推翻重来。

　　这是一种艺术样式全方位的改变和刷新，既涉及内容、主题、结构，也涉及时间、人物、语言等方面。从中篇到长篇、从剧本到小说，其中的承接和延续是有据可依的，两者的区别也显而易见，自然而然地提供了某种追溯、复原与寻找的理由。《绝地逢生》脱胎于中篇小说，又是在电视剧剧本的基础上进行修改，其痕迹十分醒目，优劣自现也在情理之中。翻查一下原始资料，作品的前因后果是这样的：《八棵苞谷》发表于《十月》2004 年第 5 期，《绝地逢生》刊发于《十月》2009 年长篇版，《绝地逢生》在杂志发表之前还由贵州人民出版社于 2008 年年底出版过单行本。比较《八棵苞谷》与《绝地逢生》，其意义也在这样的链条中得以彰显。正因如此，借助结构主义的文学批评方法，自然较容易窥其内在奥秘。结构主义认为"事物的真正本质不在于事物本身，而在于我们在各种事物之间构造，然后又在它们之间感觉到的那种关系"②。在《八棵苞谷》与《绝地逢生》之间的"构造"与"关系"中，两者相互参照，其意义不言自明。

　　中篇小说《八棵苞谷》的地域背景是苗岭腹地，出现的地名是苗岭镇、太阳乡、白鹰村。此小说讲述的是偏远、贫穷、落后的白鹰村老歌王龙起民和儿子三崽的日常生活，围绕三崽的婚姻大事而展开惨淡的人生。因村寨地处石漠化山区，山峰林立，沟壑纵横，属于典型的地少人多山区，使困居此地的山民代代陷入赤贫之境，常常滑入饥饿至死的边缘。老歌王因为儿子三崽讨不到老婆而只能以女儿去邻村换亲，但女儿又不同意，引发了一系列的矛盾。结局是地质队在离白鹰村十多里地的五里坡发现了乱石层下有黏土层，开发出来后可以让村民获得生存所需要的足够土地而进行易地搬迁，易地搬迁扶贫之后，白鹰村也经过了从赤贫村到小康村的大转变，改变了山里人的生存环境，也一举解决了三崽的婚姻大事。小说的基调是沉重、苍凉的，作者采用现实主义的手法进行勾勒与聚焦，内容集中单一，主题则较为狭窄。小说人物除了三崽父子之外，还有三崽 18

---

① 舒晋瑜：《欧阳黔森：创新与突破，必须置身于自己的沃土》，《中华读书报》2014 年 7 月 30 日。

② [英] 霍克斯：《结构主义和符号学》，瞿铁鹏译，上海译文出版社 1987 年版，第 8 页。

岁的大妹，以及田家湾田茂华一家。原本龙家准备将大妹许给田茂华家四崽，田家二妹嫁给三崽，但因为龙家大妹喜欢村里杨家二崽，在三崽爹差一点跪地求情之际才勉强答应换亲之事。小说到后面也发生了些许变故，龙家大妹赌气要晚两年嫁过去，可三崽26岁了很难再等待，又引起了新的矛盾。这是小说中经典换亲情节的人物与细节补充。除此之外，其他人物招之即来、挥之即去，且多半由土地引发，如三崽舅舅带来杨乡长口信，要龙起民带着大妹去五里坡为搞土地开发的地质专家们唱山歌，龙起民断然拒绝，原因是杨乡长以前在白鹰村当村长时少分了土地给他，把龙起民开荒刨出的一分地算成生产队的地，两人由此结怨甚深。当然，这一人物之间的怨气和过节随着地质专家们在五里坡的石层下发现了黏土层，全村部分民众移民过去可以每人分到一亩地而消解，最终心情无比舒畅的老歌王一展歌喉，唱起了扬眉吐气的山歌。田茂华一家也因此没有强求换亲行为需同时进行，三崽娶了田家妹崽，新的山区农家生活得以开始。

《绝地逢生》的地域背景是乌蒙山区腹地，村庄之名移到了人多地少、极度贫困的盘江村。这里石漠化极为严重，简直是人类生存的一方绝地。虽然党和政府长期进行扶贫和救济，村支书蒙幺爸带领村民为解决吃饭问题也进行了艰苦卓绝的生死抗争，譬如节衣缩食、冒险开荒地、修水库，但都收效甚微。后来在省委领导、地方政府的重新规划之下，走上了"扶贫开发、生态建设、人口控制"的乡村发展新路，蒙幺爸带领村民们因地制宜引种果木、花椒，修水窖、公路，搞乡村旅游、农家乐，以及创办村级企业进行花椒产业深加工，为大型水库修引水渠道，走上了人与自然和谐发展的生态致富之路。小说中主要以四五户人家为重点，一是蒙幺爸一家，讲述他和三个儿子的人生奋斗历程，掺杂着全家四个男人的婚恋故事；其他如副队长布依族歌王韦嘎公一家，劳动模范黄大有一家，王结巴一家；另有村会计李贵民、村民吴阿满等家庭作为辅助。小说以两千多号人的盘江村为主，也牵连到邻近南关村、水田村等，往上一级则是盘江镇、乌蒙县城，具有宽广的空间纵深。

以上是粗线条的故事复述、勾勒，以下则是异同之点的细化，主要从以下几个方面进行论述。两部小说的相同之处较多：（一）都以贵州穷乡僻壤作为背景，落实在特定的极度贫困的村寨叙事之上。图生存、谋发展是小说共同的主题。白鹰村是苗岭镇最僻远、最贫穷的，盘江村则是盘江镇最僻远、最贫穷落后的，村寨的基本原貌是地少人多，村民对土地的依赖极其严重，可土地越来越石漠化，天灾频发，农业产出越来越低。小说中很多人物之间的矛盾、冲突，人物性格的塑造都是在这一历史背景下展开的。人与自然的矛盾、脱贫发展是故事的主线，走出人多地少的怪圈、合理利用土地、适度控制人口、走出一条人与自然协调发展的新路则是曲径通幽的共同主题。（二）民以食为天，吃饭问题成为压倒一切的大事。因为饥饿致死的惨痛经历，村民一睁开眼便将解决吃食视为要务。吃不饱、吃不好是十分普遍的现象,有时苞谷饭、野菜饭也难以吃上,更不用说吃肉食了。譬如村里常饿死人,龙起民的两个姐姐是饿死的,盘江村蒙幺爸的妻子、王结巴的妻子都是饿死的,由此可见一斑。对粮食的珍惜、热爱,对饥饿的恐惧,都已经深入村民的骨髓了。(三)由于贫穷落后而导致的社会问题十分严重。比如小孩多数不读书,缺少读书的环境,文盲太多;因为贫穷、落后,村寨小伙子找不到对象,光棍太多成为村寨的凸出社会现象。比如白鹰村是光棍多,外村女子不愿意嫁过来,出不起彩礼是表症,实际是生存困难,看不到希望的曙光;盘江村先前在当地则有"光棍大队"之声名,村支书蒙幺爸一家也不例外。(四)在生活物质极度供应不足的情况下,唱山歌、喝酒、穷开心则是村民生活的另一面。龙起民是白鹰村的老歌王,其女儿也善于唱歌,"四月八歌舞节"成为方圆数十里村民的重要节日,大小公开场合有唱歌解忧、喝酒喜庆的传统;盘江村韦嘎公以及他的女儿韦号丽也是以唱歌著称,收养的牛娃后来成为新的歌王,布依族"六月六民族风情节"是当地文娱活动的重要节日,后来民族歌舞成为发展乡村旅游的招牌和助力。

总结起来,从结构主义的叙事功能来看,两者之间类同的叙事要素有以下方面:1. 地少人多的黔地村寨;2. 极度贫困的村民;3. 土地石漠化;4. 政府发救济粮;5. 村民饥饿致死;6. 山区儿童失学;7. 重男轻女现象;8. 光棍成灾;9. 换亲;10. 父亲下跪求女儿答应换亲;11. 严重缺水;12. 远途挑水;13. 歌王唱山歌;14. 节日狂欢;15. 民众喜欢喝酒;16. 易地搬迁;17. 用罐子埋藏苞谷以防灾年。这些叙事要素,统一指向黔地极度落后村寨的生存困境,人物的活动、性格、思想也与此密切相关。

《八棵苞谷》与《绝地逢生》的不同之处也是十分显豁的,主要体现在以下方面:

第一,主题的深化、拓展与衍变。首先,在时间上,《绝地逢生》显然比《八棵苞谷》更有纵深感,作为长篇与中篇的区别,这一点颇为明显。科学发展、因地制宜、乡村经济、农家乐等新式概念在长篇小说中扎根,得以深入村民之心。《八棵苞谷》只有一年的叙事时间长度,主要反映地少人多的毛病,缺乏更高层次的思想引领,格局较小。其次,在主题、空间方面,《绝地逢生》站位高远,形象地展现了乡村振兴的各个层面,如劳动、生育、婚姻、诚信、办厂,村干部与镇干部、县里干部之间互动密切,时代格局恢宏。《八棵苞谷》虽然也是从村寨出发,但人物活动空间较少,两者之间明显有本质的区别。再次,在结构上,以家庭作为人物活动的单元。《绝地逢生》主要以四五家为代表,串起了一个村庄两千多号人。《八棵苞谷》中的白鹰村是52户,生活在不同的山脚旮旯,以龙家和田家为主,单线条发展,在复杂性上明显逊色于《绝地逢生》。

第二,人物性格的塑造。首先,主要体现在人物画廊上。《绝地逢生》大大小小的人物数十人,有主有次,人物性格鲜明、英雄气质十分突出。蒙幺爸是盘江村的老党员、老支书，韦号丽是后起之秀，中途担任村主任并在最后接续蒙幺爸一职担任村支书，这两人是小说着力塑造的乡间英雄人物。蒙幺爸性格刚强、从不服输，他公而忘私、大爱无声，是一名伤痕累累的英雄。韦号丽还没有出嫁之前，便主动抚养村民王结巴服刑后扔下的孩子牛娃，带领村民广种花椒，开办工厂，从团支书到村主任再到村支书，前前后后为盘江村做了不少实事，是盘江村基层村干部的理想接班人和勇挑重担者。其次，《绝地逢生》的人物塑造是以事业、爱情、婚姻为纽带，从而串起这些人物的诸多行动。其主要人物是蒙幺爸一家，一家四口都是男丁，三个儿子蒙大棍、二棍、三棍，加上有老棍之称的蒙幺爸，是盘江大队在外界盛传为棍子大队的一种譬喻。蒙大棍与黄大有之女黄九妹自由恋爱，因家里拿不出彩礼而失之交臂，他失恋后在恶狼谷种桃树，后因为考虑经济价值而改种花椒树，最终和死了丈夫之后迁回娘家的黄九妹结婚成家，是乡村版的"破镜重圆"叙事。蒙二棍虽然读书不多，但脑袋灵活、嘴巧能干，不愿像父辈一样死守故土而到县城做杂工、开土鸡店、做花椒销售，与村邻韦嘎公之女韦号丽结婚成家；后来他为村里做了不少实事，可惜的是给村里送抗洪物质时在返村途中死于泥石流。蒙三棍农校毕业后在区里任职，后任区委副书记，再到县里当农办主任，他与青梅竹马的禄玉竹进行了马拉松长跑式的恋爱，最后修成正果；这一人物原型落脚于乡村与城镇之间，是城乡交叉地带的典型。蒙幺爸自妻子去世后一直是个光棍，虽然喜欢镇上开小酒馆的老板娘，但一直羞于出口，最后执着于此也成功了。这是盘江村"棍子大队"四个光棍汉先后成家立业的故事，同时也因为蒙幺爸一家的大儿子、二儿子的婚姻，分别与同村韦嘎公一家、黄大有一家发生种种关联。《绝地逢生》中这些人物的塑造立体化、有个性，包裹在诸多情节之中，是《八棵苞谷》所不及的。

第三，作品思想内涵的表现。《绝地逢生》张扬的是贵州乡土脱贫书写，思想内涵里既有陈旧的、习见的内容，也注入了新的时代元素。在乡土书写中，科学发展、脱贫攻坚、精准扶贫、生态保护等等，都是这一主题的不断生发与演变。可以说，《绝地逢生》作为一个历史阶段中有地域性标志的文艺作品，是当下农村变革的艺术呈现。它塑造了新型的基层干部，塑造了新的年轻农民形象，加上改革开放以来风云变幻的历史纵深，村寨、乡镇与区县的多重空间布局，注定会在反映现实生活的广度、深度上向前推进一步。这也是《八棵苞谷》所不及的。

二、从电视剧到长篇小说：新的形式与副产品

上述部分已有说明，《绝地逢生》是先有电视剧而后有长篇小说，小说是电视剧《绝地逢生》的副产品。从电视剧20集剧情来看，基本上对应长篇小说20章的内容。虽

然人物的言行、事件，出现的场合，以及人物的台词都有不少变动，但主要结构、事件、意义单元都是基本相同的。"谍战、少数民族叙事和家庭情节剧是编剧在处理社会改革、民族历史和现实矛盾与电视剧艺术虚构之间的对话方式。"① 这一归纳着眼于三种类型范式，与研究对象相吻合。

因为电视剧和小说的艺术形式不同，导致长篇小说《绝地逢生》在文本形态上留有较多剧本的痕迹。这一写法十分独特。多线同进、分镜头并存、叙述情节交叉错综发展的方式，有其固有的长处，也有其先天不足之处。譬如影视文学的分镜头写法，使叙述上的分裂、情节的不连贯显而易见。为了弥补这一缺陷，欧阳黔森采取以事件、情节交错展开的方式，多线索推进，重人物言行，轻人物心理刻画。作者的叙述视点是全知全能式的，像摄像机一样俯视人物的活动与言行，一定程度上抵消了叙事艺术上的不足。至于主题的理想化、人物的英雄色彩、矛盾的多元冲突等方面，则是其鲜明的风格之所在。从小说结构来看，多线索、多维度、多平面的并置或推进，弱化人物心理描写，相应强化了故事的画面感、现实性。经过读者的还原与拼合，大体可以放置于一个村落叙事的框架之中，还是连续不断和可以接受的。这是作家化不利为有利的一种艺术心理补偿，也是一种巧妙的叙事穿插。以下便是这几个方面的实际情形的理论归纳和提炼。

第一，二元对立的张力结构始终贯穿小说的首尾。首先，这是以粮为纲与产业调整的矛盾与冲突。整个长篇小说，前半部分主要是用以粮为纲来统领。蒙幺爸为了村民的口粮，以村民的温饱为着眼点，也限于时代的局限，不得不毁林开荒，蛮干修水库等。镇里的干部，如后来当上盘江镇镇长的马晓华，很多时候围绕粮食为纲来作文章，在违背自然规律的情况下做了一些得不偿失之事。韦嘎公、黄大有等农民更是认为农民天生是种地的，种出粮食是天经地义之事，如何增加粮食产量、如何增加人均田土面积、如何向贫瘠的土地索取，是祖祖辈辈传下来的根深蒂固之观念。小说后半部分，即在各区镇开展"建、并、撤"工作、盘江区变成盘江镇、盘江大队变成盘江村的历史背景下，党和政府调整"三农"政策，村里也进行了党政分开，韦号丽等新一代农民走上前台，农村慢慢改变了种粮为纲的观念。譬如，即使是有闯劲、有干劲、有韧劲的蒙幺爸，在儿媳韦号丽当上村主任之后想大面积改种花椒，提出将以前开荒出来的三百亩坡地全部种上花椒时，也一时难以接受，后来经过反复的考验最终转变了观念，成为改革的推动者。从计划经济到土地承包、农村劳动力转移，从单纯种粮到搞养猪专业户、种植以花椒为代表的经济作物，得到实惠的农民们逐渐转变观念。这是一个漫长而痛苦的历史过

---

① 章文哲：《谍战、少数民族叙事和家庭情节剧：欧阳黔森电视剧的多元类型实践》，《贵州师范大学学报》（社会科学版）2019 年第 2 期。

程。"以粮为纲"在盘江村逐渐蜕去它的华丽外衣,中间是一代人的距离。又比如小说中的先行者蒙大棍,最先种桃树、种花椒,是由于失恋,由于兄弟二棍在县城开麻辣土鸡店之便利,或是阴差阳错,或是无心插柳。跟在蒙大棍身后觉醒的盘江村人,对农村产业调整的接受、执行,既是受眼前利益的诱惑,也是顺势而为的新时代的新行为。其次,这是科学发展与愚昧守旧的矛盾与冲突。盘江村贫穷落后,主要是政策沿袭、失误和村民观念较为愚昧、落后等造成的。蒙幺爸年轻时,为了大炼钢铁,将周围山上的参天古木全部砍伐了,造成了环境恶化的后果。饥不择食之时,蒙幺爸带领村民开荒种粮,这是恶化生态之举。过度开发,过度向土地索取,自然会受到大自然的有力惩罚。相反,在科学发展、尊重自然的生态建设理念下,种果木、栽花椒的好处便是能有效防止水土流失,变荒山野岭为青山绿水,又能产生显著的经济回报。在小说的第14章,作者设计了一个重要情节,江老板千方百计想在盘江村开办大理石厂,因为能为镇里创造每年80万的税收而得到镇长马晓华的默许与力推。但正如蒙幺爸所言,怎么可以用80万就把盘江村卖了呢?!吃过不少苦头的盘江村人醒悟过来了,坚定地将得不偿失的这笔外来投资拒之门外,便是因为有血淋淋的现实教训。据后来的情节发展,邻近的乌江镇小屯村得了这个大理石厂,最后却叫苦不迭。小屯村村主任最后来盘江村取经便有力地印证了这一点。至于小说后半部分,办厂深加工还是销售原材料也是一对矛盾,外来厂长与本土村民的冲突同样如此,这样的二元对立结构在小说中处处可见。

第二,在人物活动上有出走与返乡的经典化构思。逃离故土(盘江村)与返乡创业的思路贯彻在小说的不同人物身上,成为乡村振兴的一个重要隐喻。人是第一生产力,人员的流动、走向与汇聚,可以看成经济荣衰的症候。因为穷山恶水,贫困之地维持不了人的基本生活,逃离故土成为一种潜伏的可能。王结巴妻子生小孩时因饥饿乏力而死,王结巴咒天骂地之间,幻想下辈子出生在一个有白米吃的地方。蒙幺爸树立的劳模黄大有想偷偷到外地去做木工活,黄九妹父母因为看重外村相对较好的条件,也为了儿子的亲事,硬着心肠将女儿外嫁它村。蒙二棍溜出盘江村到县城打杂工,开店,经商。吴阿满等村民因为火石坝可以提供每人一亩地而执意集体搬迁。蒙二棍想在城里买房、扎根,千方百计想把妻子韦号丽也带离村庄,到县城去发展……逃离苦地、绝地成为先觉者一种悲壮的不二选择。故土难离这个道理大家都懂,但为什么还是要硬着心肠逃离故土家园呢?毫无悬念,是因为这块土地不能养人,不能给人以希望。在结构上与此相对应,返乡也是小说中典型的情节。外出的村民最终都陆续回来了,比如王结巴在外面打拼十多年,还是回乡创业,重整旗鼓。黄九妹因为丈夫去世,土地被公婆收回而回到娘家,盘江村重新接纳了这位遭受家庭变故的受害者,黄九妹最终找到了新的归宿。黄大有经受住了考验,在村里成为能人,日子越过越红火。蒙二棍回乡和妻子办厂、创业,最终魂归故土。除了这些之外,那些没有条件外出的村里人则在蒙幺爸的带领下,一步一步向前迈进,向命运发起一轮又一轮的主动搏击。小说中有这样的细节,蒙幺爸是爱好面子的人,既要自己的脸面,也重视盘江村的脸面,视乡土的脸面比自家性命还重要,他为了这片绝地上村民们的吃穿住行而苦恼,为了村民外迁他地而痛苦。在去城与留守之间,韦号丽选择了在村里发展,勇挑村里领头人的重担,矢志不移地带领村民们把盘江村建设得美如画卷。正如小说中南关村张支书与盘江村蒙幺爸吵嘴时所说的"石头开花"的故事一样,盘江村不缺石头,全村有的是石头,喀斯特地貌的石头上能开出花,既是指遍布石头的山上重新种上果木、重新植被,也是暗指"绿水青山就是金山银山"的朴素真理。石头开花自然能重新汇聚人心,走上小康的生活新路,这也是乡村振兴的康庄大道。

第三,如何扶贫脱贫,如何发展自立,是中国乡土世界现代转型的重要命题,也是中国广大农民走向新生活的重要命题。贵州曾以贫穷、落后著称,在当下则是脱贫攻坚、精准扶贫、决胜全面小康的主战场。在这个意义上,《绝地逢生》预见性地提供了生动的案例。改革开放之初,政府给盘江大队这一贫困村寨发粮食、衣服、种子、化肥,到后来输血式扶贫,如发猪崽。这些扶贫工程当然有其意义,但没有从根本上让乡村脱贫。究其原因,一方面是援助有限,一方面是贫困村民接受这些施舍时没有脸面,没有尊严。为了脱贫致富,还是要因地制宜,进行产业调整,村民要自己富起来才会挺得起腰杆。盘江村经历了救济式扶贫、输血式扶贫、造血式扶贫,都没有根本解决问题。相反,发展本土经济,重视乡土重建,种植适宜山区生长的经济林木,经济上实现多倍的回报,村民的尊严才会找回来,盘江村人的精神面貌才能得到真正的解放。在小说第8章,盘江大队修路工程如火如荼地开展起来,工地一片繁忙景象。蒙二棍受张麻子之托要带青壮年进城搞工程,这是农村劳动力转移,说白了还是逃出乡土的一种方式。农村劳动力外出打工,在南方农村极为普遍。但这仍然是一种短视的行为,真正的乡村振兴是农村产业调整、升级,农村产业符合当地实际,实现更高层次的自足,从而把城里人、外地人吸引过来,形成一种逆向式的回流。山区村寨也不只是种粮而已。在小说第12章,记者来采访蒙大棍,受此启发的村民们逐渐不再看重粮食,而是重视经济作物、农村副业。这一现象说到底是科学发展的胜利,是实事求是、因地制宜的胜利。种果树、种花椒,开办企业让村民变成工人,留住人从而彻底改变了村寨面貌。试以蒙大棍为例,因为种桃树的经济效益不如种花椒,他就改种花椒;后来听了二棍的建议,最先在村里开办农家乐搞旅游。又比如村里广种花椒,打破了单一的农耕时代看天吃饭的风习;村民种花椒一多,慢慢积压,不得不寻找突破口,不得不开办深加工企业。这是一个逐渐由穷而富的过程,人心的变迁、民风的转变便在其中。脱离贫困、解决温饱、走向小康和共同富裕是小说情节的主线,贯穿下来之后的这种结构性力量,让长篇小说的情节发展、演变慢慢成为背后重要的推手。人物的思想、言行也系于这结构之内,成为一种挥之不去的审美存在。

第四,山区人物的性格及其转变,两代人之间的交叉,城乡之间的对峙,经纬交错地织成一幅新的黔地刺绣。《绝地逢生》的可贵之处是,没有以旁观者的态度或高高在上的姿态来观察和描写农民,而是密切关注中国社会深刻变化的事件或运动,关注乡村的日常生活、社会风习。在小说《绝地逢生》中,作家将一个村庄的人物错落有致地呈现出来,刻画了人物的言行与思想,强调了人物行动的意义。在小说中,两代人的故事交叉进行,选择了代表性人物进行叙说。首先,老一辈的盘江人,以蒙幺爸、韦嘎公、黄大有等人为代表。比如蒙幺爸这个人物是立体的,是一位大写的农民英雄。在艺术表达上,或者通过他在盘江村的事业来凸现,或者通过南关村支书与他作为对比而存在。他一辈子不服输的精神、实干的精神,无疑是最值得佩服的。其次,小说还写到一代新人的成长。蒙幺爸的三个儿子,以及韦号丽、李亚军等等便是其中的佼佼者。再次,《绝地逢生》还写到基层县、乡镇领导的担当、作为,如县委张书记、玉竹副县长、盘江镇党委王书记等。在这三类人物中,作家关注农村最为根本的现代性变革力量,是它促使乡村走向共同富裕的新生之路。正如研究者所言,《绝地逢生》讲述了贫困山区农民生存与发展的故事,"故事里的盘江村,就是当代中国的缩影;故事里盘江村在过去几十年的发展变迁,就是当代中国发展变迁的缩影;剧中人物蒙幺爸、韦号丽、蒙大棍、蒙二棍、王金发等人物的命运,就是当代中国农民及至全体中国人民的共同命运的缩影"①。这一"缩影"不只属于特定的时代和地域,而是改革开放以来乡土中国走向复兴的崭新征程。

三、从写实到象征:乡土贵州的新审美符号

长篇小说《绝地逢生》通过描写贵州偏远山区多民族聚居地盘江村脱贫致富的艰难历程,历史性地记录了西南山区农村改革开放以来的历史轨迹,阐释了因地制宜、科学发展、生态平衡、产业兴旺的新农村建设的典型意义。这部长篇小说是书写乡土贵州的,承载着"生态文学"② 的内涵,审美的、精神的、文化的贵州形象在小说中得以形成。

---

① 明振江:《科学发展的艺术呈现——评电视连续剧〈绝地逢生〉》,《人民日报》2009 年 3 月 14 日。
② 谢廷秋:《从〈水晶山谷〉到〈绝地逢生〉——贵州作家欧阳黔森生态文学解读》,《当代文坛》2012 年第 2 期。

换言之,在乡土贵州与多彩贵州之间,后者的形象慢慢得以凸现。

首先,审美的、精神的、文化的贵州形象的精华在于自然,在于山水,在于人居环境。小说一开头便在作者手记中这样描写盘江村——"美丽,但却极度贫瘠"。盘江村的居住环境:在层层拔地而起的大小山头之间,大榕树遮天蔽日,树下是全村人的公共活动中心;周围的山头则多数长满了低矮的灌木、荆棘,或是光秃秃的岩石。但这片贫瘠之地并不一直是这样无情与荒芜。20世纪50年代末大炼钢铁时,盲目砍伐森林之风蔓延到这里,山上的原始林木遭到严重砍伐和破坏。蒙幺爸在回忆年轻时候的这一"壮举"时,心中甚是后悔。小说第7章叙述刚竣工的小水库留不住水,给全村造成很大打击之后,地质专家来考察盘江村,赞许村里自然风景甚好,只是破坏严重。后来植被恢复,到处果木飘香之时,外地游客来到盘江村参观考察,对当地风光啧啧称赞。这从某些侧面反映出盘江村的自然风光本身是有价值与潜力的,只不过被人为破坏,造成了暂时的荒凉与凋敝;一旦重视科学发展、生态平衡,村居环境逐渐得到改善,没有污染的空气、水、环境便是人诗意栖居的宝贵资源,"绿树村边合,青山郭外斜"的村庄仍是适宜人类居住的乐园。审美的、精神的、文化的贵州形象中,贵州百姓生活并不只会满足于温饱层面,从温饱走向小康、再走向共同富裕是当下乡村振兴的大旗所指向的诗意和远方。

其次,审美的、文化的贵州形象,其核心反映在人的精神面貌方面,盘江人敢作敢为、一心一意奔小康、追求富裕生活的时代身影,是人性天平中特别有分量的筹码。这表现在以下几个方面:第一,自强不息、绝地求生的精神。以蒙幺爸、韦嘎公、黄大有等几户盘江村人为代表,表现出吃苦耐劳,肯干、实干和苦干的精神。最先是蛮干苦干,后来是巧干、实干。不论是开荒种地、兴修水库,还是改变交通、人畜吃水等大事,都是一件接着一件干。这一过程有始有终,成为叙事展开的侧重点。"绝地"如何求生,从赤贫之境如何走向富裕之路,没有这种开拓、韧性、不服输的精神是断断不可的。作为主旋律长篇小说,所塑造的基层干部的公义之心也清晰可见。当代小说中不乏形形色色的基层干部形象,但像蒙幺爸这样有血有肉、有大爱公心的村支书还是比较鲜见。差不多全村上下都团结在村支委周围。为什么能团结在一起呢?这是一种信任,是一种跟着我上的信任,是村民们从内心深处激发出来的阶级情感。第二,山里人肯吃苦,有担当,有尊严。小说写出了贵州山区几代盘江人的精气神。原名"蒙大胆"的蒙幺爸担负着领头人的角色,当了村干部也是穷得叮当响。作为全村的顶梁柱,他身上最主要的是一种什么样的精神与意志呢?是两千多号盘江人自强不息、互助互爱、自力更生的精神,是维护脸面、爱护村寨信誉的精神。譬如,在蒙幺爸看来,多年来棍子队去镇里挑救济粮,一直是让村人丢脸的事;村民把政府发的小猪崽杀了吃,也是丢脸之事;村民在旱季为了抢水而打架,还是丢脸之事。第三,做人有良心,人性本善良。小说第10章,在二棍出钱替家里和岳父家修小型水窖解决家庭日常用水问题后,蒙幺爸要儿子永远记住他从小是吃百家饭长大的,动员二棍把新买的运输车卖了,把准备结婚的钱拿出来买水泥等材料,给村里家家户户修水窖。在解决了大家长途挑水的难题后,盘江人知恩图报,自发组织热热闹闹的迎亲队伍,为二棍、韦号丽举办朴素而隆重的婚礼。小说第11章,盘江村通电之后,二棍率先买回来一部电视,刚一开始放映,蒙幺爸就将电视机搬到村委会,让村民都能看上电视。这些细节呈现的是博大的村邻之爱、乡土之谊。这样的场面与细节很多,类似的人物言行也不少。比如王结巴为了赎罪也为了报答乡邻的善良,在外出开餐馆、做生意赚钱后,便匿名送回家乡一车大米,后来陆续注资入股花椒厂,为花椒销售、花椒加工厂出谋划策。他顾及儿子的养母韦号丽一家人的感情而没有马上认领儿子,这也是做人有良心、有品格的体现。这种贵州山区乡间的传统伦理、人性之光,还在小说其他地方鲜活地表现出来。"虽然《绝地逢生》明显强化了'发展'理论在剧情内容中的统领作用,但是它并非将科学发展观作为一种空洞的说教和乏味的图解,而是让这种'生'的哲理'从情节中自然地流露出来'。更高明的是,此剧并非只是从'人与自然'和谐的一极来诠释农民的智慧、政府的决策,而是从更高层即'人与人'和谐的一极来展开故事,显然后者比前者更为重要。"① 人与人之间的和谐、友善、关爱,正是小说人物群像中最为核心的性格特征。

再次,多民族歌舞、新农家模式是乡村振兴的文化根须。乡土振兴的要义是什么,便是每一片乡土都成为百姓的乐土,成为人们安居乐业的诗意栖息之地。生态是基础,产业调整、优化是根本,乡村文化是生命活力的源泉。乡土经济的复兴是一个过程,在农林畜牧水产之外,旅游业的蓬勃发展正吸引城市居民、外地民众涌入乡村,乡土的魅力正一步步发挥出来,无声的乡土世界姹紫嫣红、面貌一新。《绝地逢生》中的桃花谷农家乐,满足了人们对于乡村世界的期待。它既有自然的美丽,也有人工的智慧创造。盘江村作为典型的喀斯特地貌村寨,交通、建筑、卫生一步一步得到质的改变,拳头产品花椒油作为旅游产品的推介,以及六月六民族风情节等原生态文化,都转化为乡村经济的要素。保护生态、留住乡愁、绿色发展,留下了村寨的文化根须,留下了乡土的魂。盘江人所创造的经济、文化发展模式,是贵州山水、自然、村寨相互良性互动与结合的结晶。这既是写实的,也是象征的。

以此延伸开来,在写实与象征之间,欧阳黔森一直在脱贫攻坚的文艺母题上发力,结出了丰硕的成果,譬如中篇小说《村长唐三草》、《武陵山人杨七郎》,报告文学"脱

---

① 仲呈祥、张金尧:《为何而"绝"因何而"生"——评电视连续剧〈绝地逢生〉》,《求是》2009年第10期。

——《绝地逢生》：脱贫攻坚的文学书写与时代影像——

贫三部曲"《花繁叶茂，倾听花开的声音》、《报得三春晖》、《看万山红遍》（均发表在2018年的《人民文学》）。与《绝地逢生》相类似的是，分别以《花繁叶茂，倾听花开的声音》和《看万山红遍》为蓝本改编的《花开有声》和《看万山红遍》等影视作品，正在拍摄制作之中，都将呈现多文体融合的特征。同时值得一提的是，在反映民生、反映乡土这一现实主义文艺思潮的影响下，以欧阳黔森为代表的贵州文艺工作者，以脱贫攻坚为题材，陆陆续续有不少优秀作品问世。比如电影《天渠》、《文朝荣》、《出山记》、《三变》，电视剧《云上绣娘》，广播剧《春天的号角》以及黔剧《天渠》，花灯剧《一路芬芬》等便是其中的佼佼者。至于艺术影响力比上述作品略为逊色一些的脱贫攻坚主题的小说、诗歌、散文、报告文学、影视作品，在近十年贵州的文艺界中，最为普遍，也最为常见。立足于现实，以写实为旨归，又超越现实，并达到象征的艺术世界，这是脱贫攻坚书写在文艺上的新追求与新境界！

乡村脱贫攻坚是历史进行时，中国广大乡村必将步入"后扶贫"时代，必将步入乡村振兴、乡村新生的历史新阶段。2017年党的十九大报告提出乡村振兴战略，至今已在全国各地乡村全面铺开。站在文艺的角度来看，乡村振兴中的美丽乡村、产业兴旺、生态宜居、生活富裕，不是一个个动听的口号，也不是空洞的概念，而是看得见、摸得着的，会呼吸、有活力的村庄。乡村振兴需要数以百万计的乡村作为有力证明，它不只是一个短暂的阶段性的奋斗目标，而是一棒接一棒的接力赛。在这个意义上，《绝地逢生》以黔地今非昔比的盘江村为故事生发地，预见性地提供了这样的美丽乡村标本，其意义在时代的浪潮中自然非比寻常。

作为一部距今十余年的农村题材长篇小说，《绝地逢生》在很多地方还可以看出20世纪50年代农村题材代表小说的影子。以周立波的《山乡巨变》、柳青的《创业史》和赵树理的《三里湾》为代表的一批小说反映了中华人民共和国成立之后中国农村的中心事件，作家们与农民在立场、观点、情感上十分吻合、一致。譬如柳青，重视农村中先进人物的塑造，富于浪漫理想色彩，具有概括时代精神和历史本质的雄心；关注农村现代化的变革，关注新人的出现和成长，以及农村中人与人之间伦理关系的调整和位置①。在这条流动的乡村书写的链条上，欧阳黔森们书写改革开放以来的农村变化，塑造理想丰满的基层干部，刻画一代新人形象的农村脱贫题材小说，可以视为对这一农村题材与传统的继承和发展。虽然小说文本《绝地逢生》中有些部分还不太成熟，但从小说到影视，其艺术视野下乡土世界中英雄人物的塑造、理想社会的蓝图勾勒、乡村治理与乡土伦理的规范，毫无疑问都具有相当的典型性！

---

① 洪子诚：《中国当代文学史》，北京大学出版社2007年版，第82—93页。

曾有研究者认为《绝地逢生》与《创业史》之间有很多的艺术渊源，在宏大叙事、理想人物塑造、中心人物结构上均有相同之处①。也有学者认为英雄叙事是理解欧阳黔森全部作品的一把钥匙，《绝地逢生》中充满一种悲壮的理想主义的英雄情怀，"英雄情结或英雄主义的激情、豪情，在欧阳黔森的作品里既是价值取向，也是他的写作姿态和立场"②。这些都从不同侧面印证了《绝地逢生》与新中国农村题材小说的内在联系。时代环境的鲜明铺垫与创制，跨时代结构的衔接与承传，乡村人物性格的丰富与细腻，自力更生精神的张扬与挺拔，都让《绝地逢生》在脱贫攻坚主题的书写上具有先行者的独特视野和气魄。

（作者单位：贵州师范大学文学院）

---

① 李遇春：《博物、传奇与黔地方志小说谱系——论欧阳黔森的小说创作》，《中国现代文学研究丛刊》2018 年第 7 期。
② 杜国景：《欧阳黔森的英雄叙事及其当代价值》，《当代作家评论》2016 年第 2 期。

共和国文学研究

"回归"与"飘荡":莫言小说创作溯端竟委
——以《白狗秋千架》为原点的考察①

张洪波 韩传喜

于莫言而言,故乡,高密东北乡,乡土中国,文学王国,似乎具有相同的意指,因为其令人叹为观止的文学王国,即建立在实有其名的故乡——高密东北乡的地理区域与心理原乡之上,而"高密东北乡"在当代文学中,亦已成为乡土中国的一种典型缩影。解读与理解莫言的文学创作,进入莫言不断拓展与丰富的文学世界,《白狗秋千架》这部短篇,恰似渐行渐高的路途上,一座风景秀丽的突起山峰;似一片壮丽延展的无尽殿堂前,本色天然却魅影初显的山门。它既是读者认识莫言小说创作艺术水平的早期代表作,也是综观莫言文学作品的创作题旨与审美本质的切入佳径。《白狗秋千架》,1985年首发于《中国作家》第4期;1989年3月,获台湾"联合报小说奖";2003年,改编为电影《暖》,并获得"金鸡"、"百花"最佳故事片和最佳编剧奖,以及东京国际电影节"金麒麟"奖等。在关于莫言作品的评论中,亦有诸多对这部短篇小说的关注。以此篇向故乡转向、初见"高密东北乡"的小说为源头与契机,为更加深入细致地研究莫言小说的艺术流变与审美意蕴,甚至为梳理当代小说的发展脉络,打开了一个独特的认知路径。

一、"白狗"和"秋千架":引领回归与初建山门

"高密东北乡原产白色温驯的大狗,绵延数代之后,很难再见一匹纯种。"② ——这

---

① 本文系辽宁省社会科学规划基金项目"莫言小说'中国故事'审美特征研究"(L16BZW007)、辽宁省教育厅重点项目"辽宁区域形象塑造中的'融媒体'传播策略研究"(LN2017ZD007)的研究成果。

② 莫言:《白狗秋千架》,《中国作家》1985年第4期。

句原本可能平凡无奇的开篇之句,开启了莫言的故乡之旅。虽然后来的评论家反复说到,这是"高密东北乡"第一次出现在莫言的笔下,并将之看作莫言构建"文学乡土王国"的开篇之作,但这篇小说对故乡的图景似乎并未做过多的描绘。即便有描写,亦多是三言两语。"一过石桥,看到太阳很红地从高粱棵里冒出来,河里躺着一根粗大的红光柱,鲜艳地染遍了河水。太阳红得有些古怪,周围似乎还环绕着一些黑气,大概是要落雨了吧"①。简洁的景语,色彩鲜明中洇染着枯燥感,形象生动间显露出郁闷,准确传达了作家对于阔别十年的故乡的深切感受——时空疏离后虽有淡漠,爱恨却早融入骨血。原本熟稔的故乡景物,负载着回忆与现实的双重沉痛。

在此篇小说中,最具代表性的故乡"典型意象",一为"白狗",一为"秋千架"。"我"初回乡时,见到的第一个生物便是白狗。以一只狗所拥有的天性,它应当会记得当初的主人——"我",但它只是"用那两只浑浊的狗眼"望望我,"狗眼里的神色遥远荒凉,含有一种模糊的暗示,这遥远荒凉的暗示唤起内心深处一种迷蒙的感受"②。而直到见到已面目全非的白狗的主人暖,"我"才联想起它的真实身份。整部作品中,白狗既是过往时光的见证者,也是过去与现在的串联者,更是健忘、自私人类的反衬者。十几年来,白狗始终如一地默默跟随、紧紧守护着暖。虽然小说最后也是最关键的情节中,白狗主动带路的作为有些牵强,但相比于巧言善变、冷漠势利的世人,它是暖孤独绝望人生的忠实的陪伴者与拯救者。莫言让它来充当信使与向导,可谓无解困境中唯一的选择,对暖是如此,对作者也是如此。而白狗的引领,让"我"不得不正视现实的残酷,正面暖绝望的挣扎,在外在与内心的多重困境中,做出灵与肉的省察与抉择——这本身便可视为一种意味深长的象征。莫言此后的小说创作中,动物成为不可或缺的重要"意象":一方面它们是乡土生活中可随手取撷的物象,另一方面它们也是映射乃至透视乡土特质的最好意象。《蛙》中随处聒噪、如影随形地纠缠着姑姑万心的"蛙",便是莫言的巧妙创设。"蛙"自身强大的繁殖力,与"娲"、"娃"的谐音,恰好与姑姑万心前期接生、后期因"计生"而"杀生"相互映照,并随时随地激发着姑姑的负疚、忏悔乃至恐惧,渲染并强化着作家传达的创作意旨。而《生死疲劳》中的西门闹历经"六道轮回",前五道投胎为驴、牛、猪、狗、猴。它们取诸家常牲畜,又贯注人性想象,其独特的意象构造,既有魔幻现实主义的深在影响,亦有中国神话与鬼怪叙事的魅影,却以只眼洞见世象,从特别视角折射现实,因而独具意味。

而矗立在故乡的"秋千架",有研究者将其视为"一种历史隐喻,是日常生活缺乏

---

① 莫言:《白狗秋千架》,《中国作家》1985 年第 4 期。
② 莫言:《白狗秋千架》,《中国作家》1985 年第 4 期。

安全感的一个非常鲜活的比喻"①。但其在小说中的设置意图与表现作用,更像是原本乏善可陈的乡村生活中唯一的亮色,带着些许浪漫与温暖,如一代人短促而简陋的青春。"秋千架"原本是"我"与暖两小无猜、嬉戏交流的快乐领地,可最终却变成了暖悲剧命运的肇始者。秋千架的断裂,导致暖受伤失明虽为偶然,其因果与结局实是农村女子痛苦人生的必然。因为脆弱渺小如她们,只能听凭命运摆布,青春的美好只是生命短暂闪烁的亮色,在世俗面前不值一提,更不堪一击。任何一点外力,对她们都可能是致命的。"秋千架"如一座半开半阖的山门,并作为其极力回避亦深切怀念的故乡标识,兀立于作者关于"高密东北乡"记忆深处。

"高密东北乡"之于莫言,从其构建过程而言,最初的蓝图也许并不明晰。如莫言自己所言:"我第一次战战兢兢地打起'高密东北乡'的旗号,从此便开始啸聚山林、打家劫舍的文学生涯。'原本想打家劫舍,谁知道弄假成真。'"② 但从《白狗秋千架》及其前后作品的创作,我们可以勾勒出莫言逐渐回归故乡的踪迹。自 1981 年发表短篇处女作《春夜雨霏霏》始,在其后四年的创作过程中,莫言发表了《丑兵》、《为了孩子》、《售棉大路》、《民间音乐》、《岛上的风》、《雨中的河》等多篇作品,却一直走在"去故乡化"的文学道路上。如其自己所言,"我一直采取着回避故乡的态度,我写海浪、写山峦、写兵营"③,却唯独不愿回顾家乡的风景。其中缘由,固然有年轻人初到军营,在新鲜的环境中四处汲取、不断学习与努力成长等客观原因,更有作者在文学创作的最初尝试中,努力向当时主流价值观与审美标准靠拢的主动选择,但其中至为重要且起决定作用的,是作者的意识与潜意识中与故乡的"诀别"姿态。"当时我曾幻想:假如有一天我能离开这块土地,我决不会再回来。所以,当我坐上运兵的卡车,当那些与我一起入伍的小伙子们流着眼泪与送行者告别时,我连头也没回。我有鸟飞出了笼子的感觉。我觉得那儿已没有什么东西值得我留恋了。我希望汽车开得越快、开得越远越好,最好开到海角天涯。"④ 而这绝不是年轻人单纯向往外面大千世界的新奇与激情,而是对于故乡贫瘠、饥饿、劳累、严酷而无望的生活的决绝式逃离。对于一个生长于不蔽风雨的贫困家庭、曾年少辍学山野放羊的 20 岁青年来说,终于看到改变命运的契机,对于"再次沦落到吃糠咽菜的地步"⑤ 的恐惧,也许远远超过其他的生活与创作驱动力。

然而,重返故乡的莫言,终于正面体认深藏于心的对于故乡与母亲的浓烈情感:"隐

---

① 程光炜:《小说的读法——莫言的〈白狗秋千架〉》,《文艺争鸣》2012 年第 8 期。
② 童庆炳:《莫言的硕士论文与高密东北乡文学王国》,《北京师范大学学报》(社会科学版) 2013 年第 5 期。
③ 莫言:《我的故乡与我的小说》,《当代作家评论》1993 年第 2 期。
④ 莫言:《我的故乡与我的小说》,《当代作家评论》1993 年第 2 期。
⑤ 莫言:《我的故乡与我的小说》,《当代作家评论》1993 年第 2 期。

隐约约地感觉到了故乡对一个人的制约。对于生你养你、埋葬着你祖先灵骨的那块土地，你可以爱它，也可以恨它，但你无法摆脱它。"① 他开始以笔写心，直面这片已融入自身骨血的故土。他于1985年推出的《透明的红萝卜》引起读者喜爱与文坛关注的主要缘由，正是因为这篇小说中，他开始正面以往回避与逃离的童年体验与故乡经验，并试着以自己修炼积累的文学技能，将其灵动而鲜活地传达出来。随之而来的是其小说创作的爆发期，1985年到1986年间，莫言在多家刊物上发表了《球状闪电》、《金发婴儿》、《爆炸》、《老枪》、《枯河》、《白狗秋千架》、《大风》、《秋水》等中短篇小说，包括其早期代表作《红高粱》及其系列。这些作品多以故乡的风土人情与传奇故事为题材，可视为其真正的"文学王国"的初步勘察与赋形。

  在久违的故乡，莫言似乎找回了真正的"魂灵"与创作激情。而这其中，《白狗秋千架》堪称一部转折性的作品，如果说稍前发表的《透明的红萝卜》，还似一个童年回忆的梦境，以"黑孩"敏锐的钝感、无言的倾诉和混沌的清晰，构筑了一个奇异的惝恍迷离而又尖锐犀利的感官世界，饱蘸着作者的童年体验，那么，《白狗秋千架》则是作者作为一个成年的离人，虽因阔别很久，尚有"近乡情怯"的犹疑，却终于踏上了故乡的土地，开启了第一次"真正"的返乡之旅——正视故乡的本真面目、审验故乡的深层记忆并正面故乡的丰厚意蕴。可以说，正是这次"返乡"的尝试，开启了其后《红高粱》及其系列中，对于故乡及其这片土地上的乡民们的酣畅淋漓的表现，并让莫言一头扎入这片文学与精神的乡土，开始其勤奋的发掘、耕耘及建造过程，真正成长为"文学的'高密东北乡'的开天辟地的皇帝，发号施令，颐使气指，要谁死谁就死，要谁活谁就活，饱尝了君临天下的乐趣。什么钢琴啦、面包啦、原子弹啦、臭狗屎啦、摩登女郎、地痞流氓、皇亲国戚、假洋鬼子、真传教士……统统都塞到高粱地里去"②。

二、高密东北乡：苦难底色与疼痛记忆

  这片"文学乡土"与现实家乡一样，毫无通常意义上的浪漫、温情与美感可言，它如作者童年与少年的最初印象，充满了贫穷、饥饿、孤寂、争斗、劳苦与挣扎，这片"耗干了祖先们的血汗，也正在消耗着我的生命"③ 的土地，让祖祖辈辈的乡亲们"面朝

---

  ① 莫言：《我的故乡与我的小说》，《当代作家评论》1993年第2期。
  ② 童庆炳：《莫言的硕士论文与高密东北乡文学王国》，《北京师范大学学报》（社会科学版）2013年第5期。
  ③ 莫言：《我的故乡与我的小说》，《当代作家评论》1993年第2期。

黑土背朝天，付出的是那么多，得到的是那么少"，"夏天在酷热中挣扎，冬天在严寒中颤栗"①。如此的故乡记忆与现实见闻，自然令莫言的乡土王国，始终涂抹着难以化开的浓郁的灰暗基调与苦难底色。"那些低矮、破旧的茅屋，那些干涸的河流，那些狡黠的村干部……"②，那些"吃不饱穿不暖"的日子，少年失学的滋味，被迫学会的"受罪的本领"……深深地刺入少年莫言敏感的心，并刻入其关于家乡的永恒记忆，时时鲜活如昨且疼痛如昔。如《透明的红萝卜》中的黑孩，虽然已被折磨出足够的钝感，却依然在苦难不断的生活中，频频遭受意外伤痛的惨烈攻击。而这些刻骨铭心的"伤痛"经历，便凝聚于莫言的笔下，升华为一部部记忆苦难的乡土文学作品。

作为一部具承启意义的作品，莫言在《白狗秋千架》里，抒写了作为一个普通农村女性的暖，令人欲哭无泪的悲剧命运。"婷婷如一枝花，双目皎皎如星"③ 的少女暖，曾经满怀梦想，却屡遭噩运。如果说从秋千架上摔下，被刺瞎一只眼是生活的意外，那么向往外面美好世界的美梦破碎、嫁给性情粗暴的哑巴并生下三个哑巴儿子，则是世俗的"人祸"！莫言用尚属简约的笔致，将此种苦难写到了极致：无论是过去、现在还是未来，暖的命运悲剧似乎无从改变，从美丽纯真的少女到邋遢无爱的人妻，再到疲累绝望的人母，暖的人生早已陷入全面绝境。

面对这样一个少年时的梦中人，"我"的内心充满了痛惜。初见面时的暖，"眼白上布满血丝，看起来很恶"，"左眼里有明亮的水光闪烁。右边没有眼，没有泪，深深凹进去的眼眶里，栽着一排乱纷纷的黑睫毛"，"左腮上的肌肉联动着眼眶的睫毛和眶上的眉毛，微微地抽搐着，造成了一种凄凉古怪的表情"④。且举止言谈已完全变为一个粗俗随意、直白无忌的村妇。而说起有三个儿子，她"又冷冷地解释：'一胎生了三个，吐噜吐噜，像下狗一样。'"⑤ 原本应该成为一个女人和母亲最大希望的孩子，"从屋里滚出来"，"用同样的土黄色小眼珠瞅着我，头一律往右倾，像三只羽毛未丰、性情暴躁的小公鸡。孩子的脸显得很老相，额上都有抬头纹，下腭骨阔大结实，全都微微地颤抖着"⑥。——作者的笔触毫不容情，以纤细传神写尽丑恶残酷。暖如此不堪而绝望的生存状态，对于一直心怀思念与愧疚的"我"，无异于霜刀雪剑，锥心蚀骨。如果说《透明的红萝卜》中，莫言有意识地使用了"通感"等渲染性修辞艺术手法，将黑孩的生理"痛感"进行了审美转换与涂饰，那么到了《白狗秋千架》中，则以更加娴熟的文字功

---

① 莫言：《我的故乡与我的小说》，《当代作家评论》1993 年第 2 期。
② 莫言：《我的故乡与我的小说》，《当代作家评论》1993 年第 2 期。
③ 莫言：《白狗秋千架》，《中国作家》1985 年第 4 期。
④ 莫言：《白狗秋千架》，《中国作家》1985 年第 4 期。
⑤ 莫言：《白狗秋千架》，《中国作家》1985 年第 4 期。
⑥ 莫言：《白狗秋千架》，《中国作家》1985 年第 4 期。

夫与不动声色的传神描写,直斥生活冷酷的本相。

"二十年农村生活中,所有的黑暗和苦难,从文学的意义上说,都是上帝对我的恩赐。"① 可以说,此种苦难意识与疼痛感觉,是莫言作品的恒常主题与基调。无论是短篇作品还是鸿篇巨制,从《红高粱家族》、《丰乳肥臀》、《檀香刑》,到现实题材的《红树林》、《蛙》,以及莫言获诺贝尔文学奖后推荐的《生死疲劳》,莫不是对这片土地上的父老乡亲生命苦难的渲染与传达,而对极具人生代表性的女性命运的描写更为典型:"我奶奶"如花绽放的年华,却被贪财的父母卖给了麻风病人为妻;"母亲"上官鲁氏,嫁给孱弱无能的冷漠丈夫、一生在社会动荡中含辛茹苦、抵死挣扎;眉娘娇媚聪慧却被迫嫁给半傻的屠夫,渴望爱情却终不可得,目睹公公与丈夫给自己的亲爹施加酷刑却束手无策……在近代以来动荡变幻的历史风云中,在贫瘠残酷的现实环境中,这片土地上的所有人,想不苦难缠身、噩运连绵,何以可得?因此,无论莫言后来的创作,题材如何在古今真幻间撷取,情感如何于正邪爱恨中倾洒,文笔如何汪洋恣肆,语言如何纵横狂欢,其日益丰富壮大的"文学王国",却始终建立在少年清朗明晰的最初记忆之上,包裹于人生刻骨铭心的深层疼感之中。只不过,《白狗秋千架》中节制而内蕴的情感传达,变成了后来作品中喧嚣狂放的尽性倾泻罢了。

中国现代以来"乡土"题材的作品,或是以启蒙者姿态,反观乡村的凋敝、落后与蒙昧,如鲁迅到萧红等左翼作家;或是以怀乡者的心理,营造乡村纯净、朴质、美好的田园"乌托邦",以废名、沈从文等为代表。而至新时期文学创作中,乡土文学于批判现实主义的传统之外,依然有刘绍棠、汪曾祺等承续"田园牧歌"一脉。作家们自觉的艺术开拓中,乡土文学创作亦不断得以丰富,如韩少功、李锐、张炜等作家作品,将对乡土文化的"寻根"与重新挖掘,作为一种自觉而主动的艺术追求。而莫言则始终以自身鲜活的切身经验为底里,对乡土中国保持近距离观照,与表现对象保持共同在场的姿态,因而无论是反思过往抑或直面现实,其小说的内容,更多地偏向于经验性的感性倾诉;其创作的题旨,更注重的是直面苦难,并对其做全方位审视与深入式省察。不隐恶,不扬善,不做深沉状的哲理思悟,更不做轻松态的田园牧歌,无情现实与有情体验交相激荡,汪洋恣肆,倾泻而出,从而形成其文学王国以真实为底里、以奇幻为景观的独特样貌。

三、"种"与"高粱地":觅踪历史与颠覆价值

"种"与"高粱地"两个概念,似乎已成为解读莫言的关键词。虽然此篇作品中的

---

① 莫言:《我的故乡与我的小说》,《当代作家评论》1993年第2期。

"纯种",言说的是一条"白狗",它的事迹所显现的蕴味,远不如《红高粱》中因爷爷、奶奶辈轰轰烈烈、敢爱敢恨的人生,所激发出的"种的退化"的感叹那般振聋发聩、撼人心弦,但这只"全身皆白、只黑了两只前爪的白狗"①,在"杂种花狗充斥"的乡间,已属珍罕。它成长于"我"和暖的少年岁月,见证了二人朦胧纯真的初恋情感,并始终沉默忠诚地陪伴在暖痛苦无望的日子里。这个并不那么"纯种"的动物,悄然反衬出人类的复杂、善变与薄情。而关于"种"的联类思考,在此后的《红高粱》中喷薄而出,并成为莫言小说的一个重要母题。《红高粱》中,面对爷爷、奶奶浓烈炽热的爱情,追忆他们壮烈快意的人生,回放"他演出过一幕幕英勇悲壮的舞剧",作者由衷慨叹"活着的不肖子孙相形见绌","真切感到种的退化"②!而此后诸多作品中,作者皆设置了相类的艺术类型:《丰乳肥臀》中"母亲"的丈夫上官寿喜,虽为铁匠,却孱弱无能,怯懦畏缩;儿子上官金童,虽因"传宗接代"的重要地位而倍受呵护宠爱,却因身心的"变态"而难以担当"种"的繁衍重任;《檀香刑》中的赵小甲,虽然其爹赵甲,是"京城刑部大堂里的首席刽子手,是大清朝的第一快刀,砍人头的高手,是精通历代酷刑,并且有所发明、有所创造的专家"③,却因生来半痴半傻,只能在乡下做一杀狗的屠夫;《生死疲劳》中的西门闹,在历尽磨难几世挣扎之后,终于重生为人,却于轮回之中沦为"大头婴儿",身带先天疾病,脑中烙满沉痛记忆……凡此种种,这些被寄予厚望与期待的后世子孙,常沦落为畸零颠顶之人,身心俱残,人我皆厌。虽然以畸零之人折射常态人生,用变形视角表现现实世界,已是诸多作家的自觉选择,当代文学从所谓"乡土文学"、"寻根文学"到"现代主义文学",从20世纪80年代韩少功的《爸爸爸》,到最近王安忆的《匿名》④,此类人物形象可谓众多,但如莫言于如此多的作品中,设置不同表现形态的畸零之人,在当代作家中亦属罕见。且此类人物多为或坚韧或高强之人的后裔,与前辈形成巨大反差和强烈对照,作者对于所谓"种"的退化的忧虑与激愤,跃然纸上。

这其中既有作者源于现实的切身感受,亦有反思历史的痛切认知。随着视野的开放、思考的深入及其所带来的视角的多维变化,莫言的笔触日益拓展,以现当代社会为基点,呈现出近代以来"乡土中国"的宏阔景致:长期积弱屡被欺凌侵略的动荡混乱的社会历史,政治动乱所伴随的民生艰难与民风异化,文化衰退所带来的心灵萎缩与精神颓败,现代文明所裹挟的破坏、污染、物欲膨胀与价值观崩坏……集中体现在这些孱弱无能、

---

① 莫言:《白狗秋千架》,《中国作家》1985年第4期。
② 莫言:《红高粱》,《人民文学》1986年第3期。
③ 莫言:《檀香刑》,上海文艺出版社2012年版,第4页。
④ 韩传喜:《王安忆的一次先锋探索——评长篇小说〈匿名〉》,《人民日报》2016年2月23日。

畸零变形的各类人物身上,他们理所当然地存在于时代生活之中,化身为莫言小说中触目惊心的象征意象,提示着社会的痼疾与人生的病征,一次次撼动着阅读者的审美体验。

如果说创作《透明的红萝卜》时,莫言尚有犹豫与胆怯,因为"'文化大革命'期间的农村是那样黑暗,要正面去描绘这些东西,难度是很大的"①。那么,至《白狗秋千架》等作品,则开始正面现实的苦痛甚至残酷,开启了其后探求历史真相、表现乡土实况的创作路程,这也是全面认知与清晰梳理莫言文学王国架构与丰富过程的至关重要的视点之一。

说起莫言的小说,每个读者的头脑中,都会摇曳着红火热烈的"高粱地"意象。高密东北乡的景致中,"高粱"是不可或缺的最重要意象,而其萌发与成长之地,亦当首推《白狗秋千架》:"土路两边是大片的穗子灰绿的高粱。飘着纯白云朵的小小蓝天,罩着板块相连的原野。"②"上午下的那点雨,早就蒸发掉了,地上是一层灰黄的尘土。路两边塞窄着油亮的高粱叶子,蝗虫在蓬草间飞动,闪烁着粉红的内翅,翅膀剪动空气,发出'喀达喀达'的响声。"③此种家乡景色描写中倔强硬挺的"高粱",虽已成为故乡景致中的凸显性意象,但还未有其后"红高粱系列"小说中浓郁的象征意味,而是作家对"高粱"遍布的乡土的一种写实性描绘。《白狗秋千架》中最引人瞩目与沉吟的,是结尾部分的"高粱地":"她压倒了一片高粱,辟出了一块空间,四周的高粱壁立着,如同屏风。看我进来,她从包袱里抽出黄布,展开在压倒的高粱上。一大片斑驳的暗影在她脸上晃动着。"④暖满怀绝望而又不失希望地为自己开辟了这片燠热僻陋的高粱地,流泪向"我"求爱,而其目的,竟是"要个会说话的孩子"!对于暖而言,此事具有非同一般的拯救意义,所以她用最终的决绝与坚定,向"我"也向全世界宣告:"有一千条理由,有一万个借口,你都不要对我说。"⑤——小说的戛然而止,将读者突然悬置于想象的崖壁之上,也将作者与小说主人公一起,暴露在情感与道德的两难境地。

此前读懂《透明的红萝卜》的读者,除了感叹于作者感觉传达的艺术功力外,也沉吟于作者初步表露的独特道德伦理观。刘太阳的嘴硬粗暴与心软善良,小石匠与菊子姑娘的爱与欲,老铁匠的精湛技艺与保守固执,小铁匠的执着认真与残酷无情……这些笔下人物的行为,似乎无所谓对错是非,都有其自身充足的动因与必然的逻辑。其性格塑造不同于传统现实主义文学中的典型,情感倾向有异于以往作品泾渭分明的或歌颂或批

---

① 徐怀中、莫言、金辉、李本深、施放:《有追求才有特色——关于〈透明的红萝卜〉的对话》,《中国作家》1985 年第 2 期。
② 莫言:《白狗秋千架》,《中国作家》1985 年第 4 期。
③ 莫言:《白狗秋千架》,《中国作家》1985 年第 4 期。
④ 莫言:《白狗秋千架》,《中国作家》1985 年第 4 期。
⑤ 莫言:《白狗秋千架》,《中国作家》1985 年第 4 期。

判。黑孩以其独有的童年视线与心灵通感,既朦胧了人类对苦难的感受,也模糊了一般的人性标准。因而这部小说与此前或同时代的诸多小说相较,可谓具有多方面的突破性,并以焕然一新的艺术手法与表现角度,融汇为《透明的红萝卜》独特的价值观与文学特性。而到了《红高粱》中,作者则正面突破了"传统"的形形色色的束缚,在"高密东北乡"的王国上,鲜明地高扬起反"传统"的大旗。在这片"地球上最美丽最丑陋、最超脱最世俗、最圣洁最龌龊、最英雄好汉最王八蛋、最能喝酒最能爱的地方"①,英勇无畏的祖辈们既"杀人越货"也"精忠报国",既横刀夺爱也忠厚仁义,既风流越轨也忠贞刚烈,在故乡的"高粱地"中,"他们演出过一幕幕英勇悲壮的舞剧"②,"八月深秋无边无际的高粱红成汪洋的血海。高粱高密辉煌,高粱凄婉可人,高粱爱情激荡。秋风苍凉,阳光很旺,瓦蓝的天上游荡着一朵朵丰满的白云,高粱上滑动着一朵朵丰满白云的紫红色影子"③,在这生机勃勃与苍茫壮美的领地上,奶奶和爷爷"相亲相爱"、"耕云播雨",两颗蔑视人间法规的不羁心灵,"比他们彼此愉悦的肉体贴得还要紧","为我们高密东北乡丰富多彩的历史上,抹了一道酥红"④。原本表达中尚存的犹疑、迷惑、抗拒与逃离等,完全淹没在浓郁的高粱红及其所焕发的旺盛生命力中。

可以说,随着视野的不断开阔、阅历的极大丰富、思考的理性深入、艺术的汲取开拓,莫言的小说创作至此完成了一大转折。当代文学的作家们,也由此开始正面传统伦理道德框架下酣畅淋漓的本真人性,并不断进行着突破性甚至颠覆性的探求与表现。《丰乳肥臀》中,为了生的挣扎与种的延续,而在苦难中拼命求索、顽强支撑的"母亲"形象,堪称古今独步。有读者说她低俗泼辣,甚至曾有研究者批判作者"哗众取宠"、歪曲历史,却没有真正读通作为一个来自民间、扎根民间的作家所叙写的"民间苦难史",没有真正读懂一个"母亲"身上所承载的生生不息的象征意蕴,且未能将其置于莫言作品系列中进行动态考察与整体观照。溯流逐变,这是莫言艺术创作的必然走势。作者在对传统价值观与道德观的理性反观、剥离剖析、深入思考的基础上,结构出活生生的乡土故事与民间历史,并对其中复杂流变的生命样态与深层人性做了传神式的写照。而《蛙》等系列紧密联系现实的小说创作,更是将人们司空见惯的日常生活事件,以及被以各种形式灌输而入从而规制着全社会行为的观念甚至准则,剥离出来,剖解开来,淋漓生动地展示在人们面前,从而引发读者的反观、省察与深思。今日再来读《蛙》,更能深切认知所谓伟大的作家,其实就是既埋头于乡土又俯察于世事,既忠于客观传达又

---

① 莫言:《红高粱》,《人民文学》1986 年第 3 期。
② 莫言:《红高粱》,《人民文学》1986 年第 3 期。
③ 莫言:《红高粱》,《人民文学》1986 年第 3 期。
④ 莫言:《红高粱》,《人民文学》1986 年第 3 期。

执着于理性反省之人。此种作家,方能写出所谓情理交融的"史诗"性作品。而其源源不竭的创作驱动力,来自一个作家的现实使命感,并需借相当的艺术功力方能达成。

"夫自细视大者不尽,自大视细者不明。"① 庄子之言,亦广泛适用于作品解读与文学研究。批评者只有细察创作文本,方能观其源流,解其内涵,洞其深意;亦只有兼顾作品系列,才能宏览其情思流变,体察其深层意图,品评其艺术进境。研究莫言这样一位创作巨丰的作家及其作品,更需如此。正如莫言自己生动而形象的自省道:"故乡对我来说是一个久远的梦境,是一种伤感的情绪,是一种精神的寄托,也是一个逃避现实生活的巢穴。那个地方会永远存在下去,但我的精神却注定了会飘来荡去。"② 莫言在创作上的不断探求与形而下的现实观照,罗织为其小说真实细密生机勃勃的丰满质地和形而上的精神探求,充溢为其作品魔幻涂饰、恣意挥洒的情感激流,共同影响并统领着莫言文学王国的构建与发展,构成了其小说独特的艺术样貌与审美特质。

(作者单位:东北财经大学人文与传播学院)

---

① 栾贵明:《庄子集》,新世界出版社2014年版,第123页。
② 莫言:《我的故乡与我的小说》,《当代作家评论》1993年第2期。

共和国文学研究

朦胧诗论争与"新时期"诗论观念的转型①

钟义荣　张　慎

朦胧诗及其论争一直是当代文学研究的"热点",并已产生了相当多的研究成果。这些成果已经对朦胧诗论争的起伏过程、论争阵营的构成、艾青等诗人参与论争的观念原因和人事矛盾等复杂情况,做出了非常详尽的考察和论述。然而,对朦胧诗论争中诗歌评论的观念格局、历史特点的研究却并不充分②。众所周知,朦胧诗论争主要是围绕"三个崛起"诗论的论争,如果没有详细考察论争中所体现出来的诗论观念分歧、冲突、博弈情况,便很难进一步从诗论嬗变史的角度来深入地认识这场论争的文学史意义。

一、分歧的出现:"统一"的诗论观念的分裂

1978年末,以《今天》为代表的民间诗刊的出现,使得50-70年代的"地下"诗歌开始浮出历史的地表。而如何认识、评价这些"异质性"的创作,"怎样对待像顾城同

---

①　本文系山西大同大学博士科研启动费资助项目"文学批评的转型及其问题研究"(2016-B-26)的阶段性研究成果。
②　从现有的研究成果来看,2006年,王爱松的《朦胧诗及其论争的反思》一文虽没有将研究的角度明确确立在文学批评之上,但他在文章中指出,朦胧诗及相关诗论事实上是"人的文学"对"人民的文学"的一次"造反",是一种观念"革命"和"范式转型"。论争中的分歧,体现出了"人本位和阶级本位的对立,文学本位和政治本位的对立"的观念格局。(见王爱松:《朦胧诗及其论争的反思》,《文学评论》2006年第1期。)2008年,程光炜明确从文学批评的角度重新审视了朦胧诗论争,通过剖析朦胧诗论争双方基于各自某种本质立场而将对方建构为"对立面"的文学批评方式,在一定程度上反思了当时文学批评的思维方式。(见程光炜:《批评对立面的确立——我观十年"朦胧诗论争"》,《当代文坛》2008年第3期。)

志这样的一代文学青年"①，则成为刚刚重建的"新时期"文学体制无法回避的问题。然而，当时的诗论并没有对这些诗歌创作形成"统一"的判断，而是出现了巨大的评价分歧，并随着论争的日趋激烈，出现了"新的崛起"与"沉渣泛起"两种截然相反的评价。更为重要的是，论争渐渐脱离了对具体诗歌创作的评价，反而将焦点转移到对"三个崛起"等诗论之上。而这些分歧、论争的出现，恰恰说明50-70年代"统一"的诗歌观念已然发生了分裂。

在50-70年代，主流文坛将"现代派"文学视为"异端"，对其进行了严格的封锁。相关作品只能以"供批判"的"内参读物"的方式出版和流传。在当时仅见的公开讨论"现代派"的《夜读偶记》一文中，茅盾将"现代派"斥之为"为资产阶级服务的"、"反动的"文艺，对其"抽象的形式主义"、"非理性"、"主观唯心主义"、"不可知论"、"唯我主义"、"悲观主义"等艺术、思想特质进行了批判②。在文学史叙述中，也对中国现代文学中具有"现代主义"倾向的作品进行了批判。1955年臧克家的《五四以来新诗发展的一个轮廓》③、1958年邵荃麟的《门外谈诗》④等文，以"主流"和"逆流"、"革命"和"反动"等两条路线斗争的思路叙述新诗史，批判了"五四"以来带有自由主义、现代主义性质的诗人、诗派。内容上个人的、深入内心的，美学上朦胧晦涩的，艺术上带有"现代派"色彩的创作倾向被逐渐"清理"；"革命的"、"人民大众的"、"喜闻乐见的"、"高昂明朗的"、"现实主义的"诗歌观念成为这一时期诗论及新诗史叙述的主要标准。

朦胧诗恰恰是以其带有个人色彩的、侧重于面向内心的、重视意象和象征、美学上晦涩朦胧的诗歌创作倾向，对既有的诗歌观念形成了挑战。而"三个崛起"等诗论，不仅肯定了这些"新的美学原则"，而且将这些"美学原则"确立为诗论、诗歌史叙述的新标准，开始重新叙述新诗史，颠覆了过去的新诗史叙述，认为60年来新诗"走着越来越窄的道路"⑤。在所谓的"保守派"阵营看来，这些诗论对带有"异质性"的诗歌探索不仅不加以"引导"，反而视之为"新崛起"而公开"宣扬"，实在难以理解⑥；谢冕等人对过去新诗史叙述的颠覆，更是难以接受。正因此，"三个崛起"等"古怪诗论"，

---

① 《编者按》，《文艺报》1980年第1期，第38页。
② 茅盾的《夜读偶记》分别发表于《文艺报》1958年第1、2、8、10期，1958年出版了单行本。参见茅盾：《夜读偶记》，百花文艺出版社1958年版，第34-35页。
③ 臧克家：《五四以来新诗发展的一个轮廓》，《文艺学习》1955年第2、3期。
④ 荃麟：《门外谈诗》，《诗刊》1958年第4期。
⑤ 谢冕：《在新的崛起面前》，《光明日报》1980年5月7日。
⑥ 玉茗：《江西召开诗歌创作座谈会》，《文艺报》1981年第13期。

不断在朦胧诗论争中掀起"高潮"。从中也可看出，围绕"三个崛起"等诗论的论争，焦点是对 50—70 年代诗论观念的坚守与调整分歧。

有意思的是，谢冕、孙绍振、刘登翰等"崛起"论者的文学知识同样来源于 50-70 年代。在 1958 年底，他们还秉持与臧克家、邵荃麟等人相似的思路，"以'两条路线斗争'为纲，在哲学思想上是唯物主义和唯心主义的对立，在阶级关系上是无产阶级和资产阶级的分野，而在创作方法上是现实主义和反现实主义的斗争"的观念，参与写作了《中国新诗发展概况》①。而且，谢冕在 1977 年开始写作的《北京书简》中所谈论的也依旧是诗与时代、诗与政治、诗与人民、诗与生活的关系等话题，仍然注重诗歌与"时代气质"相统一，侧重于肯定"发出粗犷的呐喊的诗"，不满意"华美的诗"。在 1980 年发表的一些诗论中，诗人"是人民的代言人"②、"要考虑作品的社会效果"③，仍然是谢冕"一贯的观点"。孙绍振在 1979 年修改《中国新诗发展概况》中相关章节而发表的《阮章竞的艺术道路》、《论李季的艺术道路》等文章，同样"基本上延续了 1959 年的思路"④。显然，在评价朦胧诗时，谢冕、孙绍振等人的诗论观念才表现出一系列新的调整⑤：呼唤诗歌中"人的价值的复归"，重视诗歌创作的个性意识和艺术变革意识，肯定青年诗人们表现自我心灵与自我情感，强调新诗的发展不能自我封闭，应该借鉴西方传统，认为诗歌的艺术方式和个性风格应该是多样的。

面对谢冕等人诗论观念的这些变化，曾经是"同一阵营"的一些论者觉得不可理解。例如当年《中国新诗发展概况》的组织者之一，"文化大革命"后又多次为该书出版而努力争取的丁力就觉得"为了庇护古怪诗，谢冕同志一反自称'一贯的观点'⑥，把

---

① 1958 年底到 1959 年初，谢冕、孙绍振、孙玉石、殷晋培、刘登翰、洪子诚集体编写了《新诗发展概况》。其中前四章分别刊登于《诗刊》1959 年第 6、7、10、12 期。2007 年，原稿以及参与者的回顾结集为《回顾一次写作：〈新诗发展概况〉的前前后后》一书，由北京大学出版社出版。相关回忆内容，参见谢冕、孙绍振等：《〈新诗发展概况〉写作前后》，《文艺争鸣》2007 年第 6 期。
② 谢冕：《新诗的进步》，《新诗的现状与展望》，广西人民出版社 1981 年版，第 25 页。
③ 谢冕：《诗人的使命》，《广西日报》1980 年 4 月 23 日。
④ 谢冕、孙绍振等：《〈新诗发展概况〉写作前后》，《文艺争鸣》2007 年第 6 期。
⑤ 这里需要注意的是，鉴于当时文学批评发表的特殊机制，个人的文学趣味、文学观念发生改变之后，不一定能直接在文学批评中表达出来；在特定的历史形势下，甚至必须与主流的文学观念相妥协。因此，谢冕等人诗论观念新变发生的时间，并不一定是将其公开表达出来的时间。在《回顾一次写作：〈新诗发展概况〉的前前后后》一书中，谢冕、孙绍振、刘登翰、孙玉石都提到他们在参与写作《新诗发展概况》时顺从主流文学观念，压抑个人文学趣味、文学观念的情况。参见谢冕、孙绍振等：《〈新诗发展概况〉写作前后》，《文艺争鸣》2007 年第 6 期。
⑥ 谢冕曾在《谈诗与政治》中说要坚持"我们这个时代要求于诗人的，不管琴声也好，鼓声也好，都应当真诚地、热烈地、执着地、无限深情地唱出亿万人民献身于社会主义现代化的心声"这个"一贯的观点"。见谢冕：《谈诗与政治》，《红旗》1980 年第 5 期。

自己过去对新诗研究的成果,把革命的诗歌理论,弃之不顾,在新诗的一系列原则问题上,发表了整套的古怪诗论,使我这个一向关心他的朋友也'瞠目而视'了"①。后来的研究者指出,"支持朦胧诗的谢冕、孙绍振、刘登翰、吴思敬等,与反对朦胧诗的丁力、柯岩、周良沛、郑伯侬、程代熙原本都是认识的,后来就不再'来往'"②。这种文学批评"统一阵营"的分裂现象,显然与50—70年代统一的诗论观念在此时发生了分裂有关。谢冕后来在回顾这场论争时谈到这种评价分歧,说当时"不论是赞成者或是反对者,都感到了这一诗潮崛起的挑战性质。反对者从中看到了异质侵入的威慑,赞成者看到了这一反叛带来的全面革新……"③

二、"懂"与"不懂":诗歌审美观念的裂变

具体来看,当时朦胧诗评价的分歧,主要集中在"懂"与"不懂"、"表现自我"与"抒人民之情"、新诗史是"道路越来越窄"还是"踏上了广阔的道路"等问题上。其中,在"懂"与"不懂"评价分歧背后,隐含着"明白清楚"与"含蓄朦胧"两种不同的诗歌审美标准。"明白清楚"诗美观念,与强调诗歌的政治教化等实用功能密切相关。而"含蓄朦胧"诗美观念,则侧重于从艺术、审美的角度来评价诗歌。因此,这一分歧背后,还隐含着政治实用与艺术审美两种诗论角度的分疏。

众所周知,中华人民共和国成立之后,"大众化"的诗歌道路与明白清楚、高昂明朗的诗美规范,成为当时诗论、新诗史叙述的主要尺度。而提倡"大众化"的诗歌创作道路、强调"明白清楚"的审美标准,与在特定的历史时期重视诗歌作为"战斗的号角"的社会、政治功能密切相关。然而,中华人民共和国成立以来,在对诗歌实用功能、教化功能的片面强调中,诗歌的审美风格日渐走向单一,诗歌的艺术评价标准日益遭到忽视。例如,1957年,黎之在诗论中指出"诗应该是时代的声音,应该是战斗的号角","在我们的诗歌创作中应该从各个不同的方面传达出祖国建设事业前进的高亢的声音。这个声音应该是全部交响乐中的主调,如果这个声音减弱,那不是正常的现象",并批判了当时一些描写爱情、山川、草木的诗作的"低沉、忧伤的调子"、"浓重的小资产阶级情绪"④。1960年,陈山指出:"修正主义的作品,抽象派的作品,自然主义的作品,都是

---

① 丁力:《古怪诗论质疑》,《诗刊》1980年第12期。
② 程光炜:《文学讲稿:"八十年代"作为方法》,北京大学出版社2009年版,第172页。
③ 姚家华编:《朦胧诗论争集·序》,学苑出版社1989年版,第2页。
④ 黎之:《反对诗歌创作的不良倾向及反党逆流》,《诗刊》1957年第9期。

一些忧伤、含糊、神经错乱的东西,我们诗的内容,风格就是清醒、乐观、意气风发。他们越是含糊,我们越明朗。"① 这些诗论将含蓄与明朗两种诗歌审美风格对立起来,对前者进行了贬斥与批判。正如上文所指出的,在现代新诗史的叙述中,臧克家、邵荃麟等人积极肯定"朴素"的、"大众化"的诗歌,批判新月派、现代派的诗艺探索和审美风格,认为这些诗歌流派代表的是"反现实、反人民的诗风"②。

而朦胧诗则主要通过意象、象征、联想、通感、变形等"含蓄朦胧"的艺术手法来表达诗人的情感体验和历史思索,体现出与当代诗歌传统相异的美学风貌。面对这些诗作,许多论者依旧延续过去"明白清楚"的诗美标准,指责其"古怪"、"朦胧"、"晦涩",认为这些诗"朦胧的飘忽不定的形象,闪烁的怪诞的思想,扑朔迷离的诗意,不可捉摸的让人不懂的诗句,处处搞意象,处处搞象征的形式主义,以及伴之而来的颓废的,感伤的诗情,是西方落后的诗歌对我们青年的毒害,这种情况是沉滓的泛起,决不是'新的崛起'"③,批评朦胧诗"专搞象征法、暗示法、隐喻法、悬想法、串珠法等东西,以晦涩难懂为其总特征"④。一些论者依据"喜闻乐见"、明白清楚的诗美标准,认为"使读者看来顺眼,听来顺耳,读来顺心。有此三顺,才能成为好诗"⑤,并依旧采用"主流"与"逆流"的思路,认为朦胧诗"是诗歌创作的一股不正之风,也是我们新时期的社会主义文艺发展中的一股逆流"⑥。

而谢冕、孙绍振、刘登翰、王纪人、徐敬亚等朦胧诗的诸多肯定者们,则反思了过去诗论过分注重诗歌的政治教化功能、忽视诗歌的审美功能的弊端,突破了过去的诗歌审美观念。早在 1980 年《福建文艺》对舒婷诗歌的讨论中,孙绍振就反思了过去单一地强调诗歌"是时代精神的号角,而号角的声音当然是高昂的"的审美标准,指出"难道时代的旋律只有号角才能演奏,而其它乐器都没有问津的权利吗",认为舒婷以"温婉端丽的笔触","捕捉那些更深、更细、更微妙的心灵的秘密的颤动"的诗作同样有存在的价值⑦。其后,他又明确指出"明朗是一种美,朦胧也可能是一种美",不能因为读者习惯了明朗,而否定朦胧美的存在价值。"二十多年来,我们的读者的趣味不是更宽容

---

① 陈山:《关于诗歌的几个问题》,《诗刊》1960 年第 9 期。
② 荃麟:《门外谈诗》,《诗刊》1958 年第 4 期。
③ 丁概然:《"新的崛起"及其它——与谢冕同志商榷》,《诗探索》1980 年第 1 期。
④ 丁力:《古怪诗论质疑》,《诗刊》1980 年第 12 期。
⑤ 臧克家:《诗要三顺》,《诗刊》1981 年第 2 期。
⑥ 臧克家:《关于"朦胧诗"》,原载《河北师院学报》1981 年第 1 期。本文引自姚家华编:《朦胧诗论争集》,学苑出版社 1989 年版,第 75–77 页。
⑦ 孙绍振:《恢复新诗根本的艺术传统》,《福建文艺》1980 年第 4 期。

了，而是越来越狭隘了。"① 正是沿着这些思考，他在《新的美学原则在崛起》一文中反思了过去诗论的单一的政治实用标准："政治的实用价值和情感在一定程度上的非实用性，是有矛盾的。正如一棵木棉树在植物学家和在诗人眼中价值是不相同的一样。如果说传统的美学原则比较强调社会学与美学的一致，那么革新者则比较强调二者的不同。"② 他强调不应忽视以艺术的、审美的标准来评价诗歌。

在论争中，许多朦胧诗的肯定者不仅开始包容、肯定"朦胧美"，而且开始注重诗歌评价的艺术标准。例如孙静轩在与章明商榷时指出，"诗中的朦胧是一种美，一种艺术的特色，是一种风格"，不能因为看不懂就批评诗歌"脱离群众"，"断不可把政治倾向同诗的艺术探索混为一谈"③。王纪人则直接指出，诗歌除了"读得懂或读不懂"这一大众化标准之外，"还有其它的美学要求"，"大众化的诗只能说明诗的通俗易懂，却不能说明诗的整个思想价值和艺术价值"，诗歌不仅要"大众化"，还要在审美习惯和欣赏水平上"化大众"④。徐敬亚不仅对朦胧诗具体的艺术手法进行了深入、细致的分析⑤，而且从艺术变革的角度肯定了朦胧诗的探索和诗歌史意义。他从"促进新诗在艺术上迈出了崛起性的一步"（着重号为引者所加，下同）的角度，肯定"带着强烈现代主义文学特色的新诗潮"，重视"当直接干预生活的政治性兴奋消逝之后，敏感的诗人们便把思考的方向逐步转向了诗歌本身"的新趋向⑥。徐敬亚的诗论对诗歌艺术本体问题的重视，已然将诗歌的评价标准转换为艺术审美的尺度了。

三、"表现自我"与"抒人民之情"：诗论价值观念的分歧

而在"表现自我"与"抒人民之情"问题上的论争，则体现出了当时"人的文学"观念突破过去单一的"人民的文学"观念，确立自身合法性的艰难历程。

中华人民共和国成立以来，"为工农兵服务"的"新的人民的文艺"成为唯一正确

---

① 孙绍振：《给艺术的革新者更自由的空气》，《诗刊》1980年第9期。
② 孙绍振：《新的美学原则在崛起》，《诗刊》1981年第3期。
③ 孙静轩：《诗，属于勇者——从诗的"朦胧"与"晦涩"谈起》，《诗刊》1980年第12期。
④ 王纪人：《对〈古怪诗论质疑〉的质疑——与丁力同志商榷》，《文艺理论研究》1981年第1期。
⑤ 徐敬亚：《诗，升起了新的美——评近年来诗歌艺术中出现的一些新手法》，《诗探索》1982年第2期。
⑥ 徐敬亚：《崛起的诗群——评我国诗歌的现代倾向》，《当代文艺思潮》1983年第1期。

的方向,"除此之外再没有第二个方向了,如果有,那就是错误的方向"①。在对文艺的"人民性"强调中,抒写时代精神、代人民立言、抒发集体"大我"的情感成为诗歌创作的主要使命,并将表现时代现实、抒发人民情感与抒发诗人的个人感触、个性体验对立起来。郭小川在《望星空》中流露了个体生命面对浩瀚星空时产生的人生浮想与惆怅,便受到了"个人主义"、"虚无主义"的批评。而在"文化大革命"之后对朦胧诗的评价中,诗歌的"小我"与"大我"、"表现自我"与"抒人民之情"问题,是冲突更为激烈的争论焦点。

在1980年《福建文艺》对舒婷诗歌的讨论中,就有论者提出了"为谁写诗"的问题,批评舒婷的诗抒发的个人情感"都是陈旧的,过了时的,'似曾相识'的旧思想旧感情",是历史的"沉渣"②。这些论者坚持"政治标准第一,艺术标准第二"的诗论标准,认为舒婷的诗"没有唱出人民的心声",虽然有一定的真实性,"但是,作为一代人的精神面貌以及他们在党的领导下走上新的道路的歌者,舒婷是不足为训的落伍者"③,批评舒婷的诗是"一位远离群众的个人主义的'小我',面对流光溢彩的生活海洋在悲吟和哭诉","这种沉迷衰颓的自我形象","绝不能代表我们的时代、我们的人民!"④在后来的论争中,不少论者同样将诗歌"表现自我"与"抒人民之情"对立起来,认为"如果我们的文艺、我们的诗只是为'表现我'而作,别人懂不懂与我无关,那实质上是把文艺工作者奋斗的目标,从为人民服务、建设社会主义退后到资产阶级追求个性解放的年月"⑤。

需要注意的是,也有一些朦胧诗的反对者开始反思过去诗论以"大我"消泯"小我"的弊病,强调诗歌不能忽视"小我"。例如丁力⑥、阿红⑦、敏泽⑧、丁永淮⑨等论者都认为"'诗中应有我',抒情诗离不开'我'。这个'我',就是我们所说的抒情主人公形象"。然而,他们在肯定诗歌中的"小我"的同时,都强调这个"小我"必须与

---

① 周扬:《新的人民的文艺》,《周扬文集》(第1卷),人民文学出版社1984年版,第512–513页。
② 王者诚:《为谁写诗》,《福建文艺》1980年第2期。
③ 郭启宗:《抒情诗要抒人民之情》,《福建文艺》1980年第6期。
④ 傅子玖、黄后楼:《中国新诗自我形象的演进及其流派初探》,《福建文艺》1980年第9期。
⑤ 闻山:《美和诗的漫话》,《诗刊》1980年第9期。
⑥ 丁力:《抒情诗中的我》,《广西日报》1980年4月10日。
⑦ 阿红:《1与109——我所想到的关于"大我"与"小我"的笨理》,《诗刊》1980年第12期。
⑧ 敏泽:《也谈诗与"我"》,《诗刊》1981年第2期。
⑨ 丁永淮:《论抒情诗中的"我"》,《汉江论坛》1983年第5期。

"大我"结合、统一,才有价值,认为"如果从'自我'中不能折光地反映出人民的情绪、阶级的意志、时代的精神,那么,诗歌也就只能成为孤芳自赏的文字游戏了"①。在这种论述逻辑中,诗歌的"表现自我"依旧没有获得独立的合法性。因此,这些论者大都将朦胧诗以及"三个崛起"等诗论所提倡的"表现自我"视为远离时代、远离人民、沉迷于个人小天地的资产阶级个人主义,进行了否定和批判。

而朦胧诗的支持者们则积极肯定诗歌表现自我情感的合法性。在围绕舒婷诗歌的讨论中,就有论者指出论争的焦点事实上是"诗歌作者能不能在作品中抒发个人的独特的感情"问题②,认为不能以"人民之情"否定"个人情感","世上不存在超社会的'纯粹个人'之情。把所谓'纯粹个人'之情排斥在'人民之情'之外,实质上是排斥具有普遍的社会内容和社会意义的人性和人情"③。在这一时期,孙绍振一直致力于肯定诗歌表现个人情感的合法性。在评价舒婷的诗歌时,孙绍振肯定舒婷的诗"不是从高昂的时代精神出发,也不是把先进人物和英雄事迹的罗列当成艺术创造,而是从具体的有个性的人出发,从溶解在真实心灵中的真实生活出发"④。在《新的美学原则在崛起》一文中,他更明确地指出朦胧诗论争"表面上是一种美学原则的分歧,实质上是人的价值标准的分歧。在年轻的革新者看来,个人在社会中应该有一种更高的地位"⑤。这种对个人的感情、心灵世界以及个人价值的推崇和肯定,呼应了当时从"人"的角度反思历史、重建人的价值的人道主义思潮。

然而,受当时特殊的社会历史形势的影响,这些争取诗歌"表现自我"的合法性的观点,很快就受到了批判。批判的观点主要集中在三个方面:(一)认为"崛起"诗论将"表现自我"与"抒人民之情"对立起来,在提倡"表现自我"时,"否定"了诗歌要"抒人民之情",并由此而认定这是将个人与时代、个人与社会对立起来,是推崇"个人主义",是"个人至上",在哲学观念上便是"唯我论"和"唯心主义"。(二)将这种"表现自我"与西方现代哲学、现代主义文学中"表现自我"观念联系起来,认为是后者的"旧调重弹",并由此而认定这是以"现代主义"来"对抗"现实主义。(三)"崛起诗论"中对个人情感、情绪的重视,是提倡"非理性主义","否定文艺创作中的理性作用,强调文艺要表现作家个人的直觉、幻觉,描写人的本能和下意识,从而也就

---

① 李丛中:《朦胧诗的命运》,《当代文学思潮》1982 年第 3 期。
② 友本:《诗歌为何不能抒发个人的感情——评〈为谁写诗〉兼谈舒婷的诗》,《福建文艺》1980 年第 6 期。
③ 边古:《从舒婷抒什么情说到"善"》,《福建文艺》1980 年第 11 期。
④ 孙绍振:《恢复新诗根本的艺术传统》,《福建文艺》1980 年第 4 期。
⑤ 孙绍振:《新的美学原则在崛起》,《诗刊》1981 年第 3 期。

取消了先进思想对文艺反映现实的重要指导意义"①。

如果认真阅读谢冕、孙绍振、徐敬亚等人的文章就会发现，我们很难得出以上结论。当时的许多批判文章，事实上存在着无视作者论述的限定词，将作者没有提及的观点视为作者所反对的观点，无视作者所提倡的"表现自我"与西方现代哲学、现代主义文学的"表现自我"的差异等故意歪曲偷换概念、引申夸大作者观点等不健康的文学批评现象②。

例如，徐敬亚为了论证诗歌"表现自我"的合法性，曾指出"社会的、个人的时代局限（或时代的赋予、哺育）决定了我们的'自我'必然带有较强的历史感、民族感和普遍人性"，因而"表现自我"不可能将个人与社会对立起来。一些论者认为"单是这个逻辑就已经把当前的人类（包括个人自身的各种感受）划入了无差别境界：不仅阶级的分野消失了，人性的阶级性不见了，而且连个人的具体感受的正确与否，具体感受的每一点是否都具有社会普遍性（或普遍的社会意义），以及人的自然本能和高级社会属性的不同意义等等，也都可以不问了"③。不论徐敬亚是否有消泯"阶级论"的想法，但仅从文章论述来看，是无论如何也不可能从"'自我'必然带有历史感、民族感和普遍人性"中得出徐敬亚否定阶级论、否定人的自然本能与社会属性差异的结论的。再如，缪俊杰的《发展还是排斥——就现实主义问题与徐敬亚同志商榷》一文为了论证徐敬亚否定现实主义观念，对徐的许多原文进行了夸大和引申，将徐敬亚对"诗歌"中的和"我们所理解和常提起的"现实主义看法，扩大为对整个现实主义文学的看法，认为徐的论述"表面看来，这里只涉及诗歌创作问题，其实它涉及了文艺创作的其他领域，也就是涉及了对现实主义在文学发展中的地位和对文学创作的意义的价值问题"，歪曲了徐敬亚的观点④。这些缺乏正确逻辑的文学批评思路，无疑妨碍了20世纪80年代文学批评的健康发展。

四、新诗道路是否"越来越窄"：新诗史的重新叙述

通过以上分析可以看到，朦胧诗论争发生的重要原因在于，"崛起"论者们的诗歌

---

① 彭立勋：《从西方美学和文艺思潮看"自我表现"说》，《文艺研究》1982年第1期。
② 在当时的论争中，江枫曾指出当时一些批判文章的逻辑问题。见江枫：《沿着为社会主义、为人民的道路前进》，《诗探索》1981年第3期。
③ 中岳：《重要的是唯物史观》，《文学评论》1983年第6期。
④ 缪俊杰：《发展还是排斥——就现实主义问题与徐敬亚同志商榷》，《当代文艺思潮》1983年第3期。

观念出现了由过去单一地肯定高昂明朗到肯定诗歌审美风格的多样化,由过去单一的政治功利诗论标准到重视诗歌的艺术性和审美性,由过去单一地强调诗歌反映"时代精神"、抒写"人民情感"到重视诗歌中的个体情感和个性意识等一系列的调整变化。当他们以这种艺术审美标准和"人的文学"尺度,重新审视新诗史时,便出现了迥异于50-70年代的"主流"／"逆流"、"人民大众"／"个人情感"、"无产阶级"／"小资产阶级"等一系列扬此抑彼的新诗史叙述。

早在1980年4月7日-22日于广西南宁召开的"全国当代诗歌讨论会"上,就出现了重新审视、发掘新诗史的声音。不仅谢冕提出了新诗史上"受到西方现代诗歌影响"的诗人,"没有受过应有的评价",新诗的路向越来越狭窄的观点①,而且在评价朦胧诗时,"带有类似西方现代派的表现特色"的戴望舒及何其芳、卞之琳早期诗作也被重新提及,新诗史上曾被埋没的现代派创作"传统"被重新发掘了出来②。特别是诗人唐祈在发言中指出,中华人民共和国成立后"对于四十年代诗歌作者没有给予适当的评价"③,提出了重新评价20世纪40年代诗歌特别是"中国新诗"派的问题。

在朦胧诗论争过程中,一直致力于重新审视新诗史的批评家,是谢冕。在《在新的崛起面前》一文中,他以诗歌创作是否多样为标准,重新审视新诗史,指出"我们的新诗,六十年来不是走着越来越宽广的道路,而是走着越来越窄狭的道路",与这种狭窄化历程相伴随的是"片面强调民族化群众化",出现了"文化借鉴上的排外倾向"④。此后,他又以诗歌是否体现出诗人的个性自我为标准,反思了中华人民共和国成立30年来的新诗史,认为"当我们今天回首总结这三十年的经验,不能不惊异地发现:那种'五四'时期随着个性解放一起来到诗中的鲜明的、各有特色的自我形象,几乎完全消失了"⑤。1982年,他又发表《历史的沉思——建国三十年诗歌创作的回顾》长文,对中华人民共和国成立以来的诗歌进行了全面的批判性反思⑥。这种新诗史反思与重新叙述,显然是从诗歌艺术形式和审美风格的多样性、诗人独立的主体意识和个性风格等层面上

---

① 谢冕:《新诗的进步》,《新诗的现状与展望》,广西人民出版社1981年版,第30-34页。
② 孙克恒:《新诗现状管见》,《新诗的现状与展望》,广西人民出版社1981年版,第66页。
③ 唐祈:《四十年代诗歌纵横谈》,《新诗的现状与展望》,广西人民出版社1981年版,第199页。
④ 谢冕:《在新的崛起面前》,《光明日报》1980年5月7日。
⑤ 谢冕:《让"自我"回到诗中来——对于当代诗歌的探索之一》,《新疆文学》1980年第9期。
⑥ 谢冕:《历史的沉思——建国三十年诗歌创作的回顾》,《当代文艺思潮》1982年第2、3期。

展开的①。

需要指出的是，以艺术审美的标准和"人的文学"尺度重新审视现代文学史，也是这一时期现代文学研究的新趋向。钱锺书、沈从文、徐志摩、戴望舒等人的作品被重新肯定，评价地位有所提高。文学观念、评价体系的这种变化，对既有的现代文学研究形成了"冲击"，引发了争论②。为此，1983年5月《文艺报》编辑部组织召开了"现代文学研究"座谈会，围绕现代文学研究标准的变化进行了专题讨论，并批判了夏志清的《中国现代小说史》③。而在"清污"运动展开之后，现代文学史研究中"公然否定新文学的革命传统"的现象，被认为是"文艺理论领域"出现的七种"混乱"倾向之一，受到了批判④。如果说这种"重写文学史"的论争，体现了80年代前期现代文学史研究范式、评价体系的新变与旧观念体系之间的分歧与冲突的话，那么朦胧诗论争中重述新诗史的冲突，无疑是其重要的组成部分。

因此，谢冕等人对新诗史的重新叙述一经出现便引发了批评。一些论者依旧认为戴望舒等人的诗艺探索不过是"历史的沉渣"⑤。因而，在他们看来，朦胧诗的出现不是"新的崛起"，而是"沉渣泛起"。面对中国现代新诗史的"传统"，一些论者认为"值得今天学习的"真正的传统是以"革命现实主义为主流的好传统和战斗精神"⑥；而后期的新月派、象征派、印象派和现代派的现代诗艺探索，"早就被人民摒弃"了⑦。针对"重写"现代文学史、重述新诗史的新趋向，程代熙认为"在最近两三年里，在我们文艺界就有一股不正常的风。他们力图否定或者极力贬低'五四'以来，特别是左翼文艺运动的革命传统。从这个意义上说，这股风是带有一点中国大陆的泥土气息的。有的人千方百计缩小以鲁迅、郭沫若、茅盾为代表的革命文艺对资产阶级、小资产阶级的现代派、新月派以及第三种人的批判与斗争的历史意义，甚至处心积虑地要把后者置于中国现代文学史的重要地位；还有人力图把徐志摩和戴望舒当成中国新文学史上的两面旗帜。过去出版的文学史对这两位诗人的评价有无失当的地方，否定过头的地方，我看是有的，

---

① 需要指出的是，当时《徐志摩诗集》、《戴望舒诗集》、《九叶集》、《白色花》等过去被新诗史叙述掩盖的诗人诗作的结集出版，使得新诗史上一直遭到贬抑、批判的另一个诗歌"传统"被重新发掘出来，同样起到了突破过去的新诗史叙述的作用。

② 例如，草云就认为"最近几年，有些同志对徐志摩的评价越来越高，……几乎是把徐志摩和郭沫若并提了。这确实使人吃惊"。见草云：《关于徐志摩》，《文艺评论通讯》1983年第1期。

③ 相关讨论的发言情况，见《文艺报》1983年第7、8、9期。

④ 冯牧：《毛泽东文艺思想是发展社会主义文艺的指针——在毛泽东文艺思想学术讨论会上的发言》，《文艺报》1983年第12期。

⑤ 傅子玖、黄后楼：《中国新诗自我形象的演进及其流派初探》，《福建文艺》1980年第9期。

⑥ 丁概然：《"新的崛起"及其它——与谢冕同志商榷》，《诗探索》1980年第1期。

⑦ 臧克家：《关于"朦胧诗"》，《朦胧诗论争集》，学苑出版社1989年版，第75-77页。

也是难免的。但总的来讲还是基本正确的"①。随着政治形势的变化,这种批评也日趋激烈,认为"是从根本上,全面的否定从古典到现代的诗歌成就和优秀传统","是主张在全面否定过去的基础上'崛起'现代主义诗歌"②,是"把(新诗史上的)这些弱点无限夸大,以至从根本上否定了'五四'以来新诗所走过的革命道路,这是我们完全不能同意的"③。对"表现自我"观念以及"重写文学史"的这些批判,体现了20世纪80年代前期"人的文学"文学史研究范式突破过去单一的"人民的文学"研究范式的艰难性。

(作者单位:山西大同大学文学院)

---

① 程代熙:《给徐敬亚的公开信》,《诗刊》1983年第11期。
② 戴翼:《中国现代诗歌发展的基础方向和道路——评徐敬亚同志〈崛起的诗群〉》,《辽宁师院学报》1983年第5期。
③ 郑伯农:《在"崛起"的声浪面前——对一种文艺思潮的剖析》,《诗刊》1983年第12期。

共和国文学研究

论《黑暗地母的礼物》中的情爱表达

杨 雷

残雪的《黑暗地母的礼物》分为上、下两部，上部于2015年出版，下部于2017年出版。这部近68万字的小说是残雪在"灵魂城堡"探索实践的重要成果。残雪一直坚称自己是在从事人性挖掘的写作，是在做精神追寻上的垂直运动。情爱，作为人的精神活动，一直是残雪作品中的重要元素，它是"自我"、"本我"和"超我"三者的介质，是灵魂旋升的隐线。这部小说是关于乡村小学教师们的情爱追求与灵魂升华的探索之作，是具有现代主义文学典型特征的小说。从情爱的角度切入其繁复的叙事迷宫，从主体的自否定意识、情爱活动的空间镜像结构化和情爱理想的预言化三个层面来解读，不失为一种可行的方式。主体的自否定意识是基于个体人物的情爱运动轨迹而言的，旨在突出人物自我否定、自我创造的特征；情爱活动的空间镜像结构化是把人物的群像运动与时空的类化纳入同构层面，是对个体情爱活动研究的类型化；情爱理想的预言化是立足文本中情爱活动的审美理想而做出的预言式构想，把情爱活动上升到对未来社会的可能性探索中。

一、自否定意识

精神上的自否定性最早源自于黑格尔对形式逻辑的分析，认为形式逻辑对物是实用的，但对精神而言具有悖反性。邓晓芒根据黑格尔和康德的言论在《"自否定"哲学原理》里把"自否定"定义为人所特有的一种反身性的感性活动，"是人在每一瞬间历史地自我创造、自我发展的方式，它永远是一个经验的综合过程，永远是一个有待完成的开放系统"①。"他者"的否定是消极的活动,而"自否定"是一种能动的创造性活动。前者会走向抽象形式的批评或极端的破坏,后者则在矛盾中分裂出新的意识。残雪在进行纯文学实验的过程中,发现了这种方法论,并创造性地提出"自分离"②概念。她认为"自分离"是一种自由本质,没有统和合目的性,在文学创作上即"自动写作"。但作家创作受到很多因素的干扰,语言成规、观念模式、现实羁绊等都会自觉或不自觉地影响着作家的表达。所以这里借用邓晓芒的"自否定"概念,既承认理性的存在,又主张自由的分离。

从感性经验出发,自否定叙事要在内部去寻找矛盾,并在矛盾中耦合新事物,呈现一种螺旋上升的精神轨迹。残雪在阅读卡尔维诺的《月亮的距离》时发现了这种自否定式的精神结构:地球吸引着月球,月球激起海潮,而海潮又迫使月球同地球不断拉开距离③。正是一物分裂另一物,不断延异般地生成新事物的过程改变了传统的进化论叙事模式。阅读《黑暗地母的礼物》,笔者发现作者笔下的情爱叙事就内在层面而言就是明显的自否定式的精神运动。作者在处理人物的情爱线索时,将人物的情爱关系从现实中剥离出来,以一种类型化的方式把自否定方法叠加进去,使得人物情爱关系呈现出一种网状交叉型格局,从而表现出作者自己的文学观和哲学观。面对繁多的人物,小说着墨最多的还是煤永、张丹织、农、云医、小蔓、鸦和洪鸣等乡村教师。这些个体发展并不是单向度的转折延伸,而是在一种超循环的生态圈中复合交叉,以共生和对生的方式发展。这种自否定叙事是以人为中心的精神变化叙事,叙事是为主体精神服务的,其关键在于从众多人物心理冲突的叙述上升到精神追求的过程,在灵与肉的旋生状态下达到精神的理想高度。在这部小说中,残雪以卡夫卡式的现代主义表现风格展现人物的心理冲突与追求,通过人与自然关系变形打碎客观逻辑,以多线条结构自由穿梭叙述,呈现主体性视野下神秘且象征意味浓厚的审美趣味。不过,与卡夫卡不同的是,残雪笔下人物灵魂的归宿是书中,而卡夫卡笔下的人则永远在城堡外。

煤永老师是小说的关键人物,他的情爱过程可以分为三个阶段。小说开篇以煤永老师作为聚焦点,把他的初始情爱通过过58岁生日这一仪式来呈现。煤永的妻子乐明老师在28年前生小蔓的时候因医疗事故而去世,女儿小蔓已经成家另过。想与女儿单独过生日且避开给他印象不错的女婿雨田的行为,表明他"同女儿的关系有点微妙"④,这种微妙的感觉不仅仅是一种父爱,还有一种潜意识深处的性压抑和性扭曲。父亲做了一桌子

---

① 邓晓芒:《"自否定"哲学原理》,《江海学刊》1997年第4期。
② 残雪、邓晓芒:《旋转与升腾》,上海文艺出版社2017年版,第5页。
③ 残雪:《艺术的密码》,河南文艺出版社2015年版,第110页。
④ 残雪:《黑暗地母的礼物》(上),湖南文艺出版社2015年版,第1页。

饭菜，女儿没有如约而至。这是作者故意设置的曲折，目的就是要让煤永的这种潜意识表现方式不断被否定，从而被深入挖掘。煤永的这种性压抑在后面面试年轻貌美的张丹织的时候就比较明显了：他觉得张丹织有点轻浮，还"说不定她同校长有一腿呢"（上，9页）。为了把这微妙的感觉展现出来，接下来作者让煤永因巧合去了连小火的农场，在大自然中放空自己。在大山中，煤永的幸福感油然而生，但回到家中，小蔓放在桌上的被绑住的螃蟹再次让他心神不宁。螃蟹生活在水沟中、石板下等隐蔽的地方，它暗示着煤永内心深处的性意识。被绑的螃蟹正是那被压抑的性意识，煤永让学生把螃蟹放进水沟其实就表示对解放性压抑的渴望。第二阶段是煤永与相恋七年的女友农分手又复合的迷茫之路。在云雾山，农突然提出分手，煤永措手不及，但不久农又毫无缘由地与煤永复合。农去参加读书会，生命的活力被唤醒，这也预示着她与煤永的生活会发生改变。在这一阶段，煤永的心理变化是无常的。煤永一直在矛盾中探索，一方面是与农的暂定性情人关系，另一方面又是与丹织的潜意识爱恋。"煤永老师自认为不太懂得女人，所以他常徒生苦恼"（上，283页），所以两股力量在他脑海中交织冲击着，此刻的煤永在众多情爱对象面前还拿不准自己到底需要什么。第三阶段是煤永与农离婚后，在长时间的写书历练中终于意识到张丹织才是他的真爱。农在读书会中收获到真爱洪鸣，煤永在痛苦中发奋著书。最后煤永意识到那个一直在黑夜中为他点亮灯笼的女孩就是张丹织。在叙述这个阶段的故事时，作者还插叙了一段关于茴依与煤永的过去。从爱而不得到亲情转嫁，煤永与茴依靠时间厘清了情爱纠葛。从煤永的三个阶段的情爱过程可以发现，这种自否定就是要规避四平八稳的感情路数，要在变化中突出矛盾，在矛盾中看到新生。每一次自否定运动，就是一次创造，一次精神的飞升。煤永从开始的性冲动到性压抑，从盲目欢喜到婚姻迷茫，从著书移情到主动寻求真爱，正是在主体的自否定意识支配下步步为营，潜心修炼，最后达到灵与肉的升华。

　　小蔓是煤永的女儿，刚开始碌碌无为，待业在家，与丈夫雨田过着毫无激情的日子。她用线绑住螃蟹的细节可以看出这种平淡的生活压抑了她，她只能通过搞破坏来表达对现有处境的抵抗。雨田为了消除对自己的不满，谎称去新疆，实则是去非洲作生死历险。从两夫妻打电话屡受阻挠的情形可以看出看似和谐的关系背后实则有不可逾越的鸿沟。这对经历了苦难的恋人最后分手了，小蔓去当常识课教师，雨田完成了一生的夙愿后低调隐退。如果雨田不去非洲，小蔓坚持家庭主妇的角色，生活平静如水，那小说就无法发展，精神世界也就无所谓突围了。小蔓（常识课教师）的教学是一种创新式教学，是完全融入自然的课堂，有着完全自由的本质。残雪认为"自然的本质即自由"，而小蔓与云医在山中与蛇共舞的经历正好体现了这一哲学观。小蔓的常识课是理性层面的表征，"与蛇共舞"则是对常识的反叛，是一种精神层面的追求。在充满神秘的大山里，小蔓与云医从同事到恋人,全依靠金环蛇与獴的相生相克给予他们灵魂的点拨。"那就是说,你的事业正朝着复杂和深入进展。可喜可贺"(上,153页),这是雨田在听到山上有人养獴之后跟小蔓说的话,这也暗示着因为獴的存在使得小蔓的生活开始以分裂的形式变得复杂。小蔓与云医的爱是一种精神之恋,这主要体现在云医与蛇相恋、为爱战獴等离奇的情节上。这种荒诞的写法其实是作者为了表达内心的悸动而虚拟出的能够表达情感分离运动的策略。后来云医去南方,背叛小蔓,小蔓原谅了他,又一次通过自否定来调节形而下与形而上的微妙的矛盾。随后的云医和小蔓沉浸在爱情与事业当中,过着充实的精神生活。小蔓与云医在相识前都有自己的故事,认识后就开始否定过往的形式,开始新的内容。他们的经历证实了人生旅程就是在不断地进行自我"否定性批判"过程中去追寻自由的高度。

书店店主鸦和洪鸣老师的情爱过程也是在一个三角网状中进行的自否定运动。鸦与洪鸣老师在歌剧院相识相爱,但对此时的鸦来说,这种爱情是冲动的结果。幼稚的鸦因为缺少洪鸣的陪伴而患得患失,精神失常。这种情况得以改变全在于沙门的读书会。在读书会上洪鸣认识了张丹织,然后是农,从此开始了与农的精神恋爱。鸦也认识了猎人阿迅,在他的帮助下在乡下开了一家书店,并与阿迅恋爱。残雪在处理这种情爱问题的时候,对肉欲的表达是隐晦的,她更在乎精神上的探求。洪鸣对鸦是真爱,农对煤永也是真爱,但真爱并不是走到最后的保证。爱情需要的是精神上的共鸣,煤永与农就是因为互相看不清彼此才分开,洪鸣与农在读书会上因心有默契而结成眷属,所以在情爱上设置路障,既是自我追寻的表征,也体现了创作主体把她的自否定哲学用于文学实践的可能性与有效性。

感性的自否定运动注重的是在过程中所获得的新经验,并将这种新经验与否定前的经验进行对比而衍生新的内容。这种自否定行为是对传统存在世界的否定,它强调的是感性活动过程本身的存在。黑格尔认为否定"并不是一种外在反思的行动,而是生命和精神最内在、最客观的环节,由于它,才有主体、个人、自由的个体"[1]。所以自否定是一种内省的反思活动,是主体精神自我完善的自由过程。人物的情爱线索错综复杂,一直处于转折与旋升的状态,正好证明了自否定意识的创造性价值。但这种感性活动又不是一直分离的,在进入理想的境界后它会在众多的分子中耦合成一个理性存在。《黑暗地母的礼物》中的人物最后达到圆融完满的境界,正是自否定叙事上升到理性高度,人物灵魂升华后的和谐理想状态。

---

[1] [德]黑格尔:《逻辑学》(下卷),杨一之译,商务印书馆1981年版,第543页。

二、空间镜像结构化

　　于《黑暗地母的礼物》而言，自否定意识是从主体单向层面考察情爱活动生成的心理机制，空间镜像则是从"类"视角去整体观照情爱活动的三空间三阶段同构运作的形式。空间镜像不仅给主体提供了认识自我的契机，为探究文本的意义生成提供了可能，也为小说诗学建构丰富了内容。有空间叙事学观点认为"小说空间叙事研究的核心问题应该是空间的叙事功能，即空间如何参与、影响了叙事"①。残雪的长篇小说意象繁复，但最明显的还是其设置的独特空间意象。在具体操作中，残雪倾向于把人物放置在三个空间意象中追寻，以此岸—中介—彼岸的空间镜像方式描绘出"灵魂独舞"的过程。《边疆》中的此岸（烟诚、云城、山城）是人们要抛弃的庸俗生活，于是他们来到了中间地带（边疆的小石城），在这里精神过渡，追求彼岸的雪山和热带花园。《吕芳诗小姐》中的红楼是情爱弥漫之地，贫民楼是中介地带，而新疆的钻石城和沙漠却是精神寄托之地。《新世纪爱情故事》中的工厂是主人公们都主动弃绝的凡俗之地，温泉旅馆是中间地带，是灵与肉交合而生的中转地，而自由港口、监狱和故乡才是灵魂的彼岸。在《黑暗地母的礼物》中，五里渠小学是此岸，云雾山与地下则是精神历练的中介地带，最后所有人物在读书会这个灵魂飞升的空间里完成最后的舞蹈。认识到人物的情爱活动场所的意义，就可以解剖人物的精神裂变的意义，有助于我们抓住文本繁复意象背后的本质。结合上述残雪小说的结构模式，空间镜像可以把人物情爱活动纳入精神的阶段性探索层面，抽离个体游离质素，类化探索风格。

　　小说中的五里渠小学是位于郊区的，离大山不远，离县城很近。残雪表示"很多时候我喜欢以城市边缘的郊区为背景展开我的故事，以便更好地体现人类文明与大自然风景的融合"②，所以选择五里渠小学作为故事发生的始发地，既可以体现城里的繁华，又可以表现大山的神秘气息。正是这两种风格的交杂，使得在这一空间里活动的人物既质朴又世俗。在小说开始部分，煤永带着小蔓去古平家的一幕其实就为五里渠小学这一空间镜像作了一个整体的概括。小蔓说"五里渠小学真是爱情之乡啊"（上，6页），始于古平与荣姑的爱恨，实则是强调了情爱的自由。同样表达情爱自由的《新世纪爱情故事》中的温泉旅馆却是中间地带，是主人公们的红灯区，它调和着压制（工厂）与自由追寻（歌剧院、故乡等）的矛盾，通过肉体否定伦理来表征空间的作用。从层次上看，五里渠小学已经是处于高层次的此岸；从氛围来讲，工厂与红灯区压抑人性，而学校却

---

① 余新明：《小说叙事研究的新视野：空间叙事》，《沈阳大学学报》2008年第2期。
② 残雪：《探索肉体和灵魂的文学——访美讲演稿》，《名作欣赏》2017年第1期。

是心灵的象牙塔。在五里渠小学这个空间镜像中，煤永总在夜里的操场上频繁地听到吹哨子的声音，在窗外看到绿色的小灯闪烁，这些细节都表现了其渴望情爱的心境，这是煤永潜意识里情爱活动的外显。张丹织来学校当体育老师，就感受到这里很奇妙："是不是人只要进入到这个校园里来，就会感到这种莫名的悸动？这悸动有规律，带着微微的恐惧，但更多的是渴望。"（上，43页）张丹织在学校里与校长的暧昧之举，与煤永的若即若离，体现了"悸动有规律"这一特征，那就是要追求自然的、自由的情爱活动。

大山与乡下是人物进行精神操练的中间地带，在这里充满了神秘的变形与不可思议，很多意象都具多重含义，难以理解。云雾山是神秘的，对此煤永深有感触："每当他靠近云雾山的时候，心里面就对任何事都没有了把握，好像一任自己的身体在空中漂浮。"（上，92页）心境不一样，对云雾山的感悟也是不一样的。古平老师把校址设在山中，这是在五里渠小学的基础上进行的创新。这样他们可以更加接近精神世界，但要看透万物并不容易，所以在山中他们会长时间在意念与现实间摸索。煤永因为世俗想法太多，在大山中受到很多阻挠，如不能像古平一样自由穿梭，也没能打听到农的消息。农与煤永在大山中分手，后来又在五里渠小学里与煤永结婚，这一变化体现出大山是让人反思的中间地带，它是一切思维变化的载体，是精神转变的枢纽。从大山回来，煤永开始反思自己与农的关系，以及频繁闪现在自己内心的绿灯。在精神分析学中，蛇这一意象代表性爱。云医一直在收集火山石，在云雾山爱上了金环蛇，并与獴大战，甚至想为爱殉情，这是云医的成长，他在大山里完成了扼杀原始性欲、升华精神的过程。蛇獴大战，实则是性欲与精神的大战，云医在这场战斗中提升了自己的灵魂追求，终与小蔓携手与共。鸦从小生活在城里，但她却对乡下情有独钟，并在乡下治愈了她的疯病。作为洪鸣的妻子时，鸦停留在对洪鸣的依附当中，个人人格尚未健全；转入乡下，鸦开始意识到自己的独特存在，对情爱有了深入的反思，在朋友的帮助下她有了人生的方向。作为中间地带的空间镜像，大山和乡下起着重要的起承转合的作用。这里是活动最激烈的地方，它关乎着人物情爱活动的快慢，对人物心理的发展起着决定性作用。中间地带交织着矛盾与冲突，正是灵魂历练的重要契机，它将指引着人物冲向更高的境界，完成最后的升华。

书店是彼岸，是伸向心灵的第三空间镜像。作者用读书会的形式将人物的活动聚集在沙门的咖啡店和鸦的书店，把所有的一切放置在这个空间镜像中理想化地审视，寄托了灵魂自由发展的美好愿望。云伯和文老师是灵魂伴侣，是灵魂摆渡人一样的角色。云伯与沙门，沙门与采购员黎秀、登山员小郭等情爱关系都是自由自在的、和谐的。这种情爱关系旨在揭示一个道理，即在这个空间镜像层次里，读书可以解决一切世俗琐事，读书可以使灵魂自在自由。也正是读书会的缘故，使得农明白了自己到底需要什么，于是她与煤永离婚，跟随洪鸣，觅得真爱。张丹织也正是在读书会中自己阅读领悟及在同伴的鼓励下，才在煤永与洪鸣之中确定了自己所爱。晚仪、苇嫂和谷欢三人的寻爱之旅更是通过写作和读书的形式开始，并意在揭示生活即文学的真谛。洪鸣在日志上写的"读书会是城市的心脏，她将生命的血液输送到最需要的地方"① 算是对读书会的一种总结。残雪此前的几部长篇都设置了一个虚无缥缈的空间来寄托升华的灵魂，如《边疆》中的热带花园，《新世纪爱情故事》中的自由港口，给人一种荒诞的感觉。但作者在这部小说中，用书店作为终极空间意象，把物质与精神统一起来，使自由的灵魂恋爱成为可能。读书会是以人物情爱活动形式展现开来的，它的内涵不是去探讨文学的常识问题，而是一种动态的寻爱过程，过程即文学。读书会上，作者与读者可以达到圆融一体的程度，这是现实与理想国度的和解。情爱活动在这里已经脱去世俗的外衣，成为人自由发展的过程，以不断分裂的形式揭示精神存在的本体。

情爱活动只有与空间镜像恰当地结合，意象只有处于适当的环境，才能使作品发挥出无尽的魅力。作者巧妙地把三个空间镜像分为三个层次，每个层次对应不同的意象，并且创造性地想象出空间镜像背后的精神分析学内涵，这是现实与梦境的交合之物，是垂直的灵魂之旅。强调空间镜像的作用，有助于解决对繁复的个体进行精神分析时出现的迷茫问题。这种类化的方法，对残雪叙事迷宫的解密有所裨益。

把残雪的小说纳入同一结构去研究，并不是对残雪作品的创新和变化的否定。残雪如同卡夫卡一样，其作品都有一个寻找的主题，在这个寻找彼岸之地的过程中充满了迷宫与路障。残雪早期的创作如《黄泥街》、《五香街》等是对社会荒诞存在的表现，用夏谷的话说就是"用来拒绝更早时期所流行的为阶级斗争服务的社会现实主义的'愤怒'"②。《黄泥街》中的王子光和《五香街》里的 X 女士都是在个人与社会他者的对抗关系中展现荒诞存在的深层内蕴。残雪后来完成的《最后的情人》、《吕芳诗小姐》、《边疆》在灵魂探寻上倾向于人的意识和潜意识。作者以空间上的中西方（虚拟西方与亚洲经验）、大陆的东西部（京城与新疆）、时间上的年代差（代际之别）来展开人物意识和潜意识的精神活动，表达个体间变化的精神冲突。到了最近几年，残雪的《新世纪爱情故事》和《黑暗地母的礼物》也有潜意识的对话，但行文趋向平实，一改晦涩诡谲风格，采用多重线性叙事线，倾向于情爱探索，表达暖色调精神内涵。这种变化表现了残雪对灵魂探索的纵深感与多维性。20 世纪二三十年代西方现代主义文学影响下的中国现代主义小说主要是以上海为中心的"新感觉"派为主要流派的小说创作，代表人物是施蛰存、刘呐鸥、穆时英等，他们吸收西方现代主义方法，注重主观心理，倾向心理分析式的审美。到了 80 年代改革开放时期，西方现代主义和后现代主义是以现代主义的面貌

---

① 残雪：《黑暗地母的礼物》（下），湖南文艺出版社 2017 年版，第 133 页。
② 夏谷：《残雪作品中的自嘲的乌托邦》，《五香街》，湖南文艺出版社 2017 年版，第 388 页。

进入中国的,很少有人发现后现代主义的特点。先锋小说的发展可以说是新时期中国现代主义小说真正意义上的发展。作为先锋作家的残雪,在同时期先锋同仁纷纷转型时仍一直坚守在现代主义小说的审美创作中。从前期关于表现人本身存在的问题到现在尝试重申主体性价值,残雪从以前的梦幻、猜疑、焦虑等心理存在逐渐意识到要寻找一条自救之路,于是就有了《黑暗地母的礼物》中的"书店"圣地。卡夫卡的城堡是难以确定的,但残雪的"书店"却成为现代性焦虑的救赎之法。设置三个空间,既是个人心灵发展的写照,也象征着后现代碎片化、平面化境况下的可能性解法。发现残雪小说的空间结构特征并不表示认定她创作的模式化,而是通过类化的视角去发现这部《黑暗地母的礼物》的现代主义独特价值。情爱叙事正是通过空间镜像的参与而达到灵魂的深度,所以空间在这部作品中起到了重要的作用。

三、情爱理想的预言化

残雪的情爱话语因具有超前的现代意识而具有情爱理想的预言特征。有学者在讨论文学预言时认为"文学的预言既非神秘的术数,也非谶纬的把戏,而是严肃的艺术直觉和审美自由的自然表露,是凭借审美自觉揭示出的社会生活真谛,这是文学预言的重要价值所在"[1]。审美活动既要有艺术直觉上的独特敏感性,又要有人的生活的现实性,合二为一,方成大作。残雪小说中的情爱叙述正是在严肃的内省的审美之维追求高度的自由,是在人物不断解除掉俗世的镣铐后而达到的理想境界,是超越肉身的理想化情爱预言。在谈论关于《新世纪爱情故事》的时候,残雪认为"(它)是可能世界里的爱情故事。但这些可能的爱情故事绝不是没有现实性的空想,它们都是将要实现和已经在实现着的故事。这些故事里凝聚着作者对于情感的深层体验,与时代精神和潮流相呼应,所以称之为'新世纪爱情故事'"[2]。对于残雪用现代主义小说技法表达可能世界的爱情(情爱)的方法,我们需要摒弃传统现实主义的小说读法,开拓内省的视域,借助现实质料预言理想化情爱的可能,在灵魂的王国自由地深度探索。她的长篇几乎都对情爱有所涉及,那这一线索就可以看作《黑暗地母的礼物》的解密钥匙之一。她笔下的情爱叙述自动与社会关系的错综复杂和物化的欲望保持疏离状态,追求自由地配对情人,自然地穿梭时空,和谐地建构精神关系场,最后将灵魂以殊途同归的形式设置在一个理想的情爱预言中。

文学预言具有超前性和可能性,是感性与理性合力思辨的结果。很多学者在研究残

---

[1] 何俊杰、赵沛林:《文学的历史预言性初探》,《文学评论》2012年第7期。
[2] 金莹:《残雪:我所有的故事都指向现实的本质》,《文学报》2013年01月17日。

雪时,认为她是白日梦型的臆想,建构的是乌托邦式的世界,她注定"走向孤独和执迷,走向自我沉醉"①。但笔者经过细读《黑暗地母的礼物》,发现她所营造的精神世界并不是自我封闭的,而是开放的,采用"杂取种种人,合成一个人"的"剖心自食"方式,把精神挖掘到极致。情爱理想成为预言,是在个体自否定和空间镜像结构化运作后的一次升华,是文本中的审美理想。它一方面来自理性(他者)的点拨,另一方面来自感性(自我)的突围。

在文本世界中,理性的引入往往是通过"他者"来展现的。这个他者是群像中的一个,他是自我认知的镜像化表达。作为他者,往往具有"旁观者清"的理性色彩,能够洞悉诡谲神秘的事物。煤永对自己的感情是迷茫的,但他却能知晓古平的爱情"大概时候还没到"(上,7页)。事实证明,古平在恰当的时间收获了幸福。煤永让张丹织面试通过也被连小伙如预言家般准确无误地知晓,其实是煤永的理性层面借着连小火之口表达出来。雨田进入非洲腹地其实是在做一场向死而生的精神运动。那个船主洞察一切,比如他认为雨田拨弄手机无效和丢钻石的举动,其实是雨田精神升华后的"新我"与"旧我"思想的交锋。古平与煤永上云雾山之后,就打电话给煤永让他开始谈恋爱,并说他与农的关系已经结束,这更是体现出一个旁人的客观,是理性的点拨。那神秘的绿灯既是张丹织对煤永的爱恋,也是煤永自己内心的一盏灯。古平说煤永的机会就是这盏灯,这是他对煤永情爱活动的观察所得。校长办公室里挂着金环蛇的标本,校长告诉云医"这正是我们需要的戏。人生总免不了要演几回的,对健康有益嘛"(上,198页),正是站在哲人的高度总结评价了云医"与蛇共舞"、"为蛇殉情"的精神壮举。这是隐形的理性对话,为整个情爱活动分析提供了线索,即情爱只有在多次灵魂升格后才能达到理想的状态。在洪鸣同时爱上农和张丹织的时候,沙门作为一个旁观者给了洪鸣一些信息。沙门说农打算移情别恋,读书会"可以让垂死的爱起死回生"(下,116页),这促使洪鸣开始反思其中的情爱关系。沙门在洪鸣和农的关系中扮演的正是理性的角色,她要帮助会员找寻超越肉欲的真爱,达到灵魂的自由。云伯与文老师进入暮年,但心心相印,浪漫如初,是小说极力推崇的理想化情爱典型。他们已经不再有身体欲望,而是灵魂上的至死不渝;他们作为摆渡人而帮助后辈,在情爱的场域里自由追求。就在煤永老师闭关写书躲避张丹织的时候,丹织妈对女儿说了句"你快要成功了,这不就像书里头写的一样吗——种种征兆都是一模一样"(下,313页),更是带有先知色彩的预言。在文本中,读书是所有人共同的爱好,这是作者设置的理想化状态。特别是对文学的喜爱,这是与个体的生活经验分不开的。小说中的猎人、画师、老者、农夫、装卸工等底层民

---

① 王蓉:《残雪〈新世纪爱情故事〉的爱情幻想及其小说反思》,《中国文学研究》2015年第3期。

众都是爱书之人,都在读书会中受到理想的教育,找到精神的伴侣,这与他者的引导密切相关。

小说中"他者"的点拨,只是浅层次上的理性泄密,更高层次上的点拨则是创作主体的理性。首先,作者在创作情爱细节的过程中,借助的正是当下现实的情爱现状,如男女自由恋爱、情爱之路的坎坷、人伦规范的恪守等。小说中的人物情爱都是自由组合的结果,稍有不适立即分裂。这种自由的恋爱精神正是社会现实的要求。由于作者的自否定主张,人物的情爱都是在矛盾中前进。用"结合—分裂—结合—分裂"的ABAB式发展模式展现情爱追求的波折,这也是当下社会的普遍状况。即使如此,作者仍然恪守人伦秩序,师生之情、同事之谊、情侣之爱都严格遵守儒家道德文化。其次,残雪受过邓晓芒的"新批评主义"影响,这是她创作的理论支撑。她曾坦言"我用创作支撑他的理论,他的理论也影响我的创作"①。正是这背后的理性支撑,小说的情爱才能在合目的性中彰显和谐的理想色彩。在创作中,残雪采用视点转移的方式,每一个人物的精神探索都是一条完整的时间流。创作主体与人物会暂时性地合流,从而进入人物的精神世界。他者的介入,正好镜像式地扭转情爱格局,以理性姿态引导个体前进。具有预言性质的情爱活动必然是具有普遍精神价值的,在一定程度上揭示了情爱自由的本质特征。这种自由的情爱,是创作主体一以贯之的价值理念。残雪在小说实践中主张自动写作,但她对博尔赫斯、卡夫卡等经典作家的现代主义解读都彰显了她对精神自由理性的坚持。

残雪的情爱预言不是现实世界的预言,它具有超前性,这还依赖于主体对当下客体的反叛与想象。小说中的"异类"现象,如人蛇之恋、山中穿越等,是艺术在客观与想象的张力空间中的自由所在。她曾说:"一边是不堪忍受的真实,一边是面对真实的遐想,二者共居一室,这就是艺术殿堂的内部情况。"② 面对当下复杂的现实伦理,残雪采取的是用遐想的情爱去反抗现实的情爱,让世俗精神与深度灵魂互相抵牾又共生,从而让精神在百转千回中得以升华。残雪对情爱的态度具有唯美主义倾向,她追求的是个体灵魂向真善美极限的升华,所以即使会失去农,煤永也"不后悔当初支持她去读书会,农不应因为同自己的结合而压抑她的个性"(下,12页)。文本中的情爱伦理用当下现实伦理是无法解释的,只有在自由精神高度发展的将来,人人追求真善美的阶段,这种为爱自由、自由而爱的情况才会发生。残雪笔下的情爱活动,如同尼采的酒神精神,借醉态表现出狂热的激情和忘我的境界。尼采曾坦言:"(酒神和日神)两种如此不同的本能彼此共生并存,多半又彼此公开分离,互相不断地激发更有力的新生,以求在这新生中永远保持着对立面的斗争。"③ 在酒神与日神从对生到共生的关系中可以看出,对立统一

---

① 残雪:《为了报仇写小说——残雪访谈录》,湖南文艺出版社2003年版,第176页。
② 残雪:《灵魂的城堡——理解卡夫卡》,上海文艺出版社2004年版,第71页。
③ 尼采:《悲剧的诞生:尼采美学文选》,周国平译,三联书店1986年版,第2页。

——论《黑暗地母的礼物》中的情爱表达——

与此消彼长是残雪情爱预言的主要特征。同时，也只有人人读书、天下大同的时候，这种形而下的情爱活动才不会被视为道德滑坡、伦理崩溃，形而上的精神自觉才会被奉为圭臬。情爱教育是从小就开始普及的，是超越书本，打破空间束缚，融入自然的体验式教育，是自然的、自为的审美理想。残雪的这种现代主义式创作既揭示了个人的精神存在的困顿与突围，抛弃了西方现代主义思想中的虚无与悲观，也融合了未来现实的可能性，把作品纳入符合人性健全发展的精神向度。

《黑暗地母的礼物》是残雪继《新世纪爱情故事》、《吕芳诗小姐》等之后关于情爱与灵魂关系探索的又一重要之作，涉及很多精神新质。它一改前几部小说的灰色调风格，高度和谐自由的暖色调氛围弥漫在整个文本当中，使得小说如同一首悠扬的歌谣，自由自在，回味无穷。残雪的写作一直是站在自我的对立面进行的写作，她曾表明"如果人要进行纯度很高的创造，她就必须调动深度的潜力，战胜旧的自我，达到空无所有的极境"①。正是基于此创作要求，残雪的小说变化很大。在《旋转与升腾》中，残雪认为文学就是要表现"心灵的自我冲突"②，没有冲突的文学是没有内容的文学。所以，一直在精神领域开垦的残雪对情爱这个精神侧面关注颇多，她就是要把灵魂上的冲突表现出来，在冲突中螺旋向上完成升华。自否定就是源源不断地引进冲突，打破恒常性，追求变化，把情爱放到冲突中去分离。空间镜像的结构化则把个体的冲突层次纳入整体层面去把握，把散漫的多声部整合成几个主要旋律，张弛有度，见好就收，把情爱升格到精神史学的高度。理想的情爱活动，是感性与理性交合而生的自在状态，是作者对可能世界的审美期待，更是对未来的心灵预言。残雪被称为当代中国最有创造力的小说家之一，主要是因为她自觉疏离社会、历史、政治等意识形态的束缚，以想象力和主体创造性把文学形态与社会政治形态分离开来，娴熟地把中国经验与西方的现代主义理论与方法结合起来，用多种表达方式展现了汉语书写的丰富可能性。作为先锋小说群体最坚定的守护者，残雪的情爱探索不仅体现在形式多变上，还体现在灵魂的深度挖掘上。综上评价，笔者认为《黑暗地母的礼物》是残雪在灵魂探索上具有典型意义的作品，为中国现代主义文学创作和发展做出了较大贡献。

（作者单位：浙江师范大学人文学院）

---

① 残雪：《为了报仇写小说——残雪访谈录》，湖南文艺出版社2003年版，第271页。
② 残雪、邓晓芒：《旋转与升腾》，上海文艺出版社2017年版，第300页。

著述·综述

言论空间机制的探求与重返"五四"的可能
——从王玉春的《五四报刊通信栏与言论空间建设研究》谈起

张武军 邱迁益

新文化运动"百年回望"的热潮尚未消散,五四运动又迎来了"百年纪念"。然而,就在两个"百岁华诞"的节点上,学界却发出了不少尖锐的声音,一系列对"新文化—五四"的"重审"、"反思"乃至"批判"接连而至。当然,这样的观点固然有其历史的脉络延续和当下的现实考量,它们的发酵伴随着自20世纪80年代起的思想开放运动以及学界不断深入的史料发掘进程,更勿论近年来愈发高涨的"传统文化"、"国学"热潮的激发,百年节点给予了一个将其放大的机遇。而相对于史学界或者古典文学界,中国现当代文学研究界对于争论的热切参与还有着更为复杂的缘由。从80年代"重写文学史"到90年代的"退休"[①]论,中国现当代文学界对于自身已有研究的反思,从"研究了什么"、"怎么去研究"一直走到了"要研究什么",一系列关于后古典的文学研究对象名词的生发也倒逼着学者们不得不重新审视"新文化—五四"这一曾经被神圣化的起点,毕竟"现代文学的起点问题不是一个简单的史实问题,它关系到我们对现代文学性质的判定和价值的评估,甚至牵涉到现代文学学科之成立的合法性理据"[②]。

无论是"20世纪文学"的世纪起点,还是"没有晚清何来五四"的晚清起点,抑或是"辛亥起点",若要将现代文学的起点从旧起点前移,那么对新旧起点的特征研究理应确保"皆不偏狭"。然而,面对多年来对不同起点形形色色的论断,李怡却发出了

[①] 陈福康:《应该"退休"的学科名称》,李怡等编《民国文学讨论集》,中国社会科学出版社2014年版,第3-5页。
[②] 季剑青:《什么是"现代文学"的"现代"?——中国现代文学起点问题的历史考察和再思考》,《文学评论》2015年第4期。

"他们谈论的是同一个五四吗"①的疑惑。李怡的质问多少是对学界在亟须对学科新合法性确立的焦虑下出现"以论代史"地"想象五四"的提醒。历史上当然只有唯一客观存在的"新文化运动"和"五四运动",虽然对史实的符号化解读可以多样,但解读无疑不能代替事件本身。在聆听批评和捍卫"新文化—五四"的声音的同时,我们也需要真正找到那"同一个五四",剥离种种粗暴的定性,重新返回百年之前的历史现场。王玉春《五四报刊通信栏与言论空间建设研究》以《新青年》等杂志的"通信栏"为研究对象,不仅打破了以往对此仅有零星个案研究的现状,同时,其对于报刊通信栏为代表的"言论空间"机制的探索为我们开启历史现场的大门提供了一把重要的"钥匙"。

一、言论空间机制下"新文化—五四"的"激进"

在对"新文化—五四"的种种非议之声中,"激进"是一个重要的"关键词",非议者不难从运动中的种种激烈言论中找到"激进"的证据,并对激进的指向("新"、"现代"、"革命"、"西化")进行不同的价值判断,还从不同的学科背景对"激进"所表现的学理态度进行了评述。当然,这些辩论丰富了对于"新文化—五四"的认知,但同时也存在着"停留在意识形态的评判和意气用事的筛选"的问题,因而有学者认为需要进一步思索"激进"的缘由,从历史语境和逻辑等方面探寻激进形成的缘由的必要性②。需要注意的是,即便"新文化—五四"的价值捍卫者也大多断然不会否认"运动是激进"的前提,但对"激进"的内生的语境理解和外审的价值判断似乎一直难以交融,更存在着隔空对话、自说自话的纰漏。对此,李怡认为"五四之所以常常令我们陷入一种没有结论的争议乃是因为后人把太多的注意力花在了对运动之中诸多激烈的言论关注当中",他强调后五四的中国文化并非沿着"激进"的言论所高扬的方向单一地发展,而是"在融合古今中外的宽阔道路上自信的走着"③——实际上,在"起点之争"当中,民国文学的丰富、多元性已然成为共识,而值得我们思索的是:既然"激进"的目标并未全然在现实中"落地",那么运动中看似激烈的言语究竟怎样在历史中扮演自己的角色?那些被我们长期聚焦的言论存在着怎样的机制?那些在某种机制的作用下形成的交锋,其展露出来的"激进"具体感又是否是一种今人的"错置"?

---

① 李怡:《"五四"与现代文学"民国机制"的形成》,《郑州大学学报》(哲学社会科学版) 2004年第4期。
② 岳凯华:《五四激进主义的缘起与中国新文学的发生》,华中师范大学2004年博士论文,第16页。
③ 李怡:《"五四"与现代文学"民国机制"的形成》,《郑州大学学报》(哲学社会科学版) 2004年第4期。

针对"激进之争"的问题,史学界的一些研究能够给予我们些许思考。譬如王奇生论及"激进"背后是一种"炒作"的策略,目的是为了扩大《新青年》的影响,于"林蔡之争"中最为典型①。罗志田则强调"林蔡之争"与"问题主义之争"中的学界是"新旧杂糅"的,其展现出来的并非如批评者所想象的那样二元对立。然而时人为了在杂糅中进行区分,为了厘清外来的、相近概念的区别,确立自己的立场,因而"故作对立"②。此外,两个事件背后还关联着复杂的学派之争和党派斗争。实际上,早为大众所知的钱刘双簧信事件也说明了"新文化—五四"中的"激进"存在着"姿态本位"的策略考量,看似火药味十足的言论是双方"朋友间的论争",两方侧重于阐释自己的观点而非一定要压倒对方的观点。总之,史学界一些学者向我们证明了"新文化—五四"中的"激进"并非是本质化的。这也说明了当我们将部分注意力放在激烈的言论内容之外,是可以得到新的结论的。而沿着两位历史学者的结论进行深入再思索:如果说激进是"策略",是"姿态",那么偏激的"策略"是怎样具体运作的?新文化运动家们又是何以产生这一策略观念的?

王玉春以报刊通信栏为中心对"五四文化圈"的言论进行考察,为我们提供了新的思路。王玉春要探寻的是以报刊为载体的言论在具体的"通信栏目"中怎样作用于学界内外,通信栏目作为载体其背后有着怎样的机制。众所周知,中国文学之所以能够在晚清酝酿由古典逐步现代的道路,除了思想的西风东渐外,在报刊业兴起的同时,朝廷"废科举"导致"文人"由"读书人"的身份向"报人"进行转化,由此所造成的传统知识分子"边缘化"过程也是重要的历史动力。但知识分子在政治地位、社会地位"边缘化"的同时,在文化上走到了"核心地位"。王玉春发掘出了"边缘—核心"张力之间的一个重要的介质——"现代报刊传媒兴起而建构出来的言论空间",而报刊通信栏则是这一空间的具体呈现。

王玉春对《新青年》"通信栏"、《少年中国》"会员通讯"栏、《小说世界》"通信栏"、《小说世界》"编辑与读者"栏进行了详尽的个案考察,点出"八事"主张最先发表于通信栏,尔后方有《文学改良刍议》与《文学革命论》的诞生,可以说"新文学"就是生发于"意见"而非"主张"之中。此外,世界语问题、文学改革问题、国语白话问题、语体文欧化问题、"自然主义"问题的讨论也有不少是出现在报刊的通信栏上的;同时,由于"新文化—五四"时期报刊普遍存在通信栏,因而当时近乎所有的学理主张、看法乃至争论都可以暴露在大众视野中,在"开放、自由、多元的言论空间"下进

---

① 王奇生:《新文化是如何"运动"起来的——以〈新青年〉为视点》,《近代史研究》2007年第1期。
② 罗志田:《因相近而区分:"问题与主义"之争再认识之一》,《近代史研究》2005年第3期。

行。陈独秀对反对者"不屑与辩"、"唯痛骂之一法"的态度可谓偏激霸道,汪懋祖对《新青年》"如泼妇骂街"、"似不容人以讨论"的批评也不可谓不尖锐,但两者既在内容上形成"批评"与"反批评"的对立,却又共同登载于《新青年》通信栏为众人所观。通信栏在给予火药味的激进言论以平台的同时,实现了吸引眼球的策略,但更重要的是其本质上开拓了值得称道的自由言说通道。"激进的策略"在运作中既需要有激进的言语双方,但更渴求大众对于交锋的"观看"。通信栏所创造的言论空间将交锋两端的对立扩充于大众视野的宽阔平面当中,从而保障了策略具有实现的基础。

如果说"策略本位"、"吸引眼球"对于新文化—五四运动中披着激进外表的言论成因进行了深一步的发掘,而言论空间的发掘则是进一步探讨在"说了什么"、"为何这样说"背后"怎样说"的问题。如果说,陈独秀利用"语不惊人死不休"的方式进行"炒作",通信栏的设置则为这些惊人之语提供了展示的场所①,那么,陈独秀何以想出以"通信栏的平台"来加温舆论,扩大报刊的影响呢?在《新青年》之前,陈独秀曾有过办刊经历,其主办的《俗物报》风行一时,但总体来看,陈独秀更关注如何提升文章思想的高度,力求理性的批判。相对于"报人"而言,其"思想家"的身份更加显眼。关键节点是陈独秀1914年在困境中受到章士钊的邀请,参编《甲寅》,而《甲寅》正是新文化—五四时期最开始创设通信栏的报刊。陈独秀最开始投给《甲寅》的问讯帖即登载于通信栏。章士钊在《甲寅》中谈到通信栏的创办初衷时,专门强调"与曰主张,宁言商榷"的"朴实说理"目的。可以说,陈独秀在《新青年》中继承《甲寅》的通信栏目,也继承了《甲寅》"商榷高于主张"的开放态度,从《甲寅》"宁言商榷"到《新青年》"发舒意见",它们首先共同为新文化—五四时期言论空间开拓做出了不懈努力,可见,新文化人绝非是本着对"为压倒而压倒反对者"的偏激姿态切入文化运动的。

《新青年》在继承《甲寅》的同时,更多还体现了扬弃的立场。《新青年》继承了《甲寅》的开放姿态,但陈独秀为代表的新青年与章士钊所具有的态度差异才是后来《新青年》大获成功的原因。《新青年》力求"唤醒青年",而《甲寅》则高扬"调和政治"观念,所以这也不难理解为何《新青年》要想尽办法力求舆论的"力度"。可以说,即便《新青年》确实将"激进"用作"炒作策略",但是他们的"炒作"确确实实是针对自己的定向读者,他们赞扬"如朝日,如百卉之萌动,如利刃之新发于硎"的青年能够"之于社会,犹新鲜活泼细胞之在人身。新陈代谢,陈腐朽败者无时不在天然淘汰之途,与新鲜活泼者以空间之位置及时间之生命",当然会试图创造一种充满青春气息、氛

---

① 王奇生:《新文化是如何"运动"起来的——以〈新青年〉为视点》,《近代史研究》2007年第1期。

围热烈的舆论场。偏激,一方面针对反驳者,产生了激烈的对峙,另一方面则是故意针对在言论空间中,以青年群体为核心的观看者,践行其对于青年"唤醒"的宣传。青年的定位使得《新青年》的言论必然充满着青年人"激进"的姿态,而"通信栏"的平台在扩大了交锋的影响同时,也调节了"激进"言论使其不至于成为单向的宣传、呼告的口号。在这一点上,即便汪懋祖、蓝公武这些对陈独秀的"怒骂"颇有微词的人,也恰恰没有反对"讨论"的重要性,他们担忧的恰恰是《新青年》会压制讨论。《新青年》之后对此箴言的公开登载和胡适的反思也说明了《新青年》利用热烈的舆论,为的是在众声喧哗的话语交锋中,让青年们的思想实现理性的辩证。

　　章士钊后来成为了新文化运动的批判者,也成为了新文化人批评的对象。虽然有研究强调前后章士钊姿态的区别①,但不可否认的是,《新青年》与《甲寅》分道扬镳的结局早已注定。对于后期《甲寅》派、学衡派与新青年团体的论战,虽然不断有文化保守主义立场学者发表不同的见解,并强调须重新看待这些论战背后所体现的"激进—保守"的对立在中国近代思想史上的作用,但值得注意的是,王玉春恰恰发掘了在"新文化—五四"中激进姿态背后存在的"变骇为习"策略,就是出自一直被认为"保守"的梁启超。另一位"保守"者刘师培更是直言"天下事情,没有破坏,就没有建设"。实际上,"激进"的言论并不一定就是激进主义者所提倡的,保守主义者也希望人们接受他们的立场,双方其实都发现了吸引观看者的重要性,但这背后更关键的意识在于有没有展现出商讨的姿态,有没有将观念的交锋交予言论空间中为大众观看的意识。《新青年》以通信栏的方式,恰恰使得"变骇为习"的"为激进而激进"向着对话的良性方向发展,同时也兼顾了新思想的传播——特别是《新青年》同仁轮流编辑的编辑制度,某种意义上保障了《新青年》对于"刺耳声音的包容"。当然,新青年团体并非完全按照后来大历史发展趋向的归纳自觉地践行自己的行为,而后团体的分裂使得言论空间的重要性受到了不利影响,"宣传本位"再次压过了"交流本位"。当然,《新青年》通信栏的衰微并不代表"五四"时期言论空间走向衰微,王玉春也为我们发掘了少年中国学会和《小说月报》、《小说世界》斑斓多彩的交流机制。

　　值得关注的是,王玉春虽然着力发掘出通信栏在"新文化—五四"中的作用,但并没有将其"绝对化"、"神化"。她以动态的目光考察通信栏所开拓的言论空间。通信栏实现了文化人吸引大众眼球的策略,但以此为手段的观念绝非是空中楼阁的创造,而是关联着政治、商业等多重的成因的。同时,通信栏所开拓的言论空间也并非沿着愈加开

---

① 童龙超、黄秀蓉:《"甲寅派"考辨》,《中国现代文学丛刊》2007 年第 6 期。

放的理想结局发展。在梳理《新青年》的通信栏时,王玉春关注到了杂志同人化的影响,一方面同人化促进了通信栏的繁荣,另一方面同人化达到极致时,也不可避免地出现了分裂,使得讨论成为意识形态的宣传与反宣传,影响了平等对话机制的发展。当国民政府的言论控制加剧时,言论空间也自然而然地被进一步压抑。

"新文化—五四"中,"激进"是话语的外在样态,而非话语存在的本质,"激进"尤其不是"激烈的专制",可以说,通信栏开拓的言论空间给予了"激进"成为观点运作的基础,同时也避免了"激进"走上话语霸权的邪路。也许后来者俯视历史时不可避免地要从运动的结果意义出发,特别是当"新文化—五四"运动后衍生出来的一些理念逐步成为尔后红色革命大纛的碎片,我们似乎不难从"以排山倒海之势,雷霆万钧之力,磅礴于全世界,而葆其美妙之青春"的革命气势推断出其产生于所谓的"激进"话语动力①。然而,从小小的通信栏及背后体现的言论空间开拓中,我们更应该正视激进的言论背后还存在着话语调节的机制,"激进"的言论恰恰是在机制中理性地运行着的。

二、"质析疑难"与"发舒意见":言论空间机制中的"启蒙之光"

与"文艺复兴"与"启蒙运动"在间隔一个世纪的西方先后发生不同,"新文化—五四"运动在余波未平之时就同时被赋予了中国的"文艺复兴"与"启蒙运动"的赞语②。尤其"启蒙"的象征意义在往后被不断地作为思想运动中的一面旗帜。无论是共产党人在抗战烽火下提出的"新启蒙运动",抑或是80年代中后期的"新启蒙运动",都将"新文化—五四"看作中国启蒙运动的"先行者"、"前辈"。然而,"新文化—五四"被赋予的"启蒙"符号也成为了这场运动在日后遭受非议的一大缘由。30年代的"新启蒙运动"虽然接受五四启蒙"'打倒孔家店'、'德赛二先生'的口号",但强调的是启蒙未完成,需要"批判地接受五四未竟的工作"③;80年代以降对启蒙的种种反思

---

① 如萧公权认为"激进反传统主义对于打击保守势力有正面贡献,但也带来一系列消极后果,激进反传统的思维方式以人们不曾意识到的方式延续到了文化大革命"。见萧公权:《知识分子如何避免观念的陷阱——从新文化运动的启蒙理性到政治激进主义》,《探索与争鸣》2015年第11期。

② 应该说,将"新文化—五四"运动比作"文艺复兴"的说法在运动当时就由胡适等人所发扬,但比作"启蒙运动"的说法则较晚,李麦麦(刘治平)称"五四"乃"文艺复兴"与"开明运动",但五四运动已然时过境迁,文中的"开明(Enlightment)运动",今多译作"启蒙运动"。(李麦麦:《五四整理国故运动之意义》,《中国文化问题导言》,辛垦书店1936年版,第135-140页。)

③ 仲济:《新启蒙运动之路》,《新知识》1937年第5期。

则对于"新文化—五四"以来启蒙的学理（上文所提的"激进之争"）、启蒙的指向（"现代"、"西化"等）进行了激烈的反拨。总体来讲，对于"新文化—五四"运动，无论批判者还是继承者基本不会反对"启蒙的五四"的论断，但却在"事实肯定"与"价值肯定"之间存在着巨大的分歧与张力——当然，肯定事实确实不一定要肯定价值，但问题是，我们对"新文化—五四"运动的"启蒙"判断是否深究"启蒙"的具体呈现样态呢？"启蒙"的"性质"与"事实"之间是怎样发生关联的呢？中国的"启蒙运动"是否一定要比附欧洲的"启蒙运动"才成立呢①？即便要进行比附，那么在比附的过程中，是否对中西启蒙运动都存在着符号化的遮蔽呢？

实际上，从"新文化—五四"的参与者到对这一运动有着不同态度的评判者，对这场运动还存在着一个共识：它并不是步调一致、团结向前的，而是内部充满着紧张、矛盾乃至混乱的。但后人在评判的同时，又多多少少从纷乱的话语中攫取自己所需要利用或所需要批判的部分，从而将历史变成"任人打扮的小姑娘"，而在"打扮"的过程中，"新文化—五四"运动又诡谲地成为了一个"整体一致"的"启蒙运动"。实际上，作为"具体事件呈现"的"新文化—五四"与作为符号化的中国"启蒙运动"的"新文化—五四"之间是存在着空隙的，前者并没有比附西方，作中国"启蒙运动"的自觉。新文化运动家们纷乱地引入西方各式各样的学理学说，做出理解或曲解，呈现出思想上的杂乱与喧嚣，后者则是在思想史的逻辑链条上，比照欧洲启蒙运动与中国的历史需要，发掘中外共同共识下所做出的推断②。但需要注意的是，"新文化—五四"除了拥有与欧洲启蒙运动的共识，也共同拥有着欧洲启蒙运动思想场纷乱的喧嚣。在某种意义上，这种矛盾、多元状态的存在意义并不亚于那些被约简、被萃取出来的各种思想。

在谈到五四舆论场的喧嚣状态时，不少学者引入了哈贝马斯的"公共领域"概念，王玉春也关注到了"公共领域"概念对于"中国特色言论空间的开创"命题的切合度。此外，孟庆澍也谈到新文化运动发轫于传统士人的"清议"向"近代舆论"转变之后，而晚清以来的报章所开辟的"中国式公共领域"则为这一转变提供了基础③。需要注意

---

① 当然早年就有人对比"新文化—五四"运动与西方启蒙运动的思想生发及运作过程，对中国的启蒙运动一说提出了商榷的观点。参见刘桂生：《五四新文化运动的时代属性及其主要口号的释义分析——五四时期思想研究隅见之一》，《教学与研究》1988 年第 1 期。

② 相关研究可见罗志田：《体相和个性：以五四为标识的新文化运动再认识》，《近代史研究》2017 年第 3 期；王本朝：《"文艺复兴"与"思想启蒙"——五四新文学运动的身份认同》，《华南师范大学学报》（社会科学版）2019 年第 3 期。

③ 孟庆澍：《公共领域、政论杂志与新文化的发轫——从〈甲寅〉和〈新青年〉谈起》，《全球化语境中的中国文学研究：全国第一届中国文学研究博士后论坛论文集》，知识产权出版社 2009 年版，第 384—395 页。

的是，当我们回溯哈贝马斯"公共领域"概念的生发时，不能忽视他对于"公共领域"的态度——《公共领域的结构转型》并不仅仅要归纳一个阐释框架或者学科概念，更是哈贝马斯对公共领域在现代社会的转型前景提出的警告。在哈贝马斯之前，阿伦特就在《人的境遇》中谈及公共领域的消亡会导致极权的后果。哈贝马斯在悲观地面对公共领域衰亡的步伐时，也在书中探讨着重建公共领域的方法。哈贝马斯探寻了公共领域的历史由来和发展阶段，尤其垂青发轫于文艺复兴时期，在大革命和启蒙运动时已然非常成熟的"资产阶级公共领域"。实际上，在勾勒资产阶级公共领域所具备的功能时，哈贝马斯发掘了康德所关注的"公共性"对"启蒙"进行作用的看法——公共领域的核心概念是公共性问题，"启蒙必须以公共性为中介"①。在康德看来，启蒙运动虽然高扬人的理性，但人必须要制定规则，当所有人都可以在自由状态下发挥自己的思维想象时，启蒙才算是到来了。在公共场合表达理性是启蒙真正可以实现的方式。一方面，当权者也许能剥夺人说和写的自由，但无法剥夺人思考的自由；另一方面，人的思考又必须相互交流才能保证正确性，即实现他所谓的"理性个人使用"和"公共运用"②的一致。在康德和哈贝马斯那里，公共性、公共领域不仅仅是一种现实存在，当我们谈论启蒙的时候，它必然是一种极具价值的、不容忽视的内在组成要素。

欧洲的思想启蒙运动不只停留在思想家们提出的、争辩的观点内容本身。思想家们在沙龙、咖啡馆、报刊上进行言说对话也是启蒙完成所不可忽视的程序，是启蒙内在的有机构成。"启蒙"在欧洲如此，在中国也应然如此。"新文化—五四"作为启蒙运动，它的"启蒙之光"不仅仅呈现在它对民主、科学概念的宣扬，也体现在学者们对于外来概念的对话、争论以后，借由纸质报刊通信栏载体进行展示的自觉当中。《甲寅》以政治问题探讨而闻名，而通信栏的设立更为读者所喜。有来信者对其赞叹道："至置重通讯一门，固为博采旁搜集思广益起见，然质证疑难，妙有折衷，则读者之兴味顿增，于国人政治学术上思考力之策进，尤赖有此。贵志之用心良苦矣！""通讯一门，更可征集异闻，合吾国之究心政治学术而无力自为一杂志者，得以略抒其怀抱，其他好学深思之士，又可启发屯蒙，有大叩大鸣小叩小鸣之乐。今后中国之政治学习之大方曙光，殆将于此期乎。"《新青年》"双簧信"事件是一种扩大舆论影响的炒作，但也可以看出新青年群体对于观点须在交流、辩论中昌明的渴望。同时，《新青年》通信栏的激烈交流绝非是一种流于表面的虚假繁荣。王玉春发现，在孔教与旧道德问题、文学改革问题、白话文和国语问题、世界语问题的提出、发展、深化或者偏离的过程，进展常常出乎意料，更

---

① [德]哈贝马斯：《公共领域的结构转型》，曹卫东等译，学林出版社1999年版，第122页。
② [德]哈贝马斯：《公共领域的结构转型》，曹卫东等译，学林出版社1999年版，第123-124页。

重要的是对话能够"激发了新的思考,引发了新的话题,促进了思想的发展"。少年中国学会的会员主动在"会员通讯"中交流自己的学习心得,力求"同声相应,同气相求",会员间真诚的态度体现出思辨和人性的启蒙精神交相辉映。

当然,公共领域在启蒙中的作用不仅仅表现在打破学者"自言自语"与"自我反思"、理性"个人使用"和"公共运用"的界限。在康德看来,哲学家当然要走出内心世界和学术场所,进入公共领域讨论公共事宜,更重要的是,哲学家的讨论要面向公众。哈贝马斯认为,公众需要启蒙,也渴望启蒙。学者们如若不能面对公众,启蒙中的公共领域是不完整的,启蒙最终只能成为学术圈的自说自话或嬗变为观念的强行灌输,成为话语霸权①。实际上,"新文化—五四"时期的通信栏为实现启蒙的"大叩大鸣小叩小鸣"做出了显赫作用。面对当时知识水平各异、理念见解不一的读者群体,"新文化—五四"时期报刊通信栏承担了"咨询"和"舆论交流"的双重功能。《新青年》在《社告》中就主动明确提出"质析疑难"、"发舒意见"的两大定位,而其所继承的《甲寅》月刊也在《本志宣告》中提出,在陈述、阐发之外,对于"政治学术有所怀疑"便可让编辑同人"交相质证",甚至力求"代请于东西洋学者,以解答之"。并且无论是《甲寅》抑或《新青年》,哪怕其同仁在"意见"的论战中再出言不逊、刻薄,在面对读者在通信栏中的虚心求问时都能平和耐心地进行答疑。王玉春发现,《甲寅》通信栏中的发问者问题相对集中,多聚焦于政治学理上,如对于"廷状制"与"刑事法"区别的问讯,而《新青年》通信栏中读者的"疑难"繁杂多样,既有对学术问题的问讯,也包括对科学、生活常识的发问,甚至还有诸如"沪上学校如林,何者最优"的信息咨询。而面对形形色色,水平不一,甚至与新青年"说高尚之理"不一定契合的来信,编辑群体都做了翔实的解答。在"沪上学校何者最优"的问题上,编者还仔细区分了各个学科来进行推荐。可以说,通信栏的"咨询"功能是对于"舆论交流"功能的重要补充,在"质析疑难"后以通信栏的形式将其登载出去之时,问题和解答进入了公共领域,知识分子群体真诚地将自己的见解播撒于大众之中,将启蒙之光散发到渴望受到启蒙的群体。《甲寅》通信栏就有读者对于章士钊的《甲寅》能够继承其办独立周报时期"兼乎师友"的风格而欣喜不已,甚至在某种意义上来讲,是章士钊平等交流的态度促进了读者将报刊编者推到了启蒙者的位置,自甘其下,扮演学生角色。

以《甲寅》月刊与《新青年》为代表,兼顾"咨询"与"舆论交流"的二重定位,使得"新文化—五四"时期的言论空间同时向着横向与纵向递进,在建立知识分子"朋友圈"的同时,也突破了知识分子/大众的障壁。"新文化—五四"时期的知识分子在建

---

① [德]哈贝马斯:《公共领域的结构转型》,曹卫东等译,学林出版社1999年版,第123页。

构开放的言论空间的同时,使得公共领域在启蒙中的重要作用得以充分发挥。然而,不可忽视的是,"新文化—五四"时期对公共领域的建设并非是一成不变地的向着完善的方向前进。言论空间在横、纵两方向开合程度不一还是多少影响了公共领域的作用。具体而言,一方面,以《甲寅》、《新青年》为代表的通信栏目虽然自觉地建立起"咨询"与"交流"的两大功能,然而,在章士钊和新青年同人那里,后者的地位仍然是高于前者的。《甲寅》"交相质证"的前提,还是期望创造一个同等知识水平相互交流的平台。相对于"讲堂式",章士钊更渴望的是"沙龙式"的氛围。但章士钊等同人明显错估了读者的知识水平,所以通信栏中大量的"提问解析"在某种意义上是"读编错位"的产物,是一种无奈的让步。王玉春发现《新青年》通信栏"质析疑难"内容数量逐期减少,而"发舒意见"的功能则愈发加强。到后来,当《新青年》变为同人刊物之时,其对言论空间的开放更多展露的还是面向同等知识水平学人内部的横向开放。另一方面,后五四时期通信栏的"咨询"性更多地向着"社会服务栏"方向转变,虽然某种意义上接续了知识群体与一般民众之间的联系,但其内容远远难以达到《甲寅》、《新青年》早期那时的锐气,甚至在后期沦为了国民党喉舌的一种表现形式。此外,如同哈贝马斯公共领域论的本质性、普遍主义性在西方学界屡遭质疑,有学者认为其无法"兼顾多元主义的需求"一样,中国的公共领域尽管在"新文化—五四"时期对言论空间的拓张上有所展现,但启蒙也不可能照顾到当时中国的各个阶层,从整个社会来看,报刊的阅读群体还是颇为有限的。因而其作用也不应被无限地夸大。

最后值得关注的是,王玉春和孟庆澍①都关注到了哈贝马斯"公共领域"概念在晚清民初的中国落地时面临着理论基础适用的问题。当然,哈贝马斯笔下的公共领域概念"既是逻辑的,也是历史的"。中国式的公共领域并不完全等同哈贝马斯阐释的资产阶级公共领域所体现的具体状态。在哈贝马斯看来,"国家和社会的彻底分离"是公共领域的基础,而"文学公共领域"是"政治公共领域"的前身,文学公共领域"也不是什么地道的资产阶级公共领域","它和王室的代表型公共领域保持着一定的联系"②。而王玉春发现中国的公共领域中对文学批评方法和政治批判的关注是相互缠绕的。实际上,《甲寅》与《新青年》的论战某种意义上就说明了中国式公共领域的独特表现。《甲寅》力求超越文学改良走向政治改良而被《新青年》所批判,然而后者对于文学和政治的先后性也并没有过分强调,但同人后来的意见讨论中仍然主张文学与政治需要并举,在某种

---

① 孟庆澍:《公共领域、政论杂志与新文化的发轫——从〈甲寅〉和〈新青年〉谈起》,《全球化语境中的中国文学研究:全国第一届中国文学研究博士后论坛论文集》,知识产权出版社2009年版,第384-395页。

② [德]哈贝马斯:《公共领域的结构转型》,曹卫东等译,学林出版社1999年版,第34页。

意义上算是"跳过政治讲文学","不谈政治"的呼声也不鲜见。另外,"新文化—五四"时期的公共领域也很难讲是知识分子与国家主动二元对峙的产物,更多展现出的是政治无心涉足或无力涉足。总之,在"新文化—五四"时期的通信栏中,我们除了可以看到中国和欧洲共有的,借助公共领域打造的交流机制进行启蒙的价值,亦可以看出中国式启蒙的特殊性。

应该说,无论后来人反思痛惜"新文化—五四"的启蒙未竟,抑或反思运动启蒙方向时,都不应忘却"新文化—五四"运动中的启蒙者主动将言论空间横纵向拓展的行为,新文化人既将启蒙置于讨论交流之下,更将启蒙之光自觉地播撒于社会大众之中。启蒙者这样的自觉行为比启蒙的内容更值得纪念。即便在启蒙被高呼已经"死去"的今天,我们也不能忘记"死去的是启蒙传统中各种绝对主义元话语,而永恒的将是启蒙思想中的交往理性和批判"①。

三、从文学到文学之外:言论空间与"新文化—五四"的"进步"

对于"新文化—五四"运动的"启蒙",早在20世纪80年代末汪晖就曾进行过系统的反思。他认为:一方面,"新文化—五四"运动是在"态度同一性"下存在着盘桓缠绕、相互矛盾学说的运动;另一方面,"新文化—五四"运动中引入的"启蒙思想",包含着西方种种对于既有"启蒙"的否定,因而某种意义上消解了"新文化—五四"启蒙所想要完成的历史使命。多年来,"新文化—五四"中的内在矛盾性已经被学者们所发觉、探讨。众声喧哗下"复数的"新文化思想已被阐释出来,在历史节点和符号意义上具有本质性的新文化运动之间确实存在着裂痕。《预言与危机》一文力求将被阐释出来的"五四神话"还原为"五四运动"。但相对于对"新文化—五四"运动中缺陷的反思,《预言与危机》所勾勒出的运动启蒙中存在的"目的"与"走向"不一致的状态更值得关注。实际上,从某种意义上来讲,当任何历史节点剥离了被神化的阐释符号,回归为具体历史事件时,事件应该理所当然地存在着"不一致的复杂"。如果说具体的历史由人的行为集合而成,那么在某一时刻,能掌握历史走向的人只是极少数。

在"新文化—五四"运动中纷乱的思想状态、目的与结局之间的分离背后,更勾连着不一致的思想观念。于启蒙者而言,这些思想观念体现着不一的"进步尺度"。自晚清以来,对"进步"的追求和对启蒙的宣扬总是牵扯到一起,没有哪个启蒙者不是在探讨"进步"的语境中关切启蒙的开展。早在晚清时期,小说家们就对于"新"有着极大

---

① 许纪霖:《当代中国的启蒙与反启蒙》,社会科学文献出版社2011年版,第64页。

的热情与追求。自晚清起,"新"在体现时间维度的同时,逐渐与伦理解释下的"进化论"思想合流,在"国民性批判"的母题下,"新"开始与"进步"尺度接壤,与此同时,"旧"也成为了"落后"的代名词①。同时,晚清思想界中的"新"在时间维度之外,也同样指向西方现代文明。实际上,只要是在"开眼看世界"的时代,对于西方现代文明这一集合体有所关照、追求的知识群体,都可谓是"求新"甚至"求进步"的群体,即便知识分子相互之间可能不屑于对方的"新"之所指,常或以"保守"攻讦之,但在攻防双方那里,"进步"却可谓是一种共识。余英时直言:"20世纪中国思想史上几乎找不到一个严格意义上的'保守主义者',因为没有人建立一种理论,并拒绝一切西方的影响……"然而,作为进步指向的"西方思想"也是一个充满矛盾的集合体,因而在"新文化—五四"时期,当"进步"的呼声再度高涨之时,思想界呈现出来的反而是冲突矛盾的喧哗。特别需要注意的是,虽然启蒙者认可"新"与启蒙之间的关联性,但所谓"新"与"进步"在引入中国后并不能构成线性对应关系,不同的领域与领域之间的进步尺度常常存在着缠绕与区分,而启蒙者总是难以把握它们的微妙关系。这就不可避免地出现了思想者、求新者的动机与成果的罅隙。

汪晖所列举的"新文化—五四"缺陷的两个方面实际上都能够反应这一断裂。而如果说以"反启蒙"进行"启蒙"体现的是西方思想史的时间尺度所造成的断裂的话,那么五四在"态度同一性"上体现的喧哗则反映出了文学及文学背后多种领域的思想在先进后进尺度上刻度不一所导致的相互消解。前文已经谈到,"新文化—五四"的喧嚣杂乱与其存在的言论空间异常开阔的机制有关,如果我们把这一机制视作"新文化—五四"启蒙的一部分的话,那么我们不妨将王玉春所探讨的这一机制视作一个剖面,一探言论空间背后的文学与政治、经济领域进步观念的区隔。

首先是"党"与"不党"纠葛下的《甲寅》通讯栏。

早已有观点称,20世纪是"非文学"的世纪,"文学自身的本体性要求未能得到充分的发展","政治"对于文学的渗入使文学没有朝着"纯文学"的方向发展②。实际上,"政治"对于"文学"的渗入可谓方方面面,不仅仅包括文学的风格演进,政治发展的尺度也无时无刻不在影响——甚至一度决定文学的评判。不过,"政治"和"文学"一样,是一个具备多子集的集合概念,它们在宏观的演进逻辑上包含着内在的诸多要素与整体概念之间的张力。"新文化—五四"的言论空间,作为"新文化—五四"运动时

---

① 杨联芬:《晚清与五四文学的国民性焦虑(三)鲁迅国民性话语的矛盾与超越》,《鲁迅研究月刊》2003年第12期。

② 朱晓进等:《非文学的世纪:20世纪中国文学与政治文化关系史论》,南京师范大学出版社2004年版,第3页。

期文学繁荣的内在机制,其开拓与发展和"政治"发展中的"政党观念"的发展过程有着一定联系。

"新文化—五四"通讯栏起始于章士钊的《甲寅》。在近代中国史上,章士钊在文学和政治两大领域皆有建树,而"报人身份"则将其政治家与文人的身份勾连在了一起。《甲寅》并非是章士钊所涉足的第一份报纸——甚至不是第一份存在着"通讯栏"的报纸,但《甲寅》通讯栏的重要性在于其首次清晰地将"公共舆论机关"的报刊总定位与通讯的功能鲜明地契合在一起,从而使得设立通讯栏成为报人的自觉行为。在阐述建立通信栏的动机时,章士钊之"不以同人为不肖"、"非一派之议论所得垄断"除体现《甲寅》自觉开放性以外,也关系着章士钊的办报经历。此外,其背后更联结着章士钊的政治观念——尤其是政党观念。在《甲寅》之前,章士钊已主持过《苏报》、《国民日日报》、《民立报》、《独立周报》等革命报刊。不过,章士钊虽然在政治立场上倾向于革命,并在其主持的几个报刊上登载过不少鼓吹革命的文章,甚至支持革命党的暗杀行动,然而他又与革命党人的理念有所乖离,这一乖离具体表现为其对"党"的性质的认识与革命党人大相径庭。早在《苏报》案后,他就感叹自己在《苏报》的工作成为了孙中山的鼓吹手,并"顿悟党人无学,妄言革命,将来祸发,不可收拾,功罪必不相偿"①,尔后在《民立报》、《独立周报》工作期间,章士钊更因发表"毁党造党说"与同盟会的成员发生激烈论战,最后还不得不离开《民立报》。章士钊之所以"毁党",一方面在于民初政党党纲混杂、沦为鸡肋,另一方面在于民初政党的竞争俨然沦为了私见之争,特别是"先纲而后党"的现象更导致了政党的衰朽腐败。而对于"造党"的希冀,章士钊则倾心于英国两党制,他尤其欣赏其"一党用事,他一党从而批评其政策相与可否焉"②,看重"听取反对党意见之流行"的重要性。同时,又由于他重视报刊对于政党的作用,因而对当时的报刊沦为党争工具、相互攻讦的现状颇为反感,痛斥其"流毒甚远,贻害甚深"。

"非私人所能左右,非一派议论所得垄断"体现了章士钊对当时舆论风气的批判,不过《甲寅》同时也是"政党"欧事研究会的机关刊物,其接纳"全国之意"与反对"一派议论"的对照体现了欧事研究会"力图人才集中,不分党界"③ 的主张,甚至其开放的态度在某种意义上也暗合了欧事研究会与中华革命党的刻意区分。然而,纵然《甲寅》开放程度再高,"政治"研究再热烈,欧事研究会所力求的政治渐进主义在讨袁过程中却几无用武之地,一度也被袁世凯玩弄于股掌之间。而孙中山的中华革命党,虽

---

① 孤桐(章士钊):《答雉晦先生》,《甲寅》1925 年第 1 卷第 22 期。
② 章士钊:《政党组织案》,《章士钊全集》(第二卷),文汇出版社 2000 年版,第 414–422 页。
③ 邱钱牧:《中国政党史》,山西人民出版社 1991 年版,第 372 页。

然"系秘密结党,非政党性质",为章士钊同人所侧目,但他们及其后继者恰恰因其严格的组织纪律性完成了除军阀的历史任务。章士钊以《甲寅》通讯栏为中心,开辟了"新文化—五四"运动繁荣、开放的言论空间,但客观上来讲,这一"成就"是纷乱的政治生态下的一种偶然——更具体来讲,乃是章士钊政治运动失败的遗憾下偶然留下的宝贵遗产。从文学、思想启蒙的尺度来看,章士钊的遗产是弥足珍贵的,而从政党制度探索、历史发展的尺度来看,章士钊的遗产充满着理想主义不切实际的遗憾——更为遗憾的是,章士钊最为看重的恰恰是后者。

然而,即便政治与文学尺度存在着差异,政治演进与文学演进并不能截然分裂,政治生态与文学生态在晚清—民初的历史中本身也是相互缠绕的。在晚清新文学的想象中就有着立宪政治、政党国会的想象。政党观念本身也是晚清思想启蒙运动的产物。然而,由于种种内外原因,中国人在对"政党"的探索中也孕育出了"不党"思想。而"党"与"不党"之间,背后则是国人普遍存在的对于"党同伐异"、"公器私用"的警惕。章士钊在提出毁党造党之前就在其主持的刊物上创设通信栏的雏形,力图创造开放的信息流动,打破"党"与"非党"的藩篱,而"竖三民"的创办者于右任也强调报刊非党派"言论机关"[①]。从某种意义上讲,"党"与"不党"之间,除了体现国人对于政党的认知差异外,其纠葛中所体现的知识分子对于言论空间开放性的呼吁也是政治演进中内生的一条不可忽视的线索。改组后的国民党在满足于消灭军阀的成功之余,恰恰忽略了这样一条重要线索,开始大肆践踏言论空间,而尔后言论空间的曲折发展则更令人喟然。总之,政治思想与文学思想在"新文化—五四"时期的复杂关系、发展的不可把握性,均可从通信栏的曲折命运中看出端倪。

其次是读者—消费者二重身份下"新文化—五四"言论空间的发展。

章士钊对于《甲寅》"公共舆论机关"的总体定位,除了上文所提及的以《本志宣告》的形式进行宣示以外,还以经济手段加以保障。章士钊在早年办报经历中已经观察到报刊大多无法实现经济独立的恶果:苟且于某一政党,从而难免在报道上出现偏私。因此章士钊非常看重《甲寅》的经济独立性,花费了大量心血在《甲寅》的发行市场上,包括登载广告、扩大发行等等[②]。虽然《甲寅》最终未能实现盈利,但章士钊的心血确实避免了《甲寅》重蹈《民立报》接受袁世凯津贴的覆辙,保证了报刊的内容编排沿着他办报的理念、动机、方向顺利地发展。《甲寅》通信栏最终能够充分发挥功能,影响至远,也得益于其经济机制的保护。之后的《新青年》继承了《甲寅》的开放姿

---

① 于右任:《民立报之宣言》,《民立报》1912年2月23日。
② 王猛:《学术与政治话语下章士钊报刊思想研究》,安徽大学2010年硕士论文,第24-28页。

态，对通信栏的打造也更加成熟，而这也离不开同人化以后免于支付稿酬的"成本便利"。可以说，报刊的经济运作机制对于"新文化—五四"运动的言论空间的开拓有着至关重要的作用。正是由于经济上的独立性，《甲寅》和《新青年》才能够将通讯栏打造成为读者与编辑、读者与读者之间独立自由言说的舆论场。

《甲寅》和《新青年》体现了报刊经济需求与文化功能相促进的良性互动状态，这其中，读者同时作为消费者的二重身份起到了节点的作用。两份刊物的通讯栏目在能够实现独立言说的同时，拉近了读者的距离，同时读者作为消费者，其对于独立言说的欣赏也能够转化为商品需求的心理机制，从而扩大报刊的销路。然而，如《甲寅》、《新青年》这样能够较好地利用读者—消费者二重身份，实现良性互动的报刊能不能完全代表"新文化—五四"时期的媒体界生存状态呢？遗憾的是，一些报刊在面对读者—消费者的二重身份之时，还是只得以经济利益至上，一步一步牺牲报刊的编辑对于读者的引领、定位，偏心于如何迎合消费者的胃口以获取销路，而在这一过程中，通信栏恰恰也起到了至关重要的作用。

王玉春对于《小说月报》与《小说世界》通信栏目的对比，为我们展现了"新文化—五四"时期报刊在市场机制与思想传播中的艰难抉择。由于二者的刊物定位存在差异，因此二者通信栏目所体现的侧重点也有所差别。通过王玉春的梳理不难发现，《小说月报》的通信栏目与《甲寅》、《新青年》类似，其沟通的双方更侧重于"编辑"和受编辑方针吸引的"读者"身份，不少来信者对于茅盾改组《小说月报》的方针有所质疑，但茅盾一方面将其公开登载，在不破坏开放性的同时仍坚守其编辑原则，总体而言，其通信栏实现了文艺思想的交流与表达；而《小说世界》的通信栏目则更像是文学消费者与生产者的对话之桥，更多地体现了经济生活中消费与生产的关系，特别是生产者对于消费者的需求须有求必应。总的来看，通信栏目一方面成为了消费者的沟通管道，另一方面通过不停登载"溢美之词"使其还兼顾了广告功能，但归根结底是指向经济功能的。

茅盾对于自己在改革《小说月报》的过程中受到种种阻碍颇为不悦，特别指责了王莼农看重杂志的经济效益，只"想着增加销路"，并强调"冶新旧于一炉，势必两面不讨好，当时新旧思想斗争之剧烈，不容许有两面派"。作为新文学探索的佼佼者，茅盾以改革《小说月报》的方式否定鸳鸯蝴蝶派的创作，使其在近代文学思潮演变史的书写中占据了重要地位。反过来讲，倘若茅盾在面对"《小说月报》的销数步步下降，到第十号时，只印二千册"[①]的窘境时对于改革方针存在动摇而去迎合读者，那么《小说月报》的改革断然不会成功，文学研究会的文学探索决然难以有卓然的成就，"新文化—五四"

---

① 茅盾：《我走过的道路》（上），人民文学出版社1997年版，第178–179页。

在文学上被赋予的进步意义也要大打折扣。实际上,作为"新文化—五四"启蒙内在组成的言论空间,倘若没有《甲寅》、《新青年》的经济基础,一味逢迎消费者,也断然难以实现其开放性,更毋论成为思想的自由交流场。

从某种意义上来讲,"新文化—五四"思想进步的实现多少需要牺牲一些商业利益。需要注意的是,"新文化—五四"时期虽然有着报刊繁荣的胜景,但不少报刊也难逃改头换面或者停刊的窘境,除了政治的高压外,经济因素也是不可忽视的。包括《甲寅》、《新青年》、《少年中国》在内的期刊捍卫言论空间中思想交流的纯粹性是十分不易的。不过,自晚清起,商业资本的发展也同样被视为社会进步的一部分,经济发展尺度与思想启蒙尺度具有区隔的同时,当然也存在着耦合之处。思想启蒙的阅读者和报刊的消费者,其身份也有可以粘连之处。例如《小说世界》这类看重消费者意见的报刊,实际上断然不会拒绝纯粹的"发舒意见"登载。但又由于《小说世界》发行量上的优势,因而某种意义上推广了文学的受众面,也让通信栏上面的一些意见能够传播得更广。此外,《小说世界》的经济效应保障了《小说月报》的独立性,使得后者能够在亏损中保持自己的立场。相对于《甲寅》广告都力求曲高和寡,相对于《新青年》、《每周评论》、《少年中国》同人化、精英化的终极走向,《小说世界》这类本不以"启蒙求进"的"书场生意",反而能够突破前者的某些局限。王玉春发现,在"新文化—五四"运动高潮及运动之后,报刊的主持者都开始重视消费者的权益,即便不事事逢迎,也断不会忽略他们的声音,通讯栏顺利地将读者、编者、作者三者联系在了一起,也实现了文学的生产者、消费者的顺利对话,由此反映出思想的进步尺度与经济的尺度也存在着可平衡性。

中国古代文士崇敬不为五斗米向权贵折腰的高洁,但从另一方面来讲,这也体现了文学思想在社会发展中难免受到文学之外的机制影响,尤其是经济与政治因素。近年来关于"新文化—五四"的辩论中,亦有学者以"文化五四"入手,力图区分"五四"文化思想的求进与思想之外各要素演进的不一致性①,但由于中国独特的外部环境,政治演进和商业发展尺度从来都会渗入思想进步的尺度中,这也导致了文人志士思想求进的意图在外部元素尺度的影响下出现发展的不可控性。借由"新文化—五四"运动中通信栏的创设与运作,可以感受启蒙者在求新求进的道路上所面临的动机与走向的区隔时的无奈,也可一窥中国启蒙的"创业维艰"。

"新文化—五四"运动作为近代中国文化发展演进史上不可忽视的时间节点,其符号价值往往也成为了后来者研究的进路,然而在我们捍卫或解构这些符号价值的同时,也需要冷静地思考作为历史事件的"新文化—五四"与"意义"、"事实"的关系,重视

---

① 张富贵:《为"文化五四"辩护——两个"五四"的不同境遇与价值差异》,《吉林大学学报》(社会科学版)2010年第3期。

那些影响至今、争论不绝的价值遗产在当时的历史环境中的生发机制。"新文化—五四"时期言论的激烈、"偏激"，作为价值生发言语的存在状态，一直充满非议。但这些言论中最开始生成于言论空间的张阔环境之中，激进的言论为大众所观看，既提升了影响力，也使得情感强烈的话语得以在言论空间中得到牵制，并避免走向"一言堂"的偏狭，时人对偏激的责难，也是朝着研讨对话的机制捍卫出发，而非停留在言论是否对自己感情产生了伤害。但运动后期，报刊同人化后，同人的分裂导致言论空间的交流成为了宣传与反宣传的斗争，既破坏了言论空间的开放性，也使得激进的言语多少失去了思想的价值。"新文化—五四"运动作为"中国的文艺复兴与启蒙运动"，其启蒙的旗帜为后人所瞻仰，但同时其启蒙的效果、指向也为后世所争议。"新文化—五四"运动的启蒙者自觉开拓言论空间的行为，使得启蒙的深度得以在横向的意见交流中深入，启蒙的广度得以在纵向的问讯回答中展开。通过康德与哈贝马斯对于启蒙和公共领域概念的探讨，我们可以看到"新文化—五四"的又一文化遗产。在中国近代思想史上，启蒙的背后还关系着"进化"的维度，当我们谈论"新文化—五四"的启蒙时，也必须注意其在"思想进步"的发展逻辑中扮演的角色。汪晖对于"新文化—五四"运动启蒙的局限进行了反思，从其展开的论点中可以看到启蒙者启蒙行为的出发点与结局之间存在着断裂，断裂在于启蒙背后包含的不同领域的演进方向、尺度并不一致，文化人在进行思想启蒙的过程中难免要受到其他领域尺度的影响，其中尤以政治与经济对于文学的影响值得关注。通信栏的诞生受到章士钊自身政党观念的影响。虽然章士钊的政党观念最终没能实现，但政党观念所关系的对自由、独立言论空间的重视具有突破历史时段的开拓意义，而那些超越章士钊政党观念的"党人"最终忽视了他的思想遗产，着实令人遗憾。此外，包括章士钊在内的报人重视经济独立以保证言论空间的运作健康，但言论空间在一些报刊的主持人那里仍被视作获取经济利益的工具，从而消解了"新文化—五四"的思想启蒙性。同时这一工具性多少从销量的角度扩张了思想启蒙的广度，保障了思想坚守者的坚守，也为启蒙者所借鉴，又体现了经济尺度与思想尺度的平衡。

  王玉春以报刊通信栏为研究中心，探讨其对于言论空间机制生成的作用，为我们重返"新文化—五四"运动的历史现场大门提供了一种新的可能。以言论空间的开合与运作为切入点考察"新文化—五四"运动时期熙熙攘攘的争论，并非一定能对"新文化—五四"的价值指向做出确定判断，但最重要的在于能够借此回到百年前的历史现场，观察到"新文化—五四"运动那些被"标签"背后实际存在的复杂样态，从而寻获新的发现。

（作者单位：西南大学文学院）

| 著述·综述 |

艾芜研究四十年：视野·方法·问题[①]

吕惠静　赵学勇

作为笔耕不辍的跨代作家，艾芜近半个多世纪的文学创作融汇着独特的生命体验、深沉的人文关怀、浓郁的乡土气息以及鲜明的时代精神。艾芜具有天真开朗、赤诚朴素、热情反叛、洒脱自由的禀性气质，加之"五四"时期"劳工神圣"的崇高理想以及平等博爱的人道主义的濡染，促使其自觉认同左翼文学伸张正义、为民请命、谋求解放、助力时代的革命精神。艾芜始终眼光向下，为民抒怀，同时融入了对民族文化、国民性格的启蒙思考，创作出了能够激荡人心的"有筋骨"、"有温度"的大众化作品，这对于当下文学的"人民性"导向以及"中国经验"叙事颇有启发。

艾芜擅长于日常生活叙事、乡土风物描绘、人物心理刻画，形成了以现实主义为底色的浪漫抒情风格。早期南行的"流浪汉小说"以异域题材、传奇人物、自然诗意、真挚抒情为主要审美特征，渲染了清新明朗的浪漫主义色彩，从而在题材狭隘化、人物类型化、风格严肃性的左翼文坛中独树一帜；后期的"社会剖析小说"以苦难叙事、阶级分析、写实讽刺为主要表现手法，浸润了忧郁深沉的现实批判色彩。一斑窥豹，通过艾芜前后期风格转变的个案研究，我们可以探察现代中国的时代要求、社会询唤与作家的创作个性、艺术才能之间的冲突与协调，以及现代中国浪漫主义文学思潮急剧衰落的诡谲现象。

艾芜研究始终具有独特的学术价值与鲜明的当下意义。遗憾的是，目前的研究成果却不尽人意，突出表现为研究对象的失衡性，研究视角、方法的局促性以及研究态势的冷落化。整体而言，近40年来艾芜漂泊题材的短篇小说研究以及比较研究收获颇丰，而其他创作体式的研究凤毛麟角，并且主要囿于传统文学批评的视野中，由此限制了研究

[①] 本文系中央高校基本科研业务费专项资金资助项目（2018TS032）成果。

的深广度。同时，与现代中国其他著名作家相比，对艾芜的学术探照意兴阑珊，这一现象不禁令人生疑。

一、"南行系列"短篇小说研究

艾芜跨越近60年的三次南行，贯穿了整个创作生涯，孕育了体悟爱憎、拥抱美善的浪漫组诗——《南行记》、《南行记续篇》、《南行记新篇》。艾芜也凭借"流浪汉小说"的独特书写，获得了与高尔基比肩的"流浪文豪"的美誉①。

整体观照艾芜南行题材的小说创作，是一种视域宏阔、高屋建瓴的可贵探索。有论者以直觉式印象批评全面审视南行作品的艺术魅力——以真诚亲切的"谈心"方式以及富有朴素美、情韵美的语言，呈现出崇高的人性美、壮丽的自然美，从而于平凡中蕴新奇②，可见论者卓尔不群的审美感受力与鉴赏力。有论者从文化反思、国民性改造等启蒙视角来阐释艾芜漂泊体验的价值追求——南行滇缅的流浪体验，使其发掘了平等、守信的人际关系，纯朴、刚健的人性纯金，并塑造了泼辣、坚韧的边地形象，从而构成了对温柔敦厚的正统文化以及怯懦愚昧的本土性格的自觉反叛③，从中彰显了论者独到的学术洞察力。有论者着眼于南行系列组诗所呈现的自然、生命、人性意识，来考察相关文本的互文性，从而侧面阐发中国现当代文学的断裂性与承续性④，从中显示了论者敏锐的批评眼光与深邃的审美意识。不同于阐释南行题材的同质性，有论者基于表现对象、情感基调、言说视角、底层叙事等方面的对比考察，发人深省地追问南行题材的系列创作为何连连败退⑤，可见论者尖锐的问题意识与深刻的反思精神。

作为南行题材中备受瞩目的文学经典，《南行记》的相关研究蔚然成风。就表现内容而言，首先有解读人物形象的研究。有论者基于自叙传小说中"我"的双重性格、矛盾心态，来剖析淳朴谦和的青年形象⑥，呈现出论者细微、辩证的学术探察。有论者立足挖掘边地人民的复杂形象——一面遭遇性格的畸变，一面闪耀性情的纯金⑦，虽然显

---

① 廉正祥：《流浪文豪——艾芜传》，四川文艺出版社1988年版，第2页。
② 冯耘青：《艾芜南行作品的艺术魅力》，《南京师大学报》（社会科学版）1986年第4期。
③ 张建锋：《艾芜行走在他乡与故乡之间》，《文艺报》2012年12月14日。
④ 张直心：《"南行"系列小说的诗化解读——一些连通现代文学与当代文学的思绪》，《中国现代文学研究丛刊》2013年第12期。
⑤ 张悦：《艾芜与他的三部"南行记"》，《中国现代文学研究丛刊》2017年第9期。
⑥ 欧阳忠伟：《艾芜〈南行记〉中"我"的形象剖析》，《上海师范大学学报》（哲学社会科学版）1992年第2期。
⑦ 马小林：《黑暗环境中的美好灵魂——试论艾芜〈南行记〉中劳动人民形象》，《中国现代文学研究丛刊》1983年第2期。

示了扎实的文本细读功底,但是缺乏理论高度。其次有探析自然美、人性美等价值意义的研究。有论者着眼于现代文学浪漫抒情小说的历史传统,来考察《南行记》中独立不羁的大自然所具有的独立性美学意义——既与人物形成了对立、冲突,又获得了立体浮雕式的审美质感①,对于自然描写的理论概括,显现出论者深厚的文艺美学修养。有论者着重探讨《南行记》的人性美——艾芜以赤子之心真切捕捉"化外之民"豪侠洒脱的生命本色以及以恶抗恶的生存方式,从而构建起雄奇壮美的艺术世界②,综合考察主体精神与创作对象交融对话的研究思路十分中肯。再次有挖掘文化意蕴的研究。有论者侧重探究《南行记》再现想象的自然化江湖以及理念想象的平等化江湖的独特意蕴,并进一步剖析这两种江湖想象的心理文化动因③,这种视角开阔、立论新颖的学术研究源于论者深厚的文化理论积淀。此外,有论者通过考察《南行记》烟土经济与青春理想交织书写的张力反差,来呈现边缘人物的生存挣扎④,综合运用经济学与文学的研究视角,博采众长,耐人寻味。就审美特征而言,在语言方面,有论者将语言学理论与具体的词语运用相结合,来考察文本"临时组词"、"变异改装"等语言变异现象⑤,不失为一种独出机杼、逻辑严谨的学理性阐释。在结构方面,有论者探讨了小说文本内外世界的对立统一性:一面,表现流浪知识分子漂泊历程的内部世界与表现滇缅下层人物悲惨命运的外部世界各自独立;一面,"我"的漂泊位移延展着外部世界,外部世界也聚焦着"我"的心灵场域⑥。这种环环相扣、缜密明晰的探究显现了论者谨慎沉稳的治学风格。有论者着意挖掘文本"江湖叙事"与"阶级叙事"的显隐结构——江湖社会边缘人物的野蛮哲学、悲剧命运隐藏着对阶级社会根源以及传统道德秩序的反叛,从而形成了作家个性化的革命话语⑦,可见论者提纲挈领的学术洞见。在创作手法方面,有论者立足探究《南行记》现实主义本质与浪漫主义精神的结合:就前者而言,取材于滇缅边地真实的世态人情,叙述上"我"只作为观察视角;就后者而言,塑造了乐观刚健的人物、营

---

① 刘海军:《现代小说自然描写的类型及艺术功能》,《中国现代文学研究丛刊》1994年第1期。
② 沈庆利:《"铁屋子"之外的"别一洞天"——滇缅边境与艾芜〈南行记〉》,《中国文学研究》2001年第3期。
③ 赵小琪:《艾芜早期小说的文化想象》,《文学评论》2004年第5期。
④ 张叹凤:《论艾芜〈南行记〉交织反射的鸦片烟与青春气息》,《中华文化论坛》2018年第6期。
⑤ 张相平:《论艾芜〈南行记〉中的语言变异》,《湖北民族学院学报》(哲学社会科学版)2012年第1期。
⑥ 李以建:《内外世界的对立统一——论〈南行记〉总体结构》,《天津师大学报》1987年第4期。
⑦ 陈国恩、陈昶:《从"游民"到左翼作家——论艾芜20世纪30年代的创作》,《江汉论坛》2013年第4期。

造了人景交融的抒情意境,但整体上作品的理性反思不及感性激情①。这种公允持中的审美批评,带有鲜明的学术思辨色彩。在风格方面,有论者全面阐释《南行记》刚柔相济的美学风貌:一面朴实而清丽,题材具有朴素的生活气息、清丽的异域风情,语言叙事时质朴、写景时清新;一面明朗而忧郁,自然的明丽色调、人物的乐观精神与社会的黑暗残酷、生存的压迫困窘互为反衬②。运用风格理论深入浅出地解读作品,体现了论者深厚的美学素养。

作为《南行记》惹人注目的单篇文本,《山峡中》的相关探究意趣盎然。关于文本的主题性解读,有论者结合自身生存体验,探讨"恶中之善"的合理性:在环境压迫下,当善良沦为可欺,当正义带来伤害,人性便会趋向"恶"的冲动,从而发生扭曲畸变③。这种渗透生命共感的体验式解读,使得文本主题具有了普遍性意义。有论者把握文本间隙,阐释主题的反讽张力:显在层面,肯定强盗的反抗精神,批判强盗的谋生方式;潜在层面,强盗本能的求生哲学粉碎了知识分子的启蒙自信,但善恶交织的"野猫子"赋予了作者执着探索的勇气④。这种洞幽察微的主题重释,引人入胜。关于文本的艺术性解读,有论者立足于意象批评来挖掘文本蕴含的人道主义关怀与生命意识:"江涛"意象以毁灭、破坏的暴力形象,既隐喻残酷蛮横的生存哲学,也象征原始顽强的生命力⑤。这种由表及里、由浅入深的美学批评,值得借鉴。关于文本的综合性解读,有论者从文化批评视角重新解读人物形象与叙事特征:前者而言,以魏大爷为首的强盗集团是脱离封建宗法秩序的典型游民形象,"小黑牛"是向往回归安定的农业社会的流民形象,"我"是流民与知识分子的混合体;后者而言,显在的江湖叙事融童年侠义小说的阅读体验、青年流浪见闻、艺术虚构想象于一体,潜在的左翼叙事论证了暴力革命的合法性,隐含了"以暴制暴"的游民文化对正统秩序的反叛⑥。这种融汇文化结构、历史求真、审美洞见的研究理路,新颖深邃,饶有趣味。

相较于《南行记》如火如荼的专题探究,《续篇》及《新篇》的相关探讨略逊一筹。有论者致力于探析《续篇》的艺术特征:语言上,朴素自然、精炼流畅;手法上,注重在对比、阶级冲突中刻画人物典型性格,注重描写富有地方色彩的自然风光;结构上,

---

① 吴进:《论〈南行记〉的审美特征》,《云南师范大学学报》(哲学社会科学版)1986年第4期。
② 雷锐:《艾芜前期创作艺术风格浅探》,《社会科学研究》1984年第3期。
③ 吴福辉、王晓明:《关于艾芜〈山峡中〉的通信》,《中国现代文学研究丛刊》1993年第3期。
④ 邓伟:《〈山峡中〉:光明与黑暗之间的心路历程——并以此纪念艾芜百年诞辰》,《现代中国文化与文学》2005年第1期。
⑤ 张金城:《论〈山峡中〉的江涛意象》,《电影评介》2010年第8期。
⑥ 王毅:《"山峡"内外:一个左翼作家的行走、书写与笔名》,《中国现代文学研究丛刊》2008年第3期。

运用"相似法"设置悬念,前后呼应;风格上,具有革命浪漫主义色彩①。这种基于文本细读的艺术概括,严谨朴实。有论者以《续篇》为个案,来检视十七年政治语境中"原乡小说"的多元张力性:显在层面呈现出阶级斗争、忆苦思甜、歌颂新时代的政治话语;潜在层面呈现出情爱、怀旧抒情、精神还乡的文化话语,从而于主流革命叙事中渗入边地人性观与生命观②。这种以微见著的解读,别出心裁,见地深刻。

不同于文学文本的研究,南行小说的影视改编研究无疑开拓了学术视野。有论者就《南行记》及其改编电影《漂泊奇遇》进行了比照式评析:电影主要以《山峡中》、《偷马贼》为故事蓝本,为了迎合观众的猎奇心理,片面渲染了故事的传奇性,既淡化了原著尖锐的阶级矛盾,也违背了原著爱憎分明的价值取向,由此"奇而失真",曲解了原著的审美趣味③。由此可见论者真知灼见、掷地有声的批评力度。有论者在尊重《南行记》"人生意识"的创作母题及抒情风格的基础上,构想电视剧改编蓝图:主题上,要张扬个体生存的生命律动;结构上,要以"情绪累积"联结故事片段;形式上,从镜头、音乐、摄影等方面,充分考虑主体的心理情绪、自然的诗化意境、异域的文化特色等因素④。这显现了论者敏锐的文学感受力与专业化的影视素养。

由上观之,"南行系列"短篇小说研究由宏观审视到专题探究,由文本批评到影视改编,在人物形象、主题内蕴、审美特征等方面都取得了长足进展,其中不乏富有创见的学术成果,但整体而言主要停留在传统的文学批评范畴内,缺乏广阔的研究视角与多元的研究方法,从而制约了研究深度。就研究视角而言,有必要在中国现代"浪漫抒情小说"、"流浪汉小说"的历史谱系中⑤,观照艾芜南行作品的独特价值,从而提升研究视点与史学品质;有必要运用"社会学"、"人类学"、"心理学"、"存在主义"等理论,探究边地人物的生存方式与人性善恶,从而挖掘主题的普遍性与哲思性;有必要结合"地缘政治学"、"生态学"、"文化学"、"民俗学"等视角,窥探南行题材的异域特色及浪漫气息,从而深化风格解读。就研究方法而言,有必要借鉴"发生学"研究理路,窥探艾芜"流浪汉小说"的生成机制及创作心理,这涉及现代化转型的社会背景、激进变革的时代精神、巴蜀地区沉闷压抑的文化氛围以及艾芜的童年经验(如"魏小儿流浪"

---

① 韦学贤:《试论艾芜小说中关于少数民族生活的描写》,《广西民族学院学报》(哲学社会科学版)1985年第1期。

② 张直心:《"原乡小说"的裂变与重续——〈南行记续篇〉的意义》,《文学评论》2009年第1期。

③ 黄侯兴、孙桂春:《奇而失真——谈〈漂泊奇遇〉的改编》,《电影艺术》1984年第12期。

④ 潘小扬:《人生的礼赞——〈南行记〉电视大系列创作工程构想》,《中国电视》1992年第1期。

⑤ 逄增玉:《试论中国现代"流浪汉"小说及其形象》,《中国现代文学研究丛刊》1989年第4期。

的民间故事及传统侠义小说的伦理道德濡染）、禀性气质、人生境遇、文化择取、底层体验、理想求索等一系列的主客观因素，从而深入把握艾芜"真善美"的情感判断以及异质文化的补偿心理；有必要汲取"母题"研究经验①，考察艾芜漂泊叙事的原型系统与象征意义，从而深刻体悟浸润知识分子生命意识、文化焦灼、启蒙精神、良知责任、孤独求索的行走哲学。

二、其他创作体式研究及专著论述

伴随着文学的经典化历程，艾芜的南行书写以耀眼的光芒遮蔽了其他创作体式。相较于漂泊题材研究，艾芜的牢狱、乡土、工业等题材的研究大为逊色；相较于短篇小说研究，艾芜的中长篇小说、散文、书信等体裁的研究黯然失色。

艾芜的牢狱小说，利于我们窥探30年代的政治生态以及作家的创作心态，然而相关研究寥寥无几。有论者力求宏观把握艾芜牢狱题材的创作风貌：表现内容上，再现牢狱内部秩序森严的专制世界，注重揭示牢狱之人的生存智慧、生命力以及善恶人性；艺术特征上，既带有日常生活原生叙事的客观写实性，又带有作家主体的自叙传色彩②。这种别具慧眼、周全翔实的学术探究，显示了论者敏锐善思、扎实沉稳的学术品质。艾芜的乡土小说，反映了农民的日常生活与革命斗争，揭示了农民的生存压迫与精神奴役，促使创作风格由明丽浪漫转向沉郁写实，然而相关研究相当薄弱。关于长篇乡土小说研究，有论者立足于《丰饶的原野》、《故乡》、《山野》的文本审美批评，来窥视作家客观写实、主观抒情、理性批判的交织碰撞以及时代压力对作家个性的制约，认为《丰饶的原野》塑造了善良又怯弱、反抗又愚朴、油滑又愚昧的三类雇农形象，描绘了清新明丽的乡土风俗，传达了真诚忧郁的怀旧情感，但是主观抒情削弱了理性洞察；《故乡》批判了抗战大后方腐败的社会现实，剖析了自我保全压倒社会良知的病态心理，但是理性批判与感性形象并不协调；《山野》解剖了吉丁村人的抗战热情，表现了基于生存本能的人性偏狭，但是理性社会分析又压制了感性情绪体验③。由此可见论者敏锐思辨的审美眼光与富有创见的学术魄力。需要说明的是，《山野》作为艾芜长篇小说的里程碑，不仅鲜明揭示了战时农村复杂的阶级关系与社会矛盾，而且真实塑造了青年知识分子韦美珍的形象，因而"是一部结构严谨、富有分析深度的现代长篇小说"④，"标志着作者

---

① 谭桂林：《论中国现代文学的漂泊母题》，《中国社会科学》1998年第2期。
② 张元珂：《艾芜的"牢狱之灾"与"牢狱叙事"》，《文艺报》2012年12月14日。
③ 王晓明：《论艾芜的三部长篇小说》，《文学评论》1984年第4期。
④ 严家炎主编：《二十世纪中国文学史》（中册），高等教育出版社2010年版，第219–220页。

在长篇创作上走上成熟时期"①,然而相关研究极为匮乏。此外,有论者通过探究艾芜50年代的短篇小说《夏天》的文本创作与版本变迁,来考察共和国初期文学生产与批评的限度问题②,从中体现了论者注重版本意识、回归历史现场的实事求是、严谨稳健的学术作风。艾芜的工业小说,以平易质朴的笔调,呈现了社会主义新人奋发昂扬的精神风貌,然而相关研究不成气候,尤其是对长篇小说《百炼成钢》的关注仅停留在作品产生之初"社会主义现实主义"狭隘化的政治评判层面。此外,艾芜新时期以来的小说研究,多为跟踪式的平面赏析,远没有达到学理性的深度阐释。

不同于小说研究,艾芜其他体裁的研究鲜有问津。首先,本与南行小说互为阐发、相得益彰的散文集《漂泊杂记》,承载着作家真切的人生体验以及冷静的文化反思,并以"简洁朴素"、"形式多样"的风格特征,在"现代六十家散文③"中别具一格,因此相关研究值得推进。其次,艾芜的书信研究任重道远,虽然目前仍处于相关资料的搜集、整理阶段,还谈不上甄辨与探究,但是诚如评论家所言,"艾芜的资历、阅历和身份等,都证实着他的大量书信即便信手写来也是有史实含量的"④。也就是说,透过这些书信可以窥探中国现代文学的原生态史实以及作家思想的发展脉络,可谓意义不凡。

值得一提的是,艾芜研究的专著论述也亟待深化。相关专著的研究情形大体如下:《沙汀艾芜的小说世界》⑤ 以作家论为基础,既宏观梳理了艾芜小说的创作历程,又微观剖析了艾芜的创作心理,显示了论者个性化的学术语言与独到的学术见地。本著通过文本解读,把握了艾芜小说由浪漫乐观到现实忧郁的风格转变,同时揭示了艾芜在时代要求与艺术个性的矛盾冲突中,所彰显的主动担当的道义责任、赤子之心的浪漫气质以及执着现实的乐观哲学。但是,本著文本批评的中心视角限制了更为广阔、深邃的学术探察。《艾芜评传》⑥ 以文学创作的阶段论为基础,结合艾芜的时代背景、生平经历、精神气质,从创作题材、思想特征、艺术风格等方面系统勾勒了艾芜的创作全貌,体现了论者"知人论世"的严谨质实的治学态度。本著主次分明,详略得当,重点阐释《南行记》流浪汉小说的浪漫主义色彩,同时视野广阔,史料翔实,注重捕捉艾芜与中外作家的创作关联,因而极富学术启发意义。但是,传记与评论的著述体例缺乏理论批评的思

---

① 唐弢主编:《中国现代文学史》(第3册),人民文学出版社2002年版,第489页。
② 蔡东:《共和国初期文学"生产"与"批评"的限度——艾芜〈夏天〉的创作与改正过程初探》,《现代中文学刊》2018年第3期。
③ 林非:《现代六十家散文札记》,百花文艺出版社1980年版。
④ 龚明德:《尚待完善的〈艾芜全集〉"书信"卷》,《现代中文学刊》2014年第6期。
⑤ 王晓明:《沙汀艾芜的小说世界》,上海文艺出版社1987年版。
⑥ 谭兴国:《艾芜评传》,重庆出版社1995年版。

想高度。《艾芜传》① 基于艾芜的自叙传小说、散文随笔以及其他文献史料，谨慎朴拙又不失生动地描绘了流浪知识分子命途多舛的一世沧桑。本著着眼于空间位移来呈现时代的风雨飘摇以及艾芜的颠沛流离，通过叙写三次南行、三次入狱、屡次流亡的苦难经历，突显了艾芜孤独漂泊的人生宿命与坚韧达观的精神人格，具有栩栩如生的历史在场感与人物亲切感。但是，以客观史料与真实情感取胜的人物传记失之于学术洞见的深邃性。《艾芜纪念文集》② 作为艾芜诞辰110周年之际回忆性、纪念性、研究性文章的辑录，侧重于追溯文学情缘，敬仰文学精神，彰显文学价值，可以为艾芜研究提供新的解读视角。《艾芜专辑》③ 作为研究资料汇编，囊括了作家小传、思想创作、作品评介、资料索引、版本目录等丰富翔实的史料内容，具有极为重要的学术参考价值。

由上观之，艾芜研究的失衡现象一方面可能与文本自身的价值分量、审美质感相关，另一方面可能与不够多元的研究视野、研究方法相关。研究者只有树立敏锐观察、独立思考、审慎反思的学术品质，才有可能避免亦步亦趋的解读潮流，从而锁定相关领域的薄弱环节，开掘潜力之作的动人光彩。

三、比较研究

艾芜，作为"吃五四的奶长大"④ 的一代作家，自然深受"五四"多元包容、激荡交错的文化思潮的洗礼，结合其自身的人生际遇、文化结构、漂泊体验、审美理想，荟萃为别具一格的文学书写，从而为广泛考察艾芜与中外文学关系的比较研究提供了可能性。

立足于平行比较的对比研究小有收获。以中国作家为参照，首先，作为"左联双璧"，艾芜、沙汀的对比研究大为可观。有论者着重探讨二者人物塑造的异同：艾芜笔下的底层劳动人民与沙汀笔下的国民党基层官吏均取材于他们所熟悉的真实人物，但在情感表达上，前者赞颂人物的生命强力，后者批判人物的反动腐朽；在审美效果上，前者正面唤起读者的赞美之情，后者通过鞭挞丑恶使读者间接体验美善⑤。此中呈现出清晰晓畅、严谨务实的学术风格。有论者基于文学创作的阶段论，探析二者异同：二者均得益于鲁迅先生指导，致力于文学的人民立场与社会改造；但是艾芜漂泊滇缅的人生经历

---

① 王毅：《艾芜传》，北京十月文艺出版社2005年版。
② 龚明德、袁庭栋：《艾芜纪念文集》，天地出版社2014年版。
③ 四川大学中文系编：《中国当代文学研究资料·艾芜专辑》，四川大学中文系，1979年。
④ 谭兴国：《艾芜评传》，重庆出版社1994年版，第19页。
⑤ 盛子潮：《艾芜沙汀异同论》，《浙江学刊》1993年第2期。

使其创作视野开阔,结构自由,主观抒情性强,沙汀安于四川的人生体验使其创作情节集中,结构严谨,讽刺批判性强①。这种知人论世的文学批评显现了论者笃实审慎的治学态度。其次,同为南洋域外书写,艾芜、许地山的对比研究值得肯定。有论者立足于异域色彩、人生哲学,探讨二者文本的对话性:创作心态上,前者呈现出主动进取的探索精神,后者呈现出饱经忧患、寻求解脱的被动心理;人物形象上,前者关注"法外之民"的生存状态,后者关注家庭妇女的悲剧命运;主题上,前者赞扬勇于反抗的生命强力,后者表现由悲苦厌世到坚忍顽强的态度转变②。此中体现了论者开阔敏锐的学术视角,但缺乏深层对比的阐释分析。有论者深化了二者异域题材的对比:二者通过描写异域自然,传达了强烈的生命意识,但在风格基调上,前者粗野冷峻,包含人间流浪之苦,后者飘逸超脱,包含宗教信仰皈依;在人物塑造上,前者根植于现实,表现人物的强悍求生与野性之善,后者寄托于幻想,表现坚韧达观又顺从命运的"补网型"妇女的人性之善;在情感上,前者强烈抒发对下层人物生存挣扎的不平与同情,后者调和宗教哲学,淡化苦痛,节制激情③。这种严谨深邃的洞察,富有厚重的学术分量。再次,同为边地题材书写,艾芜、沈从文的对比研究可圈可点。有论者着意窥探二者边地文本"人性美"建构的差异性:前者塑造了豪侠坦率、善恶并存的人物,开掘出真实、可信的人性美,后者塑造了纯真古朴、顺应自然的人物,供奉着抽象、理想的人性美④。这不失为一种旗帜鲜明、态度敞亮的对比研究。有论者着重进行二者边地文本审美特征的综合比较:自然描写上,都营造了纯然、独立的地域背景,但是前者的笔调奇崛,带有冲动的诗意眷恋,后者的笔调平缓,带有静穆的宗教虔诚;地域文化上,都描绘了独异的民风民俗,但前者缺乏滇缅文化体系的完整性,后者呈现了湘西文化体系的统一性;人物塑造上,都体现了健康本真的生命形态,但前者注重在阶级反抗及人与自然的对立中,突显人物的乐观豪侠,后者注重在两性关系及人与自然的和谐中,表现人物的安分自守;美学风格上,都浸染浪漫抒情的明朗色彩,但前者形成了雄奇野蛮的阳刚之气,后者形成了清幽恬静的阴柔之美⑤。这种视角开阔、抽丝剥茧的审美批评,彰显了论者丰富的知识结构与厚重的学术修养。有论者从"边城文化"、"主体精神"等方面论及二者异同:二者具有"边城文化"的相似性,即审美趣味世俗化、大众化,审美判断守旧,审美理想求野;二者具有主体精神的个性特征,即艾芜建构了介于理想与现实之间的滇缅

---

① 邢铁华:《双星同曜——论艾芜、沙汀的文学创作》,《社会科学研究》1981年第2期。
② 阎浩岗:《异域色彩与人生哲学》,《文艺报》2012年12月14日。
③ 谢昭新:《许地山、艾芜的域外题材小说比较谈片》,《贵州社会科学》1989年第12期。
④ 靳力:《沈从文湘西小说与艾芜边地小说比较论》,《山东师范大学学报》(社会科学版)1999年第2期。
⑤ 吴进:《论沈从文与艾芜的边地作品》,《中国现代文学研究丛刊》1988年第1期。

世界,来彰显刚健乐观的精神意志,沈从文筑造了和谐、理想的湘西世界,来显现抽象、绝对的人性道德①。这种要言不烦、丝丝入扣的比照探察,体现了论者广博精深的学术造诣。以外国作家为参照,同为流浪汉小说,艾芜、高尔基的对比研究富有潜力。有论者深刻阐释了二者异同:二者都具有丰富的流浪经历以及关怀底层、批判社会的价值旨归,但是前者高扬人性之善,后者侧重善恶冲突,前者着意描绘自然,淡化人物悲剧,后者直面现实,解剖深刻。而这种差异性源于二者不同的童年经历与文化传统:前者优越烂漫的童年,赋予其亲近自然的赤诚,后者贫穷苦难的童年,锻造其洞察丑恶的能力;前者深受中国传统文化以及民间侠士文化的濡染,具有了仁爱、自然、信善、浪漫的精神气质,后者深受俄国批判现实主义以及古典文学的熏陶,形成了冷峻审视、沉郁批判的风格特征②。这种思维缜密、寻幽入微的卓越见地,耐人咀嚼。此外,同为自叙传漂泊题材,艾芜、川端康成的对比研究相映成趣。有论者就经典文本《山峡中》、《伊豆的舞女》进行了平行对比研究:内容上,前者侧重生活流浪,后者侧重精神流浪;人物上,桀骜不驯的"野猫子"带有更多的野性美,温柔妩媚的"薰子"带有更多的女人味;主题上,前者侧重生存的坚韧与生命的顽力,后者侧重精神的慰藉与心灵的光辉③。这种交相辉映的文本解读新颖独特,美中不足的是未能广阔、深入地进行对比阐释。

  立足于窥探来龙去脉、继承革新的影响研究,乏善可陈。有论者宏观审视外国文学对艾芜的整体影响:高尔基的流浪文学、托尔斯泰的人道主义、屠格涅夫的自然描写、契诃夫的善意讽刺、狄更斯的底层刻画等都熏陶了艾芜南行创作的艺术表达;在模仿借鉴表层形式的基础上,真正的影响在于灵感的启发、激情的呼唤与精神的共鸣④。这不失为一种独到深邃的理论批评,但是缺乏影响机制的具体阐释。有论者基于史料考证,来探察高尔基对艾芜的影响:巴蜀早期,艾芜广泛阅读《小说月报》、《新青年》等译介的俄国文学;流浪滇缅,艾芜在《仰光日报》上译过高尔基文章;四五十年代,艾芜不仅为高尔基小说《草原上》作注,而且在著述《翻译小说选》、《文学手册》中多次论及高尔基的文艺经验,在发言稿《高尔基的小说》中认同"社会主义现实主义"的创作理论等⑤。这种考辨同源的影响研究仅限于扎实求真的史料梳理,而缺乏本体层面的创作分析。

---

  ① 陈子平:《文化的投影与主体的抉择——试论二三十年代的边城小说》,《贵州社会科学》1989年第10期。
  ② 侯敏:《艾芜与高尔基流浪汉小说比较论》,《中国文学研究》2014年第4期。
  ③ 付金艳:《漂泊的人生 漂泊的文学——〈山峡中〉与〈伊豆的舞女〉比较》,《社会科学家》2004年第6期。
  ④ 王晓明:《艾芜和外国文学》,《中国比较文学》1984年第1期。
  ⑤ 张建锋:《艾芜接受高尔基影响的史实考述》,《小说评论》2009年第2期增刊。

比较研究利于突显艾芜的独特个性，作为一种富有活力的外部研究仍大有可为。首先，艾芜与中国文学的关系研究富有前景。就对比研究而言，同为漂泊母题，可以阐发艾芜与路翎流浪题材的异同；同为行走文学，可以类比艾芜的"流浪知识分子"形象与鲁迅的"过客"形象；同为浪漫抒情小说，可以探析艾芜与郁达夫自叙传作品的区别与联系。就影响研究而言，可以尝试考察早年时期艾芜广泛的阅读经验（诸如对中国古典文学、侠义小说以及胡适、梁漱溟、马寅初、熊得山等人的哲学社会科学著作的涉猎），对其日后价值观念、文学创作的影响；可以窥探郭沫若抒情、想象的文学创作以及革命理论对艾芜的文学启示与革命启蒙；可以细致探究文学导师鲁迅对艾芜创作的具体影响等。其次，艾芜与外国文学的关系研究亟待深化。目前关于艾芜与高尔基、屠格涅夫、托尔斯泰、契诃夫、莫泊桑、梅里美、狄更斯、杰克·伦敦等外国作家的比较研究大多浮光掠影，缺乏文本细读基础上广阔具体、深刻辩证的对比阐释与影响分析。不过，这种基于宏阔视角、丰富知识结构、敏锐批评眼光以及严谨史料考辨的综合性比较研究，本身带有鲜明的学术挑战性，因此其研究的薄弱之处也可以理解。

艾芜始终以平民身份，坚持底层书写的大众化姿态，传达对"真善美"的永恒追求，让读者总能感到"一种发自内心的开朗和热烈，一种从黑暗面前扭头就走的执拗，一种固执地拒绝沉沦的勇气"[①]。艾芜自觉地将渗透着审美理想的个人经验与包含着社会担当的时代经验相结合，从而坚守了文学的精神品格与价值立场，彰显了知识分子的正义良知与责任操守，这对于现代文明危机下的当代作家意义重大。艾芜凭借丰富深厚的底层体验，描写了烂熟于心的地域题材，塑造了血肉丰满的人物形象，最终形成了独特鲜明的风格印记，这对于纠补文学日益他者化、符号化、模式化的不良倾向大有裨益。艾芜前后期的文学转型，构成了政治规约、时代要求与创作自由、艺术个性冲突碰撞的典型镜像，为我们窥探文学生态的复杂机制提供了极富价值的研究个案。艾芜倔强坚韧、超然达观的独立人格与庄重严肃、笔耕不辍的文学精神，不断激励着文学有志之士奋发向上、永动不腐。然而，这些都与艾芜研究的冷落现象形成了较大反差。研究者只有打破定势思维，才有可能烛照丰富复杂的研究对象，才有可能构建广阔多元的研究格局，才有可能抵达真实的艾芜世界。毕竟一花独放不是春，百花争艳春满园。

（作者单位：陕西师范大学文学院）

---

① 吴福辉、王晓明：《关于艾芜〈山峡中〉的通信》，《中国现代文学研究丛刊》1993年第3期。

著述·综述

20世纪中国反现代性的五副面孔
——评汪树东《中国现代文学中的反现代性研究》

周 毅

20世纪80年代中期以降,西方现代性论著的大批引入,给我国哲学、社会学、文学、心理学等领域注入了丰富而新鲜的思想资源。特别是三联书店"学术前沿"丛书、商务印书馆"现代性研究译丛"和译林出版社"人文与社会译丛"等几个系列的译著对加强中西学界现代性对话产生了不可估量的影响。

但是,为什么迄今为止,学界对现代性问题一直讨论不清,并没有达成太多的共识?这一方面是由于现代性开始于何时,都仍"是一个有争议的问题",其概念本身也"充满着意义的不确定性,因为它的所指内涵不清,外延不明"①。另一方面,现代性"并非一个单一的过程和结果",其"自身充满了矛盾和对抗"②,有较为丰富的层次和多个面向,它往往以现代主义、先锋派、颓废、媚俗艺术、后现代主义、现代化等多副面孔出现。同时,这个发轫于西方的概念体系与中国现代社会、现代文学的复杂实际之间有许多的情状不能简单对应,因此很难一概而论。

其实,现代性问题难以说清说透,至今仍是学术热点和争论焦点,还有一个特别重要的原因,就是对现代性的研讨往往囿于现代性问题自身,缺乏一个完整的参照体系。出于种种原因,不少讨论者或有意或无意地规避了其相反相成的对立面——反现代性。

汪树东《中国现代文学中的反现代性研究》从价值立场入手,用文化保守主义(文化守成主义)、审美现代性、后现代主义、革命意识形态(革命现代性)、超越精神五种

---

① [英]齐格蒙特·鲍曼:《现代性与矛盾性》,邵迎生译,商务印书馆2013年版,第6—7页。
② 周宪、许钧:《现代性译丛·总序》,参见[美]马泰·卡林内斯库《现代性的五副面孔》,顾爱彬、李瑞华译,商务印书馆2002年版,第3页。

反现代立场简明地概括了中国现代文学中驳杂的反现代性书写情况,并指明他们之间的交集和区别,以及各自与启蒙现代性的关系。该著首次简要、精准地勾勒了20世纪中国反现代性的五副面孔,并以对作家的深入研究、对作品的细致解读和对观念史的认真梳理,强有力地纠正了一些文学史误识,并揭示出,20世纪中国文学的反现代性不但存在,而且异彩纷呈,价值非凡。

一、观念史:首次清晰勾勒20世纪中国反现代性的五副面孔

要识得现代性的庐山真面目,我们就不能继续深深迷陷在现代性知识谱系内部,而要跳出来,从更高远的或者相反的地方去观察和审视。所以,20世纪90年代中期以后,国内学界逐渐兴起了一股批判、反思现代性的思潮,陶东风称之为"从呼唤现代化到反思现代性"的学术动向①。此后,汪晖、杨春时、汪树东、张盾、李怡、张德明、张福贵、李杨、曾令存、李杨、陈晓明、张钊贻、逄增玉、杨联芬、李建军等学者都就反思现代性做过论述。其中,杨厚均较早发现了中国现代乡村小说的反现代性倾向,张盾梳理了反现代性理论的转型状况,并从反现代性角度重新解读马克思异化理论,认为反现代性是马克思哲学革命的真实意义。曾令存、李杨《"再解读"与"反现代的现代性"——当代文学学科史访谈录》、郑润良《"反现代的现代性":新左派文学史观萌发的语境及其问题》、李集雅(Tiziana Lippiello)《汪晖与中国反现代的现代性》等文章也较有影响。

但是,截至目前,我国学界整体上对现代化、现代性、现代派的研究和提倡依然占据主流,对作为其一体两面、相反相成的反现代化、反现代性、反现代派至今还"所知不多"。我们没有意识到现代性与反现代性悖论中的内在张力,没有发现一些"现代派的代表人物,同时又反对革命、反对进步、反对民主等"②。

杨春时在《中国反思现代性的缺失与反现代性文学思潮的乏力》一文中认为,"反现代性的文学思潮如浪漫主义、现实主义、现代主义却十分弱小,始终未能成为主潮"是"中国现代文学史上的一个基本事实"③。因为"基本上没有"反思和批判现代性和社会现代化,"没有超越理性,反而呼唤理性",所以"20世纪中国文学不能称为真正意

---

① 陶东风:《从呼唤现代化到反思现代性》,(香港)《二十一世纪》1999年6月号。
② 郭宏安:《反现代派》译后记,参见[法]安托瓦纳·贡巴尼翁《反现代派——从约瑟夫·德·迈斯特到罗兰·巴特》,郭宏安译,三联书店2009年版,第524页。
③ 杨春时:《中国反思现代性的缺失与反现代性文学思潮的乏力》,《社会科学战线》2008年第9期。

义上的现代文学"①。他还强调,因为"中国现代性发展的滞后和受阻,使反现代性文学思潮薄弱,始终没有成为主流文学思潮,而启蒙主义(时间较短)与新古典主义(时间较长)交替成为主导思潮"②。

汪树东在《中国现代文学中的反现代性研究》一书中对杨春时的研判做了回应。他指出,如果把杨春时所言的新古典主义也视为一种反现代性的现代性,"反现代性在现代中国的力量还是非常强大的"③。中国20世纪文学在主潮之中,其实"另有大量作家作品对现代性持鲜明而坚定的反思和批判立场"④。

《中国现代文学中的反现代性研究》一书进入文学作品深处,探秘作家思想幽微,主动与主流研究保持适度距离,谨慎选择合适角度,辨析习见成说,首次清晰勾勒出20世纪中国文学中文化保守(守成)主义、审美现代性、后现代主义、革命意识形态、超越精神等反现代性价值立场呈现出的五副面孔,"从另一个侧面来澄清中国现代文学的现代性问题"⑤。

《中国现代文学中的反现代性研究》整体梳理、系统研究了中国现代文学反现代价值取向的五种基本立场和代表作家作品。仅以关于文化保守主义的研讨为例,该书按照时间顺序简要梳理了这种反现代性起承转合的历史脉络:从20世纪初的"孔教派"、"国粹派",到"五四"时期的"东方文化派"、"学衡派",再到30年代十位教授联合发表《中国本位的文化建设宣言》、40年代"新儒家"、1958年牟宗三等中国港台思想家联合署名《为中国文化敬告世界人士宣言》、80年代中国文化书院成立和林毓生出版《中国意识的危机——"五四"激烈的反传统主义》及余英时演讲《中国近代思想史上的激进与保守》、90年代李泽厚等80年代启蒙健将纷纷转入文化保守主义阵营、21世纪以来《中华文化经典基础教育读本》和《甲申文化宣言》及百家讲坛。可以说,反现代性立场鲜明的文化保守主义思潮一波未平一波又起。汪树东还分析了文化保守主义兴起的三大缘由、主要特征、独特思路,以及作为社会思潮的文化保守主义与现代文学中的文化保守主义的异同及原因。随后,汪树东还结合典型文本和重要言论,进一步对学衡派、立足于儒家传统的反现代性、立足于道家传统的反现代性做了详细论述。

由此可见,《中国现代文学中的反现代性研究》是一本辨析百年中国反现代性学术

---

① 杨春时:《现代性与中国文学·序》,宋建华主编《现代性与中国文学》,山东教育出版社1999年版,第3、4页。
② 杨春时:《现代性与中国文学思潮》,三联书店2009年版,第59页。
③ 汪树东:《中国现代文学中的反现代性研究》,人民出版社2018年版,第17页。
④ 汪树东:《中国现代文学中的反现代性研究》,人民出版社2018年版,第2页。
⑤ 汪树东:《中国现代文学中的反现代性研究》,人民出版社2018年版,第2页。

史、文学史、观念史的呕心之作。它深刻揭示了五种反现代性的本质特征,完整呈现了其演变进程,并对五种反现代性进行现代性批判方面的意义和局限做了公允的判断,还精准把握和简明概括了五种反现代价值取向之间的联系和异同,鉴别和汲取了中外学者反现代性研究的有益成果,并从全新的角度发现了穆旦、伊沙、沈从文、沙叶新等一大批重要诗人、小说家、剧作家被误读或被忽视的另一方面的文学史价值,极有可能整体推进中国现代文学研究步入新的阶段。

二、关系谱:五种反现代性的交织、差异、博弈

在《中国现代文学中的反现代性研究》中,汪树东指出,"现代性和反现代彼此互为他者,互为界限,互相砥砺,互相消解,也互相促成",五种反现代性的共同之处在于,都"对启蒙现代性进行了或严厉或舒缓,或部分或彻底,或肤浅或深刻的反思和批判"①。

该书绪论部分,作者在概览全世界的现代化与反现代化浪潮时,受马泰·卡林内斯库的启发,赞同现代性虽有多个层面和维度,但最核心的还是"作为西方文明史一个阶段"的资产阶级的现代性和"作为美学概念"、导致先锋派的文化现代性的博弈,二者"截然不同却又剧烈冲突"②。汪树东把前者称为"启蒙现代性",把后者称为"审美现代性",并且指出"真正支撑现代化的就是启蒙现代性所揭示的基本价值观念"③。该书所研讨的反现代性,主要针对的就是启蒙现代性。

《中国现代文学中的反现代性研究》指出,文化保守主义立足于前现代性的文化传统,反思和批判启蒙现代性、审美现代性、革命现代性。一百年来,作为社会思潮的文化保守主义纷繁杂乱,作为文学思潮的文化保守主义也催生了不少杰出作品。汪树东高屋建瓴地把现代文学中的文化保守主义概括为三大主要类型:立足儒家传统的陈忠实、唐浩明;立足道家传统的周作人、沈从文、汪曾祺、林语堂、梁实秋、贾平凹、阿成、张炜、迟子建;立足于民间文化传统的老舍、张炜。这个概括既简明、客观,同时也兼顾了作家的复杂性,比如张炜就同时受到了道家传统和民间传统的滋养。

汪树东认为,文化保守主义的反现代性倾向于前现代价值立场,标举农业时代的传

---

① 汪树东:《中国现代文学中的反现代性研究》,人民出版社2018年版,第1、15页。
② [美] 马泰·卡林内斯库:《现代性的五副面孔》,顾爱彬、李瑞华译,商务印书馆2002年版,第48页。
③ 汪树东:《中国现代文学中的反现代性研究》,人民出版社2018年版,第4页。

统文化,还往往与民族主义暗中携手,贬斥启蒙现代性为"现代社会的祸乱之源"。文化保守主义立足于儒家或道家传统批判现代性,对于认识"现代性自身的残缺","促进现代文明健康发展",促成"对传统文化的自觉意识和自信心"都意义重大。并且,废名、沈从文、林语堂、汪曾祺、阿成、陈忠实等文化保守主义作家也的确塑造了具有"超然的审美意义"的"古典人格",但毕竟"缺乏现实针对性",在面对种种困境时不做具体分析,"总是归罪于来自西方的现代文明,溯源于传统文化的断裂和失落","一厢情愿"地对传统文化进行"完美化处理","盲目"地大肆挞伐现代性,"混淆文化价值和使用价值",遮蔽国人的现实生产与发展诉求①。这些识断对于我们更全面地评价上述现代文学经典作家及其代表作品极具启发意义。

《中国现代文学中的反现代性研究》认为,不同于文化保守主义倾向于前现代价值立场,审美现代性主要是立足于现代性的基本价值框架里批判启蒙现代性过于理性化导致同质化、标准化和人的异化,同时也批判革命现代性。具有明确的审美现代性反现代立场的是象征派、现代派、中国新诗派、鲁迅、冯至、钱锺书的存在主义文学,沙叶新、过士行、廖一梅的当代先锋话剧。这一部分最精彩的论述是以《论穆旦诗歌的反现代性》② 为基础,但又在更加宏阔的现代文学史视野中断定穆旦诗歌的本质特征和突出成就:"真正能够立足于审美现代性,较为深刻地批判启蒙现代性,体现出较为彻底的反现代性价值取向的现代主义新诗人,还是非穆旦莫属。"③ 可以说,该书给我们真正解密了一个被长期误读或浅层鉴赏的穆旦,让我们发现了穆旦诗歌穿透一个世纪却更加受到当代学者和青年大学生们追捧的根本原因,正在于穆旦独特的自我意识、感性主体意识、非线性时间意识、对历史进步论和乐观主义的嘲讽、对机械化理性化标准化劳动时间导致的异化生存及都市人空虚无聊生存本相的无情揭示。汪树东一针见血地指出,穆旦诗歌中的自我是"不断分裂的、变动不居的、反思性的自我",其"最具魅力的诗意就来自于这种审美现代性的自我意识的观照"④。该书还继续深入,探明了穆旦晚期诗歌的独特旨趣,那就是历尽左翼革命意识形态革命现代性批判与凌辱之后,批判了以绝对真理自居的革命现代性及其理想的虚伪性。这些识断可能会影响今后不少中国现代文学史尤其是中国新诗史的论述。

---

① 汪树东:《中国现代文学中的反现代性研究》,人民出版社 2018 年版,第 75、77 页。
② 欧阳澜、汪树东:《论穆旦诗歌的反现代性》,《中国现代文化与文学》2017 年第 1 期,第 232 –246 页。
③ 汪树东:《中国现代文学中的反现代性研究》,人民出版社 2018 年版,第 91 页。
④ 汪树东:《中国现代文学中的反现代性研究》,人民出版社 2018 年版,第 91 页。

《中国现代文学中的反现代性研究》认为,革命现代性也是立足于现代性价值框架内反思和批判启蒙现代性,同时,它还批判了审美现代性。革命现代性与启蒙现代性其实共享着"线性时间观和历史进步论"。不同在于,革命现代性还更进一步,"预设了一个终极目的"①。汪树东首先厘清了革命意识形态与前现代性、后现代性的差异,特别指出 20 世纪 80 年代启蒙思潮中许多学者误把"文革"灾难性的极"左"思潮"视为封建主义回潮",因此躲避了对革命意识形态本身"进行必要的启蒙反思",当时的大量作家作品也大都"构造出一个封建主义的承罪主体"。而美国学者詹姆逊将"文化大革命"视为"后现代主义式的政治狂欢",更是远远脱离了中国彼时水深火热的实际情况。汪树东斩钉截铁地强调革命意识形态是革命现代性,是"革命中出现的问题也是革命意识形态自身所特有的问题,而不能简单地归罪于封建主义的遗毒",受革命意识形态影响的红色文学也不是什么"新古典主义文学",不过是与启蒙现代性、审美现代性迥异的另一种"非常典型的现代性文学"②。这些逆耳忠言发人深省,也体现了大学者的胆识和担当。接下来,汪树东还分析了左翼小说对启蒙意识形态的颠覆,"文化大革命"时期样板戏集中体现的革命现代性,由此梳理出革命现代性对启蒙现代性、审美现代性的双重颠覆的价值诉求。

《中国现代文学中的反现代性研究》认为,后现代主义立足于后现代性的基础,反思和批判启蒙现代性、审美现代性、革命现代性。该书不仅介绍了后现代文化及当代先锋文学的后现代主义选择,还以伊沙的诗歌、刘震云新历史小说、当代生态文学为例,解析了后现代主义文学的反现代价值取向。汪著充分注意到了后现代的混杂状态和多种面向。他引述了伊格尔顿《后现代主义的假象》的观点,认为后现代主义一般质疑客观真理、理性、同一性、客观性、普遍进步、人类解放和任何单一的理论框架、大叙事或终极解释③;也汲取了美国学者霍伊、伊哈布·哈桑、詹姆逊和韩国学者金圣坤等人的精彩论述,但他发现这些大致可以归为承接福柯、德里达、利奥塔法国解构主义哲学的一路;除此之外,还有受到怀特海有机哲学启迪,以美国学者约翰·柯布、大卫·雷·格里芬为代表的"肯定性、建构性"的一路。然后,他结合中国后现代文学诞生的特殊时代语境与文化场域,指出了中国后现代主义文学的特殊性,那就是不仅把解构启蒙现

---

① 汪树东:《中国现代文学中的反现代性研究》,人民出版社 2018 年版,第 104 页。
② 汪树东:《中国现代文学中的反现代性研究》,人民出版社 2018 年版,第 220–223 页。
③ [英]伊格尔顿:《后现代主义的假象》,转引自张旭东《后现代主义与中国现代性》,《读书》1999 年第 12 期。

代性作为主要任务,其"更关键的解构对象还是日益沉滞呆板的革命意识形态、革命现代性"①。书中独具慧眼地选取了伊沙的诗歌作为样本来分析。多数学者只看到伊沙对现代文明、现代化、现代都市的肯定态度,而忽略了伊沙"以典型的后现代主义方式"来反现代性的一面。汪树东神会了伊沙"诗者,弑也"和"由衷地赞成降低重心的下半身写作"等诗歌主张,发现伊沙一些典型文本更加关注感性、肉体、日常生活,而质疑和批判启蒙现代性的理性主体意识和文化主体意识,对文化的庄严、神圣和深度不感兴趣。

《中国现代文学中的反现代性研究》认为,超越精神从终极价值视角对现代性局限做了全面反思和批判。汪树东指出,以张承志、北村、史铁生为代表的立足于超越精神的反现代书写对现代人类的基本处境"洞察得最为深入、明晰","具有最为彻底的价值和意义"。他强调,这一类反现代书写执着地揭示"现代人的终极困境",看穿了乐观主义、进步主义的假面,"让人意识到现代文明的任重道远","戳穿了现代性的世俗化、欲望化、物质化的文明幻象",并复兴了神秘主义,"为被现代性祛魅的世界再次复魅"。尽管如此褒奖超越精神的反现代性,汪树东还是清醒地看到了这一类反现代书写的局限,提醒研究者注意张承志过度张扬集体主义、反智主义、反城市化,可能导向"教条式和盲信式的陷阱";北村过度贬斥世俗化,可能扼杀"现代生活的勃勃生机"②。

"现代性有多少个层面和主张,反现代性就有多少个层面和主张。"③ 在反现代性内部诸领域中,《中国现代文学中的反现代性研究》还较有启发地辨析了不同反现代性在批判现代都市时迥异的立场和角度。穆旦诗歌和沈从文、废名小说都批判都市,但是后者在将都市"恶魔化"的同时,把乡村"理想化",引发了读者陶渊明式归隐田园的梦想,所以体现的是文化保守主义立场,使用的是"前现代"乡村文明价值尺度;而穆旦从未将前现代的乡村、大自然理想化,他并不期望返回乡村文明,他"其实是和启蒙现代性共享着现代都市文明的"④。并且,穆旦《玫瑰之歌》的"荒村"意象与鲁迅《故乡》中"萧索的荒村"相通,更与波德莱尔一样,不再力求从自然美景与田园风光中寻觅诗意,而是密切关注现代人生存困境、心灵苦闷、灵魂烦扰。《中国现代文学中的反现代性研究》发现,作为后现代主义反现代书写代表的诗人伊沙,早在《饿死诗人》中,就已经对审美现代性进行了严厉批判,其《德令哈》直接反讽"高蹈式的、孤绝的、脱离具体生活气氛"的海子及受其影响而泛滥的"仿古式、伪浪漫主义式"诗歌风潮,对

---

① 汪树东:《中国现代文学中的反现代性研究》,人民出版社2018年版,第148页。
② 汪树东:《中国现代文学中的反现代性研究》,人民出版社2018年版,第312、313页。
③ 汪民安:《步入现代性》,见汪民安、陈永国、张云鹏主编《现代性基本读本》(上),河南大学出版社2005年版,第60页。
④ 汪树东:《中国现代文学中的反现代性研究》,人民出版社2018年版,第102页。

向往"远方、异域、他乡"、无视现实生活、动辄怀念古希腊的风向极为鄙夷。在《等待戈多》一诗中,伊沙嘲讽象征审美现代性的先锋话剧《等待戈多》的艺术效果竟然远不如现实生活中一个傻瓜登场。而对于革命现代性和极左革命意识形态的质疑和颠覆,《中国现代文学中的反现代性研究》认为,伊沙主要是通过对神圣的革命文本的后现代戏拟、戏仿来消解其神圣性而达到的,有时还从人性的常态角度颠覆英雄人物的革命禁欲主义,还从"后现代语境窥视革命现代性的尴尬处境"①,在后现代日常生活中揶揄集体主义献身精神。

由上述摘录和分析可以看到,《中国现代文学中的反现代性研究》不仅一般性地指出了文化保守主义现代性、审美现代性、革命意识形态、后现代主义、超越精神几种反现代性立场对启蒙现代性的不同层面、不同程度的批判、颠覆或者反思,还洞幽烛微,发现了几种反现代立场之间的交织与矛盾,并借助代表流派和作家作品做了条分缕析的细致解读。可以说,汪树东廓清了笼罩在种种反现代性文学现象上的迷雾,使我们得以更加清晰地看到每一种反现代性自身的脉络,还能掌握一张关于五种反现代性与现代性之间、五种反现代性诸领域之间的知识谱系图。

三、开新论:纠正文学史叙述中的长期误识

截至目前,《中国现代文学中的反现代性研究》是中国反现代性文学研究最全面、最公允、最深入、最系统的集大成之作,处处闪现着作者的史家识断和文艺慧心,开创性地提出了许多崭新的文学观点,并纠正了一些文学史叙述中长期存在并相互因袭的误识。

首先,《中国现代文学中的反现代性研究》精准界定了反现代性书写的文学史地位。一方面充分肯定了反现代性书写的历史贡献,其价值在于使现代中国文化"不至于落入单一的、标准化的现代性方案之铁笼中",提供了"更为丰富的价值立场,拓展出更具艺术韵味的文学空间,极大地解放了现代作家的想象力和创造力"②。同时,该书也客观地指出,在中国这样的后发现代性国家,"市场化、民主化、主体化等基本的现代化"进程都还未走完,中国的反现代性很容易溢出"现代性主体框架",尤其是文化保守主义和后现代主义有可能彻底颠覆和消解"立足未稳的现代性",违背世界大潮,陷入所谓民族的、特色的歧路。如果魅惑于审美现代性的反现代性而疏于启蒙现代性的真正建

---

① 汪树东:《中国现代文学中的反现代性研究》,人民出版社2018年版,第163页。
② 汪树东:《中国现代文学中的反现代性研究》,人民出版社2018年版,第316页。

设,也将"终究是不可避免的灾难"。"学衡派"一类的文化保守主义其实也可能蜕变为民族文化发展的"绊脚石",甚而成为专制的辩护者;审美现代性也可能成为"一盘散沙式的自我主义的辩护士",或者助推"欲望化、享乐主义"不良风气;后现代主义可能蜕变为"无原则的虚无主义者"或"文化封闭论者";而革命现代性也很容易成为"现代集权体制的推手"①。

其次,该书敏锐地发现,其实立足于前现代性、现代性、后现代性的反现代性书写,"都是典型的现代现象",即便是存在着前现代与后现代根本差异的文化保守主义与后现代主义立场也有关联,那就是"两者对现代性的进步论、理性化、主体性等核心价值观念表示质疑,彼此之间往往容易产生跨越现代的联系和沟通"②。

再次,该书指出,沈从文的反现代性因其道家文化立场和农业文明指归,所以"立足于前现代性价值立场",而并非审美现代性那样,"立足于现代性框架之内"③。

第四,针对目前学界把革命意识形态视为"典型的现代性追求"或者"新古典主义对现代性的遗忘"的情况,汪树东指出,左翼革命意识形态是对启蒙现代性的批判继承,而对审美现代性"持一种较为彻底的反思和批判立场",是一种"反现代性的现代性追求"④。

第五,该书发现了以解构闻名于诗坛内外的伊沙诗歌的建构性。伊沙质疑标准化、机械化、理性化,批判凌空蹈虚的审美现代性,揭露革命现代性非人性化的缺陷。但是他并没有止步于此,而是逐渐走向多元语境下的建设。该书认为,伊沙的建构性一是反映在对弱小的同情、对底层的尊重和对人性尊严的发掘;二是表现于对人生况味的发掘、人性闪光的打捞和历史文化的洞察;最重要的还在于对精神、灵魂的追寻,"真正把后现代主义的多元主义表现得更为充分"⑤。

第六,该书指出,审美现代性在批判启蒙现代性之后,"往往会陷入无所皈依的境地",然后要么转向对革命现代性的追寻,要么开始寻找民族文化传统的庇护。这使人们顿然了悟为什么20世纪中国不少现代主义倾向的作家居然最终踏上左翼革命之路或者转向文化保守主义式的文化寻根。

该书类似的创见不胜枚举,这得益于汪树东对混杂、零乱、交错的各种反现代性之

---

① 汪树东:《中国现代文学中的反现代性研究》,人民出版社2018年版,第319页。
② 汪树东:《中国现代文学中的反现代性研究》,人民出版社2018年版,第314页。
③ 汪树东:《中国现代文学中的反现代性研究》,人民出版社2018年版,第18页。
④ 汪树东:《中国现代文学中的反现代性研究》,人民出版社2018年版,第18页。
⑤ 汪树东:《中国现代文学中的反现代性研究》,人民出版社2018年版,第165、167页。

间的差异与联系的洞察。

总之，汪树东《中国现代文学中的反现代性研究》是目前研究中国现代文学反现代书写的里程碑式的学术史著作。该书第一次简要、精准地勾勒出了中国现代文学反现代性的五副面孔；并在文本细读的基础上，重新发现了沈从文、穆旦、伊沙、史铁生等一大批作家新的价值和意义；还从中梳理出各种反现代性之间的复杂关系谱；创造性地提出了一系列新的文学见解，纠正了一些"不必要的文学史误识"，并精准界定了20世纪中国反现代书写的意义和局限。因此，《中国现代文学中的反现代性研究》是一本可能会影响今后中国现当代文学史叙述格局的学术力作。

（作者单位：四川大学文学与新闻学院、四川大学2011协同创新基地阿来研究中心）

著述·综述

当"抒情传统"进入现代文学研究话语场
——王德威"抒情传统"论之学术范式的确立

盛 慧

1971年,北美华裔学者陈世骧在美国亚洲研究学会致辞,其讲稿后译作中文,题为《中国的抒情传统》,将中国文学的整体特色总结为"抒情的传统",成为当代"抒情传统"论述的滥觞。而将"抒情传统"论由海外汉学界引入内地,由古典文学引入现代文学研究场域,以王德威的贡献为最大。需要注意的是,在王德威2006年北大系列讲座(后结集为《抒情传统与中国现代性》)及2008年发表长文《"有情"的历史:抒情传统与中国文学现代性》之前,黄锦树已于2005年以文章《抒情传统与现代性——传统发明,或创造性的转化》,率先将"抒情传统论"纳入现代文学话语场进行考量,但黄文是常常被忽略的文本。追溯两者间潜在的对话、继承、辩证关系及微妙的立场的转移,为本文发掘王德威"抒情"论述中的"洞见"与"不察",甚至是充满困境的出发点提供了新的视角。本文以此出发,探究发端于古典文学研究领域的"抒情传统"在进入现代文学研究领域之时所面对的问题和挑战,发掘王德威潜在的焦虑及背后之关切,并通过探析其理论和"版本"的调整,探究其范式的确立过程、内在裂隙及影响意义。

一、黄锦树与王德威:概念的困境及回应问题的两种方向

"五四"之后,传统之"抒情"如何现代,并非黄锦树与王德威率先提出的问题。它是许多现代文学写作者在历史现场对其当下创作的现实困惑和思考,也构成彼时理论倡导者及后继文学研究者共同关切的话题。前者如三四十年代朱光潜与鲁迅就"曲终人不见,江上数峰青"所引发的乱世之"情"如何以"抒"的文学论争;后者如80年代末陈平原对于小说叙事模式转变中"诗骚"传统之影响的论述。甚至,普实克1957年于

文章《中国现代文学中的主观主义与个人主义》中明确探讨了中国"新文学"的现代主体如何承续传统的"抒情精神"而自我解放的问题。通常意义上的"抒情传统论者"作为一个群体，存在"被追认"的事实①，而本文着力探讨对于发端自陈世骧的"抒情传统论"的自觉论述。即，"抒情"作为一种"传统"，怎样被纳入现代文学研究范畴。

因而，黄锦树与王德威是明确将陈世骧所提出的"抒情传统"纳入现代文学领域的先导者。分别作为马来西亚华人在台学者，或美国华裔学者，他们以特殊的身份和位置所赋予的眼光面对"抒情传统论"与中国现代文化/文学，必然带来独特的思考，又提供了回应问题的两个方向。

（一）黄锦树："大叙事"建构及"抒情传统"的三种困境

黄锦树的"抒情现代性"论述须纳入其"中国性"论述中进行考量，正如黄锦树在《文与魂与体：论现代中国性》之《绪论》中所言：（"中国性"的）"'魂'与'体'在现代的'文'中的重生，其中规模最大的事件大概是抒情传统在现代文学中的重生。"②身为马来西亚华人在台学者，黄锦树对于"中国性"表现出依违舍恋的复杂情感，而其关于"抒情传统"的长文之所以被学界忽视，或许正因其提出洞见的同时，又以其对"中国性"的警惕，质疑了"抒情传统论"的合法性，从而阻断了该理论在其个人研究体系中继续阐释的可能。尽管如此，其洞见及盲视，参照于王德威，依然具有启发意义。

具体而言，黄锦树至少在三个层面提出了现代文学语境下讨论"抒情传统"之现代转型的困境。

其一，黄锦树提出"中国抒情传统"是北美汉学家在西方史诗传统照映下，依附对立面的"发明"（尚早于龚鹏程2008年的文章《不存在的传统——论陈世骧的抒情传统》）。他还认为，由陈世骧至高友功，抒情传统走向"哲学的抽象层次"，由文学史扩大到文化史、文化逻辑，乃至建立起一种"世界观的规范意义"③。换言之，除对于理论本身之文化政治的警惕，黄锦树提出了概念泛化之危机——其覆盖无限的话语体系可能包含着所指的困境。

其二，黄锦树指明，现代文学语境下，"抒情"即使在最本体的文体的形式上，已然无法与西方"现代主义"全然区辨。他强调"五四"学者古典与西文的双重学养及资源调动的双重甚至多重性。

---

① 王宇林于其硕士论文中提出"三代六群二系说"，融合古典文学与现代文学论者，"自认"、"他认"或"追认"的论者。王宇林：《抒情传统与中国现代文学研究》，苏州大学2018年硕士论文，第6页。

② 黄锦树：《文与魂与体：论现代中国性》，台湾麦田出版社2006年版，第8页。

③ 黄锦树：《抒情传统与现代性——传统发明，或创造性的转化》，《抒情之现代性——"抒情传统"论述与中国文学研究》，三联书店2014年版，第692–701页。

具言之，古典文学范畴内的"中国抒情传统"自身已经包含了被"追认"的历史；而抒情传统之于现代文学文化研究领域，又回避不了清末民初以降，被西方现代主义激发、与之交融等诸多事实。黄锦树的长文以反驳陈平原论述中传统文学的单源头影响为起点，却转向补证陈平原论述之不足，呈现出观点的依违和论述的断裂。然而他明确提出了"西化"与"创造的转化传统"之间的难以区隔，是"抒情传统论"进入现代文学语境时不得不直面的问题。

其三，黄锦树发掘了"兴"与"风"的辩证关系，探究抒情的修辞向度和策略空间——"一种免于政治迫害的技艺"①。识者将知，此论述其实是延续了黄锦树《谎言或真理的技艺》（2003）中对于语言符号之不可靠性的思考路径，解构了"在心为志，发言为诗"之"修辞立其诚"的可靠性。黄锦树发掘了"情"与"辞"的断裂，及"抒情"与政治的二律背反，为王德威提供了"系谱"之原型。然而，除此之外，或许还应看到其言外的暗示：黄锦树为以"中国性"之"大叙事"建构的"抒情传统"提供一个同一修辞模式下的现代叛国者维度——胡兰成，似乎将出发于"离散情怀"的"抒情传统"也反讽化了。

（二）王德威：由"大叙事"至"小叙事"的再建构

黄锦树的长文（2005）与王德威在北大的演讲（2006）前后相隔一年。黄锦树提出的理论困境，正是王德威面对的问题。王德威选择了与之相异的路径，又对其观点有所继承。这其中同样呈现了对话与辩证，可见王德威策略性应对的动机，又反而推动其风格化范式的形成。

首先，王德威赋予已经被建构成"大叙事"、可能具有"中国中心主义"意涵的"中国抒情传统"以全新的对立面——启蒙与革命，使之在中国语境下重新成为"小叙事"。由此，将黄锦树以"大叙事"所赋予的、也或许是理论本身所暗藏的理论困境转化。"抒情传统"以此成为阐释体系，重新拥有"越界的能量"。也即，王德威在纵向的——传统的抒情话语怎样实现历时的现代转型——之外，为"抒情传统"确立横向的阐释维度：认为"在革命、启蒙之外，'抒情'代表中国文学现代性——尤其是现代主体建构——的又一面向"②，并将对"中国现代性两大主导范式"——革命与启蒙，重作检讨。而此种"辩证关系"的确立又并非理论本位的。从《抒情传统与中国现代性》中对历史"折点"的关注，至《史诗时代的抒情声音》明确将论述聚焦在"二十世纪中期"，王德威以抒情辩证启蒙/革命，也在其中发现"主体性"的内在张力。当然，这背

---

① 黄锦树：《抒情传统与现代性——传统发明，或创造性的转化》，《抒情之现代性——"抒情传统"论述与中国文学研究》，三联书店2014年版，第704页。

② 王德威：《抒情传统与中国现代性——在北大的八堂课》，三联书店2010年版，第3页。

后并非不蕴含其意识形态，且不独来自王德威。夏志清在现在中国文学"感时忧国"（obsession）的精神之外①，发现沈从文与张爱玲——60年代的《中国现代小说史》本身便隐含"抒情"与启蒙/革命相辩证的逻辑；陈世骧在抗战胶着期去国离乡，在1948年译《文赋》，并在1953年修订本《导言》中引用马拉美格言"诗是在危急关头的语言（Poetry is the language of a state of crisis）"，翻译之动机中必然包含着对于历史的感应。北美汉学有其萦绕传承的意识形态迷思，王德威的论述不免于此，在此不展开。

因而，"抒情传统"在黄锦树与王德威的观察下呈现出"大叙事"与"小叙事"的奇异对照；依"对立面"建立的"抒情传统"在论述的发展中又不断寻找新的"对立面"/"辩证对象"以建构自我。在王德威这里，不仅"革命"与"启蒙"成为"抒情"辩证的对象，在其论述的新版本《史诗时代的抒情声音》中，作为辩证对象的，还包括"现实主义"，以及潜在的对话对象"浪漫主义"。后者也回应了黄锦树的关切，下文细述。

于是，带来本文的第二种观察：王德威在新版本的论述中②，也悄然微调了论述方向，将关切的重心，从话语的"纵向转型"，更多地转移至"横向辩证"（这其中当然还包括论者已提及的由三元"对立"，转向"逻辑关系"的"联动辩证"③）。从论著的题目便可窥探其旨意：由演讲合集《抒情传统与中国现代性》至《史诗时代的抒情声音——二十世纪中期的中国知识分子与艺术家》，其论述逻辑由强调"传统/现代"至更强调"史诗/抒情"。甚至包括上文提及的，对于另一对立面"现实主义"的强调，都昭示着王德威持续在理论的横向层面寻找动能。这首先是王德威自身的研究谱系所导引，下文细述；其次，此路径暗示着对从本雅明至阿多诺，从布鲁克斯到德曼④等现代西方理论家的影响，以探究抒情辩证于政治历史的意义——比较《发达资本主义时代的抒情诗人》，或可知一二；同时，也或许因王德威对于其理论困境的策略性应对：纵向的研究困境推动了王德威在比较的视野下寻求通约于西方抒情话语的文学政治之研究路径。

第三，王德威同时以"系谱化"追求代替为概念寻找"边界"的努力。一方面，王

---

① 夏志清：《现代中国文学感时忧国的精神》，《中国现代小说史》，香港中文大学出版社2015年版，第389页。

② 亦可认为是新著，从《抒情传统与中国现代性》（2010）至《"抒情传统"四论》（2011），至《史诗时代的抒情声音》（2017），内容有重合，案例与论述有较多的调整，其中，《"抒情传统"四论》包含于《史诗时代的抒情声音》，故本文仅以《抒情传统与中国现代性》及《史诗时代的抒情声音》为讨论对象。"新版"或"新著"，指称有异，不影响论述。

③ 李杨观点，见王德威、陈国球等：《再论"启蒙"、"革命"与"抒情"——北京大学座谈会》，《文艺争鸣》2018年第10期。

④ 王德威：《史诗时代的抒情声音——二十世纪中期的中国知识分子与艺术家》，台湾麦田出版社2017年版，第8页。

德威强化了比较文学的方法,以中西理论共通性之援引结合"抒情"的中西区辨,似乎有将"中国抒情传统"置于世界抒情"系谱"中的意图,即将原本以西方为"对立面"建构的话语部分地转向寻找人类抒情之公约性的意义。这在王德威为新版本著作撰写的长篇引言中有集中表现。另一方面,王德威将黄锦树已提出的抒情的双向张力纳入系谱,并将研究的范围从文学史扩展至艺术史、文化史,表明他进一步走向本雅明、阿多诺的当代文化政治研究谱系。

二、从"被压抑的现代性"到以"抒情"重整现代性:王德威研究系谱的延续

(一)双向回应:"纵向转型"与"横向辩证"

可以认为,王德威在"纵向转型"与"横向辩证"两个维度上为"抒情传统"在现代文学研究中寻找到坐标。而值得关注的是,"抒情传统"同样在"纵"、"横"两个方面回应着王德威早期的关切,成为其早期文学研究系谱的延续。而回返其"抒情"论述之"前文本",又可于王德威自身的研究系谱中,发现其"抒情论述"的内在"裂隙"。

首先,横向层面,为"小传统"辩证始终是王德威的研究路径。这可能源于"新批评"的训练,于"断裂"及"张力"中发现意义;也可能来自后现代的理论方法,以"弱的思想"对话主流。而"抒情话语"与"现实主义"的辩证,在其早期研究中已见端倪。

王德威完成于1982年威斯康星大学的博士论文 Verisimilitude in Realist Narrative: Mao Tun's and Lao She's Early Novels 即探讨现实主义小说的"拟真"("拟真"为笔者直译)问题。对于"拟真"的可能性及其向度的思考已隐含其反面,即虚构。果然,十年沉淀后形成的英文著作 Fictional Realism in 20th-century China: Mao Dun, Lao She, Shen Congwen 中,王德威将"拟真"发扬为"虚构写实主义"概念,虚构/写实的张力于焉浮现。王德威以此探究现实主义小说内部的知识与权力、真实和虚构之间的持续辩难。且王德威在此版本中引入沈从文为研究对象,探究其"批判的抒情"与"想象的乡愁",认为"想象的乡愁"是"将乡愁置于已然过去——或预想将会发生——的时空网络中,探讨其幻想、中介的位置,并且叩问其文本脉络与记忆传承"[1]。王德威已然观察到"抒

---

[1] 王德威:《茅盾、老舍、沈从文:写实主义与现代中国小说》,台湾麦田出版社2009年版,第42-43页。

情"创造另类时间的功能,构成其近年来关于"抒情传统"论述的重要线索。不仅如此,以"抒情"作为沈从文对话"写实主义"的虚构向度,已形成王德威"抒情传统"论的横向辩证模式——抒情/写实,而沈从文也成为后来王德威"抒情现代性"论述的重要支柱,或可认为是"抒情传统"论之"前文本"。且2011年中文版再版时,王德威将麦田版《茅盾、老舍、沈从文:写实主义与现代中国小说》的书名(2009)转变为《写实主义小说的虚构》(2011),为"弱的思想"辩证已经成为自觉的研究路径。

此外,王德威于2003年发表《被压抑的现代性:晚清小说新论》,提出"没有晚清,何来五四",已将启蒙与革命作为辩证对象,思考新小说"感时忧国"及现实主义模式之外的现代性其他维度。而其中的一个重要部分即是探讨狭邪艳情小说中包含的"欲望"书写。且王德威提出,"'五四'以来文学及文学史写作的自我检查及压抑现象"是"被压抑的现代性"所指陈的一个方向①,并关注本应被历史解放的"情欲"之意义。在王德威看来,晚清众声喧哗的现代性被"启蒙—革命"之单一现代性所压抑、阻断。这本是"横向"的观察,却内涵着传统如何承续、如何"现代"的思考。尤其在其中,还贯穿着"情"的主题。晚清的被压抑,已成往事。王德威重新论述"抒情传统",为其纵向的思考另寻出口,并在阐释体系的建构中寻找横向动能。由此,"抒情传统"在王德威文学研究系谱中具延续性意义。

需要注意的是,本文强调"抒情传统"是王德威为其纵向的思考"另寻"的出口,是因为晚清被压抑的"情欲"作为被西方小说激发的现代向度,在《被压抑的现代性》中仅仅在作为"小道"的小说中被探讨,而"抒情传统"出发于古典的上层诗学,这之间并非同质。然而倘若我们追问,晚清狭邪小说中之情欲描写,是否可以被纳入"抒情传统之现代性"的路径中进行考量,将发觉讨论会十分艰难。或许王德威文学研究体系中此种裂隙和悖谬,本身便暗示了"抒情传统"走向认识论之时,在本体研究上的困境。而此困境,回应了黄锦树的思考。

(二)时间非线性:"情本体"与新历史观

如果说王德威的"抒情"论存在纵、横两个维度,那么其交汇处,是王德威对"情本体"的再发现——在此,王德威明确回应了李泽厚的倡导。而此种"发现"的媒介是"抒情"创造的异质时间。"时间"是王德威"抒情传统"论的内在线索,也是王德威学术谱系的核心概念,这背后暗示着王德威具有后现代色彩的新历史观。

王德威为其2015年再版本的英文论著命名:Lyrical in Epic Time: Modern Chinese Intellectuals and Artists Through the 1949 Crisis. 这也是2017年中译本《史诗时代的抒情声

---

① 王德威:《被压抑的现代性——晚清小说新论》,北京大学出版社2005年版,第11页。

音》的英文名称。王德威强调了 Time 的三种意涵:"时间"、"时代"和音乐的"节奏"①。换言之,在"诗"与"史"的关系中,"抒情"真正辩证的,是与"史诗"相关联的,被假想的、无主体的、线性的时间。抒情与时间的意义关系,是陈世骧"抒情传统"论的重要贡献,也是其论述之"现代性"的表现。王德威继续阐扬了此"时间"之意义,并且将"时间"作为贯穿其"抒情"论述的重要的线索。他具体解释道:

> 如果"抒情"意味着独立于时间之外的灵光一现,那么陈世骧构思的"抒情传统"就引发两重意义:一指朝向原初的、饱满的时间的永劫回归;一指时间洪流里不断逸出的"'当下此刻'连续性的截断"。不论如何,时间在"抒情"与"传统"之间变得模棱两可;既是循环再现,也可能是一个刹那爆发却自足的状态,即"兴"的状态②。

王德威所界定的两重意义,前者将古典主义的迷思结合离散情怀,后者以主体的停驻解构时间的连续性线索。王德威以此阐扬了陈世骧之"抒情传统"可能蕴含的新历史观,并且因此,至少在"时间"意义上,作为认识论及阐释体系的"抒情"论述,依然有效沟通着主体经验、文学及艺术本体。如演讲集中,王德威比较胡风《时间开始了》与白先勇《游园惊梦》之间,"创世"的契机与"时间"的陷落。而《游园惊梦》中,作为抒情戏曲的《牡丹亭》,在迁台语境下,呈现出由"还魂"至"落魄",无可救赎的困境。

王德威善于发现语言、概念内部的歧义、多义性阐释,并由此发微。在其阐释下,"时代"、"时间"和"节奏",本身便包含由文学的"外部"语境走向"内部"形式的三个层次;而 lyric(抒情)所包涵的 lyre(竖琴)的词根,又有效关联了"在心为志,发言为诗","诗"与"志"所内含的"之"与"止"两个"词根"。由此,时代/主体/艺术,形成概念内部三位一体的关联,彼此之间多层开放。这种概念之"多层",非惟王德威修辞的技艺,它有效对应于个案的内部。如王德威在台静农所效仿的明末书法家倪元璐的作品中,以墨色的变化发现"时间"、"节奏"、笔墨之外与时俱变的主体情感,以及情感背后"惘惘的时代"。"时间"在每一案例中都以多层的意义展开。以此,王德威发现概念的包容性和内在张力,也就在"时间"的意义上证明了"抒情传统"的理论

---

① 王德威:《史诗时代的抒情声音——二十世纪中期的中国知识分子与艺术家》,台湾麦田出版社 2017 年版,第 8 页。
② 王德威:《史诗时代的抒情声音——二十世纪中期的中国知识分子与艺术家》,台湾麦田出版社 2017 年版,第 63 页。

动能和作为一种"情感结构"的有效性。

依然需指明,"时间"本身就是王德威文学研究的重要关切。这可能受福柯对线性连续的"总体历史"(total history)的批判的启发,也可能源于其论述的"位置"及对台湾文学的研究经验。就"时代"而言,他关注历史的折点和断裂。在作品内部,王德威始终对照、关联着"文学的时间"与"历史的时间"(这在他早期的"现实主义"研究课题中已见端倪),关切着"文学的时间"怎样铭刻、创造、唤停、扭转、超越历史的时间,或有时,"陷落"在历史的时间里。

三、"抒情"研究的"系谱化"及"诗学"的"诗化"

(一)"抒情"研究的"系谱化"

本文已探讨了王德威"抒情传统"论于"纵向转型"与"横向辩证"层面所关涉的两个问题、两维度交汇处"主体"再发现的意义,以及作为核心线索的"时间"所蕴含的多层关切。识者至此将发现王德威辩证及沟通多样性以建构系谱的内在意图和研究范式。

然而王德威的"系谱化"追求还不仅如此,其努力至少还包括(1)从"抒情"与历史的辩证关系上,探究其双向张力;(2)探究"抒情"之"情"所包涵的修辞所立之"诚"、修辞虚构之"伪";(3)建构不同党派、立场,及不同文化领域的抒情知识者群体,从而实现"抒情"从"文学史"至"文化史"的系谱的扩充;(4)在个案观察上,建构"经验—知识—行为"的多层叙述;(5)以"抒情传统"对话,乃至包容浪漫主义,将浪漫主义纳入当代"抒情线索"的追求。

简单展开。首先,王德威探究"抒情"与历史之间二律背反的互动。即"文学的时间"与"历史的时间"之间,"抒情"创造了类"向心"(铭刻、复制、开启)与"离心"(唤停、超越、扭转)的双向关系,而两种状态往往混杂。如瞿秋白,如冯至,"抒情者"往往于历史的重要时刻,在"离心"或"向心"的单向线索中忽然逆转,此中张力与悖谬,是王德威观察的焦点。其次,王德威继承了黄锦树对于"兴"与"风"的辩证关系的发现,结合德曼与胡兰成;同时,延续"情"与"辞"的真/伪辩证,王德威又在"非语言"的"抒情行为"怎样被意识形态再阐释的思考之下,将作曲家江文也的音乐创作纳入系谱——抒情之"情"与"辞",不再是主体内部的互动,而受控于意识形态的再阐释——王德威以此发现了"非语言"的抒情如何被意识形态的修辞再建构的又一维度。第三,《史诗时代的抒情声音》将"抒情传统"的系谱从"文学史"转向"文化史"。案例的调整,使"文化史"角度的小说家、诗人、作曲家、画家、电影家、戏曲家、书法家,及党派角度的"自由主义信徒、左派斗士、顽固的保守派、敌伪同谋者、意识形态转弯者,以及孤芳自赏的个人主义者等"都被纳入考量①,可见其"文化史"意义和自觉的"系谱"化追求。第四,即使是个案观察内部,王德威的论述也见层次性。王德威明确以雷蒙·威廉姆斯的"情感结构"再建构其"抒情传统"论述。"情感"超越了个体"经验",进入知识,乃至"行为",构成个案内部的"主体—经验—知识—行为"的论述层次。识者已经讨论过其"个体—经验—知识"的论述模式②。本文强调"行为",是因从黄锦树至王德威,"情"与"辞"的断裂始终被强调。"知识"是否是情感的伪饰,其中还有辩证的余地。而抒情,常常以行动表达,王德威尤其关注的是知识者在危急时刻的行为选择。第五,王德威以"抒情"重整现代性,以"抒情"传统重新梳理现代文学场域的"情"的线索,必然内在地以"浪漫主义"为对话对象,并主张将"浪漫主义""置于这一抒情传统进入20世纪后的流变下观察"③,以显示出其"中国"及"现代"的特色。王德威并不掩饰其"重整"现代文学研究领域之"情感线索"的意图,然而在实际操作中,辩证是潜在的,"传统"之为"传统",只在具体个案的"知识—行为"的形式线索中找到确证。正如王德威的"抒情传统"研究从来就不是纯本体的,这是"抒情传统"论在现代文学与古典文学领域的主要差异所在,而此"系谱化"范式及阐释体系的形成,多少关联其理论困境:传统的现代转型,怎样与西方现代/浪漫主义相区隔?王德威的系谱虽阔大,案例选择却囿于古典文艺形式在现代的"还魂",如文物考古、儒家典籍、篆刻书画、戏曲等等,偏重形式,是否符合其深入"情感结构"的理论预设,还需思考。以沈从文为例,作为"抒情传统"论的"支柱"性案例,怎样讨论其初入文坛之时及《看虹摘星录》时期"自叙传"式的情欲书写?其为浪漫抑或传统抒情?答案或许并不简单。王德威区辨"情"与"辞",同理,传统"形式"的"还魂"或许只是修辞或形式之选择。而王德威针对于此的论述——"我所谓的传统不是僵化的'伟大的存在之链'(The Great Chain of Being),而是一连串的发明、反发明,和再发明所汇集的洪流"④——又有放弃界定、泛化"传统"之意味,并不能给予答案。因而,王德威充满启发的论述也隐藏遮蔽。

---

① 王德威:《史诗时代的抒情声音——二十世纪中期的中国知识分子与艺术家》,台湾麦田出版社2017年版,第7页。
② 王宇林:《抒情传统与中国现代文学研究》,苏州大学2018年硕士论文,第47页。
③ 王德威:《史诗时代的抒情声音——二十世纪中期的中国知识分子与艺术家》,台湾麦田出版社2017年版,第33页。
④ 王德威:《史诗时代的抒情声音——二十世纪中期的中国知识分子与艺术家》,台湾麦田出版社2017年版,第10页。

(二)"诗学"的诗化与"理论"的焦虑

此外,与"抒情"研究之"系谱化"并存的,是其"诗学"的诗化及背后的理论焦虑。王德威的两版著述,均呈现出多个长篇序、跋+个案研究的体例。而其中,"论"的冗长、"论"之又论及其"知识考古"般的论述方式,与诗化的个案论述形成张力。

具言之,演讲集《抒情传统与中国现代性》(2010),除"座谈"部分,全书主要分为"序论"与"演讲",前者是2008年发表的长文《有情的历史:抒情传统与中国文学现代性》,后者是2006年的北大演讲录,演讲录又包括"第一讲《导论——理念与问题》",即全书主体呈现出"序论+导论+案例"的结构,"序论"与"导论"俱为长文。而在2017年版《史诗时代的抒情声音》中,初版本长篇"序论"《有情的历史》作为第一章被置于主体部分,王德威另撰长文"引言"与篇幅极长之"导论《'抒情传统'之发明》"。换言之,全书实际呈现"引言+导论+序言+案例"的形式,又另撰长篇"尾声"。在约600页的著作中,三分之一篇幅以"序跋"的形式作"论",且呈现出与"案例"部分极异质的书写形式。这在当代文论著述编纂中,极少见。由此,带来新的问题:理论与案例,孰为主体?而体例的安排又何以如此?

本文认为,不断加长的序跋暗示了其理论的焦虑,也是一种"纵向"的焦虑。王德威不断强化"诗论",以提醒读者,案例中的"抒情"其来有自,"抒情"并非仅仅是"抒情",它是一种纵向的"传统",一种"情感结构",一种"话语体系"。更甚者,王德威也许试图提醒读者,其案例的层次性和"系谱"建构的意义感。而这可能源于王德威案例叙述的"文学化"、"诗化"色彩几乎只有在与"诗论"的对照中,方能传达其"论"的自觉。更根本的原因,在于其"主体—经验—知识—行为"的论述层次,在"抒情"主题下,几乎成为对于"知识者"与"时代"关系话题的综合论述,其理论的指向及出发于"传统"的自觉,反而被遗落了。

当然,理论的强化和"诗学"的诗化,也是王德威论著之"张力"所在。而后者,似乎是王德威自觉的文体追求。"北大演讲录"第七讲中,许子东比拟王德威的研究方法道:

> 他就在东边摘一朵花,西边砍一棵树,那边取一块石头。你开始不明白他要干什么,这些花和石头表面上是没什么关系的。可是,他把它拉起来一讲,哇,你发现可以讲出一个道道,可以有很大的启发[①]。

---

① 王德威:《抒情传统与中国现代性——在北大的八堂课》,三联书店2010年版,第284页。

这是独到的观察。王德威对于文学对象之观察、之关联的路径,亦仿佛"比兴",其诗性的关联自"诗人"之心,互相生发。王德威曾认为,陈世骧"在历史的关键时刻,唤起了'兴'"①,将"抒情传统"也抒情化。同样将"抒情传统"论作为抒情方式的,还有王德威。这是王德威较少的,将知识者的经验与行为、情感结构与生命历程(而非文本)作为直接观察对象的论述。因而其论述中,唤起"情本体"的意愿是如此强烈,以至于理论也融合在诗化叙事之中,仿佛呈现的也是抒情的文学。举一典型之例,王德威曾论述沈从文的历史观道:

> 对他而言,历史犹如星罗棋布的天体;事件、主体、艺术品和情感跨越时空,照亮彼此,形成千变万化却有迹可循的星象。他的历史不汲汲于记录人为的神迹与灾难,而是试图探问个体生命彼此错综复杂的动荡升沉②。

这是王德威对沈从文历史观的论述,内含阿多诺的"星丛"理论,又是王德威的文学叙述与诗性观察。于是,"(主体的)知识—(论者的)理论—诗性表达"三位融合,又形成王德威诗化的研究文体。

王德威之所以较成功地将本属古典文学研究范畴的"抒情传统"论引入现代文学/文化研究领域,在于他似乎自觉于"纵向转型"研究中可能存在的困境,并在"横向辩证"的维度上发挥其"重整现代性"之动能。以此,由陈世骧至王德威,"抒情传统"实现了由"本体论"至"认识论"的转移,并在现代文学研究领域形成其范式。具体而言,以"抒情"对话"启蒙"与"革命",王德威为"小叙事"辩证,为"传统"寻找转型的出口,呼应了其早期文学研究之关切;通过在概念内部建立多义系谱、在个案内部建立多层系谱、在群体内部建立多身份系谱,王德威的"抒情传统"论又始终关联本体,因而是具体的;同时,以系谱的建构代替概念的界定给予诗性的观察以可能,"抒情"研究亦成为王德威的抒情方式——他以诗心召唤"有情"的主体,也以此开启了诗化"诗学"的文体范式。

尽管如此,在王德威的论述中,"抒情传统"进入现代文学研究领域所面临的"困境"并没有得到根本解决。这表现在个案研究中对"传统"小心翼翼的"形式化"处

---

① 王德威:《史诗时代的抒情声音——二十世纪中期的中国知识分子与艺术家》,台湾麦田出版社2017年版,第64页。
② 王德威:《史诗时代的抒情声音——二十世纪中期的中国知识分子与艺术家》,台湾麦田出版社2017年版,第104页。

理、"传统抒情"辩证于"浪漫"时的艰难、论述中泛化"传统"的倾向等等,甚至可反证于"情"之关切在王德威学术研究系谱中的不能自洽——其范式之启发与遮蔽同在,而究其根本,"抒情传统"如何"现代"的问题,毕竟没有被解决。

(作者单位:南京大学新文学研究中心)

编后语

周维东

随着中国现代文学学科的积淀日益深厚，研究也从"开疆破土"步入"精雕细琢"阶段，微观探究、再阐释和历史钩沉是当下研究呈现的特征。刊物常设的"民国文学研究"、"'大文学'研究"、"文学档案"等栏目，强化文学与历史的对话、文学史细节的钩沉与再阐释，坚持数年，稿源丰盛且质量不断提升，体现出刊物与学界的良性互动。

关注文学史建构中的多元因素，如文学教育、文学观念及文学事件等，是本辑作品体现出的一个特点。李伟民、胡蓓关于吴宓开设"欧洲文学史"等课程的研究，从文学教育的角度进入中西文学交流问题，不仅是吴宓研究的补充，也能为中国现代文学接受西方文学的过程和方式等研究提供启示。陈芝国关于新古典主义诗学在中国接受的研究，更注重历史细节和作家精神共鸣的因素，让一个传统题目耳目一新。彭冠龙、周循对鲁迅如何接受"同路人"问题的探讨，注意到鲁迅与托洛斯基文论相遇的若干细节，将所谓"托派"思想在中国现代文学中的影响等研究又推进一步。卫亭绒关于"五四"话剧的身体建构的探讨，注意到戏剧传播过程中"身体"的因素，将剧本之外更鲜活的一面呈现了出来。

文学史研究不断需要新史料的钩沉，它们既是对文学史的补充和矫正，还能激发出新的学术增长点。逢增玉、逄乔对在华日本电影人对新中国电影的贡献的挖掘，是过去文学史有意无意掩盖的一面。葛涛对史天行伪造鲁迅《大众本〈毁灭〉序》的考论，启发我们不仅要钩沉出新史料，还要辨别出伪史料。李杰对汪伪时期的"东亚文艺复兴"思潮的研究，是过去文学史避而不谈的问题，这些思潮固然需要批判，但只有厘清原委才能批判得更加深刻。刘安琪关于延安文艺在战后香港的传播的研究，是延安文艺研究的新方向，延安文艺在建构过程中始终保持着对外"辐射"的姿态，对此史实的梳理是

—— 编后语 ——

对延安文艺史建构的补充。

    限于篇幅，本辑中的佳作难以一一绍介，它们饱含作者的辛劳和对学术的虔诚，还有对刊物充分的信任。作为编者，我们唯以认真的编辑作为回报，希望刊物能成为传播新知的舞台、作者成长的沃土。